Paul-Moritz Rabe
Die Stadt und das Geld

MÜNCHEN IM NATIONALSOZIALISMUS
Kommunalverwaltung und Stadtgesellschaft

Ein Kooperationsprojekt
des Historischen Seminars der LMU München
und des Stadtarchivs München

Herausgegeben von
Andreas Heusler, Hans Günter Hockerts, Christiane Kuller,
Michael Stephan, Winfried Süß, Margit Szöllösi-Janze

Band 3

Die Kommunalgeschichte des Nationalsozialismus lenkt den Blick auf die Stadt als Herrschaftsraum der Diktatur. Die kommunalen Ämter verfügten über bedeutende Handlungsspielräume bei der Steuerung des alltäglichen Lebens in der »NS-Volksgemeinschaft«. Sie waren Dienstleister und Verfolgungsinstanzen, Agenturen sozialer Integration und Ausgrenzung, bürokratische Stützen und lokale Repräsentationen der Diktatur. Die Reihe lotet die Dimensionen nationalsozialistischer Stadtgeschichte an einem prominenten Beispiel aus, das Allgemeines und Besonderes miteinander verbindet: der »Hauptstadt der Bewegung«. Die Landeshauptstadt München fördert dieses mehrstufig angelegte Forschungsvorhaben.

Paul-Moritz Rabe

Die Stadt und das Geld

Haushalt und Herrschaft
im nationalsozialistischen München

WALLSTEIN VERLAG

Bibliografische Information der Deutschen Nationalbibliothek
Die Deutsche Nationalbibliothek verzeichnet diese Publikation in der
Deutschen Nationalbibliografie; detaillierte bibliografische Daten
sind im Internet über http://dnb.d-nb.de abrufbar.

© Wallstein Verlag, Göttingen 2017
www.wallstein-verlag.de
Zugl.: Diss. Ludwig-Maximilians-Universität München, Dr. phil. 2016.
Vom Verlag gesetzt aus der Adobe Garamond
Umschlaggestaltung: Susanne Gerhards, Düsseldorf
Umschlagfoto: Der Münchner Oberbürgermeister Karl Fiehler und
Stadtkämmerer Andreas Pfeiffer (r.), Februar 1940; Zusammenstellung
des bereinigten Bruttohaushalts 1937 der »Hauptstadt der Bewegung«.
Foto: StadtAM, Fotosammlung NS 01647.
Druck und Verarbeitung: Hubert & Co, Göttingen
ISBN 978-3-8353-3089-4

Inhalt

Einleitung   9

*Untersuchungsfelder und Aufbau der Arbeit 11 — Forschungsbezüge und
Leitfragen 15 — Quellenlage 22*

I. Entzifferung der Zahlen.
Vier städtische Haushalte im Vergleich 27

1. Der Haushaltsplan als Gegenstand historischer Analysen 27

   *Der Haushalt als Indikator für die Finanzlage 28 — Der Haushalt als Ab-
   bild politischer Entwicklungen 31 — Planungshorizonte der Haushaltspolitik 34 — Rhetorik des Haushalts 36 — Systematik der Buchhaltung 38*

2. Der Krisenhaushalt 1932: Weltwirtschaft, Reichspolitik
   und Stadtfinanzen 42

   *Der Zwangsabgleich 42 — Genese der Finanznot: Steuerreform, Leistungsex-
   pansion, Wirtschaftskrise, Notverordnungspolitik 44 — Tektonik des Krisen-
   haushalts 49 — Bankrotterklärung aus Kalkül 53*

3. Der inszenierte Haushalt 1935: Konsolidierung als Ende
   der Krisenrhetorik 57

   *»Aufstieg« und »Zusammenarbeit«: die Symbolik der Zahlen 57 — Konsoli-
   dierung auf niedrigem Niveau 61 — Die ›Entdeckung‹ des Vermögensnachweises 66*

4. Der Aufrüstungshaushalt 1939: die Ordnung der Finanzen
   für den Krieg 69

   *Die neue Ordnung des Haushalts 70 — Die Reformen des gemeindlichen
   Steuersystems 74 — Eine »Atempause zur Ordnung der Finanzen«? 82*

5. Der Kriegshaushalt 1943: Kalkulation des Unkalkulierbaren 84

   *Die Finanzlage im Krieg: erstaunlich stabil? 84 — Kriegsaufgaben und Kriegs-
   ausgaben 87 — Der Haushalt der unerfüllten Bedürfnisse 92 — Wirren
   des Kriegs und Stabilität der konstruierten Zahlen 96 — ›Planlos‹ bis zum
   Kriegsende 100*

II. Herren des Geldes.
   Die Akteure der kommunalen Finanzpolitik 103

1. Die städtischen Finanzbehörden: Organisationsstrukturen und
   Aufgabenfelder 104
   *Die Stadtkämmerei 104 — Die Stadthauptkasse 108 — Das Rechnungs-
   amt 111 — Das Stadtsteueramt 113 — Das Einziehungsamt 116 — Das
   Renten- und Hinterlegungsamt 118*

2. Die städtische Finanzelite:»unpolitisch«, unersetzlich,
   anpassungsfähig 121
   *Stadtkämmerer Andreas Pfeiffer 121 — Die Kontinuität des inneren Krei-
   ses 127 — Karrierewege im »Dritten Reich« 130 — Unpolitische Beamte? 134*

3. Innerstädtische Entscheidungswege: Aushandeln, Anordnen und
   die stille Macht der Expertise 139
   *Die Stadträte zwischen Entscheiden, Beraten und Abnicken 139 — Karl
   Fiehler: Gemeindeführer, Bürokrat und Vermittlungsfigur 145 — Die Referenten und der Kämmerer: Finanzpolitik als Expertendiskurs 148*

4. Städtische Finanzpolitik im NS-Staat: Konflikte, Kooperation und
   Klüngel 156
   *Stadtverwaltung und Landesbehörden 158 — Die Stadt und das
   Reich 166 — Der Deutsche Gemeindetag 171 — Finanzpolitik und die
   Akteure neuen Typs 181*

III. Kampf ums Geld.
    Modi städtischer Einnahmepolitik 191

1. Feilschen und Verhandeln: der Finanzausgleich
   als Verteilungskonflikt 194
   *Der Finanzausgleich als historisches Untersuchungsfeld 194 — Die Ent-
   wicklung des Finanzausgleichs in der NS-Zeit 197 — Verhandlungsstrate-
   gien 204*

2. Erheben und Vollstrecken: städtische Steuer- und Gebührenpolitik 212
   *Versprechen und Wirklichkeit der Steuerermäßigungen 214 — Neue Geld-
   quellen: Filial- und Warenhaussteuer, Fremdenverkehrsabgabe, Eingemeindungen 221 — Einziehungspraxis als kommunales Handlungsfeld: Fördern, Fordern, Verfolgen 227*

3. Aufnehmen und Anlegen:
    Grenzen und Möglichkeiten städtischer Kreditpolitik. 240
    Ein nicht ausschlagbares Angebot? 240 — *Schuldenkonsolidierung unter neuen*
    Vorzeichen 244 — *Handlungsspielräume der Kreditaufnahme* 248 —
    Rücklagenbildung als Ressourcenmobilisierung fürs Reich 254

4. Enteignen und Profitieren: die fiskalische Dimension der
    städtischen Verfolgungspolitik 259
    Die Judenverfolgung als Raubzug 259 — *Das »Judenkonto« der Stadthaupt-*
    kasse 262 — *Gold für das Reich, Silber für die Stadt* 267 — *»Grund-*
    stücksarisierungen« 274

IV. Dem Willen des Führers Rechnung tragen.
    Akzente der städtischen Ausgabenpolitik 279

1. Die Ausgabenstruktur zwischen Kontinuität und Wandel 279
    Auftragsverwaltung und »freie Spitze« 280 — *Systemkonforme Prioritäten-*
    setzung 283

2. Teure Geschenke: die kommunale Ehebeigabe »Mein Kampf« . . . 285
    Wer bestellt, der muss nicht zahlen 287 — *Selbstverpflichtung, Prestige und*
    Propaganda 291 — *Auftragsverwaltung unter neuen Vorzeichen* 293

3. Die braunen Töpfe der Stadtkasse: Klientelismus
    als Haushaltsposten 296
    Alimentierung hochrangiger Staatsbediensteter und Parteifunktionäre 301 —
    Wirtschaftsvertreter, Wissenschaftler und Kulturschaffende als Nutznie-
    ßer 302 — *Versorgung »Alter Kämpfer«* 303 — *Zuwendungen an städti-*
    sche Mitarbeiter, Spitzenbeamte und Ratsherren 304 — *Unterstützung der*
    NSDAP und ihrer Gliederungen 311

4. Investitionen ins Image: die nackten Zahlen und der
    »schöne Schein«. 316
    Das weite Feld der Image-Ausgaben 318 — *Festveranstaltungen als Schwer-*
    punkt der Imagepolitik 321 — *Das »Braune Band«* 325 — *Die Stadt und*
    die Kunst 328

5. Die Kosten des Größenwahns: der Ausbau der »Hauptstadt der
    Bewegung« 336
    »Führerbau« — »Führerstadt« — »Führerwille« 338 — *Gigantische Pläne –*
    geringe Mittel – kreative Lösungen 342 — *Sonderbehörde und Sonderhaus-*
    halt 346 — *Viel Lärm um nichts?* 349

Resümee 356

»Ordnung« und Wandel des Haushaltswesens 358 — *Finanzpolitik als Ressourcenmobilisierung* 360 — *Haushaltspolitik als NS-Gesellschaftspolitik* 363 — *Buchhaltung und Verfolgung* 365 — *Finanzen und Münchens Sonderstellung* 367 — *Haushaltsexperten als NS-Funktionselite* 370

Dank 373

Anhang

Abkürzungen 375

Abbildungs- und Tabellenverzeichnis 376

Quellen 378

Literatur 381

Personenregister 397

Einleitung

Das braune München schrieb schwarze Zahlen. Am 25. Januar 1934 verkündete die Stadtführung einen ausgeglichenen Haushaltsplan. Den 192 Millionen Reichsmark Ausgaben standen im kommenden Rechnungsjahr ebenso hohe Einnahmen gegenüber. Es ging feierlich zu. Der Stadtrat und die führenden Verwaltungsbeamten hatten sich vollständig im Großen Sitzungssaal des Rathauses am Marienplatz versammelt. Neugotische Rundbögen, prunkvolle Kronleuchter und Carl Theodor von Pilotys (1826-1886) monumentales Gemälde »Monachia« lieferten den passenden Rahmen.[1] Für die Anwesenden galt Uniformpflicht. Weniger als ein Jahr nach der nationalsozialistischen Machtübernahme prägten Hakenkreuzbinden und Ehrennadeln das Bild. Die Sitzung war öffentlich. Wer wollte, konnte auf der Empore zusehen. Die meisten der damals etwa 750.000 Einwohner Münchens erfuhren aus den Tageszeitungen, wie es um die städtischen Finanzen bestellt war. Oberbürgermeister (OB) Karl Fiehler begann seine Rede zum ersten vollständig unter nationalsozialistischer Führung erstellten Haushaltsplan mit einem ausführlichen Rückblick auf das »endlose Debattieren, Kuhhandeln und Suchen nach wechselnden Mehrheiten«, das die Haushaltspolitik in der Zeit der Weimarer Republik gekennzeichnet habe.[2] Der neue Plan weise ein »wesentlich anderes Gesicht« auf. Die frühzeitige Feststellung des Haushalts sei von »verantwortungsbewussten Männern« mit »einmütigem Willen zur Lösung« vollbracht worden. Der Kämmerer Andreas Pfeiffer ergänzte stolz:

> »Wenn es uns als Geburtsstätte der nationalsozialistischen Bewegung gelungen ist, so frühzeitig mit dem abgeglichenen Haushaltsplan 1934 vor die Öffentlichkeit zu treten, so möge der Führer daraus ersehen, daß es unser Herzenswunsch war, ihm sobald als möglich einen Baustein zur wirtschaftlichen Gesundung unseres gesamten Vaterlandes zu liefern.«[3]

Eine zeitgenössische Fotografie hält die Szenerie im Stile der Historienmalerei fest (Abb. 1): Auf einem runden Tisch im Vordergrund sind einige Exemplare des Etatentwurfs platziert. Durch den zentralen Kronleuchter des Saals werden sie ausgeleuchtet wie wertvolle Kunstobjekte. Die Ratsherren sitzen in Reih und Glied und verteilen sich gleichmäßig um die zentrale Bildachse. Schon im Vorfeld hatte NSDAP-Fraktionschef Christian Weber angeordnet, während der öffentlichen Versammlung auf dem Platz zu verbleiben, um »das einheitliche Bild

---

1 Carl von Pilotys Gemälde schmückte zwischen 1879 und 1952 – und aktuell wieder seit 2004 – den großen Versammlungssaal im Neuen Rathaus in München. Das über 15 m breite Wandgemälde bildet 128 bedeutende Stadtbürger ab, die sich um die Personifikation der Stadt München, die »Monachia«, scharen. In seinem Entstehungskontext galt das Kunstwerk auch als Allegorie für das städtische Selbstbewusstsein gegenüber den Landesherren.
2 Fiehler, Stadtrat, 25.1.1934, in: Münchner Gemeinde-Zeitung 9, 31.1.1934, S. 32-41.
3 Pfeiffer, ebd.

Abb. 1: Die Haushaltsverkündung als Historiengemälde: Vollsitzung des Münchner Stadtrates anlässlich der Genehmigung des Haushaltsplans für das Rechnungsjahr 1934 am 25. Januar 1934

nicht zu zerstören«.[4] An der Stirnseite und an den Seitenflügeln des Großen Sitzungssaales werden die Ratsherren von den Referenten und führenden städtischen Beamten umrahmt. Der »einmütige Wille«, den der Oberbürgermeister in seiner Rede hervorhob, wird durch diese Aufstellung optisch akzentuiert: Die Verwaltungsexperten, die zu einem Großteil bereits vor der NS-Machtübernahme für die Stadt tätig waren, stehen hinter der neuen politischen Führung und damit im übertragenen Sinne auch hinter deren ideologiegeleiteten Zielsetzungen. Es wird offensichtlich: Die Stadtratssitzung am Vormittag des 25. Januar 1934 war keine verwaltungsmäßig-trockene Feststellung eines nüchternen Zahlenwerks. Sie glich vielmehr einem inszenierten Schauspiel mit Protagonisten, Statisten und Publikum, mit Requisiten und Bühnenbild. Die ›schwarze Null‹ im Stadtetat wurde gezielt als ein Beleg des nationalsozialistischen Wiederaufstiegs und Sinnbild einer neuen Ordnung und Gemeinschaft auf lokaler Ebene stilisiert.

Dem, der mit der NS-Geschichte vertraut ist, dürfte das Methodenrepertoire der Inszenierung bekannt sein. Ihr Anwendungskontext überrascht jedoch. Wozu das ganze Aufsehen um ein solches Rechenwerk? Was verbarg sich hinter den ausbalancierten Zahlen? Welche Relevanz hatte der Etatplan für die Bürgerinnen und Bürger[5] der Stadt?

Die vorliegende Studie möchte der Bedeutung des Haushalts für die Münchner Kommunalpolitik im »Dritten Reich« nachspüren und damit nach der fi-

---

4 Weber, Fraktionsbestimmungen, 22.1.1934, StadtAM, BuR 1621.
5 Aus Gründen der sprachlichen Vereinfachung und besseren Lesbarkeit wird in solchen oder ähnlichen Fällen im Folgenden nur das generische Maskulinum verwendet. Für den Fall gender-spezifischer Differenzierung wird dies explizit kenntlich gemacht.

nanziellen und finanzverwalterischen Seite der nationalsozialistischen Herrschaft vor Ort fragen. Es geht weniger darum, eine Geschichte der Zahlen und
Ziffern zu schreiben, als vielmehr die Geschichten hinter den Zahlen zu erzäh-
len. Anders gesagt: Das Ziel der Arbeit ist eine politik-, wirtschafts- und gesell-
schaftsgeschichtliche Betrachtung der städtischen Finanzen. Die Studie folgt
damit einer finanzsoziologisch inspirierten Fragestellung. Rudolf Goldscheid,
einer der Gründungsväter der Finanzsoziologie, definierte diese 1926 als »die
Lehre von der gesellschaftlichen Bedingtheit des öffentlichen Haushalts und seiner die Gesellschaftsentwicklung bedingenden Funktion«.[6] Der Finanzhistori-
ker Hans-Peter Ullmann erklärt diesen Ansatz wie folgt: Der Finanzsoziologie
gelten die öffentlichen Haushalte als »zentraler Vermittlungsbereich von Politik
und Ökonomie, Gesellschaft und Kultur«, denn diese bündeln nicht nur politische und wirtschaftliche, soziale und kulturelle Veränderungen, sondern »stabilisieren und destabilisieren auch politische Systeme, stimulieren oder dämpfen
wirtschaftliche Aktivitäten, zementieren oder nivellieren soziale Unterschiede,
fördern oder hemmen kulturelle Entwicklungen«.[7] Und Joseph Schumpeter, ein
anderer früher Vertreter dieser Forschungsrichtung, formulierte zu Beginn des
vergangenen Jahrhunderts: »Welches Geistes Kind ein Volk ist, auf welcher Kul-
turstufe es steht, wie seine soziale Struktur aussieht, was seine Politik für Unternehmungen vorbereiten mag – das und vieles andere noch« stehe in den öffentlichen Finanzen »phrasenbefreit« vor uns. »Wer ihre Botschaft zu hören versteht,
der hört da deutlicher als irgendwo den Donner der Weltgeschichte.«[8]

Untersuchungsfelder und Aufbau der Arbeit

Der Nationalökonom Schumpeter hatte bei seiner Aussage vorrangig den
Reichshaushalt im Blick. Im Prinzip gilt sie aber auch für den Kommunalhaus-
halt einer Großstadt wie München. Durch eine Analyse der städtischen Haushalte der NS-Zeit soll in der vorliegenden Studie also so etwas wie der ›Donner
der Stadtgeschichte‹ vernehmbar gemacht werden. Der Blick konzentriert sich
systematisch auf vier Untersuchungsfelder, denen jeweils ein Hauptkapitel gewidmet ist.[9]

---

6 Zit. nach: Albers u. a. (Hrsg.), Handwörterbuch, S. 98.
7 Ullmann, Steuerstaat, S. 10.
8 Schumpeter, Krise, S. 331 f.
9 Die systematische und weniger chronologische Herangehensweise bedingt es, dass einige
   zentrale Aspekte und Zusammenhänge in mehreren Kapiteln auftauchen. In Form von
   Verweisen habe ich versucht, die Bezüge zwischen den einzelnen Kapiteln herzustellen,
   und hoffe, dass das eher zu einem vertieften Verständnis der Sache führt und nicht als
   unnötige Redundanz wahrgenommen wird. Ein Vorteil dieses Zugangs sollte darin liegen, dass auch jedes Kapitel für sich als eine Geschichte der Stadtfinanzen gelesen werden kann.

1.) Den Ausgangspunkt des Untersuchungsprogramms bildet die Frage, wie sich ein Haushaltsplan überhaupt lesen und verstehen lässt. 192 Millionen Reichsmark Einnahmen – 192 Millionen Reichsmark Ausgaben: So stand es auf einer der ersten Seiten des am 25. Januar 1934 verkündeten Haushaltsplans. Die ausgeglichene Bilanz sollte eine neue Stabilität suggerieren. Genau genommen sagt dieser Parameter allein jedoch noch sehr wenig über die städtische Finanzlage aus und gar nichts darüber, woher die Mittel kamen und wofür sie ausgegeben wurden.

In einem einführenden, heuristischen Abschnitt sollen deshalb zunächst einige grundsätzliche Gesichtspunkte darüber aufgezeigt werden, wie man als Historiker mit der Quelle Haushaltsplan umgehen kann, wie sich also die Zahlen des Etats entziffern lassen (I.1). Die vorgestellten Zugänge können womöglich als kleine Theorie der Haushaltspläne für weitere Forschungen fruchtbar sein.[10] Indem sie auf Beobachtungen zu den Plänen der 1930er- und 1940er-Jahre fußen, stellen sie vorrangig ein konkretes Raster dar, um anschließend die vier städtischen Haushalte der Jahre 1932, 1935, 1939 und 1943 zu analysieren und zu vergleichen (I.2-I.5). Diese Analysen folgen jeweils nicht nur dem Anspruch, die Geschichten hinter den Zahlen freizulegen, sondern sollen gleichzeitig auch einen periodisierenden Aufriss bieten. Die Untersuchungen einzelner Haushalte gleichen Momentaufnahmen. Insofern sie aber auf Konstellationswandlungen verweisen, werden darin vier Phasen städtischer Haushaltspolitik sichtbar, die für die weiteren Kapitel als grundlegende chronologische Orientierung fungieren. Im Vergleich zu anderen Phasenmodellen in der Forschung ist die vorgenommene Einteilung nicht nur politik-, finanz- und/oder rechtsgeschichtlich begründet, sondern auch kulturgeschichtlich inspiriert.

2.) Der Etatentwurf ist der jährlich sichtbare und komprimierte Ausdruck einer Vielzahl administrativer Tätigkeiten und politischer Aushandlungsprozesse unterschiedlicher Beteiligter. Das zweite Kapitel dieser Studie untersucht deshalb die verschiedenen, in die städtische Haushaltspolitik involvierten Akteure in ihren Interaktionen und institutionellen Verflechtungen. Es soll also gefragt werden, wer die angeblich so »verantwortungsbewusst« handelnden »Männer« denn konkret waren, von denen Karl Fiehler im Januar 1934 sprach, und ob sie tatsächlich immer so »einmütig« agierten.[11]

Der Blick richtet sich zunächst auf den behördlichen Kern der Finanzverwaltung: die Kämmerei und ihre angeschlossenen Ämter. Hierbei sollen zum einen die institutionellen Strukturen und Aufgabenfelder skizziert (II.1) und zum an-

---

10 Vgl. auch Pierenkemper, Haushalte, S. 39, der auf das Desiderat des Themas »Haushalt« in unterschiedlichen Disziplinen verweist, wobei er staatliche wie private Haushalte gleichermaßen meint: »Haushalte müssten […] eigentlich im Kern jeder ökonomischen Analyse stehen und eine zentrale Kategorie der ökonomischen Theorie bilden. Dies ist jedoch nicht der Fall. Auch als Objekte der Wirtschaftsgeschichte werden Haushalte nur selten wahrgenommen und allenfalls am Rande behandelt.«

11 Fiehler, Stadtrat, 25.1.1934, in: Münchner Gemeinde-Zeitung 9, 31.1.1934, S. 33.

deren die Gruppe der Führungsbeamten genauer vorgestellt werden (II.2). Die Beamten in den Verwaltungsbehörden, allen voran der Stadtkämmerer selbst, standen im regen Austausch mit den politischen Entscheidungsträgern der Stadt (II.3). Dazu zählten die Stadträte, deren Bedeutung sich im Laufe des Untersuchungszeitraums wandelte, der Oberbürgermeister, der spätestens mit der Deutschen Gemeindeordnung von 1935, zumindest formell, zum »Gemeindeführer« avancierte, sowie der Kreis der hauptamtlichen Referenten, die wegen ihrer Expertise einen großen Einfluss ausübten. Die kommunale Finanzpolitik stand stets in engen Wechselbezügen zu übergeordneten staatlichen Ebenen. Deshalb behandelt der umfangreichste Abschnitt des Kapitels die Beziehungen zu verschiedenen außerstädtischen Akteuren (II.4). Zu fragen ist nach den Interaktionen mit Landes- und Reichsbehörden, dem Deutschen Gemeindetag als interkommunalem Forum der Fachleute und den diversen Parteistellen, die in der »Hauptstadt der Bewegung« außerordentlich präsent waren: Welche Ansprüche erhoben diese auf das städtische Geld? Oder konnte die Stadtführung aufgrund ihrer Kontakte auch vom braunen Netzwerk vor Ort profitieren?

3.) Das dritte Untersuchungsfeld widmet sich sodann der Einnahmenseite des Stadthaushalts. Nur am Rande wird es in diesem Kapitel darum gehen, Einkünfte aus unterschiedlichen Einnahmearten quantitativ zu vermessen. Insofern ich die Kommune als Akteursgruppe und Finanzpolitik als Interaktionen verstehe, steht vielmehr die Frage im Mittelpunkt, welches Ensemble von Wegen die Stadtverwaltung suchte und fand, um Geldmittel zu akquirieren. Genau hierin sah der Kämmerer Pfeiffer die vornehmliche Aufgabe seiner Behörde, als er 1932 konstatierte, das Finanzreferat sei das »Einnahmereferat«.[12] Eine solche Schwerpunktsetzung war in den 1930er- und 1940er-Jahren auch deswegen fast überlebenswichtig, weil diese Zeit in besonderem Maße von einem anhaltenden Ressourcentransfer in Richtung Reichskasse gekennzeichnet war, sodass die finanzielle Ausstattung der Kommunen stets prekär blieb.

In dieser mithin als »Kampf ums Geld« wahrgenommenen Periode großer Ressourcenknappheit lassen sich vier Modi der Einnahmegenerierung unterscheiden. Während die Stadtverwaltung im Zuge des »Feilschens und Verhandelns« versuchte, auf die durch den Finanzausgleich vorgegebenen gesetzlichen Rahmenbedingungen einzuwirken (III.1), zielte das »Erheben und Vollstrecken« darauf, den von Land und Reich vorgegebenen Rahmen bestmöglich zu nutzen (III.2). Für die Praxis der Steuer- und Gebührenpolitik waren neben den fiskalischen Interessen auch wirtschafts- und gesellschaftspolitische Überlegungen handlungsleitend. Wir werden etwa sehen, dass die Einziehung städtischer Forderungen ein bislang kaum beachteter Bereich war, in welchem die Münchner Kommunalbehörden eine rassistische und antisemitische Verwaltungspraxis entfalteten. Einen dritten Modus stellte das »Aufnehmen und Anlegen« dar (III.3). Der Kreditmarkt war so etwas wie die Lieblingseinnahmequelle der Gemein-

---

12 Pfeiffer, Sparkommission, 8.2.1932, StadtAM, RSP 704/17.

den, weil dieser Optionen bot, Gelder zu generieren, ohne direkt die Bevölkerung belasten zu müssen. Fast über den gesamten Untersuchungszeitraum hinweg setzte das Reich den Kommunen allerdings enge Grenzen, sodass die Stadt bald mehr anlegte als anlieh. Ein NS-spezifischer Typus der Einnahmepolitik lag schließlich im »Enteignen und Profitieren« (III.4). Die durch Raub von jüdischem[13] Eigentum erzielten Einnahmen spielten quantitativ gesehen für den Stadthaushalt nur eine verhältnismäßig geringe Rolle – den Großteil der Beute sicherten sich bekanntlich Reich und Partei.[14] Im Behördenalltag war das Interesse am ›jüdischen Geld‹ dennoch sehr präsent. Fiskalischpolitische Begründungen bildeten einen legalen Deckmantel dafür, dass sich in der Verwaltungspraxis eine dezidiert ideologische Zielsetzung Bahn brach. Wo immer es möglich erschien, agierten somit viele Kommunalbeamten als willige Vollstrecker der NS-Verfolgungspolitik.

4.) »Die Verwaltung des Geldwesens ist nicht ein schematisches Tätigsein, ›Bürokratismus‹, sondern greift tiefer, als jede andere verwaltende Arbeit, in das lebendige Leben der Gemeinde ein«, stellt das Fachorgan »Der Gemeindehaushalt« im Jahr 1938 fest und verabschiedet damit auch nebenbei das oft bemühte Narrativ von der unpolitischen Verwaltung.[15] Diese Einschätzung hing nicht zuletzt mit der Tatsache zusammen, dass gerade die Ausgabengestaltung einer Kommune – darin liegt mein viertes Untersuchungsfeld – ausnahmslos alle Ressorts tangiert: Gemeindliche Mittel flossen in so unterschiedliche Bereiche wie Kulturprogramme, soziale Betreuung, Abwasserentsorgung oder Infrastrukturmaßnahmen. Da aber die Ausgabentätigkeit an dieser Stelle nicht bis in alle Verwaltungszweige nachverfolgt werden kann, muss in besonderem Maße exemplarisch vorgegangen werden. Der Begriff »Akzente« im Untertitel des Kapitels verweist in zweierlei Hinsicht auf den Zuschnitt: Erstens interessiert mich vorrangig die Mittelverwendung jenseits der sogenannten »Auftragsverwaltung«. Im

---

13 Nicht das Selbstverständnis der Betroffenen – von denen nicht wenige zum Christentum konvertiert waren oder sich subjektiv gar nicht als »Juden« begriffen –, sondern die Zuschreibung aufgrund der nationalsozialistischen Rassenlehre machte im »Dritten Reich« jemanden zum »Juden« oder klassifizierte etwas als »jüdisch«. Aus Gründen der Lesbarkeit wird im Folgenden trotzdem unkommentiert auf Umschreibungen wie »von den Nationalsozialisten als Jude bezeichneter Stadtbürger« verzichtet. Anführungszeichen werden nur dort gesetzt, wo die sprachliche Indienstnahme von Begrifflichkeiten weniger offensichtlich und bekannt ist.

14 Vgl. hierzu die diversen Forschungen zur staatlichen Finanzverwaltung wie Friedenberger, Finanzverwaltung; ders., Ausplünderung; Drecoll, Fiskus; Kuller, Finanzverwaltung; Kuller, Bürokratie.

15 Terhardt, Kämmerer und Kasse, in: Der Gemeindehaushalt, 31.7.1938, S. 158-160, hier: S. 159, StadtAM, Kämmerei 2019. Die Forschung hat hinlänglich gezeigt, dass Verwaltung und Politik kaum voneinander getrennt werden können. Verwaltungstätigkeiten haben immer eine politische Wirkung und Politik funktioniert nicht ohne einen effizient arbeitenden Verwaltungsapparat. Das Thema dieser Arbeit umfasst damit beide Dimensionen: Es geht um Finanzverwaltung und Finanzpolitik gleichermaßen.

Sinne eines neueren Forschungsparadigmas und im Hinblick darauf, in dieser Arbeit auch die spezifische Rolle der »Hauptstadt der Bewegung« zu erfassen, sind gerade die Bereiche von Interesse, in denen die Stadt eigenständige Gestaltungsspielräume hatte. Dieser Fokus erscheint auch deshalb sinnvoll, weil die Verwendung der ›freien Mittel‹ in den Stadtgremien besonders intensiv diskutiert wurde.

Zweitens soll an Beispielen aus unterschiedlichen Verwaltungszweigen gezeigt werden, wie sehr gerade auch die ›freien Mittel‹ in zunehmendem Maße systemkonform verwendet wurden. Der von Stadtkämmerer Andreas Pfeiffer geäußerte Ausspruch, dem Willen des Führers Rechnung zu tragen, dient insofern als übergeordnetes Motto für die ideologische Selbstverpflichtung, der die städtischen Entscheidungsträger und auch viele Beamte in den Finanzbehörden folgten. Wenn die Stadtverwaltung Hunderttausende von Reichsmark für das Ehegeschenk »Mein Kampf« ausgab, obwohl sich andere Kommunen erfolgreich dieser Idee verweigerten (IV.2), wenn sie eigene Fonds schuf, um altgediente Parteigenossen – buchhalterisch korrekt – aus der Stadtkasse zu alimentieren (IV.3), wenn Millionen in ein Pferderennen mit dem bezeichnenden Namen »Braunes Band«, den »Tag der deutschen Kunst« (IV.4) oder in die gigantischen Pläne zum Stadtausbau (IV.5) gesteckt wurden, dann wird augenscheinlich: Der Haushalt der »Hauptstadt der Bewegung« wies tatsächlich ein, wie Fiehler es schon im Januar 1934 verkündete, »wesentlich andere[s] Gesicht« auf als zu Zeiten der Weimarer Republik.[16]

Forschungsbezüge und Leitfragen

Die vorliegende Studie lässt sich in Bezug zu verschiedenen kommunal-, stadt- und finanzgeschichtlichen Forschungsfeldern setzen:
1.) Sie gliedert sich zum einen in eine Reihe von jüngeren Beiträgen ein, die die Geschichte der Stadt- und Gemeindeverwaltungen unter neuer Perspektive erforschen und dabei ihre Bedeutung für den NS-Staat aufwerten. Das Bild von der Rolle der Kommunen war lange festgefahren: Es orientierte sich zum einen an der Pionierstudie von Hans Mommsen zur Beamtenschaft im NS-Staat, in dem die »Gleichschaltung« oder der Zerstörungsprozess der Gemeinden und ihres Verwaltungskörpers durch das NS-Regime im Vordergrund standen.[17] Zum anderen war Horst Matzeraths Standardwerk wegweisend, das – vor allem nor-

---

16 Fiehler, Stadtrat, 25.1.1934, in: Münchner Gemeinde-Zeitung 9, 31.1.1934, S. 32.
17 Vgl. Mommsen, Beamtentum: Die wegweisende Untersuchung zeigt zwar deutlich auf, dass es sich beim NS-Staat nicht um ein »monolithisch strukturiertes, von einheitlichem politischen Wollen durchströmtes Herrschaftsgebilde« (vgl. ebd., S. 18) handelte, sondern eher um eine Herrschaft der vielen, womit ihr das Verdienst zukommt, relativ früh den Kreis der Mitverantwortlichen um die Beamtenschaft erweitert zu haben. Allerdings stellt Mommsen diese in einem nach seinem Verständnis dualen Herrschaftssystem eher als ›Opfer‹ der Nationalsozialisten dar.

mativ argumentierend – zu zeigen versucht, wie gering die politischen Einfluss-möglichkeiten der Kommunen unter dem Berliner Zentralismus und dem Herr-schaftsanspruch der NSDAP ausfielen.[18] Studien, die – im Stile »Stadt xy unterm Hakenkreuz«– dieser Deutungslinie folgen, reproduzieren dabei jedoch oft zu stark das Selbstverständnis der lokalen Eliten während und nach der NS-Zeit.[19] In Abgrenzung zu früheren Forschungen wenden sich seit den späten 1990er-Jahren zahlreiche Arbeiten explizit der lokalen Verwaltungspraxis zu. Dabei kön-nen sie nachweisen, dass sich die Tätigkeit der Kommunalbeamten nicht nur auf den verwaltungsmäßigen Vollzug von Verordnungen und Erlassen beschränkte, sondern dass vielmehr Stadt- und Gemeindeverwaltungen die nationalsozialis-tische Politik vor Ort »aktiv, selbständig und dynamisch« mitgestalteten.[20] Dar-über hinaus wirkten sie nicht selten auch als Impulsgeber ›nach oben‹. Maßgeb-liche Anstöße für diese neue Kommunalgeschichte gingen von den Beiträgen Wolf Gruners aus, der als einer der ersten die »Wechselwirkung lokaler und zentraler Politik im NS-Staat«[21] am Beispiel der Judenverfolgung herausarbei-tete und den Kommunen dabei einen maßgeblichen Anteil an der Dynami-sierung und Radikalisierung attestierte. Angesichts der neuen empirischen Be-funde und einhergehend mit der Erkenntnis, dass das Herrschaftssystem der NS-Zeit nicht mehr als einfache Dichotomie von Staat und Partei, sondern vielmehr als eine Herrschaftsform mit ständigen Macht- und Kompetenzver-schiebungen zu verstehen ist, wurde auch die Rolle der Städte und Gemeinden innerhalb dieses Staatsgebildes neu beurteilt. Bernhard Gotto, der die national-sozialistische Kommunalpolitik am Beispiel der Stadt Augsburg untersuchte, ar-beitet etwa die Bemühungen heraus, auf lokaler Ebene das »polykratische Chaos zu bändigen«.[22] Die »systemstabilisierenden Dimensionen«[23] kommunaler Herr-schaft, die er und andere betonen, zeigten sich in den Koordinationsleistungen

18 Vgl. Matzerath, Nationalsozialismus: Insofern diese Studie nach wie vor die einzige zusammenhängende Geschichte der Kommunalpolitik im Nationalsozialismus ist, war sie für die vorliegende Arbeit von großem Wert. Kritisiert werden muss allerdings aus heutiger Sicht die starke Zuspitzung auf die These der Zerstörung der kommunalen Selbstverwaltung. Zu der an der am Ideal der kommunalen Selbstverwaltung ausge-richteten Forschung allgemein siehe auch Mecking/Wirsching, Stadtverwaltung, S. 12 f.
19 So heißt etwa eine Studie Helmut Halters zu Regensburg »Stadt unterm Hakenkreuz«. Sie folgt zwar in ihrer Argumentation weitgehend dem älteren Forschungsparadigma, zählt aber nichtsdestoweniger zu den ergiebigeren kommunalgeschichtlichen Arbeiten und war auch für diese Studie wertvoll.
20 Mecking/Wirsching, Stadtverwaltung, S. 6.
21 So lautet der Untertitel seiner Monografie »Öffentliche Wohlfahrt und Judenverfol-gung« aus dem Jahr 2002. Darüber hinaus hat Gruner dieses Thema in zahlreichen Aufsätzen davor und danach umrissen und dabei insbesondere auch die Rolle des Deut-schen Gemeindetags als »Netzwerk der Verfolgung« betont (ders., Kommunen, S. 197). Rüdiger Fleiter, Stadtverwaltung, hat diesen ›Faden‹ aufgenommen und am Beispiel Hannovers seine Untersuchungen auf viele weitere Bereiche der Verfolgung ausgewei-tet.
22 Gotto, Kommunalpolitik, S. 429.
23 Vgl. hierzu vor allem den Sammelband Mecking/Wirsching (Hrsg.), Stadtverwaltung.

der Kommunen im Krieg[24] genauso wie im Aufrechterhalten ihrer bürokratischen Routinen, die dabei halfen, die Gesellschaft zu durchdringen, und damit, wie Gotto formuliert, die Diktatur »veralltäglichten«.[25] Im Kontext dieses kommunalgeschichtlichen »Paradigmenwechsel[s]«[26] fällt auf, dass das Thema Finanzverwaltung/-politik bislang weitgehend ausgespart wurde.[27] Als wichtige Referenz ist lediglich Katrin Hollys kurzer Beitrag zur Steuerpolitik in Augsburg und Memmingen zu nennen.[28] In früheren kommunalgeschichtlichen Studien[29] war das gemeindliche Geld im »Dritten Reich« ebenso oft nur am Rande von Interesse wie im Rahmen von verwaltungswissenschaftlichen Arbeiten.[30] Horst Matzeraths Sichtweise blieb bis heute mehr oder weniger unwidersprochen: In seinem Referenzwerk fand er gerade im Finanzsektor wesentliche Argumente für den angeblichen Verlust der kommunalen Selbstverwaltung, die »Aushöhlung des gemeindlichen Aufgabenbereichs« und die »Zerstörung der Einheit der Verwaltung«.[31]

24 Vgl. etwa Gotto, Kommunalpolitik, S. 275-384; Brinkhus, Auftragsverwaltung.
25 Gotto, Kommunalpolitik, S. 423. In diesem Zusammenhang erhebt er in Anlehnung an den Verwaltungswissenschaftler Thomas Ellwein den Begriff der »admnistrativen Normalität« zu einem zentralen Deutungsbegriff. Diese Normalität umfasse einerseits »Elemente der herkömmlichen Verwaltung« und öffne sich andererseits zunehmend den »Zielen und Methoden der nationalsozialistischen Ideologie und Rassenutopie«. Unter dem Deckmantel verwaltungsmäßiger Kontinuität, die eine »Sehnsucht nach Normalität« in der Bevölkerung befriedigte, verschob sich also sukzessive die kommunale Verwaltungsnorm. Daher sei »administrative Normalität« ein »dynamisches Konzept« (ebd., S. 2 f.).
26 Wirsching, Rezension zu: Fleiter, Rüdiger: Stadtverwaltung im Dritten Reich, in: H-Soz-Kult, 01.09.2006, URL: http://www.hsozkult.de/publicationreview/id/rezbuecher-7707, Zugriff am 10.5.2017.
27 Beispielhaft dafür, dass das Thema im Rahmen der neueren Kommunalgeschichte noch nicht hinlänglich rezipiert wird, ist etwa Klöcklers, Selbstbehauptung; seine Untersuchung zur Konstanzer Stadtverwaltung im Nationalsozialismus kommt, trotz detailreicher Untergliederung, ohne ein einziges Kapitel zur städtischen Haushaltspolitik/-lage aus.
28 Vgl. Holly, Gestaltungsspielräume; überdies ist der Aufsatz von Petzina, Handlungsspielräume, zu erwähnen, wenngleich er vor allem die Zwischenkriegszeit im Blick hat und außerdem sehr staatsrechtlich argumentiert. Die einzige größere Untersuchung lieferte Zeppenfeld, Handlungsspielräume, dessen Analysen zu Bochum und Münster allerdings bis zum Jahr 1935 reichen und demnach auch eine rechtsgeschichtlich orientierte Zäsur, das Inkrafttreten der Deutschen Gemeindeordnung (DGO), setzen.
29 So finden sich in einigen älteren allgemeinen Stadtgeschichten knappe überblickshaft angelegte Abschnitte zu der Finanzlage der untersuchten Gemeinden, wie etwa Hoser, Geschichte, S. 668-692; Gumbrecht, Finanz- und Wirtschaftspolitik; Halter, Stadt, S. 255-290.
30 Vgl. etwa den sehr rechtsgeschichtlich angelegten Beitrag Hansmann, Kommunalfinanzen, zu den Stadtfinanzen Hannovers. Die Verwaltungswissenschaften haben sich dagegen mit dem Thema der Kommunalfinanzen in der Weimarer Republik deutlich früher und intensiver beschäftigt; vgl. z.B. den Sammelband Hansmeyer, Finanzpolitik.
31 Matzerath, Nationalsozialismus, S. 350-381, hier: S. 369.

Das ist erstaunlich: Wenn man davon ausgeht, dass Geld ein zentrales politisches Steuerungsmittel der Gemeinden war und ist, dann kann die zentrale Frage nach politischen Einflussmöglichkeiten der Kommunen im NS-Herrschaftsgeflecht nur vollständig beantwortet werden, wenn man auch die gemeindlichen Finanzen betrachtet. Anknüpfend an die neuere NS-Kommunalgeschichte möchte die vorliegende Studie am Beispiel Münchens die Handlungsspielräume genauer ausleuchten. Hierbei sind zum einen – eine klassische finanzwissenschaftliche Fragestellung – die finanziellen Spielräume zu ermitteln: Wie stand es um die kommunalen Finanzen im »Dritten Reich«? Wie entwickelten sich die Einnahmen der Stadt? Welchen Einfluss hatte die Stadtführung auf deren Erhebung? Welche Freiheiten oblagen ihr im Bereich der Ausgaben? Zum anderen ist nach den (finanz-)politischen Handlungsspielräumen zu fragen: Welche Einflussmöglichkeiten hatten städtische Funktionsträger bei übergeordneten Angelegenheiten, etwa im Rahmen des Finanzausgleichs? Wie gestaltete sich das Verhältnis zu Parteistellen? Die Antworten, die diese Arbeit findet, liefern somit auch einen Beitrag zur übergeordneten Frage nach den Funktionsprinzipien des NS-Staats. Zugleich ist das Beispiel München auch immer ein Sonderfall. Zu fragen ist deshalb stets: Hatte die »Hauptstadt der Bewegung« andere Handlungsspielräume als andere Städte im Reich?

2.) Dieser Aspekt leitet zu einem zweiten Bezugsfeld über: der NS-Geschichte Münchens. Es ist bezeichnend, dass in einem Aufsatz von Gerd Modert über die Rolle der NSDAP bei der Ausplünderung der Münchner Juden eben jenes Foto abgebildet wurde, das zu Beginn dieser Einleitung steht, ohne dass dabei auf die Bedingungen seiner Entstehung eingegangen wird. Die zeitgenössische Fotografie wird zur Illustration genutzt, um den Stadtrat als »Versammlung meist radikal antisemitischer Veteranen der Münchner NSDAP« darzustellen;[32] kein Wort darüber, dass es sich hierbei um die inszenierte feierliche Versammlung anlässlich des Haushaltsabschlusses 1934 handelt. Diese Verwendungsweise kann beispielhaft dafür stehen, dass der Stadt als politischem Akteur und im Besonderen ihrem wichtigsten Steuerungsmittel, dem Haushalt, in den zahlreichen historischen Studien zur Stadtgeschichte Münchens meist nur eine verhältnismäßig geringe Beachtung geschenkt wird.

Die Forschungen zur Isar-Metropole und »Hauptstadt der Bewegung« konzentrierten sich bislang überwiegend auf nicht-kommunalspezifische Aspekte: Schließlich war München der Sitz der Landesregierung Bayerns, Schauplatz der Räterepublik, Wiege der NS-Bewegung, Wahlheimat Hitlers, Bühne für kultische Massenveranstaltungen, Raum für Weltstadtfantasien, ›Vorort‹ des Konzentrationslagers Dachau und Wirkungsort der Widerstandsgruppe »Weiße Rose«.[33] Auch die jüngste große Publikation zur Geschichte der Stadt im »Drit-

---

32 Modert, Motor, S. 150.
33 Die Breite der Forschungsthemen über die Münchner Stadtgeschichte in der ersten Hälfte des 20. Jahrhunderts spiegelt sich vielleicht am besten in den zahlreichen und

ten Reich«, der Begleitband zum 2015 eröffneten NS-Dokumentationszentrum »München und der Nationalsozialismus«, behandelt die Rolle der Stadtverwaltung – immerhin eine Behörde mit damals rund 16.000 Mitarbeitern – nur am Rande.[34] Arbeiten mit explizit kommunalgeschichtlichem Zugang sind in der ansonsten gut erforschten Stadtgeschichte bislang Mangelware, der Haushalt kommt noch seltener ins Visier.[35]

Für die Weimarer Zeit ist als wichtige Ausnahme Peter Steinborns Monografie über die Kommunalpolitik zu nennen, die auch finanz- und haushaltspolitische Themen behandelt.[36] Helmut Hanko kommt das Verdienst zu, als erster grundlegende Erkenntnisse zu Münchens Kommunalpolitik im »Dritten Reich« herausgearbeitet zu haben. Allerdings endet der Untersuchungszeitraum seiner Studie mit dem Jahr 1935 und folgt nicht zuletzt deshalb eher dem oben skizzierten ›älteren‹ kommunalgeschichtlichen Blickwinkel; die Finanzpolitik spielt kaum eine Rolle.[37] Die Stadt als Akteur wird zudem in einigen differenzierten Untersuchungen zur Judenverfolgung sichtbar.[38] Meist liegt der Fokus jedoch noch immer eher auf dem antisemitischen Vordenker Karl Fiehler und dem rassistischen Scharfmacher Christian Weber, wobei beide weniger in ihrer Funktion als kommunale Entscheidungsträger, sondern als lokale Vertreter des NS-Regimes wahrgenommen werden.[39] Christine Rädlingers Aufsatz zu Schwerpunkten der Münchner Investitionspolitik im 19. und 20. Jahrhundert beschränkt sich im Abschnitt zum »Dritten Reich« thematisch auf den Ausbau der »Hauptstadt der Bewegung«.[40] Darüber hinaus hat sie eine kurze Broschüre zur Institutionengeschichte der Münchner Stadtkämmerei vorgelegt.[41] Seitdem der Münch-

---

unterschiedlichen Beiträgen der beiden Ausstellungskataloge Münchner Stadtmuseum (Hrsg.), München, sowie Nerdinger (Hrsg.), München, wider.

34 Vgl. Nerdinger (Hrsg.), München; Ähnliches gilt z. B. auch für den Sammelband Hajak/Zarusky (Hrsg.), München.

35 Dies gilt nicht nur für München, sondern ist auch bei vielen anderen stadtgeschichtlichen Untersuchungen zu kleineren Orten in Südbayern der Fall, wie Hoser, Städte, S. 83 f., konstatiert.

36 Steinborn, Grundlagen.

37 Vgl. Hanko, Kommunalpolitik, S. 330, betrachtet das Jahr 1935, als im Oktober die Deutsche Gemeindeordnung in Kraft trat, als zentrale Zäsur für die nationalsozialistische Machtdurchsetzung in der Stadtverwaltung. Bis 1935 hätten sich, so Hanko, die »weltanschaulich-politischen Zwecksetzungen des NS-Regimes« weit in die Administration »hineingefressen«. Sein grundsätzlich normativer Blickwinkel spiegelt sich in den Titelgebungen seiner späteren, auf diesen Forschungen basierenden kleineren Aufsätze wider: Hanko, Stadtverwaltung unterm Hakenkreuz, sowie ders., München 1933 bis 1935. Das Rathaus unterm Hakenkreuz.

38 Vgl. etwa die frühe Studie von Hanke, Geschichte, S. 245-271, sowie die neueren Publikationen von Rappl, »Arisierungen«; Baumann/Heusler (Hrsg.), München; Selig, »Arisierung«; Strnad, Zwischenstation.

39 Vgl. hier etwa die Forschungen von Heusler, Haus, ders., Verfolgung; zu Weber vgl. Berg, Korruption; Schiefer, »Blauen Bock«.

40 Vgl. Rädlinger, Schwerpunkte.

41 Vgl. Rädlinger, Stadtkämmerei.

ner Stadtrat 2009 die Unterstützung eines umfangreichen Forschungsprojekts zur Untersuchung der Rolle der Stadtverwaltung Münchens im Nationalsozialismus beschloss, sind mit den Arbeiten von Annemone Christians zum öffentlichen Gesundheitswesen und Florian Wimmer zur Sozialpolitik inzwischen zwei explizit kommunalgeschichtliche Beiträge erschienen.[42] Die vorliegende Studie ist der dritte Band in dieser Reihe.

Sie möchte innerhalb dieser stadtgeschichtlichen Forschungslandschaft einen neuen Akzent setzen, indem sie den Haushalt als Herrschaftsinstrument in den Mittelpunkt des Interesses rückt. Dadurch soll nicht nur ein bisher weitgehend unbehandeltes kommunalpolitisches Aktionsfeld erschlossen, sondern – insofern als die öffentlichen Finanzen ein Steuerungsinstrument für Kultur, Wirtschaft und Politik in der Stadt darstellen – auch andere/neue Sichtweisen auf bereits bestehende Forschungsbereiche eröffnet werden. Nicht alle Bürger Münchens mögen sich für die Details des städtischen Haushalts interessiert haben, aber ausnahmslos alle Stadtbewohner waren von dem betroffen, was dazu beschlossen und darin festgehalten wurde. Zu fragen ist also: Wie und wo genau äußerte sich die gesellschaftliche Prägekraft der kommunalen Finanzen? In welche Bereiche des städtischen Lebens ›griff‹ die Haushaltspolitik ein? Und wie wurde dadurch auch das spezifische Profil der »Hauptstadt der Bewegung« mitgestaltet?

3.) Anschlussfähig ist diese Studie – drittens – an finanzgeschichtliche Forschungsfragen. Obgleich viele Historiker einen Bogen um finanzhistorische Themen machen, standen solche in den letzten Jahren, gerade im Bezug auf die NS-Zeit, verstärkt im Fokus. Einen Aufschwung – wenn auch eher medialen als wissenschaftlichen Ursprungs – erfuhr das Thema der weltweiten Finanz- und Wirtschaftkrise von 1929 sowie deren Folgen.[43] Ganze Forschergenerationen hatten sich zuvor bereits mit der Großen Krise beschäftigt.[44] Sie markiert einen der bedeutsamsten Einschnitte in der Geschichte des 20. Jahrhunderts und gilt in Bezug auf die deutsche Geschichte nicht zuletzt als maßgeblicher Faktor für das »Scheitern« der Weimarer Demokratie und den Aufstieg der NSDAP. Gleichzeitig interessierte sich die Forschung stark dafür, wann, wie und unter welcher Verantwortung es gelang, die Krise zu überwinden, und

---

42 Vgl. Christians, Amtsgewalt; Wimmer, Ordnung. Gewissermaßen als Vorläufer dieser neueren kommunalgeschichtlichen Studien zu München kann außerdem Haerendel, Wohnungspolitik, gelten.

43 Dieses neu entfachte Interesse war beeinflusst von den tagespolitischen Eindrücken der weltweiten Finanzkrise. Dass die Gegenwartsprobleme mit der Großen Depression allerdings weniger gemeinsam haben als mancher behauptet, wird in Hesse/Köster/Plumpe, Depression, S. 205-216, deutlich. Ein anderer, jüngst erschienener Band, der beide Krisen mit besonderem Blick auf Deutschland vergleicht, ist Bähr/Platthaus/Rudolph, Finanzkrisen.

44 Um nur wenige renommierte deutsche Beiträge zu nennen, siehe Borchardt, Wachstum, S. 165-182; Buchheim, Wirtschaftsaufschwung; Borchardt u. a. (Hrsg.), Zwischenkriegszeit; Ritschl, Deutschlands Krise.

was es mit dem folgenden »Wirtschaftsaufschwung« und »Beschäftigungswunder« tatsächlich auf sich hatte, welche die Nationalsozialisten für sich reklamierten.[45] Wir werden am Beispiel Münchens sehen und nachvollziehen, wie sich diese allgemeinwirtschaftlichen Entwicklungen im Stadthaushalt widerspiegelten, und danach fragen, wann und wie die »Konsolidierung« der Stadtfinanzen vonstatten ging.

Neues Forschungsinteresse bestand in der jüngeren Vergangenheit außerdem an Fragen der Kriegsfinanzierung, der Kriegskosten und vor allem der damit verbundenen volkswirtschaftlichen und gesellschaftlichen Auswirkungen. Die nationalsozialistischen Machthaber zeigten sich äußerst findig und skrupellos darin, enorme Finanzressourcen für die Aufrüstung und den Krieg zu beschaffen.[46] Götz Alys Arbeit »Hitlers Volksstaat« (2005) lenkte den Blick etwa wieder verstärkt auf den »Raub« als Einnahmeressource und zog überdies zahlreiche weitere finanz- und wirtschaftspolitisch ausgerichtete Beiträge nach sich, die sich – zumeist kritisch – mit seinen Thesen auseinandersetzten. Gerade sein Deutungsmuster von der »Gefälligkeitsdiktatur«[47] bzw. »Wohlfühl-Diktatur«[48], als welche er das »Dritte Reich« mit Blick auf die vielen Vorteile, die den Deutschen durch kleine Steuergeschenke oder aus den Erlösen des jüdischen Vermögens zugekommen seien, bezeichnete, wurde von vielen Historikern inzwischen revidiert.[49] Auch ich werde zeigen, dass auf der bislang kaum beachteten Ebene der kommunalen Fiskalpolitik von »Steuermilde für die Massen«[50] keinesfalls die Rede sein kann.

Adam Toozes Werk »Ökomomie der Zerstörung« ist wohl der wichtigste Versuch der jüngeren Forschung, Diktatur, Krieg und Genozid durch die finanz- und wirtschaftshistorische ›Brille‹ zu betrachten. Er argumentiert auch gegen Aly, indem er herausarbeitet, dass der Staat viel weniger gegeben als genommen habe. Das Rüstungsprogramm des »Dritten Reichs« bedurfte ihm zufolge des »gewaltigsten Ressourcentransfers, der je von einem kapitalistischen Staat zu Friedenszeiten unternommen wurde«.[51] Gegen Alys »Gefälligkeitsdiktatur« stellt er das Erklärungsmuster der »Mobilisierungsdiktatur« als allgemeines Charakteristikum der NS-Herrschaft heraus.[52] Um zu erklären, warum es dem wirtschaftlich unterlegenen NS-Regime gelang, den Krieg gegen eine übermächtige Allianz überhaupt so lange führen zu können, richtet sich in der Geschichts-

45 Eine Zusammenfassung bietet Buchheim, NS-Regime.
46 Vgl. etwa die grundlegenden Arbeiten von Boelcke, Kosten; ders., Finanzpolitik; ders., »Europäische Wirtschaftspolitik«.
47 Vgl. Aly, Volksstaat, S. 49-90.
48 Vgl. Aly, Wohlfühl-Diktatur.
49 Vgl. etwa die Rezensionen von Süß, Hachtmann, Bähr, Bajohr, Nolzen, in: sehepunkte 5 (2005), Nr. 7/8, URL: http://www.sehepunkte.de/2005/07/, Zugriff am 10.5.2017, sowie Buchheim, Mythos.
50 Aly, Volksstaat, S. 66.
51 Tooze, Ökonomie, S. 16.
52 Vgl. Tooze, Männer, S. 51; vgl. dazu auch John, Mobilisierung, S. 29-57. Praktische Anwendung findet der Begriff etwa auch bei Merl, Kommunikation, S. 114-120.

wissenschaft seitdem das Interesse auf unterschiedliche Bereiche und Akteure nationalsozialistischer Ressourcenmobilisierung.[53] Gefragt wird mithin nach den beteiligten Instanzen, den Phasen, nach dem Maß an Freiwilligkeit von Bürgern oder Institutionen und danach, ob und zu welchen Konflikten und Einschränkungen diese Mobilisierungsanstrengungen führten.[54] Bislang wurden dabei jedoch kaum explizit die Kommunen und gar nicht das gemeindliche Geld behandelt. Deshalb möchte ich am Beispiel München nach den Ausmaßen und Auswirkungen der Mobilisierung finanzieller Mittel auf kommunaler Ebene fragen. Adam Tooze bilanziert, dass das sogenannte »Rüstungswunder« auf Ressourcen beruhte, die »in jedem Winkel des NS-Staates mobilisiert worden waren«.[55] – Sicherlich waren die Kassen und Konten der Kommunen aus Sicht des Reichs ein naheliegender »Winkel«. Wann begann diese Mobilisierung, und wie verlief sie? Waren die Kommunen in finanzieller Hinsicht ›Mobilisierungsopfer‹, oder können sie eher als ›aktive Mobilisatoren‹ gelten? Gab es vor Ort Konflikte hinsichtlich der Verteilung von Finanzmitteln für den Krieg oder die zivilen Kernaufgaben der Gemeinden? Und welche Rolle spielten Finanzressourcen überhaupt in Zeiten der Zwangsbewirtschaftung?

Quellenlage

Weil bislang nur ganz wenige Forschungsbeiträge zur kommunalen Finanzpolitik in der NS-Zeit publiziert wurden, beruhen die Erkenntnisse der vorliegenden Arbeit vor allem auf der Auswertung einer großen Zahl gedruckter und ungedruckter Quellen. Für die meisten meiner Untersuchungsbereiche sind sie reichlich vorhanden. Die wichtigsten sollen im Folgenden kurz vorgestellt werden.

Die für diese Studie bedeutendste Quelle ist so leicht zugänglich wie bisher kaum beachtet: die gedruckten Haushaltspläne der Stadt München.[56] Nicht zu-

---

53 Dabei ist das Verständnis vom Gegenstand nicht immer einheitlich. Werner, Mobilisierung, S. 11, definiert den Begriff wie folgt: »Als ›Mobilisierung‹ sollen [...] die Anstrengungen des NS-Regimes verstanden werden, bei Akteuren, die über kriegsrelevante Ressourcen verfügten, die Bereitschaft zu erzeugen, diese Ressourcen den Kriegsanstrengungen umfassend zur Verfügung zu stellen, selbst wenn die Zielrichtung und Wirksamkeit der Anstrengungen zweifelhaft war.«

54 Zusammenfassend zur neueren Mobilisierungsforschung vgl. den Sammelband Werner (Hrsg.), Mobilisierung.

55 Tooze, Ökonomie, S. 767.

56 An dieser Stelle sei darauf hingewiesen, dass die genaue Bezeichnung der Haushaltspläne im Untersuchungszeitraum variierte: Während die Pläne zwischen 1929 und 1933 als »Haushaltplan der Landeshauptstadt München« bezeichnet wurden, kam mit dem Plan von 1934 das Fugen-s hinzu. Ab 1936 wurde der Terminus »Landeshauptstadt« getilgt: Der Plan hieß also »Haushaltsplan der Hauptstadt der Bewegung«. Ab 1938 schließlich wurde er in »Haushaltssatzung« umbenannt. Während ich bei den direkten Bezugnahmen im Anmerkungsapparat diese Unterscheidungen aufrechterhalte, variiere ich im Fließtext, wobei ich verstärkt den heute üblichen Begriff »Haushaltsplan« verwende.

letzt aufgrund des Anspruchs auf Vollständigkeit liefern die Etataufstellungen umfangreiche Informationen zu allen kommunalpolitischen Aktivitäten, sofern sie mit Geldflüssen verbunden waren. Auch die Anhänge der Haushaltspläne, die viele Statistiken zur Entwicklung von Steuern, Personalkosten oder Vermögen enthalten, bilden ein großes Informationsreservoir. Die Studie möchte deshalb auch ein Plädoyer dafür sein, bei zukünftigen verwaltungsgeschichtlichen Untersuchungen verstärkt von dem darin enthaltenen Datenfundus Gebrauch zu machen.

Gerade in Ergänzung zu den Zahlen und Daten aus den Haushaltsplänen bildeten die für München zahlreich überlieferten Niederschriften der Sitzungen des Stadtrats und verschiedener Ausschüsse im Bestand »Ratsitzungsprotokolle« des Münchner Stadtarchivs eine zweite zentrale Quellengruppe. Außer in den wöchentlich stattfindenden Vollversammlungen diskutierten die Stadträte und Beamten insbesondere bei den regelmäßigen nicht-öffentlichen Treffen des Haushaltsausschusses und des Hauptausschusses über finanzpolitisch relevante Angelegenheiten.[57] In den Jahren 1931 und 1932 tagte ferner regelmäßig eine »Sparkommission«, deren Aufgabe, wie der Name sagt, darin lag, weitreichende Einsparungsvorschläge zu entwickeln. Nur teilweise überliefert sind dagegen – und dabei vor allem für die Zeit des Krieges – Protokolle der Dezernentenbesprechungen. Das ist deswegen bedauerlich, weil die Sitzungen dieses Gremiums, in dem die hauptamtlichen Referenten und der OB unter sich waren, im Laufe der NS-Zeit für die kommunalpolitische Entscheidungsfindung immer bedeutsamer wurden. Über die Existenz von NSDAP-Fraktionssitzungen, die offensichtlich auch nach der »Gleichschaltung« des Stadtrats noch einige Jahre fortbestanden, wissen wir nur aufgrund von Querverweisen.

Großen Wert für meine Arbeit hatten zudem die ebenfalls im Stadtarchiv München abgelegten behördlichen Akten. Insbesondere habe ich den umfangreichen, aber in der lokalen NS-Forschung bislang wenig beachteten Bestand »Kämmerei« ausgewertet. Die darin verzeichneten Archivalien bieten detaillierte Einblicke in Arbeitsschwerpunkte und -abläufe sowie in die (Finanz-)Verwal-

---

57 Auch in diesen Fällen changierte im Laufe des Untersuchungszeitraums die offizielle Bezeichnung erheblich: Die Vollversammlung firmierte bis März 1935 unter dem aus der Weimarer Zeit übernommenen Namen »Stadtrat«. Zwischen April und September 1935 war der offizielle Name dieses Gremiums »Gemeinderäte«. Ab Oktober 1935 wurde die in der DGO vorgeschlagene Bezeichnung »Ratsherren« übernommen. Der »Haushaltausschuss« wurde 1935 kurzzeitig zum »Haushalts- und Betriebsausschuss«. 1936 wurde das Gremium erst in »Beiräte für den Gemeindehaushalt«, 1938 dann in »Beiräte für Haushaltsangelegenheiten« und 1939 in »Beiräte für Angelegenheiten des Gemeindehaushalts« umbenannt; nach dem Krieg wurde er zum »Finanzausschuss«. Aus dem »Hauptauschuss« wurden ab April 1935 die »Beiräte für Verwaltungs-, Finanz- und Baufragen«; 1945 wurde er wieder zum »Hauptausschuss«. Während den Quellenangaben im Anmerkungsapparat dieser Arbeit die historisch jeweils korrekte Bezeichnung verwendet wird, wird im Fließtext verstärkt auf sprachlich einfachere und auch in der Umgangssprache der Zeitgenossen oft übliche Bezeichnungen »Stadtrat«, »Finanzausschuss«/»Haushaltsausschuss« und »Hauptausschuss« zurückgegriffen.

tungspraxis. Einen guten Überblick über die relevanten Themen und Probleme verschaffen außerdem die Überlieferung der Etatreden, Darlegungen und Vorberichte des Kämmerers zum Haushaltsentwurf sowie die zumindest bis 1939 regelmäßig erstellten Verwaltungsberichte der Stadtkämmerei.[58] Einen bemerkenswerten und bislang noch unverzeichneten Fund stellt ein »Qualifikationsbuch« dar, das zahlreiche interne Dienstbeurteilungen für leitende Beamte in der Stadtkämmerei und den angeschlossenen Ämtern enthält.[59] Eigene Überlieferungen zu den der Kämmerei damals unterstellten Ämtern existieren entweder gar nicht, wie etwa für das Einziehungsamt, oder waren gerade für die NS-Zeit wenig ergiebig, wie es für das Renten- und Hinterlegungsamt und das Steueramt der Fall ist.

Wichtige Gesichtspunkte enthält daneben auch der Bestand »Bürgermeister und Rat«, der im Wesentlichen die Kommunikation des Büros des Oberbürgermeisters umfasst. Darin sind etliche Dokumente von grundlegender kommunalpolitischer Relevanz, wie die Geschäftsverteilungspläne oder zentrale verwaltungsübergreifende Anordnungen, zu finden, aber auch einige Schriftwechsel Fiehlers mit externen Stellen zu finanzpolitisch besonders wichtigen Themen.

Für einige der behandelten Themenfelder waren noch weitere im Stadtarchiv archivierte Quellen von Nutzen. Der Bestand des Bayerischen Städtetags, eine Institution, die 1933 aufgelöst wurde, enthält auch einige Dokumente der infolge der Gleichschaltung 1934 etablierten Landesdienststelle des Deutschen Gemeindetags. Hierin waren etwa Umfragen zur Finanzlage bayerischer Gemeinden oder die Aufzeichnungen der bayerischen Kämmererbesprechungen von Interesse, um das finanzpolitische Handeln der Stadt in einem größeren kommunalpolitischen Kontext zu verorten.

Der Bestand »Munich Municipality« der Yad Vashem Archives, der in Auszügen und in Form von mikroverfilmten Kopien im Stadtarchiv München zugänglich ist, liefert eindeutige Belege dafür, dass die städtischen Behörden maßgeblich in Diskriminierung und Verfolgung der Juden involviert waren. Nicht selten, das werde ich insbesondere im Rahmen der Kapitel III.2. und III.4 zeigen, hatte die Verfolgung eine fiskalische Dimension. Ein für mein Thema besonders bemerkenswertes und bislang von der Forschung kaum zur Kenntnis genommenes Dokument ist eine umfangreiche Liste jüdischer Steuerschuldner, deren Erstellung Karl Fiehler bereits im März 1933 bei der Stadthauptkasse in Auftrag gab.[60]

---

58 Sie umfassen den behördeninternen Schriftverkehr in der Entstehung von Beiträgen für die entsprechenden Abschnitte und Teilkapitel der von der Stadtverwaltung herausgegebenen städtischen Verwaltungsberichte: vgl. Verwaltungsbericht der Landeshauptstadt München 1930-1932; Verwaltungsbericht der Hauptstadt der Bewegung 1933/34-1935/36; Verwaltungsbericht der Hauptstadt der Bewegung 1936/37.

59 Vgl. Qualifikationsbuch 1924 bis 1958, StadtAM, Kämmerei Abgabeliste 17.6.1999.

60 Vgl. Städtisches Vollstreckungsamt, Liste Jüdische Schuldner, 31.3.1933, YVA, M.1.DN 19, mikroverfilmt in StadtAM, Rolle 145.

Um die Verwicklungen der Stadtbehörden in die rassistische Politik des NS-Regimes zu erfassen, wurden ergänzend auch die Bestände »Leihamt-Wiedergutmachung« und »Kommunalreferat Jüdisches Vermögen« herangezogen. Die darin enthaltenen Dokumente bieten Zugang zu zahlreichen Einzelfällen entrechteter und enteigneter Juden. So können bei dieser auf das Verwaltungshandeln der Stadt fokussierten Studie zumindest an einigen Stellen auch die Verfolgten zum Sprechen gebracht werden.

Schließlich waren auch die im Stadtarchiv abgelegten Personalakten städtischer Mitarbeiter von Wert, um den handelnden Verwaltungsakteuren zumindest in Ansätzen ein ›Gesicht‹ zu geben, das uns angesichts der weitgehend entindividualisierten behördlichen Korrespondenzen ansonsten verborgen bliebe.[61] Zwar wurden nicht nur auf Ebene der Sachbearbeiter, sondern auch bis in die Amtsleitungen hinein viele Akten »kassiert«.[62] Dennoch sind sie zumindest für einen Teil der leitenden städtischen Finanzbeamten noch erhalten und bilden somit die Quellenbasis für die kollektivbiografischen Überlegungen im Rahmen von Kapitel II.2.

Aufgrund der lückenhaften Überlieferung der Personalakten waren zudem die für viele Führungsbeamte der Kämmerei vorhandenen und im Staatsarchiv München abgelegten Dokumente aus den Spruchkammerverfahren der Nachkriegszeit eine unverzichtbare Stütze beim Anliegen dieser Arbeit, zumindest die Gruppe der Amtsleiter vollständig zu erschließen.[63] Darüber hinaus bieten sie – in aller gebotenen Vorsicht – auch Anhaltspunkte für die Frage nach der Nähe der Finanzbeamten zur Partei, insbesondere mit Blick auf die Karriereverläufe.

Um außer den städtischen Akteuren, die im Zentrum dieser Arbeit stehen, auch die ›Stimmen‹ anderer, außerstädtischer »Herren des Geldes« besser in den Blick zu bekommen, wurden weitere Überlieferungen außerhalb des Stadtarchivs München eingesehen und teilweise ausgewertet. Dazu zählten zunächst die im Bayerischen Hauptstaatsarchiv liegenden Bestände »Reichsstatthalter«, »Staatskanzlei«, »Ministerium für Finanzen« und »Innenministerium«. Sie alle geben Einsichten in die finanzpolitischen Interaktionen zwischen Landesbehör-

---

61 Vgl. dazu die Hinweise bei Kuller, Bürokratie, S. 28 f., die auch für den von mir untersuchten Quellenkorpus zutreffen. In der vorliegende Studie wurde im Zusammenhang mit überlieferten Aktenstücken nach Möglichkeit der Name des Verfassers neben der Institution kenntlich gemacht.

62 Ein in meinem Rahmen besonders bedaulicher Verlust ist dabei die Akte von Hans Schein, der ab 1938 ständiger Stellvertreter des Stadtkämmerers Andreas Pfeiffer war.

63 Siehe dazu auch die Zusammenstellung unten Abb. 7, S. 126. Insgesamt stellte es sich als äußerst schwierig heraus, überhaupt zu rekonstruieren, wer wann die führenden Beschäftigten in den städtischen Finanzbehörden waren. Es sind nur wenige Listen zum Personalbestand in dieser Zeit überliefert und wenn, dann nur solche, die keine genauen Angaben über die Postenträger beinhalten. Der Geschäftsverkehr innerhalb der Stadt war zudem davon geprägt, dass die jeweiligen Dokumente oft nicht mit dem Personennamen, sondern nur mit der Amtsbezeichnung unterzeichnet sind. Man könnte diese Auffälligkeit als Beleg für das Verwaltungsverständnis der Zeit deuten, bei dem der jeweilige Posten, d. h. die Rolle des Beamten im System, über der ›Individualität‹ des Beamten stand.

den und Stadt, welche ich im Rahmen von Kapitel II.4 betrachte. Die Überlieferung der beim Innenministerium angesiedelten kommunalen Aufsichtsbehörde,
welche zweifelsohne den größten Einfluss auf die Praxis der städtischen Finanzpolitik ausübte, ist im Krieg fast vollständig zerstört worden.

Ergiebiger war die Auswertung der Überlieferung des Deutschen Gemeindetags (DGT), die zu einem Teil im Bundesarchiv Berlin und zum anderen im
Landesarchiv Berlin liegt. Als kommunaler Dachverband wirkte der DGT in ver-
mittelnder Form ›nach unten‹, als Interessenvertretung der Kommunen ›nach
oben‹ sowie horizontal als Interaktionsforum für die Städte untereinander. Die
eingesehenen Dokumente halfen dabei, die spezifisch Münchner Problemkonstellationen mit anderen Großstädten zu vergleichen; zudem lieferten sie Erkenntnisse zur interkommunalen Vernetzung der Stadt und damit zur Rolle des
DGT als Akteur der Finanzpolitik.[64]

Das Handeln und Wirken unterschiedlicher Akteure und Institutionen auf
Reichsebene im Bezug auf kommunalpolitische Themen und deren Interaktion
mit der Stadt München konnte zum einen durch die gedruckt bzw. online vorliegenden Akten der Reichskanzlei und die Akten der Parteikanzlei erschlossen
werden. Zum anderen wurden auch die im Bundesarchiv liegenden Bestände
»Hauptamt für Kommunalpolitik«, »Reichsschatzmeister NSDAP«, »Reichsinnenminister« und »Reichsfinanzminister« punktuell eingesehen. In der systematischen Auswertung dieser Bestände liegt noch Potenzial für zukünftige
Forschungen. Eine allgemeine und vergleichende Geschichte der kommunalen
Finanzpolitik im »Dritten Reich« und deren Bedeutung für den NS-Staat muss
noch geschrieben werden. Wenn die folgende Studie einen Anstoß hierfür darstellt, hat sie viel erreicht.

---

64 Siehe dazu insbesondere die Ausführungen unten, Kapitel II.4, S. 171-181.

I. Entzifferung der Zahlen
Vier städtische Haushalte im Vergleich

Der Haushaltsplan ist für den Historiker eine der wichtigsten Quellen, um die Kommunalpolitik im Allgemeinen und die städtische Finanzpolitik im Besonderen zu erforschen. Doch was genau erfahren wir darin über die städtische Finanzlage? Und was über darüber hinaus gehende Problemkonstellationen? Wo liegen Grenzen seiner Aussagekraft? Und wo konstruiert und produziert ein Haushaltsplan selbst neue historische Realitäten? Ausgehend von allgemeinen Anmerkungen zum historisch-kritischen Umgang mit dieser besonderen Quelle sollen im Folgenden die vier städtischen Haushalte Münchens der Jahre 1932, 1935, 1939 und 1943 analysiert und verglichen werden.

1. Der Haushaltsplan als Gegenstand historischer Analysen

Einen solchen Plan zu lesen, ist kein Vergnügen. Er wird meist in Form eines unhandlichen, viele hundert Seiten dicken Wälzers publiziert. Schlägt man ihn auf, eröffnet sich ein Zahlenmeer besonderen Ausmaßes, bestehend aus – grob überschlagen – rund 100.000 Einzelziffern, untergliedert in verschiedene Kategorien und Unterkategorien, Einzelpläne und Teilziffern. Auch die Begrifflichkeit macht es einem nicht leicht: Es gibt ordentliche und außerordentliche Haushalte, Nebenhaushalte, Betriebshaushalte, Vermögenshaushalte, Sonderhaushalte, Anleihenshaushalte, Nachtragshaushalte und so weiter. Die Systematik hinter der Unübersichtlichkeit erschloss sich in ihren vielen Details vermutlich nur den zuständigen Verwaltungsbeamten. Der lesende Laie ist überfordert; der forschende Historiker manchmal auch.

Und dennoch: Einen Haushaltsplan zu untersuchen, verspricht sich zu lohnen. Denn diesem wird gemeinhin auf sämtlichen staatlichen Ebenen eine zentrale politische Bedeutung zugewiesen, und zwar keineswegs nur im Hinblick auf die finanzpolitischen Dimensionen eines Gemeinwesens. Insofern nämlich dem Medium Geld eine allgemeine politische Steuerungsfunktion zugesprochen wird, erscheint der öffentliche Haushalt als eine Sonde für übergeordnete gesellschaftliche, kulturelle oder wirtschaftliche Fragestellungen. Der Voranschlag des Budgets, so formulierte es Rudolf Goldscheid, sei der mathematische Ausdruck der Aufgaben, die sich ein Gemeinwesen setze.[1] Der amerikanische Politologe Aaron Wildavsky begreift die Aufstellung des Etats als »the heart of the political process«.[2] Auch er versteht Haushaltsplanung als eine Übersetzungsleistung, als »the translation of financial resources into human purposes«.[3] Und bezogen auf die Zeit des »Dritten Reichs« konstatiert Hans-Peter Ullmann: Machtstruk-

---

1 Vgl. Goldscheid, Staat, S. 147.
2 Vgl. Wildavsky, Politics, S. 3.
3 Vgl. ebd., S. 1.

tur und Herrschaftspraxis, genauso wie Gewalt- und Eroberungspolitik des Regimes, spiegeln sich in den Staatsfinanzen wider; wer den öffentlichen Haushalt untersucht, stoße auf den »Kern der NS-Diktatur«.[4] Es wird zu prüfen sein, ob diese Aussage, die sich auf den Reichshaushalt bezieht, in abgewandelter Form auch für die kommunalen Haushalte dieser Zeit gelten kann.

Während Verwaltungsbeamte bei der Erstellung eines Haushaltsplans die politischen Aufgaben eines Gemeinwesens, mit Goldscheid und Wildavsky gesprochen, in Zahlen »übersetzen«, ist es die Aufgabe eines Historikers, diese Zahlen zu entschlüsseln. Er darf dabei natürlich nicht der Scheinobjektivität der ›nackten Zahlen‹ aufsitzen.[5] Auch Haushaltspläne bedürfen zur richtigen Interpretation und Einordnung der Kontextualisierung. Wie bei anderen Quellen kommt es auch hier darauf an, sie im Hinblick auf spezifische Erkenntnisinteressen auszuwerten. Je nach Fragestellung können sie dem Historiker unterschiedliche Aufschlüsse liefern. Ich möchte im Folgenden fünf methodische Zugänge zu kommunalen Haushaltsplänen vorstellen und erläutern.

Der Haushalt als Indikator für die Finanzlage

Nach landläufigem Verständnis ist der Haushaltsplan ein, wenn nicht sogar der Indikator für die finanzielle Lage eines Gemeinwesens. Gerade aus einem kameralistischen Plan lässt sich dies aber keineswegs so eindeutig ableiten. Zumindest in der Theorie weist ein solcher Etat nämlich weder ›schwarze‹ noch ›rote‹ Zahlen auf. Denn seit je ist es fester Bestandteil der Gemeindeordnungen, dass der Haushaltsplan in Einnahmen und Ausgaben ausgeglichen sein muss.[6] Das vorrangige Ziel eines öffentlichen Gemeinwesens besteht schließlich nicht darin, Profit zu machen. Vielmehr soll alles, was eingenommen wird, auch wieder den Bürgern zukommen. Ein Haushaltsplus im eigentlichen Sinne findet man also nicht. Sollten Überschüsse erwirtschaftet werden, werden sie dem Gemeinwesen wieder zugeführt, etwa als Übertrag ins nächste Haushaltsjahr, in Form von Rücklagenbildung oder zur außerordentlichen Schuldentilgung.

Wenn es umgekehrt jedoch zu einem kommunalen Haushaltsdefizit kommt, schreitet die staatliche Aufsichtsbehörde ein und führt im äußersten Fall einen Zwangsabgleich durch. Anders als bei Privatunternehmen lässt sich also auf den ersten Blick oft nicht feststellen, ob eine Gemeinde ›gesunde‹ Finanzen vorweist. Um mithilfe eines kameralistischen Haushaltsplans valide Aussagen über die Finanzlage treffen zu können, müssen daher mehrere Parameter in den Blick genommen und zueinander in Bezug gesetzt werden.

Ein wichtiger erster Faktor liegt im Gesamtumfang des Budgets. Wächst der Haushaltsumfang eines Gemeinwesens, kann das auf steigende Einnahmen

4 Vgl. Ullmann, Steuerstaat, S. 141.
5 Zum »Reiz der Evidenz« bei Zahlen vgl. Lüdtke, Zahlen, S. 92-95.
6 Vgl. etwa Bay. GO (1998), Art. 64, Abs. 3.

zurückzuführen sein, etwa aufgrund von erhöhten Steuereinnahmen im Rahmen einer günstigen wirtschaftlichen Konjunktur. Dementsprechend kann eine Kommune diese Mehreinnahmen auch ausgeben. Ein solches Vorgehen entspricht einer einnahmeorientierten Haushaltspolitik. In der (kommunalen) Finanzgeschichte begegnen wir allerdings auch häufig einer ausgabenorientierten Haushaltspolitik. Sie liegt dann vor, wenn – etwa durch Wohlfahrtsausgaben oder hohe Schuldverpflichtungen – steigende Ausgaben dazu führen, dass auf der Einnahmenseite aktiv Lösungen gefunden werden müssen, um jene zu finanzieren. Auch im zweiten Fall steigt der Gesamtumfang des Haushalts, jedoch unter anderen Voraussetzungen. In weiten Teilen meines Untersuchungszeitraums kann die Haushaltspolitik eben als eine solche ausgabenorientierte beschrieben werden.[7]

Der Umfang des Haushalts kann unter Umständen aufgrund rein technischer Veränderungen in der Systematik variieren. Der Haushalt besteht eigentlich aus mehreren Haushalten, die, je nach vorherrschender Systematik, unterschiedlich benannt und ineinander integriert sein können. Die wichtigsten beiden in den von mir untersuchten Plänen sind der ordentliche und der außerordentliche Haushalt. Sie entsprachen in etwa dem, was man heute unter Verwaltungs- und Vermögenshaushalt versteht.[8] Während im ersten alle regelmäßigen Einnahmen und Ausgaben erfasst sind, erscheinen im zweiten die unregelmäßigen, die das Vermögen oder die Schulden der Gemeinde verändern.[9] Das sind: Ausgaben für sämtliche Neubaumaßnahmen oder unregelmäßige Einnahmen, etwa aus überschüssigen Mitteln des ordentlichen Haushalts, aus Grundstücksverkäufen, Rücklagen oder durch Kreditaufnahme. Darüber hinaus unterscheiden manche Systematiken weitere Haushalte: Kommunale Betriebe werden je nach Vorschrift in den ordentlichen Haushalt integriert oder in sogenannte Sonderhaushalte ausgelagert. Auch der Ausbau der »Hauptstadt der Bewegung« wurde ab 1939 im Rahmen eines Sonderhaushalts verwaltet.[10]

Während solch auffällige Veränderungen meist auch dem Laien augenscheinlich sind, können kleinere technische Kniffe die Interpretation eines Haushaltsgesamtumfanges empfindlich erschweren. Ein Beispiel hierfür sind sogenannte »Durchlaufposten«, wie sie im Steuerhaushalt einer Kommune im Rahmen komplexer Finanzausgleichsregularien vorkommen können. Sie blähen den Gesamtumfang eines Haushalts auf, bewirken aber keinen tatsächlichen Zuwachs an Mitteln. Als Anlage von Haushaltsplänen findet sich daher manchmal ein »Bereinigter Bruttohaushalt«, der Einnahmen und Ausgaben unter Abzug durchlaufender Posten und Doppelbuchungen darstellt.[11]

7 Siehe auch die einleitenden Ausführungen unten, Kapitel III.
8 Vgl. Bay. GO (1998), Art. 64, Abs. 2.
9 Vgl. Raith, Finanzwirtschaft, S. 81.
10 Siehe unten, S. 73 sowie Kapitel IV.5., S. 346-349.
11 Vgl. etwa die Verordnung zur neuen Form des Haushaltsplans vom 9.10.1933, die dies als obligatorisches, angehängtes Schaubild einforderte (vgl. Verwaltungsbericht der Hauptstadt der Bewegung 1933/34-1935/36, S. 31).

Um aussagekräftigere und verlässlichere Ergebnisse zu erhalten, muss bei einer Haushaltsanalyse neben dem Gesamtumfang auch die Binnenstruktur in den Blick genommen werden. Kommunen generieren ihre Einnahmen in erster Linie durch Steuern und Finanzzuweisungen, durch Gewinne und Abgaben aus ihren Wirtschaftstätigkeiten – etwa im städtischen Nahverkehr – oder durch Kreditaufnahme. Eigentlich dürfen Kredite allerdings nur zur Finanzierung von rentierlichen Investitionen und nicht zur Deckung von Ausgaben im ordentlichen Haushaltsplan aufgenommen werden.[12] Sie tauchen daher meist im außerordentlichen Haushaltsplan auf, dessen Umfang deshalb vor allem ein Indiz für die städtische Investitionstätigkeit ist.[13] Ob kommunale Einnahmen aufgrund von Steuer- oder Gebührenzuwächsen oder aufgrund der Aufnahme neuer Kredite ansteigen, macht einen wesentlichen Unterschied für die Frage nach der Finanzlage aus.

Weiterhin ist zu ermitteln, warum ein Anstieg der Steuereinnahmen oder Gebühren zustande kommt. Dies kann einerseits ein Beleg für einen Aufschwung der städtischen Wirtschaft sein, der sich etwa in wachsenden Gewerbesteuereinnahmen zeigt, oder ein Ausweis einer generellen volkswirtschaftlichen Konjunktur, die zu erhöhten Gemeinschaftssteueranteilen führt. Doch können Einnahmen in diesen Bereichen auch aus dem genau entgegengesetzten Grund steigen; nämlich dann, wenn eine angespannte Finanzsituation dazu führt, dass die Stadtverwaltung neue Verbrauchssteuern einführt, die Hebesätze erhöht oder an der Gebührenschraube dreht. Genauso könnte man die Kreditaufnahme daraufhin kritisch prüfen, inwiefern diese kurzfristig oder langfristig angelegt ist und wie stark die Tilgungs- und Zinsraten wiederum die Ausgabenseite belasten. Darlehensaufnahmen können also je nach Kondition ein Beleg für die wirtschaftliche Stärke einer Kommune am Finanzmarkt sein oder den Weg in die Verschuldung ausdrücken. Hierzu führen kommunale Haushalte als Anlagen oft Übersichten zur Gesamtschuldenverwaltung. Darin finden sich etwa auch die sogenannten Kassenkredite aufgelistet. Sie dienen eigentlich nur zur Überbrückung kurzfristiger Liquiditätsengpässe, werden aber in Krisenzeiten häufiger herangezogen und können deshalb auch ein Indikator für Kommunalverschuldung sein.

Es lässt sich zudem die Ausgabenstruktur des Haushalts genauer untersuchen. Die Bereiche Wohlfahrt, Schulwesen, kulturelle Einrichtungen und Bauwesen beanspruchen – gegebenenfalls neben den städtischen Betrieben – zumeist den größten Anteil im ordentlichen Haushalt einer Kommune. Innerhalb dieser Bereiche obliegen den Gemeinden bestimmte Aufgaben im Rahmen der staatlichen Daseinsvorsorge, zu deren Durchführung sie per Gesetz verpflichtet sind und für welche sie, je nach Lage des Finanzausgleichs, unter Umständen auch Ressourcen von anderen staatlichen Ebenen zugewiesen bekommen. Darüber hinaus können sie mit ihren übrigen Mitteln eigenständig Akzente set-

---

12 Vgl. Bay. GO (1998), Art. 62, Abs. 3.
13 Vgl. Petzina, Handlungsspielräume, S. 172.

zen. Für die Frage nach den kommunalen Handlungsspielräumen ist die Differenzierung zwischen disponiblen und fixierten Finanzressourcen – also die durch Gesetz und/oder Vorentscheidungen anderer Art festgelegte Mittelvergabe – grundlegend, wenngleich eine exakte Bemessung und Abgrenzung in der Praxis kaum möglich ist.[14]

Als wichtige Querschnittskategorie finden sich zudem in einigen Haushaltplänen des Untersuchungszeitraums auch Übersichten zu den Personalausgaben. Die Ausgaben aller in den verschiedenen Verwaltungszweigen Beschäftigten zählt für sich gesehen zu den umfangreichsten Posten. Im Jahr 1937 beispielsweise gab die Stadt allein 61 Millionen Reichsmark und damit 27 Prozent ihrer ordentlichen Gesamteinnahmen von 220 Millionen Reichsmark für ihr Personal aus.[15] Sie beschäftige damals ca. 16.000 Mitarbeiter und war damit der größte Arbeitgeber der Region.[16] An dieser Stelle sei auch auf die gesamtwirtschaftliche Bedeutung einer Kommune verwiesen. Nicht nur die zahlreichen Beschäftigten waren ein wichtiger Wirtschaftsfaktor. Letztlich floss all das Geld des in der NS-Zeit zwischen 200 und 300 Millionen Reichsmark umfassenden Gesamthaushalts – also ordentliche und außerordentliche Teilpläne zusammengenommen – auf die eine oder andere Weise in die (lokale) Wirtschaft. Damit kam kommunaler Finanzplanung in den ihr als unterster staatlicher Ebene gesetzten Grenzen auch eine nicht unerhebliche steuernde Funktion für die allgemeine Wirtschaftslage vor Ort zu.

Der Haushalt als Abbild politischer Entwicklungen

Um finanzielle Mittel wird gefeilscht, gestritten und gezankt. Die Ansprüche aller Interessenten sind dabei stets größer als die verfügbaren Ressourcen. Die Auseinandersetzungen um das knappe Gut Geld, wie sie sich in den Haushaltsverhandlungen zeigen, sind aufschlussreich für politische Konstellationen und Entscheidungsprozesse. Und der gedruckte Haushaltsplan kann als das in Finanzen übersetzte Ergebnis von Aushandlungsprozessen zwischen unterschiedlichen politischen Akteuren und Ansprüchen verstanden werden. Eine Haushaltsanalyse kann dem Historiker somit auch einen Zugang zu allgemeinen politischen

14 Siehe dazu genauer unten Kapitel IV.1, S. 280 f.
15 Vgl. Haushaltsplan der Hauptstadt der Bewegung 1937, S. 541-566. Die Personalkosten untergliederten sich dabei wie folgt: 31 Mio. RM machten die Gehälter für Beamte und Angestellte aus, 16 Mio. RM wurden für Löhne von Arbeitern kalkuliert, elf Mio. RM kosteten die Stadt die Ruhestandsbezüge für Beamte und deren Hinterbliebene und knapp drei Mio. RM die Versorgungsbezüge der Arbeiter und deren Hinterbliebenen. Zum Vergleich: Die Stadt München, die heutzutage etwa 30.000 Mitarbeiter beschäftigt, gab 2010 ca. 1,5 Mrd. EUR für das Personalwesen aus. Das entspricht einem ähnlichen Prozentsatz von knapp 30 % im über sechs Mrd. EUR umfassenden Gesamthaushalt (Verwaltungshaushalt).
16 Vgl. Oberbürgermeister Fiehler, Neufassung der Geschäftsverteilung, 14.12.1937, S. 12, StadtAM, BuR 253/9.

Fragen des Gemeinwesens öffnen. Denn kaum etwas, so formuliert etwa der Wirtschaftshistoriker Hartmut Berghoff prägnant, sagt so viel über die Verteilung der Macht aus wie die Anatomie des Haushalts.[17]

So bilden sich in den Zahlen eines Haushalts inhaltliche Schwerpunktsetzungen ab, auf die man sich – auf welche Art auch immer – politisch verständigt hat. Werden etwa Steuern gesenkt, um eine bestimmte Klientel zu begünstigen? Werden Sozialausgaben gesenkt oder erhöht? Wird bei Kultureinrichtungen investiert oder gespart? Um dazu aus dem Haushaltsplan Erkenntnisse zu gewinnen, müssen die einzelnen Bereiche in den Blick genommen werden. Der ordentliche Gesamthaushalt ist in Einzel- oder Teilpläne untergliedert, die überwiegend an den organisatorischen Verwaltungszweigen orientiert sind (Ressortprinzip). In dem Untersuchungszeitraum dieser Arbeit bestand der Gesamtplan der Stadt München aus acht bis zehn Einzelplänen; das ist in kommunalen Haushalten bis heute ähnlich.[18] Auch hier sind Einnahmen und Ausgaben getrennt veranschlagt. Anders als der Haushalt im Gesamten muss allerdings nicht jeder Einzelplan ausgeglichen sein. So kommt es vor, dass einige Einzelpläne »Deckungsbedarf« aufweisen. Das bedeutet, dass ihr Defizit im Zuge des Gesamtausgleichs aus Einnahmeüberschüssen anderer Teilpläne gedeckt werden muss. Die kommunalen Einzelhaushalte für Wohlfahrt oder Kultur benötigen beispielsweise meist Zuschüsse aus anderen Ressorts. Der Einzelplan der Finanzverwaltung liefert dagegen aufgrund der darin verzeichneten Steuereinnahmen stets einen großen Überschuss. Aussagekräftig kann eine Analyse der Einzelpläne vor allem dann sein, wenn die nominalen Zahlen in prozentualem Bezug zum Gesamtumfang des Haushalts gesetzt werden.[19] So lassen sich Entwicklungen bestimmter Teilbereiche mit anderen vergleichen und Aussagen über relative Schwerpunktsetzungen eines Gemeinwesens treffen.

Bei der Analyse der Daten ist aber Vorsicht geboten. So kann etwa auch hier die Binnenzusammensetzung der Teilpläne aufgrund von Veränderungen in der Haushaltssystematik variieren; einzelne Teilposten innerhalb eines Einzelplans können hinzukommen, wegfallen, zusammengelegt oder in andere Einzelpläne verschoben werden. In der Zeit des Nationalsozialismus ereigneten sich zwei umfangreiche Umstrukturierungen und Neuzusammensetzungen der Teilpläne. Für eine Analyse empfiehlt es sich daher, zumindest die Gliederungsebene darunter mit einzubeziehen: Dort ist ein Haushaltsplan in Teilvoranschläge gegliedert. In meinem Untersuchungszeitraum umfasst diese Gliederungsebene um die 100 durchnummerierte Teilabschnitte. Es bietet sich an, einzelne aus-

---

17 Zit. nach Berghoff/van Rahden, Donner, S. 8.

18 Vgl. die Muster-Gliederung eines kommunalen Haushaltsplans in Raith, Finanzwirtschaft, S. 87.

19 Bei einem diachronen Haushaltsvergleich ist zu beachten, dass es sich bei den im Haushaltsplan veranschlagten Zahlen stets um nominale Größen handelt; Inflations- oder Deflationsprozesse müssen also in einer historischen Interpretation mitbedacht werden.

sagekräftige Posten innerhalb eines Teilhaushalts exemplarisch zu analysieren; unten habe ich das etwa für das Standesamt ausgeführt.[20] Außerdem ist zu bedenken, dass Schwankungen der Zahlen nicht immer auch tatsächlich auf bewusste haushaltspolitische Entscheidungen und damit Schwerpunktsetzungen durch die Stadtoberen zurückzuführen sind. Von einem Haushaltsplan als »Regierungsprogramm in Zahlen«[21] zu sprechen, ist auf kommunaler Ebene nur bedingt möglich, denn nur ein Teil der Ausgaben ist tatsächlich frei verhandelbar, während, wie oben erwähnt, viele städtische Ausgabenposten gesetzlich fixiert sind. Zumindest gilt dies für den ordentlichen Haushalt. Im Rahmen des außerordentlichen Haushalts lassen sich aber durchaus kommunale Investitionsschwerpunkte herauslesen, etwa, ob eine Gemeinde eher in den Ausbau des Nahverkehrs, den Wohnungsbau oder, wie München im Nationalsozialismus, in Repräsentationsbauten investiert.

Um Erkenntnisse über personelle Machtkonstellationen zu gewinnen, sind ergänzend zum gedruckten Haushaltsplan auch die Debatten im Zuge seiner Entstehung wertvoll. Die Diskussionen in den verschiedenen beteiligten Gremien sowie dem Stadtrat – von der ersten Vorbesprechung bis zur Verabschiedung – bündeln und reflektieren die zeitgenössischen Konfliktfelder in der Finanzverwaltung. Vor allem aber offenbaren sich in den Haushaltsverhandlungen politische Rivalitäten. Nicht selten werden dabei auch überregionale Konflikte mit ausgetragen. Die Debatten liefern damit für einige Zahlen im Plan Informationen zur Genese und Hinweise auf die damit verbundenen Streitpunkte.

Auf kommunaler Ebene begannen während meines Untersuchungszeitraums normalerweise im Herbst eines Jahres die Vorbereitungen für das folgende Haushaltsjahr. Der Stadtkämmerer, der die zentrale koordinierende Funktion einnahm, forderte zunächst die Ressorts auf, ihre Einzelpläne zu liefern. Auf dieser Grundlage erstellte das Finanzdezernat einen ersten Entwurf, der dann im Haushaltsausschuss vorberaten und nach Möglichkeit schon zum sogenannten Abgleich gebracht wurde. Rechtzeitig vor Beginn des neuen Haushaltsjahres, das in München in den 1930er- und 1940er-Jahren jeweils erst am 1. April begann, wurde dieser dann dem Stadtrat präsentiert, in mehreren Lesungen diskutiert, verabschiedet, der Öffentlichkeit verkündet und der Aufsichtsbehörde vorgelegt.[22] Anders als etwa das Verwaltungsverfahren der Budgetierung verlief die Aufstellung des Haushaltsplans somit »von unten nach oben«.[23]

Eine vergleichende Analyse der Entstehungskontexte eines Haushalts liefert einen wertvollen Einblick in die politischen Machtkonstellationen vor Ort. Allgemein gesprochen war Lokalpolitik einerseits von den überregionalen (Partei-)

---

20 Siehe unten, Kapitel IV.2, S. 289 f.

21 Lüder, Haushalts- und Finanzplanung, S. 419.

22 Während dieser Ablauf im »Dritten Reich« im Wesentlichen konstant blieb, verschoben sich die Aufgaben der beteiligten Akteure und somit die Bedeutung der einzelnen Entstehungsschritte für das Resultat zum Teil erheblich. Siehe dazu genauer Kapitel II.3.

23 Lüder, Haushalts- und Finanzplanung, S. 425.

Bindungen oder -konkurrenzen beeinflusst. Andererseits zeichnete sich die politische Situation vor Ort meist durch einen gewissen lokalen »Eigen-Sinn«[24] aus, der sich von der Landes- oder Reichspolitik abgrenzte. So war es durchaus üblich, dass Münchner NSDAP-Stadträte bei aller Loyalität gegenüber Reich und Partei im städtischen Interesse auch Konflikte mit entsprechenden Vertretern nicht scheuten.

Planungshorizonte der Haushaltspolitik

Planung ist längst zu einer wichtigen Untersuchungskategorie in der Geschichtswissenschaft geworden, insbesondere bei Themen aus dem 20. Jahrhundert. Denn diese beruht auf einem grundlegenden »Zutrauen in die Gestaltbarkeit der Zukunft«,[25] das gerade in den ersten zwei Dritteln des 20. Jahrhunderts noch weitgehend ungebrochen war. In der NS-Zeit wurde die Kategorie der Planung auch deswegen häufig bemüht, weil sich darin eine Abkehr von den als chaotisch wahrgenommenen Verhältnissen der Weimarer Zeit ausdrückte.[26] Auch Kommunen planen. Und der Haushaltsplan ist das zentrale Instrument der Gemeindeverwaltung. Im Namen offenbart sich schon der selbstverständliche Glaube in eine »rationale Gestaltung des Zukünftigen«.[27] Eine Haushaltsanalyse kann versuchen – das ist ein weiterer Zugang – die Planungshorizonte der Finanzpolitik zu erfassen.

In einer städtischen Haushaltsplanung verbinden sich – abstrakt gesprochen – zwei temporale Bezüge: Der Haushalt weist einerseits steuernd in die Zukunft, andererseits prüfend in die Vergangenheit. Durch die formelle Verabschiedung seitens des Stadtrats erhält die Planung eine für die unterschiedlichen Verwaltungszweige bindende Wirkung. Traditionell unterliegt die städtische Haushaltsplanung dabei dem Prinzip der Jährlichkeit. Dieser Grundsatz bedeutet, dass die Gemeinden für jedes Haushaltsjahr eine separate Haushaltssatzung zu erlassen haben; nur in Ausnahmefällen können Einnahmen oder Ausgaben in ein zweites Jahr übertragen werden. Der grundsätzliche Planungshorizont der kommunalen Finanzverwaltung betrug in der ersten Hälfte des 20. Jahrhunderts also ein Jahr. Eine zusätzliche mehrjährige Finanzplanung wird erst seit den 1970er-Jahren häufiger praktiziert.[28] Heute sieht die kommunale Finanzwirtschaft neben der nach wie vor zentralen jährlichen Haushaltsplanung auch eine ergänzende fünf Jahre umfassende Finanzplanung vor.[29]

24 Vgl. Lüdtke, Eigen-Sinn.
25 Vgl. Laak, Planung, S. 1.
26 Vgl. auch die Anmerkungen bei Wimmer, Ordnung, S. 9-11, zur Kategorie »Ordnung«, die ähnlich wie »Planung« als Gegenbild zur chaotisch empfundenen Zeit vor 1933 in der NS-Zeit große Anziehungskraft hatte.
27 Vgl. Laak, Planung, S. 1.
28 Vgl. Lüder, Haushalts- und Finanzplanung, S. 429.
29 Vgl. Bay. GO (1998), Art. 70.

Gleichzeitig ist ein Haushaltsplan in seiner »Kontrollfunktion« [30] vergangenheitsorientiert und damit gewissermaßen eine Bilanz im Plan. In jedem gedruckten Haushalt sind neben dem Voranschlag des folgenden Haushaltsjahres auch das Rechnungsergebnis des vorangegangenen sowie die Planungsziffern des laufenden Rechnungsjahres zu finden. Jede Planungsziffer steht somit in engem Bezug zu den zwei Vorjahren. Eine starke Orientierung daran bei der Aufstellung des Etats nennt man im Verwaltungsdeutsch »Plan-Plan-Verfahren«. Im Rahmen einer Haushaltsanalyse lassen sich diese Teilziffern jedenfalls in diachroner Hinsicht vergleichen, wenn auch nur über den Zeitraum von drei Jahren, dafür aber mit der relativen Sicherheit, dass die nebeneinanderstehenden Ziffern auch inhaltlich vergleichbar sind.

Für die Frage nach den Planungsdimensionen ist es darüber hinaus vor allem aufschlussreich, die Planungsziffer eines Postens mit dem entsprechenden Rechnungsergebnis zu vergleichen, das späteren Etatentwürfen zu entnehmen ist. Auf diese Weise kann das Verhältnis von Planung und tatsächlicher Entwicklung offengelegt werden. Spannend wird es dann, wenn die Zahlen stark voneinander abweichen. Bei Steuereinkünften etwa kommt es nicht selten vor, dass sich Kommunen verkalkulieren – in beide mögliche Richtungen. Das kann an den sich schnell wandelnden wirtschaftlichen Rahmenbedingungen oder an etwaigen Gesetzesänderungen während eines Rechnungsjahres liegen. Mitunter können die Kalkulationen aber auch bewusst optimistisch oder pessimistisch ausfallen, was Rückschlüsse auf den generellen Verwaltungsstil einer Stadt und ihrer zentralen Figuren oder auf bestimmte politische Konstellationen zulässt. Die Diskrepanz zwischen Planzahlen und Rechnungszahlen einzelner Haushaltsposten ist nicht per se problematisch. Da wie oben beschrieben der Grundsatz der Gesamtdeckung gilt, müssen nicht die einzelnen Teilposten, sondern nur der Gesamthaushalt ausgeglichen sein. Kommt es jedoch zu gravierenden Abweichungen zwischen Prognose und realen Einnahmen oder Ausgaben, kann die Erstellung eines Nachtragshaushalts nötig werden, in dem die ursprüngliche Planung korrigiert wird. So soll auch gewährleistet werden, dass am Ende eines Haushaltsjahres, wenn die Abschlussrechnung ansteht, die Zahlen nicht zu weit auseinandergehen. Beim Rechnungsabschluss kann es jedoch grundsätzlich immer zu Unterschieden in Einnahmen und Ausgaben kommen. Etwaige Überschüsse können angelegt oder im kommenden Haushaltsjahr verbucht werden. Defizite müssen ausgeglichen werden, notfalls durch Aufnahme eines kurzfristigen Kredits oder per Übertrag ins kommende Haushaltsjahr, was zu einer Negativspirale führen kann. Genau vor dieser Situation standen viele deutsche Kommunen Anfang der 1930er-Jahre.

Auch wenn die Gemeindeordnung den Planungshorizont von einem Jahr gewissermaßen gesetzlich vorgibt, bedeutet das nicht, dass die Akteure in einer Stadtverwaltung tatsächlich nur in Ein-Jahres-Zyklen denken. In Zahlen lassen sich langfristige Planungshorizonte jedoch in den historischen kameralisti-

---

30 Vgl. Lüder, Haushalts- und Finanzplanung, S. 418.

schen Plänen nur schwer nachweisen. Eine Möglichkeit besteht darin, die Entwicklung von Schuldzahlungen und Rücklagen im außerordentlichen Haushalt in den Blick zu nehmen. Baut eine Stadtverwaltung Schulden ab und Rücklagenvermögen auf? Werden eher Schulden angehäuft und Rücklagen aufgebraucht, um Investitionen zu tätigen? Oder ist die gegenwärtige Situation sehr von Schuldverpflichtungen aus der Vergangenheit bestimmt? Im ersten Fall könnte man einen Planungshorizont ausmachen, der weit in die Zukunft reicht. Im zweiten Fall ist die Planung kurzfristiger angelegt und von den gegenwärtigen Bedürfnissen geprägt. Im dritten Fall ist die Zukunftsplanung stark von der Vergangenheit beeinflusst, die Finanzpolitik eines Gemeinwesens also eher ›rückwärts orientiert‹.

Kommunale Finanzpolitik kann in ihren Planungshorizonten auch stark von anderen Akteuren beeinflusst werden. In der NS-Zeit etwa verordnete das Reich den Kommunen mit volkswirtschaftlichem Ziel verstärkte Rücklagenbildung.[31] Ein langfristiger Planungshorizont wurde also gewissermaßen staatlich auferlegt und von den Aufsichtsbehörden kontrolliert. In anderen Fällen sollten Großprojekte über viele Jahre finanziert werden, in München etwa zahlreiche Bauten im Zuge des Ausbaus der »Hauptstadt der Bewegung«. Weiter unten wird sich zeigen, dass in diesem Zusammenhang viele Projekte zwar langfristig geplant wurden, die Planungen aber bald von gegenwärtigen Bedürfnissen ›eingeholt‹ und letztlich kaum verwirklicht wurden.[32] Die Zwangslagen des Krieges hatten den Planungshorizont der Kommunen stark verkürzt.

Rhetorik des Haushalts

Öffentlichkeit ist eines der wichtigsten Prinzipien der kommunalen Haushaltswirtschaft.[33] Die Bekanntmachung des Haushaltsplans ist ein zentraler Termin im politischen Jahreskalender jedes staatlichen Gemeinwesens, welcher auch von den (lokalen) Medien meist mit regem Interesse verfolgt wird. In der NS-Zeit – zumindest bis zum Krieg – lag der gedruckte Haushaltsplan nach der Verkündung eine Zeit lang zur Einsichtnahme in einer Amtsstube im Rathaus aus. Heutzutage veröffentlicht die Stadtkämmerei München die wichtigsten Daten ihres Haushalts sogar im Internet: jederzeit zugänglich, für alle abrufbar und in Form von Diagrammen und Grafiken anschaulich aufbereitet. Dabei wird den ›nackten Zahlen‹ – auch wenn diese in Schaubilder verkleidet sind – einerseits eine hohe Allgemeingültigkeit zugesprochen, denn ein »gesunder« Haushalt steht nicht selten für die Seriosität der Kommunalpolitik im Ganzen. Andererseits wird ihnen große Glaubwürdigkeit zuteil. Im Haushaltsplan offenbart sich für viele Bürger ein Höchstmaß an Aussagekraft und Transparenz. Das ist zum

31 Vgl. Rücklagenverordnung, 5.5.1936, RGBl. I (1936), S. 435-438.
32 Siehe unten, Kapitel IV.5.
33 Vgl. Raith, Finanzwirtschaft, S. 68.

einen der vermeintlichen Objektivität von Zahlen geschuldet, außerdem hängt es mit der Überzeugungskraft des performativen Akts der Zahlenverkündung in Form eines gedruckten Plans – ›schwarz auf weiß‹ – zusammen. Und nicht zuletzt wirkt die Vermittlung der Zahlen durch einen Sachverständigen, den Bürgermeister oder den Kämmerer, überzeugend. Doch was genau vermittelt dieser Sachverständige? Und wie macht er es?

Die öffentliche Präsentation von Haushaltsergebnissen – ob in einer Rede, im gedruckten Buch oder im Internet – bietet den Bürgerinnen und Bürgern nicht nur Gelegenheit, sich »umfassend über die Finanzen ihrer Gemeinde zu informieren«, wie es in einem Lehrbuch für kommunale Finanzwirtschaft heißt.[34] Sie ist vielmehr auch Projektionsfläche für Deutungen und Gegenstand politischer Botschaften. Gerade dadurch, dass dem Haushaltsplan eine hohe Strahlkraft zugesprochen wird, bietet sich die Möglichkeit, aus Deutungsaneignungen politisches Kapital zu schlagen. Ein Teil der Bedeutung entsteht dabei überhaupt erst durch seine Vermittlungsweise.

Die Aufgabe eines Historikers ist es nun, die Funktionsweisen dieser sprachlich oder performativ realisierten Präsentation zu untersuchen. Ein analytischer Zugang zielt daher auf die »Rhetorik des Haushalts«. Die wichtigsten Quellen hierfür sind die jährlichen Haushaltsreden. Aber auch andere Formen der Zahlenpräsentation können Erkenntnisse liefern: die Vorberichte im Haushaltsplan, die Darstellung mithilfe von Grafiken und Diagrammen oder die Kommunikation mit der staatlichen Aufsichtsbehörde.

Die dabei verwendeten Strategien der Präsentation gilt es zu entschlüsseln. Zu analysieren sind zum einen Aspekte der Selektion: Welche Zahlen werden jeweils genannt und erklärt? Welche Zahlen werden nicht erwähnt oder nur marginal behandelt? Und was wird gar völlig verheimlicht? Bei der feierlichen Haushaltsverkündung 1934 beispielsweise konzentrierten sich die Ausführungen des Kämmerers auf den ordentlichen Haushalt mit einem Umfang von 192 Millionen Reichsmark. Über den aktuellen Schuldenstand der Stadt erfuhr man nichts. Und nur ganz am Rande erwähnte er – jedoch nicht OB Fiehler – einen wesentlichen Grund, der den Ausgleich überhaupt ermöglichte: »Aufrechterhaltung der bisherigen Steuern.«[35] Das war die euphemistische Version der Tatsache, dass der Münchner Steuerzahler weiterhin sehr stark belastet blieb.[36]

Des Weiteren ist die argumentative Struktur zu untersuchen: In welcher Reihung werden die Haushaltszahlen erläutert? Welche Narrative werden aufgebaut? Zudem muss die Sprache an sich in den Blick genommen werden: Welche Begrifflichkeiten werden benutzt und wie besetzt, welche rhetorischen Mittel verwendet? Auch die Frage nach den Adressaten ist zu betrachten: Richtet sich eine Rede an die allgemeine Öffentlichkeit, an eine politische Elite wie den Stadtrat oder an eine kleine verwaltungsinterne Expertengruppe? Und wie un-

---

34 Vgl. ebd.
35 Pfeiffer, Stadtrat, 25.1.1934, in: Münchner Gemeinde-Zeitung 9, 31.1.1934, S. 41.
36 Siehe dazu genauer unten, Kapitel III.2.

terscheiden sich Reden über denselben Haushalt, wenn sie sich an das eine oder andere Publikum richten? Zuletzt können auch Äußerlichkeiten einer Rede untersucht werden, zumindest dann, wenn es die Quellenlage zulässt: die Räumlichkeiten etwa, der Gestus des Redners, die Mediennutzung oder die Interaktion mit den anwesenden Zuhörern.

Dieser Zugang scheint besonders für die NS-Zeit ergiebig. Die Forschung hat hinlänglich gezeigt, dass Sprache im Nationalsozialismus ein wesentlicher Teil einer zunehmend überformten Öffentlichkeit und damit ein wichtiger Baustein der Diktatur war.[37] Die Gattung der Haushaltsreden wurde bisher freilich kaum beachtet. In die klassische Propagandageschichte scheint sie nicht ganz hineinzupassen. Jedoch zeigt sich auch hier, wie selbst ein kleiner öffentlicher Teilbereich wie die kommunale Finanzberichterstattung im Dienst des Regimes stand. In den Reden oder Erläuterungen wurden vom Oberbürgermeister oder Kämmerer – bewusst oder unbewusst – viele nationalsozialistische Sprachgepflogenheiten, Begrifflichkeiten und Narrative produziert oder reproduziert. Das nüchterne Zahlenwerk wurde so ein Werkzeug der spezifisch nationalsozialistischen Wirklichkeitsdeutung. Die Inszenierung des Haushaltsabschlusses von 1934 ist hierfür ein plastisches Beispiel. Und auch der Plan von 1935 unterlag, wie zu zeigen sein wird, einer ähnlichen Indienstnahme.[38]

Systematik der Buchhaltung

Konstruiert ist nicht nur die Deutung des Haushaltsplans. Schon die Erstellung eines Planes funktioniert nach bestimmten, eigenen verwaltungstechnischen Prinzipien. Ein Untersuchungsschwerpunkt sollte deshalb immer auf der Systematik der Buchhaltung liegen. Indem man den Blick auf diese richtet, lassen sich nicht nur Erkenntnisse über die Entstehungsbedingungen des Haushalts gewinnen, sondern letztlich auch über die Grenzen dessen, was ein Haushaltsplan überhaupt aussagen kann. Haushaltssystematik und Veranschlagungstechnik – so die Annahme, die diesem Analysezugang zugrunde liegt – sind nicht nur Werkzeuge, um Finanzrealitäten abzubilden; sie formen diese mit und konstruieren und reproduzieren sie zu einem bedeutenden Teil gar erst. Anders gesagt: Wie die Finanzlage eines Gemeinwesens wahrgenommen wird, hängt nicht zu-

---

37 Vgl. etwa Sennebogen, Gleichschaltung, S. 166; ausführlich auch Bauer, Sprache. Eine der frühesten aus der Sicht eines Betroffenen geschriebenen Auseinandersetzungen liefert Klemperer, LTI; Sternbergers »Aus dem Wörterbuch des Unmenschen« steht exemplarisch für die frühe Forschungstradition, nach der insbesondere der spezifisch nationalsozialistische Wortschatz katalogisiert wurde. Konsens besteht heute weitgehend darin, nicht mehr eine »Sprache *des* Nationalsozialismus«, sondern die »Sprache *im* Nationalsozialismus« (vgl. Maas, Geist, S. 9) untersuchen zu wollen und damit neben der Täter- auch die Opfersprache einzubeziehen.
38 Siehe unten, Kapitel I.3.

letzt mit der Frage zusammen, welche Zahlen präsentiert und wie diese zusammengestellt werden, wie also Buch geführt wird.

Heute haben die bayerischen Kommunen in dieser Hinsicht Wahlfreiheit: Die Haushaltswirtschaft, so heißt es in der Gemeindeordnung, ist nach den Grundsätzen der doppelten Buchführung oder nach den Grundsätzen der Kameralistik zu führen.[39] Die bayerische Landeshauptstadt stellte ab dem Haushaltsjahr 2009 von der Kameralistik auf die Doppik um.[40] Dies bedeutete, wie der damalige Stadtkämmerer Ernst Wolowicz anmerkte, nicht weniger als eine »kleine Revolution«.[41] Denn das kameralistische Haushaltswesen hatte zuvor fast 250 Jahre Bestand gehabt. Während die meisten Privatunternehmen und viele andere Bundesländer zum Teil schon vor Jahrzehnten ihre Buchführung umgestellt hatten, blieb die Kameralistik in den bayerischen Kommunen noch bis 2006 obligatorisch.

Diese traditionsreiche Buchführungssystematik plant und erfasst im Wesentlichen Geldflüsse, also alle Einnahmen und Ausgaben eines Gemeinwesens. Gebucht werden nur »kassenwirksame Vorgänge«.[42] Unberücksichtigt bleiben damit nicht-zahlungswirksame Wert- und Ressourcenveränderungen. Es gibt keine Abschreibungen. Haushaltsmäßig wird also nicht erfasst, wenn ein öffentliches Schulgebäude oder das Nahverkehrsnetz durch Verschleiß an Wert verlieren. Der kameralistische Plan legt außerdem nur den finanziellen »Output« offen. Der Stadtrat beschließt in Form des Haushaltsplans die Ausschüttung von Geldmitteln. Aus dem kameralistischen Haushalt geht aber nicht hervor, »welche Leistungen, in welcher Qualität und Quantität mit welcher Wirkung auf welche Zielgruppen mit diesen Geldmitteln finanziert werden« (»Outcome«).[43]

In diesen Aspekten unterscheidet sich die doppische Buchführung. Für das Leistungsspektrum einer Stadt gibt es in einer produktorientierten Haushaltswirtschaft Kennzahlen zu Quantität und Qualität der finanzierten Leistung. Somit kann die Finanzsteuerung mit einer Leistungssteuerung verbunden werden. Der Doppik kommt es zudem vor allem darauf an, den Ressourcenverbrauch zu erfassen. In einer jährlichen Bilanz werden systematisch alle Vermögenswerte und deren »Verzehr« sowie Verbindlichkeiten erfasst und damit ein vollständiger Überblick über das Stadtvermögen geliefert. Basis dafür ist die Inventarisierung des gesamten Anlagevermögens und dessen Bewertung. Hinter den Bewertungsmaßstäben steckt selbst wieder eine eigene, komplexe Systematik, die etwa die Frage betrifft, ob das Vermögen nach Anschaffungs- und Herstellungskosten oder nach, wie auch immer festgelegten, Zeitwerten taxiert wird. Dies alles bedingt einen enormen Verwaltungsaufwand. Dafür ist das Ergebnis differenzierter und zugleich plakativer. Erstmals, so frohlockte die Münchner Kämmerei

---

39 Vgl. Bay. GO (1998), Art. 61, Abs. 4.
40 »Doppik« ist ein Kunstwort, zusammengesetzt aus »Doppelte Buchführung in Konten« (vgl. Raith, Finanzwirtschaft, S. 244).
41 Vgl. Eröffnungsbilanz 2009, S. 1.
42 Vgl. Raith, Finanzwirtschaft, S. 245.
43 Vgl. Eröffnungsbilanz 2009, S. 5.

2010 in der Werbebroschüre zu ihrer Eröffnungsbilanz, wüssten die Bürgerinnen und Bürger, was München »tatsächlich« an Vermögen und Schulden habe.[44]

Während heute immer mehr Gemeinden ihre Budgetplanung auf ein solches kaufmännisches Prinzip umstellen, waren die kommunalen Haushaltspläne der 1930er- und 1940er-Jahre allesamt kameralistisch.[45] Die Eigenart dieser Buchführung – und darum geht es mir – zieht Folgen nach sich und begründet in einigen Bereichen sogar spezifische Verhaltensmuster der verantwortlichen Akteure, die man bei einer historischen Haushaltsanalyse beachten sollte.

Zunächst ist festzuhalten, dass die Ressourcenentwicklung eines Gemeinwesens in einem traditionellen kameralistischen Veranschlagungssystem nicht transparent ist. Ein Wertverlust, etwa durch mangelnde Pflege der städtischen Bausubstanz, fällt nicht negativ auf. Andererseits belasten Investitionen, etwa in die Infrastruktur, den Haushalt als Ausgaben, in ihrer wertsteigernden Dimension für das Vermögen einer Gemeinde werden sie jedoch nicht erfasst. Da nur Geldflüsse erfasst werden, können Schulden abgebaut werden, indem Vermögen, wie zum Beispiel städtische Grundstücke, veräußert wird. Bilanziell betrachtet würde dieses Verfahren eine Kommune aber um keinen Cent reicher machen.[46]

Der am stärksten bestimmende Faktor bei der kameralistischen Haushaltsplanung ist das realisierte Budget des letzten und vorletzten Jahres.[47] Unter Zugrundelegung der Ist-Ausgaben wird der bestehende Haushalt in seinen wesentlichen Teilen fortgeschrieben. Dadurch ergibt sich eine Kontinuität, die systembedingt ist, nicht aber unbedingt zur Effizienzsteigerung des Gemeinwesens beiträgt: Der tatsächliche Verbrauch bewilligter Mittel reicht nämlich oft als Nachweis und Begründung für zukünftige Ausgaben aus. Die einzelnen Verwaltungsstellen sind daher bestrebt, möglichst hohe Ist-Ausgaben zu erreichen, um keine Kürzung zu provozieren. Dies führt dazu, dass Mittel nicht nach Dringlichkeitsgesichtspunkten, sondern nach Ausschöpfungsgesichtspunkten verwendet werden und es mitunter zum sogenannten »Dezemberfieber« kommt. Sparsames Ausgabeverhalten wird dagegen eher ›bestraft‹.

Die Zahlenangaben eines Budgets müssen bei einer Haushaltsanalyse als in der Regel formal korrekt angenommen werden. Es wird den wenigsten Historikern möglich sein, einzelne Posten von Grund auf nachzurechnen. Da der Haushaltsplan für das Funktionieren einer Verwaltung von großer Bedeutung war, kann überdies davon ausgegangen werden, dass die Sachbearbeiter auch in der NS-Diktatur um Sorgfalt und Korrektheit bemüht waren – auch wenn Adolf Hitler die Finanzbeamten einmal pauschal als »Spitzbuben« titulierte.[48]

---

44 Vgl. ebd., S. 6.
45 Wir werden allerdings unten noch sehen, dass die Kämmerei zusätzlich auch einfache Formen des Vermögensnachweises führte.
46 Vgl. Eröffnungsbilanz 2009, S. 8.
47 Vgl. Lüder, Haushalts- und Finanzplanung, S. 428.
48 Anlässlich einer Tischrunde im Führerhauptquartier im April 1942, zit. bei: Ullmann, Steuerstaat, S. 141.

Das bedeutet aber nicht, dass es keine Möglichkeiten zum ›Tricksen‹ gab. Gerade das Prinzip der Deckungsfähigkeit, nach welchem nicht alle Teilhaushalte abgeglichen sein müssen, sondern nur der Gesamtetat, erlaubt es, dass bestimmte Posten ›versteckt‹ werden können.[49] Die entsprechende Bezeichnung der Haushaltstitel war in dieser Hinsicht das effizienteste Werkzeug.[50] Schranken der Postenverschleierung setzte allerdings, auch in der NS-Zeit die Kontrolle durch die örtliche und überörtliche Revision.

Diese Beispiele sollen genügen, um zu zeigen: Ein Haushaltsplan hat Grenzen der Aussagekraft, die in der Systematik der Buchführung begründet liegen. Denn die kameralistische Haushaltsordnung und Veranschlagungstechnik bringt nur bestimmte Finanzrealitäten zum Ausdruck und unterschlägt andere wie insbesondere den Ressourcenverbrauch. Zugleich produziert diese Form der Buchhaltung ›kulturelle‹ Verhaltensmuster – Stichwort: »Dezemberfieber« –, die sich auf die Finanzentwicklung eines Gemeinwesens ganz erheblich auswirken.

Im Folgenden möchte ich Münchens Haushalte der Jahre 1932, 1935, 1939 und 1943 analysieren und vergleichen. Die erläuterten fünf Zugänge verstehe ich dabei nicht als starres Analyseraster. Sie eröffnen auch nicht die einzigen Aspekte, die an einem Haushaltsplan interessieren können. Sie ermöglichen jedoch aufschlussreiche Fragen an Haushaltspläne, um diese ›zum Klingen‹ zu bringen. Nicht alle Aspekte können bei jeder der folgenden Einzelanalysen in gleicher Ausführlichkeit Berücksichtigung finden, sodass Schwerpunktsetzungen sinnvoll erschienen. Variierende Mischungen der erläuterten Zugänge werden demnach die Untersuchung eines jeden Haushalts bestimmen. Dieses Vorgehen ist auch dem Ziel der Periodisierung geschuldet: Das hier vorgeschlagene Phasenmodell soll gerade darin überzeugen, Veränderungen der städtischen Finanzpolitik nicht nur anhand eines Merkmals – wie beispielsweise der Entwicklung des Gesamtvermögensstands oder rechtsgeschichtlicher Wegmarken – festzumachen. Vielmehr sollen in der unterschiedlichen Zusammensetzung mehrerer zentraler Merkmale Konstellationswandlungen der kommunalen Finanzpolitik herausgearbeitet werden.

---

49 Vgl. zum Prinzip der Deckungsfähigkeit auch Raith, Finanzwirtschaft, S. 120.
50 Siehe unten Kapitel II.3 und Kapitel IV.3, wo ich anhand einiger Beispiele zeige, dass die Betitelung von Haushaltsposten eine äußerst wichtige Variable der Verwaltungspraxis war.

2. Der Krisenhaushalt 1932:
Weltwirtschaft, Reichspolitik und Stadtfinanzen

Der Zwangsabgleich

Der Haushaltsplan von 1932 war eine Bankrotterklärung.[51] Allerdings kein eigentlicher Bankrott, denn Kommunen können in Deutschland, anders als Privatunternehmen oder Gemeinden in anderen Ländern, nicht in Konkurs gehen, weil sie von einem staatlichen Haftungsverbund geschützt werden.[52] Das fiskalische Worst-Case-Szenario auf kommunaler Ebene liegt dann vor, wenn Gemeinden der gesetzlich vorgeschriebenen Verpflichtung, ihren Haushaltsplan in Einnahmen und Ausgaben abzugleichen, nicht nachkommen. Genau das ereignete sich im Sommer 1932 in der bayerischen Landeshauptstadt. Nach langwierigen Haushaltsberatungen, die sich bis weit ins Rechnungsjahr hineinzogen, musste der Stadtrat zunächst einen Fehlbetrag von 16,3 Millionen Reichsmark verkünden. 201,6 Millionen Reichsmark an Einnahmen standen fast 218 Millionen Reichsmark an prognostizierten Ausgaben gegenüber. Als die Kammer des Innern bei der Regierung von Oberbayern, die als Staatsaufsicht fungierte, auf eine nochmalige Budgetprüfung pochte, gelang es den städtischen Entscheidungsträgern immerhin, den Fehlbetrag auf 12,5 Millionen Reichsmark zu reduzieren.[53] Trotzdem musste die Staatsbehörde per Zwangserlass in den städtischen Haushalt eingreifen. Das bedeutete, dass die Aufsichtsbehörde selbst den Rotstift ansetzte und – mehr oder weniger willkürlich – Änderungen im städtischen Budget anordnete, die gleichermaßen auf Ausgabeneinsparungen

---

51 Vgl. auch die Bemerkung von Finanzreferent Andreas Pfeiffer am 11.7.1932 (Pfeiffer, Haushaltausschuss, 11.7.1932, StadtAM, RSP 705/10): »Vor einer Zahlungsunfähigkeit stehen wir heute schon; denn alles, was hier gemacht werden muss, ist nichts anderes als die Erklärung des Bankrotts.«

52 Der wohl prominenteste aktuelle Fall einer insolventen Kommune ist die Automobilmetropole Detroit, Michigan. 18,5 Mrd. USD Schulden hatte die Stadt aufgetürmt und dabei jährlich 100 Mio. USD mehr ausgegeben als eingenommen, ehe sie im Juli 2013 Insolvenz anmelden musste. Die öffentliche Versorgung drohte völlig zusammenzubrechen. Es ist der größte kommunale Konkursfall der amerikanischen Geschichte. In Deutschland steht mit ca. 1,8 Mrd. EUR Schulden momentan Oberhausen an der Spitze der »Pleitekommunen«. Insolvent gehen kann die nordrheinwestfälische Stadt allerdings ebenso wenig wie viele andere hoch verschuldete Kommunen in Deutschland, da das Gemeinderecht aller Bundesländer vorsieht, dass die Länder die Kommunen aus ihrer Haftung entlassen können.

53 Der mit Beschluss vom 14.9.1932 verabschiedete Haushaltplan, der der Regierung von Oberbayern vorgelegt wurde, schloss eigentlich nur mit dem vermeintlichen Fehlbetrag von 3,4 Mio. RM ab. Dieser geringe Fehlbetrag beruhte aber, so die Ansicht der Aufsichtsbehörde, auf »nicht anzuerkennenden Einnahmeansätzen« im Rahmen der staatlichen Wohnungsbauabgabe und der Landeshilfe für Wohlfahrtserwerbslose von insgesamt gut neun Mio. RM (vgl. Regierung von Oberbayern an den Stadtrat der Landeshauptstadt München, 30.9.1932, in: Haushaltplan der Landeshauptstadt München 1932, S. XXI).

und Einnahmeerhöhungen zielten.[54] Das renommierte Krankenhaus Rechts der Isar etwa, das damals kurz vor dem 100-jährigen Jubiläum stand, sollte seinen Betrieb komplett einstellen. Außerdem ordnete die Aufsicht an, einige Teilstrecken im öffentlichen Nahverkehr zu schließen. Gleichzeitig sollten die Ticketpreise bei der Straßenbahn erhöht werden – eine Maßnahme, die der Stadtrat zuvor noch abgelehnt hatte. Eine Ersparnis von etwa einer Million Reichsmark sollte es einbringen, zehn Prozent aller in diesem Jahr frei werdenden Stellen in der Stadtverwaltung nicht wieder zu besetzen. Zudem kam es zur Erhöhung von Steuern und Gebühren: Ein Zuschlag zur Wohlfahrtsabgabe, der ebenfalls zuvor vom Stadtrat abgelehnt worden war, wurde verfügt, der Hebesatz für die Bürgersteuer erhöht, eine Feuerschutzabgabe eingeführt und Notzuschläge auf die Strom-, Gas-, Straßenreinigungs- und Kanalbenützungsgebühren erhoben.

Nach massiven Protesten vonseiten der Stadtverwaltung setzte die Aufsichtsbehörde nicht alle Absichten durch. Das Klinikum Rechts der Isar im Stadtteil Haidhausen etwa gibt es bis heute, auch wenn es inzwischen nicht mehr in städtischer, sondern in staatlicher Trägerschaft betrieben wird und zur TU München gehört. Der Haushaltsausgleich kam stattdessen zustande, indem die Aufsichtsbehörde einige prognostizierte Einnahmeposten recht optimistisch nach oben korrigierte und außerdem einen sogenannten Gesamtabstrich (»Globalabstrich«) von 1,9 Millionen Reichsmark verordnete, dessen Durchführung dem Stadtrat oblag.[55] Die meisten Anordnungen mussten allerdings umgesetzt werden. Die Bürger der Stadt sahen sich gravierenden Einschnitten in der kommunalen Daseinsvorsorge sowie finanziellen Mehrbelastungen ausgesetzt. Für die politische Führung der Stadt bedeuteten die staatlichen Eingriffe vor allem den Verlust an Gestaltungs- und Entscheidungsmacht über ihren eigenen Haushalt und damit über das zentrale Steuerungsinstrument ihrer Politik.

München war zu dieser Zeit nicht die einzige Gemeinde mit massiven Finanzproblemen. Es handelte sich dabei vielmehr um ein gesamtdeutsches Phänomen.[56] In Preußen konnten 1932 angeblich 92,5 Prozent der Gemeinden ihre Haushalte nicht mehr ausgleichen.[57] Und auch die meisten bayerischen Städte legten Anfang der 1930er-Jahre ebenfalls Defizite vor (Tab. 1). In einer Sitzung des Bayerischen Städtebundes diagnostizierte der geschäftsführende Oberbürgermeister Hans Knorr daher »schwere Störungen im ganzen Organismus der Gemeindefinanzen«[58]. Die Finanzlage sei – so Knorr in der häufig verwendeten anthropomorphisierenden Sprechart – »kurzatmig« und der Puls werde »immer

---

54 Vgl. Regierung von Oberbayern an den Stadtrat der Landeshauptstadt München, 30.9.1932, in: Haushaltplan der Landeshauptstadt München 1932, S. XXI-XXIV.
55 Vgl. ebd., S. XXXf.
56 Zur Finanzlage deutscher Gemeinden im Jahr 1932 siehe auch James, German Slump, S. 105.
57 Vgl. Finanzausschuss des Deutschen Gemeindetags, 24.11.1933, LAB, B Rep. 142/7 2-1-9-4.
58 Knorr, Finanz-, Selbstverwaltungs- und Wirtschaftsausschuss des Bayerischen Städtebundes, 5.2.1932, StadtAM, BST 493.

schwächer«. Was waren die Gründe für diese Schieflage der Gemeindefinanzen in München und andernorts?

Tab. 1: Haushaltsergebnisse der Bayerischen Gemeinden Anfang der 1930er-Jahre[59]

Stadt/Rechnungs-ergebnis in RM	1929	1930	1931	1932 (Planung)
München	282.122	21.307	- 6.200.000	- 17.954.181
Nürnberg	137.463	- 4.595.103	- 3.000.000	- 6.255.667
Augsburg	- 193.014	- 871.941	- 3.500.000	- 5.273.550
Ludwigshafen	- 304.455	- 2.181.731	- 3.238.641	- 5.583.530
Regensburg	- 72.220	- 48.918	- 650.000	- 1.986.000
Würzburg	398.858	332.541	2.955	- 871.163
Bamberg	- 371.125	- 409.584	- 718.200	- 1.290.000
Kaiserslautern	- 896.190	- 35.282	- 62.500	- 1.577.900
Ingolstadt	- 10.173	k.A.	- 150.000	- 113.280
Passau	- 576.928	3.712	- 250.000	- 878.000

Genese der Finanznot: Steuerreform, Leistungsexpansion, Wirtschaftskrise, Notverordnungspolitik

Eine langfristige Ursache für die kommunale Finanzknappheit lag in der unitaristischen Finanzpolitik des Reichs, deren Ursprung auf den Beginn der 1920er-Jahre zurückgeht. Reichsfinanzminister Matthias Erzberger hatte 1919/20 die bis dato umfassendste Reform der deutschen Finanzgeschichte initiiert.[60] Er setzte die Vereinheitlichung des Steuersystems durch. Vor allem aber kam durch seine Reform die Gesetzgebungs- und Ertragskompetenz für die wichtigsten Steuern,

59 Statistik zusammengestellt aus den Angaben einer Rundfrage des Bayerischen Städtebundes vom 8.4.1932, StadtAM, BST 493. Der Zeitpunkt der Rundfrage erklärt auch die mögliche Differenz zu den tatsächlichen Haushaltsdefiziten, falls diese wie etwa im Fall München, zu Beginn des Haushaltsjahres am 1.4. noch nicht verabschiedet waren. Da jedes Haushaltsdefizit gesetzlich ausgeglichen werden muss, mussten die Kommunen diese Defizite durch kurzfristige Kreditaufnahme decken, Rücklagenbestände heranziehen oder die Defizite als »Ausgaben« in die darauffolgenden Haushalte verlagern.
60 Einen guten Überblick über die Entstehung und Inhalte der Reichsfinanzreform liefern: Pohl, Wirtschafts- und Finanzpolitik, S. 52-66; Hansmann, Kommunalfinanzen, S. 51-86.

allen voran die Einkommensteuer,[61] dem Reich zu und machte es damit erstmalig in der deutschen Geschichte zum »Steuersouverän«.[62] Es wurde ein Verbundsystem eingeführt, das in den Grundzügen bis heute gilt. Im Kern der Zentralisierungspolitik ging es dem Reich einerseits darum, in Zukunft nicht mehr abhängiger »Kostgänger der Länder« zu sein, andererseits darum, den enormen eigenen Finanzbedarf sicherzustellen. Neben den finanziellen Verbindlichkeiten, die eine Ausweitung staatlicher Leistungen verlangte, waren dies vor allem die immensen Kosten, die der Erste Weltkrieg in Form von Schuldverpflichtungen, Kriegsfolgekosten und Reparationen nach sich gezogen hatte.

In der Forschung stehen meist die Veränderungen im Reich-Länder-Verhältnis im Vordergrund. Aber durch die Finanzreform ergaben sich auch für die deutschen Städte und Gemeinden wesentliche Einschnitte. Sie verloren nämlich mit dem Zuschlagsrecht auf die Einkommensteuer ihre bis dahin wichtigste Einnahmequelle. Diese kam ihnen fortan nur noch anteilsmäßig in Form von Reichsüberweisungen zu. Außerdem wurden bald darauf auch die kommunalen Umlagen der Grund-, Gebäude- und Gewerbesteuer begrenzt. Gleichzeitig erhöhten sich im Laufe der Weimarer Jahre die kommunalen Ausgaben stetig, vor allem in Wohlfahrtswesen, Wohnungsbau und Schulwesen sowie durch Aufgabenzuweisungen durch das Reich. Der Finanzausgleich zwischen Reich, Ländern und Kommunen, der die Finanz- und Aufgabenverteilung unter den staatlichen Ebenen regelte, wurde zum zentralen innenpolitischen Streitpunkt und zog sich wie ein roter Faden durch die Weimarer Zeit.[63]

Die Städte und Gemeinden fühlten sich nicht nur wegen der finanziellen Einbußen als »Verlierer des Ersten Weltkriegs«.[64] Vielleicht noch schwerer wogen für sie die Auswirkungen der Finanzreformen auf ihre politische Selbstständigkeit. Je mehr die Möglichkeit, eigenständig auf ihre Einnahmen einzuwirken, beschränkt wurde, desto mehr traf dies den Kern ihres Selbstverständnisses. Kaum ein anderes kommunalpolitisches Thema war in der Weimarer Öffentlichkeit so präsent wie die Streitfrage nach dem Zusammenhang von finanzieller Ausstattung und eigenständigen Gestaltungsspielräumen. Den Anspruch auf »kommunale Selbstverwaltung« sahen die Gemeindevertreter historisch begründet, verfassungsrechtlich gesichert und nun nachhaltig gefährdet.[65] Die Krise

---

61 Vgl. Einkommensteuergesetz, 29.3.1920, RGBl. I (1920), S. 359-378.
62 Vgl. Hansmann, Kommunalfinanzen, S. 52.
63 Zum Finanzausgleich als zentralem Problem vgl. Pohl, Wirtschafts- und Finanzpolitik, S. 146-163. Siehe außerdem unten, Kapitel III.1.
64 Vgl. Hansmann, Kommunalfinanzen, S. 51.
65 Während Hansmeyer in Art. 127 der Weimarer Reichsverfassung eine »institutionelle Garantie der Selbstverwaltung« sieht, die »auch durch gesetzgeberische Möglichkeiten der Länder« nicht eingeschränkt werden könne, und damit die Meinung der meisten zeitgenössischen Kommunalpolitiker reproduziert (vgl. Püttner, Handbuch, S. 73 f.), zeigt Petzina, Handlungsspielräume, S. 237, dass der Selbstverwaltungsgarantie insofern nur »programmatische Bedeutung« zukam, weil bereits dieser Artikel das Recht der Selbstverwaltung der Gemeinden an die »Schranken des Gesetzes« band, d. h. von Anfang an an die Bereitschaft des Reiches bzw. der Länder geknüpft war.

der kommunalen Finanzen wurde als wesentlicher Teil einer Krise der kommunalen Selbstverwaltung wahrgenommen. Als viel beschworener Maßstab diente in den Kontroversen ein vergangenes Idealbild, vor dem die Veränderungen der Gegenwart als verheerend erschienen. Diese »große Erzählung des Niedergangs« der kommunalen Selbstverwaltung«,[66] die sich durch die Auseinandersetzungen in den 1920er-Jahren konstituierte und reproduzierte, muss als Faktor mitgedacht werden, wenn man die Finanzbeziehungen zwischen den staatlichen Ebenen in dieser Zeit beschreibt. Anders gesagt: Neben den tatsächlichen Eingriffen des Reichs in die Finanzausstattung der Gemeinden ist das wahrgenommene Eingreifen für die weiteren politischen Entwicklungen von großer Bedeutung.

Auch wenn dieser Konflikt im letzten Drittel des Jahrzehnts keineswegs gelöst war, hatte er etwas an Schärfe verloren. Denn die relative Stabilität der Wirtschaft ab 1924 führte dazu, dass die Gemeinden alternative Wege fanden, ihre finanziellen Handlungsspielräume zu erweitern. Sie erhöhten oder erfanden diverse Direktsteuern,[67] bauten ihre Wirtschaftstätigkeit aus und agierten insbesondere verstärkt am in- oder ausländischen Kreditmarkt.[68] Das Vorgehen einiger deutscher Gemeinden am Geldmarkt schien allerdings Kritikern – Reichsbankpräsident Hjalmar Schacht war der prominenteste[69] – als zu sorglos, denn es führte nur auf den ersten Blick zu einer Ausweitung der finanziellen Spielräume. Im Gegenzug türmten sie hohe Verbindlichkeiten auf und engten damit ihre Gestaltungsspielräume für die Zukunft ein.[70] Das expansive Finanzgebaren einiger Kommunen in dieser Zeit ist daher als eine weitere, sozusagen hausgemachte Ursache für die spätere Finanznot anzusehen.

66 Mecking/Wirsching, Stadtverwaltung, S. 13.
67 Auch die Münchner Stadtverwaltung führte teils skurrile Abgaben ein, z. B. eine Abgabe für das Halten von Reit- und Zugtieren, die Wohnungsluxussteuer oder eine Personenaufzugssteuer, welche von den betroffenen Bevölkerungsgruppen nicht selten als schikanös empfunden wurden (vgl. Rädlinger, Schwerpunkte, S. 235).
68 Einen Überblick liefert für diese Phase etwa Wirsching, Leistungsexpansion.
69 Mit Reichsbankpräsident Hjalmar Schacht fochten die Kommunen Ende der 1920er-Jahre einen andauernden Konflikt aus, der in der Öffentlichkeit großen Widerhall fand. In seiner bekannten »Bochumer Rede« vom 18.11.1927 unterstellte Schacht den Kommunen mit großer Polemik »Luxusausgaben« zu tätigen, »Rittergüter« gekauft und »Paläste« gebaut zu haben. Eine Analyse dieser Vorgänge findet sich bei Upmeier, Schachts Kampf, S. 167-170.
70 Der Bayerische Städtebund beschrieb in einer Veröffentlichung zur finanziellen Lage (Knorr, Finanzielle Lage der bayer. Städte und Märkte, 24.11.1928, StadtAM, BST 493) die Entwicklung des Schuldenstands der Städte und Gemeinden schon 1928 als »sehr drückend« (S. 2). Insbesondere die »Schnelligkeit des Anwachsens« aufgrund der »bedenklich hohen Zins- und Tilgungslasten« sei besorgniserregend. In weniger als zwei Jahren zwischen Dezember 1926 und Juli 1928, so kann man dem Bericht entnehmen, hatten sich die Schuldenstände der bayerischen Städte und Märkte von ca. 319 Mio. RM auf 621 Mio. RM fast verdoppelt (S. 3). Die sogenannten »schwebenden Schulden«, d. h. kurzfristige Verbindlichkeiten zur Überbrückung vorübergehender Kassenanspannungen, wuchsen im gleichen Zeitraum von 64 auf 116 Mio. RM an.

München investierte beispielsweise ab Mitte der 1920er-Jahre vor allem massiv in seine Gemeindebetriebe.[71] Der Ausbau der städtischen Werke wurde dabei durch millionenschwere Kredite oder Stadtanleihen finanziert, die zum Teil auch am ausländischen Markt platziert wurden.[72] Im Juli 1929 etwa hatte man noch die Grundsteinlegung für ein neues Kraftwerk an der Isar, die Echinger Stufe, gefeiert; es war ein weiteres Millionenprojekt, das sich zwar langfristig positiv auf den Stadthaushalt auswirken sollte, zunächst aber eine starke Schuldenbelastung darstellte, die ein erhebliches Risiko in sich barg. Dies ist nur ein Beispiel dafür, dass die Gemeindefinanzen in dieser Zeit der relativen Ruhe – in München und andernorts – in ein gefährliches Ungleichgewicht rutschten.[73] Als sich bald darauf die Koordinaten der Finanzpolitik veränderten, sollte sich eine folgenschwere Dynamik entfalten, die diese ruhige Phase als ›faulen Frieden‹ entlarvte.

Die zentralistische Reichspolitik ebenso wie die expansive Haushaltspolitik vieler Gemeinden sind wesentliche Vorbedingungen der kommunalen Finanzkrise Anfang der 1930er-Jahre. Die Weltwirtschaftskrise hat dann die Finanzprobleme der Gemeinden und Städte in dramatischer Weise verschärft. Als am 24. Oktober 1929 an der New Yorker Börse Panik ausbrach, ahnte man vielerorts noch nicht, welche Entwicklungen davon ausgingen. Am folgenden Tag diskutierte etwa der Münchener Haushaltsausschuss nur vage über die möglichen Auswirkungen auf das eigene Anleihegeschäft und tappte – nach Aussage des Finanzreferenten Andreas Pfeiffer – noch »vollständig im Dunkeln«.[74] Schon bald folgten weltweite Finanzzusammenbrüche, Bankenschließungen und Massenarbeitslosigkeit. Das Realeinkommen sank, Armut und Kriminalität nahmen zu. Etwas verzögert wirkte sich die Weltwirtschaftskrise schließlich auch auf die kommunalen Haushalte in Deutschland aus.[75]

Insbesondere die massiv steigende Langzeitarbeitslosigkeit hatte verheerende Auswirkungen auf die Finanzsituation der Gemeinden. Denn diese waren für die Unterstützung eines großen Teils der bald über sechs Millionen Arbeitslosen im Deutschen Reich, die keine Versicherungsleistungen mehr erhielten, die

71 Während sich die Investitionen in die Wasser-, Strom- und Gasversorgung lohnten, schlugen andere Versuche, die städtischen Einnahmen auszubauen, fehl: etwa im Bereich der Straßenreinigung, bei der Städtereklame oder dem städtischen Unfall- und Krankentransport; die 1924 beschlossene finanzielle Beteiligung an mehreren Hotels wurde mit großer öffentlicher Empörung aufgenommen (vgl. Rädlinger, Schwerpunkte, S. 236 f.).
72 Zur Anleihepolitik der Stadt München vgl. Balbaschewski, Pfund-Anleihe, S. 97.
73 Siehe dazu allgemein und mit einigen Beispielen anderer Städte wie Köln und Berlin James, German Slump, S. 88-97.
74 Vgl. Pfeiffer, Haushaltsausschuss, 25.10.1929, StadtAM, RSP 702/11.
75 Zur Weltwirtschaftskrise allgemein siehe etwa die neueste Zusammenfassung von Hesse/Köster/Plumpe (Hrsg.), Depression; zu den öffentlichen Finanzen in Deutschland unter den Bedingungen von Weltwirtschaftskrise und Deflationspolitik des Kabinetts Brüning siehe etwa James, German Slump, S. 39-109, wobei sich die S. 85-108 insbesondere der Lage der Kommunen widmen.

sogenannten »Wohlfahrtserwerbslosen«, zuständig. Außerdem trugen sie einen Anteil der staatlichen Krisenunterstützung, die Arbeitslose in einer Übergangszeit zwischen Versicherungs- und Fürsorgeanspruch bezogen: das sogenannte »Krisenfünftel«.[76] Der Bayerische Städtetag rechnete 1932 vor, dass sich die Lasten zwischen Reich und Kommunen im Verlauf der Krise so verschoben hatten, dass zu diesem Zeitpunkt ca. 66 Prozent der Arbeitslosen in Bayern in die kommunale Fürsorgezuständigkeit fielen.[77] Die »Fürsorgekatastrophe«[78] ließ die kommunalen Wohlfahrtsausgaben regelrecht explodieren. Zugleich beeinflusste die Erwerbslosigkeit auch die städtischen Einnahmen. So verringerten sich die Steuereinkünfte, insbesondere die auf der Einkommensteuer beruhenden Reichsüberweisungen, aber auch Bürger- und Gewerbesteueraufkommen erheblich.

Die Weltwirtschaftskrise wirkte sich schließlich auch auf die Schuldenentwicklung der Haushalte aus. Viele Investitionen waren in den 1920er-Jahren mit (Auslands-)Krediten finanziert worden, die nun vonseiten der Gläubiger teilweise gekündigt wurden oder durch die Schuldner immer schwieriger bedient werden konnten. Um für Tilgung und Verzinsung aufzukommen, mussten neue Kredite aufgenommen werden. Am zerrütteten Kreditmarkt erhielten die kriselnden Gemeinden neue Darlehen, wenn überhaupt, nur zu schlechteren Konditionen, sodass sich das Problem der kurzfristigen Verschuldung ausweitete.

Die ohnehin schwierige Lage verschärfte sich auch deshalb noch, weil unter den Zwängen der Krise das Reich seine zentralistische Politik fortsetzte bzw. noch intensivierte. Die Notverordnungspolitik der Regierung Brüning bewirkte ab 1930 eine weitere Verschiebung der Steuereinnahmen in Richtung Reich und verringerte zudem die Finanzhoheit der Kommunen. Das Reich sperrte Steuern, beschränkte die Möglichkeit auf kommunale Zuschläge im Verbundsystem und regulierte die Hebesätze.[79] Zugleich machte es aber auch kleinere Zugeständnisse an die Kommunen, indem die Einführung neuer Steuern oder Hebesatzerhöhungen angeordnet wurden.[80] Außerdem wurden die Möglichkei-

---

76 Vgl. von Saldern, Verarmung, S. 76-78, die die Stufen der Wohlfahrtsfürsorge erläutert; zur »Überforderung des städtischen Wohlfahrtswesens« vgl. auch Wimmer, Ordnung, S. 37 f.

77 Vgl. Knorr, Rede zur Notlage der bayerischen Städte und Märkte im Herbst 1932 zur Eröffnung der Städtebundtagung in München, 10.10.1932, StadtAM, BST 40-42, S. 3.

78 Rudloff, Wohlfahrtsstadt, S. 885.

79 Vgl. Verordnung des Reichspräsidenten zur Sicherung von Wirtschaft und Finanzen, 1.12.1930, RGBl. I (1930), S. 517-604; Zweite Verordnung des Reichspräsidenten zur Sicherung von Wirtschaft und Finanzen, 5.6.1931, RGBl. I (1931), S. 279-314; Dritte Verordnung des Reichspräsidenten zur Sicherung von Wirtschaft und Finanzen und zur Bekämpfung politischer Ausschreitungen, 6.10.1931, RGBl. I (1931), S. 538-568; Vierte Verordnung des Reichspräsidenten zur Sicherung von Wirtschaft und Finanzen und zum Schutze des inneren Friedens, 8.12.1931, RGBl. I (1931), S. 699-745; zu den Auswirkungen der Notverordnungs-Politik (NVO) vgl. auch Pohl, Wirtschafts- und Finanzpolitik, S. 211-216; Hansmann, Kommunalfinanzen, S. 89-108.

80 Ein besonders kurzlebiges Beispiel für diese Krisenpolitik ist die Mineralwassersteuer: vgl. Mineralwassersteuergesetz, 15.4.1930, RGBl. I (1930), S. 139-141, das am 16.5.1930 in Kraft trat, durch Kapitel III der Vierten Notverordnung vom 8.12.1931, RGBl. I (1931),

ten der Kommunen, über Kredite oder Anleihen eigenständig an Gelder zu gelangen, immer weiter eingeschränkt.[81] Diese Maßnahmen sollten die kommunale Verschuldung stoppen und die Gemeinden zu einem strikten Sparkurs zwingen. Gleichzeitig aber drosselten sie die öffentlichen Investitionstätigkeiten und wirkten prozyklisch auf den Arbeitsmarkt, die Kaufkraft und damit die Steuerkraft der Bevölkerung. Die Einschränkung der kommunalen Gestaltungsspielräume schürte außerdem das ständig lodernde Feuer des innenpolitischen Konflikts. So beklagte etwa Hans Knorr, der Geschäftsführer des Bayerischen Städtetags, in der bereits erwähnten Rede zur Notlage der bayerischen Städte im Oktober 1932, dass die »Rückwirkungen aus dieser Notgesetzgebung« auf die rechtliche wie finanzielle Gesamtstellung der Gemeinden »verheerend« gewesen seien. »Im Strudel der Notverordnungen« sei nicht nur die »Finanzkraft versunken«, sondern auch »die Freiheit der Selbstverwaltung« auf »das empfindlichste geschädigt und vermindert worden«.[82]

Tektonik des Krisenhaushalts

Der Münchner Haushaltsplan von 1932 war ein Krisenhaushalt. Die Problemkonstellationen dieser Zeit spiegeln sich auf vielfältige Art und Weise in den Zahlen. Da der Etatplan von 1932 auch die Planungsziffern von 1931 sowie die Rechnungsergebnisse von 1930 enthält, bietet er nicht nur eine Momentaufnahme der Stadtfinanzen im Jahr vor der Machtübernahme der Nationalsozialisten, es lassen sich anhand der Zahlen auch zu einem gewissen Grad Finanzentwicklungen seit Ausbruch der Weltwirtschaftskrise nachvollziehen.

Der Betriebshaushaltsplan 1932 wurde insgesamt auf 215,5 Millionen Reichsmark veranschlagt, wobei 66 Millionen Reichsmark in Sonderhaushalten (Elektrizitätswerke, Gaswerke, Straßenbahnen, Güter etc.) getrennt davon verbucht wurden. Im Vergleich zum Rechnungsergebnis von 1930 hatte sich der Gesamtumfang damit um über 20 Millionen Reichsmark reduziert. Abgesehen davon vermittelt insbesondere die Ausgabenverteilung der Einzelressorts ein klares Bild von den krisenbedingten Verschiebungen (Abb. 2).

S. 715, wieder außer Kraft gesetzt wurde und letztlich mit Gesetz vom 4.2.1936, RGBl. I (1936), S. 55, ganz abgeschafft wurde.

81 Vgl. Dritte Verordnung des Reichspräsidenten zur Sicherung von Wirtschaft und Finanzen und zur Bekämpfung politischer Ausschreitungen, 6.10.1931, RGBl. I (1931), S. 543-545, sowie Verordnung des Reichspräsidenten über die Spar- und Girokassen sowie die kommunalen Giroverbände und kommunalen Kreditinstitute, 5.8.1931, RGBl. I (1931), S. 429, die den Sparkassen untersagte Kredite und Darlehen an Kommunen auszugeben.

82 Vgl. Knorr, Rede zur Notlage der bayerischen Städte und Märkte im Herbst 1932 zur Eröffnung der Städtebundtagung in München, 10.10.1932, StadtAM, BST 40-42, S. 2.

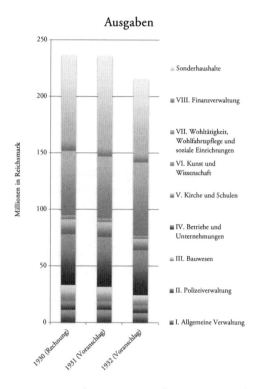

Abb. 2: Ausgabenstruktur des Betriebshaushalts inklusive Sonderhaushalte
der Stadt München von 1930-1932[83]

Ausgaben	1930 (Rechnung)	1931 (Voranschlag)	1932 (Voranschlag)
I. Allgemeine Verwaltung	11.352.415	11.432.021	8.636.312
II. Polizeiverwaltung	7.517.175	7.249.466	6.659.765
III. Bauwesen	14.339.211	12.950.650	9.072.951
IV. Betriebe und Unternehmungen	44.906.518	43.992.880	39.907.368
V. Kirche und Schulen	13.275.877	13.391.129	10.209.154
VI. Kunst und Wissenschaft	3.515.692	3.368.662	2.338.192
VII. Wohltätigkeit, Wohlfahrtspflege und soziale Einrichtungen	56.924.091	54.605.399	64.959.864
VIII. Finanzverwaltung	8.764.580	7.668.606	7.097.439
Sonderhaushalte	76.280.000	81.390.000	66.680.000
Gesamtausgaben	160.595.559	154.658.813	148.881.045

83   Zusammengestellt aus den Daten des Haushaltplans der Stadt München 1932, S. 4-13.
Die herangezogenen Daten des Jahres 1930 sind daher Rechnungsergebnisse, die der
Jahre 1931 und 1932 die Ansätze der Voranschläge.

Während die Wohlfahrtsausgaben nominal und prozentual stark stiegen, verringerten sich die Ausgaben in fast allen anderen Bereichen. 1932 wurden fast 65 Millionen Reichsmark für den Einzelplan »Wohltätigkeit, Wohlfahrtspflege und soziale Einrichtungen« veranschlagt.[84] Das entsprach 30 Prozent der Gesamtausgaben der Stadt und machte – neben den in Sonderhaushalten verwalteten städtischen Betrieben – den mit Abstand größten Teilbetrag im Betriebshaushalt aus. Zwar stellten die Wohlfahrtsausgaben auch schon 1930 den größten Teilposten dar. Doch in zwei Jahren stiegen diese noch einmal um fast acht Millionen an, was anteilsmäßig insofern besonders stark wog, als sich der Umfang des Gesamthaushalts gleichzeitig verringerte. Innerhalb des Einzelhaushalts VII war das Gros der Ausgaben unter dem Teilposten 74 »Wohlfahrtsamt« subsumiert. Dieser Posten lag mit 42,6 Millionen Reichsmark sogar um mehr als zehn Millionen über den Ausgaben der vorangegangenen Jahre. Der Anstieg war die fiskalische Folge von etwa 75.000 Arbeitslosen in der Isarmetropole, wovon 45.000 durch die öffentliche, d. h. kommunale Fürsorge unterstützt wurden; München war damit im Vergleich zu anderen deutschen Städten sogar noch weniger hart betroffen.[85]

Aufgrund des Anstiegs der Fürsorgekosten mussten die Ausgaben in anderen Bereichen zurückgefahren werden. Damit tat sich die Stadt auch deshalb schwer, weil viele Ausgaben – bis zu etwa 80 Prozent[86] – aufgrund von Pflichtaufgaben nicht verhandelbar waren. Das galt zum Beispiel für einen Großteil der Kosten im Einzelhaushalt der Polizeiverwaltung, dessen Umfang sich nur verhältnismäßig wenig veränderte. In anderen Einzelhaushalten wie »Allgemeine Verwaltung«, »Kirche und Schule« oder »Kunst und Wissenschaft« mussten die Ausgaben zwischen 1930 und 1932 hingegen um bis zu ein Drittel gekürzt werden. Die nominell stärksten Veränderungen verzeichnete der Einzelplan »Bauwesen«, der um über fünf Millionen Reichsmark, von 14,3 auf neun Millionen Reichsmark, schrumpfte. ›Übersetzt‹ bedeutet das: Für die Instandhaltung öffentlicher Bauten, Straßen und Plätze blieb immer weniger Geld übrig, an Neubauten konnte erst gar nicht mehr gedacht werden.

Dieser Trend spiegelte sich auch im sogenannten Anlehenshaushalt wider, jenem Teilplan, in dem die außerordentlichen Geldflüsse veranschlagt waren. Für das Jahr 1932 wies dieser 7,7 Millionen Reichsmark Kreditbedarf auf, was im Vergleich zum Jahr 1930 sehr gering war. Diese Mittel wurden benötigt, um verschiedene Bauvorhaben zu beenden, die in den Vorjahren angefangen wor-

---

84 Haushaltplan der Landeshauptstadt München 1932, S. 8.

85 Vgl. Statistisches Handbuch der Hauptstadt der Bewegung für die Jahre 1927 bis 1937, S. 162. Zur Entwicklung der Arbeitslosigkeit in München vgl. die Ausführungen bei Rudloff, Wohlfahrtsstadt, S. 889 f. Dass München bei der Zahl der Arbeitslosen im Verhältnis zu anderen deutschen Großstädten begünstigt war, zeigt Wimmer, Ordnung, S. 70.

86 Vgl. Steinborn, Grundlagen, S. 385, der diesen Wert mit Bezug auf eine Aussage von Bürgermeister Küfner im Jahr 1929 nennt.

den waren.[87] Kredite für neue städtische Investitionen wurden nicht mehr aufgenommen.

Insoweit die sparbedingten Kürzungen der kommunalen Ausgaben – ordentlicher und außerordentlicher Art – den Nachfragerückgang im Wirtschaftsraum München verstärkten, trugen sie zur gesamtwirtschaftlichen Deflation bei: So kann nicht mehr nur davon die Rede sein, dass sich im Haushalt die Krise »spiegelt«. Genau genommen trug die Haushaltsplanung eines großen öffentlichen Investors wie der Stadt München selbst zur Verschärfung der Krise bei. Dies erkannte auch der damalige Bürgermeister Hans Küfner, der im Rahmen der Haushaltsberatungen 1932 verlauten ließ:

> »Diese Einsparungen haben aber auch recht deutlich gezeigt, in welch ungeahntem Maße die Ausgaben der Stadt der privaten Wirtschaft und privaten Institutionen gedient haben und wie falsch es war, wenn man mancherorts glaubte, man müsse den Städten und der Stadt München nur äußerste Sparsamkeit predigen; diese erzwungenen Einsparungen haben hier wie auch anderwärts zur Mehrung der Arbeitslosigkeit und Minderung der Kaufkraft […] beigetragen.«[88]

Die massiven Einsparungen galten als unumgänglich, weil die Einnahmen stark zurückgingen. So vor allem die Steuereinnahmen: Im Voranschlag 1932 kalkulierte die Stadtkämmerei mit knapp 50 Millionen Reichsmark. Das entsprach knapp 15 Millionen Reichsmark weniger als die Einnahme, mit der im Jahr zuvor kalkuliert worden war – nämlich 64,5 Millionen Reichsmark –, und fünf Millionen weniger, als man tatsächlich 1930 eingenommen hatte.[89] Einen großen Anteil an diesem Rückgang hatte der Einbruch des Einkommensteueranteils, der im Wesentlichen ebenfalls mit der Massenarbeitslosigkeit zusammenhing: Die Steuerüberweisung ging von 13,7 Millionen im Jahr 1930 auf kalkulierte 7,9 Millionen im Ansatz von 1932 zurück.[90]

Andere Auffälligkeiten erklären sich weniger durch die schlechte Wirtschaftslage als durch gesetzliche Vorgaben. Mit der Gemeindeumlage auf die Grund- und die Gewerbesteuer generierte die Stadt beispielsweise immer weniger Einnahmen: Sie reduzierten sich zwischen 1930 und 1932 um vier Millionen Reichsmark. Die Einkünfte aus der Mietzinssteuer sanken in dieser Zeitspanne um einen ebenso hohen Betrag. Diese durch die Veränderung des Finanzausgleichs bedingten Verluste sollte aufgefangen werden, indem das Reich den Gemeinden die Erlaubnis erteilte, die Bürger-, Bier- und Getränkesteuer zu erhöhen bzw. neu einzuführen.[91] Im Jahr 1932 nahm die Stadt aus diesen drei Steuern

---

87 Vgl. Haushaltplan der Landeshauptstadt München 1932, S. 194 f.
88 Küfner, Stadtrat, 30.6.1932, zit. nach: Steinborn, Grundlagen, S. 521.
89 Vgl. Haushaltplan der Landeshauptstadt München 1932, S. 10.
90 Vgl. ebd., S. 164.
91 Vgl. Verordnung des Reichspräsidenten zur Behebung finanzieller, wirtschaftlicher und sozialer Notstände, 26.7.1930, RGBl. I (1930), S. 314-316.

allein fast zehn Millionen Reichsmark ein.[92] Es hätte etwas mehr sein können, wenn sich die Krise nicht auch auf den Bier- und Getränkekonsum der sonst durchaus trinkfreudigen Münchner Bürger reduzierend ausgewirkt hätte. Denn zwischen 1929 und 1932 ging der Gesamtbierverbrauch der Stadt von 220 l/Kopf pro Jahr auf 143 l/Kopf zurück.[93]

Blicken wir zuletzt noch auf die Gesamtschuldenverwaltung. Auch in München, wo man für sich in Anspruch nahm, lange Zeit solide gewirtschaftet zu haben, war die Verschuldung stetig gewachsen. 1932 musste die Stadt Verbindlichkeiten in Höhe von insgesamt 27 Millionen Reichsmark aus unterschiedlichen Haushaltsressorts bedienen.[94] Das machte ca. 13 Prozent der Gesamtausgaben aus. Die Kosten für die Verzinsung lagen mit 13,2 Millionen Reichsmark sogar über den Tilgungsraten von 12,9 Millionen Reichsmark. Allein für die Verzinsung von kurzfristigen Kassenkrediten musste die Stadtverwaltung 3,5 Millionen Reichsmark aufbringen. Die Gesamtschulden beliefen sich am Ende des Rechnungsjahres 1932 auf insgesamt 213 Millionen Reichsmark. Dem stand ein Gesamtvermögen von 683 Millionen Reichsmark gegenüber.[95]

Bankrotterklärung aus Kalkül

Wenn Ressourcen derart knapp sind, wird ganz besonders intensiv verhandelt und gestritten. Die Entstehung des Haushalts 1932 erwies sich für Verwaltung und Stadtrat als besonders schwere Geburt. Über dreißigmal tagte der Haushaltsausschuss. Hinzu kamen zahlreiche Beratungen einer im Herbst 1931 zusätzlich eingeführten Sparkommission[96] sowie etliche Besprechungen im Hauptausschuss und im Stadtrat als dem beschließenden Gremium. Erst zwei Wochen vor Ende des laufenden Rechnungsjahres und damit mehrere Monate später als

92 Siehe Steuerübersicht unten, Kapitel III.1., Tab. 3, S. 198.
93 Vgl. Statistisches Handbuch der Hauptstadt der Bewegung für die Jahre 1927 bis 1937, S. 150.
94 Vgl. Haushaltplan der Landeshauptstadt München 1932, S. 462.
95 Vgl. Statistisches Handbuch der Hauptstadt der Bewegung für die Jahre 1927 bis 1937, S. 141 f.
96 Auf Antrag der BVP-Fraktion hatte die Stadt München im Herbst 1931 eine »Sparkommission« installiert. Dabei ging es in erster Linie nicht um Sparsamkeit im eigentlichen Sinne, sondern vielmehr darum, entbehrliche Aufgaben abzubauen. Mitglieder der Kommission waren die beiden Bürgermeister Scharnagl und Küfner, der Finanzreferent Pfeiffer, der jeweils zuständige Sachreferent sowie elf ehrenamtliche Stadtratsmitglieder aus allen Parteien auf Grundlage des Proporzes. Die Bildung der Kommission selbst stieß dabei auf einen großen Konsens; nur die KPD verwehrte sich dem so verstandenen »Spardiktat«. Die Beschaffenheit und Zusammensetzung der Kommission hingegen bot Anlässe zum politischen Streit. Während die (ohne Mehrheit) regierenden Kräfte um die BVP versuchten, die Kommission so klein zu halten wie möglich und mit starken Befugnissen auszustatten, wollten Oppositionelle die Entscheidungsmacht nicht aus dem Plenum heraus verlegen und dem Ausschuss nur vorberatenden Charakter zukommen lassen. Die Überlieferung findet sich in StadtAM, RSP 704/17.

gewöhnlich, konnte das Finanzreferat einen ersten Haushaltsentwurf vorlegen. Am 30. Juni 1932 verabschiedete das Stadtparlament schließlich den ersten nicht ausgeglichenen Plan. Am 14. September 1932 wurde der Aufsichtsbehörde ein neuer, wiederum nur unzureichend ausgeglichener Plan vorgelegt. Auch nach dem oben beschriebenen Zwangsabgleich hatte die Stadt noch längst keinen gültigen Haushaltsplan. Denn mit Beschluss vom 6. Oktober 1932 erhob der Stadtrat beim Verwaltungsgerichtshof sowie beim Staatsministerium des Innern Beschwerde gegen die aufoktroyierten Maßnahmen. Nach weiterem Hin-und-Her einigte man sich erst im November 1932 auf einen gültigen Plan. Es waren inzwischen bereits drei Viertel des Haushaltsjahres vergangen.

Die erhebliche Verzögerung bei der Erstellung des Plans hatte zwei Ursachen. Erstens erschwerten unkalkulierbare wirtschaftliche Bedingungen ebenso wie die diffuse Reichspolitik eine verlässliche Planung auf kommunaler Ebene. Schon im Vorjahr war aufgrund unerwartet hoher Wohlfahrtsausgaben und unerwartet niedriger Steuereinnahmen ein Rechnungsdefizit zustande gekommen, das nicht mehr nachträglich auszugleichen war und daher in den Plan von 1932 übertragen wurde. Mit diesen etwa sechs Millionen Reichsmark schlug bereits eine Vorbelastung zu Buche, die eine Etatplanung nach dem traditionellen Plan-Plan-Verfahren ausschloss. Auch jetzt sah es nicht viel besser aus. Jegliche Zukunftsplanung wurde von Gegenwartsentwicklungen eingeholt: Viele Finanzberechnungen, die sich auf kalkulierte Steuereinnahmen, Pflichtausgaben oder Kreditverpflichtungen bezogen, waren schon überholt, kaum dass sie zu Papier gebracht waren. In Zahlen messbar wird die vorherrschende Planungsunsicherheit, wenn man die Voranschläge des Jahres mit den entsprechenden späteren Rechnungsergebnissen vergleicht. Im Bereich der Einkommensteueranteile etwa gingen Prognose und Realität um fast zwei Millionen Reichsmark auseinander: Während der Ansatz bei 7,9 Millionen Steuereinnahmen lag, wurden es tatsächlich letztlich nur 5,9 Millionen.[97] Im Gesamtumfang lag das Rechnungsergebnis letztlich bei 208,6 Millionen Reichsmark. Allein das zeigt, wie optimistisch die ursprüngliche Kalkulation eines Gesamthaushalts von 215 Millionen Reichsmark angelegt war, um überhaupt einen Abgleich zu erzielen.[98]

Die Verabschiedung des Haushalts verzögerte sich zweitens auch deshalb so lange, weil die Debatten von den politischen Grabenkämpfen einer polarisierten Zeit geprägt waren. Kennzeichnend für die Haushaltsdiskussionen von 1932 war eine partielle Neuzusammensetzung der unterschiedlichen politischen Lager und Interessenbereiche zu einer explosiven Gemengelage. So bildeten sich auch in der Münchner Kommunalpolitik die politischen Fronten ab, die die Reichs- und Landesebene charakterisierten. Die Verabschiedung der Haushaltspläne war dabei ein steter Anlass für die Münchner Fraktionen von NSDAP und KPD, ihre grundsätzliche Protesthaltung auch auf kommunaler Ebene zum Aus-

97 Vgl. Haushaltsplan der Landeshauptstadt München 1934, S. 280.
98 Vgl. ebd., S. 3.

druck zu bringen. Wie schon die Jahre zuvor, so stimmten sie auch 1932 gegen den Haushaltsplan.[99]

Die politische Lage in Bayern war zusätzlich geprägt von einer starken Gegnerschaft zwischen den Sozialdemokraten und dem konservativ-katholischen Lager. Dies führte gerade nach den Kommunalwahlen von 1929 im Münchner Rathaus zu ähnlich unklaren Machtverhältnissen wie im Reichsparlament und den meisten Länderparlamenten.[100] Die SPD erhielt zwar die meisten Stimmen, stellte mit ihren 17 Sitzen aber keine Mehrheit im Stadtrat. Karl Scharnagl, hinter dem die BVP mit zwölf Sitzen und einige kleinere bürgerliche Parteien standen, erreichte bei der OB-Wahl gegen die SPD zwar die meisten Stimmen, regierte jedoch ohne stabile Mehrheit im Rathaus.[101] In dieser Situation glichen zentrale politische Entscheidungen wie die jährliche Haushaltsverabschiedung Spießrutenläufen. In den Jahren 1930 und 1931 gelang es nur deshalb, den Haushalt zu verabschieden, weil die SPD ihre Blockadehaltung aus früheren Jahren ablegte und erstmals seit 1925 wieder für den Haushalt stimmte. Das Umschwenken der Sozialdemokraten hing vor allem damit zusammen, dass sie die drohenden Eingriffe der Staatsbehörde im Hinblick auf Wohlfahrtssätze und öffentlichen Wohnungsbau fürchtete; außerdem wollten sie das Selbstverwaltungsrecht als wichtigstes Merkmal verantwortungsbewusster Gemeindepolitik möglichst bewahren.[102]

Trotz aller parteipolitischen Differenzen einte die Kommunalvertreter vor allem in Haushaltsangelegenheiten ihre Gegnerschaft zu den staatlichen Ebenen von Land und Reich. Die Stadträte fürchteten den willkürlichen Eingriff der Staatsbehörde, noch mehr aber wuchsen die Spannungen, weil man sich durch die Reichs- und Landespolitik bei den Finanzsorgen und insbesondere beim Problem der Wohlfahrtslasten im Stich gelassen fühlte. Finanzreferent Andreas Pfeiffer beschrieb im Februar 1932 die Lage deutlich: Es sei »ein Ersaufen in Aufgaben, die eigentlich dem Reich obliegen und mit einer grossen Geste einfach auf die Gemeinden abgewälzt werden«.[103] Im April schilderte er den drohenden Bankrott noch drastischer: Der Stadtrat sei überzeugt, dass »die Stadt München und die übrigen bayerischen Städte in kürzester Zeit finanziell zusammenbrechen, wenn nicht Reich und Land sofort und gründlich Hilfe bringen«.[104]

99 Vgl. Steinborn, Grundlagen, S. 499.
100 Vgl. ebd., S. 483; abgedruckte Wahlergebnisse ebd., S. 552.
101 Zur Münchner Stadtratswahl 1929 vgl. ebd., S. 491 f.
102 Vgl. ebd., S. 501.
103 Vgl. Pfeiffer, Haushaltsausschuss, 29.2.1932, StadtAM, RSP 705/9. Mit »grosse[r] Geste« spielt der Stadtkämmerer auf einen Vorfall an, der in derselben Sitzung zuvor angesprochen worden war. Vertreter des bayerischen Finanzministeriums hatten öffentlich stolz verkündet, als eines der ersten Länder ihren Haushalt ausgeglichen zum Abschluss gebracht zu haben. Angesichts der schlechten wirtschaftlichen Lage der Gemeinden, an der die Landespolitik ihren Anteil hatte, empfand man dies als starken Affront.
104 Vgl. Pfeiffer, Haushaltsausschuss, 4.4.1932, StadtAM, RSP 705/9.

Welchen Anteil in diesen Aussagen politische Rhetorik ausmachte, ist freilich unklar. Denn anders als 1930 und 1931 bildete sich 1932 der parteiübergreifende Konsens, dass das Sparpotenzial ausgeschöpft sei und die Stadtvertretung nicht mehr für alle Finanzentwicklungen die Verantwortung übernehmen wolle. In »einer Art zu Trotz gewandelter Enttäuschung«[105] wurde eine aktive Protestpolitik vorangetrieben, die bis dahin vor allem den radikalen Parteien vorbehalten gewesen war.[106]

Wenn eingangs nach den Gründen für das Haushaltsdefizit vom Juni 1932 gefragt wurde, ist zuletzt noch ein Faktor anzufügen, der den Münchner Stadträten – und mit Abstrichen wohl auch den Referenten – eine aktivere Rolle zuschreibt. Als im Juni 1932 die Vollversammlung des Münchner Stadtrats einen rechtswidrigen Haushaltsvoranschlag mit mehr als 16 Millionen Reichsmark Defizit verabschiedete, war dies auch eine politisch bewusst hervorgerufene Bankrotterklärung. Denn dieser erste Entwurf war nicht nur unausgeglichen, er enthielt gleichzeitig einen Katalog an Forderungen: Erhöhung der Reichshilfe für Wohlfahrtsausgaben, Änderung des innerbayerischen Finanzausgleiches, Reduktion des Münchner Anteils an den Polizeikosten, Beteiligung an einem Sonderbauprogramm. Auch im weiteren Verlauf der Haushaltsverhandlungen bis zum November blieb diese Protesthaltung evident, nicht nur beim Einspruch gegen den Zwangsabgleich, auch im Kleinen und Symbolischen: Im Juni 1932 etwa erwog der Haushaltsausschuss, das »Krisenfünftel«, einer der Hauptstreitpunkte zwischen Kommune und Reich, im Haushaltsplan grafisch besonders auszuweisen, um so auch der Öffentlichkeit die aus Sicht der Gemeinden unzulängliche Reichspolitik vor Augen zu führen.[107] Die Idee wurde letztlich verworfen. Sie ist jedoch ein Beispiel dafür, wie mit der »Rhetorik des Haushalts« aktiv Politik betrieben werden konnte.[108]

Der Versuch, die Nicht-Verabschiedung des Haushalts als politisches Druckmittel zu verwenden, war 1932 kein Münchner Einzelphänomen. Auch andere Kommunen nutzten die Finanznot zur »gezielten Provokation«.[109] Einfluss hatte dabei sicher auch der Bayerische Städtetag, der diese Gegenpolitik unterstützte, wenn nicht gar einforderte.[110] Politisch brisant war diese Politik, da sich die un-

---

105 Steinborn, Grundlagen, S. 512.

106 Im Februar 1932 ließ der Stadtkämmerer erstmals konkret verlauten, dass man darüber nachdenke, »einen öffentlichen Protest« zu erheben. Anschließend wurde das Thema bewusst in die geheime Sitzung vertagt (vgl. Haushaltsausschuss, 29.2.1932, StadtAM, RSP 705/9).

107 Vgl. Haushaltsauschuss, 8.6.1932, StadtAM, RSP 705/9.

108 Regensburg hingegen verfuhr mit ähnlichem Hintergrund tatsächlich so, dass die Wohlfahrtsabgaben vom allgemeinen Etat separat veranschlagt wurden, mit dem Ziel der Öffentlichkeit zu zeigen, dass »die Finanzen an sich gesund waren« (vgl. Halter, Stadt, S. 257).

109 So urteilt Halter, Stadt, S. 255, über das Zustandekommen des Regensburger Haushaltsdefizits von 1,2 Mio. RM.

110 Vgl. Knorr an Vorstands- und Hauptausschussmitglieder, 2.3.1932, StadtAM, BST 493, der im März 1932 »eine scharfe Stellungnahme in breitester Oeffentlichkeit« als ein

terschiedlichen politischen Lager auf kommunaler Ebene zu einer gemeinsamen anti-staatlichen Protestlinie zusammenschlossen. Die so entstandene Situation bestätigte die radikalen Kräfte, die dem Etat immer schon die Zustimmung versagt hatten. Im April 1932 hielt Andreas Pfeiffer ein leidenschaftliches Plädoyer für die Rolle der Gemeinden als »unentbehrliche Basis der Pyramide Reich – Land – Gemeinde«.[111] Im Rückblick muss man wohl urteilen: Das Verhalten der Kommunalvertreter, die »noch nie dagewesene Resistenz [...] gegen die Zentralgewalt«,[112] trug dazu bei, diese Pyramide ›von unten‹ zu destabilisieren. Das Scheitern des Haushalts 1932 war eine politische Bankrotterklärung – nicht nur in Bezug auf das kommunale Selbstverwaltungsrecht. Es steht auch symbolisch für den politischen Bankrott der Weimarer Demokratie, deren Struktur, wie Steinborn treffend schreibt, sich »auf diese Weise auflöste, daß ihre Glieder, die alle miteinander den ›Staat‹ bildeten, in eine immer erbittertere Auseinandersetzung gerieten«.[113]

3. Der inszenierte Haushalt 1935: Konsolidierung als Ende der Krisenrhetorik

Während München 1932 wie viele andere deutsche Kommunen vor dem Finanzkollaps stand, konnte die Stadt 1935 ihren Haushalt ausgleichen – und das scheinbar noch problemloser als im Jahr davor, zumindest sehr pünktlich. Schon zwei Monate vor Beginn des neuen Rechnungsjahres am 1. April wurde der Haushaltsplan der Öffentlichkeit präsentiert. Hatten sich die Stadtfinanzen unter dem Einfluss der Nationalsozialisten wieder »erholt«? Zumindest war das die eindeutige Botschaft.

»Aufstieg« und »Zusammenarbeit«: die Symbolik der Zahlen

Im Zuge der Verkündung des Haushaltsplans in der öffentlichen Stadtratssitzung vom 29. Januar 1935 wurden die Haushaltszahlen – noch stärker als 1934[114] – symbolpolitisch aufgeladen. Zwei Aspekte wurden in der Präsentation besonders akzentuiert: Zum einen deuteten die Redner – Oberbürgermeister Fiehler und Stadtkämmerer Pfeiffer – den Haushalt 1935 als endgültigen Schlussstrich unter die Zeit der Krise und als Beleg für den nationalsozialistischen Aufschwung. Zum anderen lobten sie die gute Zusammenarbeit zwischen Politik und Verwaltung.

»Gebot der Selbsterhaltung der Gemeinden und ihrer notleidenden Bevölkerung« einforderte.

111 Vgl. Haushaltsausschuss, 4.4.1932, StadtAM, RSP 705/9.
112 Von Saldern, Verarmung, S. 86.
113 Vgl. Steinborn, Grundlagen, S. 519.
114 Siehe dazu oben, S. 9 f.

Der Kämmerer präsentierte die Zahlen weitestgehend sachlich, obgleich auffällig war, dass er heikle Aspekte in eine Terminologie der Beschönigung oder Hoffnung kleidete.[115] Vor allem Fiehler nutzte diese Plattform in deutlicher Art und Weise dafür, die Finanzsituation der Stadt an den allgemein-politischen Aufstiegstopos anzubinden. Dabei griff er typische Narrative der Nationalsozialisten auf. Indem der Oberbürgermeister den »Kampf aus der Vergangenheit« in Erinnerung rief, schuf er eine emotionale Verbindung zu den Ereignissen der jüngeren Historie, die den meisten der anwesenden Stadträte sowie der Öffentlichkeit noch im Gedächtnis waren.[116] Vor der Negativfolie dieser »Krisenzeit« erschien der »Aufstieg« umso heller. Rhetorisch umgesetzt wurde dieses Narrativ etwa durch zahlreiche antithetische Satzkonstruktionen. Die Gemeinden, so Fiehler, die früher »stets vor leeren Kassen standen«, wiesen nun wieder »geordnete Verhältnisse« auf.[117] Sie könnten »wieder helfen, die Wirtschaft zu befruchten«, statt wie früher »aus ihr nur Geld herauszuziehen, um trotzdem nebenbei noch ungeheure Schulden machen zu müssen«. Während »die anderen 14 Jahre gebraucht« hätten, »um das deutsche Volk zu zerstören und die Wirtschaft kaputt zu machen«, kontrastierte er weiter, sei es Adolf Hitler bereits nach zwei Jahren gelungen, »so unerhörte Erfolge zu erzielen«. Für den Bereich der Kommunalfinanzen zog er hiermit also implizit eine Traditionslinie in die Zeit vor der Erzberger'schen Finanzreform von 1919/20, die in den Augen der meisten Kommunalpolitiker den Anfang vom Ende der kommunalen Selbstverwaltung darstellte. Die Verantwortungsträger für die Misere in der Zwischenzeit nannte Fiehler aber nicht explizit. Er verwies nur auf »die anderen«. Auch an weiteren Stellen seines Statements verschleierte er die Akteure der vor-nationalsozialistischen Zeit, etwa durch Verwendung von Passivkonstruktionen. Während die NS-Rhetorik häufig pauschal den »Juden« oder »Sozialdemokraten« Schuld zuwies, fanden sich in diesem Fall bemerkenswerterweise keine derartigen Zuweisungen. Diese Leerstelle erscheint deshalb logisch, weil ein Teil der anwesenden Verantwortlichen bereits in den Jahren vor 1933 an der Etatplanung beteiligt gewesen war, nicht zuletzt am mutwillig herbeigeführten Zwangsabgleich von 1932 – allen voran er selbst als NSDAP-Stadtrat und Pfeiffer als Finanzreferent. Die Verantwortlichkeit für die verbesserte Lage im Jahr 1935 hingegen war eindeutig: In letzter Konsequenz sei sie Adolf Hitler zu verdanken, der erst die Voraussetzungen geschaffen habe, indem er »dem Volk an Stelle der Stimmungs- und Mutlosigkeit wiederum den Mut zum Leben gegeben« habe.[118]

115 Vgl. etwa die Ausführungen zu den nach wie vor immensen Polizeikosten, Stadtrat, 29.1.1925, StadtAM, RSP 708/1.
116 Vgl. Fiehler, Stadtrat, 29.1.1935, StadtAM, RSP 708/1.
117 Vgl. Fiehler, ebd.
118 Bedenkt man, dass etwa auch bei der Haushaltsverkündung 1935 in Regensburg die positive Entwicklung »nur Hitler allein« zugeschrieben wurde (vgl. Halter, Stadt, S. 278), so kann man folgern, dass die grundlegende Loyalität zum NS-Regime und zum »unbestrittenen Machtzentrum Hitler« (Kuller, »Kämpfende Verwaltung«, S. 233) auch dadurch gefestigt worden zu sein scheint, dass die untergeordneten Verwaltungs-

Vielleicht noch stärker als ein Zeugnis des nationalsozialistischen Aufstiegs wurde der Haushaltsbeschluss 1935 – zweitens – als innerstädtisches Identifikationsmoment inszeniert. Genauer gesagt: Die Veranstaltung lässt sich auch als Schulterschluss zwischen neuer politischer Elite und alter städtischer Verwaltung interpretieren. In einigen Gesichtspunkten ähnelte sie darin nicht nur der Vorstellung des Vorjahres, sondern auch dem »Tag von Potsdam«, an dem im März 1933 Adolf Hitler mit dem berühmten Handschlag auf publikumswirksame Art die nationalkonservative Klientel um den prominenten Reichspräsidenten und Kriegshelden Hindenburg umworben hatte.

In einer abschließenden Sitzung des Haushaltsausschusses am Morgen des 29. Januar 1935 war der Etatentwurf im kleinen Kreis inhaltlich genehmigt worden. Damit war der administrative Entscheidungsprozess abgeschlossen. Bei der öffentlichen Vollversammlung des Stadtrats am Nachmittag ging es nur mehr um die formelle Anerkennung – und um eine wirkungsvolle Inszenierung. Es sollten dazu möglichst viele städtische Entscheidungsträger im großen Sitzungssaal des Rathauses anwesend sein: Eigens zu dem Tagesordnungspunkt »Haushaltsfeststellung« hatten neben den berufsmäßigen und ehrenamtlichen Stadträten auch die »Dienstzweigvorstände sämtlicher städtischer Betriebe und Ämter« Einladungen erhalten.[119] Es ist anzunehmen, dass der Dresscode dabei dem des Vorjahres entsprach, als erstmalig angeordnet worden war, dass, der Feierlichkeit des Anlasses entsprechend, alle Stadtratsmitglieder in Uniform zu erscheinen hätten und während der Sitzung ihre Plätze nicht verlassen dürften.[120] Die Besonderheit der Veranstaltung wurde auch dadurch herausgestellt, dass allen Anwesenden die Haushaltszahlen nicht nur in einer formlosen Zusammenstellung, sondern als vollständig gedruckter Haushaltsplanentwurf – »auf 670 Foliodruckseiten«[121] – vorlagen, den man zu diesem Anlass »überreichen« wollte. Nur deshalb war die Veranstaltung noch um ein paar Tage verschoben worden. Das gedruckte Exemplar des Haushalts konnte so zu einem haptisch fassbaren Symbol der gemeinsamen Leistung werden – keine bloße Zahlenzusammenstellung, auch kein Buch, sondern ein »Werk«.

Gleich zu Beginn seines Referats hob Andreas Pfeiffer hervor, dass die Einhaltung der gesetzmäßigen Frist vor allem dem »reibungslosen Zusammenarbeiten der Herren Sachreferenten« zu verdanken sei.[122] Seine Vorschläge zur Abgleichung des ursprünglichen Fehlbetrags von sieben Millionen Reichsmark seien rasch angenommen worden, »ein erfreuliches Zeichen gegenseitigen Verständnisses«. »Zusammenarbeit« oder semantisch verwandte Worte waren zentrale Topoi, die im Anschluss an Pfeiffers Erläuterungen auch Fiehler aufgriff. Dabei

---

ebenen, zumindest in öffentlichen Aussagen, die Lorbeeren des »(Wieder-)Aufstiegs« stets sehr bereitwillig an Hitler abgaben und nicht zuerst für sich selbst in Anspruch nahmen.

119 Vgl. Fiehler, Stadtrat, 29.1.1935, StadtAM, RSP 708/1.
120 Siehe oben S. 9 f., Anm. 4.
121 Fiehler, Stadtrat, 29.1.1935, StadtAM, RSP 708/1.
122 Vgl. Pfeiffer, Stadtrat, 29.1.1935, StadtAM, RSP 708/1.

stellte der Oberbürgermeister zwei Aspekte besonders heraus: Er betonte zum einen »Zusammenarbeit« als eine wesentliche Differenz im Vergleich zu den »Verhältnissen vor der nationalsozialistischen Revolution«, unter denen manchmal erst im Spätsommer ein vollziehbarer Haushaltsplan vorgelegen habe und somit auch kaum städtische Aufträge an die Bauwirtschaft hätten vergeben werden können.[123] Hierin lässt sich die typisch nationalsozialistische Lesart erkennen, nach der die demokratische Meinungsvielfalt zu Entscheidungsblockaden geführt habe, während die Entscheidungsfindung seit 1933 zügig und effizient abgelaufen sei. Unerwähnt blieb freilich, dass die »verständnisvolle Zusammenarbeit« nicht zuletzt darauf basierte, dass sofort nach der Machtübernahme sämtliche oppositionelle Politiker rücksichtslos aus dem politischen Gremium gejagt worden waren und die neue Stadtspitze die städtische Verwaltung mit Hilfe des Gesetzes zur Wiederherstellung des Berufsbeamtentums ebenso »gesäubert« hatte.[124]

Zum anderen ging es Fiehler nicht nur um die Kooperation der Referate untereinander und mit der Stadtkämmerei, die für die inhaltliche Arbeit hinter der Budgetplanung seit je von großer Bedeutung war. Er betonte insbesondere die »verständnisvolle Zusammenarbeit« zwischen den Stadträten und der städtischen Verwaltung. Diese sei »in jeder Richtung hin in vorbildlicher Weise vor sich gegangen«.[125] Ferner bedankte er sich beim Stadtrat für das entgegengebrachte Vertrauen. Die Kooperation wurde aber nicht nur verbal beschworen, sie zeigte sich auch sogleich in einer gemeinsamen Handlung: der einstimmigen Genehmigung des Haushaltsplans.

Im Anschluss daran antwortete der Fraktionschef der NSDAP im Stadtrat, Christian Weber, auf die ihm und seinen Stadtratskollegen entgegengebrachten Lobreden. Im Namen seiner Parteigenossen gab er zunächst den Dank an Oberbürgermeister Fiehler zurück und würdigte seinerseits dessen »nimmermüde Tatkraft« und »verständnisvolle Führung«.[126] Darüber hinaus rühmte er zwei Referenten besonders: Kämmerer Pfeiffer und Oberbaudirektor Beblo. Insbesondere Pfeiffer wurde eine äußerst umfangreiche Danksagung zuteil: Als »Vater der Finanzen« habe er mit seiner »Umsicht«, seinem »Können« und »Verstehen« gezeigt, dass man sparsam wirtschaften und gleichzeitig große Projekte durchführen könne. Der besondere Dank sei aber keine »Formsache«, so We-

---

123 Vgl. Fiehler, Stadtrat, 29.1.1935, StadtAM, RSP 708/1.

124 Vgl. Gesetz zur Wiederherstellung des Berufsbeamtentums, 7.4.1933, RGBl. I (1933), S. 175-179. Hinreichend nachgewiesen ist allerdings, dass es durch dieses Gesetz im Allgemeinen zu verhältnismäßig geringen Entlassungszahlen in der deutschen Beamtenschaft kam, nicht zuletzt weil das Spezialwissen vieler Beamter schwer zu ersetzen war. Wesentlich höher war jedoch wohl, so argumentiert etwa Kuller, »Kämpfende Verwaltung«, S. 236, »die Wirkung durch Druck und Einschüchterung« oder die Tatsache, dass »politische Zuverlässigkeit im Sinne der NS-Ideologie« zum »Karrierefaktor« wurde. Wie sich das Gesetz auf die Belegschaft der Stadt München auswirkte, hat Hanko, Kommunalpolitik, S. 370-402, dargelegt.

125 Vgl. Fiehler, Stadtrat, 29.1.1935, StadtAM, RSP 708/1.

126 Vgl. Weber, Stadtrat, 29.1.1935, StadtAM, RSP 708/1.

ber, sondern komme »vielmehr aus der Verbundenheit, die zwischen dem Herrn Stadtkämmerer und uns besteht und die wir hier besonders feststellen möchten«. – Wir werden noch sehen, dass sich bei so mancher Finanzierungsdebatte die Beziehung von Weber und Pfeiffer von einer ganz anderen Seite zeigte. Stadtkämmerer Pfeiffer spielte dieses Schauspiel an dieser Stelle jedoch unverhohlen mit. In aller Öffentlichkeit präsentierten sich zwei führende Vertreter von Stadtverwaltung und Mehrheitsfraktion als Einheit. Auch wenn kein Handschlag überliefert ist, praktizierten sie in Form von gegenseitigen Lobpreisungen einen nicht minder symbolträchtigen Schulterschluss.

Dies ist auch deshalb von Interesse, weil es auf die in der kommunalgeschichtlichen Forschung oft behandelte Frage nach dem Verhältnis zwischen den neuen politischen Machthabern der NSDAP und den Verwaltungsbeamten, die in der Mehrzahl schon vor 1933 ihr Amt ausgeführt hatten, verweist. Ohne an dieser Stelle alle Facetten für den Fall München erörtern zu können, kann doch eine Veranstaltung wie die Haushaltsverabschiedung 1935, mit konstruktivistischem Blick betrachtet, ein neues Licht auf die Wirkungszusammenhänge werfen. Das kooperative Verhältnis der städtischen Funktionseliten wurde zumindest teilweise erst durch die zahlreichen und vor allem wechselseitigen Zusammenarbeitsbekundungen konstituiert. Insofern als ein wesentlicher Adressat dieser Aussagen bei der städtischen Funktionselite selbst zu finden ist, reproduziert sich in der ständigen Bestätigung gemeinsamer Zusammenarbeit ein Verhalten, das einen Teil gesellschaftlicher Realität erst erzeugte. Die Haushaltsreden – flankiert von einer einstimmigen Abstimmung, die Einigkeit symbolisiert – können somit als performative Akte verstanden werden, die die lokalpolitischen Gegebenheiten zu einem guten Teil miterschaffen. Dass die grundlegende Kooperationsbereitschaft zwischen Politik und Verwaltung in der Effizienz etlicher Gräueltaten ihren folgenschweren Höhepunkt fand, ist vielfach und auf unterschiedlichen Ebenen gezeigt worden.[127] Eingeübt und kultiviert wurde ein solcher Modus der Zusammenarbeit der neuen Machthaber mit den Funktionseliten bereits bei Veranstaltungen wie der Haushaltsverabschiedung 1935.

Der Stadthaushalt wurde also als Symbol der innerstädtischen Kooperation und als Beleg des nationalsozialistischen Aufstiegs und damit in zweifacher Hinsicht auch als Wendepunkt der Stadtgeschichte inszeniert. Doch was steckte hinter dieser Rhetorik des Haushalts? Was sagen die Zahlen über die städtische Finanzlage aus? Ist so etwas wie ein »Aufstieg« nachzuweisen? Betrachten wir dazu den Plan im Hinblick auf die wichtigsten Indikatoren.

---

127 So beschreibt Kuller, »Kämpfende Verwaltung«, S. 241, dass die Funktionsmechanismen bürokratischer Herrschaft ein »treibender Faktor auf dem Weg zum Völkermord« gewesen seien und bezieht sich dabei auf Hans Mommsens Begriff der »kumulativen Radikalisierung«. Für den Bereich der Kommunen hat u. a. Gruner, NS-Judenverfolgung, die Zusammenarbeit zwischen Politik und Verwaltung nachgewiesen.

Konsolidierung auf niedrigem Niveau

Im Gegensatz zu 1932 konnte der Haushaltsplan 1935 zwar vor Beginn des Rechnungsjahres ausgeglichen werden. Allerdings, so muss man einschränken, hatte auch jetzt noch im nie veröffentlichten Vorentwurf ein nicht unerhebliches Defizit von sieben Millionen gestanden. Der wesentliche Unterschied lag nun aber darin, dass es statt einer monatelang tagenden Sparkommission, die sich politisch zerstritt, nur einer Referentenbesprechung unter Leitung des Oberbürgermeisters bedurfte, um dieses Defizit ›loszuwerden‹.[128] Das lässt freilich weniger auf eine grundsätzliche Gesundung der Stadtfinanzen schließen als auf einen Wandel des städtischen Entscheidungsverfahrens.[129] Denn die Maßnahmen zur Deckung des anfänglichen Defizits waren teilweise durchaus heikel und hätten vor 1933 wohl zu größeren politischen Debatten geführt. Der Fehlbetrag im Straßenbahnhaushalt etwa konnte nur – wie es im Verwaltungsdeutsch heißt – »bereinigt« werden, weil fast sämtliche Rücklagen in diesem Bereich aufgebraucht wurden und die Referatsleiter eine beträchtliche Tariferhöhung zu Lasten der Bürger beschlossen, wo noch ein Jahr zuvor in diesem Bereich Erleichterungen angekündigt worden waren.[130]

Der Umfang des Gesamthaushalts 1935 lag bei 229,8 Millionen Reichsmark. Der ordentliche Haushalt umfasste 192,5 Millionen Reichsmark.[131] Wie einführend deutlich gemacht: Von diesen Ziffern direkt auf eine Verbesserung oder Verschlechterung der städtischen Finanzlage im Vergleich zu 1932 zu schließen – zur Erinnerung: damals schloss der Betriebshaushalt, inklusive der Sonderhaushalte, aber ohne Anlehenshaushalt, mit 215,5 Millionen Reichsmark – wäre, unabhängig von Geldwertveränderungen, schon aus technischen Gründen irreführend. Denn die Systematik der Untergliederung hatte sich zwischen 1932 und 1935 erheblich verändert. Das Bayerische Innenministerium verordnete im Oktober 1933 eine neue Form des Haushaltsplans, die auf Vorschlag einer Vereinigung der Finanzdezernenten größerer deutscher Städte zustande gekommen war.[132] So wurde ab 1935 zwischen dem »ordentlichen« und dem »außerordentlichen« Haushaltsplan unterschieden und auch die Binnenzusammensetzungen verschoben sich.[133] Dabei wurden etwa die städtischen Versorgungseinrichtun-

---

128 Vgl. Referentenbesprechung, 10.1.1935, StadtAM, RSP 708/7. Eine bedeutende Rolle beim Abgleich kam dabei dem Kämmerer Pfeiffer zu. Die Abgleichung beruhte im Wesentlichen auf seinen Vorschlägen. Die Referenten sollten sich nur dann äußern, so ordnete der OB an, wenn sie »glauben, dass die von der Stadtkämmerei vorgeschlagenen Massnahmen einfach nicht tragbar wären«.

129 Siehe unten, Kapitel II.3.

130 Siehe dazu unten, Kapitel III.2, S. 215.

131 Beschluss der Vollversammlung des Stadtrates in der öffentlichen Sitzung vom 29.1.1935, in: Haushaltsplan der Landeshauptstadt München 1935, S. IIIf.

132 Vgl. Verwaltungsbericht der Hauptstadt der Bewegung 1933/34-1935/36, S. 30 f.

133 1932 beinhaltete der »Eigentliche Gemeindehaushalt« den »Betriebshaushalt«, den »Anlehenshaushalt«, den »Grundstücksverkehr« und den »Vermögenshaushalt«. Außerdem wurden städtische Versorgungseinrichtungen wie die Wasserversorgung, Elek-

gen, die vorher in Sonderhaushalten verwaltet worden waren, in den ordentlichen Haushalt – bis 1923 war dies schon einmal der Fall gewesen – verwaltungsmäßig integriert. Zudem waren einige Durchlaufposten weggefallen. Etwas besser lassen sich die Ziffern deshalb mit denen des Vorjahres vergleichen. Hier zeigt sich, dass sich der Gesamtumfang kaum verändert hatte. Es ist ein erstes Indiz dafür, dass man bei der Stadt den »Aufstieg« zwar inszenierte, aber von großen Sprüngen nach wie vor weit entfernt war.

Für einen Vergleich mit dem Jahr 1932 ist es aufschlussreich, zwei konkrete Aspekte genauer zu betrachten, die für den »Krisenhaushalt« 1932 kennzeichnend waren: die explodierenden Ausgaben im Wohlfahrtsbereich sowie der Rückgang der Steuereinnahmen. Wie präsentierten sich die Zahlen in diesen Bereichen?

1.) Das Wohlfahrtswesen war aufgrund der Umstrukturierung – relativ gesehen – nicht mehr, wie noch 1932, der größte Ausgabeposten (Abb. 3). Aber auch in absoluten Zahlen betrachtet lagen die Wohlfahrtsausgaben 1935 mit etwa 49,5 Millionen Reichsmark tatsächlich deutlich unterhalb der Vorjahre.[134] Dies hing im Wesentlichen mit der Minderung beim Einzelposten 54 »Wirtschaftliche Fürsorge« – von ca. 36 auf etwa 23 Millionen Reichsmark – zusammen.[135] Aber auch für andere Wohlfahrtsausgaben, etwa die der Suppenanstalten (Einzelposten 57), musste die Stadt weniger Mittel aufbringen. Die Erholung der Wirtschaft seit Herbst 1932 und dabei insbesondere der Rückgang der Arbeitslosigkeit infolge von Arbeitsbeschaffungsmaßnahmen, der in München im Vergleich zu anderen Großstädten besonders stark ausfiel, hatten sich positiv auf den Stadthaushalt ausgewirkt.[136] Denn die Kommune musste nun weniger Fürsorgezahlungen leisten.

Das ist aber nur die eine Seite der fiskalischen ›Wahrheit‹. Betrachtet man neben den Ausgaben auch die Einnahmeentwicklung, lassen sich aus der jeweiligen Differenz der »Zuschussbedarf« oder die »Deckungsmittel« eruieren, die jeder Einzelplan im Hinblick auf den Gesamthaushalt aufweist. Das Diagramm oben zeigt: Parallel zum Rückgang der Wohlfahrtsausgaben, der teilweise auch auf verschärfte Restriktionen zurückzuführen war, halbierten sich bemerkenswerterweise auch die Einnahmen in diesem Bereich. Deshalb blieb eine tatsächlich positive Wirkung auf den Gesamtetat aus: Der Zuschussbe-

trizitätswerke, Straßenbahnen oder Gaswerke separat als »Sonderhaushalte« geführt. Daneben wurden auch Anstalten wie das Leihamt oder die Spar- und Girokasse, über 50 Gemeindefonds und etliche Stiftungen mit einzelnen Haushalten getrennt verwaltet.

134 Vgl. Haushaltsplan der Landeshauptstadt München 1935, S. 2.
135 Vgl. ebd., S. 8.
136 Vgl. Statistisches Handbuch der Hauptstadt der Bewegung für die Jahre 1927 bis 1937, München 1938, S. 162: In München waren 1935 noch ca. 23.700 Menschen arbeitslos und damit fast 40.000 weniger als 1932. Reichsweit ging die Arbeitslosigkeit in drei Jahren um etwa 50% zurück. Dass der Rückgang in München, das auch vergleichsweise wenig Arbeitslose in der Krisenzeit gehabt hatte, im Städtevergleich besonders stark ausfiel, zeigen die Übersichten bei Wimmer, Ordnung, S. 69 und S. 70.

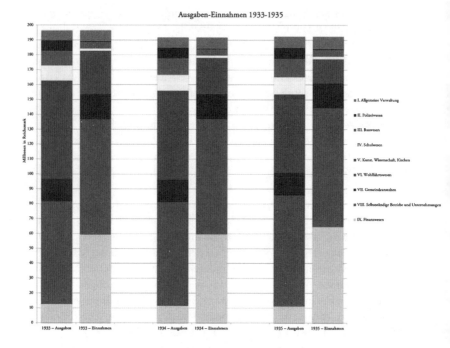

Abb. 3: Ausgaben- und Einnahmenstruktur des ordentlichen Haushalts der Stadt München zwischen 1933 und 1935[137]

darf lag nahezu unverändert bei etwa 33 Millionen. Der Hintergrund bestand darin, dass die Reichs- und Landeshilfe für Wohlfahrtserwerbslose von fast elf Millionen 1933 auf nur noch 600.000 RM im Jahr 1935 gekürzt wurde.[138] Dieser massive Einnahmeverlust stand in keinem Verhältnis zum eigentlich ebenfalls beträchtlichen Rückgang der Zahl der von der Stadt »Befürsorgten«, die im gleichen Zeitraum aber ›nur‹ von 33.000 Münchner Bürgern auf 11.000 sank.[139] DieStadt München ebenso wie andere Kommunen profitierten von der Ent-

137 Zusammengestellt mit den Zahlen des Haushaltsplans der Landeshauptstadt München 1935, S. 2 f. Die herangezogenen Daten des Jahres 1933 sind dabei Rechnungsergebnisse, die der Jahre 1934 und 1935 die Ansätze der Voranschläge.

138 Vgl. Haushaltsplan der Landeshauptstadt München 1935, S. 140.

139 Vgl. Statistisches Handbuch der Hauptstadt der Bewegung für die Jahre 1927 bis 1937, S. 162. Vgl. dazu auch die Ausführungen von Wimmer, Ordnung, S. 72, der ebenfalls diagnostiziert, dass die Entlastung der Stadtkasse der Entwicklung der Arbeitslosenzahlen merklich hinterherhinkte. Der Rückgang der Erwerbslosen habe sich netto zunächst im Reichsetat bemerkbar gemacht. Erst als die Zuschüsse des Reichs völlig abgebaut waren, habe die weitere Beseitigung der Arbeitslosigkeit den kommunalen Etat entlastet.

spannung am deutschen Arbeitsmarkt in dieser Hinsicht also zunächst nur wenig. Der Stadtkämmerer Pfeiffer kommentierte diesen Sachverhalt in der öffentlichen Sitzung euphemistisch:»Der Profit, den die Stadt für ihren Geldsäckel aus dem Rückgang der Erwerbslosenfürsorge hat, bewegt sich also nicht in sehr großen Ziffern.«[140]

2.) Im Einzelplan»Finanzwesen« ist hingegen ein Anstieg der Einnahmen – auf 64,7 Millionen Reichsmark – bei ähnlichen Ausgaben auszumachen. Dieser ist auf die im Einzelplan 106 verwalteten Steuereinnahmen zurückzuführen, die 1935 gegenüber den Vorjahren deutlich stiegen: im Vergleich zum Jahr 1933 um etwa sechs Millionen auf etwas über 56 Millionen Reichsmark.[141] Am stärksten wuchsen die auf den Reichssteuern basierenden Reichsüberweisungen. Der kommunale Anteil an der Einkommensteuer etwa spülte zwischen 1933 und 1935 fast drei Millionen und damit 50 Prozent mehr in die Stadtkasse. Die Einnahmen aus Umsatzsteuer und Körperschaftsteuer stiegen ebenfalls erheblich.[142] Weniger stark veränderten sich dagegen die Einnahmen aus eigenen Steuern bzw. aus Zuschlägen auf Landessteuern. Grund- und Gewerbesteuereinnahmen, die zusammen den größten Anteil am Gesamtsteueraufkommen ausmachten, wuchsen etwa nur geringfügig. Bemerkenswert am Steuerhaushalt ist zudem, welchen großen Anteil nach wie vor die in den Jahren 1930 bis 1933 als Notsteuern eingeführten Gemeindebiersteuer, Gemeindegetränkesteuer und Bürgersteuer hatten. Zusammengerechnet generierte die Stadt mit diesen Einkünften im Jahr 1935 mehr als 13 Millionen Reichsmark. Besonders die Einnahmen aus der einst so umstrittenen Bürgersteuer waren im Voranschlag 1935 noch einmal beträchtlich höher veranschlagt worden – um etwa zwei Millionen – als in den Jahren zuvor.[143]

Die Entwicklung der Steuereinnahmen insgesamt lässt auf eine langsame Konsolidierung des Stadthaushalts schließen. Gerade im Vergleich zum Rechnungsergebnis von 1932, das nur 46,8 Millionen Steuereinnahmen aufgewiesen hatte, lagen die Einnahmen merklich höher.[144] Vom Vor-Krisen-Niveau war man allerdings auch 1935 nach wie vor weit entfernt. Trotz starken Rückgangs der Erwerbslosenzahlen und ungeachtet aller Aufstiegsrhetorik war München 1935, das musste auch Kämmerer Pfeiffer bei seinen Haushaltserläuterungen einräumen, noch immer auf die Erhebung der meisten vor 1933 eingeführten, so-

140 Pfeiffer, Stadtrat, 29.1.1935, StadtAM, RSP 708/1.
141 Vgl. Haushaltsplan der Landeshauptstadt München 1935, S. 305 f.
142 Ein großer Anteil an der erhöhten Einnahmen durch die Körperschaftsteuer ist auf die neu eingeführte Steuerpflicht der eigenen städtischen Betriebe zurückzuführen. Hiernach kam die Körperschaftsteuer der eigenen Betriebe vollständig der Gemeinde selbst zu. Bei genauer Betrachtung stellte diese Regelung aber keinerlei Zusatzeinnahmen dar, da gleichermaßen die Überweisungen der Betriebe an den Gesamthaushalt gekürzt wurden (vgl. Körperschaftsteuergesetz, 16.10.1934, RGBl. I (1934), S. 1031-1034).
143 Zur Entwicklung der Steuereinnahmen siehe genauer unten, Kapitel III.2, Tab. 3, S. 198 f.
144 Vgl. Haushaltsplan der Landeshauptstadt München 1934, S. 10.

genannten »Notsteuern« angewiesen. Ein Antrag des Referenten Josef Beer auf Verzicht auf die Gemeindegetränkesteuer etwa wurde abgelehnt und auf »bessere Zeiten« verschoben.[145] Eine allgemeine Senkung des Steuersatzes der Bürgersteuer, die jeder abliefern musste, kam ebenfalls nicht in Betracht, obwohl diese einst als Ausgleich für die Wohlfahrtskosten eingeführt worden war. Mit dem Gesetz vom 16. Oktober 1934 wurde die Steuer stattdessen nach nationalsozialistischen Vorstellungen verändert, indem kinderreiche Familien entlastet werden sollten.[146] Aus »taktischen Gesichtspunkten«, nämlich um der Bevölkerung den »guten Willen« zu demonstrieren, wurde zumindest auf die Erhebung der Wohlfahrtsabgabe verzichtet.[147]

Dabei ist die Entscheidung gegen diese zusätzliche Bürgerabgabe ein gutes Beispiel dafür, wie stark die Haushaltspolitik von Zukunftsperspektiven bestimmt war. Zum Zeitpunkt der Haushaltserstellung erhoffte man sich nämlich aufseiten der Stadt, dass sich der allgemeine Konjunkturaufschwung weiter fortsetzen und am Ende des Haushaltsjahres, bei Rechnungsabschluss, demnach die Wohlfahrtskosten möglicherweise noch niedriger ausfallen würden als kalkuliert.[148] Die Einnahmen aus der Wohlfahrtsabgabe strichen die Verantwortlichen also im Voranschlag einfach dadurch, dass der Ausgabenansatz der wirtschaftlichen Fürsorge um 1,5 Millionen nach unten korrigiert wurde. In dieser Entscheidung hatte die Stadt nach wie vor einen gewissen politischen Handlungsspielraum. Und tatsächlich erfüllten sich die optimistischen Erwartungen in diesem Punkt: Der Rechnungsabschluss 1935 wies für den Einzelposten »Wirtschaftliche Fürsorge« letztlich nur 22 Millionen Reichsmark Ausgaben aus und damit mehr als eine Million weniger, als im Voranschlag kalkuliert.[149]

Die ›Entdeckung‹ des Vermögensnachweises

Die oben erwähnte staatsministerielle Anordnung zur Haushaltssystematik vom Oktober 1933 legte auch fest, welche Anlagen einem kommunalen Haushaltsplan künftig angefügt werden sollten. Obligatorisch waren nun diverse sogenannte »Hilfshaushaltspläne«, wovon einige in München schon vorher üblich gewesen waren, wie etwa Übersichten zur Gesamtschuldenverwaltung, zu Gehältern und Löhnen der Beamten und Angestellten oder zu den Bürgschaftsver-

145 Vgl. Haushalts- und Betriebsausschuss, 29.1.1935, StadtAM, RSP 708/7.
146 Vgl. Bürgersteuergesetz, 16.10.1934, RGBl. I (1934), S. 985-996, hier: §3, Abs. 3, S. 986.
147 Vgl. Haushalts- und Betriebsausschuss, 29.1.1935, StadtAM, RSP 708/7; siehe hierzu genauer unten, Kapitel III.2.
148 Vgl. Haushalts- und Betriebsausschuss, 29.1.1935, StadtAM, RSP 708/7.
149 Vgl. Haushaltsplan der Hauptstadt der Bewegung 1937, S. 8. Allerdings wies der gesamte Einzelplan des Wohlfahrtswesens nach Rechnungsabschluss dann über zwei Mio. RM an Ausgaben mehr als geplant auf. Das hing im Wesentlichen mit den immensen Kostensteigerungen bei Einzelplan 72 »Wohnungsfürsorge« zusammen.

pflichtungen.[150] Außerdem wurde dem Haushaltsplan nun – erstmals ab 1934 – ein »Vermögensausweis« angehängt und somit Elemente der kaufmännischen Haushaltsführung implementiert. Hierin waren die Vermögensbestände sämtlicher Werke, Betriebe und Anstalten der Stadt, d. h. Grundstücke, Gerätschaften, Einrichtungen, Betriebsanlagen, Fondsbestände, genauso wie die Gesamtschulden, verzeichnet, untergliedert in Werkvermögen, Verwaltungsvermögen und Finanzvermögen. Ergänzend zum kameralistischen Haushalt wurden in dieser Tabelle also Werte zusammengestellt, die jenseits von Geldflüssen ein umfangreicheres Bild städtischen Vermögens vermitteln konnten, und das in wenigen leicht verständlichen Zahlen. Laut dem neuen Anhang im Plan des Jahres 1935 belief sich das Gesamtvermögen der Stadt auf 686 Millionen Reichsmark, die Schulden auf 206 Millionen Reichsmark, woraus sich ein Reinvermögen von 480 Millionen Reichsmark ergab.[151] Wird in diesen Zahlen der vielfach proklamierte »Aufschwung« messbar?

Wichtiger für die historische Beurteilung ist zunächst weniger der Zahlenwert als vielmehr die Veröffentlichung des Vermögensnachweises als solcher. Vermögensaufstellungen existierten bereits vorher. Auch die Stadtverwaltung München machte davon im internen Rahmen Gebrauch. Bei Privatunternehmen war die kaufmännische Buchhaltung zu dieser Zeit ohnehin längst üblich. Vor diesem Hintergrund hatte es bereits zu Krisenzeiten Stimmen gegeben, die behaupteten, dass die Beurteilung der Kommunalfinanzen auch deswegen so schlecht wegkomme, weil die umfangreichen Besitzwerte in der üblichen kameralistischen Buchführungsart nicht genügend berücksichtigt würden. Der deutsche Sparkassenchef Ernst Eberhard Kleiner beispielsweise führte die gemeindliche Finanzkrise wenigstens zum Teil auch auf eine grassierende »Kommunalpsychose«, wie er es nannte, zurück. In einem Brief vom Dezember 1931 an den damaligen Präsidenten des Deutschen Städtetags Oskar Mulert bedauerte Kleiner die »im allgemeinen herrschende Misstimmung [sic]« gegenüber Kommunen und damit auch gegenüber den Sparkassen, die unter anderem zu einer »geradezu beispiellosen Entwertung der deutschen Kommunalanleihen« geführt hätten. Er forderte deswegen damals von den kommunalen Spitzenverbänden eine »aktivere Pressepolitik«, um die Lage der Kommunen »in einem günstigeren Licht erscheinen zu lassen«.[152] Insbesondere schlug er vor, verstärkt auf die großen Vermögenswerte hinzuweisen, welche die deutschen, auch die verschuldeten Städte besäßen. In diesem Zusammenhang sprach er dabei auch von dem großen Nachteil der »altbewährten kameralistischen Buchführung«, die dazu führe, dass die Vermögenslage der Gemeinden fast ausschließlich nach ihrem Etat bewertet würde. Deswegen schlug er vor, die schon vorhandenen, aber »meistens der Öffentlichkeit nicht zugänglichen Vermögensaufstellungen

---

150 Vgl. Verwaltungsbericht der Hauptstadt der Bewegung 1933/34-1935/36, S. 30 f.

151 Vgl. Haushaltsplan der Landeshauptstadt München 1935, S. 725-727.

152 Vgl. Präsident des Deutschen Sparkassen- und Giroverbands Kleiner an Präsident des Deutschen Städtetags Mulert über »Maßnahmen zur Beseitigung der Kommunalpsychose«, 21.12.1931, LAB, B Rep. 142/7 2-1-2-1.

zu ordnungsmässigen Bilanzen auszugestalten« und zu veröffentlichen. Darin sah der Sparkassenfunktionär »ein geeignetes Mittel«, um »dem Misstrauen gegen die Kommunen entgegenzuarbeiten« und damit ihre Kreditwürdigkeit zu verbessern.

Gut zwei Jahre später folgten die Nationalsozialisten gewissermaßen diesem ›Rezept‹, indem sie den Vermögensnachweis als obligatorischen Baustein in die öffentlichen Haushaltspläne integrierten. Die verwaltungstechnische Neuerung diente dabei auch als politisches Instrument, um neues Vertrauen aufzubauen. Denn der Indikator »Gesamtvermögen« – dargestellt in imposanten dreistelligen Millionenziffern – half fortan auch dabei, genau wie es Kleiner einst vorschwebte, die Leistungsfähigkeit der Kommunen in der Öffentlichkeit wirkungsvoller zu präsentieren. Die NS-Rhetorik vermittelte dabei häufig das Bild, den Gemeinden gehe es endlich wieder gut. Richtiger war aber wohl eher, dass sie noch immer von dem in der Vergangenheit aufgebauten Vermögen zehrten.

Vergleicht man die Entwicklung der Vermögenswerte in München, war der »Aufstieg« unter dem NS-Regime jedenfalls eher moderat als »unerhört«, wie es Fiehler in seiner Etatrede 1935 glauben machen wollte.[153] Trotz aller Probleme hatte die Stadt nämlich selbst am Ende des Jahres 1932, das den Tiefpunkt in Sachen Vermögen darstellte, noch ein beträchtliches Reinvermögen von 470 Millionen Reichsmark aufgewiesen.[154] Das waren also ›nur‹ zehn Millionen Reichsmark weniger als die 480 Millionen Reichsmark, die im Anhang des Plans von 1935 als Größe des Gesamtvermögens abgedruckt waren. Allerdings muss beachtet werden, dass es sich dabei um eine Vermögensberechnung handelte, die auf Basis des abgeschlossenen Rechnungsjahres 1933 erstellt worden war, also noch gar nicht den ganzen Zeitraum bis 1935 abdeckte. Gleichwohl war es aber die zum Zeitpunkt der öffentlichen Verkündung des Etatplans am 29. Januar 1935 aktuellste Berechnung, die der OB und sein Kämmerer im Kopf hatten, als sie die Entwicklung in höchsten Tönen lobten. Das Reinvermögen am Ende des Rechnungsjahres 1935 – rückwirkend festgestellt im Jahr 1937 – belief sich immerhin bereits auf 508 Millionen Reichsmark: Einem Gesamtvermögen von 703 Millionen Reichsmark standen sinkende Gesamtschulden von 195 Millionen Reichsmark gegenüber.[155] Basierend auf der Vermögensentwicklung lassen sich also die ›faktischen‹ Grundlagen des gefeierten »Aufstiegs« zwischen 1932 und 1935 auf 38 Millionen Reichsmark bemessen und damit auf ein Wachstum von circa acht Prozent.

Die Finanzlage Münchens hatte sich also zweifellos konsolidiert, jedoch eher auf einem niedrigen Niveau – das gilt übrigens umso mehr, wenn man als Vergleichsgrundlage den Wert von 1930 heranzieht, als die Stadt noch ein Reinver-

---

153 Vgl. Fiehler, Stadtrat, 29.1.1935, StadtAM, RSP 708/1.
154 Vgl. Statistisches Handbuch der Hauptstadt der Bewegung für die Jahre 1927 bis 1937, S. 140 f.; Haushaltsplan der Landeshauptstadt München 1934, S. 673.
155 Vgl. Statistisches Handbuch der Hauptstadt der Bewegung für die Jahre 1927 bis 1937, S. 141.

mögen von 574 Millionen Reichsmark aufgewiesen hatte.[156] Dramatisch verändert hatte sich aber das Sprechen über die kommunalen Finanzen und damit auch deren Wahrnehmung. 1932 hatte sich kaum jemand für die Vermögenswerte interessiert. Öffentlich zugänglich waren die Daten noch nicht. Unausgeglichene Haushalte, kurzfristige Schulden, explodierende Ausgabenposten und sinkende Steuereinnahmen hatten stattdessen die Wahrnehmung der kommunalen Finanzlage bestimmt. Nach 1933 blieb die Erinnerung an diese Rhetoriken der Krise haften. Nun aber wurde die Finanzlage der Stadt mit sprachlichen Mitteln und unter Zuziehung eines anderen fiskalischen Indikators, dem Vermögensnachweis, als ein nationalsozialistischer »Aufstieg« präsentiert. Genau genommen fiel dieser aber deutlich weniger steil aus, als er in der Darstellung der Verantwortlichen erschien.

Nimmt man aber auch die rhetorische Vermittlung als realitätskonstruierenden Faktor ernst, dann unterscheidet sich – trotz einiger Kontinuitätslinien, etwa bei der Gesetzgebung, die die Forschung zu Recht angeführt hat[157] – diese frühe Phase zwischen 1933 und 1935/36 deutlich von der vorangegangen; insofern nämlich, als der ehedem vorherrschenden Krisenrhetorik neue wirkungsvolle Narrative – insbesondere »Aufstieg« und »Zusammenarbeit« – entgegengesetzt wurden.

»Ordnung« war ein weiteres Narrativ, auf das die Nationalsozialisten sich demonstrativ stützten. Diese Redeweise soll bei der Analyse des nachfolgenden Haushalts besonders beachtet werden.

4. Der Aufrüstungshaushalt 1939: die Ordnung der Finanzen für den Krieg

Die Sitzung der Münchner Ratsherren vom 21. März 1939, in der der Haushaltsplan für das folgende Rechnungsjahr verabschiedet wurde, eröffnete Oberbürgermeister Karl Fiehler mit dem Gedenken an die »gewaltigen geschichtlichen Ereignisse« seit dem letzten Zusammentreffen.[158] Gemeint war die Besetzung der Tschechoslowakei wenige Tage zuvor. Der militärische Einmarsch war ein klarer Bruch des Völkerrechts und das deutlichste aller Vorzeichen für die Eroberungsabsichten des Hitler-Regimes. In den Augen Fiehlers stellte sich dieses »Stück Weltgeschichte« freilich anders dar, nämlich als eine Wiedergutma-

---

156 Vgl. ebd., S. 140.
157 Vgl. etwa die Argumentation von Holly, Gestaltungsspielräume, S. 245, die die verschiedenen Kontinuitäten aus der Weimarer Zeit betont und eine Zäsur erst »ab dem Haushaltsjahr 1937« setzt, als die Realsteuerreform griff. Ähnlich nivelliert auch Petzina, Handlungsspielräume, S. 170, die Zäsur 1933, indem er darlegt, dass das »Regime die Rechtslage bezüglich der Finanzausstattung in den ersten Jahren unverändert ließ und die »entscheidenden Restriktionen« bereits vor 1933 gelegt wurden, »so spektakulär sich auch der nationalsozialistische Zugriff« darstellen mochte.
158 Vgl. Fiehler, Ratsherren, 21.3.1939, StadtAM, Kämmerei 1959.

chung für das »Unrecht, das uns in der Vergangenheit zugefügt worden war«. Die »Hauptstadt der Bewegung«, so stellvertretend ihr Oberhaupt, sei beglückt und wolle dem Führer dadurch danken, dass »man in treuer Hingabe an unsere Pflicht und unsere Arbeit alle unsere Kräfte« einsetze.

Es ist beachtenswert, dass Fiehlers Äußerungen mit der Feststellung des Haushaltsplans zusammenfielen. Zum einen stellte die öffentliche Bekanntmachung des Budgetplans, die einmal mehr »in feierlicher Form« stattfand,[159] wie 1934 und 1935 auch 1939 einen geeigneten Anlass für Propaganda dar. Zum anderen ist die Präsenz der Weltpolitik im Stadthaushalt bezeichnend dafür, dass auch das kommunale Haushaltswesen in immer stärkerem Maße von den übergeordneten politischen Absichten des NS-Regimes geprägt wurde.[160] Diese gesamtpolitische Interessenlage war in der Phase zwischen 1936 und 1939 ganz wesentlich von den verstärkten Kriegsvorbereitungen bestimmt.

Im Folgenden soll der Haushaltsplan 1939 entsprechend dem oben erläuterten Zugang vor allem als Abbild dieser gesamtpolitischen Entwicklungen untersucht werden. Weil sich die reichsstaatlichen Zielsetzungen auf vielfältige Weise auch im kommunalen Haushalt niederschlugen und dessen Form und Inhalt maßgeblich beeinflussten, kann er als ein »Aufrüstungshaushalt« gelesen werden.[161]

Die neue Ordnung des Haushalts

Schon auf den ersten Blick unterscheidet sich der städtische Haushaltsplan 1939 von denen aus den Jahren 1932 und 1935. Auf dem Cover des 500-Seiten-Konvoluts steht als Titel nicht mehr »Haushaltsplan der Landeshauptstadt München«, sondern »Haushaltssatzung der Hauptstadt der Bewegung«; eine begriffliche Änderung, die die neue Form der Kontrolle des Haushalts durch den Oberbürgermeister widerspiegelt, der inzwischen den gemeindlichen Haushalt jährlich eigenständig »festzusetzen« hatte.[162] Darunter findet sich, zentral platziert, nun das neue, 1936 eingeführte Münchner Stadtwappen.[163] Darin ist der

---

159 Vgl. Fiehler, Beiräte für Angelegenheiten des Gemeindehaushalts, 20.3.1939, StadtAM, RSP 712/6.

160 Vgl. Matzerath, Nationalsozialismus, S. 353, der schon 1970 deutlich machte, dass »auch die kommunale Finanzpolitik [...] zunehmend der Aufrüstung dienstbar gemacht« wurde; und zwar sowohl durch die Gestaltung des Gemeindefinanzausgleichs, als auch durch den Einfluss auf die Ausgabengestaltung sowie durch die Kredit- und Rücklagenpolitik.

161 Dieser pointierte Begriff schließt selbstverständlich nicht aus, dass auch 1939 neben der zunehmenden Orientierung auf die Kriegsvorbereitungen des Reichs nach wie vor eine wesentliche Funktion des städtischen Haushalts darin bestand, den Alltag vor Ort zu steuern.

162 Vgl. dazu auch Halter, Stadt, S. 279.

163 Vgl. zum Münchner Stadtwappen im Nationalsozialismus Bauer, Siegel, S. 24 f. Demnach habe Hitler persönlich am 2.8.1935 OB Fiehler beauftragt, den Ratsherrn Prof.

HAUSHALTSSATZUNG

DER HAUPTSTADT DER BEWEGUNG

MÜNCHEN

FÜR DAS RECHNUNGSJAHR 1939

Einwohnerzahl:
Wohnbevölkerung
nach der Volkszählung vom 16. Juni 1933
735 388 Personen
Fortgeschriebener Bevölkerungsstand
vom 1. Januar 1939
818 000 Personen

Grundfläche:
Burgfriedensfläche
am 1. Januar 1939
27 517 Hektar

Abb. 4: Titelseite des Haushaltsplans 1939

Löwe zum Reichsadler mutiert. Der Mönch, der auf die Gründungsväter der Isarsiedlung verweist, trägt jetzt eine Kapuze und hält seine Arme breit ausgestreckt. Und die mittelalterliche Zinnenmauer wird durch das stilisierte Sendlinger Tor ersetzt, über dem, in einen Lorbeerkranz gehüllt, ein Hakenkreuz prangt. Das nüchterne Zahlenwerk war Teil des nationalsozialistischen Corporate Design geworden. Wenn man das Werk aufschlägt, fallen zuerst weitere formaltechnische Änderungen auf. Die Einzelpläne des ordentlichen Haushalts sind teilweise neu betitelt und zusammengesetzt. Die Nummerierung der Einzelposten hat sich ebenfalls verändert. Waren die formaltechnischen Anpassungen, die bereits im Plan von 1935 griffen, weitestgehend improvisierter Natur gewesen und auf eine Ini-

Richard Klein mit der Anfertigung etwaiger Entwürfe zu betreuen. Diese wurden dann am 26.5.1936 von Hitler gebilligt. Morenz, Stadtsiegel, S. 11, hingegen ist bezüglich der Rolle Hitlers bei der Neugestaltung skeptischer: Er verweist nur auf den »angeblichen Wunsch« Hitlers.

tiative einiger Großstädte zurückzuführen, so beruhten die Umgestaltungen, die nun ersichtlich werden, vorrangig auf der neuen Deutschen Gemeindeordnung (DGO), die im Herbst 1935 erlassen worden und seit 1936 für die Haushaltsgestaltung bindend war, sowie auf einer maßgeblichen Verordnung des Reichsinnenministeriums über die Aufstellung und Ausführung des gemeindlichen Haushaltsplans.[164] Diese Regelungen galten daher gleichermaßen für alle Haushalte der deutschen Gemeinden. Das hatte nicht nur verwaltungstechnische Gründe. Dahinter stand auch der Anspruch, äußerliche Ordnung in das als zerrüttet kritisierte kommunale Finanzwesen zu bringen.

Die reichsweite Vereinheitlichung im Bereich des Haushaltswesens entsprach dem zentralistischen Charakter des NS-Regimes und vermittelte damit auch dessen politische Denkweisen. Dieses Ansinnen wurde in den neuen Bezeichnungen einiger Haushaltsposten augenscheinlich. Der frühere Einzelplan »Kultur und Wissenschaft« hieß nun »Kultur- und Gemeinschaftspflege« und griff damit einen Schlüsselbegriff der Nationalsozialisten auf.[165] Ähnlich war es im Fall des Gesundheitswesens, das als eigenständiges Ressort etabliert, damit aufgewertet und mit dem Titelzusatz »Volks- und Jugendertüchtigung« erkennbar an die NS-Rassenlehre gebunden wurde. Der Einzelplan »Bauwesen« trug nun auch das »Wohnungs- und Siedlungswesen« im Titel und verwies damit auf die von den Nationalsozialisten häufig formulierte, wenngleich kaum eingelöste Zielsetzung, eines der dringendsten Probleme der Zeit, die Wohnungsnot, in den Griff zu bekommen.[166] Auch das Ressort »Gemeindeanstalten« wurde umbenannt: Es hieß nun »Öffentliche Einrichtungen und Wirtschaftsförderung«. Und auch hier transportiert die Benennung des Haushaltspostens eine von den Nationalsozialisten systematisch propagierte politische Vorstellung. Denn kommunale Haushaltspolitik sollte in verstärktem Maße als lokale »Wirtschaftsförderung« begriffen werden. Eine wirtschaftsfördernde Funktion kam ihr zwar seit jeher zu, nun aber wiesen gerade die Verantwortlichen in München auffällig häufig darauf hin.[167]

Außerdem war eine gleiche Ordnung auf dem Gebiet der kommunalen Finanzwirtschaft die notwendige Voraussetzung für »eine mit den Zielen des Staates in Einklang stehende [...] wirksame Staatsaufsicht«, wie es in einem zeitge-

164 Vgl. Deutsche Gemeindeordnung, 30.1.1935, RGBl. I (1935), S. 49-64, insbesondere § 83; Verordnung über die Aufstellung und Ausführung des Haushaltsplans der Gemeinden, 4.9.1937, RGBl. I (1937), S. 921-932.

165 Zur NS-Lexik des Begriffs »Gemeinschaft« siehe Schmitz-Berning, Vokabular, S. 261 f.

166 Zur Wohnungspolitik der Stadt München siehe Haerendel, Wohnungspolitik.

167 Diese rhetorische Strategie wird zum Beispiel in der oben analysierten Haushaltsrede 1935 von OB Fiehler deutlich betont. Dort rechnet er vor, dass die Stadt allein mit dem ordentlichen Haushalt insgesamt rund 35 Mio. RM für Arbeiten und Lieferungen sowie 85 Mio. RM für Löhne, Gehälter und Fürsorgelasten ausgegeben habe, die mittelbar dem Wirtschaftsleben der Stadt zugeflossen seien. »Bei aller gebotenen Sparsamkeit« sehe er für die Stadt die »Pflicht zur Förderung der heimischen Wirtschaft« (Fiehler, Stadtrat, 29.1.1935, StadtAM, RSP 708/1).

nössischen Fachartikel des Handelskammersyndikus Hellmuth Herker hieß.[168] Die Einheitlichkeit sollte bei den Kommunalvertretern den »erzieherischen Wert« haben, »die Ansätze im Haushaltsplan vollständig, klar und genau zu veranschlagen und damit von der hier und da noch vielleicht unbewußt vorhandenen Meinung abzukommen, als handele es sich lediglich um eine Art von ›Wirtschaftsplan‹«.[169] Anders gesagt: Die Vereinheitlichung schuf Vergleichbarkeit der Haushaltspläne für Gemeinden gleicher Größenklassen und damit nicht zuletzt die Möglichkeit zur verschärften Kontrolle, wie es die DGO auch festlegte. Gleichzeitig stellte es die Kommunen in einen Wettbewerb miteinander und war somit ein Baustein der nationalsozialistischen Städtekonkurrenz.

Am auffälligsten ist jedoch eine formaltechnische Neuerung, die weder reichsweit einheitlich galt noch den Richtlinien der DGO entsprach. Der Haushaltsplan 1939 wies nämlich, neben der schon 1935 eingeführten Aufteilung in »ordentlich« und »außerordentlich«, erstmals einen »Sonderhaushalt für den Ausbau der Hauptstadt der Bewegung« auf, der auf einen Gesamtumfang von nicht weniger als 81 Millionen Reichsmark veranschlagt wurde.[170] – Zum Vergleich: Der ordentliche Haushalt umfasste im selben Jahr 168 Millionen Reichsmark, war also nur etwa doppelt so groß;[171] allein das vermittelt einen Eindruck davon, welche Dimensionen diese Pläne für die Finanzpolitik der Stadt annahmen. Im Jahr zuvor war eine ähnlich hohe Summe für die umfangreichen Umbaumaßnahmen veranschlagt, jedoch im ›normalen‹ außerordentlichen Haushalt der Stadt entsprechend den Vorschriften der Gemeindeordnung verwaltet worden. Da dies vor allem zu verwaltungstechnischen Schwierigkeiten geführt hatte, hatte die Stadtverwaltung auf eine andere Buchungsmöglichkeit gedrängt und sich letztlich durchsetzen können: »Ausnahmsweise«, so Stadtkämmerer Pfeiffer in der einzigen Haushaltsausschusssitzung dieses Jahres, habe man »auch einmal bei den übergeordneten Reichsstellen Verständnis gefunden«.[172] Und so

---

168 Vgl. Hellmuth Herker, Nach dem Erlaß des neuen preußischen Finanzausgleichsgesetzes, in: Der Gemeindehaushalt, ca. 1938, S. 3, BAB, R 36 609.

169 Ebd. In diesen Äußerungen von Herker schien noch immer das gängige Narrativ der verschwenderischen Kommunen durch, das bereits das Verhältnis von Reich und Kommunen in den 1920er-Jahren geprägt hatte.

170 Vgl. Vorbericht, Haushaltssatzung der Hauptstadt der Bewegung 1939, S. VI.

171 Dabei war der Gesamtumfang des ordentlichen Haushalts bis 1939 stetig angewachsen. Dies war im Wesentlichen schon seit 1935 der Fall. Aufgrund unterschiedlicher Veranschlagungstechniken lässt sich dies aber schlecht vergleichen. Doch allein die Entwicklung in den Jahren 1937 bis 1939, wie sie aus dem Plan 1939 herausgelesen werden kann, zeigt den Zuwachs deutlich. Während der Gesamtumfang 1937 noch bei 155 Mio. RM lag, wurde der ordentliche Haushalt 1939 auf 173,9 Mio. RM festgestellt. Nach Ausscheidung der Erstattungen (»Durchlaufposten«) nach den Vorschriften des § 4 der Gemeindehaushaltsverordnung schloss der Haushalt in Reineinnahmen und Reinausgaben bei 168,35 Mio. RM (vgl. Haushaltssatzung der Hauptstadt der Bewegung 1939, S. 8 f.).

172 Vgl. Pfeiffer, Beiräte für Angelegenheiten des Gemeindehaushalts, 20.3.1939, StadtAM, RSP 712/6. Er meinte damit in erster Linie den Reichsminister des Innern sowie den Reichsfinanzminister.

wurde 1939 mit dem Sonderhaushalt ein verwaltungstechnisches Konstrukt geschaffen, das zwar zunächst im Gesamthaushaltsplan verzeichnet war[173] und auch von der Kämmerei geführt wurde, bei dessen Verwaltung ansonsten aber »die einengenden Bestimmungen der Gemeindeordnung [...] wesentlich« überschritten werden konnten, um die »Dinge nach den Wünschen des Führers« durchführen zu können, wie Pfeiffer präzisierte.[174]

Der »Sonderhaushalt zum Ausbau der Hauptstadt der Bewegung« war somit eine verwaltungstechnische Ausnahme außerhalb der Vorschriften, die ansonsten das kommunale Finanzwesen dieser Zeit regelten. Während die Phase zwischen 1935 und 1939 einerseits für einen massiven Ausbau der formalen Vereinheitlichung, kurz: der Ordnung des kommunalen Haushaltswesens stand, symbolisierte dieser Sonderhaushalt andererseits einen bewussten Bruch damit und verweist so auf ein typisches Strukturmerkmal nationalsozialistischer (Finanz-)Verwaltung, das man vor allem im Zusammenhang mit der Reichspolitik kennt.[175]

Die Reformen des gemeindlichen Steuersystems

Die Ordnungsbestrebungen des NS-Regimes in Bezug auf das kommunale Haushaltswesen waren nicht nur formaler Natur, sondern richteten sich auch auf den Inhalt. Die Nationalsozialisten vertraten stets den Anspruch, die Gemeindefinanzen im fiskalischen Sinne wieder »in Ordnung« zu bringen. Gleichzeitig aber ordneten sie die Finanzmasse neu – entsprechend nationalsozialistischen Prinzipien und Anforderungen und in Vorbereitung für den Krieg. Die Ambivalenz dieser zwei Dimensionen des Ordnens zeigt sich insbesondere bei den Steuerreformen. Zwischen 1935 und 1939 wurden zahlreiche Gesetze und Regelungen zur Reform des Finanzausgleichs verabschiedet, die für die Haushalte der Kommunen von großer Tragweite waren und einen, so Katrin Holly, »fundamentale[n] Wandel des gemeindlichen Steuersystems« darstellten.[176]

Die konzeptionelle Grundlage für einen Großteil der die Gemeindefinanzen betreffenden Reformen in der NS-Zeit bildete das sogenannte Popitzsche Gut-

---

173 Vgl. Haushaltssatzung der Hauptstadt der Bewegung 1939, S. 427-430.

174 Vgl. Pfeiffer, Beiräte für Angelegenheiten des Gemeindehaushalts, 20.3.1939, StadtAM, RSP 712/6. Zum Sonderhaushaltsplan siehe unten, Kapitel IV.5, S. 346-349.

175 Vgl. Ullmann, Steuerstaat, S. 141, der die »Missachtung geordneter Finanzen« als Mittel der »innere[n] Machteroberung« und »äußerer Machtexpansion« als Wesenszug der Reichsfinanzpolitik beschreibt. Immer häufiger sei im Reichsfinanzministerium gegen die »Grundsätze geregelter Haushaltsführung« (ebd., S. 143) verstoßen worden, was sich etwa an der hohen Zahl an Neben- und Schattenhaushalten, den vielen außerplanmäßigen Ausgaben und Etatüberschreitungen zeige.

176 Vgl. Holly, Gestaltungsspielräume, S. 266. Siehe dazu auch unten, Kapitel III.1, S. 201-203.

achten.[177] Der »Wissenschaftler und Karrierebeamte«[178] Johannes Popitz hatte bereits zwischen 1925 und 1929 als Staatssekretär im Reichsfinanzministerium die Finanzpolitik der Weimarer Republik wesentlich mitbeeinflusst, bis er 1929 wegen politischer Differenzen mit der Regierung in den einstweiligen Ruhestand versetzt wurde, aber bald ins Präsidialkabinett von Kurt von Schleicher als Minister ohne Geschäftsbereich zurückgeholt und außerdem zum kommissarischen Leiter des preußischen Finanzministeriums ernannt wurde. Auch nach der »Machtergreifung« blieb der monarchistisch-nationalkonservativ geprägte Steuerexperte, der stets an die »Einheitlichkeit der obersten Leitung« im Finanzsystem glaubte, im Amt des preußischen Finanzministers, bis er infolge seiner Verbindungen zur Widerstandsgruppe des 20. Juli 1944 zum Tode verurteilt wurde.[179] Das Gutachten, das der Verwaltungsjurist 1932, also in einer Zeit größter kommunaler Finanznot, vorlegte und das eine Synthese seiner wissenschaftlichen Beschäftigung mit dem Finanzausgleich war, stellte die finanzielle Ausstattung der Gemeinden in den Fokus einer Steuertheorie und lieferte Vorschläge für ein optimales Gemeindesteuersystem. Popitz argumentierte unter anderem für eigene gemeindliche Finanzierungsmöglichkeiten und schlug darüber hinaus ein System der Finanzzuweisungen nach einem an der Bevölkerungszahl orientierten Schlüssel (Steuermessbetrag) vor, das einen Ausgleich der Finanzkraftunterschiede bewirken sollte.[180] Die sogenannten »Schlüsselzuweisungen« kennen wir auch heute noch, genauso wie Popitz das Verständnis vom Finanzausgleich auch über das »Dritte Reich« hinaus nachhaltig beeinflusste. Während darunter zuvor vorrangig vertikale Verteilungsregularien zwischen Reich, Land und Kommune verstanden wurden, existiert seit Popitz ein kommunaler Finanzausgleich auch auf horizontaler Ebene, d. h. zwischen den Kommunen selbst.[181]

Ihre Umsetzung fanden seine Konzepte vor allem in der Realsteuerreform von 1936, den Grundsätzen über den Finanz- und Lastenausgleich zwischen Ländern und Gemeinden von 1937 sowie im Preußischen Finanzausgleichssystem von 1938, das allerdings erst 1944 reichsweit, also auch in Bayern, übernommen wurde. Popitz' Vorstellungen waren freilich nicht genuin nationalsozialistisch, sondern etatistisch und zentralistisch. Er lieferte aber eine finanzwissenschaftliche Expertise für Reformen des Finanzausgleichs, die den Interessen des NS-Regimes entgegenkamen. Denn die von ihm angeregte neue Ordnung der Steu-

177 Vgl. Popitz, Der künftige Finanzausgleich zwischen Reich, Ländern und Gemeinden.
178 Hansmann, Kommunalfinanzen, S. 130. Zu Popitz siehe auch Nagel, Popitz; eine Kurzbiografie findet sich bei Elsner, Gemeindefinanzsystem, S. 58-65; Quellen zu seinen Schriften ebd., S. 196-202.
179 Vgl. Elsner, Gemeindefinanzsystem, S. 60.
180 Zur Berechnung dieser Schlüsselzahlungen vgl. Hansmann, Kommunalfinanzen, S. 131. Darüber hinaus schlug er neben den Schlüsselzuweisungen zweckgebundene Zuschüsse sowie sogenannte Bedarfszuweisungen vor, die aus einem Ausgleichsstock an solche Gemeinden fließen sollten, die besondere Aufgaben zu erfüllen hatten.
181 Vgl. Hansmann, Kommunalfinanzen, S. 130 f. Genaueres zum Finanzausgleich in der NS-Zeit siehe unten Kapitel III.1.

erstruktur erwies sich letztlich als dienlich, um die Ressourcenverschiebung zugunsten der Aufrüstung voranzutreiben. Blicken wir konkret auf München. Insofern im Haushaltsplan von 1939 Übersichten zur Steuerentwicklung seit 1933 zu finden sind (Tab. 2), lassen sich die Auswirkungen dieser einschneidenden Veränderungen des Steuersystems auf den Münchner Haushalt und zugleich die Steuerentwicklung insgesamt seit der nationalsozialistischen Machtübernahme nachvollziehen. Drei wesentliche Aspekte fallen auf.

Tab. 2: Entwicklung der Steuereinnahmen
der Stadt München in den Jahren 1933-1939[182]

Steuergruppe/Einnahmen in RM	1933	1934	1935	1936
A. Eigene Steuern	34.578.214	38.055.898	42.083.955	47.667.724
B. Steuerüberweisungen	15.404.025	20.051.905	24.659.093	24.547.290
C. Sonstige	362.125	355.016	86.038	59.089
Gesamtsumme	50.344.364	58.462.819	66.829.086	72.274.103

Steuergruppe/Einnahmen in RM	1937	1938 (Voranschlag)	1939 (Voranschlag)
A. Eigene Steuern	65.415.934	79.662.600	88.850.000
B. Steuerüberweisungen	32.159.544	15.510.877	9.176.000
C. Sonstige	86.957	105.000	100.000
Gesamtsumme	97.662.435	95.278.477	98.126.000

1.) Erstens lässt sich ein deutlicher Anstieg der eigenen Steuern feststellen, d.h. der Steuern, auf deren Höhe die Stadt in irgendeiner Form Einfluss nehmen konnte.[183] Zwischen 1933 und 1936 wuchsen die Einnahmen in diesem Bereich um etwa 38 Prozent, um dann, ab dem Rechnungsjahr 1937, sprunghaft anzusteigen auf etwa 160 Prozent laut Voranschlag für 1939. Während die Einnahmesteigerung zwischen 1933 und 1936 im Wesentlichen auf den gesamtwirtschaftlichen Aufschwung zurückzuführen war, hing der steile Anstieg ab 1937

---

182 Eigene Zusammenstellung basierend auf den Angaben aus der Übersicht über die Entwicklung der Steuereinnahmen und Steuerüberweisungen von 1933 bis 1938 in der Haushaltssatzung der Hauptstadt der Bewegung 1939, S. 693 f. sowie der Übersicht über die Steuereinnahmen zwischen 1937 und 1939 im Vorbericht des Planes, S. XXII.

183 Siehe zur Praxis der Steuerpolitik in München unten, Kapitel III.2. Zur Hebesatzgestaltung in Augsburg und Memmingen vgl. Holly, Gestaltungsspielräume, S. 267-271.

vor allem mit der Steuerreform zusammen. Die Realsteuerreform vom 1. Dezember 1936, die aus vier Einzelgesetzen bestand, nahm den Ländern die Ertragshoheit über die Grund- und Gewerbesteuern und wies diese vollständig den Gemeinden zu.[184] Zuvor war den Kommunen zwar auch der Hauptanteil an den Erträgen aus den Realsteuern zugekommen, jedoch nicht vollständig und zudem nur in Form einer Umlage vom Land.[185] Neben der politischen Bedeutung einer eigenen Ertragshoheit bewirkten die neuen Gesetze, dass die Realsteuern zum mit Abstand wichtigsten Einnahmeposten für die Gemeinden wurden. Damit trugen sie – auf Kosten der Länder – ein wesentliches Stück dazu bei, dass die Kommunalfinanzen »in Ordnung« kamen. Allein 35 Millionen Reichsmark Einnahmen veranschlagte die Stadt München im Haushaltsjahr 1938 aus der Grundsteuer, während man in den Jahren zuvor noch zwischen elf und zwölf Millionen aus dieser Quelle generiert hatte.[186] Einen ähnlichen Sprung machten die Einkünfte aus der Gewerbesteuer. Während die bayerische Metropole vor der Steuerreform zwischen fünf und elf Millionen Reichsmark in diesem Bereich eingenommen hatte, verbuchte die Stadtkasse 1937, dem ersten Jahr, in dem die Veränderung griff, bereits fast 20 Millionen. Die Erträge aus beiden Realsteuern zusammen ergaben 1938 etwa 60 Prozent der Gesamtsteuereinnahmen der Stadt.[187] Unter den übrigen eigenen Steuern war die Bürgersteuer mit jährlich über zehn Millionen Reichsmark Einnahmen am ertragreichsten. Diese Kopfabgabe war vor 1933 von den Nationalsozialisten noch als sozial ungerechte »Negersteuer« bekämpft worden.[188] Jetzt wurde sie vor allem deswegen nicht wieder abgeschafft, weil sie so ergiebig war.

2.) Während die eigenen Steuern stark anstiegen, reduzierten sich – das ist die zweite wesentliche Entwicklung – die Einnahmen aus den Überweisungssteuern und machten einen immer geringeren Anteil am Gesamtsteueraufkommen aus. Im Zuge der Analyse des Plans 1935 habe ich oben noch auf einen Anstieg der Überweisungen hingewiesen, der bis dahin zu verzeichnen gewesen war; damit

184 Einführungsgesetz zu den Realsteuergesetzen, Gewerbesteuergesetz, Grundsteuergesetz sowie Gesetz zur Änderung der Vorschriften über die Gebäudeentschuldungssteuer, 1.12.1936, RGBl. I (1936), S. 961-993. Eine Zusammenfassung der Gesetzgebung findet sich bei Hansmann, Kommunalfinanzen, S. 130-132.

185 Nachdem Johannes Miquel im Zuge seiner Finanzreform zwischen 1891 und 1893 in Preußen die kommunale Objekt- und Ertragshoheit über die Realsteuern etabliert hatte, wurde sie durch die Erzberger'sche Finanzreform wieder revidiert. In Süddeutschland war diese niemals eingeführt worden und galt somit ab 1936 zum ersten Mal. Deswegen setzte sich mit der Reform, wie es Hansmann, Kommunalfinanzen, S. 130, schreibt, »ein Grundpfeiler der Miquelschen Finanzreform in ganz Deutschland wieder durch«.

186 Vgl. Haushaltssatzung der Hauptstadt der Bewegung 1939, S. 693.

187 Auch andere Städte wiesen einen ähnlich hohen Anteil der Realsteuern am Gesamtsteueraufkommen auf. Holly, Gestaltungsspielräume, S. 267, etwa nennt für die Stadt Augsburg im Jahr 1938 den Anteil von 63 %. In Hannover lag laut der Tabelle bei Hansmann, Kommunalfinanzen, S. 138, der Anteil 1938 sogar bei 76 %.

188 Vgl. Matzerath, Nationalsozialismus, S. 353.

war aber bald darauf Schluss. Die Stadt erhielt bis 1937 noch etwa ein Drittel ihrer Gesamtsteuereinnahmen aus Reichsüberweisungen. Bei der Etatplanung 1938 rechnete man dagegen nur noch mit 15 Millionen Reichsmark, was weniger als einem Fünftel des Gesamtaufkommens entsprach. Bei der Zuweisung aus der Einkommensteuer etwa veranschlagte die Stadt nur noch 3,9 Millionen Reichsmark statt vorher rund neun Millionen. Für 1939 kalkulierte der Kämmerer dann sogar nur noch mit etwa neun Millionen Reichsmark insgesamt an Steuerüberweisungen, was etwa zehn Prozent der Gesamteinnahmen ausmachte.

Dieser Rückgang hing zunächst mit den beiden ersten Gesetzen zur Änderung des Finanzausgleichs von 1935 und 1936, den sogenannten Plafondgesetzen, zusammen, die die Reichsüberweisungen deckelten.[189] Der Tabelle oben kann man entnehmen, dass die Einnahmen für den Haushalt in diesem Bereich von 1935 auf 1936 bei etwa 24,5 Millionen Reichsmark stagnierten. Der Einnahmeeinbruch der Steuerüberweisungen ab 1938 ist vor allem auf eine Kompensationsregel zurückzuführen, die bereits im Rahmen der Realsteuerreform festgelegt wurde: Bis zum 1. April 1938 sollte eine Neuregelung des Finanzausgleichs folgen, um Ersatz für die Einnahmeverluste der Länder zu schaffen.[190] Ende 1937 wurden deshalb die Grundsätze über den Finanz- und Lastenausgleich zwischen Ländern und Gemeinden erlassen.[191] Sie setzten fest, dass die Gemeindebeteiligung an den Reichssteuerüberweisungen zum Rechnungsjahr 1938 zugunsten der Länder höchstens 30 Prozent der jeweiligen Summe aus Einkommen-, Körperschaft- und Umsatzsteuer betrage. Im Detail überließ man aber den Ländern die Verhandlungen mit ihren Kommunen.[192] Ein Jahr später wurden die zuvor getrennt für jede Steuerart ausgewiesenen Zuweisungen nochmals verringert und in einem Posten zusammengefasst: den Schlüsselzuweisungen. Der Münchner Haushalt 1939 veranschlagte sie auf verhältnismäßig niedrige 3,7 Millionen Reichsmark.[193] Damit war der Übergang von einem System der Steuerüberweisungen zu eben jenen von Popitz maßgeblich entwickelten Schlüsselzuweisun-

189 Vgl. Gesetz zur Änderung des Finanzausgleichs, 26.2.1935, RGBl. I (1935), S. 285; Zweites Gesetz zur Änderung des Finanzausgleichs, 30.3.1936, RGBl. I (1936), S. 315 f. Die finanziellen Gesamteinbußen, die alle Gemeinden durch diese beiden Gesetze erlitten, lagen nach Matzerath, Nationalsozialismus, S. 354, der sich auf Berechnungen des Gemeindetags bezieht, bis 1939 bei 1,38 Mrd. RM.

190 Vgl. Einführungsgesetz zu den Realsteuergesetzen, 1.12.1936, § 26, RGBl. I (1936), S. 965.

191 Vgl. Grundsätze über den Finanz- und Lastenausgleich zwischen Ländern und Gemeinden, 10.12.1937, RGBl. I (1937), S. 1352-1353.

192 Zu den lebhaften Diskussionen der Stadt mit Landes- und Reichsbehörden um diese Regelungen siehe unten, Kapitel II.4 sowie III.1.

193 Vgl. Haushaltssatzung der Hauptstadt der Bewegung 1939, S. 405. Neben den »Schlüsselzuweisungen« zählte 1939 nur noch der Posten der kommunalen Anteile an der Geldentwertungsabgabe, der einen Umfang von 5,4 Mio. hatte, zu den Steuerüberweisungen. Insgesamt ergaben also beide in etwa die neun Mio., von denen oben die Rede war.

gen fast vollständig vollzogen.[194] In dieser niedrigen Höhe erfüllten sie freilich kaum die ursprünglich angedachte Funktion des Lastenausgleichs.

3.) Bis 1939 fiel in München der Rückgang im Bereich der Überweisungen in absoluten Zahlen geringer aus als der gleichzeitige Zuwachs der eigenen Steuern, sodass – das ist die dritte Beobachtung – insgesamt ein deutlicher Anstieg der Gesamtsteuereinnahmen zu verzeichnen war. Im Vergleich zu 1935 lag dieser bei etwa 50 Prozent. In der abgedruckten Tabelle lässt sich aber bereits für das Jahr 1938 eine Stagnation dieses Einnahmeanstiegs feststellen, der auch in der Planung für 1939 bestehen blieb.[195] Dabei zeigte die gesamtwirtschaftliche Konjunktur in Deutschland nach wie vor nach oben, sogar stärker denn je, woran die Aufrüstungsanstrengungen längst den größten Anteil hatten.[196] Durch den »Rüstungsboom« stiegen auf Gemeindeebene insbesondere die Gewerbesteuereinnahmen. So auch in München, wo man 1939 allein für diesen Einnahmeposten 33,3 Millionen Reichsmark veranschlagte und damit fast neun Millionen mehr als im Jahr zuvor.[197] Noch dazu hatte die Stadt München bis 1939 mehrere Vororte eingemeindet und damit das Steuerpotenzial ebenfalls erweitert.[198]

Dass die Steuereinnahmen der Stadt trotzdem im Gesamten stagnierten, ist auf weitere gesetzliche Regelungen zurückzuführen, die mehr und mehr darauf zielten, die Einnahmen der Kommunen zu deckeln und möglichst große Anteile der Gesamtfinanzmasse in die Kassen des Reichs zu lenken. So klagte der Stadtkämmerer Pfeiffer in seinem Vorbericht zum Haushalt 1939 darüber, dass verschiedene Reichsregelungen die Ursache dafür seien, dass »die im Haushaltsplan 1939 veranschlagten Gesamteinnahmen aus Steuern und Steuerüberwei-

---

194 In Preußen erfolgte durch das Preußische Finanzausgleichsgesetz vom 10.11.1938 (Preußische Gesetzessammlung 1938, S. 108) gleichzeitig noch die Umstellung dieser auf prozentualer Berechnung fußenden Zuweisung auf einen absoluten Betrag, was bedeutete, dass sich dieser Einnahmeposten nicht mehr der gesamtwirtschaftlichen Lage anpasste und die Kommunen somit – zumindest in diesem Bereich – nicht mehr vom weiteren Wirtschaftswachstum profitieren konnten. In Bayern und damit auch in München wurde dieses Gesetz aber erst 1944 übernommen (vgl. Verordnung über die einstweilige Neuregelung des Finanz- und Lastenausgleichs, 30.10.1944, RGBl. I (1944), S. 282), einem Zeitpunkt, zu dem der Gestalter dieses Gesetzes, Johannes Popitz, übrigens längst in Gestapo-Haft saß.

195 Vgl. Haushaltssatzung der Hauptstadt der Bewegung 1939, S. 405 f.

196 Nach Tooze, Ökonomie, S. 247, war etwa die Hälfte des gesamten volkswirtschaftlichen Wachstums zwischen 1935 und 1938 direkt auf die Anhebung der öffentlichen Militärausgaben zurückzuführen.

197 Vgl. Haushaltssatzung der Hauptstadt der Bewegung 1939, S. 405.

198 Durch die Eingemeindungen etlicher Vororte (Allach, Feldmoching, Großhadern, Ludwigsfeld, Obermenzing, Pasing, Solln, Untermenzing) war München bis 1939 deutlich gewachsen, was eine prinzipielle Erhöhung der Steuerkraft bedeutete und sich vor allem bei den Verbrauchssteuern bemerkbar machte – erstmals im Haushalt 1939, als diese Gemeinden auch verwaltungstechnisch integriert waren. Andererseits verursachten die Eingemeindungen auch gleichzeitig neue Kosten bei der Stadt, etwa im Bereich der allgemeinen Verwaltung oder aufgrund der Anbindung an die städtische Infrastruktur: siehe dazu auch unten, Kapitel III.2., S. 225–227.

sungen nicht in dem Maße über den Gesamteinnahmen 1938 liegen, wie es der immer noch ansteigenden wirtschaftlichen Entwicklung entsprechen würde«.[199] Konkret meinte er das »Dritte Gesetz zur Änderung des Finanzausgleichs«:[200] Es verfügte, dass die Grunderwerbsteuer auf das Reich übertragen, die Rückzahlung der Körperschaftsteuer der öffentlichen Versorgungsbetriebe, die schon zuvor das Reich eingezogen, aber ursprünglich zurückerstattet hatte,[201] aufgehoben und die Gemeindebiersteuer in die Reichsbiersteuer integriert wurde, was die Bierhochburg München besonders empfindlich traf.[202] Wenn man diese drei Änderungen zusammenrechnet, büßte die Stadt etwa zwölf Millionen Reichsmark ein.[203]

Die Untersuchung des Steuerhaushalts 1939 vermittelt also ein ambivalentes Bild über die finanzielle Lage der Stadt. Einerseits vermehrten sich die Bruttoeinnahmen aus den Steuern und führten zu einer Ausweitung der finanziellen Spielräume. Um 1939 waren die Münchner Gemeindefinanzen auf den ersten Blick wieder gefestigt – sie schienen »in Ordnung«. Die Stabilität ihrer Steuereinnahmen war ein wesentlicher Grund für diese Entwicklung.[204] Ähnliches stellte die Forschung auch für andere Kommunen fest, wenngleich nicht überall.[205]

---

199 Vgl. Vorbericht, Haushaltssatzung der Hauptstadt der Bewegung 1939, S. XXI.
200 Vgl. Drittes Gesetz zur Änderung des Finanzausgleichs, 31.7.1938, RGBl. I (1938), S. 966-968.
201 Vgl. Steueranpassungsgesetz, 16.10.1934, § 39, RGBl. I (1934), S. 940.
202 Die zwölf Mio. RM, die das Reich laut § 5, Abs. 2 des Dritten Gesetzes zur Änderung des Finanzausgleichs, 31.7.1938, RGBl. I (1938), S. 967, als Entschädigung für solche Gemeinden in Aussicht stellte, die dadurch einen erheblichen Einnahmeverlust erlitten, waren reichsweit kalkuliert und konnten den Einnahmeverlust, der allein in München über fünf Mio. (Rechnungsjahr 1937) ausmachte, kaum ausgleichen.
203 Vgl. Fiehler, Ratsherren, 21.3.1939, StadtAM, Kämmerei 1959. Laut seiner Aussage hatte die ähnlich große Stadt Frankfurt nur etwa vier Mio. RM Verluste. Glaubt man Matzerath, Nationalsozialismus, S. 355, lagen Münchens Verluste durch dieses Gesetz in der Tat leicht über dem Reichsdurchschnitt, den er bei 8-10 % der jährlichen Gesamtsteuereinnahmen einschätzte. Es war im Übrigen vor allem dieses Gesetz, was bei den Gemeindevertretern zu größerer Unruhe und immer stärkeren Sorgen über die Zugriffe des Reichs auf ihre Finanzen führte.
204 Aufgrund der Konzentration auf die Frage nach dem Haushalt als Indikator für gesamtpolitische Entwicklungen, kann an dieser Stelle keine umfangreiche Analyse der Finanzlage der Stadt um 1939 stattfinden, die entsprechend dem im Kapitel I.1 erläuterten Zugangs ja noch weitere Parameter neben den Steuereinkünften, wie etwa die Verschuldungsrate oder die Vermögensentwicklung, mit heranziehen müsste.
205 Vgl. etwa Halter, Stadt, S. 265-267, S. 276, der für Regensburg ebenfalls eine stark verbesserte Finanzlage aufgrund konjunkturell bedingter gestiegener Einkünfte feststellte; vgl. auch die grafischen Übersichten zu Memmingen und Augsburg bei Holly, Gestaltungsspielräume, S. 268-269; Matzerath, Nationalsozialismus, S. 357, betont, dass insgesamt vor allem die Städte und Industriegemeinden eine positive finanzielle Entwicklung verzeichneten, ansonsten aber viele Gemeinden nach wie vor oder wieder Finanzprobleme aufwiesen, insbesondere die ländlichen Gemeinden. Als ein Beispiel für eine Großstadt, bei der die Verschuldung weiterhin stark anstieg, nennt er Leipzig. Ein weiteres Beispiel ist Ludwigshafen, dessen Finanzen sich 1939 in einem

Das ist aber nur die halbe Wahrheit. Denn andererseits schränkten gesetzliche Regelungen diese Spielräume immer stärker ein. In der Phase zwischen 1935 und 1939 wurde das deutsche Steuersystem so »geordnet«, dass sich die finanziellen Mittel mehr und mehr zum Reich hin verlagerten. Dies vollzog sich nicht in einer einzigen großen Reform. Die oben erläuterte Realsteuerreform hatte ja eher das Gegenteil bewirkt, nämlich eine temporäre und scheinbare Ausweitung der finanziellen Spielräume der Kommunen und die Verheißung einer geringeren Abhängigkeit vom Reich. Stattdessen vollzog sich die tatsächliche Ressourcenverlagerung im Bereich der Steuern weniger offensichtlich, eher schleichend, schrittweise und verdeckt, wenn auch nicht heimlich, nämlich in Form von vielen unterschiedlichen, schwer überblickbaren, teilweise auch sich selbst konterkarierenden Gesetzesregelungen, -anpassungen und Ausführungsbestimmungen, die erst in der Gesamtheit ihre Wirkung entfalteten. Damit entsprach der Wandel der Steuerstruktur auf kommunaler Ebene auch einer allgemeinen Tendenz der gesamten nationalsozialistischen Fiskalpolitik, die, laut Friedrich-Wilhelm Henning, insgesamt »kein durchdachtes und geschlossenes System« darstellte.[206] Die Folgen für die finanziellen Spielräume der Kommunen zeigten sich in München, wie in anderen Städten auch, deswegen schleichend, weil sie vom anhaltenden Wirtschaftswachstum – konkret etwa den steigenden Gewerbesteuereinnahmen – überdeckt wurden.

Die Ressourcenverschiebung zugunsten des Reichs war in ihrem gesamten Ausmaß zudem schwer fassbar, weil sie nicht nur die Steuer- bzw. Einnahmeseite der Stadt, sondern auch die Ausgabenstruktur betraf. Zum einen tangierten die komplexen gesetzlichen Regularien zum Finanzausgleich die Ausgabenseite. So sollten etwa die finanziellen Vorteile, die den Gemeinden durch die Realsteuerreform zugekommen waren, auch dadurch kompensiert werden, dass die Kommunen Aufgaben des Landes übernahmen. In diesem Zusammenhang stand im Haushalt von München die Umlage an den Bezirk Oberbayern in Einzelplan 9, Abschnitt 96, die 1939 13,1 Millionen Reichsmark ausmachte, während sie 1937 noch bei 1,5 Millionen gelegen hatte.[207] Der Bezirksverband war wie andere Gemeindeverbände bis 1937 in Form von Umlagen an den bayerischen Gewerbe- und Grundsteuern beteiligt gewesen. Jetzt, da das Land alle diese Einnahmequellen vollständig verloren hatte, musste die Stadt einen Teil dieser Lasten übernehmen. Für die Finanzlage Münchens bedeutete dies eine deutliche Einschränkung ihres disponiblen Budgets, d. h. des Teils der Ausgaben, über den sie frei entscheiden konnte.

In ähnlicher Hinsicht wirkte sich zum Zweiten auch die Rücklagenverordnung von 1936 einschränkend auf das Ausgabengebaren der Stadt aus: Sie zwang die Kommunen zum verstärkten Abbau von Schulden bei gleichzeitigem Auf-

---

schlechteren Zustand befanden als während der Weltwirtschaftskrise (vgl. Denkschrift Ludwigshafen, LAB, B Rep. 142/7 2-1-5-3).
206 Vgl. Henning, Steuerpolitik, S. 211.
207 Vgl. Haushaltssatzung der Hauptstadt der Bewegung 1939, S. 408.

bau von Rücklagen.[208] 1939 flossen in München 7,7 Millionen Reichsmark aus dem ordentlichen Haushalt in Rücklagen, deren detaillierte Zusammensetzung eine eigene Anlage im Haushaltsplan belegt, die es im Plan 1935 noch nicht gab.[209] 12,5 Millionen wurden außerdem für Schuldentilgung aufgebracht.[210] In offizieller Lesart sollten diese Sparvorgaben den Kommunen dabei helfen, ihren finanziellen Spielraum langfristig zu vergrößern. Man könnte in der verstärkten Rücklagenbildung daher einen Beleg für einen längerfristigen Planungshorizont der kommunalen Finanzpolitik sehen. Kurzfristig aber verengten sich die Möglichkeiten der städtischen Ausgabenpolitik – anfangs noch nicht stark, bald jedoch beträchtlich. Vor allem aber ist diese Verordnung ohnehin nicht hauptsächlich in ihrem Effekt auf die kommunale Finanzlage zu verstehen. Geplant wurde vielmehr fürs Reich: Rücklagenbildung und Schuldentilgung entlasteten den Kreditmarkt zugunsten des Reichs und waren weitere Stellschrauben im Rahmen der Ressourcenverschiebung oder »Mosaiksteine der Kriegsfinanzierung«, wie es Hansmann beschreibt.[211]

Eine »Atempause zur Ordnung der Finanzen«?

Reichsinnenminister Wilhelm Frick hatte im Sommer 1935 im Hinblick auf eine »Gesundung der Gemeindefinanzen« eine »Atempause zur Ordnung der Finanzen« angestrebt.[212] Die Zeit zwischen 1935 und 1939, für die ich exemplarisch den Haushalt 1939 untersucht habe, kann durchaus als eine solche verstanden werden. Die Gemeindefinanzen waren nach dem Krisenzustand Anfang der 1930er-Jahre nun scheinbar »in Ordnung«. Bezogen auf den Krieg, dessen Beginn sich in der zweiten Hälfte des Jahrzehnts immer mehr abzeichnete, war aber viel wichtiger: Nur in dieser Zeitspanne war es möglich, das kommunale Finanzsystem umfassend neu zu strukturieren, d. h. im nationalsozialistischen Sinne zu »ordnen«.[213] Genauso wie in den formaltechnischen Vereinheitlichungsmaßnahmen offenbarte sich auch im Umbau der Steuerstruktur der zentralistische Grundcharakter des NS-Regimes: Steuereinnahmen und Steuerhoheit verlagerten sich zum Reich. Die Kommunen wurden zunehmend abhängig von den Reichsentscheidungen, die Länder wurden als Steuergläubiger fast gänzlich aus-

---

208 Vgl. Rücklagenverordnung, 5.5.1936, RGBl. I (1936), S. 435-438.
209 Vgl. Haushaltssatzung der Hauptstadt der Bewegung 1939, S. 627.
210 Vgl. Vorbericht, Haushaltssatzung der Hauptstadt der Bewegung 1939, S. XXIII.
211 Vgl. Hansmann, Kommunalfinanzen, S. 145. Zur Praxis der Rücklagenbildung siehe genauer unten, Kapitel III.3.
212 Vgl. Rundbrief des Reichs- und Preußischen Ministers des Innern Frick zur Gesundung der Gemeindefinanzen, 15.7.1935, BAB, R 36 597.
213 Auch in den Forschungsbeiträgen von Holly, Gestaltungsspielräume, Petzina, Handlungsspielräume, und Hansmann, Kommunalfinanzen, wird diese Zäsur insofern anerkannt, als man sich darüber einig ist, dass die DGO von 1935 und insbesondere die Umgestaltung der Finanzverfassung zwischen 1936 und 1938 die Rahmenbedingungen von kommunaler Finanzpolitik ganz wesentlich veränderten.

geschaltet. Zwar hatte auch die Finanzpolitik der Weimarer Zeit, wie oben skizziert, schon ähnlich zentralistische Züge aufgewiesen.[214] Ein wesentlicher Unterschied lag aber in den Beweggründen und Zielperspektiven dieser Reichspolitik. Die Neuordnung stand nun im Zeichen der »großen Gemeinschaftsziele der Nation«, wie es im euphemistischen Nazi-Jargon hieß.[215] Deutlicher formuliert: Benötigt wurden die Geldressourcen auf Reichsebene für die kostenintensiven Großmachtpläne Hitlers, insbesondere für die Aufrüstungsbestrebungen. Hierin zeigt sich unverkennbar das nationalsozialistische ›Gesicht‹ des Münchner Haushalts 1939, der – nicht nur in Bezug auf Fiehlers propagandistische Vorrede – ganz im Zeichen des bevorstehenden Kriegs stand.

Der Runderlass des Reichsinnenministers am Vorabend des Kriegs, am 30. August 1939, hob entsprechend hervor, dass die Aufrechterhaltung einer »geordneten« gemeindlichen Finanzwirtschaft »ohne weiteres zu den Aufgaben der Landesverteidigung gehört«.[216] Dennoch machte der Kriegsbeginn in der Nacht zum 1. September 1939 das Zahlengerüst des letzten Vorkriegshaushalts auf einen Schlag hinfällig. Die Kalkulation des laufenden Rechnungsjahres wurde in einigen zentralen Punkten über den Haufen geworfen.[217] Die städtische Finanzplanung war von den weltpolitischen Begebenheiten eingeholt worden und das, obwohl auch in den Kreisen der Münchner Stadtverwaltung schon einige Jahre lang mit einem Krieg gerechnet worden war. Berechnet wurde er jedoch kaum. Bereits wenige Tage nach Kriegsbeginn erlegte das Reich den Gemeinden einen Kriegsbeitrag auf, der sich im Laufe der folgenden fünf Jahre stetig erhöhte.[218] Insgesamt brachte die Stadt – nach späteren Berechnungen aus dem Jahr 1947 – bis April 1945 allein unter diesem Haushaltstitel 161 Millionen Reichs-

214 Vgl. dazu auch Wirsching, Leistungsexpansion.
215 Vgl. Hellmuth Herker, Nach dem Erlaß des neuen preußischen Finanzausgleichsgesetzes, in: Der Gemeindehaushalt, ca. 1938, S. 4, BAB, R 36 609.
216 Zit. nach: Vorbericht, Haushaltssatzung der Hauptstadt der Bewegung 1940, S. XXXI.
217 Vgl. Vorbericht, Haushaltssatzung der Hauptstadt der Bewegung 1940, S. XVI: »Die normale Abwicklung des Haushaltsplans 1939 erlitt durch den Kriegsausbruch eine jähe Unterbrechung.« Als wesentliche Gründe werden hier der Kriegsbeitrag sowie die zu bewältigenden Sonderaufgaben etwa auf dem Gebiet des Familienunterhalts, des Ernährungs- und Wirtschaftsamts, des Luftschutzes oder der Errichtung von Hilfskrankenhäusern genannt. Außerdem werden die Auswirkungen auf den Personalstand erwähnt. Auch auf Anweisung des Staatsinnenministeriums vom 5.12.1939 sollte »mit allen Mitteln anzustreben« sein, dass der Haushalt abgeglichen werde. Dazu erließ Kämmerer Pfeiffer die vierte Nachtragshaushaltssatzung, nach der sich der Gesamthaushalt um knapp 30 Mio. RM erhöhte.
218 Vgl. Kriegswirtschaftsverordnung, 4.9.1939, RGBl. I (1939), S. 1609-1613, hier: § 14/15, S. 1610 f. Demnach musste jede Gemeinde einen Betrag in Höhe von 5 % ihrer Grundsteuereinnahmen, 7,5 % ihrer Gewerbesteuereinnahmen und 10 % ihrer Bürgersteuereinnahmen, berechnet auf Monate, abgeben. Die Abführung erfolgte dabei über die Länder. Gleichzeitig wurde aber in § 14 Abs. 3 festgelegt, dass eine Hebesatzerhöhung nicht zulässig sei.

mark auf.[219] Auch die Bezirksverbandsumlage, durch die die Stadt frühere Lasten des Landes Bayern übernommen hatte, stieg nun beständig. Die Tendenz des NS-Regimes, in immer stärkerem Maße auch die kommunalen Ressourcen für die Kriegsfinanzierung auf Reichsebene zu mobilisieren, setzte sich also fort und tangierte die jährliche Budgetplanung bald noch viel stärker.

Diese Zugriffe auf die Gemeindefinanzen zugunsten der Kriegspläne müssen also über die militärgeschichtliche Zäsur des 1. September 1939 hinweg als Kontinuitäten begriffen werden.[220] Anders gesagt: Auch ein »Kriegshaushalt« war noch immer auch ein »Aufrüstungshaushalt«. Doch genauso wie der Zweite Weltkrieg mit seinen ihm eigenen Funktionszusammenhängen viel mehr war als nur die Summe seiner Kampfhandlungen, so gingen auch die Auswirkungen, die der Krieg auf die kommunale Haushaltspolitik hatte, weit über die finanzielle Beteiligung an den militärischen Kosten hinaus. Mit den Konstellationswandlungen während des Krieges, für die im Folgenden stellvertretend der Haushalt von 1943 analysiert wird, betrachte ich also eine neue Phase.

5. Der Kriegshaushalt 1943: Kalkulation des Unkalkulierbaren

Am 18. März 1943 setzte Oberbürgermeister Fiehler den Haushaltsplan des folgenden Rechnungsjahres fest. Innerhalb des vorangegangenen halben Jahres waren in Stalingrad insgesamt 700.000 Soldaten ums Leben gekommen. Exakt einen Monat vorher hatte Joseph Goebbels im Berliner Sportpalast den »totalen Krieg« ausgerufen. Nur wenige Tage zuvor war die Stadt München von einem folgenschweren Luftangriff heimgesucht worden. Das Rathaus, in dem die Kämmerei ansässig war, blieb zwar noch verschont, die Frauenkirche, die Staatsbibliothek und das »Braune Haus« lagen dagegen in Trümmern. 3.000 Wohnungen mussten geräumt werden, 9.000 Menschen wurden obdachlos, 500 Verletzte und 200 Todesopfer waren zu beklagen.[221] Wie funktionierte städtische Finanzplanung in solchen Zeiten? Welche Charakteristika hatte der »Kriegshaushalt« von 1943?[222]

---

219 Angabe im Bericht des Untersuchungsausschusses über die Aufwendungen der Stadt München zugunsten der Partei, ihrer Gliederungen und Organisationen, bekannter Nationalsozialisten, Militaristen und Nazifreunde, 31.5.1947, StadtAM, Kämmerei 1834.

220 Vgl. etwa die Phaseneinteilung bei Holly, Gestaltungsspielräume, S. 265 f., die ein Kontinuum zwischen Realsteuerreform und Kriegsende ausmacht. Andere wie Hansmann, Kommunalfinanzen, und Krabbe, Stadt, S. 155-175, behandeln in ihren Übersichten den Krieg gar nicht als eigenen Abschnitt.

221 Vgl. Bauer, Fliegeralarm, S. 51-52, wo sich eine Ablaufrekonstruktion und Schadensbilanz dieses Angriffs findet.

222 Auch bei dieser Haushaltsanalyse gilt wie in den Kapiteln zuvor, dass sich im ausgewählten Plan eine Momentaufnahme des Konstellationswandels im Krieg zeigt. Für die Analyse des Haushalts von 1943 habe ich mich entschieden, weil dieser zu einem Zeitpunkt verabschiedet wurde, in dem der Krieg auch für die breite Masse der Ge-

Die Finanzlage im Krieg: erstaunlich stabil?

Auf dem Cover des gedruckten Gesamtplans von 1943 ist deutlich zu lesen: »Nicht für die Öffentlichkeit bestimmt!« Bereits 1940 hatte das Reichsinnenministerium angeordnet, dass die öffentliche Auslegung des Haushalts unterbleiben sollte.[223] Dieser lag nunmehr nur noch den Ratsherren sowie der Aufsichtsbehörde vor. Auch von einer Veröffentlichung des Vorberichts und Vortrags des Stadtkämmerers, die noch vor dem Krieg üblich gewesen war, wurde inzwischen abgesehen.[224] Und die Beratungen der Stadträte über den Haushalt fanden in München seit Kriegsbeginn ebenfalls nur in nicht-öffentlicher Sitzung statt. 1942 hatte Propagandaminister Joseph Goebbels zusätzlich aufgefordert, die Drucklegung der Pläne möglichst ganz zu unterlassen.[225] Ein pragmatischer Grund für Goebbels' Anweisung mag der Rohstoffmangel gewesen sein. Vor allem ging es aber darum, den Kriegsgegnern keine militärisch verwertbaren Informationen zu liefern und zu verhindern, dass etwaige Haushaltsdefizite vor Ort zu einer negativen Stimmung beitrugen. Diese kriegsbedingten Veränderungen in formeller Hinsicht bedeuteten nicht nur einen Bruch mit einem bis dahin zentralen Prinzip der kommunalen Haushaltswirtschaft, dem der Öffentlichkeit; sie standen auch im deutlichen Gegensatz zu den oben dargestellten Haushaltsfeststellungen von 1934, 1935 und – mit Abstrichen – auch 1939, als Oberbürgermeister und Stadtkämmerer das Druckwerk stolz in möglichst großer Öffentlichkeit präsentierten und das Ereignis nutzten, um kommunale und/oder nationale Erfolge zu inszenieren.

Die »Rhetorik der Zahlen« lässt sich mangels Veröffentlichung beim »Kriegshaushalt 1943« daher nur in deutlich reduziertem Maße untersuchen. Immerhin erfuhr die Öffentlichkeit im März 1943 durch eine kurze Notiz, die den Tageszeitungen übersandt worden war, von der Verabschiedung des Haushaltsplans.[226] Demzufolge schien man sich keine großen Sorgen machen zu müssen: Der Etat sei »wieder abgeglichen«. Die Hebesätze seien gleich geblieben und keine Kassenkredite in Anspruch genommen worden. Das Reinvermögen liege bei insgesamt 712 Millionen Reichsmark und auch die Schulden seien weiterhin rückläufig. Ein kritischer Zeitgenosse mag vielleicht über den Nebensatz gestol-

---

sellschaft sein grauenvolles Gesicht enthüllte. Da der Haushaltsplan von 1943 auch – zumindest teilweise – die Rechnungsergebnisse von 1941 und die Ansätze von 1942 enthält, lässt sich außerdem eine Entwicklung innerhalb des Kriegs nachvollziehen.

223 Vgl. Runderlass des Reichsministers des Innern, 12.2.1940 zur »Vereinfachung für die Aufstellung des Haushaltsplans« (Reichsministerium des Innern an DGT, Veröffentlichung der Zahlenangaben über die Gemeindefinanzwirtschaft, BAB, R 36 594). Der Impuls für diese Anordnung ging dabei offenbar vom Oberkommando der Wehrmacht aus, das den Reichsminister bat, auf die Gemeinden einzuwirken, weil es verhindern wollte, dass »hieraus im Ausland unerwünschte Schlüsse gezogen werden könnten.«

224 Vgl. Notiz zur Haushaltssatzung 1943, StadtAM, Kämmerei 1959.

225 Vgl. Mitteilung an den Nachrichtendienst des DGT, 30.10.1942, BAB, R 36 594.

226 Vgl. Münchens Haushaltssatzung, in: Münchener Zeitung, 19.3.1943, StadtAM, Kämmerei 1959.

pert sein, dass der Haushalt den »Erfordernissen des totalen Krieges« Rechnung trage. Ansonsten wird aber durchweg der Eindruck von Stabilität vermittelt. Der Kontrast zum zunehmenden Zusammenbruch der materiellen Umwelt ist offensichtlich. Die Informationen über den Haushaltsplan sollten, sofern sie überhaupt wahrgenommen wurden, keinen weiteren Grund zur Unruhe liefern, sondern im Gegenteil eher die Solidität im Bereich der Finanzpolitik betonen. Überraschend ist diese Form der Berichterstattung freilich nicht. Wie weit sie den tatsächlichen Gegebenheiten entsprach, ist die interessantere Frage.

Nehmen wir dazu den damals nur den Ratsherren zugänglichen Haushaltsplan selbst unter die Lupe. Auch darin wirken die städtischen Finanzen auf den ersten Blick durchweg »gesund«. Es scheint jedenfalls keineswegs so, dass der durch die Pressenotiz vermittelte Eindruck völlig falsch ist. Von Haushaltsdefiziten, wie man sie angesichts steigender Ausgaben im Krieg annehmen könnte, war die Stadt München weit entfernt. Der Rechnungsabschluss des ordentlichen Haushalts 1941, der in Form eines Überblicks dem Budgetplan von 1943 vorgeschaltet war, wies sogar einen Überschuss von acht Millionen Reichsmark auf.[227] Das bilanziell festgestellte Reinvermögen vergrößerte sich im selben Jahr um über 50 Millionen Reichsmark. Zusätzlich konnte die Stadt zwölf Millionen Reichsmark Verbindlichkeiten abbauen. Der Schuldenstand sank damit auf 134,5 Millionen Reichsmark. Auch wenn das Rechnungsjahr 1942 im Plan von 1943 noch nicht abschließend erfasst war, deutete sich an, dass sich der Trend noch fortsetzen würde. Allein bei den Gesamtsteuereinnahmen wurde das Plansoll um etwa fünf Millionen Reichsmark überschritten. Gegenüber 1941 entsprach dies einer Steigerung von fast sieben Millionen.[228] Und der Voranschlag des Jahres 1943 schließlich umfasste ein Gesamtvolumen von 275,4 Millionen Reichsmark und fiel damit deutlich umfangreicher als der letzte Vorkriegshaushalt 1939 aus.[229] München war mit diesen Entwicklungen kein Einzelfall.[230] Dietmar Petzina stellte bei den von ihm untersuchten Städten im Ruhrgebiet eine »erstaunliche Stabilität lokaler Finanzpolitik« fest.[231] Er folgert daraus, dass die Städte zu »Gewinnern« einer Kriegsfinanzpolitik zählten, die »darauf abzielte, die eigentlichen Belastungen des Krieges zu verschleiern«. Die Stabilität der Kommunalfinanzen scheint also ein weiteres, erstaunliches Merkmal des Kriegshaushalts zu sein. Doch stimmt das wirklich? Was sagen die angegebenen Zahlen überhaupt aus? Sind sie überzeugende Indikatoren, um die Lage der städtischen Finanzwirtschaft zu beurteilen? Blicken wir etwas genauer auf die Zusammensetzung dieser Zahlen.

---

227 Vgl. Überblick über die Finanzwirtschaft der Stadt im Rechnungsjahr 1941, Haushaltssatzung der Hauptstadt der Bewegung 1943, S. XV-XXIII.
228 Vgl. Vorbericht, Haushaltssatzung der Hauptstadt der Bewegung 1943, S. XXV.
229 Vgl. ebd., S. III.
230 Die »gesunden« Zahlen waren aber auch nicht unbedingt der Normalfall. Gerade kleinere Gemeinden litten unter der Last der Kriegskosten so stark, dass sie ihren Haushalt nicht mehr ausgleichen konnten. Das wird etwa aus einer Beschwerde der Provinzialstelle Schlesien beim DGT vom 3.3.1942 deutlich (vgl. LAB, B Rep. 142/7 2-1-3-50).
231 Vgl. Petzina, Handlungsspielräume, S. 174 f.

Kriegsaufgaben und Kriegsausgaben

Insgesamt lag der Umfang des Kriegshaushalts 1943 um über 100 Millionen Reichsmark über dem des letzten Vorkriegshaushalts. Wie kam das zustande? Die Inflation, die im Krieg stärker wurde, kann kein wesentlicher Grund gewesen sein, denn durch Preiskontrolle, Zwangsbewirtschaftung und Kaufkraftabschöpfung wurde diese seit 1936 bekanntlich »zurückgestaut«.[232] Trotz anhaltenden Steuerwachstums kann der immense Sprung auch nur in geringem Maße auf die Konjunktur zurückgeführt werden. Der Hauptgrund für den deutlichen Anstieg ist auf der Ausgabenseite der Stadtfinanzen zu suchen. Der Krieg bedeutete für die deutschen Gemeinden eine Zeit großer Nöte und zugleich wachsender Aufgaben, die häufig mit Kosten verbunden waren.[233] In München wie in anderen Städten waren viele Herausforderungen bereits aus dem Ersten Weltkrieg bekannt: die Versorgung der Angehörigen eingezogener Soldaten, die Orientierung kommunaler Politik an den Bedürfnissen militärischer Dienststellen oder die Organisation der Lebensmittelversorgung.[234] Etwa ab Herbst 1942 kamen in München als Folge der flächendeckenden Bombardierungen außerdem neue und bisher unbekannte Aufgaben und damit Ausgaben hinzu. Zudem mussten die Kommunen im Krieg grundsätzlich auch weiterhin die meisten der Verpflichtungen erfüllen, die ihnen in Friedenszeiten oblagen. Bemerkenswert ist in diesem Zusammenhang die in der Haushaltssatzung 1943 gewählte Formulierung, dass der Plan »in den Ausgaben« auf 275,4 Millionen festgesetzt sei.[235] In früheren Jahren wurde an dieser Stelle stets geschrieben, dass der Haushalt mit x Millionen »ausgeglichen« sei. Dieses Prinzip war für die städtische Finanzverwaltung nach wie vor bindend. Also wurden auch 1943 Einnahmen generiert, die genauso hoch ausfallen mussten wie die Ausgaben. Doch die sprachliche Veränderung weist bezeichnenderweise – ob bewusst oder nicht – auf ein weiteres wesentliches Kennzeichen hin: Kommunale Finanzpolitik folgte im Krieg mehr denn je dem Prinzip der Bedarfsdeckung, war also ausgabenorientiert.

Die Grafik (Abb. 5) vermittelt einen Eindruck von der spezifischen Struktur dieser Ausgaben des »Kriegshaushalts« im Vergleich zu 1939. Auffällig ist, dass der Anstieg insbesondere zwei Ressorts betraf: Im Vergleich zu 1939 verdoppelten sich die Aufwendungen im Finanzwesen und verdreifachten sich im Bereich der Fürsorge. Prozentual wuchsen darüber hinaus auch die Kosten der Allgemeinen Verwaltung sowie im Gesundheitswesen[236] erheblich, was aber in absoluten Zahlen für den Gesamtumfang des Haushalts weniger ins Gewicht fiel.

232 Vgl. etwa Buchheim, Wirtschaftsentwicklung, S. 664.
233 Für eine Übersicht zur Rolle der Kommunen im Krieg siehe Gotto, Krisenbewältigung; Brinkhus, Auftragsverwaltung.
234 Vgl. Petzina, Handlungsspielräume, S. 173.
235 Vgl. Vorbericht, Haushaltssatzung der Hauptstadt der Bewegung 1943, S. III.
236 Zur Expansion des Münchner Gesundheitswesen im Krieg allgemein vgl. Christians, Amtsgewalt, S. 53-65.

Der Ausgabenanstieg im Bereich des Ressorts Finanz- und Steuerverwaltung war im Wesentlichen auf den kommunalen Kriegsbeitrag sowie die Umlage an den Bezirksverband Oberbayern zurückzuführen. Zusammengerechnet veranschlagte die Stadt 1943 dafür Kosten in Höhe von 38,5 Millionen Reichsmark.[237] Im Haushaltsplan 1939 waren nur etwa 14 Millionen einkalkuliert worden. Im Rechnungsergebnis desselben Jahres, das heißt unter Berücksichtigung der Auswirkungen durch die im September 1939 eingeführte Kriegswirtschaftsverordnung, hatten diese Posten dann schon etwa 26 Millionen Reichsmark umfasst.[238] Aufgrund ministeriell angeordneter Erhöhungen kam es aber im Laufe der ersten Kriegsjahre zu weiteren deutlichen Mehrbelastungen für die Gemeindekasse. Kurzum: Das Ressort Finanzwesen entwickelte sich im Krieg vom ehemals reinen Einnahmeressort mehr und mehr auch zu einem Ausgaberessort.

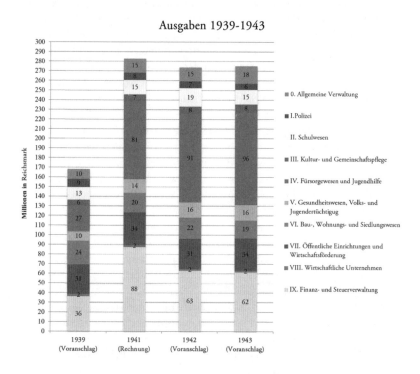

Abb. 5: Ausgabenverteilung des ordentlichen Haushaltsplans der Stadt München 1941, 1942, 1943 im Vergleich mit 1939[239]

237 Vgl. Haushaltssatzung der Hauptstadt der Bewegung 1943, S. 19.
238 Vgl. Vorbericht, Haushaltssatzung der Hauptstadt der Bewegung 1940, S. XVII.
239 Eigene Zusammenstellung auf Grundlage der Zahlen in Haushaltssatzung der Hauptstadt der Bewegung 1943, S. 20-25, sowie Haushaltssatzung der Hauptstadt der Bewegung 1939, S. 8 f.

Der drastische Ausgabenanstieg im Fürsorgewesen ist in allererster Linie auf den Einzelposten»Familienunterhalt«zurückzuführen, der die Kosten der Stadt für die Versorgungsunterstützung der Angehörigen eingezogener Soldaten verzeichnete.[240] Ganze 72 Millionen machte dieser Posten in der Kalkulation von 1943 aus – der Löwenanteil an der allgemeinen Kostenexplosion im Krieg.[241] Der Ausgabenanstieg im Bereich der Allgemeinen Verwaltung hing hauptsächlich mit dem Haushaltsabschnitt»Besondere Verwaltungsstellen zur Durchführung von Auftragsangelegenheiten«zusammen, der die Aufwendungen für die gemeindlichen Pflichtaufgaben verzeichnete, etwa für Standesämter, Einwohneramt oder Ernährungs- und Wirtschaftsamt. Dieser Posten verschlang 1943 insgesamt 9,5 Millionen Reichsmark, während er 1939 noch mit etwas über einer Million veranschlagt worden war.[242] Bemerkenswert ist dieser Anstieg auch deswegen, weil er eine finanzielle Dimension davon vermittelt, was es allein kostete, die verwaltungstechnische Infrastruktur für die neuen Aufgaben im Krieg, etwa im Rahmen der Lebensmittelrationierung, bereitzustellen, selbst wenn erbrachte Leistungen an sich vom Reich rückerstattet wurden. Im Gesundheitswesen sticht besonders ein neuer, kriegsbedingter Ausgabeposten hervor, dessen Bezeichnung selbsterklärend ist:»Hilfskrankenhäuser zur ärztlichen Betreuung der Zivilbevölkerung während des Krieges«. Er lag 1943 bei 3,2 Millionen Reichsmark.[243]

Die weitreichenden Auswirkungen des Krieges auf die Ausgabenstruktur der Stadt München sind aber nicht nur dadurch zu erfassen, dass man die Hauptgründe für die offensichtlichen Ausgabenerhöhungen im Etat kenntlich macht. Der Krieg prägte die Finanzverwaltung in einem viel umfassenderen Sinn. Es ist ein essenzielles Merkmal des Kriegshaushalts, dass sich im Kleinen, das heißt in jedem einzelnen Teilhaushalt, eine große Anzahl von Bewegungen vollzog – sei es, dass neue kriegsbedingte Posten hinzukamen oder sich schon vorhandene in ihrem Kostenumfang veränderten.

240 Zum Familienunterhalt allgemein vgl. Kundrus, Kriegerfrauen, S. 228-263; Kramer, Volksgenossinnen, S. 206-246, sowie Wimmer, Ordnung, S. 366-377. Letzterer nennt auch Zahlen zu dieser neuen Bedürftigengruppe. Im August 1941 erhielten in München demnach 62.667 Angehörige einberufener Männer diese Unterstützungsleistung (S. 366).

241 Vgl. Haushaltssatzung der Hauptstadt der Bewegung 1943, S. 182. Zum Vergleich: Der Ausgabeposten für den Familienunterhalt betrug 1939 noch weniger als ein Mio. RM (vgl. Haushaltssatzung der Hauptstadt der Bewegung 1939, S. 184). Laut Wimmer, Ordnung, S. 366 f., hing die umfangreiche Versorgung der Soldatenfamilien im Zweiten Weltkrieg auch mit der»Dolchstoß«-Angst der NS-Führung zusammen. Die mangelhafte Versorgung der Soldatenfamilien im Ersten Weltkrieg sei eine»durchweg präsente Negativfolie« gewesen.

242 Vgl. Haushaltssatzung der Hauptstadt der Bewegung 1939, S. 3.

243 Vgl. Haushaltssatzung der Hauptstadt der Bewegung 1943, S. 244; zur Einrichtung und Funktion der städtischen Hilfs- und Ausweichkrankenhäuser in München vgl. Christians, Amtsgewalt, S. 244-261.

Fast in allen Verwaltungszweigen veränderten sich die Personalkosten, da man für die zum Krieg eingezogenen Beamten oder Angestellten Ersatz einstellen musste. Auch das System der Zwangsarbeit hinterließ Spuren. Als einer der größten sogenannten »Bedarfsträger« beschäftigte die Stadt Tausende »Fremdarbeiter«, Kriegsgefangene wie zivile Zwangsarbeiter, in städtischen Werken, im Wasser-, Brücken- und Straßenbau, aber auch in Krankenhäusern und bei der Müllabfuhr.[244] Angesichts des akuten Arbeitskräftemangels waren diese oftmals verhältnismäßig billigen Ersatzkräfte in vielen Referaten sehr gefragt.[245] Die Finanzbürokraten behandelten Lohn, Unterbringungskosten sowie den Bau von Lagern in kühler Verwaltungsroutine als neue Ausgabeposten. Als der Stadtrat im April 1943 den Bau von Lagern für 4.000 Arbeitskräfte beschloss, wurden dafür Haushaltsgelder in Höhe von einer Million Reichsmark zur Verfügung gestellt.[246] Andreas Heusler weist darauf hin, dass die Stadt verhältnismäßig »erfolgreich« darin gewesen sei, anfallende Kosten dieser Art möglichst gering zu halten – beispielsweise indem sie durch Vermietung von Lagern an andere private »Bedarfsträger« ein neues Ertragsfeld eröffnete.[247]

Man könnte noch weitere Beispiele aus allen Ressorts nennen: So war zum Beispiel im Plan von 1943 der Haushaltsposten »Behebung von Fliegerschäden«

244 Anders als zu anderen Kommunen gibt es bislang für München keine detaillierten Forschungen zur genauen Zahl und zu Einsatzgebieten von Kriegsgefangenen und Zwangsarbeitern in der Stadtverwaltung, was mit der verhältnismäßig schlechten Quellenlage zusammenhängt. Laut Heusler, Zwangsarbeit, S. 30, waren im September 1944 allein 1.663 Kriegsgefangene für die Stadtverwaltung tätig. In einer anderen späteren Untersuchung ist zum Stichtag Oktober 1944 von 975 Zwangsarbeitern und 384 zivilen Fremdarbeitern die Rede (vgl. Expertenauskunft der LHS München zu einer Stadtratsanfrage von Bernhard Fricke, 21.12.1999, StadtAM, Abgabe Zwangsarbeiter). Weiterführende Erkenntnisse sind von zwei Studien zu erwarten, die im Rahmen des Forschungsprojekts »Münchner Stadtverwaltung im Nationalsozialismus« entstehen, wobei Irlinger, Versorgung, Kap. 5.3., den Einsatz von Zwangsarbeitern bei den Stadtwerken genauer untersucht.

245 Laut Heusler, Ausländereinsatz, S. 230 f., konnten westeuropäische Zwangsarbeiter eine »weitaus größere Lohngerechtigkeit« im öffentlichen Dienst erfahren als polnische Arbeitskräfte und Ostarbeiter, die deutlich niedrigere Endlöhne erhielten und höhere Abgaben entrichten mussten. Anders als in der Privatwirtschaft seien aber auch die meisten südeuropäischen Arbeitskräfte im öffentlichen Dienst »weitgehend gleichgestellt« gewesen. Zu den Lohnregelungen für Zwangsarbeiter im Allgemeinen vgl. Spoerer, Zwangsarbeit, S. 151-166. Spoerer behandelt dort (S. 183-190) auch die Frage, wie sehr die Privatbetriebe von den meist niedrigeren (Netto-)Löhnen der Zwangsarbeiter tatsächlich profitierten. Seine Analyse bezieht die gesamten Lohn- und Lohnnebenkosten sowie die Arbeitsproduktivität ein. Zur Frage, ob Unternehmen an den niedrigen Löhnen profitierten, vgl. außerdem Rauh-Kühne, Hehler.

246 Vgl. Dezernat VII (Harbers), Bau von Unterkunftslagern für Arbeitskräfte, Beratungssache für die Sitzung der Beiräte für Verwaltungs-, Finanz- und Baufragen (ohne Presse), 8.4.1943, StadtAM, Baureferat-Wohnungswesen, Abgabe 78/1, Bd. 68. Ob diese jemals komplett abgerufen wurden, ist unklar, zumal gerade in Kriegszeiten die Planung von Lagern noch nicht gleichbedeutend mit deren Umsetzung war.

247 Vgl. Heusler, Ausländereinsatz, S. 186-190.

neu.[248] Bislang hatte es im städtischen Haushalt lediglich den Titel »Luftschutz« gegeben. Mit den Flächenbombardements, die es im Ersten Weltkrieg noch nicht gegeben hatte, hatte man zumindest bilanziell nicht gerechnet, und die Finanzverwaltung reagierte darauf erst im Kriegsverlauf.[249] Der Posten belastete die Stadt im Voranschlag von 1943 mit etwa drei Millionen Reichsmark. Allerdings sollten davon 1,9 Millionen Reichsmark vom Reich zurückerstattet werden, sodass ein Zuschussbedarf von 1,1 Millionen Reichsmark verblieb. Dieser Etat umfasste nur die prognostizierten Kosten für entsprechende Verwaltungsausgaben, Behelfsunterkünfte oder die Betreuung von Kriegsbetroffenen, nicht die für den Wiederaufbau. Neu war auch im Abschnitt 99 der Titel »Vorbehaltsmittel der Finanzverwaltung«.[250] Dieser entsprach einem Fonds innerhalb des ordentlichen Haushalts, um flexibel auf Kriegsfolgen reagieren zu können. Anders gesagt: Hier gab es einen eigenen Kalkulationsposten für das Unkalkulierbare im Krieg. Für diesen waren 1943 2,6 Millionen Reichsmark eingeplant – ein vergleichsweise geringer Aufwand angesichts der immer unsicherer werdenden Kriegslage.

Dies sind einige besonders prägnante Beispiele für die vielen Veränderungen in der Ausgabenstruktur des Kriegshaushalts. Als Strukturveränderungen auf einer tieferen Ebene innerhalb der Teilhaushalte fallen sie allerdings in einer groben Übersicht – wie oben in der Grafik – nicht auf, weil sie durch gleichzeitige Sparmaßnahmen in den entsprechenden Ressorts bilanziell ausgeglichen wurden. Dies hatte durchaus System. Nach einer Weisung des Reichsinnenministeriums 1940 sollte in der schriftlichen Präsentation der Haushaltsplanung eine differenzierte Übersicht der Einnahmen und Ausgaben der verschiedenen Einzelressorts, wie sie bis dato üblicherweise am Beginn des Haushaltsplans stand, nun explizit weggelassen werden, damit die Quellen etwaiger Fehlbeträge nicht direkt sichtbar würden.[251] Wenn man also nur die groben Übersichten im vorderen Teil des gedruckten Plans begutachtete – so wie es vermutlich die meisten

---

248 Vgl. Vorbericht, Haushaltssatzung der Hauptstadt der Bewegung 1943, S. XXVII, S. 2 f., S. 68; vgl. auch Pfeiffer, Erlass der Nachtragshaushaltssatzung 1942, StadtAM, RSP 716/1.

249 Das überrascht deswegen etwas, weil auch in kommunalen Kreisen recht frühzeitig im Krieg durchaus verheerende Luftangriffe befürchtet worden waren (vgl. etwa Dezernentenbesprechung, 17.1.1940, StadtAM, RSP 714/2). Dass die Finanzverwaltung aber in der Praxis ihrer Buchhaltung erst 1943 reagierte, kann wohl auf die Kriegswende, die damit allgemein veränderten Erwartungshaltungen und Planungsperspektiven und dabei insbesondere auf die Erfahrungen, die bereits andere, im Norden Deutschlands gelegene Städte mit den Flächenbombardements gemacht hatten, zurückgeführt werden. Zum »Lernprozess der Münchner Stadtverwaltung« im Krieg, vgl. auch Wimmer, Ordnung, S. 389 f.

250 Vgl. Vorbericht, Haushaltssatzung der Hauptstadt der Bewegung 1943, S. XXVIII, S. 401.

251 Diese Auslegungspraxis und Schlussfolgerung zieht die Dienststelle des DGT Sachsen-Thüringen Gemeindefinanzwirtschaft aus einigen Aspekten des Runderlasses des Reichsministers des Innern vom 12.2.1940 zur »Vereinfachung für die Aufstellung des Haushaltsplans« (vgl. Brief an DGT, 29.3.1940, BAB, R 36 594). In München wurden

Ratsherren und möglicherweise auch die Aufsichtsbehörde taten –, dann fielen viele kleine Bewegungen innerhalb der Unterabschnitte gar nicht auf. Wer heute also eine »relative Stabilität« der Haushalte im Krieg diagnostiziert, der bewegt sich lediglich auf einer oberflächlichen Analyseebene.

Der Haushalt der unerfüllten Bedürfnisse

Der Kriegshaushalt war also, das sollte deutlich werden, in seiner Binnenstruktur alles andere als stabil, sondern ganz erheblich von den quantitativen und qualitativen Umschichtungen bei den Ausgabeposten gekennzeichnet. Doch wie wurde das eigentlich gegenfinanziert? Welche besonderen oder neuen Einnahmen verzeichnete der Haushalt 1943? Welche Faktoren sorgten dafür, dass der Kriegshaushalt nicht ›kippte‹?

1.) Ein Großteil des um über 100 Millionen aufgeblähten Stadthaushalts lässt sich auf die Wohlfahrtsausgaben zurückführen. Der aufzubringende Familienunterhalt führte dabei zwar zu einem hohen Ausgabeposten im Gemeindebudget. Die Stadt generierte in diesem Bereich aber auch immense Einnahmen. Denn der größte Teil der sozialen Fürsorge für die Kinder und Ehefrauen der Wehrpflichtigen wurde vom Reich getragen. Der Familienunterhalt war rechtlich als »staatliche Aufgabe« definiert.[252] Im Zuge der Auftragsverwaltung waren die Kommunen für die Unterstützungspraxis zuständig und damit auch für die finanzielle Abwicklung. Die eigentlichen Kosten erstattete aber zum großen Teil das Reich zurück, wenngleich nicht vollständig.[253] Im Plan 1943 betrug der Zuschussbedarf bei diesem Etatposten, das heißt der städtische Anteil an den Fürsorgekosten, immerhin noch 5,3 Millionen Reichsmark.[254] Im abgeschlossenen Rechnungsjahr 1941 lag er bei 4,8 Millionen Reichsmark.

2.) Zudem sprudelten dank der anhaltenden, kriegsbedingten Konjunktur und trotz weiterer Eingriffe durch das Reich – das wurde oben schon erwähnt – die Steuereinnahmen nach wie vor beständig. Die 1942 kalkulierten Gesamtsteuereinnahmen von 130,8 Millionen Reichsmark wurden sogar unerwarteterweise überschritten und lagen bei etwa 135 Millionen und damit um fünf Prozent über den Einnahmen von 1941.[255] 1943 plante die Stadt im Budget etwa 125 Millionen Reichsmark Steuereinnahmen ein. Auch hier wurde kurz vor Ende des Rech-

---

die detaillierten Angaben über Einnahmen und Ausgaben der Einzelpläne ab 1942 weggelassen.

252 Vgl. Kundrus, Kriegerfrauen, S. 287; Wimmer, Ordnung, S. 368.
253 Laut Wimmer, Ordnung, S. 368, überwies das Reich den Kommunen bis 1940 etwa 80 % der Ausgaben für den Familienunterhalt zurück, anschließend seien es 90 bis 95 % gewesen.
254 Vgl. Haushaltssatzung der Hauptstadt der Bewegung 1943, S. 9.
255 Vgl. Vorbericht, ebd., S. XXV.

nungsjahres sogar mit einem leicht besseren Ergebnis gerechnet.[256] 1939 waren es noch knapp 100 Millionen Reichsmark gewesen.

Dass dieser Steuerboom auch die Stadtverantwortlichen mitunter überraschte, zeigt das Beispiel der Vergnügungssteuer, einer der kleineren Gemeindeabgaben. Vor dem Krieg hatte die Steuer, die auf unterschiedliche Veranstaltungsarten im Stadtgebiet erhoben wurde, jährlich rund 1,2 Millionen Reichsmark eingespielt.[257] Aufgrund des Tanzverbots rechneten die Stadtvertreter nun eigentlich mit einem Einnahmeausfall, und dies umso mehr, weil Tanzveranstaltungen verhältnismäßig hoch besteuert worden waren. Erstaunlicherweise erlöste die Stadt aber sogar mehr Einkünfte als vor dem Krieg. Statt zu tanzen, gingen die Leute ins Lichtspieltheater. Allein im ersten Halbjahr des Jahres 1940 verzeichneten die Münchner Kinos 7,3 Millionen Besucher, 1,5 Millionen mehr als zum vergleichbaren Zeitpunkt vor dem Krieg.[258] Der Kinoboom der Kriegszeit wirkte sich sogar positiv auf die Stadtkasse aus, obwohl die meisten der gezeigten Filme inzwischen ein steuerermäßigendes Prädikat besaßen. Im Rechnungsjahr 1942 nahm die Stadt über 1,6 Millionen Reichsmark aus dieser kleinen Steuer ein und damit 400.000 Reichsmark mehr als noch Ende der 1930er-Jahre.

3.) Die kriegsbedingt sprudelnden kommunalen Steuereinnahmen hingen – auch wenn dies nicht quantifizierbar ist – zumindest teilweise auch mit dem massenhaften Einsatz von Zwangsarbeitern auf dem Stadtgebiet zusammen. Zwischen 1939 und 1945 wurden insgesamt rund 13 Millionen Ausländer aus allen europäischen Ländern zum Arbeitseinsatz ins Deutsche Reich gebracht.[259] In München stieg die Beschäftigungsrate der sehr heterogenen Bevölkerungsgruppe der »Fremdarbeiter« in den letzten beiden Kriegsjahren massiv an: Ende des Jahres 1943 lebten bereits 70.000, Ende 1944 dann etwa 120.000 in der Stadt.[260] Das entsprach einem Fünftel der damaligen Gesamtbevölkerung und einem Drittel aller Beschäftigten. Untergebracht waren die meisten von ihnen in den mehr als 400 Barackenlagern.[261] Die Stadtverwaltung war einer von vielen Nutznießern: Es gab im Prinzip kaum ein privates oder öffentliches Unternehmen, das keine Ausländer beschäftigte. In einigen Großbetrieben machten

256 Vgl. Vorbericht, Haushaltssatzung der Hauptstadt der Bewegung 1944, S. XVII.
257 Siehe Steuerübersicht unten, Kapitel III.2, Tab. 3, S. 199.
258 Vgl. Leistungsbericht der Stadt am Jahresende 1940, Bericht des Stadtsteueramts, o. D., StadtAM, BuR 260/9.
259 Vgl. Wagner, Zwangsarbeit, S. 180, der sich auf die Schätzungen von Spoerer, Zwangsarbeit, bezieht. Mindestens weitere 13 Millionen wurden in den besetzten Gebieten in der Kriegswirtschaft ausgebeutet. Neben dem Sammelbegriff »Zwangsarbeiter« finden sich in der Forschung und der Erinnerungskultur auch Benennungen wie »ausländische Zivilarbeiter« oder zeitgenössische Termini wie »Fremdarbeiter« und »Arbeits-Juden«. Auch Kriegsgefangene oder KZ-Häftlinge wurden zur Arbeit gezwungen. Zur terminologischen Differenzierung vgl. Wagner, Zwangsarbeit, S. 180 f., Spoerer, Zwangsarbeit, S. 9-20; Herbert, Fremdarbeiter, S. 359, Anm. 1; Heusler, Ausländereinsatz, S. 9, Anm. 3.
260 Vgl. Statistik bei Nerdinger (Hrsg.), München, S. 261.
261 Vgl. Heusler, Ausländereinsatz, S. 175 (Stand Frühjahr 1944).

Zwangsarbeiter über 50 Prozent der Belegschaft aus.[262] Kurzum: »Fremdarbeiter« waren in Münchens Kriegsgesellschaft allgegenwärtig. Diese immer größer werdende Bevölkerungsgruppe zahlte zum einen (in den meisten Fällen) selbst Steuern und Gebühren – zum Teil sogar deutlich höhere als der deutsche »Volksgenosse« –, wobei ein Teil davon, wie etwa die Erträge aus der Bürgersteuer, auch in der Gemeindekasse landete.[263] Gerade als gegen Ende des Krieges in München immer weniger erwerbstätige Männer lebten, egalisierten die Zwangsarbeiter einen Teil der drohenden Steuerausfälle. Zum anderen wäre die Zivil- und Rüstungswirtschaft der »Hauptstadt der Bewegung« ohne den massenhaften und flächendeckenden Einsatz der Zwangsarbeiter wohl spätestens 1942 zusammengebrochen. Da deren Arbeitskraft die lokale Zivilwirtschaft in Gang und die Maschinen der Rüstungsbetriebe am Laufen hielt, trugen sie maßgeblich dazu bei, dass die Betriebe, für die sie arbeiteten, stabile Gewerbesteuerbeiträge an die Kommune ablieferten. In dem Maße, in dem die Münchner Unternehmen mithilfe von Zwangsarbeitern Gewinne erzielten (oder zumindest Verluste abfederten), profitierte in Folge auch die Stadtkasse. Die beständigen oder sogar steigenden Gewerbesteuererträge waren für die Haushaltslage der Stadt umso wichtiger als es ihr mit Kriegsbeginn untersagt worden war, die Hebesätze zu ihren Gunsten zu verändern.[264]

4.) Zuletzt wurden die kriegsbedingten Kostenanstiege auch in erheblicher Weise durch Kürzungen und Einsparungen kompensiert. So verdeutlicht die oben abgedruckte Grafik, dass etwa die Ausgaben im Bauressort 1943 im Vergleich zu 1939 merklich zurückgingen. In diesem Sektor wurde auf den ersten Blick am meisten eingespart: alle Baumaßnahmen, die entbehrlich schienen, wurden gestoppt. Darüber hinaus sparte die Stadt aber auch in fast allen anderen Haushaltsbereichen, nämlich überall dort, wo sie keine Pflichtaufgaben wahrzunehmen hatte. Hier können grundsätzlich zwei Arten unterschieden werden.

---

262 Vgl. etwa die Grafik zum »Strukturwandel der BMW-Belegschaft« bei Nerdinger (Hrsg.), München, S. 263. Etwa ein Viertel aller im Stadtgebiet eingesetzten Zwangsarbeiter stand damals im Dienst von BMW. Das Unternehmen wurde im Krieg zum wichtigsten Hersteller von Flugmotoren und stellte seine gesamte Produktion auf Rüstungsaufträge um.

263 Die Besteuerungsregularien der Zwangsarbeiter waren sehr unterschiedlich und änderten sich häufig. Während einige Ausländergruppierungen, wie verheiratete Dänen, Slowaken, Ungarn und Protektoratsangehörige, deren Frauen und Familien in der Heimat lebten, in Deutschland keiner direkten Besteuerung unterlagen, andere ähnlich hohe Steuern wie deutsche Arbeiter entrichteten, wurden wieder andere, wie Polen und Osteuropäer, so massiv besteuert, dass kaum Lohn übrig blieb. Zu den verschiedenen Formen dieser »Sonderbesteuerung« vgl. Spoerer, Zwangsarbeit, S. 152-166.

264 Vgl. Kriegswirtschaftsverordnung, 4.9.1939, RGBl. I (1939), S. 1611. Hintergrund dieser Anordnung war der häufig erhobene Anspruch Hitlers, den Krieg möglichst nicht über die Steuerschraube zu finanzieren. Deshalb hatte übrigens die in den Zeitungsbeiträgen vom März 1943 formulierte »Erfolgsmeldung«, dass die Hebesätze gleich geblieben seien, prinzipiell gar nichts mit der städtischen Finanzpolitik zu tun. Es durfte in diesem Bereich gar keine Veränderungen mehr geben.

a) Zum einen gab es ›klassische‹ Einsparungen, das heißt solche Ausgabenkürzungen, die bereits vor Erstellung des Haushaltsentwurfs von den Dezernaten in Zusammenarbeit mit der Kämmerei und dem OB durchgeführt wurden. Im Amtsdeutsch der Haushaltspläne lesen sich manche dieser Einsparungen wie Erfolgsmeldungen. Im Vorbericht zum Haushalt 1941 hieß es etwa: Aufgrund der »Verdunkelungsmaßnahmen und des damit verbundenen geringeren Stromverbrauchs« habe sich der »Zuschußbedarf« beim Haushaltsposten der Straßenbeleuchtung des Jahres 1941 um 21.000 Reichsmark vermindert.[265] Bei den Reinigungsarbeiten und der Schneebeseitigung sei sogar ein Überschuss von 595.000 Reichsmark zu erwarten, da man sich auf das äußerst Notwendige beschränken müsse. Die »Hausunratabfuhranstalt«, deren Aufgaben seit Kriegsbeginn teilweise auf private Unternehmen übertragen wurden,[266] konnte auf der Einnahmenseite ihres Einzelplans einen Überschuss aus dem Vorjahr von 600.000 Reichsmark verbuchen, sodass man nun 430.000 Reichsmark der Erweiterungsrücklage zuführen konnte. Wenn auch bedingt durch die Kriegsverhältnisse keine neuen öffentlichen Bedürfnisanstalten mehr errichtet werden konnten, so war es immerhin möglich, den Betrieb der bisherigen »aufrechtzuerhalten«.[267] Aus buchhalterischer Sicht mögen diese Nachrichten positiv gewesen sein, weil sie halfen, den Haushalt trotz aller Ausgabensteigerungen auszugleichen. Tatsächlich sind es nur die Zahlenbelege dafür, dass die Stadt im Krieg ihre ›Ordnung‹ langsam verlor: Es wurde dunkler, kälter und dreckiger in München, vielleicht stank es nach Urin und am Wegesrand türmte sich der nicht abgeholte Müll.[268]

b) Zum anderen sind solche Einsparungen zu nennen, die eigentlich gar keine waren, weil sie nicht bewusst getätigt wurden: Aufgrund allgemeiner kriegsbedingter Einschränkungen – allen voran der Mangel an Rohstoffen und Arbeitskräften – konnten viele Aufgaben, denen im Budget Kosten zugeteilt waren, praktisch nicht durchgeführt werden. So blieben am Ende des Haushaltsjahres nicht nur die Aufgaben unerfüllt, sondern damit auch Gelder eingespart. Der ordentliche Haushalt von 1941 schloss zum Beispiel mit einem Überschuss von acht Millionen Reichsmark[269] und der von 1942 mit elf Millionen Reichsmark[270] – und das trotz Erlass von diversen Nachtragshaushaltssatzungen. Dies betraf im Übrigen nicht nur den ordentlichen, sondern ebenfalls den außerordentlichen Haushalt, dessen Verwaltungszweck normalerweise darin bestand, die kommunalen Investitionen abzuwickeln. München verzeichnete hier sowohl 1941 als auch 1942 jeweils etwa 20 Millionen Reichsmark (!) an Haushalts-

---

265 Vgl. Vorbericht, Haushaltssatzung der Hauptstadt der Bewegung 1941, S. XXVI.
266 Vgl. Heusler, Ausländereinsatz, S. 164.
267 Vgl. Vorbericht, Haushaltssatzung der Hauptstadt der Bewegung München 1941, S. XXVII.
268 Vgl. Beschreibungen zur »besorgniserregenden Beeinträchtigung der Müllabfuhr im Stadtgebiet« in den Jahren 1941 bis 1943 bei Heusler, Ausländereinsatz, S. 166-169.
269 Vgl. Vorbericht, Haushaltssatzung der Hauptstadt der Bewegung 1943, S. XVI.
270 Vgl. Vorbericht, Haushaltssatzung der Hauptstadt der Bewegung 1944, S. XII.

resten.[271] 1943 wurde dieser dann auf einen Umfang von 2,6 Millionen Reichsmark zusammengestrichen.[272] Das Problem betraf in der bayerischen Metropole auch den Sonderhaushalt der »Hauptstadt der Bewegung«, der ja erst 1939 erstmals aufgeführt worden war. Der Etat für das Jahr 1941 wurde erst Anfang 1943 aufgestellt, was auch damit zu tun hatte, dass die enorm hoch veranschlagten Ausgabenposten der Vorjahre – das werden wir unten noch genauer sehen[273] – schlicht übrig geblieben waren.

Da Haushaltsreste aber im Verständnis der Stadtführung einen »unschönen Eindruck«[274] machten und kritische Fragen nach den Ursachen nach sich ziehen konnten, wurden diese entweder den Rücklagen zugeführt, damit Schulden getilgt oder als Überschuss dafür verwendet, den folgenden Haushalt mitzufinanzieren. Der aufgeblähte Kriegshaushalt wurde also nicht nur durch offensichtliche Ausgabeneinsparungen gegenfinanziert, sondern auch durch die Rückführung nicht verwendeter Mittel zur Finanzierung anderer kriegsbedingter Ausgaben im jeweils darauffolgenden Jahr. So verschoben sich nahezu unbemerkt die Schwerpunkte immer mehr in Richtung der Ausgabeposten, die praktisch noch durchführbar waren und damit nicht zuletzt in Richtung Reichskasse. Der Kriegshaushalt indes, das ist ein weiteres wesentliches Merkmal, verwandelte sich so zu einem Haushalt der unerfüllten Bedürfnisse.

Wirren des Kriegs und Stabilität der konstruierten Zahlen

Diese Hintergründe führen uns zu weiteren Argumenten im Hinblick auf die kritische Bewertung der oben genannten »Erfolgszahlen« des vermeintlich stabilen Kriegshaushalts. Die bloße Tatsache des Haushaltsausgleichs besagt weder etwas darüber, wofür die Gelder ausgegeben wurden und wofür nicht, noch lässt sie erkennen – darin liegt das Grundproblem der kameralistischen Buchführung –, ob unbare Vermögenswerte vernichtet wurden und mögliche Aus-

---

271 Vgl. Vorbericht, Haushaltssatzung der Hauptstadt der Bewegung 1943, S. XVIII.
272 Vgl. ebd., S. III.
273 Siehe unten Kapitel IV.5, S. 349-354.
274 Vgl. Pfeiffer, Ratsherren, 28.3.1944, StadtAM, RSP 717/1. Hier stellt sich die Frage, wen genau Pfeiffer bei dieser Aussage im Blick hatte. Die Öffentlichkeit kann es nicht gewesen sein, da die Pläne längst nicht mehr öffentlich waren. Oder war es ein eher unbedachter Kommentar, der der Gewohnheit aus einer Zeit entsprang, als mit öffentlichen Zahlen noch Propaganda betrieben wurde? Weiter unten werde ich noch zeigen, dass wesentliche Adressaten, die bei der Erstellung des städtischen Haushaltsplans stets mitgedacht wurden, die Reichsbehörden waren. Schließlich war der Haushaltsplan, ob öffentlich oder nicht, auch in Kriegszeiten die wesentliche Grundlage, auf der die Stadt mit dem Reich Verhandlungen um Finanzressourcen führte. Nicht selten ging es dabei auch darum, sich gewissermaßen »arm« zu rechnen. Haushaltsüberschüsse hätten in dieser Hinsicht die städtische Verhandlungsposition geschädigt (siehe S. 210 f.).

gaben oder nötige Investitionen ausgeblieben sind.[275] Gerade mit Blick auf den Krieg ist ein ausgeglichenes Budget also keineswegs ein brauchbarer Indikator für die Stabilität der Finanzpolitik – genauso wenig wie der Gesamtumfang des Haushalts. Vielmehr trug die Art der Buchführung dazu bei, die tatsächlichen Probleme zu verschleiern – übrigens in umgekehrter Weise wie noch zu Zeiten der Weltwirtschaftskrise. Während 1932 die kameralistische Buchführung eine Realität mitkonstruierte, in der die Finanzlage der Stadt äußerst bedrohlich erschien, so täuschte sie im Krieg über wesentliche Probleme hinweg, weil sie etwa den Wertverlust von ausgebombten Immobilien nicht berücksichtigte. Insofern, so könnte man folgern, wirkte die Art der Buchführung für die Ziele des NS-Regimes gleich zweimal wie eine helfende Hand.

Darüber hinaus werden durch die erläuterten Zusammenhänge aber auch noch weitere, oben genannte Erfolgsindikatoren entkräftet. Der Vermögensnachweis, der ergänzend zum kameralistischen System ab 1934 in die Haushaltswirtschaft eingeführt worden war und sich aus Verwaltungs-, Kapital- und Grundvermögen zusammensetzte, trug nämlich ebenfalls zum Eindruck der finanziellen Stabilität bei. Dies war unter den gegebenen Umständen aber weniger ein Beleg langfristig orientierter Finanzplanung, sondern glich, wie Petzina treffend formuliert, eher einer »Flucht in Vermögenswerte« und dabei vorrangig in das Finanzvermögen.[276] Aufgrund der eingeschränkten Möglichkeiten blieben der Stadtverwaltung nämlich nicht viele andere Optionen, als die finanziellen Überschüsse in die Schuldentilgung oder Rücklagenbildung zu stecken. Bedenkt man dazu, dass in Kriegszeiten eine aktualisierte bilanzielle Bewertung der Grundstücke nicht mehr durchgeführt wurde und so die tatsächliche Vermögenssubstanz angesichts kriegsbedingter Substanzzerstörungen in diesem Bereich gar nicht berechnet war, so erklärt sich, warum die Gesamtvermögenswerte auch und trotz des Kriegs weiter stiegen. Dies hatte im Wesentlichen, so räumte auch der Kämmerer damals ein, damit zu tun, dass sich durch Rücklagenzuführung das Kapitalvermögen erhöhte.[277]

Abschließend möchte ich noch auf zwei weitere Merkmale des »Kriegshaushalts« eingehen, die die schwindende Verlässlichkeit der Finanzkalkulation in einer Zeit des Unkalkulierbaren ins Blickfeld rücken. Beiden ist gemein, dass sie die Einsicht verstärken, dass ein wesentliches Strukturmerkmal städtischer Haushaltswirtschaft im Krieg gerade nicht in der Stabilität lag, sondern darin, dass sich die Finanzverwaltung immer weiter von den politischen Realitäten entfernte. Die vermeintliche Stabilität war, wenn überhaupt, nur eine Stabilität der konstruierten Zahlen. Die gesellschaftliche Wirklichkeit sah anders aus.

---

275 Vgl. auch Halter, Stadt, S. 267, der beim Regensburger Stadthaushalt im Krieg ebenfalls das Missverhältnis zwischen ausgeglichenen Zahlen und zurückgestellten Projekten darstellt.
276 Vgl. Petzina, Handlungsspielräume, S. 173 f.
277 Vgl. Vorbericht, Haushaltssatzung der Hauptstadt der Bewegung 1943, S. XIX.

1.) »Verwaltungsvereinfachung« war ein im Krieg in Verwaltungskreisen oft verwendeter Terminus.[278] In nicht wenigen Fällen wurden damit Verordnungen des Reichsinnenministeriums betitelt, die erhebliche Veränderungen in der Verwaltungspraxis des Gemeindehaushalts zur Folge hatten. Zwei Runderlasse des Reichsinnenministeriums in Kriegszeiten hatten zum Beispiel »Vereinfachungen« insofern ermöglicht, als der ordentliche Haushaltsplan ab 1942 nicht mehr vollkommen neu entworfen, sondern nur hinsichtlich der Ansätze überarbeitet werden musste, die sich gegenüber dem Vorjahr in erheblichem Umfang verändert hatten.[279] Die Aufstellung des städtischen Haushalts von 1943 erfolgte ebenfalls in »vereinfachter Form«, was konkret bedeutete, dass die veranschlagten Zahlen in der Mehrzahl der Fälle denen von 1942 entsprachen.[280] Bei den meisten Einzelposten fehlten außerdem auch die Rechnungsziffern des Jahres 1941. Die Vergleichsmöglichkeiten mit den Vorjahren, die jedem Plan zuvor immanent gewesen waren, fielen also beim Plan von 1943 weitestgehend weg. Außerdem verzichtete die Stadtkämmerei auf die Erstellung etlicher Anlagen, wie etwa den Rücklagennachweis oder eine Personalkostenaufstellung.

Weil es keinen Haushaltsentwurf mehr gab, ging die Grundlage verloren, auf der ein Fachausschuss den Haushalt hätte vorberaten können, wie das seit Langem – auch noch nach 1933 – üblich gewesen war. Doch selbst wenn ein Entwurf erstellt worden wäre – die Ausschussmitglieder hätten nichts zum Streiten gehabt. Denn eine möglichst genaue Kalkulation wurde offensichtlich gar nicht angestrebt.[281] Mit der sogenannten »Vereinfachung« wurde das umstrittene Plan-Plan-Verfahren bei der Haushaltsaufstellung quasi als erstrebenswerte Praxis legitimiert. Auch wenn das auf den ersten Blick kaum auffiel, so wurde damit in Kauf genommen, dass sich die Finanzplanung immer weiter von der politischen Realität entfernen konnte.

2.) Eine möglichst genaue Kalkulation wurde aber nicht nur immer weniger angestrebt, vielleicht war sie auch angesichts der alltäglichen Probleme des Kriegs immer weniger möglich. Um die veränderten Planungsbedingungen der städtischen Finanzpolitik im Krieg zu erfassen, muss man sich, wie oben erläu-

278 Zu den Vereinfachungsmaßnahmen auf dem Gebiet des Haushaltswesens im Krieg siehe Scherpenberg, Finanzwirtschaft, S. 39-47, einer der wenigen Beiträge, der sich des Themas der Haushaltspolitik in historischer Perspektive annimmt, jedoch mit Fokus auf die unmittelbare Nachkriegszeit und die öffentlichen Finanzen im Allgemeinen.

279 Vgl. Runderlasse des Reichsministers des Innern, 24.9.1941 (MBliV., S. 1755) und 18.2.1942 (MBliV., S. 417).

280 Vgl. Ausblick auf die voraussichtliche Entwicklung der Finanzwirtschaft der Stadt im Rechnungsjahr 1943, Haushaltssatzung der Hauptstadt der Bewegung 1943, S. XXVII.

281 Die Stadtkämmerei hatte laut eigenen Angaben (vgl. Vorbericht, Haushaltssatzung der Hauptstadt der Bewegung 1943, S. XXVII) die Druckbogen, die an die Dezernate gingen, schon so vorbereitet, dass in der Spalte »Ansatz 1943« die gleichen Ausgabemittel angegeben waren wie im Jahr zuvor. Die Dezernatsleiter hätten sich also explizit melden müssen, wenn sie mit dem einen oder anderen Anschlag nicht einverstanden gewesen wären.

tert, gar nicht erst die Mühe machen, die Rechnungsergebnisse eines Jahres mit den veranschlagten Ziffern zu vergleichen.[282] Die Fehlplanungen werden schon allein an der Fülle der Nachtragshaushaltssatzungen offensichtlich. Laut Gemeindehaushaltsordnung waren Nachtragshaushalte während eines Rechnungsjahres dann zu erlassen, wenn der anvisierte Plan in ganz wesentlichen Eckpunkten nicht eingehalten werden konnte. Dies war, obwohl die Planzahlen im Zuge der »Haushaltsvereinfachung« ja an sich schon auf ungenauen Berechnungen beruhten, im Krieg quasi an der Tagesordnung. Schon 1939 wurden vier Nachtragshaushaltssatzungen erlassen.[283] Das Rechnungsjahr 1940 zählte deren sechs. 1941 mussten drei festgesetzt werden, 1942 wiederum drei.[284] Der Haushaltsplan für 1943 wurde in vier Nachtragshaushalten korrigiert.[285] Die drei Nachtragssatzungen im Jahr 1941 etwa hatten eine Gesamterhöhung des Haushalts von 51 Millionen Reichsmark zur Folge.[286] Die nachträglichen Korrekturen 1942 vergrößerten den Haushaltsumfang insgesamt um 18,7 Millionen Reichsmark. Die Korrekturen 1943 erhöhten das Planbudget um etwa 30 Millionen Reichsmark.[287]

Warum die Nachtragssatzungen in den betreffenden Jahren jeweils in der entsprechenden Höhe erlassen wurden, hatte unterschiedliche Gründe, die hier nicht differenziert erörtert werden sollen. Oft musste die Kämmerei auf unterschiedliche Weise auf die ständig neuen Herausforderungen des Kriegs reagieren. Vielleicht wurde sie dabei teilweise auch Opfer ihrer eigenen unzulänglichen, »vereinfachten« Vorabkalkulation. Bemerkenswert ist jedoch insgesamt, dass die Deckung der Mehrausgaben offenbar lange Zeit relativ wenig Probleme

---

282 Das war für das Jahr 1943 auch deswegen schwer möglich, weil die Rechnungsergebnisse immer erst im Haushaltsplan des übernächsten Jahrs verzeichnet waren. 1945 aber wurde auf die Erstellung eines Haushaltsplans gänzlich verzichtet.

283 Vgl. Vorbericht, Haushaltssatzung der Hauptstadt der Bewegung 1940, S. XVI.

284 Vgl. Vorbericht, Haushaltssatzung der Hauptstadt der Bewegung 1944, S. XI.

285 Diese Angaben beziehen sich hauptsächlich auf die ordentlichen Stadthaushalte. Auch die außerordentlichen Pläne inklusive des Sonderhaushalts zum Ausbau der Hauptstadt der Bewegung wurden von der Stadtverwaltung in den Kriegsjahren etliche Male nachgebessert.

286 Vgl. Vorbericht, Haushaltssatzung der Hauptstadt der Bewegung 1943, S. XVf.

287 Der Erlass der 1. Nachtragshaushaltssatzung vom 16.9.1943 erhöhte den Haushalt um 14,6 Mio. RM. Zum Zeitpunkt der Abfassung des Plans von 1944, dem letzten erstellten Plan der NS-Zeit, war der Erlass einer 4. Nachtragshaushaltssatzung geplant, die eine im November 1943 per Runderlass verkündete und rückwirkend seit 1.4.1939 gültige Erhöhung des Kriegsbeitrages (= Kriegsbeitrag C) nötig machte. Entsprechend der Vorberechnungen des Kämmerers bedeutete dies eine Mehrbelastung der Stadt im Jahr 1943 gegenüber dem veranschlagten Posten um 15 Mio. RM. Doch selbst diese beträchtlichen und unerwarteten Zusatzlasten schienen die Stadt vor unüberwindliche Hindernisse zu stellen. Der Ausgleich des Haushalts von 1943 sei jedenfalls »nicht gefährdet, weil der Mehraufwand durch kriegsbedingte Ausgabeneinsparungen, durch Einsparung bei den Verstärkungs- und Vorbehaltsmitteln der Finanzverwaltung und durch Einzug von nicht mehr benötigten Haushaltsresten seine Deckung finden wird« (vgl. Vorbericht, Haushaltssatzung der Hauptstadt der Bewegung 1944, S. XVI).

bereitete. Im Gegenteil: In vielen Fällen konnten große Teile der nachträglich festgesetzten Ausgaben – ob erzwungen oder freiwillig – auf die eine oder andere Art dafür aufgewendet werden, das bilanzielle Finanzvermögen zu vergrößern.[288] Das hing nicht zuletzt damit zusammen, dass einige der Nachtragshaushalte, so etwa auch der erste von 1943, deshalb aufgestellt wurden, um die Haushaltsüberschüsse der Vorjahre korrekterweise, d. h. entsprechend § 23 der GemHVO, zu verbuchen. Erst über den Umweg der Nachtragshaushaltssatzung konnten diese Überschüsse buchhaltungstechnisch den Rücklagen zugeführt werden. Die Nachtragshaushalte waren daher auch ein Werkzeug zur Verschiebung der Ressourcen in die Rücklagenbestände.

Die große Anzahl und der immense Umfang der Nachtragshaushalte sind weitere Spezifika des »Kriegshaushalts« und Indikatoren dafür, dass sich die Planungshorizonte der kommunalen Finanzpolitik im Krieg erheblich verkürzten. Zugleich zeigt sich aber, dass finanzpolitische Planungsunsicherheit nicht unbedingt auch Liquiditätsengpässe nach sich ziehen musste. Anders als noch 1932 waren nämlich nicht ausschließlich unerwartet hohe Ausgabekosten – damals die explodierenden Fürsorgekosten für die Wohlfahrtserwerbslosen – der Grund für die Nachtragshaushalte und die sich damit verkürzenden Planungshorizonte. Die Planungsunsicherheit im Krieg ergab sich aus einer fast paradoxen Mischung aus unkalkulierbaren Kriegsfolgekosten und zugleich unkalkulierten Ausgabenersparnissen aufgrund nicht zu erfüllender Aufgaben. So erklären sich gleichermaßen die aufgeblähten Haushalte und die wachsende Liquidität. Von einer finanzpolitischen »Stabilität« kann jedoch deswegen nicht gesprochen werden. Vielmehr verlor die kommunale Haushaltspolitik, je mehr sie reaktiven Charakter annahm, in ihrer prospektiven und steuernden Funktion mehr und mehr an Bedeutung.

›Planlos‹ bis zum Kriegsende

Wenn die Stadt München bis 1943 zumindest eine Stabilität der konstruierten Zahlen vorweisen konnte, so änderte sich dies mit Beginn des letzten Kriegsjahres. Im März 1944 verabschiedete die Stadtführung zum letzten Mal einen Haushalt. Schon die Rahmenbedingungen des Etatbeschlusses machen deutlich, wie sehr dieser inzwischen an Relevanz für die Kommunalpolitik eingebüßt hatte. Infolge von Einschränkungen im Buchdruckgewerbe konnte der Plan bei der formellen Verabschiedung den Ratsherren nicht einmal mehr als Geheft vorgelegt werden. Ein einziges vollständiges Exemplar war zur allgemeinen Einsicht im Raum vorhanden. An alle verteilt wurde nur eine knappe Übersicht. Stadtkämmerer Andreas Pfeiffer verzichtete auch darauf, den Vorbericht im Einzelnen zu verlesen, was in den Jahren zuvor stets üblich gewesen war. Er beließ es

---

288 1941 etwa flossen insgesamt 29,6 von den 51 Mio. RM entweder in Rücklagenfonds oder in die Schuldentilgung.

bei einigen kurzen allgemeinen Ausführungen zur Finanzlage: Allein die direkten Kriegsaufwendungen der Stadt bezifferte er dabei auf insgesamt 58,4 Millionen Reichsmark, wovon 40 Millionen auf den Kriegsbeitrag fielen.[289] Bei einem Haushaltsgesamtumfang von 264 Millionen Reichsmark entsprach diese Summe also fast einem Viertel des Etats und lag um knapp 20 Millionen höher, als noch für das Haushaltsjahr 1943 veranschlagt worden waren. Aufgrund dieser neuen Belastungen konnten Rücklagenzuführungen, anders als in den Vorjahren, nun fast nicht mehr getätigt werden.[290] Da auch das Sparpotenzial längst ausgeschöpft war, mussten neue Einnahmequellen erschlossen werden. Dazu zählte die Erhöhung der Gebührenablieferungen der Stadtentwässerung, der Hausunratsabfuhranstalt und des Bestattungsamts. Der außerordentliche Haushalt belief sich auf einen Gesamtumfang von nur noch 540.000 Reichsmark und war damit endgültig belanglos geworden. Pfeiffer schloss seinen Kurzvortrag mit der aus seiner Sicht ernüchternden Erkenntnis, dass es »infolge der Fortdauer des Krieges und der Auswirkungen der Kriegsschäden« überhaupt unmöglich sei, einen Vorausblick auf das Jahr 1944 zu geben.[291]

Bezeichnenderweise traf der Bombenangriff vom 24. April 1944 die für die Vervielfältigung des Etatplans zuständige Buchdruckerei in der Luisenstraße so schwer, dass die fertige Auflage samt Satzmaterial vollständig vernichtet worden war.[292] Auch wenn ein Reserveexemplar die Reproduktion doch noch ermöglichte, lag in diesem Vorfall so etwas wie ein dunkles Vorzeichen: Der Haushalt drohte in den kommenden Monaten tatsächlich endgültig zusammenzubrechen. Neben den Belastungen durch die weiter steigenden Kriegsaufwendungen führte insbesondere der dramatische Bevölkerungsrückgang von ca. 400.000 Einwohnern zu einem massiven Einnahmeschwund. Allein bei den städtischen Werken rechnete man mit einem Gebührenverlust von 15 Millionen Reichsmark.[293] Die Stadtspitze ging bereits im Herbst 1944, also zur Hälfte des Rechnungsjahres, mindestens von einem Haushaltsdefizit von 20 Millionen Reichsmark aus.

Alle diese Berechnungen waren jedoch rein theoretischer Art. Da keine weiteren Nachtragssatzungen und kein neuer Haushalt für das Jahr 1945 mehr aufgestellt wurden, gab es keinen offiziellen Rechnungsabschluss. Die Buchhaltung funktionierte im Hintergrund weiter, wenn auch unter dem Druck erheblichen

---

289 Vgl. Pfeiffer, Ratsherren, 14.3.1944, StadtAM, RSP 717/1. Dazu zählte er zu den direkten Kriegsaufwendungen neben dem Kriegsbeitrag und dem Zuschuss zum Familienunterhalt etwa noch die Zuschüsse zum Ernährungs- und Wirtschaftsamt, zum Kriegsschädenamt, zu den Hilfskrankenhäusern, zur Behebung von Fliegerschäden, zum Luftschutzwachdienst und zu den Luftschutzmaßnahmen.

290 Vgl. Vorbericht, Haushaltssatzung der Hauptstadt der Bewegung 1944, S. XIX.

291 Vgl. Pfeiffer, Ratsherren, 14.3.1944, StadtAM, RSP 717/1.

292 Vgl. Finanzreferat an das Statistische Amt der LHS München, Leistungsbericht der Stadt am Jahresende, 21.6.1946, S. 2, StadtAM, BuR 2397.

293 Vgl. Fiehler, Ratsherren, 24.10.1944, StadtAM, RSP 717/1.

Personalmangels, stark »vereinfacht« und zum Teil fehlerhaft.[294] Auf die tatsächliche Politik wirkte sich das aber nicht mehr aus. Es galt vielmehr längst das Motto, das Oberbürgermeister Fiehler bereits im März 1944 ausgegeben hatte: »Wir kommen also in diesem Jahr noch durch und hoffen, dass das der letzte ausgesprochene Kriegshaushaltsplan sein wird. Wie es später geht, ist eine Sorge, die uns nicht rühren braucht.«[295]

---

294 Vgl. Städtisches Revisionsamt an städtisches statistisches Amt, Leistungsbericht der Stadt am Jahresende, 24.5.1946, StadtAM, BuR 2397, nach denen für die Kriegsendphase und infolge der Stilllegung der Revision zum 1.9.1944 zahlreiche »Fehler, Verstöße und Unterlassungen« im Buchungswesen festgestellt worden seien.

295 Fiehler, Ratsherren, 14.3.1944, StadtAM, RSP 717/1.

II. Herren des Geldes
Die Akteure der kommunalen Finanzpolitik

Im vorangegangenen Kapitel haben wir den Haushaltsplan als zentrales Steuerungsinstrument städtischer Finanzpolitik kennengelernt. Nur am Rande bin ich bislang darauf eingegangen, welche Akteure in die Planungen involviert waren. Aus rein technischer Sicht ist das schnell geklärt: Die Unterabteilung der Kämmerei, die für die Aufstellung des Haushaltsplans zuständig war, umfasste sechs Beamte.[1] Sie stand unter der Leitung des erfahrenen Stadtdirektors Georg Hussendörfer (1885-1948)[2] und seines Stellvertreters Karl Schmid. Untergebracht waren die Mitarbeiter im Rathaus am Marienplatz, in zwei Räumen von je 35 qm Fläche. Die Büros waren stickig, eng und laut. Ein Teil der Räumlichkeiten konnte aufgrund der schlechten Lichtverhältnisse kaum genutzt werden. Sechs große Aktenschränke mussten darin ebenfalls Platz finden, denn die Finanzbeamten benötigten bei ihrer täglichen Arbeit stets eine verhältnismäßig große Anzahl an Dokumenten griffbereit. Der Geräuschpegel, der von den damals üblichen Schreib- und Rechenmaschinen ausging, störte die Konzentration erheblich. Kurzum: Das wichtigste städtische Verwaltungswerk entstand unter erschwerten Bedingungen in einem kleinen, aber keineswegs stillen Kämmerlein des Münchner Rathauses.

Über die rein technische Produktion hinaus ist die Frage nach den beteiligten und verantwortlichen Personen deutlich schwieriger zu beantworten. Die einzelnen Posten im gedruckten Plan wurden nicht nur von den ›kleinen‹ und ›größeren‹ Finanzfachleuten in der Kämmerei und den angegliederten Ämtern verwaltet, zusammengestellt und hochgerechnet (II.1-2); hinter den schlichten Zahlen stand mitunter auch ein monatelanger politischer Aushandlungs- und Entscheidungsprozess zwischen verschiedenen innerstädtischen Akteuren (II.3). Außerdem beeinflussten in ganz entscheidendem Maße verschiedene außerstädtische Instanzen die Gestaltungsspielräume der Stadt (II.4): auf Landes- und

1 Die Ausführungen hier und im Folgenden beziehen sich auf die Situation im Jahr 1941. Vgl. die Beschreibungen im Aktenvermerk »Raumnot«, 16.8.1941, StadtAM, Kämmerei 1848.

2 Bevor er auf Befehl der Militärregierung vom 6.6.1945 aus dem Amt ausschied, war Georg Hussendörfer etwa 20 Jahre in der Kämmerei an führender Position tätig gewesen. Seine tragende Rolle im Rahmen der städtischen Haushaltserstellung wird in einer internen Beurteilung vom 9.4.1937 deutlich: »Hussendörfer ist ein selbständiger, unbedingt zuverlässiger Beamter, der zielsicher die gerade in den letzten Jahren immer zahlreicheren und schwierigeren etatrechtlichen und rechnungstechnischen Fragen gemeistert hat. Bei der im 3. Reich durchgeführten vollständigen Umstellung des gemeindlichen Haushalts- und gemeindlichen Steuerrechts hat er sich als eine besonders schätzenswerte Arbeitskraft erwiesen. An der Neuzusammenfassung der Vorschriften über das Haushalts-, Kassen- u. Rechnungswesen der Hauptstadt der Bewegung in der Finanzordnung vom 21.1.1936 hat er einen erheblichen Anteil« (vgl. Qualifikationsbuch 1924 bis 1958, StadtAM, Kämmerei, Abgabeliste 17.6.1999).

Reichsebene, bei der interkommunalen Vereinigung des Deutschen Gemeindetags und aufseiten unterschiedlicher Parteistellen. Die kommunale Finanzpolitik im Nationalsozialismus war mithin das Resultat vielfältiger Interaktionen zwischen einer Vielzahl von Beteiligten. Im Folgenden sollen die wichtigsten ›Herren des Geldes‹ vorgestellt und in ihrem Interaktionsgefüge umrissen werden.

1. Die städtischen Finanzbehörden: Organisationsstrukturen und Aufgabenfelder

Den institutionellen Kern der städtischen Finanzpolitik bildeten die Kämmerei und ihre fünf angegliederten Ämter: die Stadthauptkasse, das Rechnungsamt, das Stadtsteueramt, das Einziehungsamt und das Renten- und Hinterlegungsamt.[3] Wenn ich im folgenden Abschnitt die Organisationsstrukturen und jeweiligen Aufgabenfelder skizziere, wird auch deutlich, welche Bereiche die Finanzverwaltung über die Erstellung des Haushaltsplans hinaus noch umfasste und wem dabei welche Kompetenzen zufielen.

Die Stadtkämmerei

Noch heute bezeichnet man die zentrale Finanzbehörde einer Stadt wie selbstverständlich als »Kämmerei«. In München ging diese Namensgebung auf die nationalsozialistische Stadtführung zurück. Die Umbenennung des vormaligen »Finanzreferats« im Januar 1934 stand im Zusammenhang mit einer neuen städtischen Finanzordnung, die sich wiederum an einer vom Deutschen Gemeindetag neu aufgestellten Mustersatzung orientierte. Eine Reihe der darin vorgeschlagenen Begriffe übernahm man auch in München, unter anderem den der »Stadtkämmerei«. Der neue Name war damals für Oberbürgermeister Fiehler ein »nach aussenhin deutlich sichtbares Zeichen der Zusammenfassung aller städtischen Finanzangelegenheiten«.[4] Offensichtlich ging es ihm um die symbolische Wirkkraft. In der Umbenennung drückte sich der angestrebte Zeitenwechsel in der Finanzpolitik aus, demzufolge die Stadtführung auf Ordnung, Vereinheitlichung und effiziente Organisationsstrukturen setzte und sich bewusst von der sogenannten »Systemzeit« abgrenzen wollte. Gleichzeitig wurde eine begriffliche Traditionslinie aufgenommen. Mit dem Namen »Kämmerei«

---

3 Diese Organisationsstruktur blieb im gesamten Untersuchungszeitraum stabil. Nach dem Zweiten Weltkrieg kam unter anderem ein eigenständiges Amt zur finanziellen Bewältigung der Kriegsschäden hinzu, das ebenfalls dem Finanzreferat unterstellt war (vgl. Geschäftsverteilungsplan der Stadtverwaltung München, ca. 1946, StadtAM, BuR 1678).

4 Vgl. Fiehler, Haushaltsausschuss, 19.1.1934, StadtAM, RSP 708/7.

lehnte man sich an eine schon im Mittelalter übliche Bezeichnung an.[5] Im Vergleich zu den anderen städtischen Referaten zeigte sich in dem besonderen Begriff nicht zuletzt die übergeordnete Bedeutung, die allen Finanzfragen unter den damals gegebenen Verhältnissen zukam. In diesem Sinne ist es auch bezeichnend, dass die Stadtkämmerei im Rahmen der organisatorischen Umstrukturierungen bald darauf eine neue verwaltungsinterne Nummerierung erhielt: Sie wurde vom »Referat III« zu »Referat I«.[6]

Dass die von Fiehler konstatierte »Zusammenfassung aller städtischen Finanzangelegenheiten« allerdings mehr Anspruch als Wirklichkeit war, zeigt sich schon bei einem Blick auf die räumliche Ausbreitung der Behörde. Die einzelnen Dienststellen waren über das gesamte Stadtgebiet verteilt – ein Resultat der Erweiterung der Kommunalverwaltung in den Jahrzehnten zuvor. In einer Übersicht aus dem Jahr 1939 finden sich zwölf verschiedene Dienstorte, wobei in den Gebäuden in der Herzog-Wilhelm-Straße und der Sonnenstraße in der Nähe des Karlsplatzes ähnlich viele Mitarbeiter beschäftigt waren wie im Rathaus am Marienplatz.[7] Angesichts immer drängenderer Kapazitätsprobleme wurden ab 1941 Pläne zur Errichtung eines städtischen Finanzhauses vorangetrieben, das möglichst viele Dienststellen vereinen sollte. Diese konnten jedoch auch nach Kriegsende nie verwirklicht werden.[8]

Unabhängig davon, unter welchem Namen die Behörde firmierte[9] und wo sich ihre Dienststellen befanden, waren die zentralen Tätigkeitsfelder der Käm-

5 Vgl. Rädlinger, Stadtkämmerei, S. 47. Die begriffliche Rückbindung an mittelalterliche Traditionen fand etwas später auch bei der Umbenennung des vormaligen »Stadtrats« in »Ratsherren« statt, wie es die Deutsche Gemeindeordnung, 30.1.1935, § 48 Abs. 2, RGBl. I (1935), S. 55, vorschrieb. Sofern die Begriffe »Ratsherren« oder »Stadtrat« genauso wie »Kämmerei« und »Finanzreferat« in dieser Arbeit in einem allgemeinen Verständnis verwendet werden, sind sie als Synonyme zu betrachten.

6 Vgl. Rädlinger, Stadtkämmerei, S. 46. Die Veränderung der Nummerierung vollzog sich in zwei Schritten: Während das Finanzreferat vormals als »Referat III« fungierte, wurde es zunächst ab Juli 1934 zum »Referat II« und nach einer weiteren Umstrukturierung ab 1937 zum »Referat I«.

7 Vgl. Kämmerei an Personal- und Organisationsamt, Übersicht über sämtliche städt. Dienststellen und Betriebe, 15.6.1939, StadtAM, Kämmerei 1837.

8 Vgl. Akten zur Errichtung eines städtischen Finanzhauses 1941-1947, StadtAM, Kämmerei 1848: Die Pläne wurden 1941 sehr konkret, allerdings schon damals als Angelegenheit betrachtet, die erst nach dem Krieg umgesetzt werden sollte. Es belegt die Bedeutung der Finanzen in der Stadtpolitik, dass anvisiert wurde, das Finanzhaus an der oder in unmittelbarer Nähe zur geplanten »Prachtstraße« zwischen Bahnhof und Karlstor zu errichten. 1947 wurden die Pläne für das Finanzhaus nochmals aufgegriffen. Als Ort waren nun die Gebäude an der Ecke Herzog-Wilhelm- und Josephspitalstraße im Gespräch. Die letzten überlieferten Finanzierungsmodelle gehen von einer Gesamtsumme von 4,6 Mio. DM aus, die wesentlich von der Sparkasse mitgetragen werden sollten. 1953 verliefen die Planungen endgültig im Sande. Die damals favorisierten Gebäude sind bis heute (2016) in städtischer Hand und werden vom Referat für Arbeit und Wirtschaft genutzt.

9 Von 1937 an wurden im Zuge einer weiteren reichsweiten Vereinheitlichung der Verwaltungsorganisation die kommunalen »Referate« in Angleichung an den preußischen

merei von einer großen Kontinuität geprägt. Ihr Zuständigkeitsbereich umfasste das gesamte Finanzwesen der Stadt und der von ihr verwalteten Stiftungen. Die wichtigsten Aufgaben lagen im Haushalts-, Rechnungs- und Kassenwesen. Das umfasste die Aufstellung, Überwachung und Abwicklung des Haushaltsplans, den Zahlungsverkehr, die Geldverwaltung, Buchführung, Rechnungsstellung und Rechnungslegung. Darüber hinaus oblagen dem Finanzreferat laut Geschäftsverteilungsplan vom Juli 1934 folgende Aufgabenfelder:[10]

- Steuerwesen; Gemeindeumlagen, gemeindliche Steuern und örtliche Abgaben, Finanzausgleich, Steuerpflicht der Stadtgemeinde und der von ihr verwalteten Stiftungen
- Anleihewirtschaft, Schuldenverwaltung
- Verwaltung des Kapitalvermögens und seiner Erträgnisse; Stadtschuldbuch, Hinterlegung
- Kosten- und Stempelwesen, Beglaubigungen
- Beitreibungs- und Vollstreckungswesen
- Wahrnehmung gemeindlicher Rechte bei Zwangsversteigerungen, Zwangsverwaltungen, Konkursen und Vergleichen
- Vertretung der Stadtgemeinde als Drittschuldnerin
- Finanz- und Steuerstatistik
- Sparkassenwesen
- Bearbeitung der für die Stadtgemeinde allgemein bedeutsamen Finanzfragen

Anders als in einigen anderen Referaten der Stadtverwaltung kam es in der Kämmerei im Lauf der NS-Zeit kaum zu weitreichenden inhaltlichen Änderungen. Zwei wichtige Bedeutungsverschiebungen innerhalb der Aufgabenbereiche der Behörde sind jedoch zu nennen.

1.) Im Vergleich zur Weimarer Zeit veränderte sich die Relevanz der Sparkassenangelegenheiten ganz erheblich.[11] Dies hing mit der Verselbstständigung der öffentlichen Sparkassen im Dezember 1933 zusammen.[12] Im Zuge dessen wurde

Sprachgebrauch als »Dezernate« bezeichnet (vgl. Fiehler, Neufassung der Geschäftsverteilung, 14.12.1937, StadtAM, BuR 253/9). Hier wie im Folgenden werden »Referat« und »Dezernat« entsprechend synonym verwendet.

10 Vgl. Pfeiffer an Fiehler, Geschäftsaufgabenkreis der Stadtkämmerei, 14.3.1934, StadtAM, Kämmerei 1837; Geschäftsverteilung für den Stadtrat der Landeshauptstadt München, 1.7.1934, StadtAM, BuR 253/9.

11 Während in einem Geschäftsverteilungsplan von 1929 die Stadtsparkasse analog zum Stadtsteueramt oder dem Rechnungsamt noch als ein eigener, dem Finanzreferat unterstellter Dienstzweig fungierte, existierte in einem solchen aus dem Jahr 1934 nur noch ein Aufgabenbereich »Sparkassenwesen«. In der städtischen Geschäftsverteilung von 1938 findet sich die Sparkasse nur noch insofern wieder, als der Kämmerei zu diesem Zeitpunkt noch die Aufgabe als »Gewährsträgerin« obliegt (vgl. Aufgabenbeschreibung der Finanzverwaltung der Stadt München, 11.6.1929, StadtAM, Kämmerei 220; Geschäftsverteilung für die Verwaltung der Hauptstadt der Bewegung, 1.7.1938, StadtAM, BuR 253/9).

12 Vgl. Gesetz über die öffentlichen Sparkassen, 21.12.1933, GVBl. Bay. (1933), S. 489-520. Dieses Gesetz ging nicht unmittelbar von den neuen Machthabern aus. Schon

auch die Städtische Sparkasse München ab 1. Januar 1934 eine Anstalt des öffentlichen Rechts und damit formell eigenständig. Einige der früheren Zuständigkeiten der Kämmerei entfielen somit. Auch im städtischen Haushaltsplan tauchte die Sparkasse fortan nicht mehr auf. Als »Gewährsträgerin« haftete die Stadt allerdings weiterhin und sowohl Oberbürgermeister Fiehler als auch der Stadtkämmerer Pfeiffer saßen im neu gebildeten Verwaltungsrat.[13]

2.) Im Laufe der 1930er-Jahre gewannen Fragen rund um den Finanzausgleich an Bedeutung im Aufgabenportfolio der Kämmerei. Während dieser im Rahmen der Geschäftsverteilung von 1934 nur als ein untergeordneter Bereich des Steuerwesens auftauchte, wurde er im Jahr 1938 als eigener Aufgabenkreis aufgenommen. Als weitere Obliegenheit wird darin die »Vertretung der Stadt und ihrer Stiftungen in Steuerangelegenheiten und im Steuerstreitverfahren«[14] genannt, was ebenfalls mit fiskalpolitischen Verteilungsfragen zusammenhing. Der Zeitpunkt dieser Anpassungen im Aufgabenbereich der Behörde überrascht nicht: In das Jahr 1938 fiel der Höhepunkt der Konflikte um den Finanzausgleich. Die eilig durchgesetzte Realsteuerreform brachte eine Vielzahl von ungeklärten Fragen mit sich, die anschließend ausgehandelt werden mussten. Das betraf nicht zuletzt die Regelungen zum innerbayerischen Finanzausgleich. München, das werden wir unten noch sehen, war ein zentraler Akteur bei diesen innenpolitischen Auseinandersetzungen um die Geldverteilung; und die Kämmerei war die Behörde, die die Stadtführung dafür mit Argumenten in Form von Berechnungen und Statistiken ausrüstete.[15]

Die Verantwortung für die verschiedenen Tätigkeitsfelder des städtischen Finanzwesens war organisatorisch auf zwei, später drei Abteilungen aufgeteilt. Die erste war unter anderem für das Haushaltswesen zuständig. Somit fiel in diesen Verantwortungsbereich auch jene beengt arbeitende Unterabteilung, die für die Erstellung des Haushaltsplans zuständig war. Die zweite Abteilung hatte

durch die Notverordnung vom 6.10.1931 waren Vorschriften erlassen worden, die für alle deutschen Sparkassen rahmengebend waren (Dritte Verordnung des Reichspräsidenten zur Sicherung von Wirtschaft und Finanzen und zur Bekämpfung politischer Ausschreitungen, 6.10.1931, RGBl. I (1931), S. 554f.). Darin wurden die einzelnen Landesregierungen verpflichtet, ihr Sparkassenwesen mit diesen reichsrechtlichen Bestimmungen in Einklang zu bringen. Das Gesetz vom Dezember 1933 beruhte in weiten Teilen auf diesen Notverordnungsbestimmungen (vgl. Ettenhuber, Stadtsparkasse, S. 199f.).

13 Auch aufgrund der rechtlichen Verselbstständigung der Sparkasse gleich zu Beginn der NS-Zeit soll ihr im Rahmen dieser Studie kein eigener Untersuchungsschwerpunkt gewidmet werden. Der ›Akteur Stadtsparkasse‹ wird jedoch im Folgenden noch an einigen Stellen auftauchen, denn trotz der Ausgliederung als eigene Institution blieb weiterhin eine enge Wechselbeziehung zur Stadtverwaltung bestehen. Zur Geschichte der Münchner Sparkasse im Nationalsozialismus vgl. Ettenhuber, Stadtsparkasse, S. 199-216; allgemein zur Geschichte der Sparkassen im »Dritten Reich« vgl. Boelcke, Veränderungen, sowie Mura, Entwicklungslinien.

14 Geschäftsverteilung für die Verwaltung der Hauptstadt der Bewegung, 1.7.1938, StadtAM, BuR 253/9.

15 Siehe unten, Kapitel III.1.

vor allem die Steuerverwaltung zu erledigen. Ab 1942 kam zur Entlastung noch eine dritte Abteilung hinzu.[16] Die Mitarbeiter dieser Abteilungen arbeiteten dem Kämmerer und seinem Stellvertreter direkt zu. Es waren dort relativ wenige – Ende 1937 gab es 16 Mitarbeiter –, aber sehr gut ausgebildete Beamte tätig, unter ihnen etwa ein Stadtsyndikus, der als juristischer Beirat für alle Dienststellen der Behörde fungierte. Auch die jährlichen Etatreden des Kämmerers wurden dort entworfen.[17] Zudem hatten diese Beamten eine übergeordnete und koordinierende Funktion gegenüber den fünf angegliederten Ämtern, wo viele der ›praktischen‹ Aufgaben im städtischen Finanzwesen ausgeführt wurden und wo das Gros der über 800 städtischen Mitarbeiter im Finanzbereich beschäftigt war.[18] Hier trat die Finanzverwaltung in direkten Kontakt zu den Bürgern der Stadt.

Die Stadthauptkasse

Die Stadthauptkasse war nicht nur das älteste städtische Amt im Finanzbereich, sondern mit 250 bis 400 Mitarbeitern im Untersuchungszeitraum auch das größte. Mit ihren einzelnen Kassenabteilungen war sie für die Einziehung aller gemeindlichen Steuern, Umlagen und Gebühren sowie für die kassenmäßige Behandlung von Einnahmen und Ausgaben des Gemeindehaushalts zuständig. Dabei bildeten zahlreiche städtische Kassenzweigstellen mit der Hauptkasse einen sogenannten Kassenverbund, was dem verwaltungstechnischen Grundsatz der Kasseneinheit entsprach.[19] Eine solche Kassenzweigstelle war auch das Städ-

16 Nach dieser Erweiterung der Organisationsstruktur 1942 waren sowohl die Abteilungen I als auch II für das Gemeindewirtschaftsrecht zuständig. Das beinhaltete das Haushaltsrecht einschließlich des hier einschlägigen Vermögens-, Schulden- und Rücklagenrechts und die Anleihe- und Kreditwirtschaft (Abt. I) sowie das Rechnungsrecht, Stadtschuldenverwaltung, Haushalts- und Vermögensrechnung und Finanzstatistik (Abt. II). Die Abteilung III, deren Aufgaben denen der früheren Abteilung II entsprachen, kümmerte sich um die Hauptsteuerverwaltung. Das umfasste die Aufgabenfelder Finanzausgleich, Steuerhaushaltsplan, Steuerpflicht der Stadt und der Stiftungen, Hypothekenrecht und -verwaltung, Kassen-, Beitreibungs-, Hinterlegungs- und Sparkassenrecht (vgl. Münchner Jahrbuch 1942, S. 17).

17 Vgl. die Aussage des damaligen Mitarbeiters und späteren Stadtdirektors Karl Schmid, Gesuch um Vorprüfung gemäß Gesetz zur Befreiung von Nationalsozialismus und Militarismus, 5.7.1946, StAM, SpkA (München) Karl Schmid K 1636.

18 Diese Größenordnung – genau 836 Beamte und Angestellte – bezieht sich auf Juni 1939 und geht aus einem Schreiben von Kämmerer Pfeiffer an das Personalamt hervor (vgl. Übersicht über sämtliche städtischen Dienststellen und Betriebe, 15.6.1939, StadtAM, Kämmerei 1837).

19 Vgl. Aufgabenbeschreibung der Finanzverwaltung (Referat III), 11.6.1929, S. 20, StadtAM, Kämmerei 220. So waren der Stadthauptkasse einige Sonderkassen – die der Straßenbahnen, der Krankenhäuser oder der Gaswerke – und über 200 Kassenzweigstellen – von Wohlfahrtsbezirksämtern, Schwimmbädern oder Volksschulen – unterstellt. Eine Ausnahme im Rahmen der städtischen Kasseneinheit bildete die städti-

tische Leihamt in der Augustenstraße 20. Es gewährte den Münchnern gegen Pfand entsprechend verzinste Darlehen. Dieses Leihamt erlangte durch seine Tätigkeit ab Frühjahr 1939 eine unheilvolle Funktion. Denn es wurde zur offiziellen »Ankaufsstelle« im Rahmen der Edelmetallabgabe, die das Reich von Juden einforderte. Weiter unten wird auf die Praxis in dieser Abteilung noch näher einzugehen sein.[20]

Einige Zahlen aus dem Jahr 1928 können den Umfang der Tätigkeiten veranschaulichen, den das Amt bereits vor der Weltwirtschaftskrise zu bewältigen hatte: Insgesamt 244 Beamte und Angestellte wickelten mithilfe von 21 Schreibmaschinen, elf Additionsmaschinen, 15 Registrier- und Buchungsmaschinen sowie einer Adressiermaschine jährlich allein im Rahmen der Gebührenabrechnung 2,1 Millionen Rechnungen ab; 630.000 Kassenposten wurden gebucht, die Behörde führte 83.000 Konten; die Einhebung von Gas-, Strom- und Wassergebühren erledigten 55 Gelderheber, die jeweils ca. 150 Rechnungen am Tag bearbeiteten; fünf hauptberufliche Geldzähler waren angestellt, und der Umsatz im Ein- und Auszahlungsgeschäft lag bei insgesamt 800 Millionen Reichsmark im Jahr.[21]

Die Krisenjahre und die anschließende Zeit des Nationalsozialismus hatten große Auswirkungen auf den Geschäftsumfang und veränderten den Zuschnitt der Behörde nachhaltig. Das Amt musste sich zunächst auf verschiedene Notsteuern und zusätzliche Gebühren einstellen,[22] später auf zahlreiche neue Steuer- und Tarifbestimmungen. Daneben wurden ihm etliche Zusatzaufgaben übertragen, wie etwa Raten aus dem staatlich organisierten Verkauf von Elektrogeräten und Volksempfängern einzukassieren oder die Ergebnisse von Straßensammlungen feszustellen.[23]

Anfang der 1930er-Jahre konnten mehr und mehr Bürger ihre Schulden nicht oder nicht rechtzeitig begleichen. Die Zahl der Mahnschreiben, die die Stadthauptkasse verschicken musste, stieg bei etwa gleichbleibendem Gesamtumsatz der Behörde zwischen 1930 und 1932 von 137.000 auf 218.000.[24] Die zuständigen Beamten mussten immer mehr Stundungen gewähren und Rückstandsanzeigen ans Vollstreckungsamt senden, das sodann die weitere Bei-

sche Spar- und Girokasse, die auch schon vor ihrer rechtlichen Verselbstständigung ab 1.1.1934 eine eigenständige Kasse geführt hatte und somit nicht dem Amt der Stadthauptkasse unterstellt war.

20 Siehe unten, Kapitel III.4.
21 Vgl. Aufgabenbeschreibung der Finanzverwaltung (Referat III), 11.6.1929, S. 24, StadtAM, Kämmerei 220.
22 Dazu zählten etwa die Feuerschutzabgabe, die 1930 eingeführt und 1931 erhöht wurde, die Sondererhebung von Straßenreinigungsgebühren im Winter 1930/31, die Wiedereinführung der Gemeinde-Getränkesteuer, die Einführung der Bürgersteuer im Jahr 1931 und die Erhebung eines Notzuschlags zu den Straßenreinigungs-, Hausunratabfuhr- und Kanalbenutzungsgebühren ab Oktober 1932 (vgl. Verwaltungsbericht der Landeshauptstadt München 1930-1932, S. 51).
23 Vgl. Verwaltungsbericht der Hauptstadt der Bewegung 1936 und 1937, S. 50 f.
24 Vgl. Verwaltungsbericht der Landeshauptstadt München 1930-1932, S. 51.

treibung übernahm. Während die Zahl der Mahnschreiben, die die Stadthauptkasse verschickte, noch Mitte der 1930er-Jahre weiter stieg – 235.000 Stück im
Jahr 1937 –, reduzierte sich die Anzahl der Stundungen – von knapp 300.000
im Jahr 1933 auf 135.000 im Jahr 1937 – und Rückstandsanzeigen – von 125.000
im Jahr 1933 auf 91.000 im Jahr 1937 – erheblich.[25] Ob mit diesen Zahlen tatsächlich eine »eindeutige Besserung der allgemeinen wirtschaftlichen Verhältnisse und auch des Zahlungswillens«[26] der sogenannten Volksgenossen zu belegen ist, wie die Kämmerei in offiziellen Aussagen behauptete, oder eher eine
effizientere und strengere Eintreibungspraxis dahintersteckte, sei an dieser Stelle
noch offengelassen.[27]

Bemerkenswert ist, dass mit den gestiegenen Anforderungen seit den Krisenjahren eine Welle administrativer Professionalisierung in der Behörde einherging. Das betraf etwa die sukzessive Automatisierung der Arbeitsabläufe,[28] die
Personalausstattung[29] und vor allem die Art des Zahlungsverkehrs. Während tra-
ditionellerweise die Stadthauptkasse das Amt innerhalb der Kämmerei mit dem
größten Publikumsverkehr war, vollzog sich Anfang der 1930er-Jahre ein rascher
Wandel zum bargeldlosen Zahlungsverkehr. Die Ausmaße lassen sich einerseits
am rapiden Anstieg der von der Stadthauptkasse verwalteten Konten ablesen:
Während 1929 noch 83.000 Konten geführt wurden, sprang deren Anzahl bis
1932 auf 360.000 und bis 1935 sogar auf über 500.000.[30] Andererseits förderte
das Amt durch die Umgestaltung von Abrechnungs- und Abbuchungsverfah-
ren auch den »unbaren Zahlungsverkehr« direkt mit den Münchner Bürgern.[31]
Die Zahl der bargeldlosen Eingänge (Scheck, Post und Überweisung) erhöhte
sich von 720.000 Einzelzahlungen im Jahr 1933 auf etwa 1,2 Millionen Posten

---

25 Vgl. Verwaltungsbericht der Hauptstadt der Bewegung München 1933/34-1935/36,
    S. 60; Verwaltungsbericht der Hauptstadt der Bewegung 1936 und 1937, S. 51.
26 Vgl. Verwaltungsbericht der Hauptstadt der Bewegung 1936 und 1937, S. 51.
27 Siehe dazu unten Kapitel III.2.
28 Vgl. Angaben zu den maschinellen Hilfsmitteln im Verwaltungsbericht der Landes-
    hauptstadt München 1930-1932, S. 51. Allein im Zeitraum 1936/37 wurde der soge-
    nannte »Maschinenpark« der Stadthauptkasse um drei Ankerbuchungsmaschinen, zwei
    rechnende Schreibmaschinen des Modells »Mercedes-Add-Elektra«, sieben Schreibma-
    schinen, fünf Rechenmaschinen mit elektrischem Antrieb, zwei Rechenmaschinen mit
    Handbetrieb und eine »Rheinmetall«-Rechenmaschine mit elektrischem Antrieb er-
    weitert (vgl. Verwaltungsbericht der Hauptstadt der Bewegung 1936 und 1937, S. 51).
29 Während Ende der 1920er-Jahre noch etwa 250 Beamte und Angestellte in der Stadt-
    hauptkasse beschäftigt waren (vgl. Aufgabenbeschreibung der Finanzverwaltung der
    Stadt München, 11.6.1929, S. 26, StadtAM, Kämmerei 220), stieg der Personalstand bis
    zum Jahr 1937 auf 385 an (vgl. Verwaltungsbericht der Hauptstadt der Bewegung 1936
    und 1937, S. 52).
30 Vgl. Verwaltungsbericht der Hauptstadt der Bewegung München 1933/34-1935/36,
    S. 60.
31 Vgl. ebd., S. 59 f.

im Jahr 1937.[32] Im selben Jahr wurden außerdem bereits jährlich 187.000 Strom- und Wasserrechnungen per Abbuchung beglichen.[33]

Diese Formen der administrativen Modernisierung wurden ganz erheblich von einer internen Dringlichkeit forciert, da die veränderten und neu zugewiesenen Aufgabenbereiche sonst nicht mehr zu bewältigen gewesen wären. Was hier für die Stadthauptkasse gezeigt wurde, kann als allgemeines Muster für die gesamte städtische Finanzverwaltung festgehalten werden. Während neue Einnahmeposten wie die Wohlfahrtsabgabe oder die Bürgersteuer, später die Realsteuern oder die Fremdenverkehrsabgabe, einerseits dringend benötigt wurden, bedeuteten sie andererseits eine Zusatzbelastung für die beteiligten Ämter und konnten nur durch Personalerweiterung und Effizienzsteigerung bewältigt werden.

Das Rechnungsamt

Eine der wichtigsten verwaltungstechnischen Errungenschaften auf kommunaler Ebene war bereits im ausgehenden 19. Jahrhundert die Trennung von Kassenwesen und städtischer Buchhaltung.[34] Daraus entwickelte sich in München das 1910 gegründete Rechnungsamt. Anders als die Stadthauptkasse trat es nach außen selten in Erscheinung, genoss aber intern eine hohe Wertschätzung als »Hauptstütze der gemeindlichen Verwaltung überhaupt«.[35] Denn der Rechnungsdienst bot die Grundlage für die städtische Bilanz. Wenn der Haushaltsplan bis zum Beginn eines Haushaltsjahres im April verabschiedet werden sollte, dann wurde das Amt bereits im Oktober zuvor damit beauftragt, die nötigen Unterlagen für den ersten Entwurf vorzulegen. Auch während des Rechnungsjahres kam den Beamten dort die wichtige Aufgabe zu, die Haushaltsführung bis zum Kassenvollzug zu überwachen. Nach dem Ablauf des Rechnungsjahres vollzogen sie den Bücherjahresabschluss und erstellten die Übersichten für die Gemeindehauptrechnung.

Anschließend erfolgte die Revision einerseits intern durch das Rechnungsprüfungsamt, das aber, um die relative Unabhängigkeit zu wahren, nicht der Kämmerei, sondern direkt dem Oberbürgermeister unterstellt war. Andererseits konnte es für bestimmte Bereiche eine überörtliche Revision durch den Bayerischen Prüfungsverband öffentlicher Kassen geben.[36] Da der nationalsozialis-

32 Vgl. Verwaltungsbericht der Hauptstadt der Bewegung München 1933/34-1935/36, S. 60; Verwaltungsbericht der Hauptstadt der Bewegung 1936 und 1937, S. 51.
33 Vgl. Verwaltungsbericht der Hauptstadt der Bewegung 1936 und 1937, S. 51.
34 Vgl. Rädlinger, Stadtkämmerei, S. 24 f.
35 Vgl. Aufgabenbeschreibung der Finanzverwaltung der Stadt München (Referat III), 11.6.1929, StadtAM, Kämmerei 220.
36 Zur Regelung der örtlichen und überörtlichen Rechnungsprüfung bei Gemeinden vgl. Deutsche Gemeindeordnung, 30.1.1935, §94-§103, RGBl. 1 (1935), S. 61 f. Die Entstehung dieser zweifachen Revision ging auf einen Beschluss aus dem Jahr 1932 zurück,

tischen Stadtverwaltung aus propagandistischen Gründen gerade in den ersten Jahren des Regimes eine möglichst zügige Verkündigung des Haushaltsabschlusses besonders wichtig war, verfügte Oberbürgermeister Fiehler bereits 1933 Maßnahmen zur Beschleunigung.[37] Diese bestanden unter anderem darin, den Rechnungsabschluss bereits vor der endgültigen Prüfung aller Einzelrechnungen zu erstellen und bekannt zu geben. Falls durch die Revision noch Änderungen des Zahlenwerks nötig wurden, sollten diese so weit wie möglich im nachfolgenden Rechnungsjahr und damit unter weitgehendem Ausschluss der Öffentlichkeit ausgeglichen werden.[38]

Im Untersuchungszeitraum wirkten sich vor allem zwei Begebenheiten auf den Aufgabenzuschnitt des Rechnungsamts aus: Erstens bestimmten die verschiedenen Initiativen zur formalen Vereinheitlichung des gemeindlichen Haushaltswesens wie in Kapitel I zum Teil schon dargestellt die Geschäftstätigkeit der Behörde in ganz erheblichem Maße.[39] Denn es oblag speziell den etwa 90 Mitarbeitern im Rechnungsamt,[40] die jeweiligen von der Politik vorgegebenen Ordnungsbestimmungen – beispielsweise die Einführung der neuen Hauptbegriffe des städtischen Haushaltswesens oder die Neugliederung von Haushaltsgruppen und Einzelplänen – in der Verwaltungspraxis umzusetzen. Besondere Schwierigkeiten bereitete im Jahr 1937 der vom Staatsinnenministerium verordnete Übergang von der Ist- zur Soll-Verrechnung, der für die Beamten »völliges Neuland«[41] bedeutete.[42] Die Herausforderung bestand darin, das neue Abschlussverfahren anzuwenden, ohne in der bestehenden und gewachsenen stadtinternen Organisation des Anweisungs-, Kassen- und Rechnungsdienstes große Änderungen vornehmen zu müssen. Unter den Bedingungen ständiger formaltechnischer Neuerungen vonseiten des Reichs zwischen 1933 und 1939 musste das Projekt einer neuen Finanzordnung für die Stadt Mün-

als die Stadt München freiwillig dem Prüfverband beitrat, aber gleichermaßen ihre eigene Revision beibehalten wollte (vgl. Scharnagl, TOP Überörtliche Revision, Hauptausschuss, 18.2.1932, StadtAM, RSP 705/2).

37 Vgl. Verwaltungsbericht der Hauptstadt der Bewegung München 1933/34-1935/36, S. 58. Siehe dazu auch die Ausführungen in der Einleitung und oben Kapitel I.2.

38 Der § 96 der im Januar 1935 erlassenen Deutschen Gemeindeordnung (RGBl. I [1935], S. 61 f.) machte dieses Vorgehen allerdings ab 1935 rechtswidrig.

39 Siehe oben, Kapitel I.4.

40 Vgl. die Angabe des Personalstandes im Jahr 1938 in: Verwaltungsbericht der Hauptstadt der Bewegung 1936 und 1937, S. 49.

41 Verwaltungsbericht der Hauptstadt der Bewegung 1936 und 1937, S. 49.

42 Vgl. dazu auch den Akt »Übergang vom ›Ist‹- zum ›Soll‹-Abschluss«, StadtAM, Kämmerei 2019. Von der Rechnungslegung des Jahres 1937 an wurden in den Jahresabschluss neben den tatsächlichen Einnahmen und Ausgaben (Ist-Einnahmen und -Ausgaben des Rechnungsjahres) zukünftig auch bereits die Einnahmen- und Ausgabenrückstände (auch genannt »Kassenreste«) eingerechnet. Das waren jene Beträge, die zwar bereits zur Auszahlung oder Annahme angewiesen, aber von der Kasse zum Zeitpunkt des Rechnungsabschlusses noch nicht vollzogen worden waren.

chen, die die Beamten im Rechnungsamt aufstellen sollten, immer wieder aufgeschoben werden.[43]

Ein zweiter Aspekt, der erheblichen Mehraufwand für das Amt hervorrief, hing mit der Stadtentwicklung zusammen. Zum einen bedingten die Arbeitsbeschaffungsmaßnahmen einen steigenden Geschäftsverkehr beim Rechnungsamt, weil durch die vermehrte Bautätigkeit in der Stadt eine deutlich höhere Zahl an Ausgabeposten bearbeitet und teilweise auch mit anderen Trägern abgerechnet werden musste.[44] Zum anderen stellten die zahlreichen Eingemeindungen der 1930er-Jahre die städtischen Behörden auch im Hinblick auf die fiskalischen Formalitäten vor etliche Herausforderungen. Dabei war besonders das Rechnungsamt in die Vorbereitungen und die Durchführung der administrativen Integration der jeweiligen Gemeinden in die Verwaltungsstrukturen der Stadt involviert. Im Februar 1938 wurde dafür sogar eine eigene Abwicklungsstelle eingerichtet.[45] Ohne die Verwaltungsarbeit der Buchhalter des Rechnungsamtes im Hintergrund wäre die ambitionierte Expansion der Stadt jedenfalls nicht umsetzbar gewesen.

Das Stadtsteueramt

Das Stadtsteueramt entstand im Zuge einer Neuordnung des Finanzreferats im Jahr 1923. Es war, wie es in einer Aufgabenbeschreibung aus dem Jahr 1929 heißt, »wenig geschätzt, aber für die Finanzen der Stadt sehr notwendig«.[46] Die Mitarbeiter verwalteten die gemeindlichen Steuern, die Anteile an Reichs- und Landessteuern sowie später die Schlüsselzuweisungen und behandelten alle sonstigen für die Stadtgemeinde auf diesem Gebiet einschlägigen Fragen. Dazu zählte auch die eigene Steuerpflicht der verschiedenen städtischen Betriebe. »Wenig geschätzt« war das Amt vor allem, weil es auch für die Steuerbescheide zuständig war, sofern es sich um gemeindliche Steuern handelte. Dazu führten die Beam-

---

43 Nach Jahren der Vorarbeit und Ergänzungen des Entwurfs konnte der Oberbürgermeister auch im Januar 1936 nur eine »Dienstanweisung zu Regelung der Wirtschaftsführung« verkünden, da man weiterhin auf die übergeordneten Regelungen aus dem Reichsinnenministerium warten musste. Die bis dahin geltenden Vorschriften der Stadt München aus dem Rechnungs-, Kassen- und Prüfungswesen datierten aus den Jahren 1917 und 1918 und wurden endgültig mit der am 1.4.1935 in Kraft tretenden DGO obsolet.

44 Vgl. Verwaltungsbericht der Hauptstadt der Bewegung München 1933/34-1935/36, S. 58.

45 Vgl. Verwaltungsbericht der Hauptstadt der Bewegung 1936 und 1937, S. 49. Dafür entstanden Stellen für vier Mitarbeiter, die allerdings in gleicher Anzahl an anderer Stelle im Rechnungsamt durch die Vereinigung der Rechnungsstellen der Krankenhäuser und des Schlacht- und Viehhofes eingespart wurden.

46 Aufgabenbeschreibung der Finanzverwaltung der Stadt München (Referat III), 11.6.1929, StadtAM, Kämmerei 220.

ten einmal im Jahr eine Personenstandsaufnahme durch, auf deren Grundlage Steuerkarten ausgeschrieben und an die Bürger verschickt wurden.

Auch im Stadtsteueramt erweiterte sich der Arbeitsbereich durch die verschiedenen Eingemeindungen erheblich – die Stadt wuchs zwischen 1938 und 1942 auf über 800.000 Einwohner an.[47] Wie das Rechnungsamt war auch das Steueramt bereits im Vorfeld der Eingemeindungen involviert, weil die Mitarbeiter Gutachten über die steuerlichen Verhältnisse der in Betracht kommenden Umland-Orte erstellten.[48] Außerdem mussten sie durch die sukzessive Vergrößerung der Einwohnerzahl eine höhere Anzahl an Steuerbescheiden anfertigen und verschicken. Gleichzeitig erforderten die Steuerreformen zwischen 1936 und 1938, im Rahmen derer die Verwaltungshoheit der Realsteuern vom Land auf die Gemeinden überging, erhebliche Umstrukturierungen und Erweiterungen beim Stadtsteueramt.[49]

Während die Stadt lange Zeit auf eine Vielzahl von Aushilfskräften zurückgriff, die nur für die Hochphasen der Steuererhebung eingestellt wurden,[50] überwog wegen der gestiegenen Anforderungen seit 1935 festangestelltes Personal, sodass die Aufgaben über das ganze Jahr hindurch erledigt werden konnten. Bemerkenswert ist, wie dieser personalpolitische Kurswechsel intern vor den Ratsherren begründet wurde: Fiehler rechtfertigte ihn parteikonform, indem er darauf verwies, dass damit die Möglichkeit einhergehe, verdienten Altparteigenossen Dauerposten in der Stadtverwaltung zu verschaffen.[51] Innerhalb von zwei Jahren wuchs der Personalstand jedenfalls von 104 Beamten und Angestell-

---

47 Vgl. Schattenhofer, Wirtschaftsgeschichte, S. 165 f.; Haerendel/Krüger, »Groß-München«, S. 289 f. Schon die erste Erweiterungswelle 1938 brachte der Stadt knapp 30.000 neue Einwohner, was bedeutete, dass sie Köln als drittgrößte Stadt des Reichs überholte.

48 Vgl. Verwaltungsbericht der Hauptstadt der Bewegung 1936-1937, S. 42.

49 Vgl. Pfeiffer, Beiräte für Verwaltungs-, Finanz- und Baufragen, 3.2.1938, StadtAM, RSP 711/2: Früher sei das Stadtsteueramt nur »ein verhältnismäßig untergeordnetes Amt« gewesen, weil »im wesentlichen das Dotationssystem bestanden« habe. Da es kaum eine »eigene Steuergebarung der Gemeinde« gegeben habe, sei der »entsprechende Ausbau des Stadtsteueramtes« nicht vorwärtsgetrieben worden. Seit Dezember 1936 habe sich die Situation grundlegend geändert, da das Bestreben dahin gegangen sei, »die Landessteuern abzubauen und die Gemeinden künftig stärker als Steuerträger heranzuziehen«. Damit wiederum habe es sich »als Notwendigkeit herausgestellt, unser Stadtsteueramt entsprechend herauszubilden«.

50 Vgl. Verwaltungsbericht der Landeshauptstadt München 1930-1932, S. 40, in dem von 150 Aushilfskräften die Rede ist, die jedes Jahr zwischen Oktober und März eingestellt wurden.

51 Vgl. Fiehler, Hauptausschuss, 7.3.1935, RSP 708/2. Wie viele »Alte Kämpfer« davon tatsächlich profitierten und eine Festanstellung erhielten, und ob es dem OB tatsächlich darum ging, diese in der Verwaltung unterzubringen oder ob es eine reine Rechtfertigungsstrategie vor den Münchner Ratsherren war, um deren Unterstützung zu sichern, ist nicht mehr eindeutig zu rekonstruieren.

ten im März 1936 auf 188 im Jahr 1938.[52] Wirkliche Experten blieben gleichwohl rar. Noch im Februar 1938 klagte Pfeiffer darüber, dass er »keinen brauchbaren Vorstand im Stadtsteueramt« habe und es eigentlich nur zwei Beamte gebe, die »Positives leisten« und wegen des Mangels an qualifizierten Kollegen völlig überfordert seien.[53]

Abhilfe konnten bis zu einem gewissen Grad technische Entwicklungen schaffen, die im gleichen Zeitraum vorangetrieben wurden und zu weitreichenden Veränderungen im Verwaltungsablauf führten. Erstmals 1936 wurden die Steuerkarten durch eine neu angeschaffte Adressier-Maschine – im Verwaltungsjargon nach dem Hersteller »Adrema« genannt – produziert.[54] Die Anschaffungskosten für das Gerät betrugen 400.000 Reichsmark. Diese beträchtliche Summe wurde intern insofern gerechtfertigt, als von der Adrema, die eigentlich für den Einsatz bei Wahlen oder Abstimmungen gedacht und demnach beim Wahlamt aufgestellt war, eben auch das Stadtsteueramt Nutzen haben könnte.[55] Indem für jeden steuerpflichtigen Münchner im Laufe eines Jahres eine eigene Adressplatte hergestellt wurde, konnten am Stichtag im Herbst mit der Maschine die rund 425.000 Steuerkarten in sehr kurzer Zeit gedruckt werden.[56]

Eine weitere Modernisierung des Verwaltungsablaufs im Steueramt folgte 1940 und bezog sich auf die Aufnahme der Steuerdaten. Die Anschrift, der Familienstand und die sonstigen Besteuerungsmerkmale sollten nun nicht mehr nach den eigenen handschriftlichen und oft unzuverlässigen Angaben der steuerpflichtigen Personen, sondern durch behördliche Zusammenarbeit erfasst werden, indem verschiedene Meldungen (Umzüge, Zuzüge, Todesfälle oder Eheschließungen) der einzelnen in Betracht kommenden Behörden wie das Polizeipräsidium oder das Standesamt zusammengetragen wurden. Das Verfahren wurde nach außen als »moderner und zuverlässiger« dargestellt,[57] auch weil es weitgehend vonstattenging, ohne die Bürger selbst zu involvieren. Wichtig war letztlich vor allem, dass es auch griff, wenn die jeweiligen Steuerschuldner zum Krieg eingezogen waren. Nicht zuletzt wegen solcher verwaltungstechnischer Anpassungen im und an den Krieg blieben die Steuereinnahmen der Stadt lange konstant. Zugleich ist dieses Phänomen ein Beispiel dafür, wie verwaltungstechnische Effizienzsteigerung im Umkehrschluss nicht selten mit der Ausweitung von Kontroll- und Überwachungsmöglichkeiten und in manchen Fällen auch mit der Verfolgung bestimmter Bevölkerungsgruppen korrespondierte.[58]

52 Vgl. Verwaltungsbericht der Hauptstadt der Bewegung für die Rechnungsjahre 1936 und 1937, S. 53.

53 Vgl. Pfeiffer, Beiräte für Verwaltungs-, Finanz- und Baufragen, 3.2.1938, StadtAM, RSP 711/2.

54 Vgl. Verwaltungsbericht der Hauptstadt der Bewegung für die Rechnungsjahre 1936 und 1937, S. 42.

55 Vgl. Beiräte für Verwaltungs-, Finanz- und Baufragen, 2.5.1935, StadtAM, RSP 708/3.

56 Vgl. Leistungsbericht des Stadtsteueramts am Jahresende 1940, S. 3, StadtAM, BuR 260/9.

57 Vgl. ebd.

58 Siehe dazu auch unten, Kapitel III.2.

Das Einziehungsamt

Das 1922 gegründete »Vollstreckungsamt« wurde im März 1937 umbenannt. Fiehler erklärte in einer Ausschusssitzung, dass er »der Bezeichnung das Unangenehme« nehmen wolle.[59] Fortan hieß es »Einziehungsamt«. An dem mitunter »unangenehmen« Tätigkeitsprofil der Behörde änderte das freilich nichts. Die Mitarbeiter hatten die Aufgabe, sämtliche Forderungen zugunsten der Stadt von Firmen und Bürgern zu »vollstrecken« oder, um es mit einem anderen Terminus des Amtsdeutsch zu sagen, »beizutreiben«. Dies betraf Steuerschulden ebenso wie ausstehende Abgaben oder Gebühren, z. B. Strom- und Wasserrechnungen. Es gab unterschiedliche Schritte eines Beitreibungsverfahrens: beginnend mit schriftlichen Mahnungen, die zunächst noch von der Stadthauptkasse versandt wurden, über den Besuch eines Vollstreckungsbeamten, bis zu Erzwingungshaft, Zwangsvollstreckung oder Verpfändung – bei offensichtlicher Zahlungsunwilligkeit. Kooperierte der Schuldner, etwa indem er seine Zahlungsunfähigkeit per Offenbarungseid kundtat, konnte ihm das Amt aber auch auf verschiedene Weise entgegenkommen, zum Beispiel Ratenzahlungen vereinbaren oder Schulden teilweise oder sogar ganz erlassen.

Das Einziehungsamt mit seinen rund 130 Mitarbeitern[60] hatte also dafür zu sorgen, dass die städtischen Einnahmen nicht nur auf dem Papier – das heißt: im Haushaltsplan – standen, sondern auch tatsächlich in der Stadtkasse ankamen. Den Beamten, die hier in direkten Kontakt zur Bevölkerung traten, blieben erhebliche Ermessensspielräume im Bereich der Eintreibungspraxis. Sie mussten in der Lage sein, die Verhältnisse der Schuldner zutreffend zu beurteilen, um, wie es in einer internen Aufgabenbeschreibung 1929 hieß, »die Zahlungsunfähigen, jedoch Zahlungswilligen zu schonen und gegen böswillige Schuldner energisch und rechtzeitig vorzugehen«.[61] Das Amt hatte in der Eigenbeschreibung »demnach als vornehmste Aufgabe den sozialen Ausgleich zu schaffen zwischen den berechtigten Belangen der Stadtgemeinde und den vertretbaren Interessen der Pflichtigen«. Die Aufgabe sei »undankbar, schwierig und mühevoll«.[62] Vor allem aber ermöglichten diese Kompetenzen – das wird unten noch genauer zu zeigen sein –, dass unter der nationalsozialistischen Stadtführung eine ideologisch motivierte Einziehungspraxis Einzug halten konnte.[63]

---

59 Fiehler, Beiräte für Angelegenheiten des Gemeindehaushalts und der Beiräte für die städt. Versorgungs- und Verkehrsbetriebe, 7.2.1936, StadtAM, RSP 709/6. Ein anderer Grund für die Umbenennung lag darin, dass der Begriff »Einziehung« dem gewachsenen Aufgabenbereich des Amtes, der über die reine »Vollstreckung« hinausging, besser entsprach (vgl. Verwaltungsbericht der Hauptstadt der Bewegung 1936 und 1937, S. 54).

60 Diese Zahl bezieht sich auf den Stand im Juni 1939 (vgl. Schreiben von Pfeiffer an das Personalamt, Übersicht über sämtliche städtische Dienststellen und Betriebe, 15.6.1939, StadtAM, Kämmerei 1837).

61 Aufgabenbeschreibung der Finanzverwaltung der Stadt München (Referat III), 11.6.1929, S. 29, StadtAM, Kämmerei 220.

62 Vgl. ebd., S. 30.

63 Siehe unten, Kapitel III.2.

Neben dem Stadtsteueramt war das Einziehungsamt die Behörde innerhalb der Kämmerei, die sich im Untersuchungszeitraum am meisten veränderte und dabei stark vergrößerte.[64] Es war diese Dienststelle, die in den Jahren der Weltwirtschaftskrise die Not der Massen am direktesten zu spüren bekommen hatte. So kamen Anfang der 1930er-Jahre die Beamten nicht mehr hinterher, die zahlreichen Rückstandsanzeigen zu bearbeiten. 1932 wurde zwar aus Spargründen kurz über die gänzliche Abschaffung des Amts nachgedacht, dies aber wieder verworfen, weil der Ausfall an Vollstreckungsgebühren die Einsparungen bei Weitem überschritten hätte.[65] Während von der Stadthauptkasse 1929 noch etwa 48.000 Rückstände gemeldet wurden, wuchs deren Anzahl bis 1932 auf nahezu 140.000 an.[66] Insbesondere die Beitreibung der neu eingeführten Wohlfahrtsabgabe und Bürgersteuer erwies sich als große Beanspruchung. Für die Durchführung musste eigens eine neue Abteilung gegründet werden. Weil im Zuge der Realsteuerreform diverse Belastungsverschiebungen bei der Gewerbesteuer zutage traten, stieg auch hier die Zahl der Stundungs- und Erlassanträge, die bearbeitet werden musste, noch einmal an. Die Stadtführung stellte für den Härteausgleich bei der Gewerbesteuer eine Million Reichsmark aus Haushaltsmitteln zur Verfügung. Das Amt gewann weiter an Bedeutung, weil die Zuständigkeit der Sachbearbeiter in diesem Zusammenhang stark ausgedehnt wurde: Während sie vorher nur Niederschlagungen bis zum Betrag von 50 Reichsmark verantworten durften, wurde die Grenze nun auf 2.500 Reichsmark ausgedehnt.[67] Die Beamten im Einziehungsamt hatten somit die wichtige Funktion inne, die Auswirkungen der vom Reich »durchgepeitschten«[68] Steuerreformen auf lokaler Ebene und im direkten Kontakt mit den Bürgern auszubalancieren.

Schließlich kam etwa zur gleichen Zeit noch ein weiterer Funktionsbereich hinzu: Die Einziehungsbeamten übernahmen die Ausstellung von sogenannten »steuerlichen Unbedenklichkeitsbescheinigungen«, die einerseits bei der Zuweisung von öffentlichen Aufträgen und andererseits bei Auswanderungsanträgen benötigt wurden.[69] Zunächst waren bei Auswanderungsanträgen, die in der

64 Der Verwaltungsrat Josef Beer spricht von einem Mitarbeiterzuwachs von 40 auf 124 Mitarbeiter und einer Steigerung des Einziehungsgeschäfts von 4,5 Mio. RM auf 12,5 Mio. RM, den das Einziehungsamt seit der »Machtergreifung« erlebte (vgl. Beer an Tempel, Stellenplan für das Einziehungsamt, 1.7.1939, StadtAM, PA 13050 Phillipp Sprengart).

65 Vgl. Vorschlag von Scharnagl, Sparkommission, 8.2.1932, StadtAM, RSP 704/17.

66 Vgl. Verwaltungsbericht der Landeshauptstadt München 1930-1932, S. 54. Dabei hatten sich die Rückstandswerte nicht im gleichen Maße erhöht. Vielmehr hatte es die Behörde mit immer mehr und auch kleineren Beträgen zu tun, deren Zahlung ausblieb.

67 Vgl. Verwaltungsbericht der Hauptstadt der Bewegung 1936 und 1937, S. 54.

68 Pfeiffer, Beiräte für Verwaltungs-, Finanz- und Baufragen, 3.2.1938, StadtAM, RSP 711/2.

69 Die Angaben zur Menge und Art der ausgestellten Dokumente können nicht mit letzter Sicherheit nachvollzogen werden. Der Verwaltungsbericht der Hauptstadt der Bewegung 1936 und 1937, S. 53, wies für das Rechnungsjahr 1936 in 276 Fällen und für 1937 in 477 Fällen Unbedenklichkeitsbescheinigungen aus. Hingegen heißt es dort auf

Mehrzahl Juden stellten, nur Unbedenklichkeitsbescheinigungen der staatlichen Finanzämter notwendig gewesen. Da es aber anscheinend Fälle gab, in denen jüdische Emigranten die kommunale Steuer- oder Gebührenschuld nicht beglichen hatten, setzte sich Karl Fiehler entschieden dafür ein, dass auch von Kommunen eine steuerliche Auskunft einzuholen sei. Im Herbst 1936 verfügte die Reichsstelle für Devisenbewirtschaftung tatsächlich, dass Auswanderungswillige neben dem bereits üblichen Dokument des Finanzamts zusätzlich ein solches von der Wohnsitzgemeinde beizubringen hatten.[70] Die Praxis der Bearbeitung und Ausstellung lässt sich mangels Quellen für München nicht mehr exakt nachvollziehen. Sicher scheint aber, dass einem Sachbearbeiter im städtischen Einziehungsamt mithin die Rolle zukam, mit seinem Votum die Ausreise eines Juden zu ermöglichen, zu verzögern oder gar zu blockieren. Auch auf diese Weise wurden die Einziehungsbeamten zu einem integralen Teil im immer dichteren Verfolgungsnetzwerk.

Das Renten- und Hinterlegungsamt

Die ehemalige Fondskasse wurde 1934 zum Renten- und Hinterlegungsamt. Dessen Aufgabe lag darin, das gesamte Kapitalvermögen der Stadt und ihrer Stiftungen – inklusive Wertpapieren und Hypotheken – zu verwalten. Außerdem war es zuständig dafür, geldliche Sicherheitsleistungen oder sonstige, der Stadt zur Aufbewahrung übergebene nicht gemeinde- oder stiftungseigene Werte sogenannte Hinterlagen, zu verwahren. Darüber hinaus wurden dort das Stadtschuldbuch und die Kasse der städtischen Amtsvormundschaft geführt, das heißt, der Dienststelle oblag in etwa 2.000 Fällen der Geldverkehr zwischen leiblichen Eltern und ihren unter Vormundschaft stehenden Kindern bzw. deren Pflegeeltern. Die Verweigerung von Unterhaltszahlungen konnte unter Umständen ein Grund für die Einweisung ins Konzentrationslager Dachau sein.[71] Einmal mehr zeigt sich an diesem Beispiel, dass Finanzverwaltung und Gesellschaftspolitik im Allgemeinen und Verfolgungspolitik im Besonderen während der NS-Herrschaft eng zusammenhingen.

Die finanzpolitischen Handlungsspielräume der Beamten und Angestellten im Renten- und Hinterlegungsamt stellten sich aber ansonsten, verglichen bei-

---

S. 54, dass es 1936 3.167 und im Jahr darauf 6.469 gewesen seien. Möglicherweise beziehen sich die niedrigeren Werte auf die Testate für Auswanderungsanträge, während die höheren Werte entweder die für öffentliche Auftragsvergabe ausgestellten Bescheinigungen oder die Gesamtzahl aller ausgestellten Nachweise betreffen.

70 Vgl. Präsident des Landesfinanzamts München an Fiehler, Unbedenklichkeitsbescheinigung für Auswanderer, 11.11.1936, StadtAM, Kämmerei 2145. Anders als Rädlinger, Stadtkämmerei, S. 51, behauptet, war das städtische Einziehungsamt demnach bereits ab 1936 und nicht erst 1939 in die Erstellung von Unbedenklichkeitsbescheinigungen involviert.

71 Vgl. Wimmer, Ordnung, S. 294.

spielsweise mit den Kollegen beim Einziehungsamt, als verhältnismäßig gering dar. Die Entscheidungskompetenz über den An- und Verkauf von Wertpapieren etwa lag nicht beim Amtsdirektor, sondern beim Oberbürgermeister unter Mitsprache des Kämmerers.[72] Der Amtsleiter war lediglich für die praktische Umsetzung des Verkaufs oder Ankaufs zuständig. Dabei entschied er zum Beispiel aus einer Reihe von zulässigen Wertpapieren darüber, welche ange- oder verkauft werden sollten, sowie darüber, bei welchen Bankinstituten die Transaktion durchzuführen war. Doch auch hier gab es enge Grenzen. Gemäß einer immer noch gültigen Verordnung aus dem Jahr 1905 durfte die Stadt eigentlich nur mit fünf zugelassenen Geldanstalten zusammenarbeiten: der Bayerischen Staatsbank, der Bayerischen Hypotheken- und Wechselbank, der Bayerischen Vereinsbank, der Bayerischen Gemeindebank und der Städtischen Sparkasse.[73] Die Beschränkung auf diese Institute galt auch hinsichtlich der Frage, wo das Kapitalvermögen aus den Gemeindefonds angelegt werden sollte.[74] Soweit es sich um die Anlage von Festgeldern handelte, durfte der Direktor des städtischen Renten- und Hinterlegungsamts hier ebenfalls nur mit schriftlicher Genehmigung des Kämmerers handeln.

Mit knapp zwei Dutzend Mitarbeitern war die Dienststelle die kleinste der an die Kämmerei angegliederten Behörden.[75] Sie hatte aber dafür mit umso größeren Geldwerten zu tun: Im Jahr 1933 verwaltete man 95 Gemeindefonds mit einem Geldvolumen von 98 Millionen Reichsmark.[76] Wertpapiere und andere Anlagen besaß die Stadt im Wert von 50,3 Millionen Reichsmark. Dem Amt oblag im selben Jahr außerdem die Verwaltung einer Geldsumme von 13 Millionen Reichsmark, die sich auf insgesamt 433 städtische Stiftungen aufteilte. Die Zahl der Hypotheken, die zugunsten der Stadt liefen, belief sich auf 2712 im Gesamtwert von 47,9 Millionen Reichsmark. Außerdem wurden 6466 Hinterlagen im Wert von 11,5 Millionen Reichsmark verwahrt. Das Stadtschuldbuch umfasste 174 unterschiedliche Konten.

72 Wenn Wertpapiere im Nennwert von mehr als 100.000 RM verkauft wurden, sollte auch eine vorherige Beratung mit den Finanzbeiräten stattfinden (vgl. Pfeiffers Vorschläge zu Richtlinien bei der Anlage der Gelder der Stadthauptkasse und des städtischen Renten- und Hinterlegungsamtes, Beiräte für Verwaltungs-, Finanz- und Baufragen, 2.5.1935, StadtAM, RSP 708/3).

73 Vgl. Pfeiffers Vorschläge zu Richtlinien bei der Anlage der Gelder der Stadthauptkasse und des städtischen Renten- und Hinterlegungsamtes, Beiräte für Verwaltungs-, Finanz- und Baufragen, 2.5.1935, StadtAM, RSP 708/3.

74 Stiftungsgelder durften sogar ausschließlich, dann aber auch vom Amtsleiter selbst, bei der Sparkasse angelegt werden. Bei Anleihe- oder Kreditgeschäften konnten hingegen auch mit anderen Banken Geschäfte gemacht werden.

75 Vgl. Schreiben von Pfeiffer an das Personalamt, Übersicht über sämtliche städtische Dienststellen und Betriebe, 15.6.1939, StadtAM, Kämmerei 1837, in dem beim Renten- und Hinterlegungsamt 18 Beamte und 4 Angestellte ausgewiesen sind.

76 Vgl. Verwaltungsbericht der Hauptstadt der Bewegung München 1933/34-1935/36, S. 61.

Während der Umfang der nicht gemeinde- oder stiftungseigenen Werte, die die Behörde verwahrte – Hinterlagen, Stadtschuldbuch, Amtsvormundschafts-konten –, über die Jahre relativ konstant blieb, stiegen die Anzahl und der Umfang der verwalteten Rücklagenfonds ab Mitte der 1930er-Jahre merklich an. Zu einem wesentlichen Teil war das auf die von Reichsinnenminister Frick erlassene Rücklagenverordnung vom 5. Mai 1936 zurückzuführen, welche die Gemeinden zur verstärkten Fondsbildung aufforderte und verlangte, dass darüber eine alljährliche Statistik geführt würde.[77] Schon 1937 führte die Münchner Behörde 164 Fonds mit einem Kapitalwert von 154,3 Millionen Reichsmark, wobei das Vermögen insbesondere in Wertpapieren und sonstige Anlagen, vor allem Reichsanleihen, angelegt worden war, deren Wert am Jahresende 1937 allein bei 90,6 Millionen Reichsmark lag.

Einen weiteren Einschnitt in der Amtstätigkeit markierte der Kriegsbeginn, da er für das Renten- und Hinterlegungsamt eine besondere Gefahr darstellte. Die Wertpapiere und Hinterlagen, die das Amt verwaltete, waren bis dahin im Rathaus in zwei Tresoren von je 28 qm aufbewahrt worden.[78] Da man dort Beschädigung, Verlust und Vernichtung fürchtete, wurden zunächst mehrere Verzeichnisse erstellt und an verschiedenen Orten hinterlegt.[79] Die Wertpapiere selbst wurden schließlich 1942 unter anderem in den südlichen Münchner Stadtteil Solln sowie ins oberbayerische Gotzing bei Weyarn transportiert.[80] Ein Großteil der Wertgegenstände ›überlebte‹ so zwar den Krieg, nicht aber den 20. Juni 1948. Im Zuge der Währungsreform verlor die Stadt München über die Jahre angesammelte Rücklagen im Wert von 430 Millionen Reichsmark.[81] Für das Renten- und Hinterlegungsamt begann eigentlich erst danach eine neue Zeitrechnung.

Die gut 800 Mitarbeiter, die in der Stadtkämmerei und den unterstellten Ämtern angestellt waren, erstellten also nicht nur den jährlichen Haushaltsplan, sondern verwalteten auch Konten, überwachten Rechnungen, kauften und verkauften Wertpapiere, legten Vermögen an, erstellten Steuerbescheide und trieben Außenstände ein. Mitunter standen ihnen dabei auch selbst Entscheidungsspielräume offen, vor allem dem Personal in der Stadthauptkasse und dem Einziehungsamt, das in direkten Kontakt mit den Bürgern trat. Die übergeordnete Funktion des Behördenapparats lag aber vor allem darin, die Zielvorgaben der städtischen Finanzpolitik zuverlässig umzusetzen oder, um es mit Bernhard Gotto zu sagen, in »administrativ handhabbare Formen«[82] zu gießen. Eine be-

---

77 Vgl. Rücklagenverordnung, 5.5.1936, RGBl. I (1936), S. 435-438.
78 Vgl. Aktenvermerk »Raumfrage der städtischen Finanzverwaltung«, 25.1.1941, StadtAM, Kämmerei 1848.
79 Vgl. Renten- und Hinterlegungsamt, Leistungsbericht der Stadt, 16.11.1940, StadtAM, BuR 260/9.
80 Vgl. Pfeiffer, Dezernentenbesprechung, 18.5.1942, StadtAM, RSP 715/16.
81 Vgl. Rädlinger, Stadtkämmerei, S. 57.
82 Gotto, Stabilisierung, S. 25.

sondere Bedeutung kam dabei den jeweils leitenden Beamten zu, die ich im folgenden Kapitel genauer in den Blick nehmen möchte. Welche Gesichter standen hinter dem vermeintlich unpersönlichen Behördenapparat?

2. Die städtische Finanzelite: »unpolitisch«, unersetzlich, anpassungsfähig

Stadtkämmerer Andreas Pfeiffer

An der Spitze der Stadtkämmerei stand im gesamten Untersuchungszeitraum Andreas Pfeiffer. Die Leitung hatte er im Jahr 1925 zunächst stellvertretend und zwei Jahre später voll verantwortlich übernommen. Es waren stürmische Zeiten: Pfeiffers Vorgänger Adam Kronenberger (1884-1945), der das Finanzreferat seit 1918 geführt hatte, war über seine angeblichen Verwicklungen in die »Lesi«-Affäre bei der Bayerischen Girozentrale gestürzt, in dessen Folge einer der wichtigsten Finanzpartner der Stadt kurz vor dem Zusammenbruch stand.[83] Die Stadt München wurde von den Ereignissen insofern tangiert, als sie mit dem renommierten Kreditinstitut ein enges Geschäftsverhältnis pflegte und eine Insolvenz die Landeshauptstadt direkt und massiv betroffen hätte.[84] Der damalige Finanzreferent Kronenberger geriet nicht nur als verantwortlicher Stadtvertreter in die Kritik, der öffentliche Gelder angelegt und das riskante Geschäftsgebaren nicht bemerkt hatte, sondern auch persönlich, weil er für seine Nebentätigkeit im Direktorium der Girozentrale Sitzungsgelder angenommen und von der Bank ein verbilligtes Privatdarlehen in Höhe von 40.000 Reichsmark erhalten hatte, das ihm den Erwerb eines Einfamilienhauses ermöglichte – laut Völkischem

83 Vgl. dazu Gotto, Von den Anfängen, S. 82-94: Die Girozentrale, Dachvereinigung der Bayerischen Sparkassen, hatte horrende Geldsummen in ein Bauprojekt investiert, dessen Geschäftsmodell darin lag, die vom Ersten Weltkrieg verwüsteten Gegenden Nordfrankreichs wiederaufzubauen. Hinter dem Baukonzern mit dem Akronym »Lesi« standen der Kaufmann Dr. Fredo Lehrer und Günther von Siemens, Mitglied der berühmten Industriellenfamilie. Die Girozentrale, die im Zuge ihres riskanten Investments bayerische Sparkassengelder außerhalb Bayerns anlegte, wurde mit der Aussicht auf hohe Zinserträge aus den Krediten und einer sagenhaft hohen Beteiligung von 50 % am prognostizierten Unternehmensgewinn gelockt. Doch der »Lesi«-Konzern »entpuppte sich als eine einzige große Seifenblase« (S. 85) und die Girozentrale stand ob dieser Fehlinvestitionen im Frühjahr 1925 kurz vor dem Bankrott.

84 Zum einen waren dort sowohl die flüssigen Gelder als auch viele Fondsbestände angelegt: Im April 1925 handelte es sich um insgesamt 27 Mio. RM (vgl. Scharnagl, Stadtrat, 7.4.1925, StadtAM, BuR 489/1), was fast der Hälfte der Gesamteinlagen der Bank entsprach (vgl. zu den Einlagen Tabelle bei Gotto, Von den Anfängen, S. 88). Zum anderen haftete die Stadt gemeinsam mit allen anderen bayerischen Gemeinden als Bürge bei Ausfällen. Aufgrund der drohenden Pleite war die Girozentrale im Frühjahr 1925 deshalb davon abhängig, dass München, neben Nürnberg der wichtigste Gläubiger, seine Gelder nicht abzog. Durch das Eingreifen der Deutschen Girozentrale mit einer Ausfallbürgschaft wurden die Sorgen jedoch bald aufgefangen.

*Abb. 6: Stadtkämmerer
Andreas Pfeiffer, November 1941*

Beobachter eine »Luxusvilla«.[85] Die folgende Disziplinaruntersuchung entlastete den Finanzreferenten,[86] jedoch wurde Kronenberger aus gesundheitlichen Gründen zum 1. Januar 1927 in dauerhaften Ruhestand versetzt.[87] Der öffentliche Aufschrei war groß. Am Amt des Finanzreferenten haftete nun das Etikett des Unseriösen. Nicht zuletzt die gerade ins Rathaus eingezogene nationalsozialistische Stadtratsfraktion um den späteren Oberbürgermeister Fiehler versuchte, aus der Affäre politischen Profit zu schlagen, und schrieb ihr Narrativ vom korrupten Weimarer System fort.[88]

In dieser stadtpolitisch brisanten Lage war Andreas Pfeiffer geradezu eine ideale Nachfolgebesetzung. Denn er galt als krisenerprobter, höchst integrer und über alle politischen Fraktionen hinweg anerkannter Fachmann.[89] Als Sohn eines Postbeamten wurde Pfeiffer am 14. November 1882 im mittelfränkischen Wassertrüdingen geboren.[90] Zwischen 1902 und 1906 studierte er in Erlangen und München Jura, absolvierte anschließend die Ausbildung für den höheren Justiz- und Verwal-

85 Vgl. Aussage von Kronenberger zu den Vorwürfen, Stadtrat, 7.4.1925, StadtAM, BuR 489/1.

86 Vgl. Akt Untersuchungsausschuss in Kronenbergers Personalakte, StadtAM, PA Abgabeliste 20/75 Nr. 141 Adam Kronenberger.

87 Vgl. Rechtsrat Dr. Kronenberger pensioniert, in: Münchner Neueste Nachrichten 352, 22.12.1926, StadtAM, PA Abgabeliste 20/75 Nr. 141 Adam Kronenberger.

88 Fast 10 Jahre später, im Jahr 1934, versuchten die Nationalsozialisten sogar das Verfahren gegen Kronenberger nochmal neu aufzurollen, um ihm die Pensionsbezüge zu kürzen, was jedoch nicht gelang (vgl. Vilsmaier, Untersuchungsausschuss Kronenberger, 14.8.1934, StadtAM, PA Abgabeliste 20/75 Nr. 141 Adam Kronenberger; Personalausschuss, 21.3.1934, StadtAM, RSP 707/6).

89 Vgl. das Urteil von Steinborn, Grundlagen und Grundzüge Münchener Kommunalpolitik, S. 369. Laut Spruchkammerbericht von Thomas Wimmer, 26.11.1947, StAM, SpkA (München) K 1411 Andreas Pfeiffer, war dieser zwischen 1914 und 1918 Mitglied der national-liberalen Fraktion und zwischen 1919 und 1920 etwa ein dreiviertel Jahr SPD-Mitglied. Der kurze Zeitraum der SPD-Mitgliedschaft und die Tatsache, dass diese von ihm selbst sonst nicht erwähnt wurde, sprechen dafür, dass Pfeiffer tatsächlich kein besonders politisch denkender Beamter war.

90 Vgl. hier und im Folgenden StadtAM, PA 12812 Andreas Pfeiffer sowie StAM, SpkA (München) K 1411 Andreas Pfeiffer.

tungsdienst in Bayern, schloss 1909 als Zweitbester der 371 Prüfungskandidaten ab und arbeitete zunächst beim Landgericht München. In den Dienst der Stadt trat er erstmals am 25. Juli 1914 ein – drei Tage bevor das Habsburger Reich Serbien den Krieg erklärte. Während des Ersten Weltkriegs profilierte sich Pfeiffer in zwei Funktionen an der »Heimatfront« in der Landeshauptstadt: zunächst als Wohnungsreferent und ab 1916 in der Position des Leiters des Lebensmittelreferats. Schon die Versetzung auf diesen in Kriegszeiten höchst verantwortungsvollen Posten wurde mit seinen herausragenden Fähigkeiten begründet, die ihm auch später attestiert wurden:

»Auf die Bedeutung dieses Postens für die Versorgung der Stadt und damit für die zur Zeit schon stark gefährdete Ruhe in der Bevölkerung braucht nicht hingewiesen zu werden. Es kann ruhig gesagt werden, dass der Lebensmittelreferent der Landeshauptstadt derzeit eine der wichtigsten Zivildienststellen des Landes bekleidet. Rechtsrat Pfeiffer, und er am meisten von unseren sämtlichen Referenten, besitzt die für diesen Posten notwendigen Eigenschaften. Er ist jung, hat noch die erforderlichen Nerven, verfügt über eine ungewöhnlich gute Auffassungsgabe, ist ein hervorragender Jurist und in der Debatte schlagfertig, außerdem ein so unabhängiger Charakter, dass von ihm erwartet werden kann, er werde dem Drängen gewisser Richtungen auf bessere Versorgung der Bevölkerung mit Lebensmitteln [...] Widerstand leisten. Aus diesen Gründen ist Rechtsrat Pfeiffer für die Stadtverwaltung zur Zeit tatsächlich unentbehrlich, ein Urteil, das die Stadt München bisher wohl bezüglich keines ihrer Beamten ausgesprochen hat.«[91]

Die organisatorische Kompetenz, die er damals als Lebensmittelreferent unter Beweis gestellt hatte, qualifizierte ihn neun Jahre später auch für die Leitung des Finanzreferats. Offensichtlich erhielt er dafür nicht nur die Unterstützung des damaligen BVP-Oberbürgermeisters Scharnagl, sondern auch die der nationalsozialistischen Stadtratsfraktion um Karl Fiehler. Es mag in diesem Zusammenhang kein ganz unwichtiges biografisches Detail sein, dass Pfeiffer als Lebensmittelreferent einige Jahre zuvor oberster Vorgesetzter des damals noch ›kleinen‹ städtischen Beamten Karl Fiehlers gewesen war.[92] Zunächst als Lebensmittelreferent und dann als Finanzreferent hatte Pfeiffer die Position eines berufsmäßigen Stadtrats inne. Er gehörte damit zu jener Gruppe der obersten Beamten, die zusammen mit dem Oberbürgermeister die Geschäfte führten. Während die hauptamtlichen Beigeordneten, wie sie auch genannt wurden, in der Weima-

91 Stadt München (gez. Merkt) an Königliches Kriegsministerium, Erkrankung des Lebensmittelreferenten, 13.9.1916, StadtAM, PA 12812 Andreas Pfeiffer.
92 Fiehler war kurz nach dem Ersten Weltkrieg zwischen 1919 und 1920 in einer Lebensmittelkartenverteilungsstelle der Stadt beschäftigt (vgl. Haerendel, Wohnungspolitik, S. 45). Zur selben Zeit war der 13 Jahre ältere Andreas Pfeiffer Leiter des städtischen Lebensmittelreferats. Wie gut sie sich hierbei kennengelernt haben, lässt sich nicht belegen.

rer Republik jeweils auf die Dauer von höchstens zehn Jahren vom Stadtrat gewählt wurden,[93] wurden sie später – entsprechend der Gemeindeordnung von 1935 – berufen, gegebenenfalls auch länger als 10 Jahre.[94] Als Andreas Pfeiffers Vertrag im Jahr 1939 nach 12-jähriger Amtszeit in der Stadtkämmerei auslief, bestand der »einmütige Wunsch«[95] der Ratsherren und des Oberbürgermeisters, diesen erneut für zwölf Jahre zu verlängern, was unter dem alten Kommunalrecht von 1927 nicht möglich gewesen wäre. Im »großen Interesse der Kontinuität« setzte sich der Münchner Oberbürgermeister außerdem dafür ein, dass das geltende Recht der DGO gebeugt wurde, als er den Chef der Reichskanzlei und Vertreter Hitlers als Parteibeauftragter von München, Heinrich Lammers, bat, im Falle von Pfeiffer auf die eigentlich notwendige Ausschreibung gänzlich zu verzichten.[96] So konnte Andreas Pfeiffer das Finanzreferat fast 20 Jahre lang führen. Über alle politischen und rechtlichen Zäsuren hinweg lag damit in der Person des Stadtkämmerers selbst ein Kontinuitätsmerkmal der städtischen Finanzpolitik.

Kurz nach Kriegsende, am 14. Mai 1945, stellte Pfeiffer aus gesundheitlichen Gründen den Antrag auf Versetzung in den vorzeitigen Ruhestand und kam damit der Absetzung durch die Militärregierung zuvor. Die Nachkriegszeit war für ihn, der 1933 der NSDAP beigetreten war, davon geprägt, um die Höhe seiner Pensionsansprüche zu kämpfen, deren Auszahlung von der Militärregierung blockiert wurde, sowie um das Wohnrecht in seiner ehemaligen Dienstwohnung, die 1945 beschlagnahmt worden war.[97] Es handelte sich um ein Anwesen in der Possartstraße im Münchner Edelstadtteil Bogenhausen mit sieben Zimmern und einem Garten, das Pfeiffer seit 1938 bewohnte und für das ihm der damalige OB Fiehler das Recht eingeräumt hatte, es auch nach der Ruhestandsversetzung weiter zu beanspruchen. Nachdem Pfeiffer mit »Sühnebescheid« vom 27. April 1948 als »Mitläufer« eingestuft worden war, wurde ihm ein Teil der geblockten Bezüge überwiesen und die Pension fortan wieder ausbe-

---

93 Vgl. Besondere Bestimmungen für die berufsmäßigen Mitglieder des Gemeinderats, Bay. GO (1927), Art. 97 f.

94 Vgl. Deutsche Gemeindeordnung, 30.1.1935, § 41, RGBl. I (1935), S. 54: In Großstädten oblag demnach bei der Stelle des Kämmerers eigentlich dem Parteibeauftragen – also im Falle von München Adolf Hitler persönlich – das Vorschlagsrecht, jedoch in Absprache mit dem Oberbürgermeister und den Ratsherren. Die Berufung vollzog letztlich offiziell der Reichsinnenminister. Zumindest im Falle von Pfeiffer und Stadtrat Mayr, der zur gleichen Zeit wie Pfeiffer wiederberufen wurde, verlief das tatsächliche Prozedere aber eher umgekehrt. Fiehler schlug, nach Absprache mit den Ratsherren, die beiden als einzige (!) Kandidaten vor und anschließend gab der Chef der Reichskanzlei, Heinrich Lammers, in Vertretung von Hitler genauso sein Einverständnis für diese Personalien wie der Reichsinnenminister und der Reichsstatthalter in Bayern.

95 Fiehler an Chef der Reichskanzlei Lammers, 6.5.1939, StadtAM, PA 12812 Andreas Pfeiffer.

96 Vgl. ebd.

97 Vgl. StAM, SpkA (München) K 1411 Andreas Pfeiffer.

zahlt.[98] In seine ehemalige Dienstwohnung nach Bogenhausen konnte er jedoch nicht zurückkehren. Er starb am 23. Oktober 1956 und wurde auf dem Münchner Nordfriedhof beerdigt.

Bei der Position des Finanzreferenten handelte es sich um eine Scharnierfunktion, denn er leitete einerseits die Verwaltungsbehörde und fungierte andererseits als Bindeglied zum Oberbürgermeister, zu den Ratsherren und den anderen hauptberuflichen Beigeordneten. Wegen dieser Doppelrolle kam auch Pfeiffers Stellvertreter Hans Schein (1888-1959) eine wichtige Bedeutung in der alltäglichen Führung der Finanzbehörde zu. Scheins Stelle wurde erst 1938 geschaffen. Im Zuge einer umfassenden Neuorganisation der Stadtverwaltung, die zum Ziel hatte, die Bürgermeister und Dezernenten zu entlasten, entstanden in vielen Sparten zusätzliche Positionen.[99] Während bis dahin mit dem Leiter des Bezirkspolizeidezernats, Dr. Karl Helmreich, ein anderer hauptamtlicher Beigeordneter nur als gelegentlicher Vertreter des Stadtkämmerers agiert hatte, wurde mit Hans Schein nun ein ständiger Stellvertreter installiert, der ein ausgewiesener Finanzverwaltungsfachmann war. Der Jurist entlastete Pfeiffer fortan vor allem auf interner Ebene in einer Vielzahl der oben beschriebenen Arbeitsbereiche.[100] Die Aufgaben, die größere kommunalpolitische Tragweite hatten, blieben aber in der alleinigen Verantwortung des Stadtkämmerers. Dazu zählten die Vertretung vor den Ratsherren oder die Richtlinienkompetenz in besonders brisanten Bereichen wie dem Steuerhaushalt oder dem Finanzausgleich.[101] Da der Stadtkämmerer in seiner Doppelrolle nicht nur die Behörde leitete, sondern auch auf der ›politischen Bühne‹ agierte, soll seine Bedeutung als eine zentrale Fachautorität im innerstädtischen Machtgefüge weiter unten noch näher analysiert werden.[102]

---

98 Dabei hatte er durchaus Glück, dass er das Geld noch bekam. Die Anweisung zur Nachzahlung seiner Ansprüche erfolgte im Mai 1948. Nur drei Monate später sollte die Verordnung zur Sicherung der Währung und der öffentlichen Finanzen vom 17.8.1948 bestimmen, dass Zahlungsverpflichtungen, die auf die Zeit vor den 21.6.1948 fallen, nicht mehr zu erfüllen sind.

99 Vgl. Fiehler an die Beigeordneten, Vertretung der Beigeordneten, 8.2.1938, StadtAM, BuR 1537.

100 Vgl. Eigene Eidesstattliche Erklärung, 11.4.1947, StAM SpkA (München) K 1411 Andreas Pfeiffer.

101 Die Beschränkung seines Wirkungskreises auf die behördeninternen Angelegenheiten erklärt möglicherweise auch, warum Schein erst 1941 Parteimitglied wurde – und damit viel später als Pfeiffer (vgl. Pfeiffer an Fiehler, Vertretung der Beigeordneten, 1.7.1938, StadtAM, BuR 1537).

102 Siehe unten, Kapitel II.3.

Die Stadtkämmerei und ihre Ämter

Stadtkämmerer: Adam Kronenberger (1918-1925), Andreas Pfeiffer (1925-1945), Paul Berrenberg (1945-1946)

Stellvertreter: Hans Schein (1938-1945/1947-1953), Karl Schmid (1953-1957)

Leitende Mitarbeiter: Georg Hussendörfer (1925-1945), Karl Schmid (1938-1953), Max Mueller, Erich Bohley (1938-1945/1948-1952), Oskar Leupold (1937/1941-1944), Hans Adam Gies (1940-1945), Friedrich Kalthoff (1939-1954)

Stadthauptkasse	Rechnungsamt	Stadtsteueramt	Einziehungsamt	Renten- und Hinterlegungsamt
Amtsleitung:	Amtsleitung:	Amtsleitung:	Amtsleitung:	Amtsleitung:
– Hugo Scheuthle (1930-1942)	– Oskar Leupold (1926-1941)	– Theodor Schöntag (1923-1938)	– Otto Eder (1927-1934)	– Josef Huber (1926-1942)
– Hans Kissling (1942-1945)	– Johann Sauerwein (1941-1943)	– Gustav Hefner (1938-1945)	– Anton Hundsdorfer (1934-1936)	– Anton Dietrich (1942-ca. 1951)
– Herman Meusel (1945-1948)	– Emil Chase (1943-1945/1946-1951)	– Ludwig Gascher (1945-1954)	– Otto Lausenmayer (1936-1938)	
		– Friedrich Kalthoff (1954-1957)	– Philipp Sprengart (1938-1943)	
			– Alfred Glocker (1943-1945)	
			– Gustav Wecker (1945-ca. 1951)	

Abb. 7: Führungspersonal der Stadtkämmerei und ihrer angegliederten Ämter[103]

Zuvor sollen einige kollektivbiografische Beobachtungen aufgezeigt werden, die die erweiterte Führungsebene der städtischen Finanzbehörden kennzeichnen. Dazu zählten neben dem Kämmerer und seinem Stellvertreter auch die leitenden Beamten im Finanzreferat sowie die fünf Amtsleiter; es handelte sich um Oberamtmanns-, Oberrechnungsrats-, Oberfinanzrats- oder Direktoren-Stellen ab Besoldungsstufe 12 aufwärts. Dieser Kreis von Personen ist insofern von Interesse, als er, Alf Lüdtke zufolge, zu den »Funktionseliten« unter-

103 Aufgelistet sind leitende Beamten, die entweder Direktorenstellen oder solche als »Oberfinanzrat« oder »Oberrechnungsrat« innehatten. Die Jahreszahlen in Klammern, soweit überliefert, beziehen sich nur auf jene Zeiträume, in denen die Beamten in der entsprechenden übergeordneten Position tätig waren. Die Übersicht entstammt der eigenen Rekonstruktion und garantiert keine Vollständigkeit. Sie beruht auf unterschiedlichen Quellenüberlieferungen, u. a. Münchner Jahrbuch 1940; Münchner Jahrbuch 1941; Münchner Jahrbuch 1942; Verzeichnis der Dienstfernsprechstellen der Stadtverwaltung München, Ausgabe Mai 1935, StadtAM, Bibl. L 1540/1935; Telefonbuch der Dienstsprechstellen der Stadtverwaltung, Ausgabe Juni 1938 StadtAM, Bibl. L 1540/1938; vorläufiges Fernsprechverzeichnis der leitenden Beamten der Stadtverwaltung München, August 1945, StadtAM, Bibl. L 1540a/1945; Qualifikationsbuch 1924 bis 1958, StadtAM, Kämmerei, Abgabeliste 17.6.1999; Übersicht leitende Kräfte der Stadtverwaltung, ca. 1944, StadtAM, BuR 1678; einige überlieferte Personalakten im StadtAM sowie Spruchkammerakten im StAM.

halb der politischen Führungsebene gezählt werden kann, die nicht nur durch ihre zuverlässige berufliche Tätigkeit, sondern auch durch die eigenständige Anwendung ihres Spezialwissens ganz wesentlich zur Stabilität der NS-Herrschaft beitrugen.[104] Wer gehörte also noch zu den städtischen Finanzexperten? Welches Geschlecht und Alter wiesen sie auf? Wie verliefen ihre Karrierewege? Wie standen sie zur NS-Ideologie?

Die Kontinuität des inneren Kreises

Eines fällt in Abbildung 7 sofort auf: Wir haben es beim Führungspersonal der städtischen Finanzbehörden genauso wie bei den politischen Entscheidungsfiguren ausschließlich mit Männern zu tun. Dabei gab es durchaus auch weibliche Angestellte oder Beamtinnen im städtischen Finanzwesen: 1932 etwa waren fünf der 14 Mitarbeiter im administrativen Kernbereich, dem Finanzreferat, weiblich. Ein überliefertes Qualifikationsbuch der Kämmerei und ihrer Dienststellen, das zahlreiche Mitarbeiterbeurteilungen aus den Jahren 1924 bis 1958 enthält, beinhaltet etliche Vermerke über weibliche Mitarbeiter.[105] Allerdings handelte es sich dabei vorwiegend um Angestellte oder Beamtinnen in den unteren Besoldungsgruppen: Kanzleisekretärinnen, Kanzleigehilfinnen oder Stenotypistinnen. Einige Male findet sich bei den Mitarbeiterbeurteilungen auch der Vermerk »wegen Verheiratung ausgeschieden«. Er verweist auf das sogenannte »Beamtinnen-Zölibat«, das in der NS-Zeit verschärft angewandt wurde: Es handelte sich dabei um eine gesetzlichen Regelung, die ursprünglich aus dem Kaiserreich stammte und der zufolge Beamtinnen nicht mehr im öffentlichen Dienst tätig sein durften, sobald sie heirateten.[106] Auch wegen dieser rechtlichen Schranken waren Karrierewege wie die von Rosa Hinterhäuser und Romana Müller selten: Beide waren – vermutlich ledig oder verwitwet – von 1931 bis in die Nachkriegszeit als Kanzleisekretärinnen in der Kämmerei tätig. Sowohl ihre hervorragenden Beurteilungen als auch verschiedene Aussagen in den Spruchkammerakten vermitteln den Eindruck, dass beide in all den Jahren zentrale Stützen der Behörde waren.[107]

104 Vgl. Lüdtke, Funktionseliten, S. 567, S. 582; zu den Funktionseliten im Nationalsozialismus vgl. auch den von Hirschfeld und Jersak herausgegebenen Sammelband »Karrieren im Nationalsozialismus. Funktionseliten zwischen Mitwirkung und Distanz« (2004); zu den lokalen Eliten in Kommunen siehe auch Schumann, Funktion (1983). Ebd., S. 32 definiert Schumann diese als »jene, die im Strukturzusammenhang gesellschaftlicher Prozesse zentrale oder sektorale Führungsfunktionen wahrzunehmen haben, die als formelle oder informelle institutionelle Repräsentationen beschreibbar sind«. Anders als ich es im Folgenden mache, grenzt Schumann jedoch den Eliten-Begriff explizit von der »Führungsgruppe« oder »Führungsschicht« ab.
105 Vgl. Qualifikationsbuch 1924 bis 1958, StadtAM, Kämmerei Abgabeliste 17.6.1999.
106 Vgl. Steinbacher, Frauen, S. 107; vgl. Wunder, Geschichte, S. 97.
107 Hinterhäuser war von 1931 bis zu ihrem Tod 1948 insgesamt 17 Jahre als Kanzleisekretärin tätig und erreichte am Ende sogar die Gehaltsstufe 6. Die Beurteilung vom

Am ehesten konnten es Frauen im Laufe des Krieges und in der unmittelbaren Zeit danach wegen des eklatanten Personalmangels zumindest in mittlere Positionen schaffen – auch deswegen, weil die Zölibatklausel 1940 aufgehoben wurde.[108] Carolina Rabe beispielsweise war zwischen 1942 und 1951 als Verwaltungsinspektorin in der Kämmerei tätig, was der mittleren Gehaltsstufe 7 entsprach.[109] Bemerkenswert an ihrer Beurteilung vom 2. November 1942 ist der Verweis, dass Rabe den Arbeitsbereich übernommen habe, der vorher von einem Beamten der Besoldungsgruppe 9 wahrgenommen wurde. Anders gesagt: Sie arbeitete genauso wie ihr männlicher Vorgänger, wurde aber viel schlechter bezahlt. Während in die mittleren Positionen der Finanzbehörden also nur wenige Frauen vordrangen, blieben höhere Funktionen – das heißt ab der Gehaltsstufe 10 aufwärts[110] – oder gar solche in der Leitungsebene ausnahmslos ohne weibliches Personal: Die ›Herren des Geldes‹ blieben unter sich.

Eine relative Homogenität lässt sich auch im Hinblick auf Altersstruktur und Berufserfahrung der Führungsriege der städtischen Finanzverwaltung konstatieren. Insbesondere die leitenden Beamten, die zu Beginn der NS-Zeit amtierten, bildeten eine homogene Gruppe: Sie wurden um 1880 geboren und waren am Ende der Weimarer Zeit mindestens 50 Jahre alt.[111] Viele hatten schon lange vor 1933 in führender Position für die Stadtverwaltung gearbeitet. Einige waren bereits im Kaiserreich in den Verwaltungsdienst eingetreten.[112] Manche wiesen Fronterfahrung im Ersten Weltkrieg auf, wenn sie nicht, wie Pfeiffer, schon damals aus dienstlichen Gründen »unabkömmlich« waren.[113] Die Karrierewege der Finanzexperten kreuzten sich immer wieder. Beförderun-

---

3.7.1939 lobt Hinterhäuser als »hervorragende, tüchtige Beamtin mit ausgezeichneten Kenntnissen in der Beschäftigungssparte, arbeitet sehr selbständig, Einheitsstenographie, Schreibmaschine und Rechenmaschine«. Romana Müller arbeitete zwischen 1931 und 1946 als Kanzleisekretärin, zuletzt direkt Hans Schein unterstellt und erreichte die Gehaltsstufe 5. In der Beurteilung vom 3.3.1938 wird sie als »sehr gewandte, fleißige und willige Beamtin« beschrieben, die im Rechendienst »gut verwendbar« sei und vor allem »große Gewandtheit« im »Vorzimmerdienst« zeige (vgl. Qualifikationsbuch 1924 bis 1958, StadtAM, Kämmerei Abgabeliste 17.6.1999).

108 Vgl. Wunder, Geschichte, S. 142.

109 Vgl. Beurteilung Carolina Rabe, Qualifikationsbuch 1924 bis 1958, StadtAM, Kämmerei Abgabeliste 17.6.1999.

110 Bezeichnend sind auch die maskulinen Bezeichnungen der Dienstgrade zwischen Gehaltsstufe 10 und 12: Es handelte sich um den »Amtmann« bzw. »Oberamtmann«. In diese Gehaltsstufen waren auch »Rechnungsrat« und »Oberrechnungsrat« eingeordnet. Zum Vergleich: Der Stellvertreter des Kämmerers, Hans Schein, erreichte die Gehaltsstufe 18 (vgl. Qualifikationsbuch 1924 bis 1958, StadtAM, Kämmerei Abgabeliste 17.6.1999).

111 Andreas Pfeiffer, geb. 1882; Georg Hussendörfer, geb. 1885; Hugo Scheuthle, geb. 1882; Otto Eder, geb. 1881; Oskar Leupold, geb. 1883; die Geburtsdaten von Theodor Schöntag und Josef Huber sind nicht genau zu rekonstruieren.

112 Andreas Pfeiffer trat 1914 in den Dienst der Stadt, Georg Hussendörfer im Jahr 1918 und Otto Eder bereits 1901, genauso wie Hugo Scheuthle.

113 So etwa Otto Eder, vgl. StadtAM, PA Abgabeliste 20/80 Nr. 32 Otto Eder.

gen und Versetzungen vollzogen sich häufig zwischen den unterschiedlichen Abteilungen und Ämtern der Kämmerei.[114] Hierin lag durchaus ein Unterschied zu anderen Verwaltungssparten der Stadt: Während etwa viele Führungskräfte im Wohlfahrtsreferat nicht in erster Linie spezifische Fürsorgeexperten waren, sondern vielmehr »allgemein administrative Fachleute«,[115] bildete die finanzwirtschaftliche Fachexpertise in der Kämmerei und den angegliederten Ämtern eine unabdingbare Voraussetzung, um in Führungspositionen zu gelangen. Der Kreis derer, die dafür infrage kamen, war klein – wie klein, offenbarte sich etwa bei den Schwierigkeiten im Jahr 1938, die Führung des Stadtsteueramts neu zu besetzen.[116]

Neben dem Stadtkämmerer Pfeiffer selbst waren auch die Amtsleiter Oskar Leupold (geb. 1883, Rechnungsamt), Otto Eder (1881-1949, Vollstreckungsamt), Josef Huber (Renten- und Hinterlegungsamt) und Theodor Schöntag (Stadtsteueramt) sowie der Haushaltsabteilungsleiter in der Kämmerei, Georg Hussendörfer (geb. 1885), bereits Mitte der 1920er-Jahre in ihre führenden Positionen in den städtischen Finanzbehörden gelangt. Der Chef der Stadthauptkasse, Hugo Scheuthle (1882-1942), übernahm zwar erst 1930 die Leitung der Dienststelle, war aber bereits vorher im Vollstreckungsamt tätig gewesen.[117]

Sie alle blieben auch über die politische Zäsur 1933 hinaus in ihren Ämtern – mit Ausnahme von Eder, der bald in die Bezirksinspektion wechselte.

---

114 Eine Ausnahme bildete in dieser Hinsicht das Vollstreckungsamt/Einziehungsamt, vermutlich deshalb, weil es hier weniger um spezifische finanzpolitische Fachkompetenz ging. Sowohl mit Otto Eder als auch mit seinen Nachfolgern Anton Hundsdorfer und Otto Lausenmayer waren dort bis Mitte 1938 Amtsleiter tätig, die sich vor allem in anderen Verwaltungsbereichen der Stadt bewährt hatten. Eder trat bereits 1904 als Hilfsarbeiter im Statistischen Amt erstmals in den Verwaltungsdienst der Stadt ein und war im Laufe seiner über 40 Dienstjahre an sehr unterschiedlichen Stellen tätig, u. a. im Schulreferat (1904-1906), im Personalreferat (1920-1922) und im Wirtschaftsreferat (1922-1927). Nach seiner Tätigkeit im Vollstreckungsamt, die ihm die Beförderung zum »Verwaltungsdirektor« einbrachte, wechselte er 1934 in die Bezirksinspektion (vgl. StadtAM, PA Abgabeliste 20/88 Nr. 23 Otto Eder). Sein Nachfolger Hundsdorfer war zuvor Bezirksinspektor und wurde nach seiner Tätigkeit beim Vollstreckungsamt ab April 1936 Leiter des Bestattungsamts (vgl. StAM, SpkA (München) K 789 Anton Hundsdorfer). Auch dessen Nachfolger, Otto Lausenmayer, der 1900 in den Dienst der Stadt eingetreten war, war zuvor in verschiedenen nicht spezifisch finanzadministrativen Bereichen der Stadtverwaltung und seit 1928 in der Stadtkanzlei, beschäftigt gewesen, ehe er 1936 ins Vollstreckungsamt versetzt wurde (vgl. StadtAM, PA 11020 Otto Lausenmayer).
115 Vgl. Wimmer, Ordnung, S. 102.
116 Vgl. Pfeiffer, Beiräte für Verwaltungs-, Finanz- und Baufragen, 3.2.1938, StadtAM, RSP 711/2.
117 Laut Beurteilung vom 19.4.1938 ein »ruhiger, zielbewusster Beamter mit sehr genauen Kenntnissen und organisatorischer Begabung«, der sich als Leiter »ausgezeichnet bewährt« hat (vgl. Qualifikationsbuch 1924 bis 1958, StadtAM, Kämmerei, Abgabeliste 17.6.1999).

Die beiden Führungskräfte Hugo Scheuthle[118] und Georg Hussendörfer wurden im Rahmen der Durchführung des »Gesetzes zur Wiederherstellung des Berufsbeamtentums« vom 7. April 1933[119] offenbar besonders genau auf ihre »nationale Zuverlässigkeit« überprüft. Dabei wäre Stadtdirektor Hussendörfer beinahe entlassen worden, zumindest wenn es nach dem Personalreferenten und »Alten Kämpfer« Karl Tempel gegangen wäre. In den Augen Tempels, der als Verfechter einer besonders strengen Auslegung des BBGs galt, war Hussendörfer »politisch unzuverlässig«, weil er früher einmal SPD-Mitglied und Gewerkschaftsdelegierter gewesen war.[120] Die von ihm bereits verfügte Entlassung konnte jedoch durch Intervention des Kämmerers wieder zurückgenommen werden. Das schlagende Argument war dabei die fachliche Kompetenz Hussendörfers, der maßgeblich für die Erstellung des Haushaltsplans zuständig war.[121] Nicht zuletzt aufgrund der angespannten Finanzlage Anfang der 1930er-Jahre war diese Expertise für die Stadtverwaltung unersetzlich. Im Gegensatz zum rigiden Ideologen Tempel wird dies auch dem pragmatischer denkenden OB Fiehler bewusst gewesen sein.

Hussendörfer blieb bis 1945 der wichtigste Buchhalter der Stadt, Scheuthle und Huber verblieben bis in den Krieg an der Spitze ihrer Ämter. Oskar Leupold wechselte zwar zwischenzeitlich vom Rechnungsamt auf eine Direktorenstelle in die Zentrale der Kämmerei, blieb damit aber gewissermaßen genauso dem ›inner circle‹ erhalten wie Josef Huber, als dieser 1942 in die Direktion der Stadtsparkasse wechselte. Die Führungsriege der städtischen Finanzverwaltung war also von einer außerordentlich starken personellen Beständigkeit gekennzeichnet.

Karrierewege im »Dritten Reich«

Im Laufe der späten 1930er-Jahre bzw. während des Krieges rückte eine neue, teilweise jüngere Generation nach, wobei sich drei typische Karrierewege unterscheiden lassen:

118 Vgl. Stellungnahme des Untersuchungsausschusses zum Vollzug des Gesetzes zur Wiederherstellung des Berufsbeamtentums, 7.9.1933, StadtAM, PA 12927 Hugo Scheuthle. Aus dieser geht hervor, dass Hugo Scheuthle zwischen Juli 1919 und November 1921 Mitglied der MSPD gewesen ist. Diese »kurze Mitgliedschaft« rechtfertige aber »keine Entlassung wegen politischer Unzuverlässigkeit«.

119 Zur allgemeinen Anwendung des Gesetzes und der spezifischen Praxis der Durchführung in München vgl. Hanko, Kommunalpolitik, S. 370-402 sowie zusammenfassend Wimmer, Ordnung, S. 92-94.

120 Vgl. Hussendörfer an den öffentlichen Kläger der Spruchkammer 10, 15.1.1948, StAM, SpkA (München) K 792 Georg Hussendörfer.

121 Vgl. dazu auch Kuller, »Kämpfende Verwaltung«, S. 236, die für die Ebene der Reichsfinanzverwaltung festgestellt hat, dass das Spezialwissen der Finanzbeamten zu schwer zu ersetzen war, um diese 1933 einfach zu entlassen.

1.) Es stiegen solche Verwaltungskräfte in Leitungsfunktionen auf, die zuvor unterhalb der Führungsebene gedient hatten. Sie standen somit dem ›inner circle‹ bereits nahe und konnten gewissermaßen die Amtstradition fortsetzen. Dem langjährigen Leiter der Abteilung I der Stadtkämmerei, die für den Haushaltsplan zuständig war, eben jenem Georg Hussendörfer, folgte etwa – zunächst im Krieg vertretungshalber und nach 1945 offiziell – sein langjähriger und ambitionierter, aber nicht studierter Mitarbeiter Karl Schmid (1891-1979). Dieser beerbte später noch Hans Schein und stieg im Nachkriegs-München weiter zum Stellvertreter des Stadtkämmerers auf.[122]

Ähnlich lag der Fall bei Anton Dietrich (1888-1977). Als er 1942 dem zur Stadtsparkasse versetzten Josef Huber als Leiter des Renten- und Hinterlegungsamt nachfolgte, hatte er zuvor schon viele Jahre an dessen Seite gearbeitet. Dietrich selbst führte die Behörde schließlich bis in die 1950er-Jahre. Dass diesem Amt in 25 Jahren nur zwei unterschiedliche Leiter vorstanden, ist ein weiterer Beleg für die ausgeprägte Kontinuität in der Finanzverwaltung – sogar über den zweiten großen politischen Bruch von 1945 hinaus.

2.) In die Leitungsebene konnten aber auch – als zweiter Typus – solche Vertreter gelangen, die von außen kamen und aufgrund ihrer ausgewiesenen Fähigkeiten Verwaltungskarriere machten. Zu dieser Gruppe gehörten zwei Vertreter, die die Stadt im Jahr 1938 – zum Zeitpunkt großer steuerpolitischer Unsicherheit nach der Realsteuerreform – angeworben hatte: zum einen Dr. Erich Bohley, der als Finanzjurist in die Kämmerei wechselte und dort für die Steuerverwaltung zuständig war. Zuvor hatte der damals erst 36-jährige Karrierebeamte im Bayerischen Innenministerium als engster Mitarbeiter des Gemeindefinanzreferenten gearbeitet. Bohley war auch publizistisch tätig, unter anderem als Mitverfasser des »Handbuchs des gemeindlichen Steuerrechts«. In einem Beurteilungsschreiben über ihn aus dem Jahr 1939 heißt es knapp, aber aussagekräftig: »verdient bevorzugte Beförderung«.[123]

Zum anderen übernahm in der schwierigen Lage 1938 mit Gustav Hefner ein externer Fachmann die Leitung des Stadtsteueramtes, der vom staatlichen Finanzamt in die Stadtverwaltung wechselte.[124] Auch wenn Bohley und Hefner zum Zeitpunkt ihrer Berufung bereits NSDAP-Mitglieder waren, unterschieden sie sich von einem dritten Typus, der im Laufe des »Dritten Reichs« in die Führungsämter der Behörde gelangte.

3.) Dieser zeichnete sich dadurch aus, dass bei ihm die Parteimitgliedschaft besonders karrierefördernd wirkte. Im überlieferten Beurteilungsbuch der Kämmerei findet sich in zwei Fällen der explizite Vermerk »Alt-PG«.[125] Dabei han-

122 Vgl. StadtAM, PA 12945 Karl Schmid.
123 Bemerkung zu Dr. Erich Bohley, 18.12.1939, Qualifikationsbuch 1924 bis 1958, StadtAM, Kämmerei Abgabeliste 17.6.1999.
124 Vgl. Bemerkung Pfahler, Beiräte für Verwaltungs-, Bau- und Finanzfragen, 3.2.1938, StadtAM, RSP 711/2.
125 Vgl. handschriftliche Hinweise in der Beurteilung bei Sauerwein und Kissling, Qualifikationsbuch 1924 bis 1958, StadtAM, Kämmerei Abgabeliste 17.6.1999. Noch ein

delte es sich zum einen um Hans Kissling (1883-1963), der 1942 die Leitung der Stadthauptkasse vom verstorbenen Hugo Scheuthle übernahm, und zum anderen um Johannes Sauerwein (geb. 1899), der Oskar Leupold als Chef im städtischen Rechnungsamt nachfolgte. Während Kissling nicht nur wegen seiner langjährigen Parteimitgliedschaft (seit 1928), sondern auch deswegen als Nachfolger für Scheuthle prädestiniert war, weil er etliche Jahre als dessen Stellvertreter gewirkt hatte, war der deutlich jüngere Sauerwein das Paradebeispiel eines NS-Karrieristen.[126] Er trug das goldene Ehrenzeichen der Partei (Mitglied seit 1922) und war damit, wie es unter Verwendung des Superlativs im Qualifikationsbuch heißt,»einer der ältesten Kämpfer«.[127] Seine Beurteilung vom Januar 1941 lässt aber vermuten, dass er höchstens eine durchschnittliche Fachexpertise mitbrachte. Trotzdem machte er ungewöhnlich schnell Karriere.[128] Er wurde für den Leitungsposten zunächst dem langjährigen und sehr gut beurteilten Mitarbeiter Emil Chase vorgezogen, der schließlich erst nach Sauerweins Ausscheiden mit der Amtsleitung des Rechnungsamts betraut wurde.

Ein weiteres Beispiel für den Typus des NS-Karrieristen in der städtischen Finanzverwaltung ist Philipp Sprengart (1894-1945), der seit 1932 NSDAP-Mitglied war. Bei seinem beruflichen Werdegang fällt auf, dass es sich zwar um einen langjährigen und verlässlichen, aber nicht um einen Spitzenbeamten handelte.[129] Sprengart trat nach über dreijährigem freiwilligen Kriegseinsatz erstmals 1919 als Aushilfsarbeiter in der Stadthauptkasse in den Dienst der Stadt München. Seine Leistungen blieben nach der Verbeamtung 1921 und der bestandenen Prüfung

anderes Mal findet sich im Beurteilungsbuch ein expliziter Hinweis auf die Einstellung eines Angestellten zur Partei, nämlich in der Bemerkung zur Kanzleisekretärin Margarete Kinseder vom 13.11.1944, die, so wörtlich,»stets vom nationalsozialistischen Geist beseelt« sei.

126 Vgl. auch Urteil des Stadtrats, Überprüfung der Laufbahn des ehemaligen Direktors Hans Kissling gem. §7 des Gesetzes zu Art. 131 GG, 5.3.1953, StadtAM, PA 12570 Hans Kissling. Nach den Angaben von Kissling selbst gab es bei dieser Beförderung zwei Konkurrenten, nämlich den Leiter des Rechnungsamtes, eben jenen »Alt-Pg.« Sauerwein und den Leiter des Renten- und Hinterlegungsamts Josef Huber. Während dieser den Wechsel zur Stadtsparkasse vorzog, sei die Einstellung von Sauerwein durch den Kämmerer Pfeiffer verhindert worden (vgl. Kissling, Anlage zum Protokoll der mündlichen Verhandlung, 9.9.1948, StAM, SpkA (München) K 881 Hans Kissling).

127 Vgl. Bemerkung zu Sauerwein, 4.1.1941, Qualifikationsbuch 1924 bis 1958, StadtAM, Kämmerei Abgabeliste 17.6.1999.

128 Vgl. dazu auch die, freilich zum Teil als Schutzbehauptung formulierte Bemerkung des früheren Kollegen Karl Schmid:»Ein ehemals unscheinbarer Inspektor Sauerwein war als ›goldener Parteigenosse‹ in kurzer Zeit zum Direktor des Rechnungsamtes heraufgerückt. Da er diesem Posten, der dem Finanzreferat untersteht, keineswegs gewachsen war, hatte ich auch mit ihm ständige Auseinandersetzungen, die zeitweise so bedrohlich wurden, dass ich bei diesem großen Einfluss dieses Beamten, der sich des besonderen Wohlwollens des Oberbürgermeisters Fiehler rühmte und dieses stets betonte, um meine Stellung besorgt sein musste.« (Gesuch um Vorprüfung gemäß Gesetz zur Befreiung von Nationalsozialismus und Militarismus, 5.7.1946, StAM, SpkA (München) K 1636 Karl Schmid).

129 Vgl. Personalakt Sprengart, StadtAM, PA 13050 Philipp Sprengart.

für den mittleren Verwaltungsdienst mittelmäßig, weshalb die Beförderungen in den 1920er-Jahren nur vergleichsweise langsam erfolgten. Eine dienstliche Beurteilung vom 19. Oktober 1931 bilanziert immerhin: »Ein sehr guter Sachbearbeiter, seine Dienstleistungen befriedigen nach jeder Richtung.«[130] Den steilen Karriereaufstieg nach 1933 bis zum Leiter des Einziehungsamtes, in dem er seit 1923 tätig gewesen war, und dort sogar bis zur Gehaltsstufe 15, verdankte er wohl nicht nur, aber sicher zu einem erheblichen Teil seinem Parteiengagement.[131]

Das Beispiel Sprengart taugt noch besser als der Fall Sauerwein dazu, eine allgemeine Tendenz bei den Karriereverläufen in den städtischen Finanzbehörden festzuhalten: Karriere machte man im Finanzsektor nicht ausschließlich aufgrund von Parteizugehörigkeit – dafür waren die Aufgabenbereiche zu anspruchsvoll. Hilfreich war der Mitgliedsausweis aber in jedem Fall. Besonders nützlich schien die NSDAP-Zugehörigkeit offenbar im städtischen Vollstreckungsamt gewesen zu sein, das im Laufe des »Dritten Reichs« gleich von vier »Alt-PGs« – nämlich Otto Eder, Anton Hundsdorfer (1887-1949), Otto Lausenmayer (1879-1951)[132] und Philipp Sprengart – geleitet wurde. Alfred Glocker, der das Amt zwischen 1943 und Kriegsende führte, wurde zwar erst 1940 Parteimit-

---

130 Bemerkung zu Philipp Sprengart, 19.10.1931, Qualifikationsbuch 1924 bis 1958, StadtAM, Kämmerei Abgabeliste 17.6.1999.

131 Vgl. Abschrift des Spruchkammerurteils vom 27.8.1948 gegen den am 14.6.1945 verstorbenen Philipp Sprengart, StadtAM, PA 13050, demzufolge dieser »infolge wiederholter vorzugsweiser Beförderungen auch Nutznießer« gewesen sei. Auch im Beurteilungsbuch wurden seine Noten nach 1933 besser. Doch im Vergleich zu anderen Zeugnissen blieb selbst die Beurteilung, die sein Vorgesetzter Hans Schein im Oktober 1942 vergab, eher zurückhaltend: »Ein sehr fleißiger, strebsamer und bewährter Vorstand des Einziehungsamtes.« (Bemerkung Schein zu Philipp Sprengart, 30.10.1942, Qualifikationsbuch 1924 bis 1958, StadtAM, Kämmerei Abgabeliste 17.6.1999). Für seine Beförderung in eine höhere Gehaltsstufe setzte sich insbesondere der nationalsozialistische Verwaltungsrat Josef Beer ein (vgl. Beer an Tempel, 1.7.1939, StadtAM, PA 13050 Philipp Sprengart).

132 Laut eigener Angabe war Otto Lausenmayer allerdings nachweislich nur zwischen 1928 und 1930 NSDAP-Parteimitglied, zwischen 1936 und 1945 war er lediglich Mitglied in der NSV. Nach 1933 sei er deswegen »als Abtrünniger« gebrandmarkt und in seinem »Fortkommen geschädigt« worden (Lausenmayer, Meldebogen aufgrund des Gesetzes zur Befreiung von Nationalsozialismus und Militarismus vom 5.3.1946, StAM, SpkA (München) K 1019 Otto Lausenmayer). Nachweisbar ist zumindest, dass sein Gesuch auf Wiederaufnahme in die NSDAP zunächst nicht angenommen wurde und dass er im Frühjahr 1936 gegen seinen Willen ins Vollstreckungsamt versetzt wurde, nachdem er im Januar als langjähriger Mitarbeiter in der Stadtkanzlei schikanösen Verhaltens gegenüber Mitarbeitern beschuldigt worden war und deswegen in den vorzeitigen Ruhestand versetzt werden sollte. Nur durch nachträgliche, persönliche Intervention des Oberbürgermeisters Fiehler, von dem er 1928 als Untergebener im Fahrnisamt zum Partei-Eintritt bewogen worden war, entging er diesem »Rausschmiss« zunächst. 1939 bat der Verwaltungsdirektor dann selbst aus gesundheitlichen Gründen um Ruhestandsversetzung, wurde jedoch im Krieg reaktiviert (vgl. StadtAM, PA 11020 Otto Lausenmayer).

Abb. 8: Ansprache Karl Fiehlers im Rathaus anlässlich des Todes von Bürgermeister und Personalreferent Karl Tempel im Februar 1940. Im Hintergrund: Stadtkämmerer Andreas Pfeiffer in Parteiuniform mit Hakenkreuzbinde

glied, schien aber ideologisch dafür umso überzeugter.[133] Für die Frage nach den Spezifika nationalsozialistischer Finanzverwaltung bietet dieses Amt daher ein besonders interessantes Untersuchungsfeld.[134]

Unpolitische Beamte?

»Alte Kämpfer« wie Hans Sauerwein blieben in der Führungsebene der kommunalen Finanzbehörden zwar die Ausnahme, ein Hort des Widerstands war diese gleichwohl auch nicht. Die Zahlen sprechen hier eine eindeutige Sprache. Die oben abgedruckte Übersicht listet 22 Spitzenbeamte auf, die zwischen 1933 und Mai 1945 in der Stadtkämmerei und den Ämtern beschäftigt waren. Davon waren nachweislich mindestens 16 Mitglieder der NSDAP. Da auch in München bis zuletzt kein ausdrücklicher Zwang zum Parteibeitritt herrschte, kann von diesem Befund auf einen breiten Grad an Kooperationsbereitschaft der Finanzelite mit den braunen Machthabern geschlossen werden. Freilich waren Zeitpunkt und Motive für den jeweiligen Parteibeitritt höchst unterschiedlich.

133 Vgl. einige Zeugenaussagen in Glockers Spruchkammerverfahren, die ihn als »sehr aktiven Nazi«, »eifrigen Nazianhänger« oder »großen Nazi« beschreiben (StAM, SpkA (München) K 520 Alfred Glocker).
134 Siehe unten, Kapitel III.2 sowie III.4.

Der einzige Beamte aus der ›ersten Generation‹ der Führungskräfte, der schon vor 1933 Parteimitglied war, war Otto Eder. Der Leiter des Vollstreckungsamts war bereits im Februar 1932 auf Anregung von Kollegen – dabei handelte es sich um die NSDAP-Größen und damaligen Verwaltungsräte Karl Fiehler und Heinrich Hoffmann – der Partei beigetreten, beteiligte sich laut Spruchkammerurteil in den folgenden Jahren aber nur sehr sporadisch an Parteiaktivitäten.[135] Nach eigenen Angaben hatte er sich von der Hitler-Partei insbesondere die Lösung des Problems der Arbeitslosigkeit erwartet.[136] Das war nicht nur eine typische Hoffnung vieler Deutscher zu dieser Zeit. Die Begründung rekurriert auch auf seine spezifischen Berufserfahrungen im Vollstreckungsamt, wo Eder es Anfang der 1930er-Jahre mit immer mehr unbezahlten Rechnungen und Gebühren der in Not geratenen Bürger zu tun hatte.[137]

Der Übergang zum »Dritten Reich« gestaltete sich in den Finanzbehörden vor allem auch deshalb ›bruchlos‹, weil eine explizite Zuneigung zu Hitler und dessen Partei nicht nötig war.[138] Es reichte zunächst vielmehr die »unpolitische« Loyalität der Beamten, wie sie auch von der Stadtspitze eingefordert wurde.[139] Gleich in seiner ersten offiziellen Rede als kommissarischer erster Bürgermeister wies Karl Fiehler am 23. März 1933 ausdrücklich darauf hin, dass er von den Beamten »unter keinen Umständen« einen Beitritt zur Partei fordere. Er verlange »von niemandem in der Beamtenschaft irgendwelches Kriechertum«. Jedoch erwarte er »strengste Manneszucht und Disziplin« und die Bereitschaft, sich in den »Geist und Sinn der Anordnungen« der vorgesetzten Stellen »einzufügen«. Man kann diese Äußerungen als bewusst formulierte Integrationsangebote deu-

135 Vgl. Spruchkammerurteil 4.8.1948, StadtAM, PA Abgabeliste 20/88 Nr. 23 Otto Eder.
136 Vgl. Erklärung an die Spruchkammer, ca. 1948, Personalakt Otto Eder, StadtAM, PA Abgabeliste 20/88 Nr. 23 Otto Eder, in der er seine Gründe für den damaligen Parteieintritt nennt: »Die NSDAP hat versprochen, in erster Linie das Problem der Arbeitslosigkeit zu lösen. Da es bis dahin keiner Partei möglich war, die Arbeitslosigkeit zu beseitigen, glaubte ich dieser Partei. Selbstsüchtige Gründe waren beim Eintritt bei mir nicht maßgebend, da ich mich in pensionsberechtigter, unkündbarer Beamtenstellung befand.«
137 Vgl. auch Eder an die Spruchkammer VI, 25.5.1948, StadtAM, PA Abgabeliste 20/88 Nr. 23 Otto Eder: »In diesem Amt konnte ich bis 1934 den allmählichen Niedergang des gesamten Wirtschaftslebens gründlich kennenlernen.«
138 Vgl. Hirschfeld, Einleitung, S. 10, der im Sammelband »Karrieren im Nationalsozialismus« (2004) konstatiert, dass nicht wenige Funktionsträger im privaten Umgang eine persönliche Distanz zum NS-Regime und seinen Protagonisten, insbesondere gegenüber der Person Hitlers betonten, sowie Kenkmann, »Pater Devisius«, S. 57-71, insbesondere S. 65 f., der den Topos der »selbstverständlichen Amtspflicht« bei Finanzbeamten untersucht. Zur allgemeinen Typologie des politischen Verhaltens im NS-Staat siehe im selben Sammelband den Beitrag von Herbert, Nationalsozialisten, S. 17-42.
139 Vgl. Fiehler, Ansprache an die städtische Beamtenschaft, 23.3.1933, StadtAM, Wohlfahrt 403. In einer programmatischen Rede einen Tag zuvor, am 22.3.1933, hatte Bürgermeister Küfner in einer Referentenrunde wortwörtlich das »unpolitische Kommunalbeamtentum« eingefordert. Das Rathaus sei nicht der Platz, wo die große Politik geformt werde, sondern lediglich der, wo die Richtlinien zu vollziehen seien.

ten, die viele Beamten annahmen. Wenige Jahre später klang das alles ganz anders. 1938 formulierte Bürgermeister Karl Tempel in einem Fachaufsatz den »Totalitätsanspruch« des Staates über die »gesamte Persönlichkeit des Beamten«:

> »Der unpolitische Beamte bzw. der sich der Politik fernhaltende Beamte, ist durch den politischen Beamten ersetzt, durch einen Beamten, der keinen Trennungsstrich mehr ziehen kann zwischen politischem und unpolitischem Denken, da bei der Einheit von Staat und Partei seine Beamtenpflichten politische Pflichten und seine politischen Pflichten Beamtenpflichten sind.«[140]

Die meisten Führungsbeamten aus der ›ersten Generation‹ hatten bereits zuvor in unterschiedlichen politischen Systemen gedient und zeigten sich auch jetzt anpassungsfähig an die neuen Gegebenheiten. Der Stadtkämmerer selbst lebte die Konformität vor, als er im Sommer 1933 gemeinsam mit drei seiner berufsmäßigen Ratskollegen – aber anders als etwa der städtische Wohlfahrtsdezernent Friedrich Hilble – NSDAP-Mitglied wurde. Nach und nach folgten ihm fast alle seiner Untergebenen in der Führungsriege der Kämmerei – mit mehr oder weniger innerlichen Skrupeln.[141] Lediglich der langjährige Leiter des Stadtsteueramts Theodor Schöntag trat nachweislich nicht in die Partei ein. Ihm fiel deswegen später die Rolle zu, im Rahmen der Spruchkammerverfahren »Persilscheine« für seine früheren Kollegen beizusteuern.[142]

Die Führungskräfte der ›zweiten Generation‹ gehörten in der überwiegenden Mehrheit der NSDAP an. Aufgrund der oben beschriebenen Beförderungsmechanismen war der Anteil an solchen Beamten, die bereits vor 1933 Parteimitglied geworden waren, jedoch deutlich größer als bei der ›ersten Generation‹. Dazu zählten die bereits erwähnten Amtsleiter Sauerwein, Kissling, Lausenmayer, Sprengart und Hundsdorfer. Die Finanzbeamten, die nach 1933 in die NSDAP eintraten, folgten unterschiedlichen Motiven. Manche traten durchaus aus Überzeugung bei, wie etwa der Oberrechnungsrat in der Kämmerei, Hans Adam Gies, der 1937 Parteimitglied wurde.[143] Andere mögen, wie ihre Amtsvorgänger oder Kollegen, eher dem Anpassungsdruck erlegen sein. Seit dem Jahr

---

140 Tempel, in: Die nationalsozialistische Gemeinde 17, 1.9.1938, S. 512 f.

141 Georg Hussendörfer trat 1937 der Partei bei, sein engster Mitarbeiter und späterer Nachfolger Karl Schmid 1938, Hugo Scheuthle im Jahr 1940, Oskar Leupold 1942. Ob Josef Huber, der Leiter des Renten- und Hinterlegungsamts Parteimitglied geworden ist, lässt sich aufgrund der mangelnden Quellenlage in seinem Fall nicht mehr rekonstruieren.

142 Vgl. etwa Schöntag, Erklärung zum Vollzuge des Gesetzes zur Befreiung vom Nationalsozialismus und Militarismus, undatiert, StAM, SpkA (München) K 1411 Andreas Pfeiffer.

143 Gies wird in seinem Spruchkammerverfahren von Kollegen als »innerlich überzeugter« oder »durchdrungener« Nationalsozialist beschrieben (vgl. StAM, SpkA (München) K 512 Hans Adam Gies). Aufgrund seiner unentbehrlichen Fachkenntnisse im Bereich des Rechnungswesens wurde er auf besonderen Wunsch des Finanzreferats auch im Frühjahr 1945 noch weiter beschäftigt, bis er im Oktober 1945 dann aus dem Dienst ausschied.

1933 habe er erlebt, beschrieb etwa Stadtdirektor Karl Schmid in seinem Spruchkammerverfahren rückblickend das Klima in der Kämmerei, wie um ihn herum Untergebene wie Vorgesetzte mehr und mehr in die SA, die Partei oder
ihre Gliederungen eintraten und außerdem besonders aktive Parteigenossen ihn
zu ständigen Auseinandersetzungen reizten, indem sie seine »Arbeitsweise und
Anordnungen als unnationalsozialistisch bekrittelte[n]«.[144] Schmid selbst wurde
1938 NSDAP-Mitglied – nach eigenen Angaben deswegen, weil ihm sein Vorgesetzter Georg Hussendörfer vor Augen führte, dass ihm die damals anstehende
Beförderung zum Oberamtmann sonst verwehrt werden würde. Dass wiederum
der Vorgesetzte von Hussendörfer, der stellvertretende Leiter der Stadtkämmerei, Hans Schein, selbst erst drei Jahre später, im Jahr 1941 (rückdatiert auf 1940),
NSDAP-Mitglied wurde[145] und Schmids Kollege in der Kämmerei, Stadtdirektor Fritz Kalthoff (1892-1977), überhaupt nicht,[146] zeigt allerdings: Trotz der
Kombination aus »Einschüchterung und Loyalitätsstiftung«,[147] der die Stadtbeamten in München ausgesetzt waren, blieb offensichtlich auch Spitzenkräften
noch ein gewisser, individueller Spielraum zur Nonkonformität, wenn sie diesen denn nutzen wollten.[148]

Fassen wir zusammen: Der Haushaltsexperte Karl Schmid erwähnte in seinem
Spruchkammerverfahren eher beiläufig die Münchner »Finanztradition«, der er
sich zugehörig fühle.[149] Diese Tradition wurde vor allem von einer in puncto
Geschlecht, Alter und Berufserfahrung relativ homogenen Führungsgruppe ge-

144 Vgl. Aussage Karl Schmid, Gesuch um Vorprüfung gemäß Gesetz zur Befreiung von
   Nationalsozialismus und Militarismus, 5.7.1946, StAM, SpkA (München) K 1636 Karl
   Schmid. Hussendörfer selbst beschrieb in ähnlicher Art die »große Unruhe« angesichts
   der Unsicherheit »bleiben zu dürfen« und war kurz vor Schmid in die Partei eingetreten, um sich, wie er sagt, »politisch zu sichern« (vgl. Hussendörfer an den öffentlichen Kläger der Spruchkammer 10, 15.1.1948, StAM, SpkA (München) K 792 Georg
   Hussendörfer).
145 Vgl. Bericht Hans Schein, 5.8.1946, StAM, SpkA (München) K 1592 Hans Schein. Als
   Auslöser für den Parteieintritt nennt Schein eine Weisung Karl Fiehlers, vom persönlichen Referenten Jobst überbracht, demzufolge es von jetzt an für leitende Beamte
   unmöglich sei, noch außerhalb der Partei zu sein.
146 Vgl. StadtAM, PA 12542 Fritz Kalthoff.
147 Vgl. Wimmer, Ordnung, S. 91.
148 Vgl. Detlev Peukerts Modell (vgl. Peukert, Volksgenossen, S. 94-99) zu Formen non-
   konformen Verhaltens unter der NS-Diktatur, der grundsätzlich zwischen Nonkonformität, Verweigerung, Protest und Widerstand unterschied. Neben Kalthoff war
   auch Emil Chase, dem 1941 noch Sauerwein als Leiter des Rechnungsamts vorgezogen wurde und der das Amt erst 1943 von diesem übernahm, kein NSDAP-Mitglied
   (vgl. eigene Aussage, Sitzungsprotokoll Spruchkammerverfahren Sauerwein, 2.6.1948,
   StAM, SpkA (München) K 1495 Hans Sauerwein). Vermutlich ebenso wenig Parteimitglied wurde Anton Dietrich, der als Nachfolger von Josef Huber das Renten- und
   Hinterlegungsamt zwischen 1942 und 1951 leitete.
149 So wörtlich Schmid, Gesuch um Vorprüfung gemäss Gesetz zur Befreiung von Nationalsozialismus und Militarismus vom 3.3.1946, 5.7.1946, S. 7, StAM, SpkA (München)
   K 1636 Karl Schmid.

tragen. Im Laufe des »Dritten Reichs« veränderte sie sich in zwei Richtungen. Einerseits wurden zusätzliche Fachexperten installiert, was insbesondere auf die gestiegenen Anforderungen an die Behörde im Zuge der rasanten Entwicklungen beim gemeindlichen Steuersystem und die formaltechnischen Veränderungen des Haushaltswesens zurückzuführen war. Diese Bemühungen werden nicht nur dadurch belegt, dass die externen Experten Dr. Erich Bohley und Gustav Hefner eingestellt wurden, sondern auch dadurch, dass 1938 eine zusätzliche Stelle eines internen Stellvertreters für den Stadtkämmerer geschaffen wurde, die Hans Schein übernahm.

Die Versuche, den gestiegenen Anforderungen an die Finanzverwaltung mit einer Professionalisierung des Amtspersonals zu begegnen, wurden aber von einer zweiten Entwicklung überlagert. Diese war davon geprägt, dass – wie in anderen Verwaltungsbereichen der Stadt auch und maßgeblich forciert durch den ideologisch überzeugten Personaldezernenten Karl Tempel – (langjährige) NSDAP-Mitglieder bei der Besetzung von Führungspositionen bevorzugt wurden. Für die Einstellungsvorschläge und Beförderungen innerhalb der Behörde, die übrigens häufig auf für das NS-Regime wichtige Tage wie Hitlers Geburtstag datiert wurden, waren Pfeiffer und Hussendörfer bzw. Schein verantwortlich. Sie konnten sich mit der »Politisierung von Karrieren«[150] offensichtlich arrangieren, solange die Kandidaten, wie zum Beispiel Hans Kissling, vom Fach waren. Interne Reibereien gab es jedoch, wenn Anwärter, wie etwa Hans Sauerwein, zwar die politischen, aber nicht die notwendigen fachlichen Voraussetzungen aufwiesen. Zumindest in einem Konfliktfall unterhalb der Führungsebene – es handelte sich um den Verwaltungsinspektor in der Haushaltsabteilung im Finanzreferat, Karl Saradeth (geb. 1895)[151] – scheint man sich offensichtlich auf die Versetzung zur Sparkasse geeinigt zu haben, obwohl sich Saradeth nicht nur der Teilnahme am Judenpogrom 1938, sondern auch guter Bekanntschaft mit Tempel und Hess gerühmt hatte.[152]

Damit es so weit aber gar nicht erst kam und um dem grundsätzlichen Dilemma, das sich aus diesen Beförderungsmechanismen ergab, aus dem Weg zu gehen, schien es für alle Beteiligten von Vorteil, wenn Finanzbeamte wie Schmid, die schon lange Zeit im Amt gewirkt und dort ihre Qualitäten nachgewiesen hatten, nach 1933 freiwillig Parteimitglieder wurden. Denn mit einem hohen Maß an Anpassung schien es leichter, die personelle und fachliche Kontinuität, ebenjene Münchner »Finanztradition«, fortzuschreiben.[153] Es brauchte dafür nicht notwendigerweise eine innere politische Überzeugung für die NS-Ideologie bzw. deren unterschiedliche Bausteine. Vielmehr hätte es eine innere

---

150 Kuller, »Kämpfende Verwaltung«, S. 237.

151 Vgl., StAM, SpkA (München) K 1492 Karl/Carl Saradeth.

152 Vgl. Protokoll der Aussage von Romana Müller im Spruchkammerverfahren Karl Schmid, 9.7.1946, StAM, SpkA (München) K 1636 Karl Schmid).

153 Vgl. dazu auch Wirsching, Gemeinde, S. 200, der ganz generell feststellt, dass »teilautonome Handlungsfelder« nur »auf Kosten politisch-ideologischer Konformität und bei vorauseilendem Gehorsam« bewahrt werden konnten.

politische Überzeugung dagegen gebraucht, um gerade nicht beizutreten. Die unersetzlichen, anpassungsfähigen und »unpolitischen« Münchner Finanzbeamten wiesen diese nur sehr selten auf.

3. Innerstädtische Entscheidungswege: Aushandeln, Anordnen und die stille Macht der Expertise

Die ›kleinen‹ und ›großen‹ Herren des Geldes in der Stadtkämmerei und den angegliederten Ämtern verfügten zwar über nicht zu unterschätzende Gestaltungsspielräume bei der praktischen Umsetzung der städtischen Finanzpolitik, maßgebliche übergeordnete Entscheidungen wurden aber von den politischen Führungskräften getroffen. Wer entschied nun auf innerstädtischer Ebene über Einnahmen und Ausgaben, über Kreditaufnahme, Geldanlage oder Schuldentilgung? Wer hatte das politische Sagen, wenn es um das Geld der Stadt ging?

Aus Christian Webers Sicht war dies eine klare Sache: Der NSDAP-Fraktionsvorsitzende beschwerte sich in Ratsherrensitzungen häufiger darüber, dass der Herr Stadtkämmerer »dauernd auf dem Geldsack« sitze, »nichts herausgeben« wolle oder ständig »den Rotstift ansetzt«.[154] Diese Zuschreibungen vermitteln das Bild eines knausrigen, Geld verwahrenden Schatzmeisters. Die tatsächliche Rolle eines Finanzreferenten in den 1930er-Jahren geben sie jedoch nur unzureichend und verzerrt wieder. Dennoch legen Webers Äußerungen nahe, dass dem Stadtkämmerer die interne Schlüsselfunktion zukam, wenn Politik mit Geld zu tun hatte. Allerdings war Andreas Pfeiffer keineswegs der alleinige Herr über Münchens Finanzen. Vielmehr standen seine Handlungs- und Einflussmöglichkeiten immer in Wechselwirkung zu denen der anderen politischen Akteure: dem Ratsherrenkollegium um den Fraktionsvorsitzenden Weber, den Fachausschüssen, in denen die Stadträte zusammentrafen, dem Oberbürgermeister und den anderen berufsmäßig Beigeordneten. Die finanzpolitischen Entscheidungskompetenzen hingen dabei jeweils eng mit der allgemeinen Entwicklung der innerstädtischen Machtstrukturen zusammen.

Die Stadträte zwischen Entscheiden, Beraten und Abnicken

Bis 1933 waren alle wesentlichen kommunalpolitischen Entscheidungen in München vom Stadtrat gefällt worden.[155] Der Oberbürgermeister und die 16 berufsmäßigen Abgeordneten, die nur begrenztes Stimmrecht besaßen, waren vor al-

154 Vgl. Weber, Gemeinderäte, 4.6.1935, StadtAM, RSP 708/1; Weber, Ratsherren, 20.10.1936 (StadtAM, RSP 708/1.

155 In München bestand der Stadtrat am Ende der Weimarer Zeit aus 50 Abgeordneten, die zuletzt bei der Kommunalwahl 1929 gewählt worden waren. Zum Ergebnis dieser letzten freien Münchner Kommunalwahl vgl. Steinborn, Grundzüge, S. 552.

lem für den verwaltungsmäßigen Vollzug der Beschlüsse zuständig gewesen.[156] Die Stadtratsmitglieder zeigten sich zudem als sogenannte »Verwaltungsräte« für verschiedene Arbeitsbereiche der Stadtverwaltung verantwortlich. Außer in der wöchentlichen Vollversammlung und den jeweiligen Fraktionssitzungen tagten die Abgeordneten noch im Rahmen von Fachausschüssen.[157] In diesen Sitzungen wurden spezifische Themen in kleiner Runde besprochen, verhandelt und gegebenenfalls eine Entscheidungsgrundlage für die Abstimmungen in der Vollversammlung vorbereitet. Die jeweils betroffenen hauptberuflichen Fachreferenten der Stadtverwaltung wohnten den Sitzungen bei und begleiteten die Aushandlungsprozesse der Abgeordneten mit ihren Fachkenntnissen.

Finanzpolitische Themen wurden im »Haushaltsausschuss«, im »Hauptausschuss« und zwischen 1931 und 1932 auch in der »Sparkommission«[158] diskutiert. Den Stadthaushalt aufzustellen, war in dieser Zeit von höchster politischer Brisanz. Gerade die Sitzungen des Haushaltsauschusses, in dem die führenden Kommunalpolitiker jeder Fraktion versammelt waren, verliefen oft hitzig. In den Debatten über die Verteilung städtischer Haushaltsmittel spiegelten sich die politischen Grabenkämpfe der Zeit. Die Expertenstimme des Finanzreferenten war dabei nur eine von vielen. Insbesondere in den Krisenjahren 1930-1932 musste das Gremium zahlreiche Male und monatelang tagen, ehe der Vollversammlung ein Haushaltsvoranschlag zur Abstimmung vorgelegt werden konnte. Dieser zähe demokratische Aushandlungsprozess bot in den folgenden Jahren eine negative Referenz und diente als Legitimationsgrundlage für die diktatorischen Eingriffe in den Entscheidungsablauf beim städtischen Haushalt.[159] Freilich war diese Argumentation insofern fadenscheinig, als gerade die jährlich wiederkehrende sture Verweigerungshaltung der NSDAP-Stadtratsfraktion zum städtischen Haushalt maßgeblich für den schwierigen Verlauf der Haushaltsverhandlungen verantwortlich gewesen war.[160]

Mit der Machtübernahme durch die Nationalsozialisten veränderte sich die Zusammensetzung des Stadtrats. Im März 1933 wurde dieser nach dem Proporz der Reichstagswahlergebnisse »gleichgeschaltet«.[161] Der NSDAP fielen damit 20 Sitze zu – zwölf mehr als die Partei seit 1929 besetzt hatte.[162] Nachdem im April 1933 die KPD-Mandate ersatzlos gestrichen worden waren, erreich-

---

156 Vgl. Bay. GO (1927), Art. 16, Abs. I; zur Funktion des Gemeinderats Art. 19-21.

157 Vgl. zu den sogenannten »vorberatenden Ausschüssen«, Bay. GO (1927), Art 22.

158 Vgl. Überlieferung in StadtAM, RSP 704/17.

159 Vgl. etwa die Ausführungen von Karl Fiehler bei der Feststellung des Haushalts 1934, Stadtrat 25.1.1934, in: Münchener Gemeinde-Zeitung 9 (1934), S. 32.

160 Vgl. Steinborn, Grundlagen, S. 499.

161 Zur sogenannten »Gleichschaltung« des Stadtrats in München vgl. Hanko, Kommunalpolitik, S. 350-356; Haerendel, Wohnungspolitik, S. 33-44.

162 Die acht bereits vor der Gleichschaltung im Stadtrat sitzenden NSDAP-Mitglieder waren Karl Fiehler, Max Amann, Hermann Esser, Ulrich Graf, Jakob Grimminger, Heinrich Hoffmann, Franz Xaver Schwarz und Christian Weber. Davon waren Graf, Amann und Fiehler bereits seit dem erstmaligen Einzug der Nationalsozialisten bei den Wahlen im Dezember 1924 vertreten. Christian Weber zog 1926 in den Stadtrat

ten die Nationalsozialisten durch die Einbindung der drei Abgeordneten der Kampffront »Schwarz-Weiß-Rot« im verkleinerten Stadtrat eine knappe Mehrheit. Doch schon bald spielten Mehrheitsverhältnisse ohnehin keine Rolle mehr. Denn bis Juli 1933 wurden auch die insgesamt 21 verbliebenen Abgeordneten der SPD- und BVP-Fraktionen aus dem Rathaus getrieben, der Stadtrat auf die Sollstärke von 40 Mitgliedern verkleinert und schließlich mit weiteren 17 Nationalsozialisten aufgefüllt.[163] Hitlers Parteigänger waren nun unter sich, was jedoch nicht bedeutete, dass sie sich fortan immer einig waren. Dies zeigte sich auch darin, dass neben der donnerstäglichen Vollversammlung des Stadtrats, der nur noch aus einer Fraktion bestand, zumindest bis 1935 weiterhin eine separate wöchentliche NSDAP-Fraktionssitzung stattfand. Vermutlich nutzte Christian Weber diese, um in Abwesenheit des Oberbürgermeisters und der berufsmäßigen Beigeordneten seine Meinungsführerschaft im Münchner Rathaus zu festigen.[164]

Die »Gleichschaltung« des Stadtrats zog auch eine Neubesetzung der Verwaltungsratsposten nach sich. Mit den Verwaltungsbereichen, die im engeren Sinne mit der städtischen Finanzpolitik zu tun hatten, waren in den letzten Weimarer Jahren drei Abgeordnete betraut gewesen: der sozialdemokratische Stadtrat Reinhold Schramke (1889-1934), der das Stadtsteueramt, die Stadthauptkasse, die Leihanstalt und das Gemeinde- und Stiftungsvermögen mit betreute, der Fraktionsvorsitzende der »Freien Bürgerlichen Mitte«, Karl Weiß, zuständig für Haushaltsplan, Anlehensangelegenheiten, Gemeindesteuern, Fondskasse, Schuldenverwaltung und Revisionsamt, sowie der NSDAP-Abgeordnete Heinrich Hoffmann (1885-1957), der das Vollstreckungsamt, die Zwangsverwaltung, Nachlässe und Konkurse zu seinen Aufgabenbereichen zählte.[165]

Hitlers viel beschäftigter Leibfotograf Hoffmann blieb über die Zäsur im Frühjahr 1933 hinweg auf seinem Posten in München, jedoch legte er im Herbst darauf sein Mandat nieder. Als Verwaltungsrat für das städtische Vollstreckungsamt wurde er von Josef Beer ersetzt. Dieser war zwar erst 1931 in die Partei eingetreten, besaß aber eine gewisse Prominenz, weil er am 9. März 1933, dem Abend der Machtübernahme in München, gemeinsam mit Christian Weber und Max

ein. Kurzbeschreibungen dieser acht NSDAP-Stadtratsmitglieder bei Haerendel, Wohnungspolitik, S. 53 f.

163 Die Liste der 17 Nachrücker erarbeitete Karl Fiehler gemeinsam mit Gauleiter Wagner. Den eigentlichen Berufungsvorgang nahm dann die Regierung von Oberbayern vor. Zu den »Unregelmäßigkeiten« bei den Berufungen der Stadtratsmitglieder hier und in den folgenden Jahren vgl. Haerendel, Wohnungspolitik, S. 38-40.

164 Aufzeichnungen zu diesen Sitzungen sind nicht erhalten, doch verweisen die Protokolle aus anderen Ratssitzungen etliche Male auf Diskussionen oder Beschlüsse aus den Fraktionssitzungen. Nach 1935 scheinen die Sitzungen höchstens noch unregelmäßig stattgefunden zu haben. Zum Charakter solcher Sitzungen und der Rolle von Christian Weber vgl. Haerendel, Wohnungspolitik, S. 59-61.

165 Vgl. Verwaltungsbereiche der ehrenamtlichen Stadtratsmitglieder 1930 mit 1934 gez. Scharnagl, 4.3.1930, StadtAM, BuR 244/23.

Amann in einem symbolkräftigen Akt die Hakenkreuzfahne vom Rathausturm entrollt hatte.[166]

Die anderen beiden Verwaltungsratsposten wurden bereits im Frühjahr 1933 neu besetzt. Karl Weiß war im November 1932 verstorben. Der SPD-Abgeordnete Schramke verlor seinen Posten aber durch den direkten Einfluss des NS-Regimes: In einer Anordnung vom 22. März 1933 untersagte Fiehler den SPD-Fraktionsmitgliedern, noch vor ihrem endgültigen ›Rausschmiss‹ aus dem Rathaus, ihre Verwaltungsratstätigkeiten weiter auszuüben.[167] Die Arbeitsbereiche von Weiß und Schramke wurden neu aufgeteilt. Einen Teil übernahm der frühere Vorsitzende der deutschnationalen Stadtratsfraktion, Josef Deisenberger (1873-1948), der fortan als »Verwaltungsrat für Gemeindehaushalt, Steuern und Vermögensverwaltung« fungierte.[168] Dem NSDAP-Fraktionsmitglied Franz Xaver Schwarz wurden bis zu seinem Ausscheiden als Stadtrat im Herbst 1934 zusätzlich zu seinen bisherigen Tätigkeiten die Fondskasse, das Hinterlegungswesen sowie das Revisions- und Kassenwesen übertragen.[169] Ludwig Häring (1877-1948), ein weiterer »Alter Kämpfer«, aber im Unterschied zu Schwarz neu in den Stadtrat berufen, übernahm schließlich als Verwaltungsrat die Stadthauptkasse, das Stadtsteueramt und das Gemeinde- und Stiftungsvermögen. Er trug die NSDAP-Mitgliedsnummer 345 und war damit ein Beispiel dafür, dass die »Gleichschaltung« in München gezielt dafür genutzt wurde, altgediente Parteigenossen zu Ratsherren zu befördern.[170]

Mit der personellen Umstrukturierung ging ein Bedeutungsverlust des Stadtrats, des zuvor wichtigsten politischen Gremiums, einher. Das war zumindest teilweise auf die mangelnde Fach- und Sachkompetenz vieler nationalsozialistischer Stadträte zurückzuführen. Einige gelangten vorrangig auf ihre Posten, weil sie eine langjährige Parteizugehörigkeit aufwiesen, für höhere Ämter in der Partei aber schlicht nicht zu gebrauchen waren.[171] Franz Xaver Reichinger beschrieb diesen Zustand in einem geheimen Bericht an den Gauleiter Paul Gies-

---

166 Vgl. Die Ratsherren der Hauptstadt der Bewegung, in: Illustrierter Beobachter 45 (1935), S. 1775. Anfang der 1940er-Jahre brach Beer mit der Partei. Kurz vor Kriegsende beteiligte er sich dann an den Widerstandsaktivitäten der Freiheitsaktion Bayern.

167 Vgl. Direktorium A an sämtliche Referate, Verwaltungsbereiche der ehrenamtlichen Stadtratsmitglieder, 22.3.1933, StadtAM, BuR 244/23. Die Tätigkeit des BVP-Abgeordneten Gustav Berthold als Korreferent für den Haushaltsplan, Anlehensangelegenheiten, Gemeindesteuern sowie Kapitalien- und Schuldenverwaltung, die ihm in diesem Schreiben übertragen wurde, blieb nur ein kurzes Intermezzo.

168 Vgl. Verwaltungsbereiche der ehrenamtlichen Stadtratsmitglieder, gez. Fiehler, 23.5.1933, StadtAM, BuR 244/23; außerdem die Kurzporträts der Ratsherren der Hauptstadt der Bewegung, in: Illustrierter Beobachter 45 (1935), S. 1775-1777.

169 Vgl. Direktorium A an sämtliche Referate, Verwaltungsbereiche der ehrenamtlichen Stadtratsmitglieder, 22.3.1933, StadtAM, BuR 244/23. Nach Schwarz' Ausscheiden im Herbst 1934 aus dem Stadtrat folgte ihm Paul Draken auf den Posten, bis dieser 1935 aufgrund der Reduzierung des Stadtrats von 40 auf 36 Sitze ausschied.

170 Vgl. Liste der Ratsherren und ihre Parteiehren 1935, StadtAM, BuR 304/1.

171 Vgl. Hockerts, München, S. 36; Haerendel, Wohnungspolitik, S. 53, 56 f.

*Abb. 9: NSDAP-Verwaltungsräte im November 1935: Josef Deisenberger,
Ludwig Häring, Josef Beer (v. l.)*

ler später zugespitzt so: Das Ratsherrenkollegium in München sei ein »Rat der
Alten«, jedoch nicht im Sinne der »Alten Kämpfer«, sondern »im Sinne der kör-
perlichen und geistigen Verfassung«.[172] Auch für meinen Untersuchungsbereich
bestätigt sich diese Einschätzung insofern, als die Ratsherren die Finanzpolitik
insgesamt nur wenig beeinflussten. Selbst die oben genannten Verwaltungsräte,
die formell die unterschiedlichen Bereiche der Finanzverwaltung mit betreuten,
blieben meist blass. Auch wenn einzelne Initiativen von ihnen ausgingen, konnten sie im Allgemeinen nicht aus dem Schatten heraustreten, den die Fachautorität des Kämmerers Pfeiffer warf.[173] Die Verwaltungsräte erscheinen, wie in den
Porträt-Abbildungen im Illustrierten Beobachter, vielleicht vordergründig als
Gesichter der Stadtverwaltung im »Dritten Reich«. In die tatsächlichen finanzpolitischen Entscheidungsabläufe waren sie aber immer weniger involviert.[174]

172 Vgl. Reichinger an Giesler, Bericht über die Verhältnisse im Stadtrat München,
   20.6.1944, S. 3, StAM, NSDAP 24. Der Verfasser war selbst bis 1943 Stadtrat. Den Bericht lieferte er als Kenner der Münchner Verhältnisse, aber in seiner neuen Funktion als NSDAP-Kreisleiter von Bad Tölz und Wolfratshausen. Haerendel, Wohnungspolitik, S. 57, betont, dass die Sicht dieses »Nazi-Eiferers« zwar aus der Zeit gegen
   Ende des Kriegs stammte, als das Ratsherren-Kollegium bereits durch Einberufungen
   und Todesfälle dezimiert gewesen sei, jedoch »viel Treffendes« für die frühere Zeit beinhaltete, da das Kollegium eine große Kontinuität aufwies: Auf kriegsbedingte Neu-
   berufungen wurde verzichtet und die an sich acht Jahre währende Amtszeit der meist
   1935 berufenen Ratsherren wurde der Einfachheit halber 1943 formlos verlängert.
173 Dass der Einfluss der Verwaltungsräte sehr begrenzt blieb, hat auch Haerendel, Wohnungspolitik, S. 62 f., für den Bereich der Wohnungspolitik gezeigt.
174 Vgl. auch das allgemeine Urteil von Reichinger über die praktische Ausübung der Verwaltungsratstätigkeiten der Ratsherren: Viele von ihnen seien nur »automatische Un-
   terschreiber, ohne dass sie sich aber intensiv mit der Materie ihres Ausgabengebietes
   befassen«. (Vgl. Reichinger an Giesler, Bericht über die Verhältnisse im Stadtrat Mün-

Das hatte freilich auch formalrechtliche Ursachen. Denn der Bedeutungs-verlust der Ratsherren war vor allem darauf zurückzuführen, dass in den Ge-meinden das »Führerprinzip« eingeführt worden war. Auch wenn weiterhin wö-chentliche Sitzungen stattfanden, lag nun die Entscheidungshoheit formal in den Händen des Oberbürgermeisters.[175] Spätestens mit Vollzug der Gemeinde-ordnung von 1935 kam dem Gemeinderat, dessen Mitglieder in Städten wie München fortan unter dem Namen »Ratsherren« firmierten, dagegen offiziell nur noch beratende Funktion zu.[176] Das galt auch für die Verwaltungsräte.[177] Unter diesen Voraussetzungen veränderte sich zudem der Charakter der weiter-hin existierenden Ausschüsse, was sich schon im neuen Namen der »Beiräte«[178] ausdrückte. Finanzpolitische Angelegenheiten wurden fortan zum einen in den Sitzungen der »Beiräte für Verwaltungs-, Finanz- und Baufragen«, dem früheren Hauptausschuss, zum anderen in denen der »Beiräte für Angelegenheiten des Gemeindehaushalts«, dem früheren Haushaltsauschuss, behandelt. »Vorberaten« wurde in den Ausschüssen insofern nichts mehr, als auch die Vollversammlung der Ratsherren keine Entscheidungen mehr zu fällen hatte.

Sei es aus mangelndem Interesse, unzureichenden Fähigkeiten einiger Rats-herren, die Kommunalpolitik mitzugestalten, oder aufgrund fehlender formel-ler Entscheidungskompetenz: Es ist jedenfalls bezeichnend, dass im März 1939 einige der ehrenamtlichen Ratsherren selbst vorschlugen, auf die Vorberatungen zum Jahresetat im Beirat für Haushaltsangelegenheiten in Zukunft zu verzich-ten.[179] Bemerkenswerterweise war es aber der Oberbürgermeister, der sich dafür einsetzte, das Gremium weiterhin beizubehalten. Dabei handelte es sich zwar nur noch um eine Sitzung im Jahr, aber diese sei, so Fiehler, die einzige Möglich-keit im kleineren Kreise und intern zum Haushalt Stellung zu nehmen.[180] Die anwesenden ehrenamtlichen Ratsherren konnten in dieser einen Sitzung keinen

chen, 20.6.1944, S. 4, StAM, NSDAP 24). In einigen Bereichen der Stadtpolitik er-hielten sich die Stadträte jedoch noch einen gewissen Einfluss, vgl. Irlinger, Versor-gung, S. 62.

175 Entsprechend § 55 der Deutsche Gemeindeordnung, 30.1.1935, RGBl. I (1935), S. 56, demzufolge der Bürgermeister den Gemeinderäten die regelmäßige »Gelegenheit zur Äußerung« geben soll.

176 Vgl. Deutsche Gemeindeordnung, 30.1.1935, § 48, RGBl. I (1935), S. 55.

177 In der vorläufigen Geschäftsanweisung für die Verwaltungsräte der Stadt München vom 1.4.1935 lautet die vage Formulierung, dass die Verwaltungsräte mit dem jewei-ligen Fachreferenten in »steter Fühlung« (ebd. § 2) bleiben sollen. Im Falle einer Un-einigkeit müsse die Entscheidung des Oberbürgermeisters herangezogen werden. Laut § 3 konnte der Verwaltungsrat »unmittelbare Anordnungen und Eingriffe in den Ge-schäftsbetrieb« nicht treffen (Abdruck in BAB, NS 25 499). Auch verwaltungsrecht-lich gesehen, also unabhängig von ihren persönlichen Fähigkeiten, hatten die Verwal-tungsräte also nur geringe Einflussmöglichkeiten.

178 Vgl. Deutsche Gemeindeordnung, 30.1.1935, § 58/59, RGBl. I (1935), S. 57.

179 Vgl. Beiräte für Angelegenheiten des Gemeindehaushalts, 20.3.1939, StadtAM, RSP 712/6.

180 Vgl. Fiehler, Beiräte für Angelegenheiten des Gemeindehaushalts, 20.3.1939, StadtAM, RSP 712/6.

großen Einfluss auf die Budgetplanung ausüben. Es drängt sich vielmehr der Eindruck auf, dass die Sitzung für Fiehler vor allem dem Zweck diente, letzte Unklarheiten auszuräumen bevor man an die Öffentlichkeit ging. Es ging demnach nicht mehr um einen Meinungsaustausch oder gar Aushandlungsprozess, sondern um einen Meinungsabgleich.

In der tags darauf stattfindenden Vollversammlung fügte sich der übergreifende Konsens zum stimmigen Bild einer unumstrittenen, durchweg soliden Haushaltspolitik. Laut DGO sollte der Bürgermeister die jährliche Haushaltssatzung nach Beratung mit den Gemeinderäten festsetzen.[181] In der Praxis überlebte in München eine Art Pseudo-Abstimmung. Der Kämmerer erläuterte zunächst die inhaltlichen Eckdaten und schlug die Haushaltssatzung, wie sie bald offiziell hieß, im Anschluss zum Beschluss vor. Der OB fragte sodann, ob es eine Erinnerung gegen die vom Kämmerer vorgetragenen Anträge gebe. Manchmal äußerte sich dann noch, mehr oder weniger ausführlich und immer zustimmend, der NSDAP-Fraktionsvorsitzende. Anschließend »stellte« Fiehler den Plan »fest«. Dieser wurde also nicht mehr ausgehandelt und abgestimmt, sondern nur noch abgenickt.

Karl Fiehler: Gemeindeführer, Bürokrat und Vermittlungsfigur

Es verweist auf ein Charakteristikum von Karl Fiehlers Amtsführung, dass nicht nur der Haushaltsausschuss, sondern auch andere städtische Fachausschüsse – wenn auch unter dem neuen Namen als »Beiräte« – weiter Bestand hatten. Auch wenn die staatsrechtlichen Veränderungen den »Gemeindeführer« Fiehler zur mächtigsten städtischen Entscheidungsinstanz machten, war die Praxis der Münchner Stadtpolitik in den seltensten Fällen von Alleingängen geprägt.[182] Vielmehr lag ein wichtiges Merkmal von Fiehlers politischem Führungsstil darin, Konsens zwischen den verschiedenen Verantwortungsträgern innerhalb der Stadt zu erzielen und diesen dann entsprechend als solchen zu inszenieren. In Fiehlers politischem Denken waren es vor allem zwei Verantwortungsträger, die es zu integrieren galt: »Verwaltung« und »Politik« bzw. »Staat« und »Partei«.[183] Die »Verzahnung« dieser beiden Sphären war eine, vielleicht sogar die zentrale

---

181 Vgl. Deutsche Gemeindeordnung, 30.1.1935, § 84, RGBl. I (1935), S. 60.
182 Vgl. ähnlich auch Haerendel, Wohnungspolitik, S. 63.
183 Vgl. zum Verhältnis zwischen Partei und Staat bei Fiehler etwa seine Rede über die Aufgaben der Gemeinde im Vorfeld des Tages der Deutschen Kunst 1937, StadtAM, BuR 1526, S. 14 f.: »Partei und Staat bilden die grosse Polarität unseres volklichen Lebens; das heißt, sie liegen in einem gegenseitigen Verhältnis fruchtbarer Spannung und Wechselwirkung. [...] Eine in ihrer Grösse und Einfachheit wunderbare Konzeption von höchster staatsmännischer Weisheit und ohne Vorgang in der Geschichte: Der Staat verwaltet und die Partei führt. Dabei ist unter Führung die Aufstellung der beherrschenden politischen Ziele und unter Verwaltung die schrittweise Vorbereitung und Durchführung dieser politischen Ziele zu verstehen.«

Konstante seines kommunalpolitischen Wirkens.[184] Sein Bemühen, diese Vorstellungen auch in der Praxis umzusetzen, war in ganz besonderem Maße im Bereich der städtischen Haushaltspolitik zu erkennen. Für die Erstellung des Etats,
zuvor ein ewiger Zankapfel, war die Politik schließlich, wie in kaum einem anderen Bereich, auf eine funktionierende Verwaltung angewiesen.[185]

Die Forschung zeichnet den Münchner NS-Oberbürgermeister oft als eine
»schwache« Figur.[186] Fiehler erscheint als Gemeindeoberhaupt, das es, ähnlich
wie viele andere Alt-Parteigenossen in seinem Ratsherrenkollegium, in der NS-
DAP-Hierarchie nicht weit gebracht habe; als Vorsitzender des Deutschen Gemeindetags und Reichsleiter des Hauptamts für Kommunalpolitik glich er, im
Vergleich zu anderen Figuren in Hitlers Gefolgschaft, vielmehr einem ›König
Ohneland‹, und in seiner eigentlichen Arena in München wurde er von den
skrupellosen Macht- und Geltungsansprüchen eines Christian Weber oder Adolf
Wagner bedrängt.[187] Dieses Fiehler-Verständnis wird sicherlich auch von den oft
zitierten Kommentaren in Joseph Goebbels' Tagebüchern mitgeprägt: Sie sprü-
hen vor Hohn und Spott über die Kommunalpolitik im Allgemeinen und über
Karl Fiehler und die Stadt München im Besonderen. Am 22. Dezember 1936
etwa notierte der Reichspropagandaminister über ein gemeinsames Treffen bei
Adolf Hitler: »Führer sehr nett. Fiehler aus München weint ihn an. Furchtbar,
so eine Type. ›Oberbürgermeister der Hauptstadt der Bewegung‹.«[188] Und im
Eintrag vom 20. November 1940 charakterisiert Goebbels den Münchner Oberbürgermeister in abschätziger Weise als einen »gute[n], aber etwas primitive[n]
Mensch[en]«.[189]

Unterschätzt wird in dieser Deutungslinie allerdings die integrative Kraft, die
von Münchens damaligem Stadtführer ausging. Fiehlers Amtsführung changierte zwischen pragmatischer Sachorientierung und hemmungslosem Fanatis-
mus und Rassismus, den zwei Polen, die auch die »brisante Ambivalenz der

184 Vgl. Ansprache Fiehlers zur Ortsgruppenleitertagung im großen Rathaussaal,
26.2.1942, S. 14 f., StadtAM, BuR, 452/10. Zum Gedanken der »Verzahnung« allgemein und deren Entsprechung im Wohlfahrtswesen vgl. auch Wimmer, Ordnung,
S. 131-153.
185 Siehe dazu etwa oben in Kapitel I.3 die rhetorische Analyse von Fiehlers Haushaltsrede im Jahr 1935.
186 So Heusler, Karl Fiehler, S. 125; im Gehalt ähnlich das Urteil bei Matzerath, Nationalsozialismus und kommunale Selbstverwaltung, S. 211, nach dessen Deutung Fiehler innerhalb der Partei als wenig robust in der Durchsetzung seiner Ziele galt; ebd., S. 214,
beschreibt er die Position des von Fiehler geleiteten Hauptamts für Kommunalpolitik
als »schwach«. Hanko, Kommunalpolitik, S. 335, spricht ebenfalls in diesem Sinne allgemein von der »Schwäche Fiehlers« und dem »Mangel an Durchsetzungsvermögen«.
187 Vgl. das Urteil von Heusler, Karl Fiehler, S. 126: »Weder dem korrupten Strippenzieher
Christian Weber noch dem maßlosen Hegemonialanspruch des Gauleiters vermochte
Fiehler wirkungsvoll und dauerhaft etwas entgegenzusetzen.«
188 Die Tagebücher von Joseph Goebbels, Teil I, Bd. 3/II, hrsg. von Elke Fröhlich,
22.12.1936, S. 301.
189 Die Tagebücher von Joseph Goebbels, Teil I, Bd. 8, hrsg. von Elke Fröhlich, 20.11.1940,
S. 428.

Fiehler'schen Persönlichkeit«[190] ausmachten. Genau darin lag aber der Kern seiner integrativen Wirkung vor Ort. Mit ihm konnten sich einerseits die Münchner Verwaltungsexperten identifizieren. Das galt insbesondere, wenn sie mit der ›anderen Seite‹ Fiehlers, der des ideologischen Hardliners, sympathisierten oder diese zumindest bereitwillig ausblendeten. Sein gerade im Vergleich zu Weber und Wagner »bescheidenes Auftreten« und die »bürokratiegeleitete Amtsführung« brachten ihm in der Stadtverwaltung Respekt und Ansehen ein.[191] Das Gros der Beamten erkannte, dass Fiehler, der selbst seit 1918 im Dienst der Stadt gestanden hatte, »mit Leib und Seele Kommunalpolitiker« war.[192] Auch mit den etablierten Verwaltungseliten, wie sie in der Stadtkämmerei saßen, scheint stets ein respektvoller Umgang bestanden zu haben.[193] Eine gegenseitige Wertschätzung wird insbesondere auch in den zahlreichen Korrespondenzen zwischen Pfeiffer und Fiehler evident.[194] Die Grundlage der Zusammenarbeit zwischen dem Oberbürgermeister und den Finanzfachkräften um den Stadtkämmerer bildeten zwei gemeinsame Interessen: das »Wohl der Stadt« im Allgemeinen und die »Ordnung der Finanzen« im Besonderen – was auch immer konkret darunter verstanden wurde. Fiehler würdigte das Engagement und die Fachexpertise der Finanzexperten, diese schätzten wiederum das verwaltungstechnische Interesse ihres Vorgesetzten. Im Erfahrungshorizont eines städtischen Finanzbeamten hätte es unter den Nationalsozialisten in München wohl keinen besseren Oberbürgermeister geben können als den Bürokraten Fiehler. Während er manche von ihnen – man denke an die beiden Amtsleiter des Vollstreckungsamts Otto Eder und Otto Lausenmayer[195] – schon während seiner Tätigkeit in der Stadtverwaltung vor 1933 von den Zielen der NSDAP überzeugen konnte, empfanden ihn vermutlich selbst solche, die der Machtübernahme ablehnend gegenüberstanden, als ein verhältnismäßig geringes ›Übel‹.

Mit Fiehlers ›anderer Seite‹ konnten sich hingegen die »Alten Kämpfer« im Stadtrat identifizieren. Denn der OB war erstens, genau wie die meisten von ihnen, langjähriger und hochdekorierter Nationalsozialist: Mitgliedsnummer

---

190 Heusler, Karl Fiehler, S. 131.

191 Vgl. ebd., S. 127.

192 Vgl. Haerendel, Rathaus, S. 371.

193 Ein Beleg dafür ist etwa die nicht nur respektvolle, sondern sehr persönliche Korrespondenz, die Fiehler nach dem Tod des Amtsleiters der Stadthauptkasse, Hugo Scheuthle, mit dessen Witwe führte und die über die üblichen Gepflogenheiten in solchen Fällen hinausging (vgl. Beileidsbekundungen Fiehler, 25.3.1942, StadtAM, PA 12927 Hugo Scheuthle).

194 Beruflich waren gewissermaßen beide voneinander abhängig. Dass es darüber hinaus aber auch eine private Vertrauensbasis gab, zeigte sich in einigen außerdienstlichen Korrespondenzen, wie etwa anlässlich der Hochzeit von Pfeiffers Tochter Helga, zu der im Jahr 1939 der OB persönlich und ausführlich gratulierte (vgl. StadtAM, PA 12812 Andreas Pfeiffer).

195 Vgl. Lausenmayer, Aussage Spruchkammerverfahren, 2.7.1946, StadtAM, PA 11020 Otto Lausenmayer; vgl. Urteilsspruch Eder, Spruchkammer München VI, 4.8.1948, StAM, SpkA (München), K 335 Otto Eder; siehe dazu auch oben, Kapitel II.2, S. 133 f., S. 135.

37, Gefährte im »Stoßtrupp Hitler«, beteiligt beim »Hitler-Putsch«, dreieinhalb Monate Haftaufenthalt mit Hitler in Landsberg, Leiter der NSDAP-Ortsgruppe München-Schwabing, Schriftführer der Partei, Leiter des Hauptamts für Kommunalpolitik.[196] Und er war wie sie ein radikaler Antisemit. Zweitens war er in seiner Amtsführung als Oberbürgermeister Stratege genug, um gerade diese NS-Klientel in München immer wieder zufriedenzustellen: sei es durch regelmäßige und öffentliche rhetorische Huldigungen oder durch tatsächliche politische Zugeständnisse und Kompromisse wie etwa die Kredithilfe für »Alte Kämpfer«[197] und nicht zuletzt auch dadurch, dass er das radikal antisemitische Denken der Alt-Nazis in die politische Praxis übertrug.

Nimmt man also nicht nur Fiehlers Rolle in der Parteihierarchie zum Maßstab einer historischen Beurteilung, sondern vielmehr auch sein Wirken im Rahmen seiner hauptberuflichen Tätigkeit als Oberbürgermeister einer bedeutenden Großstadt, darf er keineswegs als »schwach« bezeichnet werden. In seinem vergleichsweise kompromissbereiten Stil und seinen Bemühungen, die (alten) Funktionseliten der Verwaltung mit den (neuen) politischen zu vereinen, lag eher eine Führungsstärke, jedenfalls in einem moderneren Verständnis von Führung als jenem, das zu seinen Lebzeiten vorherrschte und welches die Forschung zumindest teilweise reproduzierte. Wenn in der neueren Kommunalgeschichte die herrschaftsstabilisierende Wirkung der Gemeinden für den NS-Staat herausgearbeitet wird, dann sollte auch die Bedeutung von Vermittlungsfiguren wie der des Münchner Oberbürgermeisters hervorgehoben werden. Als eine spezifische Art der »Schnittstellenmanager« waren sie der ›Kitt‹, um die Verwaltungsexperten auf kommunaler Ebene mit den radikalen Zielsetzungen der Partei in der Herrschaftspraxis des »Dritten Reichs« zu verbinden, und machten damit die tödliche Effizienz des Systems erst möglich.

Die Referenten und der Kämmerer: Finanzpolitik als Expertendiskurs

Wie kamen finanzpolitische Entscheidungen in München zustande, wenn nicht mehr ein Ausschuss entsprechende Beschlüsse vorbereitete, über die dann die Vollversammlung des Stadtrats abstimmte; und wenn auch der Oberbürgermeister Fiehler keine einsamen Entscheidungen traf, obwohl er qua nationalsozialistischem Recht dazu befugt gewesen wäre? Helmut Hanko stellt in seiner Pionierstudie über die Münchner Stadtpolitik in der NS-Zeit bis 1935 fest, dass an »Meinung und Urteil« der Referenten »nur schwer vorbeizukommen« war und dass ihr Einfluss größer wurde, je weiter sich der schrittweise Übergang zur

---

196 Zu den Eckdaten von Fiehlers Parteikarriere vgl. Heusler, Karl Fiehler, S. 121 f.
197 Zur sozialpolitischen Unterstützung der »Alten Kämpfer« vgl. Wimmer, Ordnung, S. 347-352.

alleinigen Entscheidungsbefugnis des Oberbürgermeisters vollzog.[198] Gerade für den Bereich der Finanzpolitik lässt sich sein Urteil bekräftigen, wobei dem Kämmerer als unumstrittenem Experten der Zahlen eine besondere Relevanz zugesprochen werden muss.

Mit Blick auf die Entwicklung des jährlichen Prozedere der Haushaltsaufstellung wird deutlich, dass die Bedeutung der hauptamtlichen Beigeordneten in dem Maße zunahm, in dem diejenige der ehrenamtlichen Ratsherren abnahm. Während zu Beginn der 1930er-Jahre die wegweisenden Aushandlungsprozesse über den Stadtetat noch in den zahlreichen Haushaltsausschusssitzungen stattgefunden hatten, verlagerten sich bald nach 1933 die wichtigsten Debatten in die Referentenbesprechungen. Auf Grundlage des Vorjahresetats wurden in kleiner Runde und unter Leitung des Oberbürgermeisters die Einnahmen und Ausgaben abgeglichen und ein Haushaltsvorentwurf erstellt.[199] Die DGO deckte dieses Verfahren insofern, als laut Paragraf 35 den Fachreferenten die Vertretung des Bürgermeisters in ihrem Arbeitsgebiet zustand.[200] Einzelne Verwaltungsräte standen zwar während dieser Entwurfsphase mit ihren Fachreferenten in Kontakt,[201] die Gesamtheit der Ratsherren wurde aber erst involviert, als die Eckdaten des Haushalts schon längst fixiert waren. Nachdem der Etatentwurf den ehrenamtlichen Stadträten im Rahmen der Fraktionssitzung und/oder der Sitzungen der Beiräte für Haushaltsangelegenheiten vorgestellt worden war, konnten höchstens noch einzelne Punkte nachjustiert und eben Meinungen abgeglichen werden.

Eine Ausnahme von dieser Tendenz bildete die Haushaltsaufstellung 1938, als die Referenten aufgrund der unsicheren Einnahmesituation während der Transformation des Reichssteuersystems große Schwierigkeiten hatten, den Haushalt vorab auszugleichen. Ein erster Entwurf nach ihren Voranmeldungen schloss gar mit einem Fehlbetrag von 20 Millionen Reichsmark. Dabei störte den Kämmerer vor allem, dass er diesen Entwurf »gedruckt hinausgeben musste«.[202] Denn es hätte ja sein können, so seine Befürchtung, dass »einer sein Exemplar des

---

198 Vgl. Hanko, Kommunalpolitik, S. 362. Auch Haerendel, Wohnungspolitik, S. 63, spricht von einer »starken«, wenngleich »nicht allmächtigen Referentenherrschaft« im Münchner Rathaus.

199 Zum Ablauf der Entstehung des Haushaltsvorentwurfs vgl. die Erklärungen Pfeiffers, Beiräte für Angelegenheiten des Gemeindehaushalts, 20.3.1939, StadtAM, RSP 712/6: Man – damit meint er sich und seine Haushaltsabteilung – habe zunächst einen Entwurf aufgrund der »Bedürfnisse, die im Vorjahr zutage getreten« waren, aufgestellt und die »zwangsläufigen Mehrausgaben« hinzugefügt. Anschließend wurden die Vorschläge der Referate auf »Abstriche« geprüft. Diese bezifferten sich auf einen Gesamtbetrag von gut zwei Mio. RM und wurden in einer Dezernentenbesprechung vom 16.2.1939 durch den Oberbürgermeister »mit geringfügigen Abänderungen, die auf die Vorschläge der Sachdezernenten selbst zurückzuführen« seien, genehmigt.

200 Vgl. Deutsche Gemeindeordnung, 30.1.1935, §35, Abs. 2, RGBl. I (1935), S. 53.

201 Vgl. Fiehler, Beiräte für Angelegenheiten des Gemeindehaushalts, 20.3.1939, StadtAM, RSP 712/6.

202 Vgl. Pfeiffer, Beiräte für Haushaltsangelegenheiten, 16.3.1938, StadtAM, RSP 711/6.

Entwurfs wo liegen lässt und hinausdringt, München hat einen Fehlbetrag von 20 Millionen«. Die Stadtführung beschloss deshalb, wieder zum »früheren Verfahren« zurückzukehren, eine »Extrasitzung der Beiräte« abzuhalten und wieder »etwas stärker in die Beratung einzutreten«. Bezeichnenderweise übernahmen aber auch in dieser Beratung die Fachreferenten das Zepter. Das wird schon beim Blick auf die personelle Zusammensetzung deutlich: Während an den Sitzungen des Haushaltsausschusses bis 1933 über ein Dutzend ehrenamtliche und nur wenige berufsmäßige Stadträte, teilweise nur der Kämmerer, teilgenommen hatten, waren in den beiden Sitzungen der Beiräte für Haushaltsangelegenheiten im Jahr 1938 sieben bzw. neun Ratsherren anwesend, ebenso viele hauptamtliche Referenten und zahlreiche weitere hohe Stadtbeamte, wie etwa Hans Schein. Dadurch veränderte sich auch der Charakter dieser Sitzungen. Früher noch Schauplatz brisanter Aushandlungsprozesse, verliefen sie nun weitgehend sach- und lösungsorientiert – wenn nicht gerade Christian Weber zu einer seiner berüchtigten Verbalattacken ausholte.

Die großen Linien des städtischen Haushalts wurden also im »Dritten Reich« immer stärker von den hauptamtlichen Beigeordneten geprägt. Eine der wenigen im Wortlaut überlieferten Referentensitzungen kann einen Eindruck davon vermitteln, wie solche Besprechungen unter den Verwaltungsfachleuten konkret abliefen, wenn es um das Geld der Stadt ging: Am 10. Januar 1935 diskutierte die Runde unter anderem über die finanzielle Unterstützung des Pferdesports im folgenden Haushaltsjahr.[203] Oberbürgermeister Fiehler warnte zunächst davor, die anvisierte Summe von knapp einer halben Million Reichsmark unter dem ordentlichen Haushaltsposten »Förderung von Landwirtschaft und Pferdezucht« erscheinen zu lassen, während, so seine Sorge, zugleich die Straßenbahntarife erhöht würden.[204] Die Option, den Haushaltstitel umzubenennen und den Zuschuss somit »verschwinden« zu lassen, wurde ebenfalls verworfen, weil Stadtkämmerer Pfeiffer Beanstandungen durch die Rechnungsprüfung fürchtete. Er brachte stattdessen einen kreativ-korrekten Lösungsvorschlag: Der Rennverein solle aus allgemeinen Vermögensmitteln der Stadt unterstützt werden, anstatt einen verhältnismäßig hohen Ausgabeposten im ordentlichen Haushalt unterzubringen. Wie die Stadt Pfandbriefe kaufe, erläuterte er das Prinzip, so könne sie sich auch an einem solchen rentierlichen Unternehmen beteiligen.[205] Oberbürgermeister Fiehler überzeugte der Vorschlag. Er ordnete entsprechend an, eine Fondsanlage von 400.000 Reichsmark zu tätigen. Das Geld dafür wurde aus einem völlig anderen Depot, dem der Haus-

---

203 Dieses Thema war in den frühen Jahren des »Dritten Reichs« ein Dauerbrenner unter Münchens Stadtführung. Denn die nationalsozialistische Stadtspitze sah damals im Galoppsport ein lohnendes Investitionsfeld und die Chance, sich prestigeträchtig als »Hauptstadt des Pferdesports« zu inszenieren. Siehe dazu Rabe, Hauptstadt, sowie unten, Kapitel IV.4.
204 Vgl. Fiehler, Referentenbesprechung, 10.1.1935, StadtAM, RSP 708/7.
205 Vgl. Pfeiffer, ebd.

unratabfuhranstalt, zur Verfügung gestellt.[206] Aus den ordentlichen Haushaltsmitteln sollten dagegen ›nur‹ 105.000 Reichsmark Zuschuss gewährt werden. Da auch diese Summe Pfeiffer noch zu hoch erschien, um sie unter einem Titel »Förderung des Rennsports« vor der Öffentlichkeit zu rechtfertigen, war erneut der Erfindungsreichtum des Haushaltsexperten gefragt. Er empfahl: »50.000 RM jonglieren wir heraus, die lassen wir unter etwas anderem erscheinen, sodass als Zuschuss 55.000 RM erscheinen. [...] Wie ich die anderen 50.000 RM unterbringe, überlege ich mir noch.«[207]

Im Hinblick auf die Frage, wie finanzpolitische Entscheidungen in der Praxis zustande kamen, lassen sich an diesem Beispiel drei Beobachtungen machen. 1.) Erstens zeigt sich, dass die städtischen Entscheidungsträger in ihrem haushaltspolitischen Handeln auch durch eine Reihe von ›weichen‹ Faktoren beeinflusst wurden: Die ›Furcht‹ vor der Rechnungsprüfung war ebenso ein handlungsleitendes Motiv wie die zu erwartende Reaktion der Öffentlichkeit. Letzteres ist auch deswegen bemerkenswert, weil es deutlich macht, wie sehr auch in einer Diktatur der antizipierte Wille der Beherrschten die Praxis der Herrschaft beeinflussen konnte.[208]

2.) Zweitens bestätigen sich einige bereits oben ausgeführte Erkenntnisse zur Amtsführung des Oberbürgermeisters Fiehler: Im Hinblick auf die alltägliche politische Praxis bildete der Kreis der Fachreferenten für den OB die wichtigste Bezugsgröße. Obwohl ihm die alleinige Entscheidungskompetenz zukam, agierte er gerade nicht wie ein Lokaldiktator, sondern eher als ›primus inter pares‹. Formell betrachtet wurde Fiehler ab Oktober 1933 tatsächlich Teil der berufsmäßigen Führungsspitze, weil das vormalige Ehrenamt OB in eine hauptamtliche Funktion umgewandelt wurde.[209]

3.) Drittens wird deutlich, dass unter allen Fachreferenten dem Stadtkämmerer eine besondere Rolle zukam, weil er den Diskussionsprozess durch seine Fachexpertise maßgeblich voranbrachte. Gelegentlich mischte Pfeiffer sich auch inhaltlich ein, wenn er etwa wie im beschriebenen Fall, in einem Nebensatz »leise Zweifel« anmeldete, ob es sich beim Rennverein tatsächlich um ein so gut rentierendes Unternehmen handele, dass man eine Vermögensanlage »riskieren« könne.[210] Die Hauptaufgabe des Kämmerers lag jedoch darin, fiskaladministrative Lösungen für politische Probleme zu liefern. Als »Finanzjongleur«, um sei-

206 Vgl. Pfeiffer, Gemeinderäte, 21.6.1935, StadtAM, RSP 708/1.
207 Pfeiffer, Referentenbesprechung, 10.1.1935, StadtAM, RSP 708/7. Vgl. auch Akt »Gestütshöfe Isarland«, StadtAM, Kämmerei 287, wo sich die Überlieferung der verwaltungsmäßigen Weiterbehandlung dieses Ausschuss-Beschlusses findet. Dabei wird auch deutlich, dass es über diese Art der Kapitalanlage zu Unstimmigkeiten mit der Aufsichtsbehörde kam.
208 Vgl. in diesem Zusammenhang weiterführend auch die Erkenntnisse von Alf Lüdtke zur »Herrschaft als soziale Praxis«, etwa in ders. (Hrsg.), Herrschaft (1991).
209 Der Vorgang ist bei Haerendel, Wohnungspolitik, S. 36 f. beschrieben.
210 Vgl. Pfeiffer, Referentenbesprechung, 10.1.1935, StadtAM, RSP 708/7.

nen eigenen Terminus aufzugreifen, war er nicht vorrangig für die politischen Zielsetzungen zuständig, jedoch für das tatsächliche Ermöglichen eben dieser.

Pfeiffer selbst ließ dabei offensichtlich auch keinen übermäßigen politischen Gestaltungswillen erkennen. Angesichts der staatsrechtlichen Entwicklungen, die die Funktion des Finanzreferenten in den deutschen Gemeinden seit 1935 auch formal zunehmend aufwerteten,[211] entwarf der DGT 1938 eine entsprechende Musterdienstanweisung. Sie sollte allen deutschen Gemeindekämmerern umfangreiche Gestaltungskompetenzen wie etwa ein Vetorecht bei allen Ausgabeposten einräumen.[212] Anders als die meisten anderen der ausgewählten Fachleute, an die der Entwurf vorab zur Kommentierung versandt worden war, äußerte der Münchner Finanzexperte »erhebliche Bedenken«.[213] Als studierter Jurist wandte er ein, dass die vorgesehenen Vollmachten mit der Rechtsstellung, die dem Posten durch die DGO eingeräumt wurden, nicht vereinbar seien. Mit Blick auf die besondere Situation in Großgemeinden kritisierte er zum anderen, dass dort ein Kämmerer nicht in der Lage sei, alle Arbeitsbereiche der anderen Beigeordneten so zu überblicken, dass er zutreffend über deren Ausgabeposten urteilen könne. Anders als es die Vollmachten der Dienstanweisung suggerierten, sei der Kämmerer den Beigeordneten nicht vorgesetzt, sondern gleichgestellt. Es mag als ein Beleg für die große Bedeutung von Pfeiffers Meinung gewertet werden, dass sich die Experten des DGT dann auch tatsächlich nicht auf eine einheitliche Dienstanweisung einigen konnten.

---

211 Paragraf 34 der DGT (vgl. Deutsche Gemeindeordnung, 30.1.1935, RGBl. I (1935), S. 53) wies dem Stadtkämmerer hinter dem Bürgermeister und ersten Beigeordneten (in Stadtkreisen »Bürgermeister«) als drittem Mann in der Gemeindeverwaltung eine Position zu, die ihn von den »übrigen Beigeordneten« deutlich unterschied. Eine im März 1935 erlassene Ausführungsbestimmung zu diesem Paragrafen stellte die kommunalrechtliche Bedeutung des Kämmerers auch inhaltlich stärker heraus und empfahl den Gemeinden, eine interne Dienstanweisung aufzustellen, die seine hinreichende Beteiligung bei allen den Haushaltsplan betreffenden Maßnahmen sicherstellte (vgl. die Verweise und Beschreibungen im Brief des Oberbürgermeisters von Gelsenkirchen an den DGT, 7.10.1937, BAB, R 36 601). Auf diese Ausführungsbestimmung nimmt auch Bezug: Terhardt, Kämmerer und Kasse, in: Der Gemeindehaushalt, 31.7.1938, S. 158 f., StadtAM, Kämmerei 2019. Die vorläufige Anweisung für den Geschäftsgang in der Verwaltung der Stadt München vom 1.4.1935 bestimmte entsprechend ganz explizit den Kämmerer zum zweiten »allgemeinen Vertreter« des Oberbürgermeisters (vgl. Abdruck in BAB, NS 25 499).

212 Dazu zählte etwa das »Überprüfen« der veranschlagten Einnahme- und Ausgabeposten auf »Erwartbarkeit« und »Notwendigkeit«, die »Mitwirkung« bei der Verteilung von Haushaltmitteln auf die einzelnen Dienststellen der Verwaltung, die »Mitzeichnung« größerer Verträge und die »Anhörung« durch den Oberbürgermeister bei allen Entscheidungen von finanzieller Bedeutung (vgl. DGT an die Stadtkämmerer Hettlage (Berlin), Hahn (Essen), Hirzel (Stuttgart), Meyer (Mühlhausen), Pfeiffer (München), Will (Königsberg Pr.), Kracht (Flensburg), Kirsten (Bonn), Geyer (Bochum), Pagenkopf (Dortmund), März 1938, BAB, R 36 601).

213 Vgl. Pfeiffer an DGT, 6.4.1938, BAB, R 36 601.

Pfeiffers Zurückhaltung, was die Ausweitung seiner eigenen Gestaltungsspielräume anging, sagt viel über sein Amtsverständnis aus: Er sah sich als Technokrat, der hinter den Kulissen agierte und die politische Verantwortung ablehnte. Seine Zurückhaltung sagt aber eher wenig über die tatsächlichen Gestaltungsspielräume des Kämmerers in der Münchner Finanzpolitik. Andreas Pfeiffer mag es für sich vorgezogen haben, eher im Hintergrund zu wirken, dort aber war er umso einflussreicher und de facto bei allen finanz- und haushaltspolitischen Fragestellungen, das heißt immer dann, wenn Politik Geld kostete, maßgeblich in den Entscheidungsprozess involviert.

Sein großer Einfluss erklärt sich dabei nur teilweise aus der formalrechtlichen Ausweitung seiner Kompetenzen nach Erlass der DGO. Er beruhte vor allem auf seiner informellen Autorität als stadtintern hoch geschätzter Experte. Selbst wenn Pfeiffer Unangenehmes aussprach, schien er nur selten anzuecken. Vielmehr schätzte man offenbar seine »bayerisch gerade Art«, wie es in einer Würdigung zu seinem 50. Geburtstag hieß.[214] Große Wertschätzung für ihn hegte sein Referentenkollegium, insbesondere aber auch der Oberbürgermeister Fiehler, der ihn nach dem Tod Karl Tempels zu seinem allgemeinen Stellvertreter machte[215] und ihn im Krieg bezeichnenderweise für das erklärte, was er schon vorher gewesen war: »unabkömmlich und nicht ersetzbar«.[216] Das hing nicht zuletzt damit zusammen, dass Pfeiffer seine Problemlösungskompetenz und sein Finanz-Know-How auch für spezifisch nationalsozialistische Ziele zur Verfügung stellte. So etwa, als es im Rahmen einer Dezernentenbesprechung im Januar 1943 um die »Arisierung« des im Besitz des jüdischen Bürgers Dr. Gans befindlichen Guts Wallenberg bei Miesbach ging: Um sich als Stadt gegenüber mächtigen Privatinteressenten aus »Preußen« durchzusetzen, könne man, so schlug der Kämmerer vor, das Kaufinteresse »mit dem jetzigen Wassermangel verquicken«, denn das Gut liege im Einzugsgebiet einer Quellfassung, die auch die Stadt München mit Frischwasser versorge.[217]

Dieses durchweg systemkonforme (Mit-)Denken erklärt, warum Pfeiffers Fähigkeiten auch von den meisten der stramm nationalsozialistischen Ratsherren respektiert wurde. In dieser Hinsicht ist es bemerkenswert, dass Franz Xaver Reichinger in seinem oben erwähnten Geheimbericht zwar kein gutes Haar an den hauptamtlichen Beigeordneten lässt – er nennt sie »politisch farblose Persönlichkeiten«[218] –, aber einen explizit von der Kritik ausnimmt: Nur der

---

214 Rechtsrat Pfeiffer ein Fünfziger, in: Münchener Zeitung 309, 9.11.1932, StadtAM, PA 12812 Andreas Pfeiffer.

215 Vgl. Erwähnung Fiehlers im Brief an Oberfinanzpräsident Weisensee, Devisenzuteilung Stadtkämmerer Andreas Pfeiffer, 23.9.1941, StadtAM, PA 12812 Andreas Pfeiffer.

216 Fiehler an Wehrbezirkskommando, Antrag auf Verlängerung der UK-Stellung des Intendanturassessors a. D. Andreas Pfeiffer, 7.6.1940, StadtAM, PA 12812 Andreas Pfeiffer.

217 Vgl. Pfeiffer, Dezernentenbesprechung, 18.1.1943, StadtAM, RSP 716/4.

218 Reichinger an Giesler, Bericht über die Verhältnisse im Stadtrat München, 20.6.1944, S. 2, StAM, NSDAP 24. Die im Großteil »vom alten System« übernommenen hauptamtlichen Stadträte, die noch im Dienst waren, so Reichinger, seien zwar inzwischen formal Parteigenossen, aber ohne »inneren Schwung« und »nicht mit den Fähigkeiten

Abb. 10: Der Kämmerer als Experte im Hintergrund: Andreas Pfeiffer, Karl Fiehler, Karl Tempel und der Pasinger Bürgermeister Alois Stephan Wunder (v. l.) bei der Vertragsunterzeichnung zur Eingemeindung Pasings am 8.1.1938

Stadtkämmerer Andreas Pfeiffer sei ein »wirklich hervorragender Könner unter allen Stadträten«, »ein kluger, nüchterner Mann, der sein umfangreiches Aufgabengebiet restlos beherrscht, der in jeder Weise auch den schwierigsten Situationen gerecht wird und ein entsprechendes Rückgrat aufweist, um seinen Auffassungen auch zum Durchbruch zu verhelfen«.[219]

Auf innerstädtischer Ebene können also mit dem Oberbürgermeister, dem Stadtrat und den hauptamtlichen Dezernenten grundsätzlich drei Akteure bzw. Akteursgruppen unterschieden werden, die in die finanzpolitischen Entscheidungsprozesse involviert waren: Während die Gruppe der Stadträte im Laufe der NS-Zeit rechtlich an Einfluss verlor, nahm der des Oberbürgermeisters formal zu, als er zum »Gemeindeführer« wurde. Da aber Karl Fiehler ein Stadtoberhaupt war, das in besonderer Weise um Konsens unter Herrschaftsträgern bemüht war, blieben nicht nur die unterschiedlichen Ausschüsse, in denen die Ratsherren zusammentrafen, ein wichtiges innerstädtisches Forum – wenn auch weniger als Entscheidungsgremium, sondern vielmehr als Plattform des Mei-

ausgerüstet, die von einem hauptberuflichen Dezernenten der Hauptstadt der Bewegung verlangt werden muss«. Stadtschulrat Bauer etwa sei »zu ruhig«, der Wohlfahrtsdezernent Karl Ortner ein »NSDAP-Spiesser«.

219 Reichinger an Giesler, Bericht über die Verhältnisse im Stadtrat München, 20.6.1944, S. 2, StAM, NSDAP 24.

nungsaustauschs und -abgleichs; vor allem aber wuchs das politische Gewicht der hauptberuflichen Verwaltungsexperten. In ihren jeweiligen Fachgebieten stiegen sie zu den wichtigsten Ansprechpartnern des Oberbürgermeisters auf: Wegweisende Entscheidungen zum Haushaltsplan wurden nun beispielsweise vor allem in den regelmäßigen Referentenbesprechungen getroffen. Die Referenten nahmen dem Oberbürgermeister damit ein Stück Verantwortung ab, was umgekehrt Bindekräfte freilegte und dabei half, die Sphären der »Verwaltung« und der »Politik« miteinander zu »verzahnen«.

Im Bereich der Finanzpolitik galt die ›Macht der Expertise‹ im Besonderen für den Stadtkämmerer Andreas Pfeiffer. Obwohl er selbst nicht das politische Rampenlicht suchte, beruhte seine immense Einflusskraft im Hintergrund auf der übergeordneten Bedeutung des Haushaltsplans für die Stadtpolitik, einem formalrechtlichen Zuwachs an Entscheidungsspielräumen und nicht zuletzt auf seiner informellen persönlichen und fachlichen Autorität als unumstrittener Verwaltungsexperte. Die große Akzeptanz, die er anscheinend auf allen Ebenen genoss, half ihm dabei, sich in den verschiedenen Gremien und Ausschüssen zu behaupten, in denen er sich zahlreichen Ansprüchen seitens seiner Referentenkollegen oder politischer Abgeordneter wie Weber ausgesetzt sah. Dabei ist es bezeichnend, wie souverän der Stadtkämmerer auf den eingangs zitierten Vorwurf Christian Webers, »dauernd auf seinem Geldsack« zu sitzen, in der Ratsherrensitzung vom 22. Oktober 1935 reagierte:

> »Nachdem mich Kollege Weber persönlich apostrophiert hat, möchte ich nur sagen, der Stadtkämmerer ist kein Tausend, der Gold machen kann. Das ist ganz selbstverständlich, er kann nicht auf zauberhafte Weise die Einnahmen vermehren, sondern muss versuchen, sie so zu verteilen, wie es richtig ist. Wenn man schon die Hauptstadt der Bewegung ist und gewisse Aufgaben zu erfüllen hat, die andere Gemeinden nicht haben, muss aber andererseits verhindert werden, dass man in der Geldgebarung mit Wurmannsquick auf die gleiche Stufe gestellt wird, dann muss für uns diese außerordentliche Abdrosselung vom Geldmarkt, wie sie von Herrn Schacht gegenüber den Gemeinden betrieben wird, gelockert werden. Es wird hier unsere Aufgabe sein, eine gewisse Ausnahmestellung zu erreichen, sonst hört sich die Weisheit mit der Geldbeschaffung sehr schnell auf. Ich möchte vor allen Dingen, dass auch Herr Koll. Weber bei gegebener Gelegenheit an entsprechender Stelle einmal darauf zu sprechen kommt.«[220]

Andreas Pfeiffer präsentierte sich hier explizit nicht als »Zauberer« – wenngleich er durchaus ein fachkundiger »Jongleur« sein konnte. Dabei distanzierte er sich nicht nur inhaltlich, sondern auch rhetorisch vom NSDAP-Fraktionsvorsitzenden, wenn er dem derb-polternden Tonfall Webers mit einem Subjektwechsel

---

220 Pfeiffer, Ratsherren, 22.10.1935, StadtAM, RSP 708/1. Dabei ging es um die Finanzierung der für das Jahr 1936 geplanten Festveranstaltung »500 Jahre Münchner Pferderennen«.

vom »ich« zum neutralen »der Stadtkämmerer« begegnete oder bildungssprachliches Vokabular wie »apostrophieren« verwendete. Indem er die ihm von Weber angeblich zugeschriebene Rolle mit der Allegorie vom »Tausend«, der auf zauberhafte Weise Gold machen könne, umschrieb, verwies er dessen Forderungen in den Bereich der Märchenwelt und unterstrich im Umkehrschluss die Bedeutung seines nüchternen Sachverstands für eine solide Finanzpolitik.[221]

4. Städtische Finanzpolitik im NS-Staat: Konflikte, Kooperation und Klüngel

Nähere Betrachtung verdient noch eine andere Lesart der oben zitierten Quellenpassage: Wenn der Stadtkämmerer Andreas Pfeiffer auf die gesetzliche »Abdrosselung vom Geldmarkt«[222] hinwies, verteidigte er sich nicht nur gegen die Forderungen Christian Webers, die Festveranstaltung »500 Jahre Münchner Pferderennen« finanziell zu unterstützen. Seine Aussagen verwiesen vielmehr generell darauf, dass die Gestaltungsspielräume der städtischen Finanzpolitik in erheblichem Maße von außerstädtischen Faktoren abhängig waren. Wie gut der zitierte »Geldsack der Stadt« gefüllt war und wie viel, wann, wie und warum etwas herausgenommen wurde, lag also bei Weitem nicht nur in der Entscheidungsmacht des angeblich darauf sitzenden Kämmerers oder seiner Kollegen im Münchner Rathaus, sondern wurde von einer Vielzahl externer ›Herren des Geldes‹ beeinflusst.

Wenn im Folgenden die städtische Finanzpolitik in ihren außerstädtischen Beziehungen verortet wird, dann nehme ich vier Akteursgruppen besonders in den Blick.[223] Angesichts der ständigen Macht- und Kompetenzverschiebungen und -überschneidungen im NS-Herrschaftsgeflecht hat die Unterscheidung von vier Gruppen vor allem heuristischen Wert. Als unterstes Glied im traditionellen staatlichen Gefüge stand die Stadt erstens mit den Landesbehörden in Interaktion. Zunehmend bedeutender für die städtische Finanzpolitik wurde zweitens der Einfluss von Reichsinstanzen. Direkt oder indirekt wurde die Finanzpolitik drittens auch von der damals zentralen interkommunalen Vereinigung, dem Deutschen Gemeindetag, beeinflusst. Eine spezifische Besonderheit meines Untersuchungszeitraums liegt schließlich darin, dass neue staatliche oder halbstaatliche Akteure mit den städtischen Entscheidungsträgern in Beziehungen traten: hohe NS-Funktionäre, lokale Gliederungen der Partei oder die zu-

---

221 Vgl. Deutsches Wörterbuch von Jacob und Wilhelm Grimm, Bd. 21, Sp. 218, demzufolge ein »Tausend« die euphemistische Bezeichnung für den Teufel sein konnte.

222 Pfeiffer, Ratsherren, 22.10.1935, StadtAM, RSP 708/1.

223 Je nachdem, wie weit man das Verständnis von externer Einflussnahme fasst, hätte man noch einige weitere Akteursgruppen in ihren Einwirkungen auf die städtische Finanzpolitik untersuchen können, wie etwa lokale Interessengruppen, Wirtschaftsunternehmen – diesen Ansatz verfolgt etwa Zeppenfeld, Handlungsspielräume, S. 336-356 –, die Banken oder gar die unterstellte Volksmeinung.

nehmend entstehenden Sonderkommissariate. Auch Adolf Hitler selbst spielte (zeitweise) für die Finanzpolitik der Stadt München eine große Rolle, insbesondere im Hinblick auf die Ausgabenpolitik.

Die ältere Kommunalforschung interpretiert die von solchen externen Akteursgruppen ausgehenden »Einflüsse« fast durchgehend als »Einmischungen«, »Eingriffe« und »Zugriffe« in die oder »Einschränkungen« der eigenständige/n Gemeindepolitik.[224] Die Argumentationslinien zeichnen sich dabei oft durch eine rechtsgeschichtlich orientierte Perspektive aus. Gerade der Bereich der Finanzen dient besonders häufig als Beispiel, um den vermeintlichen Niedergang der Gemeinden darzulegen, der bereits in der Weimarer Republik seinen Anfang genommen habe und unter dem NS-Regime vollendet worden sei.[225] Außerdem ist die frühere Forschung in starkem Maße von dem wirkungsmächtigen Leitbild der kommunalen Selbstverwaltung geprägt. So werden die Untersuchungsergebnisse im Sinne des Deutungsmusters von der »Zerstörung der Gestaltungsspielräume« präformiert, und die Konflikte zwischen Kommunen und »Einflussnehmern« rücken in den Vordergrund.[226] Prägnante zeitgenössische Wertungen, wie die des Kölner Oberbürgermeisters Karl Georg Schmidt, passen gut zur Argumentation: »Was macht der arme Teufel von Bürgermeister oder Oberbürgermeister«, konstatierte dieser 1940 verzweifelt, »der erstens mit dem Gauleiter nicht gut steht, zweitens nicht alter Parteigenosse ist und drittens einen biestigen Regierungspräsidenten hat. Da möchte ich die Selbstverwaltung sehen.«[227]

Die Erkenntnisse dieser älteren Forschungsperspektiven können nicht grundsätzlich bestritten werden. Der umfassende Wandel des staatlichen Systems und seiner Regierungspraktiken, der sich zwischen 1933 und 1945 vollzog, setzte zwangsläufig traditionelle Akteure wie die Kommunen unter Druck und

---

224 Vgl. etwa Matzerath, Nationalsozialismus, S. 369, in Bezug auf die »Zugriffe« der Partei auf die gemeindlichen Finanzen; vgl. Zeppenfeld, Handlungsspielräume, S. 368, in Bezug auf die Einbindung der Städte Bochum und Münster in interkommunale Organisationen oder Weiß, Großstädte, S. 115. Auch Wirsching, Probleme, S. 419, sowie ders., Gemeinde, S. 196, bedient dieses Narrativ, wenn er davon spricht, dass die Gemeinde »zwischen Staat und Partei« geriet, wobei er auf S. 199 richtigerweise bemerkt, dass die Rolle »von den konkreten Umständen und Personen vor Ort« abhängig gewesen sei.

225 Vgl. etwa das Unterkapitel »Finanzpolitik als staatliches Lenkungsmittel der Kommunalpolitik« bei Matzerath, Nationalsozialismus, S. 350-368. Die Kontinuität der Einengung der kommunalen Handlungsspielräume im Finanzbereich über die Zäsur von 1933 hinweg zeigt auch Holly, Gestaltungsspielräume, insbesondere S. 272 f., auf.

226 Vgl. etwa Matzerath, Nationalsozialismus, S. 9, dessen Buch den ausdrücklichen Versuch unternimmt »eine Antwort auf die Frage zu finden, ob es im Dritten Reich eine kommunale Selbstverwaltung gegeben hat«. Auch Wirsching, Gemeinde, S. 200, zeichnet die »Entwicklung von der Krise zur Zerstörung der kommunalen Selbstverwaltung« und urteilt ebd., S. 206, dass die Selbstverwaltung vielleicht nicht »auf einmal« zerstört, aber »allmählich zersetzt« wurde.

227 OB-Gremium des Deutschen Gemeindetags 27.9.1940 in Berlin, zit. nach: Noakes, Selbstverwaltung, S. 76.

produzierte eine Vielzahl an innenpolitischen Konflikten – und am allerliebsten wird bekanntlich über Geld gestritten. Im Folgenden soll aber im Sinne neuerer Forschungen auch die aktive Rolle akzentuiert werden, die die Kommunen als eigenständige Akteure im NS-Herrschaftssystem einnahmen.[228] Diese beeinflussten eben jenen innenpolitischen Wandel und die damit verbundene Veränderung ihrer Aufgabenfelder und Gestaltungsspielräume mit. Am Beispiel der Stadt München und im Bereich des Finanzwesens wird diese Aktivität besonders evident. Wenn Pfeiffer im oben zitierten Beispiel alle Ratsherren und insbesondere Christian Weber aufforderte, »bei gegebener Gelegenheit an entsprechender Stelle«[229] ihre Kontakte spielen zu lassen, um auf eine Lockerung der Kreditsperre hinzuarbeiten, dann war das kein Einzelfall. Vielmehr lag in solchen oder ähnlichen Initiativen ein Charakteristikum der Münchner Kommunalpolitik. Dabei kam der Stadtführung – wie im Folgenden zu zeigen sein wird – zum einen ihre starke außerstädtische Vernetzung mit unterschiedlichen einflussreichen Akteuren zugute.[230] Zum anderen wurde die spezifische Initiativkraft in München häufig von der Hoffnung auf »eine gewisse Ausnahmestellung«[231] genährt, die die Stadtspitze aufgrund des Status als »Hauptstadt der Bewegung« innezuhaben glaubte. In jedem Fall wirkte das Selbstverständnis der Stadtspitze – gut vernetzt und die »Hauptstadt der Bewegung« zu sein – als eine Art innerer Antriebsmotor, um gerade nicht in »kommunale Ohnmacht«[232] zu verfallen.

Stadtverwaltung und Landesbehörden

Vom Rathaus am Münchner Marienplatz sind es nur wenige Gehminuten bis zu den für die Finanzpolitik relevanten Bayerischen Staatsbehörden. Damals befand sich das Staatsministerium der Finanzen in der Galeriestraße, später in der Pfandhausstraße, der heutigen Pacellistraße. Das Innenministerium belegte ein Gebäude in der Theatinerstraße und ab 1942 auch einige Büroräume im neu erbauten Zentralministerialgebäude an der Ludwigstraße, dort, wo heute das Landwirtschaftsministerium untergebracht ist. Die für die Kommunalaufsicht zuständige Regierung von Oberbayern saß in der Maximilianstraße. ›Nähe‹

---

228 Vgl. auch das allgemeine Urteil über die Rolle der Kommunen im Nationalsozialismus bei Gruner, Kommunen, S. 168. Gruner selbst hat in seinem Werk »Öffentliche Wohlfahrt und Judenverfolgung« (2002) vor allem die »aktive« Rolle der Kommunen bei der Judenverfolgung nachgewiesen.

229 Pfeiffer, Ratsherren, 22.10.1935, StadtAM, RSP 708/1.

230 Insbesondere Gruner, Kommunen, S. 185-197, hat die Bedeutung solcher Netzwerke für die innenpolitische Rolle der Gemeinden und deren Handlungsspielräume in der NS-Zeit betont.

231 Pfeiffer, Ratsherren, 22.10.1935, StadtAM, RSP 708/1.

232 Gruner, Kommunen, S. 168.

im Hinblick auf gute Beziehungen zwischen städtischen und landesstaatlichen Akteuren lässt sich im Untersuchungszeitraum allerdings nur selten feststellen.

Schon während der Weimarer Krisenjahre hatten sich die Stadtvertreter mit unterschiedlichen Landesbehörden in verschiedenen Bereichen teilweise heftig um Geld und/oder finanzpolitische Kompetenzen gestritten. Besonders brisant war das Verhältnis zum Staatsministerium der Finanzen, das zwischen 1931 und 1933 vom prominenten BVP-Vorsitzenden Fritz Schäffer (1888-1967) geführt wurde. Mit dem Finanzministerium stand die Stadt vor allem hinsichtlich der gesetzlichen Rahmenbedingungen ihrer Haushaltspolitik in Kontakt, insbesondere, wenn es um die Steuereinnahmen sowie den Finanz- und Lastenausgleich ging. Das historisch gewachsene Geflecht aus Landes-, Gemeinde- und Gemeinschaftssteuern mit einer jeweils unterschiedlichen Aufteilung der Gesetzgebungs-, Ertrags- und Verwaltungskompetenzen sowie die sich ständig wandelnden Ausgleichsregularien zwischen den staatlichen Ebenen evozierten eine Vielzahl an Konfliktfeldern, die sich nach der Weltwirtschaftskrise und angesichts der Geldsorgen massiv verschärften. Die Kommunalvertreter auf der einen Seite beklagten das »nimmersatte Bayern«.[233] Das Land auf der anderen Seite hatte jedoch ähnliche Finanzsorgen wie seine Kommunen und unterstellte diesen nicht selten, über ihre Verhältnisse zu leben.[234]

Spätestens seit in diesem Zeitraum auch die staatliche Überwachung und Kontrolle der Gemeinden immer weiter ausgebaut worden war, hatten sich außerdem die Konflikte zwischen der Stadt und ihrer Aufsichtsbehörde verschärft. Die oberste Staatsaufsicht über die Kommunen in Bayern oblag entsprechend der Gemeindeordnung zwar dem von Karl Stützel (1872-1944) geführten Staatsministerium des Innern. In der Praxis wurden die Aufgaben aber von den dem Ministerium unterstellten Bezirksämtern oder bei kreisunmittelbaren Gemeinden wie München von der Kreisregierung ausgeübt.[235] Die Rolle als »Korrekturinstanz in der städtischen Finanzpolitik«[236] kam also namentlich der von Ludwig Ritter von Knözinger (1862-1943) geleiteten Regierung von Oberbayern zu. Die »feinen Herren von der Maximilianstraße«,[237] wie Karl Scharnagl die Behörde einmal in etwas abschätziger Weise bezeichnet hatte, kontrollierten den jährlichen Haushaltsplan, genehmigten die Steuer- und Gebührensätze und prüften Kreditanträge.[238] Als die Stadt München 1932 ein millionenschweres Haushalts-

---

233   Vgl. Titel eines Zeitungsartikels, in: Bayerischer Kurier, 21.1.1930, LAB, B Rep. 142/7 2-1-5-3.

234   Vgl. etwa den Artikel »Wirrwarr in Bayern«, in: Fränkische Tagespost 143, 27.5.1930, dessen Verfasser in der verspäteten Vorlage des Staatshaushaltes für 1930 das »ganze Finanzelend« erblickt und von 300 Mio. RM fundierten Schulden und etwa 130 Mio. RM »schwebender Schuld« spricht.

235   Vgl. Bay. GO 1927.

236   Zeppenfeld, Handlungsspielräume, S. 367.

237   Scharnagl, Haushaltausschuss, 24.2.1933, StadtAM, RSP 706/7.

238   Vgl. Rundfrage zur Rolle und Aufgaben der Aufsichtsbehörde in unterschiedlichen Ländern, LAB B Rep. 142/7 2-2-2-9.

defizit auswies, verordnete von Knözinger in seiner Funktion als Präsident der Aufsichtsbehörde den Zwangsabgleich.[239]

Die nationalsozialistische Machtübernahme veränderte auch das Gesicht des Bayerischen Staates. Zuallererst wurde die personelle Führung ausgetauscht. Auf den entlassenen Fritz Schäffer folgte als Leiter des Finanzressorts der Lindauer NSDAP-Bürgermeister Ludwig Siebert (1874-1942). Er wurde bald auch zum Bayerischen Ministerpräsidenten ernannt – ein Amt, das in Bayern, anders als in anderen Ländern, weiterhin neben dem des Reichsstatthalters bestehen blieb.[240] Den auf übelste Weise aus dem Amt getriebenen Karl Stützel[241] ersetzte Adolf Wagner auf dem Posten des Innenministers.[242] Neuer Regierungspräsident wurde 1934 der ehemalige Nürnberger Polizeipräsident Heinrich Gareis (1878-1951). In institutioneller Hinsicht war die sogenannte »Gleichschaltung« mit dem Gesetz über den Neuaufbau des Reichs vom 30. Januar 1934 abgeschlossen, durch welches das Land seine Hoheitsrechte ans Reich verlor. Auch die kommunalen Angelegenheiten, die zuvor den Ländern oblegen hatten, waren fortan dem Reichsrecht unterstellt.[243] Wenngleich damit kein eigenständiger »Staat« mehr existierte, blieb das »Land Bayern« als Verwaltungsgebiet jedoch erhalten.[244] Trotz entsprechender Pläne kam es bis 1945 auch bei den Finanzverwaltungen nie zu einer vollständigen Fusion von Reichs- und Landesbehörden.[245] Da unterhalb der ausgetauschten Führungsebene der überwiegende

239 Siehe oben, Kapitel I.2, sowie Haushaltplan der Landeshauptstadt München 1932, S. XXI-XXXII. Nachdem daraufhin die Stadt Beschwerde beim Verwaltungsgerichtshof eingelegt hatte, oblag es der nächst höheren Instanz, dem Staatsministerium des Innern, den Konflikt beizulegen, indem es einen moderateren Abgleich herbeiführte.

240 1935 übernahm Siebert noch die Staatskanzlei und 1936 das Wirtschaftsministerium. Er behielt seine Ämter bis zu seinem überraschenden Tod im November 1942. Trotz dieser nominell großen Machtfülle wird ihm in der Forschung im Vergleich zu seinem Kollegen, Innenminister Adolf Wagner, der in der Partei besser vernetzt war, meist eine eher schwache Position eingeräumt (vgl. etwa Koch, Bayerisches Staatsministerium des Innern, S. 103).

241 Eine Beschreibung, wie Stützel in der Nacht des 9.3.1933 von SA-Truppen verhaftet und nur in Socken und mit einem Nachthemd bekleidet ins »Braune Haus« transportiert und dort verprügelt wurde, findet sich bei Koch, Bayerisches Staatsministerium des Innern, S. 100 f.

242 Wagner wurde 1936 zudem in Nachfolge von Hans Schemm Kultusminister. Seine Ämter hatte er bis Juni 1942 inne, ehe er sie infolge eines Schlaganfalls an Paul Giesler übergab.

243 Vgl. Gesetz über den Neuaufbau des Reichs, 30.1.1934, RGBl. I (1934), S. 75.

244 Vgl. auch die Bemerkung von Fiehler, Beiräte für Haushaltsangelegenheiten, 24.5.1938, StadtAM, RSP 711/6, der Stadtrat Schubert bittet, wegen eines möglichen Kaufs des Nymphenburger Schlosses mit »dem Bayerischen Staat oder, richtiger gesagt, mit dem Land Bayern, denn einen Bayr. Staat gibt es ja nicht mehr«, zu verhandeln.

245 Vgl. Rösch, »Hammer oder Amboß«, S. 221. Dass viele Länder in ihrer Verwaltungsstruktur erhalten blieben, wurde nicht nur in Bezug auf die Finanzbehörden, sondern im Allgemeinen von der Forschung zur NS-Geschichte lange übersehen. Es dominierte lange das Deutungsmuster vom Niedergang der Länder. In jüngster Zeit gibt es Ansätze, die fordern, dass eine Verwaltungsgeschichte des »Dritten Reichs« auch

Anteil der bayerischen Beamten im Amt blieb, lassen sich auch starke personelle Kontinuitäten nachweisen.[246]

Unter diesen Bedingungen waren die Beziehungen zwischen Stadt und Landesbehörden in der NS-Zeit von zwei scheinbar gegenläufigen Tendenzen geprägt. Auf der einen Seite ›überlebten‹ mit den Landesbehörden und einem Großteil ihres Personals auch viele aus der Weimarer Zeit bekannte Konfliktherde. In Karl Fiehlers Augen hatte sich, »in den Bestrebungen der früheren Staatsregierungen, die Stadt zu neuen Verpflichtungen heranzuziehen und andererseits Zuwendungen des Staates an die Stadt München nach Möglichkeit abzubauen, seit der Revolution des Jahres 1933 nur wenig geändert«, wie er im März 1934 in einem Brief an Innenminister Wagner ernüchtert feststellte.[247] Insbesondere die »feinen Herren« der Aufsichtsbehörde waren bei der Stadtverwaltung auch weiterhin nicht sehr beliebt. Es ist bezeichnend, dass die Stadtspitze im Winter 1933 beantragte, aufsichtsrechtlich direkt dem Innenministerium unterstellt zu werden.[248] Auch wenn das Ansinnen scheiterte, zeigt allein der Versuch, wie belastet das Verhältnis der Stadt zur Regierung von Oberbayern noch immer war, obwohl der Regierungspräsident Ludwig von Knözinger selbst inzwischen abgesetzt worden war.[249] Nach Erlass der DGO veränderte sich zwar formal insofern etwas, als der Reichsminister des Innern im Allgemeinen zur obersten Aufsichtsinstanz der Gemeinden wurde.[250] Da dieser aber entsprechend Paragraf 107 der DGO die Umsetzung der Kompetenzen sogleich ›nach unten‹ übertrug, änderte sich für den Geschäftsgang in München nicht viel.[251] Aufsichtsbehörde in erster Instanz blieb auch weiterhin die Regierung von Oberbayern. Mit dieser geriet die Stadt zwar nun weniger aufgrund ihrer Haushaltspläne in Konflikt – diese blieben in München bis zum Kriegsende ausgeglichen. Vielmehr war vor allem das schleppende Genehmigungsverfahren bei Kreditanträgen immer wieder Anlass für Unstimmigkeiten.[252]

die Handlungsräume und Verwaltungspraxis der Landesministerien in den Blick nehmen sollte. Vgl. dazu etwa das Projekt zur Geschichte der Landesministerien in Baden und Württemberg in der Zeit des Nationalsozialismus unter der Leitung von Wolfram Pyta, Edgar Wolfrum, Frank Engehausen, Christiane Kuller, Sylvia Paletschek und Joachim Scholtyseck, URL: www.ns-ministerien-bw.de, Zugriff am 10.05.2017.

246 Vgl. Hetzer, Personal, S. 178; Zur Personalentwicklung des Bayerischen Innenministeriums im »Dritten Reich« überblickshaft Koch, Bayerisches Staatsministerium des Innern, S. 102-109; Forstner, Beamten, S. 43-61, untersucht den Aspekt der personellen Kontinuitäten genauer; Rösch, »Hammer oder Amboß?«, S. 221-225, gibt einen Überblick über die Personalentwicklung im Finanzministerium.

247 Vgl. Fiehler an Wagner, Stellungnahme zur Beschwerde von Staatsminister Esser über Stadtrat München, 20.3.1934, BayHStA, Epp 155.

248 Vgl. Hanko, Kommunalpolitik, S. 413 f.

249 Vgl. Lilla, Knözinger.

250 Vgl. Deutsche Gemeindeordnung, 30.1.1935, § 107, RGBl. I (1935), S. 63.

251 Vgl. Haerendel, Wohnungspolitik, S. 83.

252 Ein Beispiel für die Probleme, die sich aus der Genehmigungspraxis für die Stadt ergaben, war die Verlängerung der Prinzregentenstraße. Die Stadtspitze wartete über ein halbes Jahr auf die notwendige Genehmigung eines außerordentlichen Darlehens

Außerdem geriet die Stadt auch weiterhin und regelmäßig mit dem Finanzministerium in Konflikte, zum Beispiel über Investitionen, bei denen sowohl
die Stadt als auch das Land an den Kosten beteiligt waren oder sein sollten.[253]
Ratsherr Christian Weber brachte die Gemütslage auf den Punkt, als er im Dezember 1937 klagte, dass Ministerpräsident und Finanzminister Ludwig Siebert
»für uns in München« nicht »einen einzigen Pflasterstein bezahlt« habe.[254] Des
Weiteren blieben auch die Steuerzuteilung und der Finanzausgleich besondere
Streitpunkte. Die Tatsache, dass immer mehr Steuerkompetenzen unter Reichsrecht fielen, führte nicht etwa dazu, dass die innerstaatlichen Konflikte um die
Steuerverteilung abflauten.[255] Vielmehr war das Gegenteil der Fall. Die Phase
der finanzpolitischen Umstrukturierung, die sich über etliche Jahre hinzog und
nie ganz abgeschlossen wurde, produzierte vielschichtige Aushandlungsprozesse
zwischen den beteiligten staatlichen Ebenen.[256] Die finanzpolitischen Beziehungen zwischen Kommunalvertretern und Ländern verschärften sich nicht zuletzt
deshalb, weil sie in starkem Maße auch von unterschiedlichen Erwartungshori-
zonten beeinflusst waren. Während für die Landesvertreter die Frage nach den
Finanzen mehr denn je eine der politischen Daseinsberechtigung war, sahen die
Kommunalvertreter eine historische Chance: Auf ihrer Seite ging man davon
aus, dass im NS-Staat auf lange Sicht nur noch Reichssteuern und Gemeindesteuern nebeneinander bestehen würden.[257] Dadurch erhofften sie sich nicht nur
eine Vereinfachung des Finanzsystems, sondern auch eine Aufwertung der eigenen Position im Staatsgefüge auf Kosten der Länder. Diese Hintergedanken
hatten die bayerischen Kommunen vielleicht noch stärker als andere im Reich,
da die historisch gewachsene Aufgabenverteilung hier aus Sicht der Kommunen
ungünstiger gewesen war. Die langwierigen und konfliktreichen Verhandlungen
zum Lastenausgleich zwischen der Stadt München und dem Land Bayern erklärte Stadtrat Max Köglmaier im Dezember 1937 vor diesem Hintergrund unterschiedlicher Zukunftserwartungen:[258] Der eigentliche Grund für die Ausein-

von 98.000 RM, sodass sich der Baubeginn entsprechend verzögerte (vgl. Stadtrat,
12.3.1935, StadtAM, RSP 708/1); siehe auch unten, Kapitel III.3.

253 Ein Beispiel war die Sanierung der Isartalbahn, vgl. Sanierung der Lokalbahn AG,
BayHStA, Epp 155: Die Stadt weigerte sich v. a. deswegen, sich an der Sanierung zu
beteiligen, weil die Bahn zum einen eine Konkurrenz zur städtischen Straßenbahn darstellte und weil die Stadt zum anderen nicht wollte, dass in München verdientes Geld
in Vororte floss und dort die Steuereinnahmen erhöhte.

254 Vgl. Weber, Ratsherren, 7.12.1937, StadtAM, RSP 710/1.

255 Terhalle, Die deutsche Realsteuerreform, S. 664, spricht davon, dass bis 1938 98 % aller Steuerarten unter Reichsrecht standen.

256 Zum Konfliktfeld »Finanzausgleich« siehe auch unten, Kapitel III.2.

257 Vgl. Arbeitsausschuss für Finanzausgleich und Reichssteuerreform, 27.7.1934, S. 2,
LAB, B Rep. 142/7 2-1-9-18.

258 Weil die zwischen 1936 und 1938 durchgeführte Realsteuerreform den Gemeinden auf
Kosten der Länder ein erhöhtes Steuereinkommen brachte, hatte das Reich bereits in
§ 26 des Einführungsgesetzes die Forderung nach einer Neuregelung des Finanz- und
Lastenausgleichs zwischen Ländern und Kommunen verankert, legte die Umsetzung
aber in die Hände der einzelnen Länder (vgl. Einführungsgesetz zu den Realsteuer-

andersetzungen, sagte Köglmaier, der brisanterweise selbst beim Land angestellt war, liege darin, dass »der eine Mann [Siebert] will, dass das Land Bayern unter allen Umständen erhalten bleibt und daran klebt, während der andere [Fiehler] eben in die Zukunft sieht, wo letzten Endes nur die Gemeinden Grundlage des Staates sein werden«.[259]

Neben den (konfliktreichen) Kontinuitäten in den Stadt-Land-Interaktionen wurden die Beziehungen nach 1933 auf der anderen Seite – das ist die zweite Tendenz – neu gemischt und neu verhandelt. Das hing zum einen damit zusammen, dass die Landesbehörden ihre rechtlichen Kompetenzen gegenüber den Kommunen zunehmend ans Reich verloren und sich damit auch die Grundlagen ihrer formalen Interaktionen veränderten. Zum zweiten führte die personalpolitische »Gleichschaltung« nach der Machtübernahme dazu, dass neue Allianzen quer zur eigentlichen Stadt-Land-Front entstanden – und gleichzeitig natürlich auch Dissonanzen. In meinem Untersuchungsbereich ist etwa auffällig, dass die Stadtführung mit dem Staatsministerium des Innern nach 1933 weitaus bessere Beziehungen pflegte als mit dem Finanzministerium. Sie beruhten in großem Maße auf den persönlichen und nicht zuletzt parteipolitischen Verbindungen einzelner Entscheidungsträger, die nun wirksam wurden. Etliche Male versuchte die Stadtspitze diese Kontakte auch für ihre Interessen auszunutzen.

Ministerialrat Viktor Blum, der ab 1934 unter Siebert das Haushaltsreferat im Finanzministerium leitete, war dagegen bei den nationalsozialistischen Ratsherren äußerst unbeliebt. Das hatte vor allem damit zu tun, dass Blum für viele überzeugte Nationalsozialisten als »ausgesprochener Bayerische Volkspartei-Exponent«[260] galt und offensichtlich nur dank der Protektion Sieberts überhaupt so lange im Finanzministerium verbleiben konnte.[261] Auf ähnlicher Ebene im Innenministerium agierte hingegen mit dem oben schon erwähnten Max Köglmaier ein städtischer Kontaktmann im wahrsten Sinne des Wortes. Köglmaier war ab 1933 zunächst Adjutant Wagners, stieg aber bald zum Regierungs-

gesetzen, 1.12.1936, RGBl. I (1936), S. 965). München als mit Abstand größte und steuerstärkste Stadt Bayerns wurde von den Ausgleichszahlungen am stärksten tangiert und spielte deshalb – in Person von Karl Fiehler und Andreas Pfeiffer – den Verhandlungsführer. Auf der anderen Seite standen Ludwig Siebert und vor allem sein im Rathaus wenig geschätzter Ministerialrat Viktor Blum. Der Unterschied in den Vorstellungen über die Höhe der Ausgleichszahlungen betrug zeitweise bis zu 35 Mio. RM (vgl. Angaben Fiehler, Ratsherren, 7.12.1937, StadtAM, RSP 710/1).

259 Köglmaier, Ratsherren, 7.12.1937, StadtAM, RSP 710/1.
260 So wurde Blum vom Gauamtsleiter in einem Brief an Ministerpräsident Siebert vom 6.6.1935 anlässlich der Neubesetzung der Präsidentenstelle des Obersten Rechnungshofes in München bezeichnet (vgl. StAM, SpkA (München) K 157 Viktor Blum). »Aus rein politischen Gründen«, so ergänzte der Gauamtsleiter, »halte ich es unter den vorliegenden Umständen nicht nur für unmöglich, sondern für den Staat gefahrenvoll, den Ministerialrat Blum auf diesen Posten zu berufen.«
261 Vgl. Siebert an Blum, 31.3.1942, SpkA (München) K 157 Viktor Blum. Trotz »stärkster Forderungen von allen Seiten« habe er immer seine »schützende Hand« über ihn gehalten, schrieb Siebert anlässlich eines kleineren Disputs an Blum: »In keinem anderen Ministerium des Reiches oder des Landes hätten Sie sich halten können.«

rat und Staatssekretär auf. Wie Fiehler und einige weitere Ratsherren war der SA-Sturmführer auch schon am Hitler-Putsch von 1923 beteiligt gewesen. Seit 1928 hatte er als NSDAP-Ortsgruppenleiter im Münchner Stadtbezirk Au-Giesing fungiert und saß von 1934 an selbst im Stadtrat.[262] Mit ihm hatte die Stadt einen besonders direkten Draht ins Ministerium, weil er dort als Adolf Wagners »rechte Hand«[263] eine Schlüsselrolle einnahm und – viel wichtiger – auch tatsächlich stets bereit war, diese Stellung zugunsten der Stadt zu nutzen.[264]

Die wirksamen informellen Verbindungen der Stadt ins Innenministerium beruhten ferner auch auf einem nachweislich guten Kontakt zu Dr. Christoph Mensens (1895-1948), der seit 1932 Leiter des Referats für das Finanzwesen der Gemeinden war, und daher aus finanzpolitischer Sicht eine Schlüsselposition einnahm.[265] Diese Beziehung beruhte weniger auf Parteizugehörigkeit, sondern hatte vielmehr eine fachliche Basis. Nach Aussagen von Heinz Jobst, dem persönlichen Referenten Karl Fiehlers, war Mensens, der 1938 zum Ministerialrat und 1940 zum Ministerialdirektor aufstieg, ein »Freund und Förderer der kommunalen Selbstverwaltung«.[266] »Wenn es galt«, so Jobst in seiner Aussage vor der Spruchkammer, »Pläne und Versuche der Partei- und Reichszentralstellen zu hintertreiben oder wenigstens abzuschwächen, die auf eine Schmälerung und Aushöhlung des Eigenlebens und der Eigenverantwortung der Gemeinden und Gemeindeverbände abzielten, so fanden die kommunalen Stellen hierbei in Dr. M. [Mensens] stets einen verständnisvollen und hilfsbereiten Bundesgenossen.« Unter anderem habe sich Mensens bei den schwierigen Finanzausgleichsverhandlungen und in den Auseinandersetzungen mit den Reichszentralstellen wegen der Festsetzung der Kriegsbeiträge erfolgreich bemüht, übermäßige Belastungen der Gemeinden und Gemeindeverbände abzuwenden oder zumindest zu helfen, diese abzumildern.

Schließlich pflegte die Stadt aber vor allem auch zum Innenminister selbst ein (zumeist) gutes Verhältnis. Adolf Wagner war ein hochdekorierter Parteigenosse und vielen der »Alten Kämpfer« im Rathaus seit Jahren gut bekannt und teilweise freundschaftlich verbunden. Seit 1930 fungierte der gebürtige Lothringer als Gauleiter für den Gau München-Oberbayern. Auf Fotos ganz unterschiedlicher Anlässe findet man ihn oft in unmittelbarer Nähe zu Karl Fiehler, den er in seiner Funktion als kommissarischer Innenminister im April 1933 zum

262 Vgl. StAM, SpkA (Moosburg/München) K 916 Max Köglmaier. Eine Kurzbiografie zu Max Köglmaier findet sich bei Forstner, Beamten, S. 224 f., sowie Lilla, Köglmaier.

263 So wurde Köglmaier von Wagner selbst beschrieben. Vgl. Spruch, Hauptkammer München, 10.1.1957, StAM, SpkA (Mossburg/München) K 916 Max Köglmaier.

264 Vgl. etwa seine Aussage, Ratsherren 7.12.1937, StadtAM, RSP 710/1, in der er gegenüber den Ratsherren versicherte, auch in Zukunft alles ihm Mögliche zu tun, um die Belange der »Hauptstadt der Bewegung« zu wahren.

265 Eine Kurzbiografie zu Christoph Mensens findet sich bei Forstner, Beamten, S. 226, sowie Lilla, Mensens.

266 Vgl. Eidesstattliche Erklärung Heinz Jobst, 1.5.1947, StAM, SpkA (München), K 1159 Christoph Mensens.

Münchner OB ernannt hatte.[267] Wagner residierte in der noblen Kaulbach-Villa am Englischen Garten und arbeitete dort in einem 160 m² großen Zimmer.[268] In der Forschung wird Wagner häufig als eigentlicher Herrscher über München beschrieben.[269] Auch Hanko, Haerendel und Christians betonen den großen Einfluss, den Wagner auf die Kommunalverwaltung ausübte.[270] Diese Urteile scheinen allerdings insofern einseitig zu sein, als Wagner auch umgekehrt gerade in finanzpolitischen Angelegenheiten von der Stadtführung häufig und bewusst als ›Hebel‹ eingesetzt wurde, um die Rahmenbedingungen in ihrem Sinne zu beeinflussen.

Im oben bereits angesprochenen Konflikt um den innerbayerischen Lastenausgleich versuchte sich die Stadt beispielsweise mithilfe ihrer guten Beziehungen zu Wagner und seinem Ministerium gegen die Forderungen von Finanzminister und Ministerpräsident Ludwig Siebert durchzusetzen. Als nach einer Aussprache in Berlin, an der neben Wagner und Siebert auch Reichsfinanzminister Lutz Graf Schwerin von Krosigk und Reichsinnenminister Wilhelm Frick teilgenommen hatten, im Dezember 1937 erstmals eine Einigung greifbar schien, machte Oberbürgermeister Fiehler vor den Ratsherren deutlich, wem man diese zu verdanken habe. Adolf Wagner sei in der Aussprache eine »Stütze für unsere Wünsche« gewesen, sodass »die Verhandlungen weitaus besser gelaufen sind, als es zunächst den Anschein hatte«.[271] Das bedeutete in Zahlen, dass die Stadt in diesem Kompromiss etwa 20 Millionen Reichsmark weniger an Ausgleichszahlungen übernehmen mussten, als das Land ursprünglich gefordert hatte.[272] Es blieb nicht bei der mündlichen Danksagung der »Hauptstadt der Bewegung« und dem »lebhaften Applaus«, den die nationalsozialistischen Ratsherren laut Protokoll spendeten. Auf Fiehlers Vorschlag stellte Kämmerer Pfeiffer einen »namhaften Betrag« von 100.000 Reichsmark aus dem städtischen Betriebsrückhalt bereit: zur »freien Verfügung« für Wagners Ministerium.[273] Ob

267 Vgl. etwa beide lachend auf der Ehrentribüne beim Richtfest für den Flughafen Riem, 16.6.1938, StadtAM, Fotosammlung NS 0524, siehe dazu Irlinger, Stadion.
268 Vgl. Koch, 200 Jahre Bayerisches Staatsministerium des Innern, S. 108.
269 Vgl. etwa Broszat, Despot, S. 145 f.; Hüttenberger, Gauleiter, S. 79, spricht davon, dass es Wagner »ein leichtes« gewesen sei, Reichsstatthalter Epp zu übertrumpfen.
270 Vgl. Hanko, Kommunalpolitik, S. 410; Haerendel, Wohnungspolitik, S. 83, schreibt, dass die Stadt von Wagners Innenministerium »abhängig« gewesen sei; vgl. Christians, Amtsgewalt, S. 11 f.
271 Vgl. Fiehler, Ratsherren, 21.12.1937, StadtAM, RSP 710/1.
272 Noch Anfang Dezember 1937 waren die Auffassungen, wie hoch der Ausgleich zwischen Land und Gemeinden sein müsse, um etwa 35 Mio. RM auseinandergegangen. Allein das steuerstarke München hätte einen Betrag von 20 Mio. beisteuern sollen. Die fiskalischen Vorteile aus der Reichssteuerreform wären gänzlich dahin gewesen (vgl. Fiehler, Ratsherren, 7.12.1937, StadtAM, RSP 710/1). Allerdings hatte die Berliner Aussprache von Krosigk, Siebert, Wagner und Frick im Dezember 1937, die von München initiiert worden war, nur kurzzeitig zu einer Einigung bei der Frage des innerbayerischen Finanzausgleichs geführt, bevor Finanzminister Siebert neue »Forderungen« stellte und damit eine neue Verhandlungsrunde einläutete.
273 Vgl. Fiehler, Ratsherren, 21.12.1937, StadtAM, RSP 710/1.

man diese Zahlung nun als »Dank« oder als handfeste Bestechung versteht, die Stadt verwendete damit in jenem Jahr jedenfalls für die ›Pflege‹ ihrer Beziehung ins Innenministerium fast genauso viele Haushaltsmittel, wie sie für das Stadtarchiv ausgab.[274] Sie tat das nicht aus Zwang oder Furcht vor Wagner, sondern eher mit dem strategischen Kalkül des ›Gebens und Nehmens‹.

Die Stadt und das Reich

Zwei der wichtigsten Interaktionsinstanzen der Stadtvertreter auf Reichsebene wurden bereits genannt: das von 1932 bis 1945 von Lutz Graf Schwerin von Krosigk geleitete Reichsfinanzministerium[275] sowie das Reichsinnenministerium, dem zwischen 1933 und 1943 Wilhelm Frick und nach dessen Entmachtung Heinrich Himmler vorstand. Dieses war seit 1935 die oberste staatliche Aufsichtsbehörde der Kommunen und damit dem von Adolf Wagner geleiteten Staatsministerium des Innern und auch der Regierung von Oberbayern gegenüber weisungsbefugt. Das Reichsfinanzministerium verantwortete die Verteilung der öffentlichen Gelder und nahm somit auch direkten Einfluss auf die Finanzausstattung der Stadt München. Daneben wurde die Finanzpolitik Münchens auch durch Gesetze und Anordnungen anderer Reichsstellen und Reichsministerien tangiert – oben wurde etwa schon das Reichswirtschaftsministerium erwähnt.[276] Dabei gerieten die Kommunen nicht selten zwischen die Fronten. Denn Macht- und Kompetenzkonflikte zwischen den einzelnen Institutionen und Akteuren auf Reichsebene konnten sich auch im Rahmen kommunalpolitischer Problemfelder äußern.[277]

---

274 Laut Haushaltsplan der Hauptstadt der Bewegung 1937, S. 6, wurden für das städtische Archiv – Haushaltsposten 50 im Teilplan V »Kunst, Wissenschaft, Kirchen« – in jenem Jahr 127.000 RM veranschlagt.

275 In einem groß angelegten Projekt wird seit 2009 die Geschichte und das Wirken des Reichsfinanzministeriums derzeit durch eine unabhängige Historikerkommission um Jane Caplan, Ulrich Herbert, Hans Günter Hockerts, Werner Plumpe, Adam Tooze, Hans-Peter Ullmann und Patrick Wagner untersucht. Informationen zum Fortgang der Untersuchungen und den Veröffentlichungen findet man unter URL: http://www.reichsfinanzministerium-geschichte.de, Zugriff am 20.9.2015.

276 Die Geschichte des Bundeswirtschaftsministeriums und seiner Vorgängerinstitution wurde seit 2011 von einer unabhängigen Historikerkommission um Werner Abelshauser, Stefan Fisch, Dierk Hoffmann, Werner Hollmann, Carl-Ludwig Holtfrerich und Albrecht Ritschl untersucht. Die Geschichte des Reichswirtschaftsministeriums bildete dabei, unter Leitung von Ritschl, einen von vier Forschungsschwerpunkten.

277 In der Sitzung des Finanzausschusses des DGT am 7.10.1938 in Wiesbaden (vgl. BAB, R 36 556) wird beispielsweise ausführlich die Situation beklagt, dass einige Fachministerien häufig, und dabei teilweise ohne Mitwirkung der Kommunalabteilung des Innenministeriums, den Gemeinden neue Aufgaben übertrügen, die zu erheblichen Personal- und Sachaufwendungen führten. Als ein Beispiel wird genannt, dass auf Veranlassung des Propagandaministeriums viele Gemeinden die Spielzeit ihrer Theater verlängert hätten.

Die (finanzpolitischen) Beziehungen der Stadt zu den unterschiedlichen Reichsinstanzen waren zunächst – generalisierend betrachtet – von zahlreichen Konflikten um die anhaltenden Zentralisierungsbestrebungen geprägt. Schon im Verlauf der Weimarer Jahre erfolgte die »Verreichlichung zentraler kommunaler Aufgabenfelder«[278] und wurde von teils heftigen innenpolitischen Debatten begleitet – nicht zuletzt unter dem Schlagwort der »kommunalen Selbstverwaltung«. Die »Verreichlichung« galt insbesondere auch für das Finanzwesen. Dafür sind die bereits beschriebene Erzberger'sche Finanzreform 1919/20 und die »Zugriffe« im Rahmen der Notverordnungspolitik der Krisenzeit zu nennen, aber auch die Einschränkungen für kommunale Auslandskredite, in deren Zusammenhang 1924 beim Reichsfinanzministerium eine »Beratungsstelle für kommunale Angelegenheiten« entstand. Nach 1933 setzten sich diese Bestrebungen kontinuierlich fort und damit auch die Klagen vieler Kommunalpolitiker über ihre schwindenden Gestaltungsspielräume.[279] Wer vor diesem Hintergrund in den Quellen Belege für Konflikte zwischen kommunalen Akteuren und den Reichsbehörden finden will, der wird sich damit nicht schwertun.[280] Dies gilt auch für München, wo etwa, um nur ein Beispiel zu nennen, Andreas Pfeiffer im Jahr 1939 in der Sitzung der Beiräte für Haushaltsangelegenheiten monierte: »Irgendwo hört der Zugriff in die Finanzen der Gemeinden auf, wenn die Gemeinden noch einigermaßen lebensfähig erhalten bleiben sollen.«[281]

Allerdings darf die Aussagekraft solcher Quellen nicht überschätzt werden. Das Klagen über die mangelhaften finanziellen Verhältnisse ist zum einen wenig außergewöhnlich oder gar spezifisch für das »Dritte Reich«, sondern vielmehr ein typisches Nebenprodukt des Zusammenwirkens unterschiedlicher Regierungsebenen innerhalb eines Staatssystems. Denn die Ansprüche aller Interessenten waren und sind bis heute stets größer als die verfügbaren Mittel. Zum anderen ist davon auszugehen, dass solche oder ähnliche Unmutsäußerungen auch deswegen unverhältnismäßig häufig überliefert sind, weil in der zeitgenössischen Verwaltungspraxis Konfliktfälle größeren schriftlichen Widerhall fanden als die reibungslos ablaufende ›Normalität‹.

278 Wirsching, Gemeinde, S. 194.
279 Zur These der Kontinuität bzgl. der finanziellen Bevormundung der Kommunen durch das Reich vgl. Wirsching, Gemeinde zwischen Staat und Partei, S. 197 f., S. 207; sowie Holly, Gestaltungsspielräume kommunaler Steuerpolitik, S. 244, S. 272 f.
280 In einer Denkschrift an den Deutschen Gemeindetag vom 5.4.1939 anlässlich der im Jahr 1938 erfolgten Auswirkungen des Bayerischen Finanzausgleichs und des Reichsfinanzausgleichs auf die Haushaltslage formuliert der Ludwigshafener Bürgermeister zum Beispiel: »Kurzum, Ludwigshafen befindet sich in einem Zustand, der mit der früheren Krisenzeit zu vergleichen ist. Der Unterschied besteht darin, dass in den Krisenjahren die Hoffnung bestand auf Änderung, während hier ein dauernder Zustand vorliegt.« (LAB, B Rep. 142/7 2-1-5-3).
281 Pfeiffer, Beiräte für Angelegenheiten des Gemeindehaushalts, 20.3.1939, StadtAM, RSP 712/6.

Der Eindruck einer allzu stark konfliktbeladenen Beziehung zum Reich relativiert sich für den Fall München vor allem auch, weil viele Quellenfunde ein erstaunliches Maß an Unterstützung, Sympathie, Verständnis und Loyalität der Gemeindevertreter gegenüber dem Reich und dessen politischem Anliegen offenbaren. Gerade in den ersten Jahren nach der nationalsozialistischen Machtübernahme herrschte seitens der Kommunalvertreter eine positive Erwartungshaltung vor. Die Reichsseite förderte diese insofern, als sie die langersehnte Neuordnung des Gemeindefinanzsystems in Aussicht stellte. Das sicherte die Kooperationsbereitschaft der kommunalen Finanzfachleute, die ja kaum ausgetauscht worden waren. Die vielschichtigen finanzpolitischen Konfliktherde wurden dagegen eher dem »alten System« zugeschrieben. Der Rückgang der Arbeitslosigkeit, die Anstrengungen zur Umschuldung und die Tatsache, dass eine leichte Entspannung der kommunalen Finanznöte tatsächlich bald eintrat, verstärkten das Vertrauen in die Reichsbehörden. Als Fritz Reinhardt dann 1936 tatsächlich die Reform des Gemeindefinanzsystems anschob, schienen sich die ersehnten Erwartungen gänzlich zu erfüllen: Die Realsteuerreform bewirkte nicht nur eine Steigerung der Einnahmen, sondern verwirklichte auch den von Kommunalvertretern lange gehegten Wunsch nach eigenen Gemeindesteuern. Für die Bindekräfte zwischen Reich und Kommunen war diese Reform von nachhaltiger Bedeutung. Sie wirkte auch noch fort, als zwischen 1936 und 1938 die Zugriffe des Reichs auf die Gemeindefinanzen immer offensichtlicher wurden und vom anfänglichen Optimismus wenig übrig blieb. »Im Interesse der vordringlichen Aufgaben des Reichs«, wie es so oder ähnlich oft hieß, nahmen die Kommunen auch in diesen Phasen weitere Kürzungen und Eingriffe in die Finanzhoheit hin, ohne die grundsätzliche Loyalität zum Reich infrage zu stellen oder gar aufzugeben.[282] Das galt umso mehr für die ersten Kriegsjahre, als auch die finanzpolitischen Konfliktherde zwischen Kommunen und Reich von einer nationalpatriotischen Welle übertüncht und Lösungen oft auf unbestimmte Zeit nach dem Krieg verschoben wurden.

Am offensichtlichsten wurde diese anhaltende loyale Haltung der Stadtvertreter in München gerade dann, wenn sie Kritik übten. Im April 1938 wandte sich Karl Fiehler angesichts der geplanten Veränderungen des Reichsfinanzausgleichs in zwei Briefen an Finanzminister Schwerin von Krosigk und dessen Staatssekretär Fritz Reinhardt.[283] Unabhängig davon, welche inhaltlichen Argumente Fiehler vorbrachte, fällt der kooperative Stil seiner Argumentationsführung auf. Zu Beginn des Briefs an den Reichsminister Schwerin von Krosigk schaffte der Münchner Oberbürgermeister Konsens, indem er den bekannten und wohl auch vom Reichsminister mehrfach geäußerten Aspekt wiederholte, dass sich die finanzielle Lage der Gemeinden entspannt habe. Fiehler machte

---

282 Vgl. etwa Finanzausschuss des DGT, 7.10.1938 in Wiesbaden, S. 12, BAB, R 36 556.
283 Vgl. Kritik Fiehlers gegenüber Schwerin von Krosigk an der geplanten Neuordnung des Finanzausgleichs (Regest 12596), 1.4.1938, in: Nationalsozialismus, Holocaust, Widerstand und Exil 1933-1945. Online Datenbank, URL: http://db.saur.de/DGO/basicFullCitationView.jsf?documentID=APK-002584, Zugriff am 10.5.2017.

auch deutlich, dass er den Standpunkt und das Interesse des Verhandlungspartners ernst nahm und verstand. Er habe »volles Verständnis«, heißt es, dass das Reich bei den bedeutsamen außen- und innenpolitischen Ausgaben alle Einnahmemöglichkeiten zum Ausgleich seines Etats beanspruchen müsse.[284] Die Argumentation bewegt sich sodann fast ausschließlich auf der Sachebene. Hier bleibt Fiehler zwar unmissverständlich, aber zugleich macht er immer wieder deutlich, dass es ihm um eine gemeinsame Lösung gehe: Bei seiner Stellungnahme lasse er sich selbstverständlich von einer »gleichmäßigen Verantwortung gegenüber Reich und Gemeinden« leiten.[285] Den Appell am Ende des Briefs formuliert er bescheiden als Hoffnung und nicht als Aufforderung und umschmeichelt den Reichsfinanzminister als jemanden, der »immer ein großes Verständnis für die Sicherung der gemeindlichen Haushaltslage« gezeigt habe.[286]

Der Blick auf die Rhetorik der Beschwerdeschrift des OB soll eines verdeutlichen: Selbst als von Krosigks Ministerium immer stärker auf die Gemeindefinanzen zugriff, blieb vonseiten der Münchner Stadtführung die grundsätzlich kooperative Art des Dialogs bestehen. Von einer Selbstaufgabe aus Protest, wie sie angesichts des Haushaltsdefizits von 1932 zutage getreten war, war die Stadtführung unter dem loyalen Nationalsozialisten Fiehler weit entfernt. Gerade die Kooperationsbereitschaft im Modus des Konflikts, wie sie die Münchner Stadtführung gegenüber den Reichsstellen zeigte, ist ein Beleg für die stabile innenpolitische Funktionsfähigkeit des NS-Staats.

Die Beziehungen zu verschlechtern hätte auch deswegen nicht im Interesse der Stadtführung gelegen, weil ihr immer wieder formelle, aber auch informelle Wege offenstanden, in ihrem Sinne auf die Rahmenbedingungen ihrer Finanzpolitik einzuwirken und damit Nischen innerhalb der allgemeinen Tendenz der geringer werdenden Handlungsspielräume zu finden. So war es kein Zufall, dass bei der erwähnten Aussprache um den innerbayerischen Finanzausgleich in Berlin im Dezember 1937 neben Wagner und Siebert auch Schwerin von Krosigk und Frick anwesend waren. Karl Fiehler selbst war nämlich schon Monate zuvor auf die Reichsstellen zugegangen und hatte darum gebeten, sich in den Konflikt vermittelnd einzuschalten.[287] Tatsächlich war sich der Münchner OB wohl sicher, dass die Reichsstellen im Zweifel auf seiner Seite stehen würden. Im unmittelbaren Vorfeld des eigentlichen Termins war außerdem Andreas Pfeiffer nach Berlin gereist, um dort beim zuständigen Ministerialrat Augustin Lobbyarbeit zu betreiben, was belegt, dass nicht nur der Oberbürgermeister die finanzpoli-

---

284 Vgl. ebd., S. 2.
285 Vgl. ebd., S. 8.
286 Vgl. ebd., S. 13.
287 Vgl. Aktenvermerk: Mit dem Reichsfinanzministerium gesprochen, 20.12.1936, LAB, B Rep. 142/7 2-1-5-3, demzufolge der Vizepräsident des DGT im Auftrag Fiehlers beim Reichsfinanzministerium die Zusicherung einholte, sich in den innerstaatlichen Finanzausgleich einzuschalten.

tischen Interessen der Stadt auf Reichsebene vertrat, sondern auch sein Stadtkämmerer eingebunden war.[288]

Bei den Versuchen der Stadt, solche oder ähnliche Allianzen mit Funktionären auf Reichsebene zu schmieden, halfen ihr, wie schon bei den Verbindungen ins Bayerische Innenministerium gezeigt hat, einmal mehr die parteipolitischen Netzwerke, in denen sich ihre Repräsentanten bewegten, und die
neue Allianzen quer zu den traditionellen Staatsstrukturen schufen. Zwei Beispiele: Reichsinnenminister Wilhelm Frick (1877-1946), der in den ersten Jahren der nationalsozialistischen Diktatur einer der einflussreichsten Politiker im
Reich war, war ein langjähriger NSDAP-Parteigenosse, der auch schon am Hitler-Putsch von 1923 beteiligt gewesen war. Große Teile seiner politischen und
beruflichen Karriere hatte er in der bayerischen Landeshauptstadt verbracht.
Zeitweise lebte er in Kempfenhausen am Starnberger See. Zumeist hatte die
Stadt München in ihm einen bedeutenden Fürsprecher für ihre kommunalpo-
litischen Interessen.[289] Als jedoch Frick selbst zunehmend an Einfluss einbüßte
und schließlich 1943 als Reichsinnenminister abgelöst wurde, kühlte der heiße
Draht ins Ministerium für die Stadt merklich ab. Das lag jedoch weniger an der
Beziehung zu dessen Nachfolger Heinrich Himmler, der ja ebenfalls aus den
Reihen der Münchner NSDAP stammte, sondern vielmehr an dem allgemeinen
Machtverlust, den die Behörde angesichts zahlreicher neuer emporschießender
staatlicher Instanzen inzwischen erlitten hatte.

Anders als zu Frick hatte die nationalsozialistische Stadtführung zu Reichsfinanzminister Lutz Graf Schwerin von Krosigk keine nachweislich »starke
Verbindung«.[290] Eher wurde dessen wichtigster Mitarbeiter, Staatssekretär Fritz
Reinhardt (1895-1969), im Umkreis der »Alten Kämpfer« politisch sozialisiert,
als Ansprechpartner und Fürsprecher gesucht. Der gebürtige Thüringer war 1924
ins Münchner Umland, nach Herrsching am Ammersee, gezogen und 1926 der
NSDAP beigetreten.[291] Bald stieg er dort zum Ortsgruppenleiter auf. Zwischen

---

288 Überliefert ist auch eine Korrespondenz Pfeiffers mit Ministerialrat Augustin aus dem
   Reichsfinanzministerium vom Herbst 1937, in der Pfeiffer umfangreiches Zahlen-
   material zur Finanzlage der Stadt anführt und die Lage in Bayern v. a. mit der in Preußen vergleicht (vgl. Pfeiffer an Augustin, 25.10.1937, LAB, B Rep. 142/7 2-1-5-3).

289 Vgl. Präsident des Deutschen Gemeindetags an Pagenkopf, Pfeiffer, Türk, Besserer,
   Will und Conring, 23.12.1938. Mit dem Brief werden einige ausgewählte Finanzexperten, unter ihnen Andreas Pfeiffer, über den Stand der Verhandlungen des Reichsfinanzausgleichs in Kenntnis gesetzt und darüber, dass der Reichsinnenminister sich
   hier gegen das Reichsfinanzministerium »erfreulicherweise« auf die Seite der Gemeinden geschlagen habe und weitere finanzielle »Opfer« für nicht zumutbar halte.

290 Zur konzeptionellen Unterscheidung zwischen schwachen und starken Verbindungen
   im Rahmen der Netzwerktheorien vgl. etwa Granovetter, »Strength of Weak Ties«,
   S. 1362-1364, sowie Holzer, Netzwerke, S. 17-19. Zusammenfassend vgl. auch Gruner,
   Kommunen, S. 186, der »starke Beziehungen« als »regelmäßige, häufige und intensive
   Kontakte zwischen befreundeten Kollegen innerhalb einer Institution« und dagegen
   »schwache Verbindungen« als »seltene Kontakte zu Bekannten« definiert.

291 Zu den biografischen Daten vgl. Lankheit, Fritz Reinhardt, S. 360 f.

1928 und 1930 war er als Vorgänger von Adolf Wagner Gauleiter Oberbayern (damals noch ohne München), ehe er 1930 Abgeordneter im Reichstag wurde. Hitler persönlich – offensichtlich gegen den ursprünglichen Willen von Schwerin von Krosigk – setzte sich 1933 dafür ein, dass Reinhardt als Nachfolger von Arthur Zarden zum Staatssekretär im Reichsfinanzministerium in Berlin berufen wurde.[292] Dort zeigte er sich fortan dafür zuständig, das Steuersystem nach nationalsozialistischen Prinzipien umzubauen.[293] Im Großraum München blieb Reinhardt trotzdem präsent. 1937 eröffnete er in Herrsching die erste Reichsfinanzschule und lehrte dort selbst Buchführung und »nationalsozialistische Weltanschauung«.[294] Außerdem war er mit der Stadt nicht zuletzt durch Parteifunktionen verbunden, die er seit 1934 innehatte: Als Hauptdienstleiter im Stab des Stellvertreters des Führers sowie als Leiter des Referats Steuern/Finanzpolitik und Arbeitsbeschaffung hatte er auch ein Büro im Parteiviertel. Wenn er nicht persönlich anwesend war, dann zumindest sein persönlicher Referent, Ministerialrat Gündel. Ohne Fritz Reinhardt waren finanzpolitische Entscheidungen auf Reichsebene nicht mehr möglich. Und die Stadt München konnte gegenüber ihm bei ihren Anliegen anders als gegenüber Schwerin von Krosigk auch mit viel stärker parteipolitisch eingefärbten Argumenten punkten. Insbesondere brachte sie ihm gegenüber einige Male erfolgreich vor, dass die Aufgaben als »Hauptstadt der Bewegung« auch eine entsprechende finanzielle Ausstattung erfordere.[295]

Der Deutsche Gemeindetag

Am 22. Mai 1933 willigten die Vorsitzenden und geschäftsführenden Präsidenten der sechs bis dahin bestehenden selbstständigen kommunalen Spitzenverbände im Deutschen Reich erzwungenermaßen ein, in einen neuen Einheits-

---

292 Vgl. Schöpf, Fritz Reinhardt, S. 253; siehe hierzu auch: Schwerin von Krosigk, Memoiren, S. 160 f.
293 Vgl. § 1 des auf ihn zurückgehenden Steueranpassungsgesetzes vom 16.10.1934, in dem die Generalklausel steht, dass die Steuergesetze »nach nationalsozialistischer Weltanschauung auszulegen« seien (vgl. RGBl. I (1934), S. 925).
294 Vgl. Schöpf, Fritz Reinhardt, S. 255.
295 In der oben angesprochenen Angelegenheit anlässlich der zu erwartenden Veränderungen des Reichsfinanzausgleichs 1938 schreibt Fiehler an Reinhardt: »Besonders schmerzlich berührt mich die Auswirkung, die der geplante Zugriff des Reichs hinsichtlich der Einnahmen der Stadt München auf die Bereitstellung von Mitteln zum Ausbau der Hauptstadt der Bewegung nach den Plänen des Führers haben muss« (vgl. Kritik Fiehlers gegenüber Fritz Reinhardt an der geplanten Neuordnung des Finanzausgleichs (Regest 12596), 20.4.1938, S. 5, in: Nationalsozialismus, Holocaust, Widerstand und Exil 1933-1945. Online Datenbank, URL: http:/db.saur.de/DGO/basicFull CitationView.jsf?documentID=APK-002584, Zugriff 10.5.2017). Siehe hierzu auch unten, Kapitel III.1, S. 206-208.

verband überführt zu werden: den Deutschen Gemeindetag.[296] Der Münchner Oberbürgermeister und ab 1934 erste Vorsitzende Karl Fiehler leitete anschließend einen sich über Monate hinziehenden Prozess der »Gleichschaltung«. Er berief schon im Juni 1933 einen Vorstand ein, der sich fast nur aus Nationalsozialisten zusammensetzte, aber offensichtlich nur ein einziges Mal zusammentrat.[297] Von nachhaltiger Relevanz war dagegen die Bildung der neuen hauptamtlichen Verbandsleitung. Die Geschäftsführung übernahmen der Leiter des Berliner Instituts für Kommunalwissenschaften, Dr. Kurt Jeserich, auf dessen theoretischen Ideen die Vereinheitlichung fußte, und Dr. Ralf Zeitler, Referent beim Arbeitgeberverband.[298] Außerdem wurden diverse Fachausschüsse geschaffen, in die Kommunalvertreter aus allen Regionen des Reichs ehrenamtlich berufen wurden und die als Beratungsgremien des Vorstands fungierten. Auch wenn die vollständige Entwicklung der regionalen und fachlichen Strukturen des neuen Einheitsverbandes teilweise noch andauerte, fand die Phase des organisatorischen Aufbaus mit dem Gesetz über den Deutschen Gemeindetag vom 15.12.1933 und der am 24. April 1934 erlassenen Satzung einen Abschluss.[299] Der Deutsche Gemeindetag war fortan die einzige anerkannte Vertretung aller deutschen Städte und Gemeinden. Dieser neue Verband agierte aber nicht mehr eigenständig, sondern unterstand als Körperschaft des öffentlichen Rechts dem Reichsminister des Innern und war zudem offiziell eine von der NSDAP betreute Organisation.

Angesichts der gravierenden Strukturveränderungen der interkommunalen Interessenvertretung verstand die ältere Forschung den DGT vor allem als Instrument, das die politischen Ziele des NS-Regimes auf die Ebene der Gemein-

---

296 Es handelte sich bei den betreffenden Verbänden um den Deutschen und Preußischen Städtetag, den Reichsstädtebund, den Deutschen Landkreistag, den Deutschen Landgemeindetag, den Landgemeindetag West und den Verband der preußischen Provinzen. Die Erklärung, die die jeweils Vorsitzenden unter Drohung unterzeichneten, ist abgedruckt in: Ziebill, Geschichte, S. 60. Zu den Hintergründen der »Gleichschaltung« vgl. Matzerath, Nationalsozialismus, S. 98-104. Die maßgeblichen Köpfe hinter der »Gleichschaltung« waren neben dem Reichsorganisationsleiter der NSDAP, Robert Ley, Karl Fiehler und Kurt Jeserich. Eine Kurzbeschreibung der Vorgänge findet sich auch in: Einleitung, Bestand Deutscher Gemeindetag, Bundesarchiv Berlin, URL: http://www.argus.bstu.bundesarchiv.de/R36-11924/index.htm?kid=35de046d-83 6c-44c7-adf4-53812a534b64, Zugriff am 10.5.2017.

297 Vgl. Matzerath, Nationalsozialismus, S. 166.

298 Oskar Mulert (1881-1951), der geschäftsführende Präsident des größten der früheren Spitzenverbände, des Deutschen Städtetags, war zuvor unter dem Vorwurf der angeblichen Korruption beurlaubt worden (vgl. Ziebill, Geschichte, S. 60).

299 Vgl. Gesetz über den Deutschen Gemeindetag, 15.12.1933, RGBl. I (1933), S. 1065-1067. Welche zentrale Bedeutung dem Finanzwesen für die Arbeit dieses Verbandes zugeschrieben wurde, wird schon allein dadurch evident, dass jenes Gesetz nicht nur von Reichskanzler Adolf Hitler und dem Reichsinnenminister Frick, sondern auch vom Reichsminister der Finanzen, Schwerin von Krosigk, unterzeichnet wurde.

den trug und durchsetzte.[300] Neuere Forschungen haben dagegen die Bedeutung des DGT, die dieser trotz »Gleichschaltung« als eigenständiger innenpolitischer Akteur besaß, in den Vordergrund gerückt.[301] Der DGT beeinflusste die kommunale Finanzpolitik in dreifacher Hinsicht:

1.) In seiner Beratungsfunktion unterstützte er die Stadtvertreter bei der praktischen Umsetzung ihrer Finanzpolitik, wobei diese Aufgabe vorrangig die hauptamtlichen Kräfte des DGT übernahmen. Unter Leitung von Kurt Jeserich und Ralf Zeitler gab es über 300 hauptberufliche Fachleute – mehr als 100 davon in der Berliner Zentrale –, untergliedert in sechs Fachabteilungen und 20 regionale Landesdienststellen.[302] Für den Bereich des Finanzwesens waren vor allem die Beigeordneten und Referenten in der Abteilung für Kommunalfinanzen zuständig. Wie auch in anderen Fachbereichen hatte man beim organisatorischen Aufbau des Verbandes vorwiegend auf bewährte Experten gesetzt, die aus den früheren Spitzenverbänden übernommen worden waren. An dieser Stelle soll nur ein besonders prominenter Name genannt werden: Karl Maria Hettlage (1902-1995) hatte seit 1930 die Abteilung der Kommunalfinanzen im Deutschen Städtetag geleitet und übernahm zunächst auch im neu gegründeten Gemeindetag eine ähnliche Position. Der Verwaltungsjurist hatte sich 1930 zum Thema »Finanz- und Lastenausgleich als Verfassungsproblem« in Köln habilitiert. Von dort, wo er unter dem Bürgermeister Konrad Adenauer die Stadtfinanzen verwaltete, wurde Hettlage zu einem der anerkanntesten Finanzexperten in den letzten Jahren der Weimarer Republik. Der ehemalige Zentrumspolitiker, dessen »politische Zuverlässigkeit« von Karl Fiehler offensichtlich mehrfach angezweifelt worden war,[303] wechselte – vielleicht auch deswegen – 1934 vom DGT auf die Position des Stadtkämmerers von Berlin, ehe er später unter Albert Speer im Reichsministerium für Rüstung tätig wurde. Er setzte seine Karriere auch nach

300 Vgl. etwa Matzerath, Nationalsozialismus, S. 104, der argumentiert, dass mit der Gleichschaltung die kommunalen Spitzenverbände »als politischer Faktor der Innenpolitik ausgeschaltet und unter die Kontrolle der Partei gekommen« waren. Auch Ziebill, Geschichte, S. 59-67, erzählt die Geschichte des DGT vor allem als eine Gleichschaltungsgeschichte. Bemerkenswerterweise notiert er ebd., S. 63, schon, dass »die Abhängigkeit in der Praxis« für den DGT »nicht so stark« gewesen sei, wie im Gesetz und der Satzung vorgesehen.

301 Im Allgemeinen bei Gruner, Kommunen, S. 185-197 sowie insbesondere S. 203, wo er den DGT zusammenfassend als »Koordinator, Multiplikator und Verstärker« der kommunalen Interessen beschreibt. Unter den Schlagworten »Vernetzung«, »Koordination« und »Dynamisierung« fasst ders., Öffentliche Wohlfahrt, S. 320-323, die bedeutende Rolle des DGT bei der Judenverfolgung zusammen. Mit Blick auf das Wohlfahrtswesen der Stadt München hat Wimmer, Ordnung, S. 174-199, die Rolle des DGT als »Koordinationsinstanz der Kommunalpolitik« (S. 174) untersucht und die Funktion des DGT als »Transmissionsriemen«, über den kommunale Expertise in die Gesetzgebung eingebracht« werde (S. 175), beschrieben.

302 Die Zahlenangaben finden sich bei Matzerath, Nationalsozialismus, S. 169.

303 Vgl. Schrafstetter, Verfolgung, S. 436.

dem »Dritten Reich« mit nur kurzer Unterbrechung fort und brachte es bis zum Staatssekretär im Bundesfinanzministerium.[304]

In der Beratungspraxis vermittelten Experten wie Hettlage Informationen oder kommunales Fachwissen an die Kommunen des Reichs: schriftlich oder mündlich, auf Anfrage der Kommunen, aus eigenem Impuls oder auf Aufforderung von Reichsstellen. Insbesondere halfen sie, gesetzliche Regelungen und Anordnungen in Form von Auslegungshilfen ›von oben nach unten‹ zu tragen. Verhältnismäßig viele Korrespondenzen finden sich beispielsweise zum Thema »Kriegsbeiträge der Gemeinden«.[305] Die DGT-Mitarbeiter mussten dabei zahlreiche Anfragen zu technischen Angelegenheiten wie etwa den Bemessungsgrundlagen beantworten und über mögliche Sonderregeln oder Ausnahmefälle aufklären. Indem der Gemeindetag sie mit fachlicher Hilfe unterstützte, brachte er für viele Kommunalvertreter Licht in die immer undurchsichtigeren und schnell wechselnden Regelungen zu den Kriegsbeiträgen und leistete damit einen wichtigen Beitrag zur Mobilisierung der Finanzressourcen auf kommunaler Ebene.

Hier wie in anderen Fällen zeigte sich ein verhältnismäßig enger Draht der Mitarbeiter des DGT zu den Reichsstellen: Wenn gesetzliche Änderungen anstanden, war der Verband – und damit auch der Münchner OB Karl Fiehler – oft schon in der Planungs- oder Beratungsphase im Bilde und konnte diese Kenntnisse dann frühzeitig, teilweise als streng vertrauliche Informationen, zumindest an ausgewählte Gemeindevertreter oder die Fachausschüsse weitergeben. Besonders dann, wenn gesetzliche Veränderungen anstanden, die im wahrsten Sinne des Wortes auf Kosten der Kommunen gingen, fand sich der DGT aber auch zwangsläufig ›zwischen den Stühlen‹ wieder. Das belegt etwa eine Auseinandersetzung zwischen Andreas Pfeiffer und Karl Fiehler im Januar 1936. Im Anschluss an ein Informationsgespräch über die »zu befürchtenden weiteren Zugriffe des Reichs auf die gemeindlichen Einnahmen«, das im Haus des Deutschen Gemeindetags in Berlin stattgefunden und an dem Stadtdirektor Hans Schein in Vertretung von Pfeiffer teilgenommen hatte, drückte der Stadtkämmerer in einem geheimen Brief an Fiehler seine grundsätzliche Skepsis über die finanzpolitische Rolle des Gemeindetags aus: Er habe den Eindruck, dass »im

---

304 Hettlages erstaunliche Karriere vom Zentrums-Politiker zu Albert Speers Mitarbeiter im Rüstungsministerium und anschließend zum Staatssekretär im Bundesfinanzministerium (1959-1962) unter seinem früheren Förderer aus Kölner Zeiten, Konrad Adenauer, und später (1967-1969) noch mal unter Finanzminister Franz Josef Strauß, wo er unter anderem in Verhandlungen über Wiedergutmachungsverträge involviert war, hat Susanne Schrafstetter in ihrem Beitrag in den Vierteljahrsheften für Zeitgeschichte nachgezeichnet. Seine Biografie ist ein markantes Beispiel, wie eng die Finanzeliten des »Dritten Reichs« in die größten Verbrechen involviert sein – Hettlage erstellte etwa in Berlin eine Wohnungskartei, die Grundlage der Deportationslisten der Gestapo wurde, und war Beirat der Kapitalgesellschaft des Konzentrationslagers Mittelwerke – und anschließend noch in der Bundesrepublik Karriere machen konnten.

305 Vgl. den Akt »Kriegsbeiträge der Gemeinden«, LAB, B Rep. 142/7 2-1-3-50.

Deutschen Gemeindetag die Interessen des Reichs verständnisvoller vertreten werden als es für die Finanzlage der Gemeinden gut ist«.[306]

2.) Wie im Gesetz vom 15. Dezember 1933 festgehalten, sollte der DGT neben der »Beratung« – zweitens – auch einen »Erfahrungsaustausch« ermöglichen, also als Informations- und Kommunikationsplattform der Kommunen untereinander wirken.[307] Wie und vor allem im Rahmen welcher Strukturen diese Aufgabe erfüllt werden könne, war von Anfang an stark umstritten. Das hing vor allem damit zusammen, dass das praktische Interesse der Gemeinden an einem Erfahrungsaustausch mit den ideologischen Zielen der Vereinheitlichung und Zentralisierung kollidierte. Eine zentrale Idee des neuen Einheitsverbandes lag nicht nur in einer organisatorischen, sondern auch in einer personellen Zentralisierung der Kommunalexpertise. Es ging darum, das kommunalpolitische Know-How zu bündeln und damit auch kontrollierbar zu machen. In den zentral organisierten Fachausschüssen des neuen Einheitsverbands gelang es, viele der bereits in der Weimarer Republik bekannten, politisch meist konservativen Kommunalpolitiker organisatorisch zu vereinen. Das galt auch für den Finanzbereich: Im Kreditausschuss saß etwa anfangs mit dem Leipziger OB Dr. Carl Goerdeler einer der prominentesten Kommunalpolitiker überhaupt.[308] Auch der oben schon erwähnte Karl Hettlage blieb dem DGT, nachdem er seinen hauptamtlichen Posten in der Berliner Zentrale für die Funktion des Kämmerers der Reichshauptstadt geräumt hatte, weiterhin als einflussreiches Mitglied im Finanzausschuss bzw. dem untergeordneten Kreditausschuss erhalten. In diesen Ausschüssen war ebenfalls die »Hauptstadt der Bewegung« vertreten: Stadtkämmerer Andreas Pfeiffer, der auch schon dem Finanzausschuss des Deutschen Städtetages angehört hatte, war als teilweise einziger bayerischer Vertreter bis 1945 durchgehend Mitglied. Übrigens trafen sich die Herren des Finanzausschusses einmal auch in München, nämlich am 4./5. Oktober 1935; am Abend hatte Gastgeber Karl Fiehler die ca. 40 Anwesenden »zu Brathähndl [sic] und Bier« aufs Oktoberfest geladen.[309]

Die Ausschussvertreter wurden von Reichsinnenminister Frick auf sechs Jahre berufen. Die Personalvorschläge lieferte jedoch der DGT-Vorsitzende, der sich zuvor mit den Landesdienststellen und den hauptamtlichen Kräften in der Zentrale abstimmte. Außerdem legte Fiehler, obwohl das von Gesetzes wegen nicht nötig gewesen wäre, bei seiner Vorschlagsliste besonderen Wert auf »vorherige Fühlnahme« mit den Gauleitern – gegebenenfalls auch hinter dem Rücken des

---

306 Vgl. Pfeiffer an Fiehler, 13.1.1939, LAB, B Rep. 142/7 2-1-2-34. In ähnlicher Weise hat damals auch der Stadtkämmerer von Köln, Türk, in einem Brief an Tapolski, 6.1.1939, LAB, B Rep. 142/7 2-1-2-34 Kritik an der grundsätzlichen Rolle des DGT geübt.

307 Vgl. Gesetz über den Deutschen Gemeindetag, 15.12.1933, RGBl. I (1933), S. 1065. Laut § 2 lagen die Aufgaben des DGT darin, »durch Beratung und Vermittlung des Erfahrungsaustausches« die Gemeinden in ihrer Arbeit zu unterstützen sowie »gegenüber Reichs- und Landesbehörden bei Fragen »gutachtlich Stellung zu nehmen«.

308 Vgl. Akt »Zusammensetzung des Finanzausschuss«, LAB, B Rep. 142/7 0-1-14-8.

309 Vgl. Rundschreiben Zeitler, 26.9.1945, LAB, B Rep. 142/7 2-1-9-4 Bd. 2.

Innenministers –, um zu verhindern, dass »politisch zu beanstandende Herren« in Fachausschüsse berufen würden.[310] Tatsächlich gelangten allerdings nicht nur mustergültige Nationalsozialisten in die Ausschüsse.[311] Fiehlers Kontaktnahme zu den Gauleitern ist daher wohl weniger als Indiz einer naiven Linientreue zu verstehen, sondern eher als Beleg dafür zu deuten, wie sehr es dem ›Konsenspolitiker‹ auch in seiner Rolle als DGT-Vorsitzender darum ging, die unterschiedlichen alten und neuen Entscheidungsträger des NS-Regimes zu integrieren.[312]

Indem in den Fachausschüssen die Kommunalexperten zusammengezogen wurden und dabei unter nationalsozialistischer Kontrolle standen, war die Kernidee des neuen Einheitsverbands verwirklicht. Für den »Erfahrungsaustausch« der Gemeinden untereinander waren die Ausschüsse jedoch im Allgemeinen eine unzweckmäßige Plattform. In den Sitzungen des Finanzausschusses etwa ging es meist eher um die ›großen‹ politischen Rahmenbedingungen als um technische Feinheiten der Haushaltsführung oder des Rechnungswesens.[313] Für Letzteres boten die Tagungen, die im Schnitt nur einmal im Jahr stattfanden, keinen Raum. Besonders aus Sicht kleiner Landgemeinden war auch die personelle Zusammensetzung der Ausschüsse unbefriedigend, da einen Großteil der offiziellen Sitze Vertreter der Städte besetzten, aus denen auch die meisten der extra eingeladenen Gäste kamen.[314]

Zwischen 1933 und 1935 wurden deshalb überall im Reich und auch beim DGT alternative Gremien des zwischengemeindlichen Erfahrungsaustausches konzipiert und/oder ausprobiert. Fiehler selbst verfolgte das Konzept von »Ar-

---

310 Vgl. Erwähnung einer internen Dienstanweisung Fiehlers in einem Brief Jeserichs an Knorr, 22.5.1935, LAB, B Rep. 142/7 0-1-14-29. »Den Ministerien sei von dieser Anordnung nicht Kenntnis zu geben«, heißt es dort.

311 Als die Gauleitung München-Oberbayern 1936 gegen die Verwendung des Mitglieds des Wohlfahrtsausschusses Friedrich Hilble protestierte, setzte sich Fiehler über deren Gegenvorschlag bewusst hinweg, weil er von Hilbles Fähigkeiten als Wohlfahrtsexperte überzeugt war (vgl. Knorr an Jeserich, 5.2.1936 sowie Jeserich an Knorr, 3.3.1936, LAB, B Rep. 142/7 0-1-14-30). Siehe dazu auch Wimmer, Ordnung, S. 79 f. Pfeiffers Nominierung, obwohl dieser erst 1933 Parteimitglied geworden war, stand hingegen nie, auch von Gauseite nicht, zur Disposition.

312 Zur Charakterisierung Fiehlers siehe auch die Ausführung oben, Kapitel II.3.

313 Die Niederschriften der Sitzungen der Finanzausschüsse sind überliefert in: LAB, B Rep 142/7 2-1-9-4-5.

314 Jeserich hatte 1934 die Zusammensetzung des Finanzausschusses wie folgt geregelt: 8 Mitglieder aus Städten, 5 aus Landkreisen, 5 aus kleineren Städten, 5 aus Ämtern und Landgemeinden, 2 aus Provinzen (vgl. Zusammensetzung des Finanzausschusses, LAB, B Rep. 142/7 0-1-14-8.). Tatsächlich hielt man sich aber im Laufe der Zeit immer weniger an den offiziellen Proporz. Stattdessen wurde zwischen Mitgliedern des Ausschusses und geladenen Gästen kaum mehr unterschieden. Vgl. etwa auch die Niederschrift über die Sitzung des Finanzausschusses des DGT am 23.6.1939 in Innsbruck, wo die Anwesenheitsliste nicht mehr zwischen »Mitgliedern« und »Gästen« unterscheidet (LAB, B Rep. 142/7 2-1-9-5). Aus München nahmen nun bemerkenswerterweise neben Pfeiffer und dem Geschäftsführer der Landesdienststelle Bayern, Dr. Knorr, auch noch Amtsrat Dr. Johst und Amtsdirektor Dr. Umhau an den Beratungen teil.

beitsgemeinschaften«, die auf Kreis- oder Bezirksebene organisiert und mit den DGT-Ausschüssen personell verquickt waren, aber dezidiert »unpolitisch« agieren sollten.[315] In einigen Regionen des Reichs setzten sich aber zunächst noch altbekannte Formate wie die Finanzdezernentenbesprechungen durch, die mit mehr oder weniger großer Zustimmung oder gar Wissen des DGT einige Zeit fortlebten.[316] Im Juni 1934 waren in Stuttgart die Oberbürgermeister und Kämmerer aller süddeutschen Städte über 20.000 Einwohner zusammengetreten, um über die dringendsten Finanzfragen zu beratschlagen.[317] Der Stuttgarter Bürgermeister und Ausrichter, Karl Strölin (1890-1963), wertete das Treffen als »volle[n] Erfolg«.[318] Trotzdem ist nur noch ein weiteres Treffen in diesem Kreis überliefert, das am 18.1.1935 in Nürnberg stattfand.

Auch auf innerbayerischer Ebene setzte sich die vom ehemaligen BVP-Politiker und Bürgermeister von Rosenheim, Dr. Hans Knorr, geführte und sich offiziell in der Sitzung vom 4. Juli 1934 konstituierende »Landesdienststelle Bayern« stark dafür ein, regional organisierte Fachausschüsse, darunter auch einen für das Finanzwesen, anstelle oder zumindest zusätzlich zu den zentralen Fachausschüssen zu bilden.[319] In reichsweit organisierten Ausschüssen sahen die bayerischen Kommunalvertreter, auch wegen der besonderen Rechtslage in Bayern, nur einen geringen Nutzen für die praktische Arbeit vor Ort. Bemerkenswerterweise erhielt die Landesstelle anfangs sogar Unterstützung von Karl Fiehler, der als Kommunalpolitiker die »besonderen bayerischen Verhältnisse« selbst nur zu gut kannte und an anderer Stelle oft bemängelt hatte.[320] Obwohl auch andere DGT-Entscheidungsträger die bayerischen Anliegen inhaltlich nachvollziehen konnten, setzten sich aber schlussendlich die Kritiker durch.[321] Erstens stand schon damals zu erwarten, dass das Kommunalrecht künftig immer stärker durch die Reichsgesetzgebung geregelt und damit auch die viel beschworenen »bayerischen Verhältnisse« abgeschwächt werden würden. Zweitens wollte

315 Vgl. Skizze über die Organisation des zwischengemeindlichen Erfahrungsaustausches, LAB, B Rep 142/7 2-1-9-15.
316 Vgl. Akt »Arbeitsgemeinschaft für gemeindliches Finanzwesen«, LAB, B Rep. 142/7 2-1-9-15.
317 Vgl. Akt »Süddeutsche Oberbürgermeister und Kämmererbesprechung«, LAB, B Rep. 142/7 2-1-9-20.
318 Vgl. Strölin an Jeserich, 18.6.1934, LAB, B Rep. 142/7 2-1-9-20.
319 Vgl. Landesdienststelle Bayern an DGT, Bildung der Organe bei Landesverbänden, 20.6.1934, LAB, B Rep. 142/7 0-1-14-29; Aktenvermerk DGT, 12.7.1934, LAB, B Rep. 142/7 0-1-14-29. Die Vorschläge sahen unterschiedliche Fachausschüsse mit jeweils sieben Mitgliedern vor. Ähnliche regionale Initiativen sind in den Aktenbeständen für diese Zeit auch von anderen Landesdienststellen im Reich oder einzelnen Städten überliefert.
320 Vgl. Aktenvermerk DGT, 12.7.1934, LAB, B Rep. 142/7 0-1-14-29. Dabei strebte Fiehler aber zumindest eine enge personelle Verknüpfung an, wenn er anmahnte, dass die bayerischen Mitglieder der DGT-Fachausschüsse auch in den Fachausschüssen auf Landesebene sitzen müssten. Im Konzept, den der bayerischen Landesstelle vorschwebte, wären einige Fachausschüsse mit je sieben Mitgliedern besetzt worden.
321 Vgl. Jeserich an Knorr, 22.9.1934, LAB, B Rep. 142/7 0-1-14-29.

der Dachverband kein Exempel statuieren: Die »Landesdienststellen« sollten keinesfalls wieder zu »Landesverbänden« mutieren.

Aus ähnlichen, also vorwiegend politischen Gründen wurden auch die meisten der anderen eigenständig initiierten Gremien des Erfahrungsaustausches grundsätzlich verboten. Allerdings legt der Quellenbestand die Vermutung nahe, dass zumindest einige noch eine gewisse Zeit unter dem stillen Mitwissen des Gemeindetags weiterexistierten.[322] In einigen Regionen und für einige Fachbereiche etablierten sich zudem die von Fiehler initiierten Arbeitsgemeinschaften.[323] Für die Finanzpolitik Münchens, die durch den OB selbst und seinen Stadtkämmerer offiziell in den DGT-Ausschüssen vertreten wurde und die sich dort mit anderen Experten austauschten, spielten diese Foren des Erfahrungsaustausches aber nur eine sehr geringe Rolle.

3.) Schließlich konnten Kommunalvertreter über den DGT, also ›von unten nach oben‹, Einfluss auf die Gesetzgebung nehmen. Zwar durften laut Gesetz »Gutachten« eigentlich nur auf Anforderung des Innenministeriums abgegeben werden und der Vorstand sowie die Fachausschüsse nur nach offizieller Einberufung tagen.[324] Tatsächlich beruhte der Austausch zwischen staatlichen Stellen und unterschiedlichen DGT-Gremien über kommunalpolitische Angelegenheiten aber auf gegenseitigem Interesse und fand, gerade auf informellen Wegen, durchaus regelmäßig statt.

Ein Paradebeispiel für die eigenständig betriebene, erfolgreiche Einflussnahme des DGT auf finanzpolitische Regelungen ereignete sich im Sommer 1934. Im Vorfeld der Reinhardt'schen Steuerreform hatte der Verband im Juli einen eigenen Experten-Ausschuss eingerichtet. Dessen Aufgabe bestand darin, »brauchbares Material und ganz bestimmte Vorschläge des Deutschen Gemeindetages für die Reichssteuerreform und den künftigen Finanzausgleich« in Form einer Denkschrift zu erstellen, die dann mit dem verantwortlichen Staatssekretär im Reichsfinanzministerium, Fritz Reinhardt, persönlich besprochen werden sollte.[325] Zumindest in zwei Fällen zeigte die Intervention tatsächlich Wirkung. Reinhardt hatte die Bürgersteuer, die 1930 als Notsteuer eingeführt worden war,[326] ursprünglich vollständig beseitigen bzw. in die dem Reich zustehende Einkommensteuer integrieren wollen.[327] Der Ausfall dieser ergiebigen Steuerquelle hätte für die Gesamtheit der Kommunen – laut Berechnungen des

---

322 Vgl. etwa den Brief Bertholds (DGT) an die Landesdienststelle Württemberg, 7.9.1937, in dem dieser konstatiert, dass in Württemberg laufende »Zusammenkünfte der Finanzdezernenten von Zeit zu Zeit aus eigenen Initiativen stattfinden«.

323 Vgl. beispielsweise die Überlieferung der Arbeitsgemeinschaft für das Sparkassenwesen, LAB, B Rep. 142/7 2-1-9-56, die 1937 gegründet wurde.

324 Vgl. Gesetz über den Deutschen Gemeindetag, 15.12.1933, § 2, Abs. 1 sowie § 9, Abs. 1, RGBl. I (1933), S. 1065 f.

325 Vgl. Rundbrief Fiehler, 17.7.1934, LAB, B Rep. 142/7 2-1-9-18.

326 Vgl. Verordnung des Reichspräsidenten zur Behebung finanzieller, wirtschaftlicher und sozialer Notstände, 26.6.1930, RGBl. I (1930), S. 314-316.

327 Vgl. Arbeitsausschuss für Finanzausgleich und Reichssteuerreform, 27.7.1934, S. 4, LAB, B Rep. 142/7 2-1-9-18.

Expertenausschusses – den immensen Verlust von etwa 250 Millionen Reichsmark bedeutet.[328] Auch dank des entschiedenen Einsatzes des DGT blieb sie den Kommunen jedoch erhalten. Als Ausgleich für doch entstehende Verluste angesichts der kleineren Anpassungen gewährte das Reich sogar noch eine Entschädigungssumme von 25 Millionen Reichsmark für besonders betroffene Gemeinden. Ein vorübergehender Teilerfolg war ferner auch mit den Veränderungen bei der Körperschaftsteuer verbunden. Die steuerliche Gleichstellung der Versorgungsbetriebe mit Privatbetrieben, die ein geplantes Gesetz im Rahmen der Reform vorsah, hätte den Gebietskörperschaften erhebliche Mittel entzogen, die möglicherweise nur durch Tariferhöhungen hätten ausgeglichen werden können. Auch hier konnte ein Kompromiss ausgehandelt werden: Das Gesetz wurde zwar verabschiedet, aber das Aufkommen der Körperschaftsteuer aus den kommunalen Versorgungsbetrieben wurde den entsprechenden Kommunen vorerst zurück überwiesen.[329]

Dass es sich bei der Reinhardt'schen Steuerreform im Jahr 1934 für die Gemeinden insgesamt nur um eine wenig einschneidende »kleine Steuerreform«[330] handelte, hing also nicht unwesentlich mit der erfolgreichen Lobbyarbeit des Deutschen Gemeindetags im Vorfeld zusammen. Von »geringer Bedeutung«,[331] wie Matzerath urteilt, war die Reform für die Gemeinden aber dennoch nicht. Denn jenseits des gesetzlichen Outputs scheint sie gerade im Hinblick auf die Beziehungskonstellation der Kommunen zum NS-Staat durchaus bedeutsam. Schon der DGT-Finanzexperte Karl Maria Hettlage hatte im Vorfeld deutlich gemacht, wie viel auf dem Spiel stand, als er formulierte, dass die zukünftige Stellung der Gemeinden vom Finanzausgleich mindestens in dem gleichen Maße abhinge wie von der Neuordnung des Gemeindeverfassungsrechts.[332] Wenn es den Gemeindevertretern anschließend gelang, die drohenden Einschnitte für ihre Haushalte vorerst abzuwehren, dann war das nicht nur ein Beleg für die ›Hebelwirkung‹ des Interessenverbands. Der Verhandlungserfolg stärkte auch das Selbstverständnis der Kommunalvertreter und hinterließ das Gefühl, dass

---

328 Vgl. Arbeitsausschuss für Finanzausgleich und Reichssteuerreform, 27.7.1934, S. 5, LAB, B Rep. 142/7 2-1-9-18.

329 Vgl. Steueranpassungsgesetz, 16.10.1934, §9, RGBl. I (1934), S. 927. Der Anstieg der städtischen Einnahmen beim Posten Körperschaftsteuer ab dem Jahr 1935, wie man ihn auch der Tabelle zu den Steuereinnahmen unten, S. 198 f., entnehmen kann, stellte deswegen keine tatsächliche Ausweitung der finanziellen Spielräume dar. Denn das Geld kam letztlich von den eigenen Betrieben und musste intern wieder umverteilt werden, indem diese wiederum weniger Ablieferungen zahlten (vgl. Erläuterung Pfeiffer, Beiräte für Angelegenheiten des Gemeindehaushalts, 7.2.1936, StadtAM, RSP 709/6). Zumindest aber trugen die Kommunen vorerst noch keinen finanziellen Nachteil von dieser Gesetzesänderung davon; siehe dazu auch unten, Kapitel III.1.

330 Verwaltungsbericht der Hauptstadt der Bewegung München 1933/34-1935/36, hrsg. vom Statistischen Amt der Hauptstadt der Bewegung, S. 49.

331 Matzerath, Nationalsozialismus, S. 353.

332 Hettlage, Finanzausschuss des DGT, 6.7.1934, S. 11, LAB, B Rep. 142-7 2/1/9/4.

im neuen NS-Staat die Meinung der Verwaltungsexperten durchaus Gehör finden konnte.

Wie sehr die finanzpolitische Linie des Gemeindetags nun jeweils von den Interessen einzelner Mitgliedsgemeinden oder -städte gesteuert werden konnte, wie häufig also tatsächlich »individuelle städtische Initiativen« vom DGT als »allgemeines Kommunalproblem« auf Reichsebene präsentiert wurden, wie Wolf Gruner behauptet, lässt sich für den Bereich der Finanzpolitik nur schwer nachvollziehen.[333] Die Münchner Stadtführung nahm zwar den Verband nachweislich als einen möglichen ›Hebel‹ oder »Verstärker« wahr, wie es Gruner nennt, was nicht zuletzt an ihren besonderen personellen Verbindungen lag: Oberbürgermeister Karl Fiehler war in Personalunion Vorsitzender des Gemeindetags und machte insbesondere finanzpolitische Themen – wie außerdem vielleicht sonst nur ›anti-jüdische‹ Angelegenheiten – oft zur ›Chefsache‹; Stadtkämmerer Pfeiffer gehörte nicht nur die gesamte NS-Zeit über zum Finanzausschuss, sondern war darin zumindest zeitweise auch einem kleineren Kreis der einflussreichsten Köpfe zuzuordnen.[334] Besonders erfolgversprechend scheint eine gezielte Einflussnahme über den »Verstärker« DGT aber vor allem dann gewesen zu sein, wenn der Münchner Standpunkt ohnehin von allgemein-kommunalpolitischem Interesse war, wie etwa bei der Steuerreform. Wenn die Stadtführung hingegen für Sondergenehmigungen aufgrund ihres Status als »Hauptstadt der Bewegung« argumentierte, bevorzugte sie eher andere Verhandlungswege.[335]

Außerdem zeigt das oben erwähnte Beispiel von Pfeiffers Beschwerde über die reichsfreundliche Rolle des DGT auch, dass eine Einflussnahme stets nur in dem Rahmen erfolgen konnte, den der NS-Staat überhaupt zuließ. Anders als beim Thema Judenverfolgung, das Gruner vorrangig in den Blick nimmt, standen die Kommunen in finanzpolitischer Hinsicht nämlich viel stärker in einem grundsätzlichen Konkurrenzverhältnis zu Reichs- und Landesstellen. Der

---

333 Vgl. Gruner, Kommunen, S. 196.

334 Vgl. Liste der Finanzausschussmitglieder, ca. 1929, LAB, B Rep. 142/7 2-1-9-1. Die herausgehobene Stellung, die Pfeiffer zumindest zeitweise einnahm, zeigt sich etwa, als am 6.1.1939 anlässlich der Aussichten der Gemeindefinanzen für das Folgejahr nur ein »kleiner Kreis besonderer Sachkenner« aus dem Finanzausschuss zu »vertraulichen« Beratungen im kleinen Sitzungssaal des DGT in Berlin eingeladen wurde. Neben Andreas Pfeiffer zählten zu diesem Kreis damals nur noch wenige weitere Experten aus ganz Deutschland: der Bürgermeister und Stadtkämmerer Dr. Pagenkopf aus Dortmund, die Stadtkämmerer aus Köln und aus Duisburg, Dr. Türk und Dr. Besserer, der Königsberger Oberbürgermeister Dr. Will sowie Landrat Dr. Conring aus Leer in Ostfriesland (vgl. Brief DGT an jene, 23.12.1938, LAB, B Rep. 142/7 2-1-2-34).

335 Siehe dazu unten, Kapitel III.1. Bemerkenswert an den finanzpolitischen Beziehungen der Kommunen untereinander im »Dritten Reich« war generell das Nebeneinander von Kooperation und Konkurrenz. Es lag kein Widerspruch darin, dass die Münchner Stadtvertreter im Rahmen der interkommunalen Gremien mit anderen Städten und Gemeinden des Reichs am gleichen Strang zogen – gerade wenn es darum ging, kommunalpolitische Interessen gegenüber Landes- und Reichsbehörden durchzusetzen –, aber im Kampf um Prestige, Anerkennung und vor allem um die Ressource Geld zugleich Konkurrenten in ihnen sahen.

halbstaatliche Gemeindetag agierte dabei nicht selten als eine Art Filter. Besonders deutlich wurde das dann, wenn die Mitarbeiter des Verbandes individuelle Initiativen von Städten zwar prüften, aber häufig auch abblockten oder niederschlugen, wenn diese aus ihrer Sicht ohnehin wenig Erfolg versprechend waren.[336]

Hier wird ein allgemeines Merkmal des innenpolitischen Wirkens des DGT offensichtlich: In allen entfalteten Aufgabenfeldern wirkte der Städtetag herrschaftsstabilisierend. Die Auslegungshilfe bei neuen Gesetzen trug dazu bei, die immer undurchsichtigere Finanzpolitik des Reiches in der Praxis umzusetzen und noch wichtiger, innenpolitisch zu legitimieren. Der Erfahrungsaustausch, der in den zentral organisierten Gremien stattfand, stand stets unter der Aufsicht der Vertreter des Innenministeriums, sodass Meinungslagen gesteuert und kontrolliert werden konnten. Und auch hinsichtlich der Initiativen, die in Form von Gutachten oder auf mündlichem Wege ›von unten nach oben‹ getragen wurden, wirkte der DGT nicht nur als Ermöglichungsstruktur, sondern zugleich als Filter, Dämpfer und Ventil. Er lenkte die Stimmungen der Kommunen in institutionalisierte Verfahren und federte sie damit ab.

Die Landes- und Reichsbehörden ebenso wie die interkommunale Interessensvertretung waren, auch wenn sich deren Strukturen, Personal und Zuständigkeiten im »Dritten Reich« stark wandelten, traditionelle staatliche Akteure, die bereits vor der NS-Zeit (und auch danach) die Rahmenbedingungen für die kommunale Finanzpolitik bestimmten. Aus Sicht der Finanzbeamten in der Stadtkämmerei vollkommen neu war jedoch der externe Einfluss, der ab 1933 von der Partei bzw. anderen ›neuen‹ staatlichen Akteuren auf die städtische Finanzpolitik ausgeübt wurde.

Finanzpolitik und die Akteure neuen Typs

Unter diesem Sammelbegriff lassen sich – etwas vereinfacht – national und regional agierende Funktionäre, wie etwa die Riege der NSDAP-Reichsleiter oder die Leiter der NSDAP-Gaue und Ortsgruppen, genauso fassen wie die Verantwortlichen der verschiedenen Untergliederungen und angeschlossenen Verbände der

336 So etwa bei einem Anliegen der Stadt Würzburg im Jahr 1938: Der Würzburger OB bat die Landesstelle des DGT in Bayern um die Durchführung einer Umfrage dazu, wie sehr die Städte unter der Durchführung der sogenannten »staatspolitisch wichtigen Aufgaben« finanziellen Schaden nähmen (Landestelle Bayern Knorr an DGT, 5.10.1938, LAB, B Rep. 142/7 2-1-2-48). Nachdem der DGT dazu nicht nur in Bayern, sondern im gesamten Reich eine »streng vertrauliche Rundfrage« unter ausgewählten Städten durchgeführt hatte, stellte der Verband fest, dass ein zahlenmäßiger Nachweis schwer möglich oder, soweit Zahlen mitgeteilt wurden, die Belastung nur sehr gering sei. Deshalb nahm der DGT davon Abstand, »bei den zuständigen Stellen des Reichs wegen einer etwaigen Schadloshaltung der Gemeinden vorstellig zu werden« (vgl. DGT an Landesstelle Bayern, 3.2.1939, LAB, B Rep. 142/7 2-1-2-48).

NSDAP, zum Beispiel der HJ oder der NSV, und auch die zahlreichen neu entstehenden führerunmittelbaren Sonderkommissare.[337] Die wichtigste Gemein-
samkeit dieser unterschiedlichen Instanzen, die ihrerseits zum Teil untereinander in Konkurrenz standen, lag darin, dass die NS-Ideologie und der »Führer«
persönlich zentrale Bezugspunkte ihres Handelns waren. Mit der sogenannten
»Machtergreifung« stiegen sie zu neuen staatlich anerkannten Akteuren auf, die
eine gewichtige Funktion in der Innenpolitik besaßen.[338] Dabei spielte die Isar-
Metropole eine besondere Rolle. Auch wenn nach 1933 einige Zentralinstan-
zen nach Berlin abwanderten, blieb die Parteizentrale im Zentrum Münchens.
Allein 6.000 Mitarbeiter unterschiedlichster Parteistellen waren rund um den
Königsplatz beschäftigt. Die NSDAP war damit einer der größten Arbeitgeber
der Stadt. Nirgendwo sonst gab es einen so »dichten NS-Funktionärs-Befall«.[339]
Die Parteiakteure besiedelten ein ganzes Viertel, nur 1,3 Kilometer vom Rathaus am Marienplatz entfernt. Selbstverständlich tangierte das auch die Kommunalpolitik.

Der Parteieinfluss auf die städtische Finanzpolitik äußerte sich zum einen in
Personalangelegenheiten. Die Vorschläge für die Besetzung der Stelle des Stadtkämmerers sollten, genauso wie die für die anderen hauptamtlichen Referenten,
entsprechend der Deutschen Gemeindeordnung zukünftig vom »Parteibeauftragten der NSDAP« eingereicht werden, der für die »Sicherung des Einklangs
der Gemeindeverwaltung mit der Partei« zuständig war.[340] Dieses Amt, ein
»staatsrechtliches Novum«,[341] hatte in München Adolf Hitler persönlich inne.
Untergeordnete Personalentscheidungen in der Kämmerei und den angeschlossenen Ämtern mussten nach 1933 zumindest in Absprache mit der NSDAP-Gau-
leitung getroffen werden.[342]

Zum anderen beeinträchtigten verschiedene Akteure auch direkt die Etatplanung. Die Beschlüsse des »Beauftragten für den Vierjahresplan«, Hermann
Göring, etwa griffen massiv in die kommunale Kredit- und Rücklagenpolitik
ein und schränkten damit die finanziellen Handlungsspielräume der Stadt stark
ein.[343] Der von Hitler im Jahr 1938 zum Generalbaurat für die Neugestaltung
der »Hauptstadt der Bewegung« ernannte Hermann Giesler konnte über einen
Sonderhaushalt in Millionenhöhe verfügen, der auch durch städtische Gelder
gefüllt wurde.[344] Die Stadtverwaltung finanzierte Parteiveranstaltungen, zahlte

---

337 Zu den Sondergewalten in der nationalsozialistischen Diktatur im Allgemeinen siehe
     den Sammelband von Hachtmann/Süß, Kommissare.
338 Zum Konzept der Neuen Staatlichkeit vgl. Hachtmann, Effizienz.
339 Vgl. Hockerts, München, S. 39.
340 Vgl. Deutsche Gemeindeordnung, 30.1.1935, RGBl. I (1935), § 41, S. 54 sowie § 33,
     S. 49.
341 Wirsching, Kommunalverwaltung, S. 422.
342 Genau wie in München gab auch in Augsburg der Gauleiter sein Einverständnis bei
     wichtigen Personalentscheidungen ab, obwohl er formell kein Mitspracherecht hatte
     (vgl. Gotto, Kommunalpolitik, S. 261).
343 Siehe unten, Kapitel III.3.
344 Siehe unten, Kapitel IV.5.

den Unterhalt für HJ-Heime oder stellte dem BdM oder der KdF kostenlose Räumlichkeiten zur Verfügung, was einen Ausfall von Mieteinnahmen bedeutete.[345] Nicht zuletzt flossen beträchtliche Summen an gemeindlichen Geld- und Sachwerten an prominente Nationalsozialisten.[346]

Bei genauerer Analyse erweist sich die Beeinflussung der Finanzpolitik durch die Partei im Fall der »Hauptstadt der Bewegung« allerdings als weit weniger einschränkend, als es auf den ersten Blick scheint. Der »Parteibeauftragte« Hitler delegierte viele seiner Kompetenzen insbesondere in Personalangelegenheiten an den Chef der Reichskanzlei, Hans Heinrich Lammers, der jedoch kaum steuernd eingriff.[347] Die Wiederberufung Pfeiffers im Jahr 1939 etwa vollzog sich zwar unter der Zustimmung von Lammers als Bevollmächtigtem. Die eigentliche Entscheidung darüber, Pfeiffer weiterzubeschäftigen, hatte jedoch im Vorfeld OB Fiehler in Rücksprache mit den Ratsherren getroffen.[348] Im Hinblick auf die Anstellung von untergeordneten Beamten vertrat man in der Stadtspitze ohnehin die selbstbewusste Haltung, dass sich die »Hauptstadt der Bewegung« »nicht in der gleichen Weise wie irgendeine andere Stadt der Gauleitung als untergeordnet« zu betrachten habe.[349] Zu dieser grundsätzlichen Klarstellung vor den Ratsherren sah sich Fiehler im Juli 1935 veranlasst, weil in einem Fall zuvor der Amtsleiter für Beamtenfragen von der Gauleitung München-Oberbayern, Beer, bei ihm erschienen war und diesen – in den Worten Fiehlers – »gewissermaßen zur Rede stellte, warum der Kandidat Soundso für die Stelle des Sparkassendirektors in Aussicht genommen« worden sei. Das seien aber Dinge, die »über den Rahmen des Zulässigen hinaus« gingen, denn es sei »befremdlich«, wenn »der Gauamtsleiter Beer den Oberbürgermeister und Reichsleiter Fiehler, Pg. Nr. 37, einem Verhör unterzieht«. »Wenn ich als Oberbürgermeister […] einen ausgewählt habe«, so pochte er auf seine Autorität, »nehme ich für mich das Recht in Anspruch, dass niemand an meiner Entscheidung rüttelt.« Schließlich schien die Stadtführung auch gegen die Versuche von Parteistellen, an städtische Haushaltsmittel zu gelangen, durchaus in der Lage, sich zu ›wehren‹, wenn sie denn überhaupt wollte.[350] In einem Fall aus dem Jahr 1941 maß-

---

345 Vgl. Städtischer Nachrichtendienst an DGT, Leistungen an die NS-Organisationen, 25.10.1935, BAB, R 36 581; Ergebnis der DGT-Rundfrage an die Städte mit mehr als 100.000 Einwohnern vom 4.7.1935, Überlassung von Schulräumen an die NSDAP und ihre Gliederungen, 1.8.1935, BAB, R 36 581.

346 Siehe unten, Kapitel IV.3.

347 Vgl. Abschrift der Vollmacht von Adolf Hitler, 29.6.1937, StadtAM, BuR 1537; vgl. beglaubigte Abschrift des Führers, 15.8.1943, die Lammers auch eine Vollmacht für Beratungen mit den Ratsherren der Stadt München erteilt (vgl. BayHStA, Reichstatthalter 271).

348 Vgl. Fiehler an Lammers, Wiederberufung des Stadtkämmerers Andreas Pfeiffer und des Stadtrats Matthias Mayr, 6.5.1939, StadtAM, PA 12812 Andreas Pfeiffer.

349 Vgl. Fiehler, Gemeinderäte, 30.7.1935, StadtAM, RSP 708/1.

350 Vgl. Hanko, Kommunalpolitik, S. 410, der im Allgemeinen feststellt, dass sich die Stadt gegenüber »Einmischungsversuchen« nachrangiger Parteistellen und -organisationen »zur Wehr« setzen konnte.

regelte, nach vorheriger Bitte von Karl Fiehler, der Reichsschatzmeister der NS-DAP, Franz Xaver Schwarz, in einer offiziellen Anordnung die Dienststellen der Partei darin, von den Gemeinden Mittel für eigene Zwecke wie die Vergütung der Parteibeauftragten einzufordern.[351]

Diese Beispiele zeigen: Eine einseitige Gegenüberstellung von städtischen Akteuren auf der einen Seite und dem Parteiapparat auf der anderen geht im Falle der »Hauptstadt der Bewegung« noch mehr als andernorts an der Realität des politischen Zusammenspiels vorbei. Um das Gegen- und Miteinander der kommunalen und Partei-Akteure zwischen 1933 und 1945 vor Ort zu erklären, passt die Vorstellung eines Netzwerkes besser, in das die städtischen Akteure selbst stark eingebunden waren. Nach Aussagen von Fiehler nahmen im Jahr 1939 71 Prozent der 8.000 städtischen Beamten auch Tätigkeiten in der Partei wahr.[352] Wer wem und was zu sagen hatte, hing nicht nur von rechtlichen Zuständigkeiten ab, sondern auch von der Position in der Parteihierarchie und den Verflechtungen mit der Parteispitze. Die Spitze der »Hauptstadt der Bewegung« verfügte dabei über zahlreiche und intensive Kontakte, die gerade in finanzpolitischen Angelegenheiten auch häufig aktiviert wurden: Schon weiter oben habe ich einige besonders enge Verbindungen zu solchen Funktionären aufgezeigt, die neben den Parteiämtern auch Positionen in den Staatsbehörden im Land und im Reich besetzten: Dazu zählten etwa Gauleiter/Bayerischer Innenminister Adolf Wagner sowie der NSDAP-Steuerexperte/Staatssekretär im Reichsfinanzministerium Fritz Reinhardt. Für die Finanzpolitik besonders tragfähig waren außerdem drei weitere Kontakte.

1.) Ein sehr enges Verhältnis pflegte die Stadtspitze zu Franz Xaver Schwarz. Die große Bedeutung des NSDAP-Reichsschatzmeisters als »wertvoller Schirmherr« der Stadt München betont Florian Wimmer und belegt diese mit Beispielen aus dem Wohlfahrtswesen.[353] Schwarz, der seinen Dienstsitz ab 1937 im neu erbauten NSDAP-Verwaltungsbau am Königsplatz hatte und privat in Grünwald lebte, war aber auch in seinem Kerngebiet, bei Finanzangelegenheiten, ein mächtiger Verbündeter. Oben habe ich einen Fall aufgezeigt, bei dem er sich in Parteikreisen für die kommunalen Belange Münchens einsetzte. Ein weiteres Beispiel datiert aus dem Jahr 1935, als der NSDAP-Schatzmeister der Stadt, deren Zugang zum ›normalen‹ Kreditmarkt stark eingeschränkt war, ein großzügiges Darlehen aus Mitteln der Partei für städtische Bauvorhaben bewilligte.[354] Schwarz war »Alter Kämpfer«, gehörte seit den frühen 1920er-Jahren zum engsten Kreis um Hitler in München und war in der Parteiführung der Ein-

---

351 Vgl. Erlass vom 12.3.1941 zu den Finanziellen Leistungen der Gemeinden an Parteistellen, BAB, NS 25 1578; vgl. auch Zeitler, DGT-Rundbrief, Finanzielle Leistungen der Gemeinden und Gemeindeverbände an Parteidienststellen, 22.4.1941, sowie Schwarz an Fiehler, ders. Betreff, 2.5.1941, BAB, R 36 579.

352 Vgl. Ansprache Fiehler, Ortsgruppenleitertagung im großen Rathaussaal München, 26.2.1942, S. 13, StadtAM, BuR 452/10.

353 Vgl. Wimmer, Ordnung, S. 139.

354 Vgl. Stadtrat, 19.2.1935, StadtAM, RSP 708/1.

zige, der dem »Stellvertreter des Führers«, Rudolf Heß, nicht formell unterge-ordnet war.[355] Als Generalbevollmächtigter in allen vermögensrechtlichen Ange-legenheiten der Partei hatte er Zugriff auf ein großes Vermögen; über ihn liefen auch alle staatlichen Zuschüsse, die der Partei gewährt wurden. Schwarz war im Münchner NSDAP-Kreis politisch sozialisiert worden, war der Stadtverwaltung aber vor allem deswegen gewogen, weil er, bevor er hauptamtlicher Reichsschatz-meister der NSDAP wurde, zwischen 1899 und 1925 im Münchner Verwaltungs-dienst gestanden hatte. Von 1929 bis 1934 saß er außerdem als NSDAP-Abge-ordneter im Stadtrat. Als Dank für seine Verdienste erhielt er im Jahr 1935 die Ehrenbürgerwürde und wurde nachträglich zum Oberamtmann befördert.[356] Die rückwirkende Beförderung des eigentlich als Oberinspektor aus dem Dienst geschiedenen Parteigenossen brachte ihm höhere Pensionsbezüge im Gesamt-wert von 23.800 Reichsmark.[357] Dies alles tat die Stadtspitze auch, wie Wim-mer formuliert, in der Erwartung, »der einflussreiche Sohn der Stadt möge sich auch in Zukunft weiterhin für diese einsetzen«.[358] Schwarz selbst bekundete, in diesem Sinne handeln zu wollen: Er sei so »tief und fest« mit München verwur-zelt, antwortete er Karl Fiehler in einer Danksagung zur Erteilung der Ehren-bürgerschaft, dass er keinen Ansporn brauche, um sich auch weiterhin »mit Rat und Tat« einzusetzen.[359]

2.) Eine weitere, besonders enge Verbindung in die höchsten Parteiebenen und damit ein Hebel der finanzpolitischen Einflussnahme bestand über das Hauptamt für Kommunalpolitik. Schon seit 1927 existierte in der Partei eine Fachabteilung für Kommunalfragen, die von dem damaligen Münchner Stadt-rat Karl Fiehler als Referent geleitet worden war.[360] Im November 1934 wurde die Abteilung schließlich zum »Hauptamt« erhoben. Die Aufgabenbereiche des HfK lagen in der kommunalpolitischen Beratung der Parteifunktionäre sowie, vice versa, der politisch-ideologischen Schulung der Gemeindeleiter und in der Mitwirkung an kommunalen Gesetzen. Das Amt verantwortete auch das Zen-tralblatt der NSDAP für die Gemeindepolitik, die »Nationalsozialistische Ge-meinde«. Die meisten Mitarbeiter waren ehrenamtlich tätig, darunter auch einige Spitzenbeamte aus der Münchner Stadtverwaltung, wie seit 1936 Andreas Pfeiffer.[361] Der Münchner Stadtkämmerer hatte die Aufgabe, auf Anfrage Gut-

---

355 Vgl. Wimmer, Ordnung, S. 139. Für die biografischen Eckdaten von Schwarz vgl. Nol-zen, Franz Xaver Schwarz.

356 Vgl. Ratsherren, 19.11.1935, StadtAM, RSP 708/1.

357 Vgl. Bericht des Untersuchungsausschusses über die Aufwendungen der Stadt Mün-chen zugunsten der Partei, ihrer Gliederungen und Organisationen, bekannter Natio-nalsozialisten, Militaristen und Nazifreunde, 31.5.1947, S. 4, StadtAM, Kämmerei 1834.

358 Vgl. Wimmer, Ordnung, S. 139.

359 Vgl. Schwarz an Fiehler, 9.12.1935, BAB, NS 1 567.

360 Zu Aufbau und Organisation des Hauptamts für Kommunalpolitik bis heute grund-legend Matzerath, Nationalsozialismus, S. 170-182.

361 Im Jahr 1937 waren dies die berufsmäßigen Stadträte Josef Bauer, Dr. Karl Helmreich, Andreas Pfeiffer, Dr. Hermann Jansohn und Matthias Mayr (vgl. Bauer an HfK, Ver-teidigung der Politischen Leiter, 23.4.1937, BAB, NS 25 153).

achten auf dem Gebiet des gemeindlichen Haushalts-, Kassen- und Rechnungswesens anzufertigen. Nach eigenen Angaben delegierte Pfeiffer diese Tätigkeit in vielen Fällen an seine Sachbearbeiter in der Stadtkämmerei.[362] Auch wenn er diese Aussage im Rahmen seines Spruchkammerverfahrens in der Nachkriegszeit als Verteidigungsargument heranzog, veranschaulicht sie doch auch einmal mehr, wie sehr in München auch auf unteren Ebenen die Strukturen der Partei und die der Stadtverwaltung miteinander verwoben waren.

Die Tatsache, dass die meisten Mitarbeiter des HfK – wie Pfeiffer – nur ehrenamtlich tätig waren, mag ein Grund dafür sein, dass die Parteiorganisation in gesamtdeutscher Hinsicht für die praktische Kommunalpolitik eine deutlich geringere Rolle spielte als der von mehreren Hundert hauptamtlichen Mitarbeitern geführte Deutsche Gemeindetag, obwohl dieser seit der Anordnung vom 11. Mai 1934 eigentlich dem Hauptamt als »betreute Organisation« unterstand. Aus Sicht der Stadt München aber, dessen Oberbürgermeister Fiehler den Vorsitz beider kommunalpolitischer Organisationen innehatte, stellte das HfK einen weiteren, wichtigen Schlüssel dar, um eigene Interessen auf Reichsebene durchzusetzen. Es war insofern auch ein ›anderer‹ Hebel, weil dessen Wirkungskraft auf einer anderen Verbindungslinie in die Staatsspitze beruhte: Während der DGT dem Reichsinnenminister unterstellt war, unterstand das Hauptamt für Kommunalpolitik dem »Stellvertreter des Führers«, Rudolf Heß – später der Parteikanzlei. Dieser wirkte weitgehend an der Gesetzgebung des Reiches mit, seit er zunächst im Dezember 1933 zum Reichsminister ohne Geschäftsbereich ernannt worden war und zudem 1934 eine Regelung erlassen wurde, der zufolge alle Gesetzesentwürfe vor der Beschlussfassung dem »Braunen Haus« zur Begutachtung vorgelegt werden mussten.[363] Mit dem Kontakt zu Rudolf Heß, dessen Behörde ebenfalls in München saß, hatte man aus der Sicht der Stadtverwaltung, salopp gesprochen, ein weiteres ›Eisen im Feuer‹, wenn es darum ging, sich für kommunalpolitische Gesetze einzusetzen.[364]

Ein Beispiel aus dem Mai 1935 zeigt, wie die Stadtführung das HfK in diesem Sinne einsetzte, und wie geschickt Karl Fiehler dabei mit den unterschiedlichen Einflussmöglichkeiten zu hantieren wusste, die sich aus seiner Ämterhäufung ergaben: Aus gegebenem Anlass – in der Theatinerstraße hatten sich zwei Fotogeschäfte in unmittelbarer Nachbarschaft angesiedelt – wurde damals im Hauptausschuss erneut über die Leitlinien der städtischen Gewerbepolitik diskutiert, die nicht nur den Einzelhandel »schützen«, sondern auch einen verlässlichen

362 Vgl. Pfeiffer an das städtische Personalamt, Gesuch um Durchführung der politischen Prüfung zum Zwecke der Vorlage bei der Spruchkammer, 24.6.1946, StAM, SpkA (München) K 1411 Andreas Pfeiffer.

363 Vgl. Nolzen, Reichsorganisationsleitung, S. 126.

364 Vgl. auch Hanko, Kommunalpolitik, S. 409 f., der im Allgemeinen beobachtet, dass der Stellvertreter des Führers, zunächst »eher eine Art Weiterleitungsinstanz«, immer stärker in Stadtangelegenheiten, vor allem Planungs- und Personalfragen, involviert wurde und dabei aber – gewissermaßen die Kehrseite seiner Hebelwirkung – zunehmend selbst »Eingriffsrechte« beanspruchte.

Steuereingang sicherstellen sollten. Die Stadtführung, namentlich der Verwaltungsrat Karl Pfahler, erhoffte sich eine größere Flexibilität für Eingriffe, wobei man vermutlich nicht zuletzt auch an die Exklusion jüdischer Gewerbetreibender dachte.[365] Denn tatsächlich ging es unter dem Schlagwort »Einzelhandelsschutz« nur darum, die »arischen« Gewerbetreibenden zu »schützen« und deren Steuerkraft sicherzustellen. Zum damaligen Zeitpunkt stieß die Stadt mit entsprechenden Vorschlägen aber auf zähe Widerstände der Bürokraten im Landes- und Reichswirtschaftsministerium.[366] Dabei ist bemerkenswert, dass der OB, anders als einige seiner Stadträte, das Problem weniger bei Reichswirtschaftsminister Hjalmar Schacht selbst sah, als vielmehr in dessen Ministerialapparat.[367] Die Anregungen aus München kämen nämlich meist nur bis zum Ministerialdirektor Bohl. Dieser lege dem Minister dann die Anregung mit einer Antwort vor, dass dadurch Leute arbeitslos würden, und so könne der Minister selbst die Initiativen nicht mehr gutheißen. Die weiteren politischen Bemühungen sollten deshalb ganz bewusst unter Umgehung des eigentlichen Instanzenwegs vorgenommen werden. Hierbei wurde auch die Einbindung des DGT ausgeschlossen, weil die Stadtführung befürchtete, dass die Gesetzesentwürfe letztlich auch beim Wirtschaftsministerium landen würden. Fiehler schlug eine Alternative vor: »Ich mache es als Hauptamtsleiter für Kommunalpolitik über den Stellvertreter des Führers, der seinerseits als Minister wiederum berechtigt ist, Gesetzesentwürfe einzubringen.«[368]

3.) Drittens schließlich müssen auch die engen Verbindungen der Stadt München zu Adolf Hitler erwähnt werden. Wir werden an einigen Stellen sehen, wie sehr der ›Akteur‹ Hitler bzw. dessen tatsächlicher oder kolportierter »Wille« die finanzpolitischen Entscheidungen der Stadt beeinflusste, insbesondere bei Fragen der Ausgabenpolitik.[369] Zugleich war die Stadtspitze stets bemüht, ihre Kontakte auch zu nutzen, um dem »Führer« Versprechungen abzuringen, die dann wiederum bei anderen Instanzen als Argument Verwendung finden konnten. Gerade bei Angelegenheiten zum »Ausbau der Hauptstadt der Bewegung« traten Stadtvertreter – zuvorderst der OB – etliche Male in Kontakt mit Hitler. Die verschiedenen Umbaupläne, die bereits lange vor der Ausrufung zur »Führerstadt« im Jahr 1937 ein zentrales Thema der Kommunalpolitik waren, boten das Eintrittstor für eine häufige Kontaktnahme. Mit Kriegsbeginn und als die ambitionierten Ausbaupläne ins Stocken gerieten, fanden die Unterredungen jedoch immer seltener statt. In einer Dezernentenbesprechung vom 12. Oktober 1942 forderte Stadtkämmerer Pfeiffer noch mal – gewissermaßen in alter Tradition –

---

365 Schließlich bemühte man sich in der Verwaltung schon seit 1933 um eine systematische Erfassung jüdischer Gewerbetreibender (vgl. Hanko, Kommunalpolitik, S. 422).
366 Tatsächlich bot die spezifische Gewerbepolitik in München in den ersten Jahren nach 1933 häufiger Anlass zu Konflikten mit Landes- und Reichsbehörden: vgl. dazu auch die Beispiele bei Hanko, Kommunalpolitik, S. 417-423.
367 Vgl. Fiehler, Hauptausschuss, 2.5.1935, StadtAM, RSP 708/3.
368 Ebd.
369 Siehe dazu unten, Kapitel IV.1.

ausdrücklich auf, »mit einer von mir schon ein paarmal angeregten Kommission an den Führer heranzutreten«[370] und mit ihm über die »Rückdrängung« bei Selbstverwaltung und gemeindlichem Finanzwesen zu sprechen. Dieser Kommission sollten nach Pfeiffers Vorstellungen neben Fiehler auch die Oberbürgermeister von Berlin, Stuttgart und Nürnberg angehören. Sie müsse – welch' paradoxe Aussage! – an den Führer »herankommen« und den »Sondereinflüsterungen« einen »Riegel vorschieben«. Der Oberbürgermeister antwortete jedoch resigniert: »Ich lasse keine Gelegenheit vorübergehen und hoffe schon, daß es gelingt, aber allzugroß sind die Aussichten nicht.«[371]

Auch wenn es in diesem Stadium im Falle Hitlers Einschränkungen gab, war eine geschickte Netzwerkpolitik ein zentrales Merkmal städtischer Politik im »Dritten Reich«. Das blieb auch unter Zeitgenossen weder unbemerkt noch unkommentiert. In seinem Tagebuch wetterte Joseph Goebbels gegen die »Unzahl der Cliquen« in München.[372] Der vom Niederrhein stammende Reichspropagandaminister und Gauleiter von Berlin war eben nicht Teil des Münchner Parteiklüngels. Die besondere Konstellation in der »Hauptstadt der Bewegung« war in diesem Sinne ein Faktor der städtischen Finanzpolitik: auf der einen Seite ein Nährboden für zahlreiche Versuche von kleineren und größeren Parteifunktionären, an staatliches, in diesem Falle kommunales Geld zu gelangen. Dagegen konnte sich die Stadt zumeist nicht nur gut zur Wehr setzen. Die Beziehungen vieler Stadtvertreter – allen voran von OB Fiehler – bis in die Spitze des nationalsozialistischen Netzwerks boten auf der anderen Seite vielfältige Anknüpfungsmöglichkeiten, um selbst finanzpolitisch zu profitieren.

Es sollte deutlich geworden sein, dass die städtische Finanzpolitik nicht nur in den engen Räumen des Rathauses, in denen der Haushaltsplan entstand und auch nicht nur in den Büros des Kämmerers und seiner führenden Verwaltungskräfte oder im Großen Sitzungssaal des Stadtrates betrieben wurde. Vielmehr wurden die fiskalpolitischen Gestaltungsräume vor Ort in großem Maße von Akteuren außerhalb des Rathauses und außerhalb der Stadtgrenzen Münchens beeinflusst. Kommunale Finanzpolitik in der Praxis war letztlich das Produkt einer Vielzahl von kommunikativen Aushandlungsprozessen zwischen zahlreichen sich gegenseitig beeinflussenden Akteuren. Die Beziehungen der Stadtführung zu diesen Akteuren in der NS-Zeit waren von Konkurrenz oder Konflikten, aber auch von Kooperationen und nicht zuletzt vom ›braunen Klüngel‹ geprägt, der die traditionellen Staatsstrukturen zunehmend überlagerte. Gerade die Stadtspitze der »Hauptstadt der Bewegung«, ein Konsortium vieler »Alter Kämpfer«, vertraute auf die Wirkkraft der informellen Seilschaften und agierte dabei als ›Networker par excellence‹. Damit hatten die externen Einflüsse im Er-

---

370 Vgl. Pfeiffer, Dezernentenbesprechung, 12.10.1942, StadtAM, RSP 715/16.
371 Fiehler, ebd.
372 Die Tagebücher von Joseph Goebbels, Teil II, Bd. 6, hrsg. von Elke Fröhlich, 8.11.1942, S. 252.

fahrungshorizont der Stadtvertreter nicht nur determinierenden, sondern auch mobilisierenden Charakter. Die Oberen zeigten sich keineswegs »ohnmächtig«, sondern versuchten vielmehr, ihre Verbindungen auf unterschiedlichsten Wegen aktiv zur Geltung zu bringen. Oberbürgermeister Karl Fiehler – um ein letztes Beispiel anzuführen – lieferte einen bemerkenswerten Nachweis für die große Verhandlungsaktivität mit den zahlreichen außerstädtischen Akteuren, als er im Rahmen einer Sitzung der Beiräte für Finanzfragen im Februar des Jahres 1938 den Stand der Dinge zum innerbayerischen Finanzausgleich zusammenfasste: In Berlin habe »auf unser Betreiben« eine Aussprache zwischen Schwerin von Krosigk, Siebert, Wagner und Frick stattgefunden; nachdem die dort getroffene Einigung einige Zeit später von »neuen Forderungen« des Finanzministeriums torpediert wurde, habe er selbst »eine Reihe von Besprechungen mit Berliner Stellen gehabt«; zuvor habe er außerdem an den Stellvertreter des Führers, an Reichsminister Dr. Lammers und Staatsminister Wagner »Briefe geschrieben und unsere Stellungnahmen dargelegt« und darin die »schwere Benachteiligung« Münchens beklagt; der Stadtkämmerer Pfeiffer sei außerdem im Reichsfinanzministerium vorstellig geworden, um dort mit dem zuständigen Ministerialrat zu sprechen; in München hätten Besprechungen mit dem Innenministerium und dem Gemeindetag stattgefunden; er habe sich zudem mit Staatsminister Wagner auch persönlich getroffen; dieser wiederum habe seinen Ministerialrat, Dr. Mensens, beauftragt, einen Brief an Schwerin von Krosigk zu schreiben und eine Besprechung mit ihm, also Wagner, zu vereinbaren; zuletzt habe Fiehler nochmals selbst einen Brief an Staatssekretär Reinhardt geschrieben und gebeten, »seinen ganzen Einfluss geltend zu machen«; schließlich wäre es »ausserordentlich peinlich«, wenn man dem Führer erklären müsse, aus Anlass des Finanzausgleichs im Rahmen der Realsteuerreform die bisher zugesagten Beträge für den Neubau Münchens nicht aufbringen zu können.[373]

Dieser ausführliche Tätigkeitsnachweis vermittelt einen lebendigen Eindruck von der politischen Praxis unter den Bedingungen eines polykratischen Herrschaftsgefüges, wobei es bezeichnend ist, dass seine Auflistung im Verweis auf Hitlers vermeintlichen Willen kulminiert.[374] Denn dieser bildete, wie Christiane Kuller pointiert formuliert, »das unbestrittene Machtzentrum in diesem Verwaltungschaos«.[375] Gerade weil die Verfasstheit des NS-Staates unterhalb des »Führers« ein äußerst heterogenes und sich wandelndes Machtgefüge kenn-

---

373 Vgl. Fiehler, Beiräte für Verwaltungs-, Finanz- und Baufragen, 3.2.1938, StadtAM, RSP 711/2. Das Frühjahr 1938 markierte eine Hochzeit der Konflikte um den Finanzausgleich. Die Umsetzung der Realsteuerreform dauerte an; mit den Vorbereitungen zum Dritten Gesetz zur Änderung des Finanzausgleichs bahnten sich weitere Zugriffe des Reichs auf die Kommunalfinanzen an; zugleich war der Finanzausgleich auf Landesebene in Bayern noch völlig ungeklärt.

374 Zur Frage der Verfasstheit des NS-Staats im Allgemeinen siehe etwa Ruck, Führerabsolutismus; Rebentisch, Führerstaat, oder den Sammelband Reichardt/Seibel (Hrsg.), Staat.

375 Vgl. Kuller, Verwaltung, S. 437.

zeichnete, waren auch die finanzpolitischen Verhandlungswege einer Stadt wie München alles andere als geradlinig. Vielmehr gab es zahlreiche unterschiedliche Pfade durch das von Martin Broszat einmal sogenannte »institutionelle Gestrüpp«.[376] Die Münchner Stadtführung fand sich darin bestens zurecht. Ihre rege Verhandlungstätigkeit war, wie das folgende Kapitel zeigt, eine zentrale Stellschraube der städtischen Einnahmepolitik.

376 Vgl. Broszat, Staat Hitlers, S. 438.

III. Kampf ums Geld
Modi städtischer Einnahmepolitik

Eine Karikatur aus dem *Kladderadatsch* vom September 1932 bietet einen irritierenden Anblick: Kultiviert gekleidete Kommunalpolitiker agieren als Räuberbande. Die Steuereintreibung wird zum bewaffneten Raubzug. Finanzpolitik erscheint als »Kampf ums Geld« (Abb. 11).

In der Bildsprache spiegelt sich die politische Brisanz der Bürgersteuer wider, einer der umstrittensten Abgaben dieser Zeit. Seit ihrer Einführung per Notverordnung im Jahr 1930 sorgte sie immer wieder für kontroverse Diskussionen.[1] Insbesondere Teile der NSDAP kritisierten sie aufgrund ihrer vermeintlichen sozialen Ungerechtigkeit.[2] Die unter hoher Verschuldung, wachsenden Wohlfahrtsausgaben und unausgeglichenen Haushalten leidenden Kommunen erblickten in der Abgabe ihrerseits eine dringend benötigte Geldquelle, um ihre Finanznöte etwas zu lindern. Obwohl sie den einzelnen Bürger verhältnismäßig gering belastete,[3] wurde sie ein Kristallisationspunkt der allgemeinen Unzufriedenheit mit der staatlichen Krisenpolitik, die auf rigiden Dirigismus, Steuererhöhungen und ein »Spardiktat« setzte.[4]

Im Herbst 1932 wurde die Geschichte der umstrittenen Steuer um ein weiteres Kapitel ergänzt. Die Regierung unter Reichskanzler Franz von Papen plante einen Kurswechsel in der Krisenpolitik: Im Rahmen eines umfassenden antizyklischen Programms zur Belebung der Wirtschaft sollten verschiedene Steuererleichterungen gewährt werden. Die Gemeinden und Länder forderten jedoch nachdrücklich, die Bürgersteuer auch für die folgenden Jahre zu erheben und die neuen Raten bereits ab Oktober einzuziehen. Andernfalls, so ließ man

---

1 Vgl. Verordnung des Reichspräsidenten zur Behebung finanzieller, wirtschaftlicher und sozialer Notstände, 26.7.1930, Zweiter Abschnitt: »Erschließung von Einnahmen für die Gemeinden«, RGBl. I (1930), S. 314-316.

2 Vgl. etwa Terhalle, Leitfaden, S. 108 f.

3 Seit der Einführung der Bürgersteuer richtete sich der Steuersatz nach der Einkommenshöhe. Entsprechend der Verordnung des Reichspräsidenten zur Behebung finanzieller, wirtschaftlicher und sozialer Notstände, 26.7.1930, Abs. 2, § 5, RGBl. I (1930), S. 314 f., gab es ursprünglich sieben Sätze zwischen sechs und 1000 RM. Bei einem Jahreseinkommen von mehr als 8.000 RM sollte der Landessatz mindestens sechs RM betragen; bei bis zu 25.000 RM Einkommen sollte er bei mindestens zwölf RM liegen. Ein Einkommen zwischen 25.000 und 50.000 RM, das allerdings nur die wenigsten Deutschen erreichten, führte zu einem Steuersatz von mindestens 50 RM usw. Die tatsächliche Steuerbelastung für einen Einwohner errechnete sich als Multiplikation des entsprechenden Steuersatzes mit dem Hebesatz der jeweiligen Gemeinde. In München lag dieser bis 1932 bei 200 %. Ein Jahreseinkommen ab 8.000 RM wurde also in München mit 12 RM/Jahr besteuert.

4 Zur ausführlichen Forschungsdiskussion um die restriktive Finanz- und Haushaltspolitik der von Heinrich Brüning geführten Präsidialkabinette zwischen 1930 und 1932 vgl. stellvertretend einen der aktuellsten Beiträge von Köppen, »Aus der Krankheit konnten wir unsere Waffe machen«.

„Wir brauchen Geld! Wir wollen noch einen letzten Angriff wagen auf des Bürgers Portemonnaie!"

Der Bürger: „Aber bitte sehr, meine Herren, hier haben Sie es gleich ganz!"

Abb. 11: Karikatur aus der Satirezeitschrift »Kladderadatsch« vom 11. September 1932 anlässlich der Diskussionen um die Beibehaltung der Bürgersteuer[5]

die Reichsregierung wissen, sei der »Zusammenbruch der Gemeindefinanzen unvermeidlich«.[6] Für die Satirezeitschrift *Kladderadatsch* glichen diese Forderun-

5 Die Figur an der Spitze der Kommunalvertreter soll möglicherweise Heinrich Friedrich Wilhelm Sahm darstellen. Der Berliner Oberbürgermeister war zur damaligen Zeit Präsident des Deutschen und Preußischen Städtetags und hatte die Forterhebung der Bürgersteuer bereits im Juni 1932 zum ersten Mal vor dem Reichskabinett gefordert.

6 Ministerbesprechung, 31.8.1932, TOP 3, Akten der Reichskanzlei. Weimarer Republik – Das Kabinett von Papen, Bd. 1, S. 488. Letztlich kam es hinsichtlich der Bürgersteuer zu einem Kompromiss (vgl. ebd., Ministerbesprechung, 3.9.1932, TOP 2, S. 507 f.). Die Verordnungen, die Anfang September 1932 erlassen wurden, billigten die Forderung der Gemeindevertreter, die Steuer beizubehalten (vgl. Verordnung des Reichspräsidenten zur Belebung der Wirtschaft, 4.9.1932, RGBl. I (1932), S. 430 sowie Verordnung zur Durchführung der Bürgersteuer, 9.9.1932, RGBL. I (1932), S. 438-440). Außerdem

gen einem »letzten Angriff« auf des Bürgers Portemonnaie, das, von den Auswirkungen der Weltwirtschaftskrise und Brünings Sparpolitik strapaziert, keine
zusätzlichen Belastungen mehr vertrage. In der skrupellosen Räuberbande, als
die die Kommunalvertreter karikiert werden, reproduzieren sich auch bekannte
zeitgenössische allgemein anti-staatliche Stereotype.

Über den konkreten historischen Kontext im Herbst 1932 hinaus verdeutlicht
die Karikatur des Weiteren eine Grundkonstante der städtischen Finanzpolitik
im Untersuchungszeitraum. Die Kommunen litten durchweg – ›gefühlt‹ und tatsächlich – unter akuter Geldknappheit. Das hatte – wie oben gezeigt – einerseits
strukturelle Ursachen in der zunehmenden Zentralisierung von Finanzkompe-
tenzen und Mitteln und verschärfte sich andererseits durch die Weltwirtschaftskrise und, nach 1933, durch den anhaltenden Ressourcentransfer zugunsten des
Reichs und der Aufrüstungsaktivitäten. Diese Konstellation war für die Kommunalpolitiker – nicht nur in München – handlungsleitend und verstärkte die
Notwendigkeit, eine aktive Einnahmepolitik zu betreiben. Der Ausspruch »Wir
brauchen Geld!« in der obigen Karikatur veranschaulicht diesen Zusammenhang in treffender Weise. »Sparen«, wie es sowohl während der Weimarer Republik als auch im »Dritten Reich« von Reichspolitikern gefordert wurde, war
nämlich aus Sicht vieler Kommunalvertreter grundsätzlich die schlechtere Variante, um den Haushalt auszugleichen. Diese Haltung artikulierte Andreas
Pfeiffer Anfang der 1930er-Jahre, ausgerechnet in einer Sitzung der Sparkommission, sehr prägnant: »Das Finanzreferat ist [...] das Einnahmereferat.«[7] Einige Jahre später formulierte er angesichts der Tatsache, dass die Steuerkraft der
Stadt gemessen an den großen Wünschen klein sei, die Notwendigkeit, dass
»noch andere Kräfte mobil gemacht werden müssen, die neben unsere eigene
Steuerkraft eintreten«.[8] Die Einstellung, die sich darin manifestiert, könnte man
als »Mobilisierungshaltung« beschreiben.

Im folgenden Kapitel soll genauer nach der Art der Einnahmeakquise der
Stadt München gefragt werden. Im Rahmen der allgemeinen Konkurrenz um
das knappe Gut Geld ergaben sich jeweils ganz unterschiedliche Problem- und
Konfliktkonstellationen, die es zu beachten gilt. Dabei sind vier Modi der Einnahmepolitik zu unterscheiden, denen jeweils ein Teilkapitel gewidmet ist.

---

erhielten die Landesregierungen die Befugnis, in den Gemeinden, in denen die Bürgersteuer bisher nicht erhoben worden war, ihre Einführung zur Pflicht zu machen.
Gleichzeitig wurden aber auch Erleichterungen gewährt, wie etwa der Wegfall des Ehe-
standszuschlags, nach dem für die Ehefrau die Hälfte des Satzes des Ehemanns zu zahlen gewesen war.

7 Pfeiffer, Sparkommission, 8.2.1932, StadtAM, RSP 704/17.
8 Pfeiffer, Beiräte für Angelegenheiten des Gemeindehaushalts und der Beiräte für die
   städtischen Versorgungs- und Verkehrsbetriebe, 22.1.1937, StadtAM, RSP 710/5.

1. Feilschen und Verhandeln: der Finanzausgleich als Verteilungskonflikt

Den mit Abstand wichtigsten Einnahmeposten der Gemeinden und Städte bildeten die Steuern. Kommunale Einnahmepolitik bewegte sich dabei zwischen 1930 und 1945 in einem engen Rahmen, den das Land und das Reich in Form von Steuergesetzen oder Durchführungsbestimmungen setzten. Dieser, darin ist Horst Matzerath zuzustimmen, wurde aus Sicht der Kommunen im Verlauf des »Dritten Reichs« immer enger.[9] Starr war er jedoch nie. Auch und gerade während der NS-Zeit hatten die Kommunen durchaus die Möglichkeit, auf die Steuerverteilung Einfluss zu nehmen, und das galt im Besonderen für eine so einflussreiche Stadt wie die »Hauptstadt der Bewegung«. In erster Linie funktionierte das Einwirken über den Modus des »Feilschens und Verhandelns« und damit in einer genuin politischen Handlungsweise.

Im Folgenden soll der Finanzausgleich als Verteilungskonflikt im Mittelpunkt stehen. Ausgehend von einer Skizze der für die Finanzlage der Kommunen zentralen gesetzlichen Entwicklungen, möchte ich die vielfältigen Versuche der Stadt München herausarbeiten, bei fiskalpolitisch relevanten Gesetzen oder Bestimmungen ihren Einfluss geltend zu machen, um das System Finanzausgleich und damit ihre Einnahmesituation aktiv mitzugestalten. Zunächst muss jedoch geklärt werden, was unter Finanzausgleich zu verstehen ist.

Der Finanzausgleich als historisches Untersuchungsfeld

Vorgänge des Finanzausgleichs gibt es auf dem Gebiet des heutigen Deutschlands seit ungefähr 100 Jahren. Zwar hatte es bereits im 19. Jahrhundert Finanzverteilungen zwischen unterschiedlichen staatlichen Ebenen gegeben, wie etwa die Matrikularbeiträge, die die Länder 1871 bis 1918 ans Deutsche Reich lieferten, und die immer wieder Anlass zu Kontroversen boten (das Reich als »Kostgänger der Länder«). Aber gerade im Hinblick auf die Kommunen bildet der Erste Weltkrieg eine Zäsur in der Geschichte des Finanzausgleichs, weil sie bis dato kaum in komplexere Finanzverteilungen involviert gewesen waren. In der Gesetzgebung wurde der Begriff zum ersten Mal im Jahr 1923 offiziell verwendet.[10] Historiker interessieren sich bis jetzt wenig dafür, sondern überlassen das Feld eher Verwaltungswissenschaftlern oder Staatsrechtlern. Dabei kann als »zeitlos«, wie der Staatsrechtler Michael Inhester formuliert, nur das Problem des Finanzausgleichs als solches verstanden werden, nämlich im Sinne von »zeitübergreifend«.[11] Wie, warum und

9 Vgl. etwa Matzerath, Nationalsozialismus, S. 350-368.
10 Vgl. Gesetz über den Finanzausgleich zwischen Reich, Ländern und Gemeinden (Finanzausgleichsgesetz), 23.6.1923, RGBl. I (1923), S. 494-506.
11 Inhester, Finanzausgleich, S. 25. Ullmanns »Der deutsche Steuerstaat« ist eine der wenigen größeren Abhandlungen, die sich zumindest teilweise mit dem Finanzausgleich aus historischer Perspektive beschäftigt.

unter welchen Umständen sich die Verteilung des Geldes innerhalb eines Staates ausgestaltet, ist ganz wesentlich eine Frage der Zeit und deswegen historisch variabel. Bei diesem Themengebiet geht es also bei Weitem nicht nur um Finanzzuteilungen, vielmehr wurden und werden Vorgänge des Finanzausgleichs oft von massiven innenpolitischen Konflikten begleitet. Die Art und Weise, wie solche Verteilungskonflikte verliefen, auf welche Weise und von wem verhandelt und argumentiert wurde, erklärt auch immer etwas über grundsätzliche Funktionsweisen des jeweiligen politischen Systems.

Konflikte um das Geld gab es im besonderen Maße auch in meinem Untersuchungszeitraum. Dafür steht exemplarisch eine Aussage von Kämmerer Andreas Pfeiffer, der im Mai 1938 vor den Münchner Ratsherren zu Protokoll gab: »Wenn eine Preisfrage hätte gelöst werden müssen, wie man bei jeder Finanzausgleichsmaßnahme die Stadt München am stärksten trifft, so wäre sie glänzend gelöst worden mit dem, was der Stadt im Laufe der Jahre tatsächlich nach der Richtung angetan worden ist.« Schon seit der Inflation, so Pfeiffer, habe man ihr bei verschiedenen Gelegenheiten »ständig und ständig neue Mühlsteine um den Hals gehängt«.[12]

Unter den Sammelbegriff Finanzausgleich können unterschiedliche Problemkonstellationen fallen. Im weiteren Sinn versteht man darunter ein System, das die Verteilung der gesamten Steuermasse zwischen den einzelnen öffentlichen Finanzwirtschaften regelt.[13] Wesentlich beeinflusst wird diese Verteilung durch die Aufgaben, die den unterschiedlichen staatlichen Ebenen jeweils durch Gesetze zugeteilt sind (Lastenausgleich). Das politische Bedürfnis nach einem Finanzausgleich entsteht also immer dort, wo auf einem Staatsgebiet mehrere Gebietskörperschaften »Herrschaft ausüben und eine eigene Haushaltswirtschaft betreiben«.[14] Da diese Gebietskörperschaften ihren Finanzbedarf aus demselben »beherrschten« Gebiet beziehen, gibt es, so Inhester, »Anspruchskonkurrenzen, die der Ordnung bedürfen«. Der Finanzausgleich soll also sämtliche staatlichen Finanzmittel ordnen. Eine beständige Ordnung ist aber in der politischen Praxis kaum vorstellbar. Denn die Form des Finanzausgleichs ist stets im Fluss und verändert sich durch viele einzelne, unterschiedlich aufeinander bezogene Gesetze und Bestimmungen, die nicht zuletzt deshalb Anpassungen erfordern, weil auch die Aufgabenzuteilungen einem steten Wandel unterliegen. Neben diesem allgemeinen Verständnis lassen sich verschiedene Differenzierungen treffen.

Erstens kann nach den an der Verteilung beteiligten staatlichen Ebenen unterschieden werden, das heißt zwischen einer vertikalen Verteilung, zwischen Reich, Ländern und Gemeinden, und einer horizontalen Verteilung innerhalb einer Ebene, etwa beim kommunalen Finanzausgleich innerhalb Bayerns.[15] Für meinen Untersuchungszeitraum spielt der vertikale Finanzausgleich zwischen

---

12 Pfeiffer, Ratsherren, 10.5.1938, StadtAM, RSP 711/1.
13 Vgl. Hornschu, Entwicklung, S. 1; Heller, Haushaltsgrundsätze, S. 64.
14 Inhester, Finanzausgleich, S. 28 f.
15 Vgl. Heller, Haushaltsgrundsätze, S. 64.

dem Reich und den Ländern und Gemeinden die größte Rolle.[16] Horizontale Ausgleichsprozesse zwischen den Ländern gab es noch nicht, solche zwischen den Kommunen waren, angeregt durch Johannes Popitz, gerade im Entstehen. Die Dynamik des Finanzausgleichs als innenpolitischer Verteilungskonflikt erklärt sich auch dadurch, dass es aus der Sicht einer Stadt wie München grundsätzlich drei Konfliktfronten gab, an denen es zu ›kämpfen‹ galt: Reich, Land Bayern und andere Kommunen.

Zweitens kann zwischen primärem und sekundärem Ausgleich unterschieden werden.[17] In jenem Falle werden die Steuererträge durch Gesetze zugewiesen. Der sekundäre Ausgleich regelt die Umverteilung nach bestimmten Schlüsseln, um die entstandenen Härten zu kompensieren, also Steuerkraftunterschiede im wörtlichen Sinne »auszugleichen«. Mit den »Schlüssel-« und »Bedarfszuweisungen« wurden wesentliche Elemente des modernen sekundären Finanzausgleichs in der NS-Zeit eingeführt. Auch wenn es beim primären Finanzausgleich um größere Summen ging, stellte gerade für eine steuerstarke Stadt wie München auch der sekundäre Finanzausgleich einen neuen Konfliktherd dar.

Drittens lässt sich der Finanzausgleich im Hinblick auf seine Zuteilungsarten differenzieren. Finanzmittel können mittelbar fließen, wenn sie, wie etwa bei den Schlüsselzuweisungen, nicht an bestimmte Steuerarten gebunden sind, sondern aus einem Gesamtsteueraufkommen zugewiesen werden.[18] Die Verteilung ist unmittelbar, wenn die Körperschaften über bestimmte fixe Steuereinkommen verfügen können, deren Höhe sie möglicherweise auch selbstständig beeinflussen können. Dabei muss nicht zwangsläufig eine Steuerquelle nur einer staatlichen Ebene zugeordnet sein. Sie kann auch gemeinsam bewirtschaftet werden, was die Abhängigkeitsverhältnisse untereinander verstärkt. Eine gemeinschaftliche Bewirtschaftung von Steuerarten kann entweder durch Zuschläge bzw. Umlagen oder Überweisungen geregelt werden.

Ein Finanzausgleichssystem lässt sich jedoch nicht nur unter dem Aspekt betrachten, welcher staatlichen Ebene wie viele Steuereinnahmen auf welche Weise zukommen (Ertragskompetenz). Für die Beschaffenheit eines Staates ist es vielmehr – viertens – auch aufschlussreich, welche Ebene die Hoheit über die gesetzlichen Regelungen innehat (Gesetzgebungskompetenz) oder die Erhebung und Verwaltung verschiedener Steuern ausübt (Verwaltungskompetenz). Dies kann bei verschiedenen Abgaben völlig unterschiedlich sein. Wenn bis hier von einer »Zentralisierung« des Finanzsystems gesprochen wurde, dann war damit die allgemeine Tendenz gemeint, dass immer mehr Kompetenzen vom Reich übernommen wurden. Man könnte mithin aber bei jeder einzelnen Steuerart unterscheiden, wie sich die Ertrags-, Gesetzgebungs- und Verwaltungskompetenz veränderten.

16 Vgl. Hansmann, Kommunalfinanzen, S. 130.
17 Vgl. Heller, Haushaltsgrundsätze, S. 65.
18 Vgl. Hornschu, Entwicklung, S. 1.

Die Entwicklung des Finanzausgleichs in der NS-Zeit

Die unten abgedruckte Tabelle 3 zeigt Steuereinnahmen der Stadt München zwischen 1930 und 1942. Obwohl die Aufstellung nur eine Auswahl abbildet, weist sie eine große Anzahl unterschiedlicher Steuerarten auf und gleicht dabei eher einem Flickenteppich. Zahlreiche Abgaben wurden im Untersuchungszeitraum neu eingeführt, andere wurden abgeschafft, wieder andere zeigen erhebliche Schwankungen in ihrem Aufkommen. Gerade in ihrer Unübersichtlichkeit ist die Zusammenstellung jedoch ein Beleg dafür, dass in der Zeit des NS-Regimes mit besonderer Intensität am Ordnungssystem Finanzausgleich ›gebastelt‹, bzw. von verschiedenen Seiten an den Steuern ›gezerrt‹ wurde. Schon Stadtkämmerer Pfeiffer stöhnte über die ständigen Veränderungen: »Über diese Dinge liesse sich ein Buch schreiben.«[19] An dieser Stelle soll es jedoch bei einer knappen Übersicht bleiben, die als Verständnisgrundlage für die anschließenden Ausführungen dienen soll.

Die Entwicklungen nach der Machtübernahme der Nationalsozialisten lassen sich in fünf Abschnitte untergliedern:

1.) Die erste Phase glich einer Inkubationszeit: In punkto Finanzausgleich änderte sich nach Januar 1933 zunächst kaum etwas. Sowohl der vertikale Reichsfinanzausgleich als auch der Finanzausgleich auf Landesebene blieben weitgehend unberührt.[20] Die Gemeinden verfügten, wie noch in der Weimarer Zeit, neben einer Reihe von kleinen Steuern wie der Wertzuwachs-, der Hunde- oder der Vergnügungssteuer, über Anteile an den Überweisungssteuern des Reichs (Einkommen-, Körperschaft-, Umsatzsteuer) und zusammen mit den Ländern über die Mietzins-, die Grund- und die Gewerbesteuer;[21] ferner über einige in den Notjahren neueingeführte Abgaben wie die Bürgersteuer und die Getränkesteuer sowie wesentlich ausgeweitete wie die Biersteuer. Dass die von den Nationalsozialisten in Aussicht gestellte Neuordnung des Gemeindefinanzsystems zunächst auf sich warten ließ, hing auch damit zusammen, dass zunächst Klarheit über die Rolle der Länder und deren Aufgaben- und Zuständigkeits-

19 Pfeiffer, Beiräte für Verwaltungs-, Finanz- und Baufragen, 3.2.1938, StadtAM, RSP 711/2.

20 Die Zeit von Frühjahr 1933 bis Sommer 1934 zeichnete sich nach Henning, Steuerpolitik, S. 200-202, dadurch aus, dass es noch kein konkretes steuerpolitisches Programm gab, lediglich punktuelle steuerpolitische Maßnahmen. Eine davon war etwa die Änderung des Kraftfahrzeugsteuergesetzes, die bereits am 10.4.1933 erlassen wurde (vgl. Gesetz über die Änderung des Kraftfahrzeugsteuergesetzes, 10.4.1933, RGBl. I (1933), S. 192). Durch die dort verankerte Steuerbefreiung für Neuwagen sollte sie zur Ausweitung der Automobilproduktion beitragen, führte allerdings auch zu einer Verringerung des Kraftfahrzeugsteueraufkommens, was sich auch auf die Kommunen, die daran per Überweisungssteuer beteiligt waren, auswirkte. In München halbierten sich die Einnahmen 1934 auf etwa 150.000 RM, um dann ein Jahr später noch weiter auf 67.000 RM abzusinken.

21 Vgl. Matzerath, Nationalsozialismus, S. 353.

Tab. 3: Übersicht zur Entwicklung der Steuereinnahmen zwischen 1935 und 1942.
Deutlich werden die zahlreichen Veränderungen aufgrund der Realsteuerreform.[22]

Steuerart/Einnahmen nach Rechnung in RM	1930	1931	1932	1933	1934	1935
Schlüsselzuweisungen	–	–	–	–	–	–
Hauszinssteuer	–	–	–	–	–	–
Mietzinssteuer	8.868.256	7.857.504	6.058.059	5.558.154	6.264.403	–
Einkommensteuer	13.751.847	10.958.372	5.989.334	6.158.429	8.182.725	9.050.048
Körperschaftsteuer	1.591.238	1.247.102	461.328	809.382	1.252.875	5.898.275
Umsatzsteuer	–	367.652	1.115.911	1.950.322	2.179.337	3.332.594
Kraftfahrzeugsteuer	342.810	333.698	294.864	294.864	147.076	67.551
Grunderwerbsteuer	691.280	489.274	485.290	533.332	828.355	871.612
Geldentwertungsabgabe	–	–	–	–	–	5.423.078
Gemeindeumlage aus der Grund- und Haussteuer	11.330.421	11.252.962	11.332.293	11.420.701	11.523.136	11.598.786
Grundsteuer	–	–	–	–	–	–
Gemeindeumlage aus der Gewerbesteuer	8.731.740	7.853.280	4.393.672	5.486.993	6.157.213	8.982.096
Gewerbesteuer	–	–	–	–	–	–
Warenhaussteuer	41.500	65.496	34.251	51.176	98.471	35.979
Filialsteuer	–	156.241	86.811	413.267	439.478	491.986
Grundwertabgabe	542.192	472.191	373.641	298.678	352.889	363.329
Zuschlag zur Grunderwerbsteuer	834.065	662.484	679.590	732.107	1.148.770	1.194.026
Wertzuwachssteuer	365.919	266.738	289.646	169.820	228.951	368.727
Konzessionssteuer/ Schankerlaubnissteuer	–	–	39.925	31.697	62.823	44.540
Biersteuer	3.113.151	5.086.407	4.483.015	4.035.326	4.224.408	4.451.788
Getränkesteuer	–	912.152	743.756	854.348	796.127	644.773
Vergnügungssteuer	1.764.313	1.372.198	1.069.458	849.852	916.020	1.033.529
Fremdenverkehrsabgabe	–	–	–	–	–	–
Hundeabgabe (einschl. Strafen)	520.795	804.539	672.351	599.223	446.490	440.127
Gemeindliche Wohlfahrtsabgabe (Zuschlag)	–	–	1.034.873	1.341.731	–	1.194.792
Wohlfahrtabgabe (Anteil am Landesausgleichsstock)	–	–	–	894.487	881.875	1.001.719
Feuerschutzabgabe	k. A.	933.168[*]	127.092[**]	1.155.636	1.159.344	1.159.947
Bürgersteuer	–	2.462.401	4.535.464	5.925.330	8.543.151	8.363.726

22 Die Zusammenstellung beruht auf vom Verfasser ausgewählten Angaben der Haushaltspläne der Stadt München 1930-1944. Dass die Übersicht mit dem Jahr 1942 endet, liegt darin begründet, dass es das letzte Haushaltsjahr war, für das Rechnungsergebnisse – im Rahmen der Planaufstellung 1944 – festgestellt wurden.

Steuerart/Einnahmen nach Rechnung in RM	1936	1937	1938	1939	1940	1941[***]	1942
Schlüsselzuweisungen	–	25.148.335	5.860.740	2.032.405	2.419.822	3.387.183	513.923
Hauszinssteuer	–	–	5.500.985	5.408.650	5.556.358	5.552.985	5.548.792
Mietzinssteuer	–	–	–	–	–	–	–
Einkommensteuer	9.281.922	9.329.055	–	–	–	–	–
Körperschaftsteuer	4.346.927	11.598.923	–	–	–	–	–
Umsatzsteuer	4.338.263	4.220.357	–	–	–	–	–
Kraftfahrzeugsteuer	–	50.000[****]	–	–	–	–	–
Grunderwerbsteuer	968.962	1.546.580	327.033	2.183.039	1.522.225	–	k. A.
Geldentwertungsabgabe	5.596.248	5.464.629	–	–	–	–	–
Gemeindeumlage aus der Grund- und Haussteuer	12.529.094	12.930.312	2.820	–	–	105.578	k. A.
Grundsteuer	–	–	37.512.695	37.833.199	37.859.170	40.073.963	42.787.195
Gemeindeumlage aus der Gewerbesteuer/	–	6.047.935	1.832.311	1.282.643	224.679	574.981	410.068
Gewerbesteuer	13.694.730	19.768.930	33.724.849	40.755.632	46.263.870	59.151.017	65.872.511
Warenhaussteuer	91.001	126.488	218.776	–	–	–	–
Filialsteuer	628.935	660.949	268.452	8.996	78.198	9.009	75.950
Grundwertabgabe	454.636	555.009	33.413	–	–	38.352	–
Zuschlag zur Grunderwerbsteuer	1.335.640	2.085.045	1.947.612	2.183.039	1.522.225	726.204	739.360
Wertzuwachssteuer	307.613	965.127	657.653	954.311	851.869	417.610	287.154
Konzessionssteuer/ Schankerlaubnissteuer	83.419	58.936	77.993	72.401	43.061	75.755	30.240
Biersteuer	4.621.651	4.941.393	3.225.915	–	–	103	94.984
Getränkesteuer	748.771	1.016.382	1.187.480	2.152.301	2.101.334	2.806.044	2.427.689
Vergnügungssteuer	1.121.534	1.219.748	1.266.295	1.244.088	1.479.050	1.520.327	1.638.268
Fremdenverkehrsabgabe	–	362.865	556.108	382.734	55.373	10.925	(–) 1.755
Hundeabgabe (einschl. Strafen)	428.715	418.997	434.906	417.876	392.448	398.242	401.573
Gemeindliche Wohlfahrtsabgabe (Zuschlag)	–	–	–	–	–	–	–
Wohlfahrtsabgabe (Anteil am Landesausgleichsstock)	1.582.691	217.818	4.028	–	–	–	–
Feuerschutzabgabe	1.192.237	1.295.504	18.255	–	–	54.942	–
Bürgersteuer	9.336.047	9.680.033	10.956.885	11.628.986	12.449.002	12.473.897	15.511.670

[*]   Wird hier unter den Einnahmen des Teilplans »Betriebe und Unternehmungen« geführt, nicht bei den anderen »Steuern«.

[**]   Wird hier, wie in den folgenden Plänen bis 1938, unter Feuerlöschwesen im Teilplan »Gemeindeanstalten« geführt.

[***]   Der Haushaltsplan des Jahres 1943 enthält aufgrund einer damals beschlossenen Verwaltungsvereinfachung keine Rechnungsabschlüsse. Die angegebenen Zahlen sind der Steuerübersicht der Rechnungsabschlüsse der Jahre 1938 mit 1942, Haushaltssatzung der Hauptstadt der Bewegung 1944, S. 558 f., entnommen.

[****]   Wird als »Zuschuss aus dem Kraftfahrzeugsteueranteil des Landes Bayern« unter dem Teilplan Straßenbau geführt (vgl. Haushaltssatzung der Hauptstadt der Bewegung 1938, S. 276).

bereiche geschaffen werden musste.[23] Vor der Steuerreform stand notwendigerweise die Staatsreform.

2.) Die ersten größeren Veränderungen des Finanzausgleichs datieren als Teil der sogenannten Reinhardt'schen Steuerreform auf den Herbst 1934. Fritz Reinhardt, der damalige Staatssekretär im Reichsfinanzministerium, sollte den umfassenden Umbau des gesamten Steuerwesens einleiten, den Hitler im März 1933 vor dem Reichstag angekündigt hatte.[24] Im Oktober 1934 wurde eine Reihe von neuen Steuergesetzen erlassen. Das bekannteste darunter war das sogenannte Steueranpassungsgesetz, in dessen erstem Absatz es programmatisch hieß, dass die Steuergesetze zukünftig nach »nationalsozialistischer Weltanschauung« auszulegen seien.[25] Für den Finanzausgleich spielten aber andere, am selben Tag erlassene Gesetzesänderungen eine wichtigere Rolle. Vor allem das Einkommensteuergesetz verschob die Verteilungsmasse zugunsten des Reichs und zuungunsten der Länder und Kommunen, die am Aufkommen beteiligt waren.[26] Mit dem Körperschaftsteuergesetz wurden die städtischen Versorgungsbetriebe den Privatbetrieben steuerlich vollkommen gleichgestellt, was für sie zu erheblichen Mehrbelastungen führte.[27] Das neue Bürgersteuergesetz entlastete – ganz

23 Vgl. Hettlage, Finanzausschuss des DGT, 24.11.1933, S. 9, LAB, B Rep. 142/7 2-1-9-4.
24 Vgl. Ullmann, Steuerstaat, S. 150.
25 Vgl. Steueranpassungsgesetz, 16.10.1934, RGBl. I (1934), S. 925, wo es weiter heißt: »Dabei sind Volksanschauung, der Zweck und die wirtschaftliche Bedeutung der Steuergesetze und die Entwicklung der Verhältnisse zu beachten.« So vage diese Anordnung erscheint, sie war die »Überschrift« für viele der zukünftigen Veränderungen und öffnete nicht zuletzt Tür und Tor für den »Fiskus als Verfolger«: Zur Einordnung des Steueranpassungsgesetzes siehe Drecoll, Fiskus, S. 164 f.
26 Vgl. Einkommensteuergesetz, 16.10.1934, RGBl. I (1934), S. 1005-1030, dem zufolge die Einkommensteuer vereinheitlicht wurde, indem verschiedene Nebensteuern in den Gesamttarif integriert wurden. Die Verteilungsmasse vergrößerte sich dadurch nicht unerheblich. Allerdings blieben dafür 26 % wiederum bereits vorweg dem Reich. Nur die restlichen 74 % des Aufkommens unterlagen danach der schlüsselmäßigen Verteilung zwischen Reich, Land und Gemeinden. Die Verteilung vollzog sich zunächst nach wie vor nach dem Schlüssel aufgrund des § 23 b Finanzausgleichsgesetz aus Einkommen- und Körperschaftsteuerveranlagungen vom Jahr 1929.
27 Vgl. Körperschaftsteuergesetz, 16.10.1934, RGBl. I (1934), S. 1031-1034. Mit dem Gesetz wurden sämtliche städtischen Versorgungsbetriebe der Körperschaftsteuer unterworfen. Das war insofern neu, als seit dem Körperschaftsteuergesetz von 1925 nur solche öffentlichen Versorgungsbetriebe körperschaftsteuerpflichtig gewesen waren, die, über ihre eigentliche Aufgabe hinaus, die Bevölkerung mit Gas, Wasser, Strom und Verkehrsleistungen zu versorgen, Geschäfte machten (vgl. Erklärung Pfeiffers an Persönlichen Referenten des OB (Jobst), Versteckter Finanzausgleich, 2.12.1940, StadtAM, Kämmerei 1874, S. 4 f.). Man bezeichnete dies als »versorgungsfremde Geschäfte«. Die Auswirkungen dieser Änderung auf die kommunalen Haushalte konnten zunächst noch aufgeschoben werden: Um Tariferhöhungen zu vermeiden und einen Ausgleich für die Schmälerung der Erträge der Kommunen zu schaffen, wurde der Betrag der Körperschaftsteuer vom Reich wieder an die Kommunen zurücküberwiesen. Genau diese Rücküberweisung wurde jedoch später mit dem Dritten Gesetz zur Änderung des Finanzausgleichs, 31.7.1938, RGBl. I (1938), S. 966, wieder aufgehoben.

auf der politischen Linie der Nationalsozialisten – größere Familien sowie die kleineren Einkommen, was allerdings für einige Kommunen zu Mindereinnahmen führte, sodass ein Ausgleichsbetrag zur Verfügung gestellt wurde.[28] Dass es sich bei der Reinhardt'schen Steuerreform im Jahr 1934 für die Kommunen insgesamt nur um eine wenig einschneidende »kleine Steuerreform«[29] handelte, hing, wie oben schon gezeigt, nicht unwesentlich mit dem Einfluss des Deutschen Gemeindetags unter dessen Vorsitzendem Karl Fiehler im Vorfeld der Reformen zusammen.[30]

3.) Die folgenden Monate brachten einige weitere Anpassungen im Finanzsystem, deren politischer Hintergedanke vor allem darin lag, das Reich als Hauptinvestor der Arbeitsbeschaffungsmaßnahmen auch am meisten von der sinkenden Arbeitslosigkeit und den damit wachsenden Steuereinnahmen profitieren zu lassen.[31] Am deutlichsten wurde dieses Ansinnen bei dem im März 1936 erlassenen Zweiten Gesetz zur Änderung des Finanzausgleichs (Plafondgesetz), das die Überweisungssteuern der Länder und Kommunen zugunsten des Reichs deckelte.[32] Finanziell hart traf eine Stadt wie München auch, dass das Reich im März 1935 die Mietzinssteueranteile der Kommunen ersatzlos strich. Allein in diesem Bereich beklagte die Stadt einen Einnahmeverlust von sechs Millionen Reichsmark.

4.) Die folgenreichsten Umgestaltungen des Finanzausgleichs ereigneten sich zwischen 1936 und 1938, angestoßen von der reichsweiten Reform der Realsteuern. Dabei wurden diese zu alleinigen Kommunalsteuern, was den Gemein-

---

28 Vgl. Hornschu, Entwicklung, S. 30; Bürgersteuergesetz, 16.19.1934, RGBl. I (1934), S. 985-987 sowie entsprechende Durchführungsverordnung ebd., S. 987-996.

29 Verwaltungsbericht der Hauptstadt der Bewegung München 1933/34-1935/36, S. 49.

30 Siehe oben, S. 178 f.

31 Dazu zählten etwa das Zweite Gesetz zur Änderung des Kraftfahrzeugsteuergesetzes, 28.2.1935, RGBl. I (1935), S. 313-315, das den Länderanteil an der Kraftfahrzeugsteuer herabsetzte, oder auch die Außerkraftsetzung des Mineralwassersteuergesetzes, 4.2.1936, RGBl. I (1936), S. 55, das 1930 eingeführt worden war, aber auch schon seit 1933 ruhte.

32 Vgl. Zweites Gesetz zur Änderung des Finanzausgleichs, 30.3.1936, RGBl. I (1936), S. 315 f. Das Gesetz hob nach etlichen Verhandlungen das ein Jahr zuvor erlassene Erste Gesetz zur Änderung des Finanzausgleichsgesetzes, 26.2.1935, RGBl. I (1935), S. 285, auf. Dieses hatte die Länderanteile der Einkommen-, Umsatz- und Körperschaftsteuer im Rechnungsjahr 1935 um zwei Drittel gekürzt, sofern sie jeweils bestimmte Grundbeträge erreichten. Der Betrag, um den die Überweisungen an die Länder gekürzt wurden, sollte zur Hälfte dem Reich verbleiben und zur anderen Hälfte einem Ausgleichsstock zugeführt werden. Das Zweite Gesetz zur Änderung des Finanzausgleichs 1936 zielte nun weiterhin auf eine Deckelung der Einnahmen der Länder. Die Zuweisungen an die Länder wurden ab dem Rechnungsjahr 1936 jedoch nicht mehr durch einen absoluten Grundbetrag beschränkt. Über diesen Grundbetrag hinaus wurden sie nun zumindest mit abnehmenden Prozentsätzen am Mehraufkommen beteiligt. Durch die beiden Plafondgesetze kamen den Gemeinden schon im Rechnungsjahr 1935 insgesamt 156 Mio. RM weniger zu, als sie sonst erhalten hätten, für 1936 rechnete man beim DGT sogar mit einem »Verlust« von 500 bis 600 Mio. RM (vgl. Finanzausschuss, 16.10.1936, S. 4, LAB, B Rep. 142/7 2-1-9-4).

den zunächst erhebliche Mehreinnahmen einbrachte und einem »lang gehegten Wunsch« der Kommunalvertreter entsprach.[33] Zuvor hatten sich die Kommunen das Aufkommen der Grund- und Gewerbesteuer mit den Ländern geteilt.[34] Als Ausgleich für deren Einnahmeverluste war allerdings bereits im Einführungsgesetz der Realsteuerreform die Forderung nach einer Neuregelung des Finanz- und Lastenausgleichs zwischen Ländern und Kommunen bis zum Jahr 1938 verankert.[35] Im Dezember 1937 erließ das Reich dafür einheitliche Grundsätze, deren genaue Umsetzung den einzelnen Ländern oblag.[36] Während in Preußen, wo Johannes Popitz Finanzminister war, eine verbindliche Regelung zwischen Kommunen und Land schon 1938 getroffen werden konnte,[37] blieb der Finanzausgleich in Bayern lange umstritten und gerade deswegen ein permanenter Konfliktherd.

Mit dem Dritten Gesetz zur Änderung des Finanzausgleichs vom 31. Juli 1938 griff das Reich, das immer höhere Ausgaben für die Aufrüstung aufbrachte,[38] erneut massiv in die Gemeindefinanzen ein:[39] So wurde etwa die Gemeindebiersteuer in die Reichsbiersteuer integriert, was insbesondere für München einen

33 Vgl. Voigt, Auswirkungen, S. 105.
34 Aus der Gemeindeumlage der Grund- und Haussteuer erhielt München – das kann man der Tabelle der Steuereinnahmen oben entnehmen – zwischen 1930 und 1937 konstant zwischen elf und knapp 13 Mio. jährlich; ab dem Jahr 1938 generierte sie aus der alleinigen Grundsteuer zwischen 37,5 und 42,7 Mio. RM. Noch stärker profitierte die Stadt im Bereich der Gemeindesteuer: Aus der Umlage an der Landessteuer erhielt sie 1935 das letzte Mal knapp neun Mio. RM; die alleinige kommunale Gemeindesteuer bescherte ihr 1936 schon 13,6 Mio. Von da an wuchsen diese Einnahmen kontinuierlich bis auf 65,8 Mio. RM im Rechnungsjahr 1942.
35 Vgl. Einführungsgesetz zu den Realsteuergesetzen, §26, 1.12.1936, RGBl. I (1936), S. 965.
36 Vgl. Grundsätze über den Finanz- und Lastenausgleich zwischen Ländern und Gemeinden, 10.12.1937, RGBl. I (1937), S. 1352 f. Die Grundsätze über den Finanzausgleich zwischen Ländern und Gemeinden, die ab 1.4.1938 anzuwenden waren, sahen vor, dass mindestens 20% und höchstens 30% des jeweiligen Landesanteils an Einkommen-, Körperschaft- und Umsatzsteuer als Finanzzuweisung an die Gemeinden auszuschütten seien, davon 75% als Schlüsselzuweisung und 25% als Bedarfszuweisung.
37 Vgl. Preußisches Finanzausgleichsgesetz, 10.11.1938, PrGS (1938), S. 109-114. Vorbereitet wurde diese Form des Finanzausgleichs auch durch das wegweisende Gutachten von Johannes Popitz, Der künftige Finanzausgleich zwischen Reich, Ländern und Gemeinden (1932). Das Preußische Finanzausgleichsgesetz, so urteilte Rüdiger Voigt im Jahr 1974, war »ein Markstein in der Entwicklung des kommunalen Finanzausgleichs und ist Grundlage aller heutigen Länderregelungen« (ebd., Auswirkungen, S. 108).
38 Die Hintergründe für die Entscheidung eines erneuten Zugriffs auf die Gemeindefinanzen lassen sich im Protokoll der Chefbesprechung im Reichsfinanzministerium, 26.3.1938 nachvollziehen (vgl. Akten der Reichskanzlei, Regierung Hitler 1933-1945, Bd. V (1938), S. 234-245). Reichsfinanzminister Schwerin von Krosigk nennt dabei unter anderem den offenen Fehlbetrag von 1,5 Mrd. RM im Reichshaushalt, der sich aus den laufenden Rüstungsausgaben ergeben habe, als Beweggrund für den Handlungsbedarf in punkto Finanzausgleich.
39 Vgl. Drittes Gesetz zur Änderung des Finanzausgleichsgesetzes, 31.7.1938, RGBl. I (1938), S. 966-968.

erheblichen Einnahmeverlust bedeutete. Die Rücküberweisungen der Körperschaftsteuer von Versorgungsbetrieben, die 1934 als Kompromiss für die damalige Neubesteuerung ausgehandelt worden waren, wurden nun gestrichen und das Reich übernahm auch die Grunderwerbsteuer.[40]

5.) Von Finanzausgleich in Kriegszeiten zu sprechen, wäre ein Euphemismus. Es ging nämlich längst nicht mehr darum, Finanzmittel ›gerecht‹ zu verteilen, sondern vielmehr darum, die ›letzten‹ Finanzressourcen dienstbar zu machen.[41] Die Kriegswirtschaftsverordnung vom 4. September 1939 markiert deshalb den Beginn einer fünften Phase in der Entwicklung des Finanzausgleichs.[42] Von den Ländern und Gemeinden wurden fortan monatlich umfangreiche Kriegsbeiträge eingezogen.[43] Weil der Krieg jedoch nicht zu offensichtlich über die Steuerschraube finanziert werden sollte, durften die Kommunen ihre Hebesätze nicht erhöhen.[44] Das Fünfte Gesetz zur Neuregelung des Finanzausgleichs im Februar 1940 traf vor allem die Länder, denn die Einkommen-, Körperschaft- und Umsatzsteuern wurden zu einer einheitlichen Finanzmasse zusammengefasst.[45] Anstelle der früher mit dem Reich gemeinsam bewirtschafteten Steuern, erhielten die Länder fortan nur noch mittelbare Zuweisungen. In dieser Veränderung der Steuerzuteilung zeigte sich auch die fortschreitende staatsrechtliche »Ausschaltung der Länder«.[46] Als diese mit Wirkung zum 1. Januar 1943 mit der Gebäudeentschuldungssteuer bzw. Hauszinssteuer auch ihre letzte verbliebene, eigene Abgabe verloren, waren sie zu vollkommenen abhängigen »Kostgängern des Reichs« geworden.[47]

Diese Entwicklung bedeutete für die Kommune konkret, dass die Mittelinstanz der Länder in ihrer fiskalpolitischen Funktion abgeschafft war. Eine zentrale Front im Konflikt ums Geld war somit aufgelöst. Folgerichtig wurde im letzten Kriegsjahr der innerstaatliche Finanzausgleich, wie er seit 1938 schon in

---

40 Dabei blieb aber das Recht der Stadt- und Landkreise auf Zuschläge bestehen (vgl. Scherpenberg, Finanzwirtschaft, S. 30). Während die Stadt München also den Einnahmeposten »Grunderwerbssteuer« 1938 ein letztes Mal verbuchen konnte, blieb der Posten »Zuschlag zur Grunderwerbssteuer« erhalten (siehe oben, Tab. 3).

41 Dies zeigte sich deutlich, als 1942 tatsächlich die umfangreiche Bürgersteuer aufgehoben wurde, um stattdessen die dem Reich zukommende Einkommensteuer erhöhen zu können.

42 Vgl. Kriegswirtschaftsverordnung, 4.9.1939, RGBl. I (1939), S. 1610-1613.

43 Vgl. Voigt, Auswirkungen, S. 118: Ab 1.4.1942 wurde ein weiterer Kriegsbeitrag C von allen Gemeinden erhoben, der 10 % des Gewerbesteuereinkommens entsprach. Außerdem wurden den Umlagen nun höhere Messbeträge zugrunde gelegt, sodass sich auch die schon vorher geltenden Kriegsbeiträge A und B erhöhten.

44 Vgl. Erläuterungen zum Kriegsbeitrag der Gemeinden und dessen Berechnungsgrundlagen bei Hornschu, Entwicklung, S. 125-128.

45 Vgl. Fünftes Gesetz zur Änderung des Finanzausgleichs, 21.2.1940, RGBl. I (1940), S. 391 f.; vgl. Erläuterungen bei Hornschu, Entwicklung, S. 37-39.

46 Voigt, Auswirkungen, S. 112.

47 Vgl. Verordnung über die Aufhebung der Gebäudeentschuldungssteuer, 31.7.1942, RGBl. I (1942), S. 501-503; Hornschu, Entwicklung, S. 40.

Preußen galt, per Reichserlass auch auf die anderen Länder übertragen.[48] Die Schlüsselzuweisungen erhielten die Kommunen nun nicht mehr vom jeweiligen Land, sondern direkt vom Reich. Verhandelt wurde nicht mehr, vielmehr erfolgte die reichseinheitliche Regelung hauptsächlich, »um sämtliche Gemeinden und Gemeindeverbände des ganzen Reichs in die Lage zu versetzen, ihre Kriegsbeiträge zu leisten«.[49]

Verhandlungsstrategien

Die oben skizzierten gesetzlichen Regelungen auf dem Gebiet des Finanzausgleichs – Wer bekam welche Steueranteile zugeteilt und musste welche Aufgaben übernehmen? – definierten den Rahmen, in dem sich die kommunale Finanzpolitik in München überhaupt bewegen konnte. Trotz der eindeutigen Stoßrichtung des Reichs, immer größere Anteile des steuerlichen Aufkommens und zugleich auch die Kompetenz der Gesetzgebung über fast alle Steuerarten an sich zu ziehen,[50] gab es einzelne gegenläufige Entwicklungen – Kompromisse, Sonderabsprachen, Aufschübe etc. –, die im Rahmen vielfältiger Aushandlungsprozesse zustande kamen und die den Kommunen im Ganzen sowie der »Hauptstadt der Bewegung« im Besonderen teilweise oder zeitweise größere Handlungsspielräume erschlossen. Deshalb lag in den Auseinandersetzungen um diese gesetzlichen Regelungen und deren Auslegung – also im »Feilschen und Verhandeln« – ein zentrales Betätigungsfeld der Finanzpolitik einer so einflussreichen Stadt wie München und ein probater Modus ihrer Einnahmepolitik.

Unabhängig davon, ob die Initiativen im Einzelnen erfolgreich waren oder nicht, interessieren im Folgenden die verhandlungspraktischen Bemühungen der Stadtvertreter, den Finanzausgleich in ihrem Sinne mitzugestalten. Wie versuchten sie Einfluss auszuüben? Welche Argumente brachten sie jeweils vor? In welcher Form präsentierten sie diese? Eine umfassende Verhandlungsanalyse ist an dieser Stelle freilich nicht möglich, es kann lediglich schlaglichtartig vorgegangen werden.[51] Ich möchte vier Strategien herausgreifen, die ich für besonders charakteristisch halte.

48 Vgl. Verordnung über die einstweilige Regelung des Finanz- und Lastenausgleichs (Finanzausgleichs-Verordnung), 30.10.1944, RGBl. I (1944), S. 282-287.

49 Vgl. DGT (Knorr) an Regierungspräsidenten, Stadt- und Landkreise und kreisangehörige Gemeinden über 2.000 Einwohner, Haushaltspläne der Gemeinden für 1945, 7.3.1945, StadtAM, BST 556.

50 Vgl. Terhalle, Realsteuerreform, S. 664, der schreibt, dass 1938 98 % der Steuern reichsrechtlich geregelt waren.

51 Erstens sind nur schriftliche Quellen überliefert, sodass nur ein Teil der tatsächlich stattgefundenen Verhandlungen rekonstruierbar ist. Zum Zweiten sind auch die schriftlichen Stellungnahmen mit einer Vielzahl von Einzelargumenten gespickt, die mit Detailproblemen des Finanzausgleichs zu tun haben. Zum Dritten richten sich ›gute‹ Argumentationen stets an den jeweiligen Adressaten, was bei der großen Menge

1.) Eine erste Argumentationsrichtung zielte darauf, die kommunalen Zuständigkeiten innerhalb des Staates und deren Bedeutung für die Lebenswelt der Bürger zu akzentuieren. Karl Fiehler hob häufig die zahlreichen Aufgaben im Bereich der Daseinsvorsorge hervor, die die Gemeinden zu leisten hatten, betonte deren Rolle als öffentlicher Auftraggeber und Arbeitgeber vor Ort oder die allgemeine volkswirtschaftliche Wichtigkeit einer kommunalen Schuldentilgung und Rücklagenbildung. Diese hätten seit 1933, so der Oberbürgermeister in einer Stellungnahme an Schwerin von Krosigk im Jahr 1938, eine »Fülle zusätzlicher Aufgaben« übernommen.[52] Um diese erfüllen zu können, müsse die »kommunale Leistungsfähigkeit«, ein von Fiehler häufig verwendeter Topos, gewährleistet sein. »Falls auch künftig noch weitere Kürzungen der Gemeindefinanzmasse vorgenommen würden«, so erklärte er 1939 in einer Mischung aus angepasster Resignation und Trotz, müsse dies zwar im Interesse der großen Reichsaufgaben »hingenommen werden«, die Art der Aufgabendurchführung müsse aber »der Leistungsfähigkeit der Gemeinden Rechnung tragen«, wobei der OB mit »Leistungsfähigkeit« in erster Linie die Ausstattung der Städte mit ausreichenden Finanzmitteln meinte.[53]

Gerade gegenüber Funktionsträgern aus der Partei versuchte Fiehler die Bedeutung der kommunalen Aufgaben aufzuwerten, indem er sie als Grundlage für die Akzeptanz des NS-Staats an der Herrschaftsbasis definierte:

»Der einfache Volksgenosse« beurteile den Aufbauwillen der nationalsozialistischen Staatsführung »im großen und ganzen nach denjenigen Merkmalen, die er in seiner Gemeinde vor Augen sieht, also im wesentlichen darnach [sic!], ob in seiner Gemeinde der Schulhausbau gefördert wird, ob den Volksgenossen gesunde und erschwingliche Wohnungen zur Verfügung gestellt werden, [...] ob und wie für die Jugend, für die Mütter und für das Alter gesorgt wird und dergleichen mehr.«[54]

Die Betonung ihrer spezifischen Aufgabenbereiche im Staatsaufbau ist eine klassische kommunalpolitische Position, die auf den traditionellen Vorstellungen von einer selbstverwalteten Gemeinde als wichtigstem Baustein staatlicher Daseinsvorsorge fußt. Die tatsächliche verfassungsstaatliche Stellung der Kommunen war allerdings im NS-Staat auch nach dem Erlass der neuen Gemeindeordnung im Jahr 1935 gefährdet. Fernab vom Festhalten an der Formel von der »kommunalen Selbstverwaltung« zeichnete sich die verwaltungspraktische Rea-

---

an unterschiedlichen Verhandlungspartnern, die wir oben kennengelernt haben, eine Vielzahl an Differenzierungen notwendig machen würde.

52 Vgl. Fiehler an Schwerin von Krosigk, 20.4.1938, S. 4, in: Nationalsozialismus, Holocaust, Widerstand und Exil 1933-1945. Online-Datenbank, URL: http://db.saur.de/DGO/basicFullCitationView.jsf?documentId=TJG-5567, Zugriff am 10.5.2017.

53 Vgl. Fiehler, Ratsherren, 27.5.1939, StadtAM, RSP 712/1.

54 Fiehler an Reinhardt, 20.4.1938, S. 2, in: Nationalsozialismus, Holocaust, Widerstand und Exil 1933-1945. Online-Datenbank, URL: http://db.saur.de/DGO/basicFullCitationView.jsf?documentId=TJG-5567, Zugriff am 10.5.2017.

lität nämlich immer mehr durch Elemente einer staatlichen Auftragsverwaltung aus. Im Hinblick auf die Überzeugungskraft des Arguments ist deswegen davon auszugehen, dass es gerade bei den zahlreichen Zentralisten, die auf der Reichsebene agierten, auf wenig Zustimmung stieß. Wenn Fiehler die Bedeutung der Gemeinden im NS-Staat betonte, dann ist dies auch als Versuch zu werten, dem drohenden Bedeutungsverlust diskursiv entgegenzusteuern. Anders gesagt: Im Konflikt um den Finanzausgleich wurde letztlich immer auch die Frage nach der Rolle der Gemeinden im NS-Staat mit verhandelt.

2.) Man könnte etliche Beispiele nennen, in denen städtische Funktionsträger die herausragende Stellung Münchens in der nationalsozialistischen Städtehierarchie beschworen. Der Anspruch verdichtete sich dabei im Ehrentitel »Hauptstadt der Bewegung«, der zur Hälfte von Hitler zugesprochen und sich zur anderen Hälfte aktiv angeeignet worden war.[55] Hans Günter Hockerts nennt mehrere Gründe, warum das braune Stadtregiment auf diesen Ehrentitel so erpicht war.[56] Einer habe darin gelegen, dass sich der Titel »in klingender Münze« auszahlte. Wir werden sehen, dass dies nicht pauschal gelten kann.[57] Richtig ist jedenfalls, dass sich die Stadtoberen zumindest einen finanziellen Vorzug erhofften. Bei zahlreichen Anlässen brachten sie den Ehrentitel als Argument im Konflikt um den Finanzausgleich ein. Das galt besonders im Zeitraum zwischen 1936 und 1939, als nicht nur der Finanzausgleich vollkommen umgestaltet, sondern zugleich auch die Planungen – und damit auch die Finanzierungsmodelle – für den Umbau der Stadt nach den Vorstellungen von Hitler immer konkreter wurden.

Ein Beispiel für die Wirkkraft des Arguments »Hauptstadt der Bewegung« ist mit den geplanten Änderungen im Vorfeld des Dritten Gesetzes zur Änderung des Finanzausgleichs im Frühjahr 1938 verbunden: Hier wollte das Reich auf die gemeindlichen Einnahmen aus der Biersteuer und die Rücküberweisungen der Körperschaftsteuer zugreifen, also den erst 1934 ausgehandelten Kompromiss aufheben. Allein in München fürchtete man etwa neun Millionen Reichsmark jährlich an Steuerausfällen.[58] Der Oberbürgermeister intervenierte über unterschiedliche Wege und betonte dabei insbesondere das Argument des Stadtaus-

55   Vgl. dazu die Erläuterungen bei Hockerts, München, S. 23, S. 31, S. 34-37.
56   Vgl. Hockerts, München, S. 36 f.: Erstens habe es den Stadtratsmitgliedern – in der Mehrzahl »Alte Kämpfer«, aber »für höhere Ämter nicht zu gebrauchen« – die Möglichkeit gegeben, »ihre eigene Bedeutung aufzupolieren«. Zweitens sei solch ein Titel im Rivalitätsgeflecht nationalsozialistischer Herrschaftsträger von großem Vorteil gewesen. Drittens habe der Ehrentitel im entbrannten Konkurrenzkampf der Städte um die Anerkennung als Symbolort des »Dritten Reiches« Prestige gebracht. Nicht zuletzt habe er die »Funktion einer Kampfansage« erfüllt, um ältere Traditionen – München als »Hochburg des Föderalismus« oder als »Hort des Monarchismus« – zu überlagern und zu ersetzen, kurz: Es handelte sich um »ein Programm zum Ausradieren herkömmlicher Identitätslinien«.
57   Siehe unten, Kapitel IV.4 und 5.
58   Vgl. Pfeiffer, Ratsherren, 10.5.1938, StadtAM, RSP 711/1.

baus.[59] Eben diese Ausbaupläne wurden zur gleichen Zeit forciert. Es liefen Verhandlungen für eine städtische Kreditaufnahme im dreistelligen Millionenbereich, und Fiehler und Pfeiffer hatten erst im März 1938 einen Betrag von vier Millionen Reichsmark aus ordentlichen Haushaltsmitteln freigemacht.[60] Diese Aufwendungen sah der Oberbürgermeister in Gefahr, falls die Regelungen wie geplant in Kraft treten sollten. »Besonders schmerzlich«, so formulierte er gegenüber Staatssekretär Fritz Reinhardt, berühre ihn »die Auswirkung, die der geplante Zugriff des Reichs hinsichtlich der Einnahmen der Stadt München auf die Bereitstellung von Mitteln der Hauptstadt der Bewegung nach den Plänen des Führers haben muß«.[61] Die Vorstellungen des Reichsfinanzministeriums würden dazu führen, dass die Stadt »mit leeren Händen« vor den Führer treten müsste.

Die Proteste zeigten Wirkung. Zwar trat die Gesetzesänderung wie geplant in Kraft, aber für die sogenannten »Führerstädte« Berlin, München, Nürnberg und Hamburg wurde eine Sonderregel bei der Körperschaftsteuer vereinbart: Weil diesen Städten »durch den Führer besondere Aufgaben auf dem Gebiet des Städtebaus«[62] gestellt würden, sollten ihnen die Beträge der Körperschaftsteuer der eigenen Versorgungsbetriebe auch weiterhin, das heißt, so wie seit dem Kompromiss von 1934, zurücküberwiesen werden und für Ausbauzwecke zur Verfügung stehen.

Trotz des Verhandlungserfolgs war man in München nicht vollkommen zufrieden. Auf der einen Seite fürchtete man, dass für den Unkundigen der Eindruck entstünde, wie es Pfeiffer vor den Ratsherren formulierte, »dass der Ausbau der Stadt aus Reichsmitteln finanziert wird, während er doch in Wirklichkeit aus bisherigen Steuereinnahmen der Stadt finanziert wird«.[63] Anders als die früheren Rücküberweisungen aus den Körperschaftsteuereinnahmen, die allgemeine Deckungsmittel für den Haushalt darstellten, waren diese nun zweckgebunden. Auf der anderen Seite handelte es sich bei der Sonderregel nur um eine informell ausgehandelte Vereinbarung. Der Bitte Fiehlers, diese auch in den Wortlaut des Gesetzes selbst aufzunehmen, wurde nicht entsprochen. Eine rechtliche Sicherheit gab es also nicht, die Vereinbarung konnte jederzeit – leichter als ein Gesetz – rückgängig gemacht werden.

Während die erste erläuterte Argumentationsweise einem traditionell-verfassungsrechtlichen Denken entsprang, dessen Wurzeln bis weit vor die NS-Zeit

---

59 Vgl. etwa die beiden Briefe an Reichsfinanzminister Schwerin von Krosigk und Fritz Reinhardt, 20.4.1938, in: Nationalsozialismus, Holocaust, Widerstand und Exil 1933-1945. Online-Datenbank, URL: http://db.saur.de/DGO/basicFullCitationView.jsf?documentId=TJG-5567, Zugriff am 10.5.2017.

60 Siehe auch unten, Kapitel IV.5.

61 Fiehler an Reinhardt, 20.4.1938, S. 5, in: Nationalsozialismus, Holocaust, Widerstand und Exil 1933-1945. Online-Datenbank, URL: http://db.saur.de/DGO/basicFullCitationView.jsf?documentId=TJG-5567, Zugriff am 10.5.2017.

62 Reinhardt an Lammers, 11.7.1938, Akten der Reichskanzlei, Regierung Hitler, Band V (1938), S. 523 f.

63 Pfeiffer, Ratsherren, 10.5.1938, StadtAM, RSP 711/1.

zurückreichten, machte sich das »Hauptstadt der Bewegung«-Argument neue nationalsozialistische Denkkategorien zu eigen. Überzeugen konnte man so vorrangig auf informellem Wege. Der Versuch Fiehlers, die Sonderregel normenstaatlich durchzusetzen, scheiterte. Anders als etwa im Rahmen der Reinhardtschen Steuerreform argumentierte der OB nun auch nicht mehr im Namen aller Kommunen, sondern konzentrierte sich eher auf eine spezifisch Münchner Perspektive mit dem Ziel einer Sonderbehandlung. Dabei wurde der Titel »Hauptstadt der Bewegung« erst wirklich zu einem Mobilisierungshebel, nachdem Hitler im Januar 1937 die Ausbaupläne offiziell verkündet hatte, da man sich nun auf die geäußerten »Wünsche des Führers« beziehen konnte. Um diese zu verwirklichen, müssten der Stadt auch die nötigen Mittel zur Verfügung gestellt werden. Das starke Interesse des »Führers« an einer städtebaulichen Entwicklung Münchens war ein ›Joker‹ in den Verhandlungen – jedoch einer, der weniger Stiche machte, als man es sich wohl erhoffte.[64]

3.) Ein weiteres Verhandlungsmuster, dem man in den Quellen immer wieder begegnet, zielte auf eine sachlich-empirische Beweisführung. Je stärker ausgewiesene Experten in die Verhandlungen involviert waren, desto wichtiger wurde die Verwendung von aussagekräftigem Datenmaterial zur Finanzlage der Kommunen. Gerade Fiehler konnte hier aus dem Vollen schöpfen. Der Vorsitz des DGT ermöglichte ihm Zugriff auf umfassende Vergleichszahlen. Als Oberbürgermeister einer Großstadt verfügte er zudem über eigenes Erfahrungswissen und mit der Stadtkämmerei über eine Behörde, die entsprechende Informationen zur Verfügung stellen konnte.

Bemerkenswert ist, dass ein Teil des im Konflikt um den Finanzausgleich verwendeten Datenmaterials erst im Laufe der Debatten selbst entstand, also bewusst produziert wurde, um stichhaltige Argumente zu liefern. Ein besonders einschlägiges Beispiel dafür findet sich in den Bestandsakten der Kämmerei des Jahres 1941.[65] Mit den Stichworten »versteckter Finanzausgleich« bzw. »Finanzausgleich auf kaltem Wege« erfasste die Münchner Stadtverwaltung ein internes Ermittlungsverfahren, dessen ausdrückliches Ziel darin lag, für künftige Finanzausgleichsverhandlungen einen umfassenden Katalog von Faktoren zusammenzustellen, durch die die städtischen Finanzen Belastungen außerhalb der offiziellen Finanzausgleichsmaßnahmen erfahren hatten. Darunter fielen Einnahmerückgänge, wie sie etwa beim Wegfall diverser Steuern oder durch Eingriffe des Reichskommissars für die Preisbildung in die Tarifhoheit der Gemeinden zustande kamen. Dazu zählten ebenso Ausgabensteigerungen, für die es keine entsprechenden Einnahmeerhöhungen gab – etwa aufgrund des Bevölkerungswachstums, der Mo-

---

64 Vgl. etwa Finanzierungsverhandlungen über diverse Zubringerstraßen, die man, unter anderem mit dem Verweis auf die »besonderen Leistungen der Stadt als Hauptstadt der Bewegung und als Stadt der Deutschen Kunst«, auf das Reich »abwälzen« wollte (Pfeiffer an Fiehler, 14.11.1938, LAB, B Rep. 142/7 2-1-5-3).

65 Vgl. Akt Versteckter Finanzausgleich/Finanzausgleich auf kaltem Wege, StadtAM, Kämmerei 1874.

torisierung des Verkehrs, der »Wehrhaftmachung«, der Personalvermehrung, und die Erhöhung der Verwaltungskosten infolge gesteigerter Arbeitsbelastung der Gemeinden und nicht zuletzt aufgrund der Leistungen für Zwecke der Partei. Die Angaben, so betonte Fiehler ausdrücklich, seien »nach Möglichkeit durch Zahlenangaben eindrucksvoll« zu gestalten.[66] Alle städtischen Dezernate mussten Stellung beziehen. Der persönliche Referent des Oberbürgermeisters, Dr. Jobst, stellte daraus einen Gesamtbericht zusammen, der eine umfassende empirische Argumentationsbasis für den auch im Krieg anhaltenden Konflikt mit dem Reich um die Finanzausstattung der Kommunen lieferte.[67]

Dieser Konflikt, auch darin zeigt sich seine allgemeinhistorische Tragweite, beschäftigte also nicht nur die Stadtführung, sondern wirkte bis in die Tätigkeitsbereiche der städtischen Finanzbeamten hinein. Die Herren des Geldes wurden auch zu Herren der Daten, Zahlen und Fakten.

4.) Eine vierte Form der Argumentation, die für den Verteilungskonflikt um den Finanzausgleich charakteristisch erscheint, bezieht sich auf den rhetorischen Gebrauch solcher Zahlen, Daten und Fakten. Vergleiche, Kontrastierungen und Gegenüberstellungen sind klassische Strategien der Redekunst. In den Debatten über den Finanzausgleich in der NS-Zeit scheinen diese aber eine besondere argumentative Relevanz eingenommen zu haben.

Dies liegt zum einen in der Sache selbst begründet. Das System des Finanzausgleichs konstituiert sich ja gerade darin, verschiedene Anspruchskonkurrenzen von unterschiedlichen staatlichen Akteuren zu ordnen und auszugleichen. Vor dem Ausgleich stand zwangsläufig der Vergleich. Beim sekundären interkommunalen Finanzausgleich zum Beispiel ging es darum, die Ungleichheiten der örtlichen Steuerkraft zwischen unterschiedlichen, vergleichbaren Kommunen mit dem Ziel einer angestrebten Gleichheit von Lebensbedingungen einzuebnen. Zum anderen passte die Argumentationsweise des Vergleichs auch zu der das »Dritte Reich« kennzeichnenden Konkurrenz zahlreicher innenpolitischer Akteure. Dies betraf die Städte untereinander genauso wie die kommunale und die landesstaatliche Ebene. Der Konflikt um den Finanzausgleich war ein Schauplatz dieser innenpolitischen Rivalitäten und die Rhetorik des Vergleichs darin eine argumentative Waffe.

Die Münchner Stadtvertreter nutzten Vergleiche und Gegenüberstellungen bestimmter fiskalischer Parameter gegenüber den Verhandlungspartnern meist dazu, die eigene aktuelle Lage als »vergleichsweise« benachteiligt zu präsentieren, das heißt, schlechter als früher (diachroner Vergleich) oder aktuell schlechter als die anderen Städte oder Kommunen in oder außerhalb Bayerns (synchroner Vergleich).

---

66 Fiehler, Aktennotiz 530/40, Finanzausgleich auf »kaltem Wege«, 10.10.1940, StadtAM, Kämmerei 1874.
67 Vgl. Finanzausgleich auf kaltem Wege, Zusammenstellung der Faktoren, undatiert und unvollständig, StadtAM, Kämmerei 1874.

Wenn die Stadt München im Rahmen der Debatten um den innerbayerischen Finanzausgleich etwa ihren Beitrag zu den Kosten der staatlichen Polizeiverwaltung von 6,1 Millionen Reichsmark beklagte, dann bekam die Zahl erst
im Vergleich ihre gewünschte argumentative Kraft: in diesem Fall, wenn betont
wurde, dass die ungefähr gleich große Stadt Köln nur 2,3 Millionen Reichsmark
zu bezahlen hatte.[68]

Wenn München im Jahr 1937 5,6 Millionen Reichsmark aus der Gebäudeentschuldungssteuer erhielt, dann war das für sich betrachtet eine hohe Summe.
Erst im fiktiven Vergleich, wie viel die Stadt erhalten würde, wenn sie sich in
Preußen befände und somit einer für sie günstigeren prozentualen Verteilung
dieser Steuer zwischen Kommunen und Staat unterläge, ergab sich eine relative
Schlechterstellung der Stadt um einen fast ebenso hohen Betrag.[69] Der Vergleich zu Preußen wurde von den Stadtoberen besonders häufig gezogen, um
für eine Verbesserung im innerbayerischen Finanzausgleich zu argumentieren.[70]
Dem Land Bayern warf man dabei vor, die Schlechterstellung der bayerischen
Gemeinden zu verschärfen, indem es, anders als Preußen, eine finanzielle Belastung aufrechterhalte, die im Gegensatz zu den wirtschaftlichen Möglichkeiten
des industriearmen Landes stehe.[71] Hierin offenbarte sich das ausgeprägte Kon-
fliktverhältnis zwischen der Stadt München und dem Land Bayern, insbesondere dem Finanzministerium, das bereits oben thematisiert wurde.[72] Der Streit
um den Finanzausgleich – und darin zeigt sich seine verfassungsstaatliche Relevanz – war ein wesentlicher Schauplatz dieses Konflikts.

Ferner lässt sich in einigen Fällen feststellen, dass die vermeintlich ›objek-
tiven‹ Zahlen des Haushalts von der Stadtverwaltung auch so arrangiert wurden, dass man sich daraus eine bessere Verhandlungsposition gegenüber anderen staatlichen Ebenen erwarten konnte. Zumeist ging es darum, in bestimmten
Teilbereichen des Haushalts – salopp gesagt – ›arm‹ zu erscheinen. Ein Beispiel
für solche Zahlenspiele ereignete sich im Mai 1935, als die Ratsherren über die
Haushaltsentwicklung des Vorjahres informiert wurden. Diese war besser ausgefallen, als man es bei der Erstellung des Plans im Januar 1934 noch erwartet
hatte.[73] Unter dem Stichwort »Haushaltsbereinigung« sollten nun im Zuge des
Rechnungsabschlusses »Schönheitsfehler« beseitigt werden, die bei der Kalkulation gemacht worden waren, um den Plan überhaupt erst abgleichen zu können. Fiehler setzte sich dafür ein, die Fondsbildung zu intensivieren. Dabei befürchtete der Oberbürgermeister in der Alternative, einen Haushaltsüberschuss
erscheinen zu lassen, »ganz bedeutende Konsequenzen« im Hinblick auf die Verhandlungsposition im kommunalen Finanzausgleich: »Es wird uns dann einmal
in den nächsten Jahren außerordentlich schwer sein, gegenüber Reich und Land

68 Vgl. Fiehler an Siebert, 8.12.1937, S. 5, LAB, B Rep. 142/7 2-1-5-3.
69 Vgl. ebd.
70 Vgl. etwa auch Pfeiffer an Tapolski, 27.4.1938, LAB, B Rep. 142/7 2-1-5-3.
71 Vgl. Fiehler an Siebert, 8.12.1937, S. 3, LAB, B Rep. 142/7 2-1-5-3.
72 Siehe oben, Kapitel II.4.
73 Vgl. Fiehler, Gemeinderäte, 23.5.1935, StadtAM, RSP 708/1.

zu begründen, daß wir nicht in der Lage sind, dauernd Mittel zur Sanierung anderer Gemeinden abzuleisten; denn das wäre die nächste Folge.«[74]

In dieser Logik offenbarte sich ein grundsätzliches Dilemma, das mit der zunehmenden Entwicklung sekundärer Finanzausgleichsprozesse, wie sie Popitz seit 1932 vorantrieb, einherging: Je besser das Haushaltsergebnis einer Kommune war, desto eher lief sie Gefahr, bei den Umverteilungen stärker zur Kasse gebeten zu werden. Dass dieser Zusammenhang falsche Anreize setzen und verwaltungspraktische Konsequenzen nach sich ziehen konnte, zeigt sich an den Versuchen Münchens, das Haushaltsergebnis – in den Grenzen der Buchhaltungstechniken und Rechnungsprüfungen – zu ›modellieren‹, um in der Vergleichssituation eher bedürftig als reich zu erscheinen.

In der NS-Zeit wurde im besonderen Maße am System der Steuerverteilung geschraubt. Dabei ging es der Reichsfinanzverwaltung stets weniger um eine ausgeglichene Verteilung der Gelder zwischen den staatlichen Ebenen. Vielmehr verfolgte das Reich zum einen den Anspruch einer vollständigen Vereinheitlichung und Zentralisierung des Finanzsystems. In diesem Punkt setzte es eine Politik fort, die bereits in der Weimarer Republik angefangen hatte. Zum anderen beeinflussten rein fiskalische Interessen die Entwicklung des Steuersystems. Je weiter das »Dritte Reich« fortschritt, desto mehr wurde der Finanzausgleich ein Instrument zur Finanzierung des Krieges – auch auf Kosten der Gemeindefinanzen.

Andererseits lag im sich wandelnden Finanzausgleich für die Stadt auch ein mögliches – und als solches auch wahrgenommenes – Feld der Einnahmengenerierung. Denn sie versuchte, die fiskalischen Bestimmungen in ihrem Sinne zu beeinflussen: »Feilschen und Verhandeln« war demnach ein Modus zur Akquise von Finanzressourcen. In einigen Fällen haben wir gesehen, dass sich das Verhandeln auch tatsächlich lohnen konnte. Allerdings: Das Reich war ein mächtiger Konkurrent im Mobilisierungskonflikt und die Verhandlungsposition der Stadt wurde zunehmend schwächer. Erfolgreiches Verhandeln bedeutete für die Protagonisten meistens eher, die Zugriffe des Reichs abzuwenden oder aufzu-

74 Fiehler, Gemeinderäte, 23.5.1935, StadtAM, RSP 708/1. Seine Sorge hatte einen konkreten, tagespolitischen Hintergrund: Zur gleichen Zeit wurde in Bayern erstmals über einen kommunalen Ausgleichsstock debattiert. Nach den Plänen des Reichsfinanzministeriums sollten für den Aufbau dieses Fonds Mehrüberweisungen des Reichs von knapp einer Mio. RM aus dem Jahr 1934 genutzt werden. Die Stadt München vertrat eine scharfe Gegenposition zu diesen Plänen. Bürgermeister Tempel wetterte in einer Stellungnahme gegenüber dem DGT gegen die »ständige Belastung der Städte mit geordneter Finanzwirtschaft zu Gunsten der sogen. notleidenden Städte« (Tempel an DGT, Landesdienststelle Bayern, Bildung eines kommunalen Ausgleichstocks, 20.5.1935, StadtAM, BST 520). Genau wie Nürnberg argumentierte München nicht nur gegen den Plan der Verwendung von zum Teil bereits anders veranschlagten Mehrüberweisungen, sondern grundsätzlich gegen die Bildung eines solchen Ausgleichsstocks, in dem man eine Art Bestrafung für die verhältnismäßig geordnete Finanzführung der letzten Jahre sah.

schieben als zusätzliche Gelder zu generieren. Unabhängig vom Verhandlungs-
resultat scheint aber gerade die Tatsache des Verhandelns an sich von übergeordneter Bedeutung. München präsentierte sich gerade nicht als »ohnmächtiger«,
sondern als bemerkenswert aktiver innenpolitischer Akteur. Damit verweist der
Verteilungskonflikt ums Geld auch auf den ausgeprägten Selbstbehauptungs-
willen der Stadt.

2. Erheben und Vollstrecken:
städtische Steuer- und Gebührenpolitik

Von Jean Baptiste Colbert (1619-1683) ist der Spruch überliefert: »Steuern erheben ist die Kunst, die Gans so zu rupfen, dass man möglichst viele Federn mit
möglichst wenig Gezische bekommt.«[75] Mit dieser Metapher skizzierte der Finanzminister Ludwigs XIV. schon im 17. Jahrhundert, in einer Zeit, als sich moderne Staatlichkeit und mit ihr die Besteuerungsprinzipien zu entfalten begannen, einen Zielkonflikt, der bis heute relevant ist. Ein staatliches Gemeinwesen,
ob im absolutistischen Frankreich, im nationalsozialistischen Deutschland oder
in den Demokratien der Gegenwart, muss seine Aufgaben vorrangig aus öffentlichen Abgaben finanzieren. Dazu zählen unterschiedliche Arten von Steuern –
etwa Besitzsteuern, Verkehrsteuern und Verbrauchsteuern – genauso wie Gebühren und Beiträge. Die Unterscheidung verwässert im Sprachgebrauch oft;
auch in dieser Arbeit wird mitunter in vereinfachter Weise nur von »Steuern«
gesprochen, wenn ganz allgemein »Abgaben« gemeint sind. Genau genommen
versteht man unter »Steuern« Abgaben ohne direkte Gegenleistung, wohingegen
»Beiträge« in direktem Zusammenhang zu einem staatlichen Leistungsangebot
stehen und »Gebühren« bei einer tatsächlich vollzogenen Leistung, wie sie etwa
städtische Betriebe bieten, fällig werden.[76] Für das jeweilige Gemeinwesen – darin liegt der Grund, warum sie hier gemeinsam abgehandelt werden – haben
Steuern genauso wie Gebühren und Beiträge aber zunächst gleichermaßen eine
fiskalische Funktion als Einnahmequelle.

Bürger, Gewerbebetriebe und Unternehmen können von den staatlichen Instanzen nicht unendlich stark belastet, also – mit Colbert gesprochen – kahl
»gerupft« werden. In Demokratien könnten sie abgewählt werden; aber auch
Monarchien und Diktaturen, in denen andere Möglichkeiten bestehen, das »Gezische« bestimmter Bevölkerungskreise zu unterdrücken, überdauern meist nur
so lange, wie sie auf einer stabilen Zustimmungsrate im Volk fußen.[77] Weil also

75 Zit. nach: Hacke, Der Zehnte, S. 15.
76 Vgl. Hacke, Grundsätze, S. 5.
77 In den Worten des Münchner Ratsherren Franz Xaver Reichinger klang der Zusam-
    menhang zwischen Steuersetzung und Unterstützung des Regimes im Jahr 1937 so: »In
    dem Moment, wo es den Leuten an den Geldbeutel geht und sie um die Existenz zu
    kämpfen haben, kann man nicht mehr den idealen Schwung verlangen.« Dann habe
    man nur ein paar »100%ige außerordentlich fanatische, 100%ig weltanschaulich rich-

die Höhe des steuerlichen Zugriffs beschränkt ist, erhält die Frage, wer mehr und wer weniger belastet wird und auf welche Art (Steuerobjekt) dies geschieht, eine hohe politische Bedeutung. Im Rahmen der unterschiedlichen Schwerpunktsetzung, die ein Gemeinwesen jeweils vornimmt, entfalten Steuern ihre außerfiskalische Relevanz. Somit beeinflusst die Steuererhebung stets auch die sozialen oder wirtschaftlichen Entwicklungen.

Auch die Steuerpolitik der Stadt München während der Zeit des Nationalsozialismus war grundsätzlich von verschiedenen fiskalischen und außerfiskalischen Vorstellungen gekennzeichnet. Die Handlungsspielräume auf kommunaler Ebene hingen immer von den landes- oder reichsgesetzlichen Rahmenbedingungen ab. Kommunale Steuerpolitik bezog sich also vor allem auf jene öffentlichen Abgaben, die der Verwaltungs- und Ertragskompetenz der Gemeinden und Städte unterlagen. Dabei rücken zwei konkrete Stellschrauben ins Blickfeld: Zum einen konnte die Stadt innerhalb des Rahmens, der durch Gesetze oder Verordnungen ›von oben‹ festgelegt bzw. von der Aufsichtsbehörde beschränkt wurde, Abgaben neu einführen oder erhöhen, senken oder ganz abschaffen;[78] zum anderen besaß sie Gestaltungsspielräume, diese Mittel bei den Bürgern mehr oder weniger streng einzutreiben – von der Zwangsvollstreckung bis zur sogenannten Niederlassung. Während der »Modus des Erhebens« vor allem von der politischen Führung der Stadtvertreter gestaltet wurde, übernahmen die praktischen Aufgaben des »Einziehens« verschiedene, der Stadtkämmerei untergeordnete Ämter: Das Stadtsteueramt versendete die Steuerbescheide, während die Stadthauptkasse und dann das Vollstreckungsamt bzw. das Einziehungsamt, wie es später hieß, die Institutionen innerhalb der Stadtverwaltung waren, welche kommunale Steuern und Gebühren eintrieben.

Die wenigen Forschungsbeiträge zur kommunalen Abgabenpolitik, die für den Untersuchungszeitraum des »Dritten Reichs« bislang vorliegen, behandeln fast ausschließlich die normative Seite: Sie zeigen, wie sich die auf Reichsebene festgelegten Veränderungen des Finanzausgleichs auf die Einnahmen auswirkten; manchmal skizzieren sie zumindest die örtliche Hebesatzgestaltung. Die Einziehungspolitik, also die verwaltungspraktische Seite, wird aber nahezu vollkommen vernachlässigt.[79] Dabei lag gerade hierin ein bedeutendes und spezifi-

tig liegende Männer und Frauen« hinter sich. Die anderen aber »schwanken« hin und her (Reichinger, Ratsherren, 21.12.1937, StadtAM, RSP 710/1).

78 In § 85 DGO (1935) heißt es in dieser Hinsicht nur vage: »Die Gemeinde kann Steuern und Abgaben nach den gesetzlichen Vorschriften erheben, soweit die sonstigen Einnahmen zur Deckung der Ausgaben nicht ausreichen.« (Ebd., 30.1.1935, RGBl. I (1935), S. 60).

79 Vgl. etwa Gumbrecht, Finanz- und Wirtschaftspolitik, S. 145-174; Petzina, Handlungsspielräume, S. 153-180; sowie einige Stadtgeschichten zum »Dritten Reich«, wie z. B. Halter, Stadt, S. 266-268; Gerken, Selbstverwaltung, S. 407-417 oder Hoser, Geschichte, S. 682-688, die zwar jeweils auf die Entwicklung der Steuereinnahmen ihrer Untersuchungskommunen und dabei auch auf die Hebesatzgestaltung eingehen, jedoch kaum auf die Verwaltungspraxis. Auch Matzerath, Nationalsozialismus, S. 350-368, der die kommunale Finanzpolitik vor allem unter dem Blickwinkel der reichs-

sches Handlungsfeld von Kommunalverwaltungen zur Zeit der NS-Herrschaft.
Die Vollstreckungspraxis entschied nicht nur darüber, wie viel der erhobenen
Steuern und Gebühren tatsächlich in der Stadtkasse ankamen und hatte damit
eine große fiskalische Relevanz für das Gemeinwesen. Sie war auch ein gesell-
schafts- und wirtschaftspolitisches Instrumentarium, um außerfiskalische Zielsetzungen umzusetzen. Nicht zuletzt entpuppte sich die Einziehungspraxis auf
kommunaler Ebene als ein Werkzeug der Verfolgung – und das viel früher und
viel deutlicher als dies auf Ebene der Landesfinanzämter der Fall war.[80]
    Im Folgenden möchte ich die Grundzüge der Steuer- und Gebührenpoli-
tik der Stadt München in der NS-Zeit skizzieren, dabei die Modi des Erhebens
(Steuersenkungen, Steuererhöhungen) genauso in den Blick nehmen wie den
Aspekt des Vollstreckens (Fördern, Fordern und Verfolgen) und gleichzeitig fiskalische wie außerfiskalische Motive aufzeigen.

Versprechen und Wirklichkeit der Steuerermäßigungen

Am Anfang standen hehre Vorsätze. In den »Krisenjahren« der Weimarer Republik hatte der Staat die Steuerschraube immer fester angezogen, was sich auch
auf viele Kommunalsteuern ausgewirkt hatte. Die in Finanznöten steckenden
Gemeinden brauchten jeden Pfennig, und die Bürger litten unter diesen Belastungen. Vor und nach der Machtübernahme versprachen Hitlers Nationalsozialisten dagegen Steuererleichterungen. Die Kommunalvertreter in München
schienen zunächst auch gewillt, ihren Beitrag zur Verwirklichung dieser Versprechungen zu leisten. In einer Sitzung des Haushaltsausschusses am 17. November 1933, in der es um die Überprüfung des laufenden Haushalts ging, gab
Stadtkämmerer Andreas Pfeiffer zu Protokoll, man sei zu »der Anschauung gekommen, daß wir es im ersten Rechnungsjahre der nationalen Stadtverwaltung
unter allen Umständen vermeiden müssen, mit irgendeiner Belastung an die
Bevölkerung heranzukommen, d. h. mit irgendeiner Mehrbelastung gegenüber
dem früheren System, auch auf die Gefahr hin, daß wir unter Umständen im
Rechnungsjahr ein Defizit erleiden«.[81] Das dürfe zwar nicht »zu fürchterlich«
werden, schränkte er ein, aber man wolle es keineswegs so machen wie Nürn-

---

staatlichen Lenkung interpretiert, geht überhaupt nicht auf das Handlungsfeld der
Einziehung ein. Holly, Gestaltungsspielräume, erkennt zumindest, dass sich »etwas
Spielraum« bot, beschränkt sie sich jedoch in ihren Ausführungen auf einen kurzen
Abschnitt (S. 263), der die »Nachlassentscheidungen« in Augsburg und Memmingen
Anfang der 1930er-Jahre umreißt. Für einen späteren Zeitraum greift sie diese Thema-
tik in ihrem Aufsatz nicht mehr auf.

80 Vgl. dazu Drecoll, Fiskus, S. 159-187, der die Einziehung der Landes- und Reichssteuern
    durch die Finanzämter untersucht hat und dabei sowohl in München als auch in Nürn-
    berg für die Phase zwischen 1933 und 1938 eine eher »zurückhaltende Politik« (S. 182)
    der Beamten gegenüber jüdischen Steuerpflichtigen feststellt.

81 Pfeiffer, Haushaltausschuss, 17.11.1933, StadtAM, RSP 706/7.

berg, wo die Bürgersteuersätze hinauf- und die Fürsorgerichtsätze herabgesetzt worden seien.[82]

Kurze Zeit später tat Pfeiffer diese Ansichten auch in aller Öffentlichkeit kund. Im Rahmen der Verabschiedung des Haushaltsplans 1934 versprach er: »Die Bevölkerung hat ein Recht darauf, daß mit zunehmender Besserung der allgemeinen Wirtschaftslage auch der Steuer- und Gebührendruck gemildert wird. [...] Wird die Arbeitsschlacht siegreich beendet, dann wird auch die Zeit gekommen sein, die Bevölkerung von dem auf ihr seit Jahren lastenden ungeheuren Steuerdruck zu befreien.«[83] Auch der Fraktionsvorsitzende der NSDAP, Christian Weber, ergänzte bei diesem Anlass entschlossen, dass es »unsere Aufgabe« sei, »alle erdenklichen und möglichen Einsparungen« umzusetzen, um »Steuerermäßigungen und Steuerstreichungen auf allen Gebieten zum Wohle der Bevölkerung«[84] herbeizuführen.

Konkret beschloss die Stadtführung für das kommende Haushaltsjahr erste minimale Erleichterungen, nämlich eine Tarifumstellung bei der Straßenbahn sowie die Ermäßigung der Hundeabgabe von 40 auf 30 Reichsmark pro Hund und Jahr.[85] Für die nahe Zukunft stellte sie weitere Maßnahmen in Aussicht: Sobald wie möglich sollten der Bürgersteuersatz »überprüft« und die Gemeindegetränkesteuer aufgehoben werden.[86] Der gemeindliche Zuschlag zur Wohlfahrtsabgabe, die 1931 als krisenbedingte Gemeinschaftsteuer zwischen Kommunen und Land eingeführt worden war und deren Erhebung und Verwaltung seit 1933 vollständig den Kommunen oblag, sollte frühestens in der zweiten Jahreshälfte erhoben werden und auch nur dann, wenn gar nicht darauf verzichtet werden könnte. Die gleichgeschaltete Presse interpretierte all dies als »erfreuliche Kunde« einer neuen Zeitrechnung.[87] Doch gab es auf kommunaler Ebene tat-

---

82 Zwei Monate später, im Zuge der Verhandlungen über den neuen Haushaltsplan des Jahres 1934, wurde Pfeiffer noch deutlicher und forderte entschlossen: »Es muss was geschehen für die Bevölkerung. Die will sehen, daß der neue Staat mit Steuererleichterungen an sie herantritt.« Er unterscheide sich in dieser Hinsicht »von vielen anderen Finanziern [sic!]«. Es müsse zwar die »richtige Mitte« gefunden werden, aber er stehe auf dem Standpunkt, »dass eine verantwortungsbewusste Gemeindeverwaltung in erster Linie zu berücksichtigen hat, wie sie die heute überspannten Belastungen der Bevölkerung zurückbringt« (Pfeiffer, Haushaltsausschuss, 19.1.1934, StadtAM, RSP 707/8).

83 Pfeiffer, Stadtrat, 25.1.1934, in: Münchener Gemeinde-Zeitung 9, 31.1.1934, S. 39.

84 Weber, ebd., S. 43.

85 Der vergünstigte Straßenbahntarif wurde allerdings nur »probeweise« eingeführt. Fiehler, Stadtrat, 25.1.1934, in: Münchener Gemeinde-Zeitung 9, 31.1.1934, S. 34, betonte nämlich, dass die Beibehaltung davon abhänge, ob sich die Münchner Bevölkerung nach den verbilligten Fahrpreisen mehr als bisher der Straßenbahn bediene. Genau genommen ging es bei der Tarifänderung also weniger um eine gezielte Entlastung der Bevölkerung, als eher um eine verkehrspolitische Maßnahme. Bezeichnenderweise wurden schon ein Jahr später große Teile der Tarifreform wieder rückgängig gemacht.

86 Vgl. Pfeiffer, Stadtrat, 25.1.1934, in: Münchener Gemeinde-Zeitung 9, 31.1.1934, S. 39.

87 Vgl. der neue Haushaltplan im Stadtrat, in: Münchner Neueste Nachrichten 23, 25.1.1934, S. 16. Auch im drei Jahre später erscheinenden propagandistischen »Tatsachenbericht« »München baut auf«, S. 55, wurden die verschiedenen Erleichterungen an

sächlich so etwas wie »Steuermilde für die Massen«, die Götz Aly als wesentliches Merkmal für seine Deutung des NS-Regimes als »Gefälligkeitsdiktatur« festzustellen glaubte?[88]

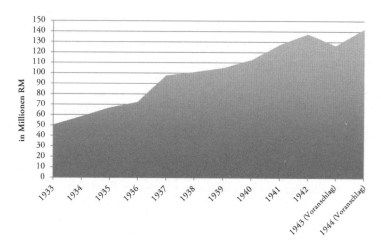

*Abb. 12: Entwicklung der Steuereinnahmen
der Stadt München zwischen 1933 und 1944*[89]

In der Tat sollte sich die allgemeine Wirtschaftslage im Deutschen Reich weiterhin bessern, und das wirkte sich auch positiv auf die Steuereinnahmen der Stadt München aus, die sich nominell im Laufe des »Dritten Reichs« mehr als verdoppelten (Abb. 12). »Steuerermäßigungen und Steuerstreichungen auf allen Gebieten«, wie es die Verantwortlichen im Januar 1934 vollmundig in Aussicht

Steuern und Tarifen genannt und ins Licht des nationalsozialistischen Wiederaufbaus gerückt.

88 Aly, Volksstaat, S. 66. Die Debatte um Alys »Volksstaat«, welche Fachwissenschaft und Feuilletons der Republik im Jahr 2005 führten, ist zu umfangreich und kontrovers, um hier einzelne Stimmen nennen zu können. Eine ausführliche Auflistung vieler Beiträge und zugleich eine Zusammenfassung der Kontroverse findet sich, wenn auch aus Sicht Alys, im Anhang der Taschenbuchausgabe von 2006 als »Antwort auf die Kritik«, S. 365-397.

89 Eigene Grafik, basierend auf den Rechnungsergebnissen, wie sie die städtischen Haushaltspläne der Jahre 1935-1944 im Einzelplan »Steuern« anzeigen. Für die beiden letzten Kriegsjahre 1943 und 1944 sind nur Planziffern überliefert, die sicherlich von den tatsächlich eingegangenen Steuereinnahmen abwichen. Im Rahmen von Kapitel I. habe ich außerdem bereits grundsätzlich darauf hingewiesen, dass vom Bruttozuwachs an Steuereinnahmen, wie es die Grafik zeigt, nicht direkt auf größere Gestaltungsspielräume geschlossen werden kann, da einerseits »Durchlaufposten« einbezogen sind und der Wert andererseits nichts über den Umfang der Aufgaben aussagt, die mit diesen Mitteln finanziert werden mussten.

stellten, resultierten daraus jedoch keineswegs. Vielmehr blieb die Abgabenlast im Großen und Ganzen sehr konstant und verharrte faktisch auf dem hohen Niveau der viel kritisierten »Systemzeit«, auch wenn sie angesichts einer allgemein verbesserten Konjunktur vielleicht von den Bürgern nicht mehr als ganz so drückend empfunden wurde wie vor 1933.

Besonders evident wird dies, wenn man die Steuerbelastung hinsichtlich der ertragreichen großen Gemeindesteuern betrachtet. Der Hebesatz der Bürgersteuer, der an das Einkommen gekoppelten Kopfsteuer, mag »überprüft« worden sein, wie Pfeiffer im Januar 1934 versprochen hatte – gesenkt wurde er nicht. Das Reich vollzog zwar mehrfach allgemeine Anpassungen,[90] die angeblich im Sinne des sozialen Ausgleichs standen.[91] Die Stadt selbst verharrte aber bei den 600 Prozent Hebesatz, mit dem die Steuer schon vor 1933 erhoben worden war.[92] Als die Abgabe 1942 abgeschafft und in die Einkommensteuer des Reichs eingegliedert wurde, erhielten die Kommunen weiter Ausgleichszahlungen. Denn inzwischen hatte sich die einst so umstrittene Bürgersteuer als eine Art zusätzlicher kommunaler Einkommensteuer zu einer der wichtigsten Einnahmequellen überhaupt entwickelt.[93] In München hatte sich das Aufkommen von 2,4 Millionen Reichsmark im Jahr 1931, als noch ein Satz von 200 Prozent erhoben worden war, auf 15 Millionen Reichsmark im Jahr 1942 erhöht.[94]

90 Vgl. etwa das Bürgersteuergesetz, 16.10.1934 (RGBl. I (1934), S. 985-996), das die Steuergrundbeträge differenzierte. Das Land als »Zwischenstation« zu den Gemeinden wurde außerdem ausgeschaltet. Nun gab es insgesamt 14 Steuerstufen zwischen drei und 2.000 RM. Auch einkommensteuerfreie Bürger traf ein »Reichssatz« von drei RM/Jahr; sechs RM betrug die Steuerpflicht bei einem Einkommen bis 4.500 RM, neun RM bei einem Einkommen bis 6.000 RM, zwölf RM bei einem Einkommen bis 8.000 RM. Laut einer Statistik der Stadt München für das Kalenderjahr 1937 waren etwa die Hälfte der insgesamt knapp 450.000 Steuerpflichtigen in München mit einem Messbetrag von sechs RM steuerpflichtig; für weitere 110.000 Bürger lag der Messbetrag sogar unter sechs RM (vgl. Verwaltungsbericht der Hauptstadt der Bewegung 1936 und 1937, S. 37). Die tatsächliche Belastung für die jeweiligen Bürger ergibt sich, wenn man diese reichsrechtlich festgelegten Grundbeträge mit dem entsprechenden Hebesatz der Kommunen vervielfacht. Dieser war reichsweit höchst unterschiedlich. Laut Terhalle, Leitfaden, S. 109, betrug er 1934 zwischen 200 und 900 %. In München lag der Bürgersteuerhebesatz zu dieser Zeit bei 600 %. Eine vierköpfige Arbeiterfamilie, deren durchschnittliches Jahreseinkommen 1938 bei etwa 2.300 RM (vgl. Tooze, Ökonomie, S. 184) lag, hätte also in München 36 RM an Bürgersteuern bezahlt, was in etwa 1,5 % des Jahreseinkommens entsprach. Vgl. die umfassende Umgestaltung im Rahmen des Bürgersteuergesetzes, 20.11.1937, RGBl. I (1937), S. 1261-1271.

91 Vgl. etwa Neuordnung der Bürgersteuer, in: Völkischer Beobachter 213, 20.10.1934.

92 Die Bürgersteuer wurde für das Rechnungsjahr 1931 erstmals mit 200 % des Landessatzes erhoben. Im Zuge des Zwangsabgleichs im November 1932 wurde der Hebesatz ab dem Kalenderjahr 1933 auf 600 % erhöht (vgl. Haushaltsplan der Landeshauptstadt München 1932, S. 325, Anm. 16); vgl. auch Erläuterungen oben, S. 191, Anm. 3.

93 Vgl. Voß, Steuern, S. 89.

94 Vgl. Haushaltplan der Landeshauptstadt München 1933, S. 166 und Haushaltssatzung der Hauptstadt der Bewegung 1944, S. 399 sowie oben Tab. 3, S. 198 f.

Ähnliches lässt sich auch für die beiden anderen großen Gemeindesteuern, die Grundsteuer und die Gewerbesteuer, beobachten. Bis zur Realsteuerreform blieben die Hebesätze, mit denen die Gemeinden ihren Anteil an den bis dahin gemeinsam mit dem Land bewirtschafteten Steuern bestimmen konnten, unverändert, nämlich auf den landesrechtlich zugelassenen Höchstsätzen von 600 bzw. 400 Prozent.[95] Auch wenn die steuerlichen Umgestaltungen zwischen 1936 und 1938 eine neue und nicht direkt vergleichbare Konstellation erbrachten, wurde die Kontinuität dadurch sichergestellt, dass das Reich die gesetzliche Vorgabe machte, die neuen Hebesätze so zu bemessen, dass kein höheres Steueraufkommen zu erwarten sei.[96] Die Stadt beschloss für die Gewerbesteuer schließlich einen Satz von 260 Prozent, der vorsichtshalber sogar noch etwas höher angesetzt wurde, als er nach den Vorgaben des Reichs hätte sein sollen, was freilich nach außen nicht kommuniziert wurde.[97] Bis Kriegsende wurde der Gewerbesteuersatz genauso wenig reduziert, wie der ein Jahr später eingeführte Hebesatz der reformierten Grundsteuer, der auf 275 Prozent festgesetzt wurde. Mit Wirkung zum 1. April 1939 wurden die Steuervergünstigungen für neu gebaute Kleinwohnungen sogar abgebaut, wodurch zahlreiche Neubauten nun stärker besteuert wurden und sich das Aufkommen der Grundsteuer noch erhöhte.[98] Der Krieg brachte dann, bei gleichbleibender Hebesatzbelastung, auch beim Gewerbesteueraufkommen einen weiteren, stadtintern »unerwarteten« Boom,[99] der vor allem durch Vergrößerung oder Neugründung zahlreicher für die Kriegswirtschaft wichtiger Gewerbebetriebe zustande kam.

Die drei großen Gemeindesteuern machten zusammen etwa 50 Prozent der steuerlichen Gesamteinkünfte (Stand 1936) und über drei Viertel der Einnahmen aus, auf deren Höhe die Stadt überhaupt Einfluss nehmen konnte, sodass deren Konstanz schon viel über die allgemeine Steuerbelastung aussagt.[100] Aber auch auf der Ebene der vielen kleineren Gemeindesteuern gewährte die Kommune allerhöchstens symbolische Zugeständnisse.

95 Vgl. Verwaltungsbericht der Hauptstadt der Bewegung München 1933/34-1935/36, S. 45.

96 Vgl. Einführungsgesetz zum Realsteuergesetz, § 7, Abs. 1, 1.12.1936. Zwar gebe es Belastungsverschiebungen, erklärte Stadtkämmerer Pfeiffer über die neue Gewerbesteuer vor den Ratsherren am 21.12.1937 (StadtAM, RSP 709/8), im Ganzen solle aber für alle Steuerpflichtigen der gleiche Betrag erzielt werden, der erzielt worden wäre, wenn das alte Recht weiter in Geltung geblieben wäre. Selbstverständlich solle aber der »natürliche Zuwachs« nicht beeinträchtigt werden.

97 Vgl. Erläuterungen von Pfeiffer, Ratsherren, 21.12.1937, StadtAM, RSP 709/8.

98 Vgl. Leistungsbericht der Stadt am Jahresende 1940, Bericht des Stadtsteueramtes, o. D., StadtAM, BuR 260/9.

99 Ebd.

100 Vgl. Übersicht über die Steuereinnahmen nach den Rechnungsabschlüssen 1936 und 1937, in: Verwaltungsbericht der Hauptstadt der Bewegung 1936 und 1937, S. 43. Keinen regulierenden Einfluss hatte die Stadt bei den Steuerüberweisungen des Reichs.

Die Senkung der Hundesteuer, die 1934 beschlossen wurde, ›schmerzte‹ die Stadtkasse jedenfalls kaum.[101] Von ihr profitierte überhaupt nur ein sehr geringer Teil der Münchner Anwohnerschaft, der es sich leisten konnte, einen (oder mehrere) der 17.000 angemeldeten Hunde zu halten. Obwohl die Abgabe 1934 um 25 Prozent gesenkt wurde, lag ihr Satz noch immer über dem Vorkrisenniveau.[102] Schließlich hatte Karl Fiehler bereits im Vorfeld deutlich gemacht, dass die Abgabensenkung nur in Betracht gezogen werden könne, wenn »die ermäßigte Steuer nicht wie bisher in geradezu katastrophaler Weise vernachlässigt, sondern energisch beigetrieben wird«.[103]

Auch die im Januar angekündigte Abschaffung der Getränkesteuer wurde bis Kriegsende nicht realisiert. Einen entsprechenden Antrag des Ratsherren Beer stellte der OB im Januar 1935 mit dem Verweis auf »bessere Zeiten« zurück und begründete dies damit, dass dem Gastwirtsgewerbe nicht noch »ein weiteres Geschenk« gemacht werden solle.[104] Immerhin war nämlich der Satz der Getränkesteuer mit Wirkung zum 1. Oktober 1934 von zehn auf fünf Prozent reduziert worden. Wie die Ermäßigung der Hundeabgabe lag darin eine geringfügige Entlastung, die nur einer bestimmten Klientel, dem Gaststättengewerbe, zugute kam und in fiskalischer Hinsicht durch gesteigerten Konsum bald ausgeglichen werden konnte.[105] Im Jahr 1938 wurde selbst diese Steuervergünstigung wieder zurückgenommen und erneut zehn Prozent des Kleinhandelspreises verlangt.

Die einzige steuerpolitische Maßnahme, von der alle Bevölkerungsteile gleichermaßen profitierten, war die Nichterhebung des kommunalen Anteils der Wohlfahrtsabgabe, deren Ertrag zu 40 Prozent an das Land abgegeben wurde. Mit dem Verzicht auf diese Erhebung im Rechnungsjahr 1934 wollte die Stadt bewusst ein Zeichen setzen, um »auch [...] der gejammerten Bevölkerung mit der Minderung einer sie allgemein treffenden Steuerlast entgegenzukommen«,

101 Wie der oben abgedruckten Tab. 3, S. 198, zu entnehmen ist, sanken die städtischen Einnahmen aus dieser Steuer etwa um 150.000 RM auf ca. 450.000 RM, was weniger als 1% der steuerlichen Gesamteinnahmen entsprach.
102 Vgl. Wieviel Hunde gibt es bei uns?, in: Münchner Neueste Nachrichten 64, 3.3.1937, S. 12. Erst 1930 war sie von einst 20 auf 40 RM erhöht worden.
103 Fiehler, Hauptausschuss, 11.1.1934, StadtAM, RSP 707/2.
104 Vgl. Fiehler, Haushalts- und Betriebsausschuss, 29.1.1935, StadtAM, RSP 708/7.
105 Diese Steuerminderung kam tatsächlich zunächst hauptsächlich dem Gaststättengewerbe und weniger dem Konsumenten zugute. Das zeigt sich darin, dass es anfangs starke Unregelmäßigkeiten beim praktischen Vollzug dieser Steuerermäßigung gab. Noch Ende November wiesen viele Getränkekarten von Gaststättenbetrieben unverändert auf einen zehn-prozentigen Zuschlag hin, der im Preis inbegriffen sei, obwohl die Gaststätten zu diesem Zeitpunkt schon längst weniger zahlen mussten. Den Mehrgewinn strichen also die Wirte ein. Deshalb ersuchte OB Fiehler die Bezirksinspektion »unverzüglich sämtliche in Betracht kommende Lokale kontrollieren zu lassen und mit allen Mitteln gegen dieses Verfahren einzuschreiten«. Außerdem sollte in der Presse und durch Mitteilung an die Gaststättenorganisationen auf diesen Missstand hingewiesen werden (vgl. Mitteilung Fiehler an Stadtkämmerei und Stadtsteueramt, 28.11.1934, StadtAM, BuR 305/3b).

wie es Pfeiffer formulierte.[106] Ihren Anteil am Landesausgleichsstock behielt sie allerdings. Dass der gemeindliche Zuschlag bereits 1935 zunächst wieder erhoben wurde, zeigt, dass man auf diese Mittel nur ungern verzichtete: Es handelte sich immerhin um etwas über eine Million Reichsmark im Jahr, was etwa zwei Prozent der Gesamtsteuereinnahmen entsprach. Endgültig, das heißt auch landesweit abgeschafft wurde die in den Krisenjahren geschaffene Abgabe schließlich 1937 und war damit, wie der Stadtkämmerer selbst in seiner Haushaltsrede einräumte, die »erste fühlbare Steuererleichterung für die Gesamtbevölkerung der Hauptstadt der Bewegung«.[107] Hinzuzufügen bleibt: Es war auch die letzte.

Die Gründe, warum die Versprechungen und Vorsätze auf signifikante Steuerentlastungen nicht eingehalten wurden, sind verschiedener Art und können nur im größeren Zusammenhang verstanden werden. Erstens waren eigenmächtige Steuersenkungen einzelner Städte im interkommunalen Kontext nicht erwünscht, zumal die gemeindlichen Interessenvertreter gegenüber den Zentralisierungsbestrebungen des Reichs stets für die Erhaltung der eigenen Einnahmequellen kämpften. Schon im Juni 1934 gab der DGT-Vertreter Karl Hettlage bei einer Zusammenkunft süddeutscher Kommunalvertreter in Stuttgart die Empfehlung, die Verbesserungen der Gemeindefinanzen in erster Linie »zur inneren Stärkung« zu verwenden und »keine Geschenke« zu machen, »auch wenn solche von ihnen erwartet werden«.[108] 1935 hatte der einflussreiche Leipziger OB Carl Goerdeler erneut dringend vor Steuerermäßigungen gewarnt, da sich die meisten Gemeinden das noch nicht leisten könnten; wenn eine Stadt vorangehe, müssten schließlich andere folgen.[109] In einem Rundschreiben vom Dezember 1936 teilte der DGT schließlich mit, dass auch im Rechnungsjahr 1937 »die Zeit für Steuersenkungen noch nicht gekommen« sei.[110]

Zweitens – das wurde oben schon gezeigt – versuchte das Reich durch die schrittweise Veränderung des Finanzausgleichs die finanziellen Erfolge des Konjunkturaufschwungs nach Möglichkeit für sich zu beanspruchen. Sobald sich die Kommunen also finanziell langsam konsolidiert hatten und demnach über Steuerermäßigungen nachdenken hätten können, griff das Reich in unterschiedlicher Weise auf die Steuereinnahmen zu. Im Rahmen der Verhandlungen zum Stadthaushalt 1936 musste OB Fiehler eingestehen: »Immer wieder ist der Wunsch nach Steuersenkungen an uns herangetragen worden. Ihn zu erfüllen ist praktisch nicht möglich, weil die Plafond-Gesetzgebung die Mehreinnahmen aus Überweisungssteuern restlos abschneidet und eine Steuersenkung auch vom Reich aus nicht erwünscht ist, da es die Aufrüstung möglichst rasch durchfüh-

---

106 Pfeiffer, Stadtrat, 29.1.1935, StadtAM, RSP 708/1.
107 Bericht des Stadtkämmerers zum Haushaltsplan 1937, StadtAM, Kämmerei 281.
108 Hettlage, Besprechung der Stadtvorstände und Finanzdezernenten einer Reihe süddeutscher Städte, 16.6.1934, LAB, B Rep. 142/7 2-1-9-21.
109 Vgl. Bemerkung Fiehler, Haushalts- und Betriebsausschuss, 29.1.1935, StadtAM, RSP 708/7.
110 Zit. von Pfeiffer, Beiräte für Angelegenheiten des Gemeindehaushalts, 22.1.1937, StadtAM, RSP 710/5.

ren muss und alle Mittel [...] dazu braucht.«[111] Diese volkswirtschaftliche Prioritätensetzung spiegelte sich auch in einer verschärften staatlichen Aufsicht über die Hebesatzgestaltung wider.

Drittens aber wird auch die Motivation der Stadtführung selbst, die Steuern im Rahmen der ihr verbleibenden Möglichkeiten zu senken, in Wirklichkeit nie so groß gewesen sein, wie öffentlich behauptet wurde. Schließlich hätten umfangreichere Steuerminderungen auch eine Verringerung ihrer eigenen Gestaltungsräume bei der Ausgabenpolitik zur Folge gehabt und außerdem den »Appetit verschiedener Kreise« geweckt, die ebenfalls Entlastungen fordern hätten können, wie Pfeiffer allgemein zu bedenken gab.[112] Kurzum: Eine Ausgabenentlastung wurde zwar anfangs vollmundig und im Sinne nationalsozialistischer Aufbruchseuphorie von den Stadtvertretern versprochen, und vielleicht hatte sich der eine oder andere Vertreter einer bürgernahen Steuerpolitik diese auch tatsächlich gewünscht. Die Wirklichkeit jedenfalls sah anders aus. Maßgebliche Entlastungen durfte, konnte oder wollte die Stadtspitze nicht realisieren. Die wenigen Erleichterungen, die gewährt wurden, waren symbolischer Art und insofern ›billige Geschenke‹, als sie in fiskalischer Hinsicht von den stetig steigenden Einnahmen bei den großen Gemeindesteuern mehr als aufgefangen wurden.

Neue Geldquellen: Filial- und Warenhaussteuer, Fremdenverkehrsabgabe, Eingemeindungen

Im Gegensatz zu vielen anderslautenden öffentlichen Äußerungen schreckte die Stadtspitze des nationalsozialistischen Münchens von Beginn an nicht vor kleineren, aber gezielten Abgabenerhöhungen zurück, gerade wenn diese den neuen Prinzipien der Wirtschaftspolitik entsprachen und somit fiskalische und außerfiskalische Zielvorstellungen harmonierten.

1.) Dies war insbesondere bei den Erhöhungen der Filial- und der Warenhaussteuer der Fall, die bereits im Herbst 1933 beschlossen und mit dem »Interesse des gewerblichen Mittelstandes« begründet worden waren.[113] Die Filialsteuer mussten solche Gewerbetreibende zahlen, die im Stadtgebiet eine Verkaufsstelle unterhielten, ohne dass ihr Hauptbetriebssitz vor Ort lag.[114] Dies betraf demnach vor allem überregional agierende Großbetriebe, darunter auch Versicherungs-, Bank- und Kreditunternehmen. Die Option, an dieser Steuerschraube zu drehen, öffnete sich für die Stadt mit dem neuen Gemeindeabga-

---

111 Fiehler, Beiräte für Angelegenheiten des Gemeindehaushalts, 7.2.1936, StadtAM, RSP 709/6.
112 Vgl. Pfeiffer, ebd.
113 Vgl. Fiehler, Hauptausschuss, 21.9.1933, StadtAM, RSP 706/4.
114 Vgl. Änderung der Satzung über die Erhebung einer gemeindlichen Filialsteuer, 21.9.1933, Hauptausschuss, StadtAM, RSP 706/4.

bengesetz der Bayerischen Landesregierung im August 1933.[115] Darin wurde den bayerischen Kommunen eine Erhebung der Steuer in Höhe von 150 Prozent des Gewerbesteuergrundbetrags vorgeschrieben und überdies die Möglichkeit eingeräumt, den Hebesatz auf bis zu 300 Prozent zu erhöhen.[116] Die Stadt München, die bereits vorher 150 Prozent veranschlagt hatte, nutzte diese Möglichkeit sogleich, um den zulässigen Höchstsatz festzulegen.

Ganz ähnlich agierte sie bei der etwas weniger ertragreichen Warenhaussteuer. In diesem Falle erlaubte das neue Gemeindeabgabengesetz, im Rahmen dessen die Steuerpflicht auf Einheitspreisgeschäfte, Kleinpreisgeschäfte und Billigläden ausgeweitet wurde, eine Erhöhung des Hebesatzes auf bis zu 800 Prozent des Gewerbesteuergrundbetrags.[117] Bisher hatte er in München bei 400 Prozent gelegen. Nun nutzte man die Chance, das Doppelte zu fordern.

Ob diese beiden Steuererhöhungen, wie es angedacht war, den gewerblichen Mittelstand wirkungsvoll förderten, sei zumindest angezweifelt. Sicher ist: Sie schadeten den Großbetrieben vor Ort, darunter nicht zuletzt bekannten jüdischen Innenstadt-Warenhäusern wie Konen und Uhlfelder. Vor allem aber brachten sie einen fiskalischen Nutzen für die Stadtkasse. Die Einnahmen aus der Warenhaussteuer verdoppelten sich von 1933 auf 1934 auf fast 100.000 Reichsmark, die aus der Filialsteuer vervierfachten sich sogar fast: Während der Haushaltsvoranschlag 1933, dem noch die alten Hebesätze zugrunde gelegen hatten, von 110.000 Reichsmark Steuereinnahmen ausgegangen war,[118] nahm die Stadt tatsächlich über 400.000 Reichsmark ein. Bis 1937 erhöhte sich dieser Posten sogar noch auf beträchtliche 660.000 Reichsmark, ehe verschiedene Anpassungen im Zuge der Reform der Gewerbesteuer, welche die Anrechnungsbasis für beide Steuern bildete, die Einkünfte daraus stark begrenzten.[119] Allein mit den Mehreinnahmen aus diesen beiden Steuern konnten also die symbolischen Zugeständnisse, die in anderen Bereichen in den Anfangsjahren gemacht worden waren, locker refinanziert werden. Diese Tatsache wurde freilich in den öffentlichen Äußerungen verschwiegen.

2.) Ein weiteres, etwas späteres Beispiel dafür, dass die Stadtführung – trotz der öffentlichen Beteuerungen von Steuersenkungen – aus fiskalischen Gründen danach strebte, neue Einnahmequellen zu erschließen, stellte der Münchner Sonderfall der Fremdenverkehrsabgabe dar. Bereits im Herbst 1935 hatte man erstmals über eine Einführung diskutiert. Anlass dafür waren die gestiegenen Ausgaben für unterschiedliche Veranstaltungen, die nach Ansicht der Stadtspitze den Fremdenverkehr förderten, unter anderem das ab 1934 als Prestigepro-

---

115 Vgl. Gemeindeabgabengesetz, 30.8.1933, Art. 31, GVBl. (1933), S. 263.
116 Vgl. ebd., Art. 44, Abs. III, GVBl. (1933), S. 263.
117 Vgl. ebd., Art. 31, GVBl. (1933), S. 263.
118 Vgl. Haushaltsplan der Landeshauptstadt München 1934, S. 280.
119 Vgl. dazu die Erläuterungen von Pfeiffer, Ratsherren, 21.12.1937, StadtAM, RSP 709/8, der zum damaligen Zeitpunkt bei beiden Steuern von einem Verlust von zusammen über 300.000 RM ausging.

jekt neu etablierte Pferderennen um das »Braune Band«.[120] Außerdem störten sich die Stadtoberen daran, dass diejenigen Kreise der Münchner Wirtschaft, die am Fremdenverkehr »in hervorragendstem Masse interessiert« seien, wie es Fiehler ausdrückte, »am allerwenigsten bereit sind, für den Fremdenverkehr Geld aufzubringen«.[121] Es gebe etwa, so wurde polemisiert, große Gaststättenbetriebe, die im Monat zwei Reichsmark beim Verkehrsverein bezahlen, aber alljährlich Hunderttausende durch Maßnahmen der Stadt einnehmen. Auch in dieser Argumentation lässt sich also ein typisches gewerbepolitisches Motiv erkennen, das bereits bei der Erhöhung der Filial- und Warenhaussteuer handlungsleitend war.

Im Jahr 1936 erstellte das Steueramt einen Entwurf für diese neue Abgabe. Offensichtlich hegte die Stadtführung zunächst den Plan, mit diesem Konzept an die »am Fremdenverkehr interessierte[n] Kreise« heranzutreten und sie damit zu »freiwilligen« Leistungen zu bewegen.[122] Dieses Vorgehen hatte nur mäßigen Erfolg. Schließlich wurde die Abgabe ab 1. Juli 1937 tatsächlich erhoben und im ersten Jahr 3.700 Abgabepflichtige veranlagt.[123] Dies waren laut Satzung »alle Personen und Unternehmen, die in der Stadt München aus dem Fremdenverkehr unmittelbar oder mittelbar finanzielle Vorteile ziehen«.[124] Die Höhe der Abgabe lag zunächst zwischen 101 und 20.000 Reichsmark pro Jahr. Für die Einstufung war maßgebend, »welche besonderen Vorteile und Mehreinnahmen dem Abgabepflichtigen aus dem Fremdenverkehr der Stadt erwachsen«. Insbesondere sollten Umfang, Lage und Ausstattung der Geschäftsräume, die Zahl der Schaufenster, die Größe sowie die Struktur der Kundschaft berücksichtigt werden. Juden und jüdische Unternehmen wurden durchweg mit höheren Beträgen veranlagt als gleichartige »arische« Geschäfte.[125]

Die ungewöhnliche Münchner Abgabe sorgte aber nicht nur bei betroffenen Geschäftsinhabern für Verstimmungen. In den Monaten nach der erstmaligen

---

120 Zum Braunen Band als Prestigeprojekt siehe allgemein Rabe, Hauptstadt; zu den Kosten, die damit verbunden waren siehe unten, Kapitel IV.4.

121 Fiehler, Ratsherren, 29.10.1935, StadtAM, RSP 708/1: Ratsherr Christian Weber, der sich in jener Sitzung für erhöhte Ausgaben für den geplanten Pferdesommer 1936 einsetzte, stimmte in die Argumentation ein und sprühte dabei nur so vor Sozialneid: »Wir müssen uns abochsen und abrackern, dass in München etwas los ist, während diese Betriebe grosse Geschäfte machen. Die Hotels waren den ganzen Sommer ausverkauft, wenn auch nicht alle, aber doch die grossen und die dicken Wirte fahren 4-6 Wochen lang nach Meran, nachdem die Schlacht geschlagen ist, und die Stadt kann sich abmühen, den Fremdenverkehr kräftig zu heben und zu schauen, wo sie das Geld herbringt. [...] Wenn es die Herren nicht freiwillig machen, muss man es ihnen eben nehmen.«

122 Pfeiffer, Beiräte für Angelegenheiten des Gemeindehaushalts, 7.2.1936, StadtAM, RSP 709/6.

123 Vgl. Verwaltungsbericht der Hauptstadt der Bewegung 1936 und 1937, S. 39.

124 Satzung über die Erhebung einer Fremdenverkehrsabgabe im Gemeindebezirk München, 29.6.1937, zit. nach: Vorlage des Reichskabinettrats Killy an Lammers, 4.3.1938, Akten der Reichskanzlei, Regierung Hitler 1933-1945, Bd. V (1938), S. 188.

125 Vgl. Aktennotiz Stadtsteueramt, Fremdenverkehrsabgabe/Veranlagung Juden, 21.4.1939, YVA, M.1.DN, mikroverfilmt in StadtAM, Rolle 137.

Erhebung, die offensichtlich mit informeller Einwilligung von Hitler selbst zustande gekommen war, wurden bereits von fast allen relevanten Reichsvertretern – dem Reichsinnenminister, dem Reichsfinanzminister, dem Stellvertreter des Führers, dem Reichsverkehrsminister, dem Reichswirtschaftsminister sowie den unterschiedlichen Wirtschaftsgruppen – »erhebliche rechtliche, steuerpolitische, wirtschaftliche und allgemeine Bedenken geltend gemacht«.[126] Die Funktionsträger monierten unter anderem, dass es sich bei dieser »Abgabe« de facto um eine »Steuer« handele, weil in der Satzung weder die Verwendung der Beträge zweckgebunden noch der Kreis der betroffenen Personen klar umgrenzt sei, was nicht mit dem Reichsrecht vereinbar sei. Außerdem verletze die Abgabe »den Grundsatz der Gleichmäßigkeit der Besteuerung«, der verlange, dass »keine willkürlichen Abstellungen« erfolgen.[127] Diese »Willkür« müsse sich aber »in einer Stadt von der Größe Münchens und der sich daraus ergebenden Unübersichtlichkeit über den Kreis und die wirtschaftlichen Verhältnisse der Abgabepflichtigen« zwangsläufig ergeben. Aufgrund der Vielzahl der aufgestellten Bemessungsmerkmale sei die Abgabe, so die Kritik, »dem subjektiven Ermessen der Veranlagungsbehörde überlassen«. Schließlich schmälere die Sonderabgabe auch die steuerpflichtigen Einkünfte der besteuerten Betriebe und führe demnach zu einer wesentlichen Verkürzung des Aufkommens an Einkommen- und Körperschaftsteuer. Man erwarte außerdem eine »große Verbitterung in den Kreisen der Abgabepflichtigen«. Angeblich hatten im Februar 1938 nahezu 100 Prozent der Gaststätten und Beherbergungsgewerbe Einspruch gegen die Veranlagung eingelegt. Bei den gravierenden Mängeln der Abgabeordnung sei damit zu rechnen, dass diese Einsprüche Erfolg hätten, was »zu einem schweren Ansehensverlust der Behörden der Hauptstadt der Bewegung führen müsse«.

Wegen dieser grundlegenden Bedenken bat der Reichsminister des Innern im Einvernehmen mit dem Reichsfinanzminister Hitler höchstselbst darum, »seine Entscheidung einer Nachprüfung« zu unterziehen.[128] Da der Chef der Reichskanzlei, Hans Heinrich Lammers, diese Entscheidung offensichtlich zunächst nicht herbeiführen konnte – möglicherweise zeigte sich auch in diesem Fall die bekannte Unlust des »Führers«, Konflikte zu entscheiden –, ordnete er an, dass die Stadt unterdessen von allen Zwangsmaßnahmen bei der Eintreibung der Abgabe abzusehen habe.[129] Im Mai 1938 kam es schließlich zu einer klärenden Besprechung aller Beteiligten – ohne Hitler. In einer skurrilen, aber für das politische System des NS-Staats typischen Weise argumentierte Fiehler mit früheren, angeblich mündlichen Versprechungen des abwesenden »Führers«, während die Ministerialvertreter vor allem ›handfeste‹ rechtliche Bedenken vorbrachten. Schließlich wurde ein Kompromiss ausgehandelt: Die Abgabe

126 Vorlage des Reichskabinettrats Killy an Lammers, 4.3.1938, Akten der Reichskanzlei, Regierung Hitler 1933-1945, Bd. V (1938), S. 188.
127 Ebd., S. 189.
128 Ebd., S. 190.
129 Ebd., S. 191, Anm. 15.

konnte bleiben, aber der Höchstsatz sollte bei 3.000 Reichsmark liegen und zudem der Kreis der Abgabepflichtigen näher definiert werden.[130]

Die Fremdenverkehrsabgabe ist ein weiteres Beispiel dafür, dass es der Stadtführung der »Hauptstadt der Bewegung« immer wieder gelang, fiskalpolitische Sonderlösungen herbeizuführen. Denn die Abgabe blieb ein Münchner Unikat.[131] Besonders lukrativ war sie allerdings nicht. Nach den geschilderten Anfangsschwierigkeiten im Jahr 1937 wurde sie eigentlich nur im Jahre 1938 mehr oder weniger regulär eingezogen. Im Rechnungsjahr 1939 verringerten sich die Einnahmen, weil mit Rücksicht auf die Kriegsverhältnisse der der Berechnung des Satzes zugrunde gelegte Umfang des Fremdengeschäfts nur mit einem Drittel des Vorjahres angesetzt wurde.[132] Ab 1940 wurde die Abgabe schließlich ausgesetzt. In drei Jahren hatte die Stadt immerhin insgesamt 1,4 Millionen Reichsmark eingenommen, allerdings damit nur einen Bruchteil dessen, was sie in diesem Zeitraum – das werden wir unten noch sehen[133] – zur Förderung des Fremdenverkehrs ausgab.

3.) Eine neue steuerliche Einnahmequelle ganz anderer Art lag schließlich in den Eingemeindungen, die man in München während der NS-Zeit in besonderem Maße vorantrieb. Zwar gelang weder die angepeilte Angliederung des gesamten Würmtals bis nach Starnberg – Hitler selbst hielt diese Pläne für »Wahnsinn«[134] –, noch die der Isartal-Gemeinden Pullach und Grünwald, wogegen sich angeblich Martin Bormann sträubte, der selbst ein Haus in Pullach besaß. Dennoch konnten im »Dritten Reich« insgesamt zehn Vororte eingemeindet werden, wodurch sich die Stadtfläche fast verdoppelte und die Einwohnerzahl um ca. 50.000 erhöhte.[135] München stieg mit nun über 800.000 Einwohnern vor Köln und hinter Berlin und Hamburg zur drittgrößten Stadt des Reichs auf.

130 Die entsprechend revidierte Satzung der Abgabe erging am 24.1.1939.

131 Zwar versuchte der DGT nach der Entscheidung für München mit Unterstützung des Reichsfremdenverkehrsverbandes die reichsweite Einführung der Fremdenverkehrsabgabe durchzusetzen, stieß damit aber auf erhebliche Gegenwehr aus denselben Kreisen, die die Münchner Abgabe kritisiert hatten, sodass das Ansinnen bis nach Kriegsbeginn zurückgestellt wurde.

132 Vgl. Leistungsbericht der Stadt am Jahresende 1940, Bericht des Stadtsteueramts, o. D., S. 4, StadtAM, BuR 260/9.

133 Siehe unten, Kapitel IV.4.

134 Vgl. Haerendel/Krüger, »Groß-München«, S. 288.

135 Diese Eingemeindungen vollzogen sich in drei Schritten: Zum 1.4.1938 wurden Pasing, Feldmoching und Großhadern eingemeindet; am 1.12.1938 folgte die Eingliederung von Allach, Ludwigsfeld, Obermenzing, Untermenzing und Solln; zum 1.4.1942 und damit als besondere Ausnahme von dem grundsätzlich bestehenden Eingemeindungsverbot wurde die Eingliederung von Langwied und Aubing vollzogen. Eine Zusammenfassung der Ereignisse um die Eingemeindungen findet sich bei Haerendel/Krüger, »Groß-München«, S. 288-290; eine Übersicht über die Auswirkungen auf Fläche und Einwohnerzahl ist bei Stracke, Wohnort, S. 109, zu finden. Eine ausführliche Rekonstruktion der Ereignisse um die Eingemeindung des größten Vororts Pasing findet sich bei Schülke/Koch, Pasing, S. 263-297.

Mit der Ausdehnung verfolgte man nicht nur raumplanerische Ambitionen, sondern versprach sich auch eine positive Auswirkung auf das Steuer- und Gebührenaufkommen.[136] Mit den zehn neuen Gemeinden wurden mehr als 500 neue Gewerbebetriebe mit 6.000 Beschäftigten steuerpflichtig, darunter so umsatzstarke Firmen wie die Lokomotivfabrik Krauss-Maffei im nordwestlichen Stadtteil Allach mit über 2.000 Mitarbeitern.[137] Das brachte zusätzliche Steuereinnahmen in Millionenhöhe,[138] wenn auch für eine Übergangsphase von zwei bis drei Jahren die Steuersätze noch nicht auf das meist deutlich höhere Niveau der Stadt angehoben werden durften.[139] Mehreinnahmen konnten jedenfalls die städtischen Werke erwirtschaften, die ihren Kundenkreis erweiterten und damit auch die Gewinne aus Gebühren für Strom, Wasser und Gas. Außerdem ging das jeweilige Gemeindevermögen auf die Stadt München über. Anders als bei den Eingemeindungen von Trudering, Perlach und Freimann vor 1933, als hohe Hypothekenschulden übernommen werden mussten,[140] war die Vermögenslage der im »Dritten Reich« eingemeindeten Vororte zwar nicht üppig, aber deutlich besser. Den Schulden von insgesamt 5,5 Millionen Reichsmark, die beispielsweise die Orte Pasing, Feldmoching und Großhadern aufwiesen, standen

136 Vgl. Stadtkämmerei an Bürgermeister Tempel, Eingemeindungen, 19.2.1937, StadtAM, BuR 168: »Vom steuerlichen Standpunkt aus sind nur Gründe ersichtlich, die für die beabsichtigten Eingemeindungen sprechen. Wenn auch das derzeitige Steueraufkommen in den für die Eingemeindung in Frage kommenden Orten nicht so hoch ist, dass es bei Berücksichtigung der zu übernehmenden Lasten noch einen besonderen Anreiz zur Eingemeindung bieten könnte, so kann doch damit gerechnet werden, dass sich die in Aussicht genommenen Eingemeindungen zukünftig in steuerlicher Hinsicht sehr günstig auswirken, d. h. eine erhebliche Erhöhung des derzeitigen Steueraufkommens zur Folge haben werden.«

137 Vgl. Tabelle, um 1937, StadtAM, BuR 1385.

138 Darüber, wie sehr sich die Eingemeindungen in steuerlicher Hinsicht exakt auswirkten, gibt es keine differenzierten Aufzeichnungen. Im Münchner Haushaltsplan wurden zwar die Hebesätze der neuen Stadtteile noch einzeln aufgeführt, jedoch nicht die jeweiligen Steuereinnahmen. Gleichwohl ist sicher, dass die Eingemeindungen einen Grund für den wachsenden Haushaltsgesamtumfang Ende der 1930er Jahre darstellten.

139 Vgl. die Erläuterungen zu dem geplanten Verfahren des Übergangs bei den einzelnen Gemeindesteuern in: Ref. 2 Aktennotiz, Eingemeindungen, 30.6.1936, StadtAM, BuR 168. So blieben etwa die im Eingemeindungsvertrag mit Pasing ausgehandelten Hebesätze für die Bürgersteuer, Grundsteuer und Gewerbesteuer erheblich unter den im Stadtgebiet erhobenen Sätzen: Im Stadtgebiet: Bürgersteuer 600 %, Grundsteuer für Grundstücke 275 %, Gewerbesteuer 260 %; in Pasing: Bürgersteuer 400 %, Grundsteuer für Grundstücke 155 %, Gewerbesteuer 210 % (vgl. Haushaltssatzung der Hauptstadt der Bewegung München 1938, S. III).

140 Vgl. Fiehler/Pfeiffer, Gemeinderäte, 23.5.1935, StadtAM, RSP 708/1. Für die Gemeinde Trudering musste sogar ein Haushaltsfehlbetrag von 164.000 RM nachträglich beglichen werden (vgl. Verwaltungsbericht der Hauptstadt der Bewegung 1933/34-1935/36, S. 39).

Positiva von zusammen 12 Millionen Reichsmark gegenüber, sodass die Stadt ein Netto-Vermögen von 6,5 Millionen übernahm.[141] Gleichwohl war die Perspektive auf höhere Einnahmen eher eine mittelfristige. Denn kurzfristig war mit den Eingemeindungen ein erheblicher administrativer und finanzieller Aufwand verbunden. Die Eingemeindungsfeiern, die Erstellung von Festschriften, der Kauf von Ehrengaben für die Bürgermeister, die Ausführung von vertraglich zugesicherten Leistungen und Ähnlichem kosteten zunächst viel Geld.[142] Um die unmittelbar anfallenden Kosten aus den drei ersten Eingemeindungen zu decken, wurde im Haushaltsplan ein Sonderposten eingestellt: Im Rechnungsjahr 1938 wies er eine Summe von 309.365 Reichsmark auf, 1939 wurde er auf 500.000 Reichsmark erhöht. Mehrbelastungen drohten auch aus der Übernahme von Verbindlichkeiten aus laufenden Krediten, im Bereich der sozialen Fürsorge und bei der infrastrukturellen Anbindung an die Stadt zu entstehen. Aus dieser Sorge heraus machte Andreas Pfeiffer schon im Februar 1937 in einer frühen internen Stellungnahme zu den Eingemeindungsplänen deutlich, dass es für die Stadtkämmerei weit weniger wichtig sei, möglichst früh »in den vollen Steuergenuss« zu kommen, als »grössere Aufwendungen für verschiedene neue Einrichtungen (Strassenbau, Schulbauten usw.)« finanzieren zu müssen.[143] Bei den Verhandlungen sei deswegen darauf zu achten, dass die »derzeitigen Steuerverhältnisse bei den einzugemeindenden Gemeinden« nur unter der Voraussetzung aufrechterhalten werden können, dass »innerhalb der steuerlichen Schonungsjahre keinerlei Sonderwünsche auf Einrichtungen usw. gestellt« würden.

Einziehungspraxis als kommunales Handlungsfeld: Fördern, Fordern, Verfolgen

Um den Jahreswechsel 1937/38 debattierte die Stadtspitze über die Festlegung der Hebesätze für die reformierte Gewerbesteuer. Dabei sorgte man sich darum, dass die neuen Bemessungsstufen, die nach preußischem Vorbild zustande gekommen waren, in Süddeutschland zu erheblichen Belastungsverschiebungen führen und in München insbesondere kleinere und mittlere Gewerbebetriebe hart treffen würden. Stadtkämmerer Pfeiffer rechnete deshalb damit, dass in erhöhtem Maße Stundungen oder Niederschlagungen gewährt werden müssten.[144] Während zuvor bei der Gewerbesteuer im Schnitt etwa vier Prozent

---

141 Nach dem Stand vom 31.3.1937, vgl. Stadtkämmerei, Die Kosten der Eingemeindungen von Pasing, Feldmoching und Großhadern, 10.5.1938, StadtAM, Kämmerei 2390.

142 Aktennotiz erster Beigeordneter, Erweiterung des Verwendungsplanes der Rücklage für Verwendungen aus Anlass von Eingemeindungen, 11.4.1938, StadtAM, Kämmerei 2390.

143 Stadtkämmerei an Bürgermeister Tempel, Eingemeindungen, 19.2.1937, StadtAM, BuR 168.

144 Vgl. Pfeiffer, Ratsherren, 21.12.1937, StadtAM, RSP 709/8.

Steuerausfälle angefallen waren, kalkulierte Pfeiffer nun, zumindest für eine Übergangsphase, mit zehn bis zwölf Prozent: Bei einem Gewerbesteueraufkommen von 25,3 Millionen Reichsmark, mit dem die Stadt für das folgende Rechnungsjahr 1938 plante, ging es also um immerhin 2,5 bis drei Millionen Reichsmark.[145] Diese Einschätzung wirkte sich insofern auf die Festsetzung des neuen Hebesatzes aus, als Pfeiffer vorschlug, diesen von vornherein höher zu bemessen, als es der ministerialen Anordnung entsprochen hätte: Diese besagte, dass der Hebesatz so zu gestalten sei, dass keine Mehreinnahmen im Vergleich zur alten Konstellation zu erwarten seien. Wenn er auf 250 statt 232 Prozent veranschlagt werde, so die Idee, könnte man sich den finanziellen Spielraum schaffen, um notwendige Erlasse zu gewähren, ohne am Ende mit weniger Einnahmen auskommen zu müssen. Die Stadtspitze folgte diesem Vorschlag des Finanzexperten und beschloss sogar einen Hebesatz von 260 Prozent, den sie offensichtlich auch bei der für die Genehmigung zuständigen Aufsichtsbehörde durchsetzen konnte.[146]

Der Fall ist in zweierlei Hinsicht aufschlussreich: Er zeigt zum einen, welche maßgebliche Rolle die Kommunalverwaltungen dabei spielten, die zentralstaatlich festgelegten Steuerreformen nicht nur umzusetzen, sondern ihre Auswirkungen in der direkten Interaktion mit den Steuerpflichtigen vor Ort sozialverträglich abzufedern. Somit konnte eine potenzielle Quelle des Unfriedens ausgeräumt und damit die NS-Herrschaft im Allgemeinen stabilisiert werden.

Zum anderen zeigt sich, dass die Einziehungspraxis auf kommunaler Ebene einen inhärenten Bestandteil der steuerpolitischen Überlegungen darstellte. Da es um Millionenbeträge ging, lag im Modus des Vollstreckens eine bedeutende Stellschraube der Einnahmegenerierung. Außerfiskalisch offenbarte sich darin überdies ein Instrument der gesellschaftlichen und wirtschaftspolitischen Lenkung. Drei Handlungstendenzen kennzeichneten die Vollstreckungspraxis der Stadt München während des »Dritten Reichs«: Fördern, Fordern und Verfolgen.

1.) Die »vornehmste Aufgabe«[147] des Vollstreckens, wie es in einer Aufgabenbeschreibung des Einziehungsamts aus dem Jahr 1929 hieß, bestand darin, einen »sozialen Ausgleich« zu schaffen. Auch im »Dritten Reich« schrieb sich die Stadtverwaltung »größtes soziales Verständnis und Entgegenkommen gegenüber leistungsschwachen Schuldnern, insbesondere bei der Erhebung der Bürgersteuer und der Wohlfahrtsabgabe« auf die Fahnen.[148] Und sie hatte damit alle Hände voll zu tun. Denn auch nach der politischen Zäsur von 1933 waren die Nachwehen der Weltwirtschaftskrise noch spürbar und äußerten sich

---

145 Vgl. Haushaltssatzung der Hauptstadt der Bewegung München 1938, S. 385.
146 Zusätzlich wurde für den sogenannten Härteausgleich auch noch ein Ausgleichsstock von über einer Mio. RM zur Verfügung gestellt (vgl. Verwaltungsbericht der Hauptstadt der Bewegung 1936 und 1937, S. 54).
147 Aufgabenbeschreibung der Finanzverwaltung der Stadt München (Referat III), 11.6.1929, S. 29, StadtAM, Kämmerei 220. Siehe auch oben Kapitel II.1.
148 Verwaltungsbericht der Hauptstadt der Bewegung München, 1933/34-1935/36, S. 63.

in Form von zahlreichen Rückstandsanzeigen, die die verantwortlichen Ämter bearbeiten mussten.[149] Um die Not leidenden Bevölkerungsgruppen vor einer allzu strengen Einziehungspraxis zu schützen, waren bereits im Rahmen der Vierten Notverordnung vom 8. Dezember 1931 einige reichsweit geltende Bestimmungen erlassen und in einer Verordnung vom 26. Mai 1933 bestätigt und noch ergänzt worden.[150] Die nationalsozialistische Stadtverwaltung vertrat den Anspruch, »unschuldig in Not geratene Volksgenossen vor dem Äußersten« zu schützen, wie es im Verwaltungsbericht von 1936 hieß, und über die Zeit hinüberzuhelfen, »die auch sie benötigten, bis die Gesundung der wirtschaftlichen Verhältnisse auch ihnen gegenüber sich auswirkte und sie instandsetzte, ihren Verpflichtungen gegenüber der Stadt nachzukommen«.[151]

In den Akten sind zahlreiche Fälle überliefert, in denen Steuer- oder Gebührenschulden gestundet oder aus Gründen der »Uneinbringlichkeit« niedergeschlagen wurden – übrigens nicht nur im Nachgang der Weltwirtschaftskrise. Auch der Krieg war für viele Bürger eine Zeit der Entbehrungen. In den ersten 14 Kriegsmonaten wurde beispielsweise vielen Grundeigentümern »weitgehendes Entgegenkommen« gezeigt, wie es in einem Bericht heißt, und in über 5.000 Fällen Grundsteuern im Wert von 1,1 Millionen Reichsmark erlassen.[152]

Trotzdem sollte dieser »sozialen« Seite der Vollstreckungspolitik insofern nicht zu viel Gewicht beigemessen werden, als es sich häufig um kleinere Beträge im drei- oder niedrigen vierstelligen Bereich handelte, die in fiskalischer Hinsicht, selbst in der Summe, nur eine geringe Rolle für den Haushalt spielten.[153] Selbst der Erlass von 1,1 Millionen Reichsmark an Grundsteuern im ersten Kriegsjahr bewegte sich bei Einnahmen von über 37 Millionen Reichsmark noch im Rahmen des ›normalen‹ Steuerausfalls, der bei vier Prozent lag.

Die Einziehungspolitik bot nicht nur Spielraum, um einzelne, Not leidende Bürger zu fördern, sondern insbesondere auch örtliche Gewerbebetriebe – wobei es hier nicht selten um deutlich höhere Summen ging. Das traditionsrei-

---

149 Vgl. Verwaltungsbericht der Stadtkämmerei der Hauptstadt der Bewegung für die Rechnungsjahre 1933, 1934 und 1935, S. 46, 11.9.1936, StadtAM, Kämmerei 1842.

150 Vgl. Vierte Verordnung des Reichspräsidenten zur Sicherung von Wirtschaft und Finanzen und zum Schutze des inneren Friedens, 8.12.1931, RGBl. I (1931), S. 699-745. Hierbei wurde u. a. die bis dahin geltende Verordnung des Reichspräsidenten über Zuschläge für Steuerrückstände (Verzugszuschläge), 20.7.1931 (RGBl. I (1931) S. 385) außer Kraft gesetzt und die Verzugszinsen, Aufschubzinsen und Stundungszinsen bei Forderungen im Bereich der Reichs-, Landes- und Gemeindesteuern vermindert (S. 704 f.). Außerdem traten verschiedene Maßnahmen der Zwangsvollstreckung in Kraft, wie etwa die Möglichkeit auf einstweilige Einstellung von Zwangsversteigerungen (S. 710-713). Vgl. außerdem Verordnung über Maßnahmen auf dem Gebiete der Zwangsvollstreckung, 26.5.1933, RGBl. I (1933), S. 302-309.

151 Verwaltungsbericht der Hauptstadt der Bewegung München 1933/34-1935/36, S. 42.

152 Vgl. Tätigkeitsbericht des städtischen Einziehungsamtes für die Zeit vom 1. April 1939 bis 1. November 1940, 18.11.1940, S. 3, StadtAM, BuR 260/9.

153 Vgl. etwa Liste Abschreibungen, Niederschlagungen, Stundungen, Hauptausschuss, 7.2.1935, StadtAM, RSP 708/4, wie sie in zahlreicher Art in den Überlieferungen des Hauptausschusses zu finden sind.

che – und bis heute bestehende – Eisengeschäft Kustermann häufte zum Beispiel zwischen 1937 und 1939 Gewerbesteuerschulden in Höhe von fast 100.000 Reichsmark an.[154] Die wirtschaftlichen Probleme des Betriebs mit Stammsitz am Viktualienmarkt resultierten nicht zuletzt daraus, dass ihm aufgrund der Wirtschaftssteuerung im Zuge des Vierjahresplans Ressourcen fehlten, um die Produktpalette zu bedienen. Es sei an sich ein »gutes Geschäft«, urteilte Karl Fiehler, aber eben von den Materiallieferungen abhängig.[155] Zusätzlich hatte das Haus im Februar 1939 einen schweren Brand überstehen müssen. Deshalb gewährte die Stadt langfristig angelegte Ratenzahlungen.

Dass im Rahmen wirtschaftspolitischer Überlegungen die Vollstreckungspolitik auch Raum für Fördermöglichkeiten jenseits akuter Notlagen bot, zeigt der Steuererlass, der der I. G. Farbenindustrie A. G. im Mai 1936 gewährt wurde. Dem damals größten Chemiekonzern der Welt mit Hauptsitz in Frankfurt a. M. wurde ein Gesamtbetrag von 21.000 Reichsmark, bestehend aus der Gemeindeumlage der Gewerbesteuer sowie der Filialsteuer, aus »Billigkeitsgründen« erlassen. Dieser Fall wurde stadtintern durchaus kontrovers diskutiert.[156] Denn die Steueransprüche waren offensichtlich deshalb niedergelassen worden, weil das Unternehmen gedroht hatte, sein Werk aus München abzuziehen und das mit der steuerlichen Mehrbelastung im Vergleich zu anderen Regionen begründete. Die Stadtspitze folgte in ihrer Entscheidung dem Staatsministerium für Finanzen, das bereits im Februar seinerseits als Ausgleich für die Mehrbelastung eine Gewerbesteuerermäßigung eingeräumt hatte. Weil man fürchtete, dass dieses Beispiel Schule machen könnte und andere Unternehmen Ähnliches fordern würden, wurde großer Wert darauf gelegt, dass die Sonderbehandlung für den Chemiekonzern nicht publik wurde.[157]

Während die Stadtführung hier nur ungern eigene Ansprüche niederschlug, zeigte sie sich in einem anderen Fall großzügiger, obwohl es um deutlich mehr Geld ging: Dem im Stadtteil Lehel ansässigen und vom früheren Stadtrat Max Amann geleiteten NSDAP-Zentralverlag Franz Eher wurde in den Jahren 1933 bis 1945 Gewerbesteuern in Höhe von 476.000 Reichsmark erlassen.[158] Diese Maßnahme reihte sich nahtlos in die systematische steuerpolitische Bevorzugung ein, die sowohl einzelnen Funktionsträgern als auch Gliederungen der NSDAP auf allen Ebenen des NS-Staats zuteilwurde. Die »Hauptstadt der Bewegung« trug ihren Teil dazu bei: Sie reduzierte oder erließ für entsprechende Veran-

---

154 Vgl. Beiräte für Verwaltungs-, Finanz- und Baufragen, 7.12.1939, StadtAM, RSP 712/5.
155 Vgl. Fiehler, Beiräte für Verwaltungs-, Finanz- und Baufragen, 7.12.1939, StadtAM, RSP 712/5.
156 Vgl. Hauptausschuss, 2.5.1935, StadtAM, RSP 708/3.
157 Vgl. Fiehler, Hauptausschuss, 2.5.1935, StadtAM, RSP 708/3.
158 Vgl. Bericht des Untersuchungsausschusses über die Aufwendungen der Stadt München zugunsten der Partei, ihrer Gliederungen und Organisationen, bekannter Nationalsozialisten, Militaristen und Nazifreunde, 31.5.1947, S. 2, StadtAM, Kämmerei 1834.

staltungen die Vergnügungsteuerpflicht,[159] schlug rückständige Grundstücks-
lasten sowie Strom- und Wassergebühren für solche Anwesen nieder, die im
Eigentum oder in Benutzung von Parteidienststellen waren,[160] oder räumte den
in München wohnhaften NSDAP-Funktionsträgern Privilegien ein. Für Heinrich Himmler verzichtete die Stadt beispielsweise auf die Straßenkostensiche-
rung beim Neubau seines Einfamilienhauses an der Wasserburger Landstraße
in Höhe von 4.700 Reichsmark;[161] dem Reichsleiter Martin Bormann wurde
im Oktober 1937 vollkommene Steuerfreiheit für seine Grundstücke gewährt.[162]
Diese Beispiele zeigen, dass gerade in den ersten Jahren des NS-Regimes die
steuerpolitische Bevorzugung der Parteiklientel am einfachsten und unauffäl-
ligsten auf dem Wege der Verwaltungspraxis, also im Zuge von Nachlässen,
durchzusetzen war. Es brauchte dafür keine besondere Änderung der Gesetze
und keinen offenen Bruch mit dem grundlegenden Steuerprinzip der »Gleichheit«. Die Spielräume, die es im Rahmen der städtischen Vollstreckungspraxis
gab, waren schon immer darauf angelegt, von Fall zu Fall entscheiden zu können. Nun konnten diese nicht nur zur Unterstützung sozial schwacher Schuldner oder als gewerbepolitische Maßnahme genutzt werden, sondern vollkommen rechtmäßig auch zugunsten der neuen Führungseliten.

2.) Die von der Stadtführung, der Kämmerei oder den Ämtern selektiv gewährten
Stundungen, Nachlässe oder Niederlassungen dürfen nicht über die grundlegende Tendenz hinwegtäuschen: Im Großen und Ganzen wurden die Zügel
deutlich angezogen. Das Vollstreckungswesen stellte für die NS-Verwaltung eine
bislang nur ungenügend genutzte Ressource der Einnahmepolitik dar. Der Kern-
auftrag für die Einziehungspraxis lag ab 1933 weniger im »sozialen Ausgleich«,
sondern vielmehr darin, »die Beitreibung schärfer in Angriff zu nehmen«.[163] Abschreibungen, d. h. die Einstellung des Zwangsvollstreckungsverfahrens, fanden

159 Nur eines von vielen Beispielen dafür war das Feuerwerk, das die Gauleitung Mün-
     chen-Oberbayern am 28.5.1933 zu Ehren Albert Leo Schlageters im Ausstellungs-
     park veranstaltete. Schlageter wurde während des Ruhrkampfs wegen Spionage und
     Sprengstoffanschlägen von einem französischen Militärgericht zum Tode verurteilt
     und später von der NS-Propaganda zum »ersten Soldaten des Dritten Reichs« stili-
     siert. Für die Veranstaltung, zehn Jahre nach dessen Tod, wurde mit 25.000 bis 30.000
     Zuschauern gerechnet. Die Eintrittspreise wären mit 12 % vergnügungsteuerpflichtig
     gewesen. »Mit Rücksicht darauf, dass es sich dabei um eine Schlageter-Feier handelt«,
     wurde der Steuersatz auf 6 % ermäßigt (vgl. Hauptausschuss, 24.5.1933, StadtAM, RSP
     706/3).
160 Vgl. Entscheidung Hauptausschuss, 17.1.1935, StadtAM, RSP 708/4. Im Verwaltungs-
     bericht der Hauptstadt der Bewegung 1936 und 1937, S. 41, wurde diese Form von
     Nachlässen in beiden Jahren auf zusammen etwa 16.000 RM beziffert.
161 Vgl. Bericht des Untersuchungsausschusses über die Aufwendungen der Stadt Mün-
     chen zugunsten der Partei, ihrer Gliederungen und Organisationen, bekannter Natio-
     nalsozialisten, Militaristen und Nazifreunde, 31.5.1947, S. 3, StadtAM, Kämmerei 1834.
162 Vgl. Ratsherren, 19.10.1937, StadtAM, 710/1. Zu den Vergünstigungen der Stadt an das
     NSDAP-Klientel siehe auch unten, Kapitel IV.3.
163 Weber, Hauptausschuss, 1.2.1934, StadtAM, RSP 707/2.

häufig nur deswegen statt, weil, wie es Pfeiffer ausdrückte, »augenblicklich aus dem Betreffenden nichts weiter herauszubringen« war.[164] Dass der Gesamtrückstand an öffentlich-rechtlichen Lasten, der beim Vollstreckungsamt behandelt wurde, in den ersten drei Jahren der nationalsozialistischen Stadtverwaltung um insgesamt 2,5 Millionen Reichsmark sank, war demnach nicht nur auf die wirtschaftliche Belebung, sondern auch auf ein, wie es im Verwaltungsbericht ganz offen hieß, »schärferes Vorgehen gegen Zahlungsunwillige mit allen zur Verfügung stehenden Zwangsmitteln« zurückzuführen.[165]

Die neue Strenge der städtischen Vollstreckungspolitik stand freilich in einem übergeordneten Zusammenhang. Es war ein allgemein und reichsweit häufig formuliertes Ziel des NS-Regimes, die »Steuermoral« und »Steuerehrlichkeit« der Bevölkerung zu steigern. Um dieses zu erreichen, wurde der Akt des Steuerzahlens zur Ehrenpflicht und zum Dienst an der »Volksgemeinschaft« stilisiert. Jenen, die Steuern bezahlten, wurde öffentliche Anerkennung zuteil, weil sie ihren Beitrag zum »Neuaufbau« leisteten.[166] Andere, die das nicht taten, obwohl sie möglicherweise dazu in der Lage gewesen wären, wurden geächtet. Bei den Finanzämtern lagen, unter Bruch des Steuergeheimnisses, Listen säumiger Zahler aus.[167] Auf kommunaler Ebene wurde eine ähnliche Maßnahme zwar als mögliche Alternative zur Erhebung von Verzugszinsen oder Säumniszuschlag diskutiert, allerdings letztlich nicht umgesetzt.[168]

Auch in München klagte man öffentlich über diejenigen, die den Vollstreckungsschutz nicht »verdient hätten«.[169] Ein besonderer Dorn im Auge waren dabei Figuren wie der sogenannte »Weißbier-Schramm«, ein in der Stadtverwaltung gut bekannter Bürger, der Steuerschulden aufwies, und der, wie Stadtkämmerer Pfeiffer polemisch monierte, »in Monte Carlo sitzt und sein Geld verspielt, während wir mit den Behörden wegen der Versteigerung der Anwesen kämpfen müssen«.[170] Es sei doch »kein Zustand, wenn einer sich im Ausland aufhält und sich nicht mehr um seine Sachen kümmert«.

Um das Ziel der Erhöhung der »Steuermoral« zu erreichen, blieb es nicht bei Polemik und sozialem Druck. Der NS-Staat weitete auch systematisch den Überwachungsapparat aus, etwa durch die zentrale Steuerfahndungsstelle und deren viele regionale Ableger, und verschärfte die Steuerstrafen. Jede Unehrlichkeit in Steuersachen sollte nicht mehr als »Kavaliersdelikt«, sondern als Verbrechen gegen den Staat betrachtet werden.[171] Bei aller ideologischen Aufladung

---

164 Pfeiffer, Hauptausschuss, 24.5.1933, StadtAM, RSP 706/3.

165 Verwaltungsbericht der Hauptstadt der Bewegung München 1933/34-1935/36, S. 63.

166 Vgl. ebd.

167 Vgl. Ullmann, Steuerstaat, S. 154.

168 Vgl. Niederschrift über die 1. Sitzung des Arbeitsausschusses für Finanzausgleich und Reichssteuerreform, 27.7.1934, S. 11, LAB, B Rep. 142/7 2-1-9-20.

169 Vgl. Mayr, Hauptausschuss, 31.1.1935, StadtAM, RSP 708/4.

170 Pfeiffer, Hauptausschuss, 31.1.1935, StadtAM, RSP 708/4.

171 Vgl. Drecoll, Fiskus, S. 165.

ging es dabei immer auch darum, die vorhandenen Steuerquellen effizienter aus-
zuschöpfen, um die Staatsausgaben zu finanzieren.[172]

In diesem größeren Rahmen erscheint es nicht überraschend, wenn ein besonderer Anreiz vom Reich ausging, um eine möglichst rigide Beitreibungspraxis auf städtischer Ebene zu vollziehen. Im Herbst 1934 hatten die zuständigen
Reichsbehörden bekannt gegeben, 25 Millionen Reichsmark als Ersatz für die
Ausfälle nach den Anpassungen der Bürgersteuer bereitzustellen und dabei diejenigen Gemeinden anteilsmäßig stärker zu bedenken, die eine höhere Beitrei-
bungsrate aufwiesen.[173] Ein rigides Vorgehen der Behörden konnte sich also in
finanzieller Hinsicht in diesem Jahr gleich doppelt lohnen. Angestachelt von der
Aussicht auf die ›Prämie‹ wies die Münchner Kämmerei am 23. Oktober 1934
das Vollstreckungsamt an, besonders um die Beitreibung der Bürgersteuer besorgt zu sein und das Verfahren mit Ende des Rechnungsjahres abzuschließen.
Wie »schlampig« die Steuer bislang bezahlt würde, so der Kämmerer, ersähe man
daran, dass von 180.000 Haushalten etwa 35.000 Rückstandsanzeigen von der
Stadthauptkasse gemeldet wurden. Um diesen Zustand zu verbessern und einen
möglichst hohen Anteil von der Prämie zu bekommen, wollte die Kämmerei sogar 20 Aushilfskräfte anstellen, was zusätzlich 12.500 Reichsmark kosten sollte.

Wenige Monate später setzte das neue Steuersäumnisgesetz, das auf Reichsebene erlassen wurde, einen weiteren, jedoch vermutlich unbewussten Impuls,
um die Beitreibungspraxis auf städtischer Ebene noch zu intensivieren.[174] Im
Zuge dieses Gesetzes wurden die Verzugszinsen zugunsten eines allgemeinen
Säumniszuschlags von zwei Prozent ersetzt, der unabhängig von der Länge der
Zahlungsverzögerung erhoben wurde. Das lohnte sich für die Kommune nur
bei kurzem Zahlungsverzug von bis zu drei Monaten, während danach im Vergleich zur vorherigen Regelung ein Zinsverlust entstand. Für die Stadt ergab
sich daraus die Notwendigkeit, das Verfahren »mit tunlichster Beschleunigung«
durchzuführen. Deshalb wies der OB die Stadthauptkasse an, die Rückstände so
frühzeitig wie möglich anzumahnen und nach »fruchtloser« Mahnung »unverzüglich« dem Vollstreckungsamt anzuzeigen. Dieses sollte dann die Beitreibung
»mit Nachdruck« vornehmen.[175]

172 Vgl. Ullmann, Steuerstaat, S. 154.

173 Vgl. Pfeiffer, Hauptausschuss, 13.12.1934, StadtAM, RSP 707/4.

174 Vgl. Steuersäumnisgesetz, 24.12.1934, RGBl. I (1934), S. 1271 f. Eine Problematik für die
Stadt ergab sich allerdings dadurch, dass dieses Gesetz nur für Steuern galt. Gerade für
die kommunale Vollstreckungspolitik spielten aber die Leistungsgebühren eine ebenso
wichtige Rolle.

175 Vgl. Stadtratsbeschluss, Säumniszuschläge, Verzugs- und Stundungszinsen für Steuern und öffentlich-rechtliche Gemeindeabgaben, 17.1.1935, abgedruckt in: Hauptausschuss, 17.1.1935, StadtAM, RSP 708/4. Gleichzeitig versuchte die Stadt, auch auf dem
rechtlichen Weg gegen diese Neuregelung vorzugehen und zu erwirken, dass sie nach
der Frist von drei Monaten weiterhin 12 % Verzugszinsen erheben könnte. Denn die
Neuregelung würde aus ihrer Sicht dazu führen, dass ein Schuldner, der ohnehin im
Verzug ist, schuldig bleiben könne, »solange er mag«. Er könne sogar das Geld anlegen
und dabei mehr als 2 % Zinsen kassieren und so »ein Geschäft« machen. Das könne

Die Dynamik und Härte in der Beitreibungspraxis nahm im Allgemeinen erst im Krieg ab – zumindest den ›normalen‹ Volksgenossen gegenüber. Allein im ersten Jahr nach Kriegsbeginn, zwischen September 1939 und Oktober 1940, beliefen sich die von der Stadtkasse beim Einziehungsamt angezeigten Rückstände auf 12,7 Millionen Reichsmark, wobei etwa die Hälfte Grundsteuerrückstände waren.[176] Dabei erhöhte sich vor allem der unerledigte Rückstand.

Viele Zahlungspflichtige nahmen längere Zahlungs- und Stundungsfristen in Anspruch oder ersuchten um Ermäßigung und Erlasse, die ihnen mit Rücksicht auf die Kriegsverhältnisse auch häufiger als zuvor gewährt wurden. Zugleich mussten die städtischen Ämter mit reduziertem Personalbestand arbeiten, so. dass sich das Einziehungsgeschäft verlangsamte und auch weniger Zwangsmaßnahmen durchgeführt werden konnten. Gerade die Beamten im Außendienst, also jene, die in direktem Kontakt zur Bevölkerung die Steuern eintrieben, waren offenbar als Erstes abkömmlich: Bereits im ersten Kriegsjahr wurde jedenfalls die Hälfte der Außenbeamten zur Wehrmacht eingezogen. Zu einem massiven Einbruch der Einnahmen kam es gleichwohl nicht, was sich die zuständigen Ämter mit dem »Erfolg nationalsozialistischer Erziehungsarbeit« erklärten.[177]

3.) »Wenn es zum Konkurs kommt, kann es uns nur recht sein. Wir wollen nicht haben, daß hier leise getreten wird, das Geld soll unter allen Umständen eingetrieben werden.«[178] So rigoros äußerte sich der NSDAP-Fraktionschef Christian Weber im Mai 1935 in einer Sitzung des Hauptausschusses zu dem Umstand, dass das jüdische Kaufhaus Uhlfelder der Stadt Jahresraten von 10.000 Reichsmark schuldete und auf Basis des Vollstreckungsschutzgesetzes mitgeteilt hatte, dass es diese Raten nicht zahlen könne. Daraufhin hatte die Stadt gedroht, eine gerichtliche Feststellung zu erwirken, jedoch lange nichts mehr gehört.[179] Nur Staatssekretär Ludwig Stocker (1889-1979) aus dem Wirtschaftsministerium rief an und teilte mit, dass man in der Sache »etwas leiser treten« solle.[180] Obwohl die Stadtführung also vonseiten der Staatsregierung zur Zurückhaltung aufgefordert wurde und es sich nicht um Steuerschulden oder Ähnliches, sondern um

nur »abgebogen werden«, wenn man »in der Vollstreckung ziemlich zugreift und bei Häusern zur rechten Zeit zur Mietzinspfändung übergeht« (Pfeiffer, Hauptausschuss, 17.1.1935, Stadt, RSP 708/4).

176 Vgl. Tätigkeitsbericht des städtischen Einziehungsamtes für die Zeit vom 1. April 1939 bis 1. November 1940, 18.11.1940, S. 1 f., StadtAM, BuR 260/9.

177 Vgl. Tätigkeitsbericht des städtischen Einziehungsamtes für die Zeit vom 1. April 1939 bis 1. November 1940, 18.11.1940, S. 7, StadtAM, BuR 260/9. Im Leistungsbericht der Stadthauptkasse (ebd.) wurde in ähnlicher Weise auf den »Verdienst der jahrelangen Erziehungsarbeit« hingewiesen.

178 Weber, Hauptausschuss, 2.5.1935, StadtAM, RSP 708/3.

179 Vgl. auch Aktenüberlieferung, StadtAM, Steueramt 729.

180 Stocker hatte zwischen 1924 und Mai 1933 für die DNVP selbst im Münchner Stadtrat gesessen. Zwischen 1933 und 1936 leitete er im Bayerischen Wirtschaftsministerium die Abteilung für Handel und Gewerbe, ehe er im Februar 1936 aus eigenem Antrieb aus dem Staatsdienst entlassen wurde (vgl. Lilla, Stocker).

Kosten für eine Hoffläche handelte, die Uhlfelder aus feuerpolizeilichen Gründen erwerben musste und die enorme Geld gekostet hatte, und außerdem von einem möglichen Konkurs, wie ihn Weber in Kauf genommen hätte, viele Arbeitsplätze bedroht gewesen wären, stimmten die Ratsherren ihrem Fraktionsvorsitzenden zu. »Ich nehme eo ipso an«, so fasste Stadtkämmerer Pfeiffer die Stimmung zusammen, »daß es Ihre Meinung ist, nicht leiser zu treten.«[181]

Dieser Fall zeigt, wie die Gestaltungsspielräume, die die Vollstreckungspraxis bot, auch genutzt werden konnten, um eine im besonderen Maße antisemitische und rassistische Gesellschaftspolitik voranzutreiben. Das Beispiel Uhlfelder war kein Einzelfall, sondern macht vielmehr deutlich, dass der Modus des Ein-»Forderns« gegenüber den Münchner Juden systematisch zu einem Instrument der Verfolgung wurde – und das erstaunlich frühzeitig und eigeninitiativ, ohne Druck des Reichsfiskus.[182]

Karl Fiehler hatte bereits am 30. März 1933, keine zwei Wochen, nachdem er die Führung im Münchner Rathaus übernommen hatte, angeordnet, ein Verzeichnis aller durch das städtische Vollstreckungsamt behandelten Rückstandsfälle jüdischer Schuldner anzulegen.[183] Die in kürzester Zeit erstellte Liste nannte auf 14 Seiten mehr als 220 Namen und Adressen jüdischer Bürger sowie im Detail Art und Höhe der jeweiligen Schulden, wobei damals noch gar keine offizielle Definition feststand, wer zu dieser Personengruppe gehörte. Verzeichnet waren sogar minimale Beträge unter 10 Reichsmark. Diese Liste bildete den Ausgangspunkt für eine besonders rigide Eintreibungspraxis, die die Stadt fortan gegenüber Juden, aber auch anderen aus der »Volksgemeinschaft« ausgegrenzten Bürgern praktizierte. Zugleich ist sie von übergeordneter Bedeutung für die rassistische Ausgrenzungspolitik in München, denn sie markiert den Beginn einer systematischen Datenerfassung, durch welche die jüdischen Stadtbürger – gewissermaßen mit den Waffen der Statistik – gesellschaftlich stigmatisiert und ausgeschlossen wurden, und die eine entscheidende Voraussetzung für die planmäßige Verfolgung werden sollte. Die in der München-Forschung häufig erwähnte Registrierung jüdischer Gewerbetreibender in einem stadtinternen Verzeichnis erfolgte erst über vier Jahre später, ab Sommer 1937.[184]

181 Pfeiffer, Hauptausschuss, 2.5.1935, StadtAM, RSP 708/3.
182 Einige Fälle und die entsprechenden Korrespondenzen zwischen Finanzreferat, OB und Landesstellen finden sich im Akt »Niederschlagung von Gemeindeumlage aus der Haussteuer jüdischer Schuldner, 1933-1934«, StadtAM, Steueramt 729.
183 Vgl. Städtisches Vollstreckungsamt, Liste Jüdische Schuldner, 31.3.1933, YVA, M.1.DN 19, mikroverfilmt in StadtAM, Rolle 145.
184 Vgl. etwa Verzeichnis der gewerbepolizeilich gemeldeten jüdischen Gewerbebetriebe, Stand 15.2.1938, YVA, M.1.DN 19, mikroverfilmt in StadtAM, Rolle 145. Ein weiteres bemerkenswertes Beispiel für die gesellschaftliche Ausgrenzung der Juden mit den Mitteln der Statistik liefert das Statistische Handbuch der Hauptstadt der Bewegung, welches im Jahr 1938 im Auftrag von Karl Fiehler herausgegeben wurde. Das 240-seitige Werk bietet eine bemerkenswerte Dichte und Vielfalt von Zahlen und Daten über die Stadt, deren Bevölkerung, Gesellschafts- und Wirtschaftsstruktur. Es ist insofern auch als Herrschaftsinstrument zu verstehen, als in unterschiedlichen Tabel-

Der Weisung des OB, jüdische Schuldner, »schärfer anzufassen«,[185] folgte im November 1933 die Verfügung der Stadtkämmerei, dass ein Entgegenkommen seitens der Gemeinde gegenüber »nicht-arischen Schuldnern« nur mit einem ausführlichen Gutachten erwirkt werden könnte.[186] Damit konnte geltendes Gesetz, nämlich der Vollstreckungsschutz, dem Anschein nach gewahrt, tatsächlich aber entschlossen gegen Juden vorgegangen werden. Zugleich versuchte Fiehler, die rigide Verwaltungspraxis gegenüber Juden ›nach oben‹ abzusichern und auch auf Ebene der Landesfinanzämter durchzusetzen. Einmal mehr konnte er dabei auf die Unterstützung des Staatssekretärs im Reichsfinanzministerium und Münchner Parteigenossen Fritz Reinhardt zählen.[187]

Nicht nur der frühe Zeitpunkt dieser Maßnahmen auf dem Gebiet des Vollstreckungswesens ist also bemerkenswert. Die Vorreiterrolle der »Hauptstadt der Bewegung« in Sachen Schuldnerverfolgung wird vor allem augenscheinlich, wenn man die Amtspraxis der Landesfinanzämter zum Vergleich heranzieht, die bei Steuerniederlassungen – wie etwa im oben gezeigten Fall bei der I.G. Farben – gewöhnlich auch für die Kommunen eine zentrale Richtschnur bot. Zwar wurde auf Initiative von Fiehler schon 1934 ein Erfahrungsaustausch der Verwaltungsstellen von Stadt und Land beschlossen, in der Praxis änderte das aber offensichtlich zunächst wenig.[188] Laut Axel Drecoll, der die Verfolgungsmaßnahmen der bayerischen Finanzverwaltung analysiert, sei dort bis 1938 keine besondere antisemitische Motivation nachzuweisen. Er hebt vielmehr hervor, dass auch Juden gegenüber am »fiskalischen Prinzip der Gleichbehandlung aller Steuerpflichtigen« festgehalten wurde.[189]

len die Gruppe der Juden besonders herausgehoben und vermessen wird. 9.000 sogenannte »Glaubensjuden« lebten demnach in der Stadt; in einer Fußnote auf S. 34 bekommt der Leser sogar die Zusatzinformation, dass bei der Volkszählung »nur« die Juden israelitischer Religion, nicht die »Rassejuden« festgestellt worden seien. Statistisch erfasst sind ebenfalls die Vermögensverhältnisse: Auch wenn nur 2.753 Juden bis dahin gemäß der Verordnung über die Anmeldung des Vermögens von Juden vom 26.4.1938 (Mitteilung des Oberfinanzpräsidiums) das ihrige angemeldet hatten, belief sich das Gesamtvermögen auf 210 Mio. RM, zuzüglich weiterer 12 Mio. RM im Besitz von »nichtjüdischen Ehegatten von Juden«.

185 Vgl. Finanzreferat, Vollzug des Haussteuergesetzes, 22.6.1933, StadtAM, Steueramt 729. Zum allgemeinen Standpunkt und Verwaltungspraxis um 1933/34 siehe auch Denkschrift Zwangsmaßnahmen wegen gemeindlicher Forderungen gegen 1. Nichtarier, 2. Ausländer, 3. Ins Ausland geflüchteter Deutscher, 4. Marxisten und Marxistischen Verbänden, o. D., StadtAM, Steueramt 729.

186 Vgl. Aktennotiz, Behandlung gemeindlicher Gefälle (jüdische Schuldner), 5.3.1934, StadtAM, Steueramt 729.

187 Vgl. Fiehler an Reinhardt, Behandlung gemeindlicher Gefälle bei nicht-arischen Pflichtigen, um Herbst 1933, StadtAM, Steueramt 729; Rundschreiben Reichsminister der Finanzen (Reinhardt), Vollstreckungsschutz, 24.11.1933, StadtAM, Steueramt 729.

188 Präsident des Landesfinanzamts München (Mirre), Steuerliche Massnahmen bei nichtarischen Pflichtigen, 4.8.1934, StadtAM, Steueramt 729.

189 Drecoll, Fiskus, S. 176.

Die unterschiedliche Schärfe, mit der Stadt und Land die Vollstreckung vollzogen, wird am Beispiel der Behandlung der Steuerrückstände des jüdischen Kommerzienrats Leopold Abt, dem Inhaber des Getreidegroßhandels Abt & Danziger, deutlich. Während das Landesfinanzamt wegen einer von Abt im Jahr 1932 vorgenommenen Wohnungsteilung sämtliche Steuerrückstände niederließ, weigerte sich die Stadt, analog zu handeln. Abt beteuerte in seinem Antrag auf Erlass zwar, dass er seit 45 Jahren, in denen er in der Stadt München lebte, immer seine Steuern pünktlich bezahlt habe und auch deswegen die gleiche Behandlung erfahren müsse wie andere Bürger.[190] Das städtische Vollstreckungsamt witterte jedoch hinter seinem Gesuch eine Art jüdischer Verschwörung. Insbesondere stieß man sich an Abts Rechtsvertreter, dem aus einer traditionsreichen jüdischen Anwaltsfamilie stammenden Dr. Berolzheimer, der sich aus Sicht der Beamten in vielen Fällen durch besondere Hartnäckigkeit ausgezeichnet hatte, Anträge auf Niederschlagung von Gemeindeumlagen zu stellen.[191] Die Vollstreckungsbehörde lehnte das Gesuch deshalb im September 1934 mit der unverhohlen rassistischen Begründung ab, dass »Berolzheimer und Abt Juden« seien.[192] Der Hauptausschuss debattierte schließlich im März 1935 darüber, wie offen man diesen wahren Grund der Niederschlagung nach außen kommunizieren könne: Während Ratsherr Beer die Meinung vertrat, diesen nicht direkt zum Ausdruck bringen zu können, war Stadtkämmerer Pfeiffer davon überzeugt, dass eine solche »Rätselraterei« nicht (mehr) nötig sei und man offen die Auffassung vertreten könne, nicht wie das Finanzamt »Krethi und Plethi von Juden« genauso behandeln zu wollen »wie die übrigen Volksgenossen«, sondern einen »strengeren Maßstab« anzulegen.[193] OB Fiehler pflichtete ihm bei, zumal er sich der Unterstützung von Adolf Wagner sicher war. Dieser habe nämlich »privatim« erklärt, dass er den Standpunkt Münchens nicht nur für richtig halte, sondern »ihn sogar korrigieren« müsste, wenn es anders wäre.[194] Deshalb war sich der OB auch in diesem Fall sicher: »Selbst wenn uns also die Regierung von Oberbayern eine hinaufhaut, wird es die Beschwerdeinstanz redressieren.«

190 Vgl. Aktennotiz Stadtkämmerei, Niederlassung von gemeindlichen Anwesenslasten, 11.3.1935, StadtAM, Steueramt 729.
191 Leider geht aus den Quellen, die nur den Nachnamen nennen, nicht zweifelsfrei hervor, ob es sich dabei um Dr. Franz Salomon Berolzheimer, seinen Bruder Dr. Richard Theodor Berolzheimer oder Dr. Hans David Martin Berolzheimer handelte. Alle waren promovierte Anwälte und zu der damaligen Zeit in München wohnhaft (vgl. Stadtarchiv München (Hrsg.), Biographisches Gedenkbuch der Münchner Juden, S. 140-142). Sie verloren ihre Anwaltszulassung und wurden im Zuge der Verhaftungswelle nach »Kristallnacht« im November 1938 vorübergehend ins KZ Dachau eingeliefert, später deportiert und ermordet.
192 Pfeiffer, Hauptausschuss, 21.3.1935, StadtAM, RSP 708/4.
193 Ebd.
194 Fiehler, Hauptausschuss, 21.3.1935, StadtAM, RSP 708/4.

Mit Beschluss vom 5. Juni 1935 akzeptierte die Regierung denn auch den »sehr strengen Standpunkt« der Stadt.[195]

Tatsächlich wurde die von der Stadt als wünschenswert angestrebte »einheitliche Sachbehandlung« bei jüdischen Steuerschuldnern in der Folge erreicht, indem sich die staatlichen Finanzämter der rigiden Verwaltungspraxis der »Hauptstadt der Bewegung« mehr und mehr anpassten.

Als das NS-Regime nach dem Novemberpogrom 1938 das Netz antijüdischer Maßnahmen immer dichter knüpfte und auch andere Städte die Richtlinien bei der Steuereinziehung gegenüber Juden verschärften, brauchte das Münchner Amt an seiner Praxis schon nichts mehr zu ändern.[196] Amtsleiter Philipp Sprengart machte deutlich, wie sehr schon lange eine entsprechende Vorgehensweise vollzogen wurde:

»Das Zwangsbeitreibungsverfahren gegen jüdische Schuldner wurde vom Einziehungsamt seit Jahren bis zur letzten Möglichkeit (Offenbarungseid, Vollstreckung des Haftbefehls zur Erzwingung des Offenbarungseids usw.) durchgeführt. Gesuche um Genehmigung von Stundungen, Teilzahlungen und Erlaß von öffentlich-rechtlichen Abgaben, Steuern und Gebühren wurden grundsätzlich abgelehnt.«[197]

Was ein Beitreibungsverfahren »bis zur letzten Möglichkeit« im Einzelfall bedeutete, zeigte sich etwa am Fall des Bernhard Ass. Der als »jüdisch« klassifizierte Bürger schuldete der Stadt 51 Pfennig Gemeinde- und Bezirksumlage, vier Reichsmark Grundwertabgabe für die Jahre 1936/37 und 4,25 Reichsmark Grundsteuer für sein kleines Anwesen im südwestlichen Stadtteil Großhadern, das er einst für 1.200 Reichsmark erworben hatte. Trotz »ergangener Aufforderung«[198] hatte Ass die Forderungen des städtischen Fiskus – es handelte sich zusammengerechnet nicht einmal um neun Reichsmark (!) – nicht beglichen, weshalb das Einziehungsamt im Juni 1939 einen Antrag auf Zwangsversteigerung des Grundstückes stellte, dem die Ratsherren ohne Diskussion zustimmten. Hinter diesem völlig unverhältnismäßig rigiden Handeln standen neben ideologischen auch verkehrspolitische Interessen, da das Grundstück einem geplanten Straßenausbau im Weg stand. So wurde die Stadtkämmerei auch ermächtigt, bei der öffentlichen Zwangsversteigerung des Grundstücks mitzubieten. Der Eigentümer Ass bekam davon wahrscheinlich kaum etwas mit. Sein Aufenthalt war zu diesem Zeitpunkt »unbekannt«.

---

195 Vgl. Aktennotiz Stadtkämmerei, Niederschlagung von gemeindlichen Anwesenslasten bei Wohnungsteilung/Schuldner Abt, 23.7.1935, StadtAM, Steueramt 729.

196 Vgl. etwa Berlin, wo der OB am 1.7.1938 verfügte, dass Juden Steuern nicht mehr gestundet würden (vgl. Gruner, Grundstücke, S. 127).

197 Städtisches Einziehungsamt (Sprengart) über Verwaltungsrat Beer an Stadtkämmerei, Ausschaltung der Juden aus dem öffentlichen Leben, 17.11.1938, YVA, M.1.DN, mikroverfilmt in StadtAM, Rolle 137.

198 Pfeiffer, Ratsherren, 20.6.1939, StadtAM, RSP 712/1.

Dass die Stadt Steuer- und Gebührenschulden nicht nur von jüdischen Bürgern kompromisslos und hartnäckig eintrieb, sondern zumindest teilweise auch von anderen Bevölkerungsgruppen, die aus der »Volksgemeinschaft« ausgeschlossen waren, zeigt schließlich die Behandlung der »antinationalen oder marxistisch beeinflussten« Vereine. Als im Frühjahr 1933 in München etwa 300 als solche markierte Gruppen verboten wurden, hatten einige noch gemeindliche Ausstände offen, wie Anwesenslasten, Stromrechnungen oder Gebühren. In der Folgezeit bemühte sich die Stadtkämmerei nicht nur unnachgiebig um die Rückerstattung ihrer ausstehenden, aber vergleichsweise geringen Schulden. In einem jahrelangen Einsatz kämpfte München dafür, über die Instanzen des Gemeindetags und der deutschen Girokassenvereinigung vom Reichsinnenministerium eine gesetzliche Grundlage für ihre Forderungen zu erlangen. 1937 wurde schließlich tatsächlich ein »Gesetz über Gewährung von Entschädigungen bei der Einziehung oder dem Übergang von Vermögen« verabschiedet, das jedoch dem Willkür-Prinzip des nationalsozialistischen Staates insofern entsprach, als das Gesetz lediglich das Recht auf »Antrag« einräumte.[199]

In der neueren Forschung wurde hinlänglich gezeigt, dass die Kommunen als »Schrittmacher der Verfolgung« einen wesentlichen Beitrag zur Radikalisierung der Repressionspolitik leisteten.[200] Die Einziehungsämter wurden als bedeutender Akteur bisher vernachlässigt. Dabei boten Steuerschulden einen besonders willkommenen Anlass, um rigide gegen Juden vorzugehen. Ähnlich wie bei der steuerpolitischen Bevorzugung der NS-Klientel in Form von großzügigen Erlassen stellte umgekehrt die Verschärfung der Vollstreckungspolitik gegenüber Juden einen viel einfacheren und schnelleren Weg dar, den neuen ideologischen Grundsätzen gerecht zu werden, als das durch Gesetzesänderungen möglich gewesen wäre. In diesem Bereich offenbart sich vielleicht am deutlichsten, dass auch die nach eigenem Selbstverständnis unpolitischen Finanzbeamten unter dem fiskalischen Deckmantel eine stramm nationalsozialistische Haltung an den Tag legten. Diese Haltung erhielt insofern eine besondere Tragweite, als sie nicht nur intern geäußert, sondern offen nach außen kommuniziert wurde, mit dem Ziel, dass auch auf Landesebene ähnlich strikt agiert würde. Besonders bemerkenswert ist dieses Feld der Verfolgung schließlich auch deswegen, weil die Maßnahmen bereits so früh Gestalt annahmen. Etwas zugespitzt könnte man formulieren: Die Judenverfolgung der Stadtverwaltung begann beim Geld.[201]

199 Vgl. Akt »Einziehung volks- und staatsfeindlichen Vermögens«, StadtAM, Kämmerei 1833.
200 Vgl. Drecoll, Fiskus, S. 101; eine Zusammenfassung liefert etwa Gruner, NS-Judenverfolgung, sowie Fleiter, Kommunen.
201 Ebenfalls in die ersten Tage nach Fiehlers Ernennung zum Oberbürgermeister fiel ein Rundschreiben an alle Referate der Stadtverwaltung, das die Anweisung enthielt, in Zukunft keine Aufträge mehr an »nichtdeutsche Firmen« zu vergeben (vgl. Rappl, »Arisierungen«, S. 130).

3. Aufnehmen und Anlegen:
Grenzen und Möglichkeiten städtischer Kreditpolitik

Ein Gemeinwesen kann Vorhaben nicht nur mit ›eigenem Geld‹, das heißt über Steuer- und Gebühreneinnahmen, sondern auch mit ›fremdem Geld‹ finanzieren, also über die Aufnahme von Darlehen oder die Ausgabe von Anleihen. Diese Strategie ist für die Verantwortlichen deswegen attraktiv, weil sie damit den politischen Debatten aus dem Weg gehen, die oft mit Abgabeerhöhungen verbunden sind. ›Fremdes Geld‹ ermöglicht es Gemeinden, Investitionen zu tätigen, um das Leistungsangebot und damit idealerweise mittelfristig auch die Finanzsituation insgesamt zu verbessern. Jegliche Konstruktionen der Geldaufnahme stellen selbstverständlich auch eine finanzielle Belastung dar, weil die Gläubiger daran verdienen wollen. Die Kosten für Tilgung und Verzinsung müssen, wenn auch über einen mehr oder weniger langen Zeitraum gestreckt, gewöhnlich wieder aus dem ›eigenen Geld‹ bestritten werden, sprich: aus ordentlichen Haushaltsmitteln. Insofern zukünftige Einnahmen bereits in der Gegenwart verplant werden, besteht dann ein finanzpolitisches Risiko, wenn sich die Wirtschafts- und Finanzlage, so wie Anfang der 1930er-Jahre, deutlich verändert.

Umgekehrt fungiert eine Kommune – direkt oder indirekt – auch als Geldgeber des Finanzmarkts, wenn sie ihr Vermögen in Fonds oder Wertpapieren anlegt und Zinsgewinne erwirtschaftet. Die Bildung von Anlagen und Rücklagen· soll Spielräume für zukünftige Investitionen ermöglichen. Dadurch werden gewissermaßen die Einnahmen der Gegenwart für die Zukunft verfügbar gemacht.

Wenn ich im Folgenden die Kreditpolitik der Stadt München als weiterer Modus städtischer Einnahmenakquise betrachte, möchte ich zeigen, wie und unter welchen Bedingungen sich diese im Untersuchungszeitraum vom »Aufnehmen« zum »Anlegen« wandelt. Den Ausgangspunkt dieser Entwicklung bildeten die massive Schuldenkrise Anfang der 1930er-Jahre und die Versuche, diese zu überwinden.

Ein nicht ausschlagbares Angebot?

Im Mai 1933 begegnete der Finanzreferent Andreas Pfeiffer in einer Münchner Straßenbahn einem alten Bekannten, dem Rechtsanwalt Dr. Leopold Ambrunn (1884-1942), der damals eine Kanzlei in der Innenstadt führte. Es war ein zufälliges Treffen, das einige Jahre später so nicht mehr hätte stattfinden können, denn Ambrunn war Jude und als solcher ab 1941 von der Benutzung der öffentlichen Verkehrsmittel in München ausgeschlossen. Doch an diesem Tage im Mai 1933 konnte der renommierte Anwalt die flüchtige Begegnung nutzen, um mit dem Finanzreferenten Geschäftliches zu bereden. Ob aus der »Sache« jetzt wirklich nichts mehr werden würde, fragte er, woraufhin Pfeiffer entgegnete, dass er sich prinzipiell vorstellen könne, das Geschäft unter besseren Bedingungen und unter Ausschluss von Julius Wolff noch abzuschließen.[202]

Der Beginn dieser »Sache« reichte einige Jahre zurück. Die Stadt München hatte zwischen 1924 und 1932 kreditfinanzierte Investitionen in einer Gesamthöhe von 223 Millionen Reichsmark getätigt.[203] Ein beträchtlicher Teil davon war, als das noch lukrativ war, über Auslandsanleihen finanziert worden.[204] Allein der Ausbau der Elektrizitätswerke war bis 1932 mit 83 Millionen Reichsmark ›fremdem Geld‹ verwirklicht worden.[205] Es handelte sich dabei um einen über Jahre angelegten Vorgang, der, einmal initiiert, nur schwer unterbrochen oder gar angehalten werden konnte, auch nicht, als sich die Lage auf den Kapitalmärkten rapide verschlechterte.[206] Ein Teil der Kosten dieses Großprojekts musste deshalb auf dem Wege der hochverzinslichen und kurzfristigen Kreditaufnahme aufgebracht werden. Im Sommer 1933 belief sich die temporäre Verschuldung allein in dieser Sache noch auf 34 Millionen Reichsmark, was einem Sechstel der städtischen Gesamtschulden entsprach.[207] Hinzu kamen kurzfristige Verbindlichkeiten von 18 Millionen Reichsmark, die entstanden waren, weil die Stadt für Wohnungsbauprogramme der Gemeinnützigen Wohnungsfürsorge A. G. (Gewofag) gebürgt hatte, die ihren Zahlungsverpflichtungen infolge der Krise nicht mehr nachkommen konnte.

Bei ihren Umschuldungsbemühungen waren Stadtvertreter im Jahr 1931 mit Julius Wolff (1891-1943) in Kontakt gekommen, einem jüdischen Darmhändler aus Amstenrade in den Niederlanden. Zuvor hatte man sich auf dem zerrütteten Finanzmarkt bereits mit einigen anderen Initiativen vergeblich darum bemüht, an ›frisches‹ Geld zu gelangen. So konnte etwa eine 1930 bereits staatsaufsichtlich genehmigte Anleihe über 20 Millionen Reichsmark nicht auf dem Kapitalmarkt untergebracht werden und musste später sogar entwertet und eingestampft wer-

---

202 Vgl. Pfeiffer, Haushaltausschuss, 27.6.1933, StadtAM, RSP 706/7.

203 Vgl. Verwaltungsbericht der Landeshauptstadt München 1930-1932, S. 25.

204 Auslandsanleihen waren bis Ende der 1920er-Jahre finanziell lohnend, da die Zinssätze niedriger als am deutschen Markt waren. Zwei Stadtanleihen – es gab weitere Versuche – konnten erfolgreich am internationalen Kapitalmarkt platziert werden. Das war zum einen im Jahr 1925 eine 7 %-Anleihe über einen Nominalbetrag von 8,7 Millionen USD. Die Rückzahlung war so geregelt, dass ab 1926 jedes Jahr eine von insgesamt 20 Serien getilgt werden sollte, wobei die Stadt während des Zweiten Weltkrieges allerdings nicht mehr in der Lage war, ihren Verpflichtungen nachzukommen. Im Jahr 1928 wurde zum anderen eine Auslandsanleihe über 1,6 Millionen Pfund Sterling platziert, was knapp 30 Millionen RM entsprach. Diese Emission wurde im Gegensatz zu den bisherigen Stadtanleihen als Namensanleihe aufgelegt. Beginnend mit dem Jahr 1933 sollte jedes Jahr ein Teilbetrag getilgt werden, wobei die Serie durch Auslosung bestimmt wurde. Besonders behilflich bei der Platzierung war das jüdische Bankhaus H. Aufhäuser, wobei der damalige NSDAP-Stadtrat Fiehler in diesem Zusammenhang immer wieder gegen die »Bankenmacht« und das Judentum polemisierte (vgl. zur Geschichte dieser Anleihe Balbaschewski, Pfund-Anleihe, S. 13-36).

205 Vgl. Verwaltungsbericht der Landeshauptstadt München 1930-1932, S. 25.

206 Vgl. Balbaschewski, Pfund-Anleihe, S. 6.

207 Vgl. Pfeiffer, Haushaltausschuss, 27.6.1933, StadtAM, RSP 706/7.

den.[208] Wolff, der über hervorragende Beziehungen zur Reichsbank sowie zur Bayerischen Staatsbank verfügte, unterbreitete der Stadt München das ›verlockende‹ Angebot, ein langfristig angelegtes Darlehen über 40 Millionen Reichsmark aus Stillhaltegeldern zu beschaffen. Das war nicht nur eine beträchtliche Summe, mit der die Stadt einen großen Teil ihrer kurzfristigen Verbindlichkeiten hätte umschulden können; unter den angespannten Bedingungen auf den Finanzmärkten war die Offerte vergleichsweise attraktiv, wenngleich Wolff das Darlehen an die Bedingung knüpfte, Grundstücke im Wert von zwei Millionen Reichsmark von der Terraingesellschaft Neu-Westend zu kaufen, deren Sanierung er zur gleichen Zeit betrieb.

Die Verhandlungen und Vorbereitungen für den Deal sowie die Prüfungen durch die zentrale Genehmigungsstelle zogen sich lange hin – bis zum 30. Januar 1933. Die Finanzlage der Stadt München hatte sich auch nach der nationalsozialistischen Machtübernahme nicht über Nacht gebessert, sodass das 40-Millionen-Reichsmark-Darlehen aus fiskalischer Sicht auch im Frühjahr 1933 noch eine durchaus lukrative Offerte darstellte. Die politischen Konstellationen allerdings hatten sich vollkommen verändert. Die Stadtführung nahm zunächst etwas Abstand von dem Geschäft. Man wollte schließlich nicht, wie es Andreas Pfeiffer in nüchterner Anspielung auf die jahrelangen Tiraden gegen die »jüdische Zinsknechtschaft« ausdrückte, dass sich der Herr Oberbürgermeister in einer seiner ersten Amtshandlungen des Juden Wolff zur Vermittlung eines Darlehens bedienen müsse.[209]

Nach der zufälligen Begegnung in der Münchner Straßenbahn im Mai 1933, in welcher der Finanzreferent sein Interesse nicht grundsätzlich abgestritten hatte, forcierten Wolff und Ambrunn ihre Bemühungen wieder stärker.[210] Wolff erkannte die Zeichen der Zeit und legte ein deutlich verbessertes Angebot vor. Vom zusätzlichen Grundstückskauf war längst keine Rede mehr; außerdem war der Niederländer bereit, auch die ›formalen‹ Hinderungsgründe zu beseitigen: Er könnte eine »angesehene nicht-jüdische Persönlichkeit« als Mittelsmann zwischenschalten, sodass weder er selbst noch Rechtsanwalt Ambrunn als Drahtzieher in Erscheinung treten würden. Konnte die Stadt ein solches Angebot ablehnen?

In einer geheimen Sitzung des Haushaltsausschusses am 27. Juni 1933 sollte schließlich eine endgültige Entscheidung herbeigeführt werden. In lebhaften Diskussionen wurden unterschiedliche Sichtweisen ausgetauscht. Während der damalige Bürgermeister Hans Küfner die Meinung vertrat, das Geschäft

208 Vgl. Verwaltungsbericht der Stadtkämmerei der Hauptstadt der Bewegung für die Rechnungsjahre 1933, 1934 und 1935, 11.9.1936, S. 11, StadtAM, Kämmerei 1842. Schon zuvor, seit 1927, hatte die Stadt mit mäßigem Erfolg eine Fünf-Millionen-RM-Anleihe am inländischen Markt emittiert. Bis 1930 waren nur 1,6 Mio. RM davon untergebracht (vgl. Balbaschewski, Pfund-Anleihe, S. 6).
209 Vgl. Pfeiffer, Haushaltausschuss, 27.6.1933, StadtAM, RSP 706/7.
210 Einige Briefe an den Stadtkämmerer wurden in der Sitzung des Haushaltausschusses, 27.6.1933, StadtAM, RSP 706/7, wörtlich vorgelesen.

im Sinne der finanziellen Gesundung der Stadt in jedem Fall abschließen zu müssen, war Andreas Pfeiffer skeptisch. Bemerkenswert ist, wie sehr er – neben einigen finanzpolitischen Gründen – auch dezidiert rassistische Argumente vorbrachte bzw. den grassierenden Antisemitismus erst zum Argument machte und ihm damit auch Bedeutung zumaß. Er fürchtete nämlich ein »Mordsgeschimpf«, wenn in der Öffentlichkeit bekannt würde, dass der Stadtrat, in Form der fälligen Provision von etwa 500.000 Reichsmark, »indirekt dem holländischen Juden« Geld »nachgeworfen« hätte.[211] Zudem äußerte er sich merkwürdig doppeldeutig dazu, ob sich der Deal auch langfristig auszahlen würde: »[…] es sind halt ausländische Juden, wo man nicht weiss, was daraus wird, unter Umständen machen wir eine Dummheit.«[212]

Die Episode ist ein weiteres Beispiel dafür, wie früh bereits rassistische und antisemitische Kategorien in den finanzpolitischen Entscheidungsprozessen eine Rolle zu spielen begannen. Auch ein konservativ geprägter Spitzenbeamter wie Andreas Pfeiffer adaptierte die Denkmuster und integrierte diese wie selbstverständlich in seine Entscheidungsfindung. Möglicherweise war dafür aber auch keine sonderlich schwierige gedankliche Umorientierung nötig. Denn gerade im Finanzsektor kursierten seit Langem und relativ unverblümt viele antisemitische Stereotype. Insbesondere das Bild vom raffgierigen jüdischen Kreditvermittler war schon lange vor der nationalsozialistischen Machtübernahme ›salonfähig‹ gewesen. Gleichwohl hätte im Frühjahr 1933 das ›Argument Jude‹ allein wohl noch nicht ausgereicht, um die Offerte abzulehnen. In einem anderen Zusammenhang zur gleichen Zeit beschloss die Stadt, mit dem jüdischen Bankhaus Aufhäuser weiter zusammenzuarbeiten. Es sei zwar notwendig, so der Stadtkämmerer Andreas Pfeiffer am 22.6.1933 in einer Sitzung des Hauptausschusses, »den allgemeinen Richtlinien der Stadtverwaltung folgend einen gewissen Abbau der Heranziehung des jüdischen Bankhauses Aufhäuser für die Geldgeschäfte der Stadt« durchzuführen. Andererseits schätzte er die Beziehungen der Bank zum Emissionshaus Lazard Brothers & Co., das für die Stadt im Jahr 1929 die Auslandsanleihe platziert hatte, auch weiterhin als »sehr wertvoll« ein und sah zum anderen Aufhäuser mit seinen Großkunden am ehesten in der Lage, größere Posten von Inlandsschuldverschreibungen der Stadt an den Mann zu bringen. Von einer »völligen Ausschließung« riet er also zunächst ab.[213]

---

211 Pfeiffer, Haushaltausschuss, 27.6.1933, StadtAM, RSP 706/7.
212 Ebd.
213 Vgl. Pfeiffer, Hauptausschuss, 22.6.1933, StadtAM, RSP 706/3. Tatsächlich hielt die Stadt anschließend noch relativ lange und gegen stärker werdende externe und interne Kritik an den Geschäftsbeziehungen fest, zumal es auch bindende vertragliche Vereinbarungen gab. Erst im Juni 1938 wurden die Verbindungen endgültig gekappt. Die Firma habe sich, wie Fiehler geradezu erleichtert vor Ausschussmitgliedern kundtat, »freiwillig, d. h. auf einen Deuter von oben und unten zugleich«, bereit erklärt, die Beziehungen aufzuheben und das städtische Konto zu löschen (vgl. Beiräte für Verwaltungs-, Finanz- und Baufragen, 9.6.1938, StadtAM, RSP 711/3). Damit war gewissermaßen die städtische Finanzpolitik »judenfrei«. Zur Geschichte des Bankhauses Aufhäuser siehe Balbaschewski, Bankhaus.

Ausschlaggebend für die städtische Entscheidung waren also vielmehr zu dieser Zeit andere Aspekte, die Oberbürgermeister Karl Fiehler in die Runde einbrachte. Er berichtete den Ausschussmitgliedern von unterschiedlichen informellen Gesprächen, die er jüngst geführt hatte und die ihm Hoffnung gäben, dass die Stadt auch ohne das 40-Millionen-Darlehen bald an ›frisches‹ Geld gelangen und sich umschulden könne. Der Direktor der Bayerischen Gemeindebank, Friedrich Döhlemann, habe ihm bereits einen langfristigen Kredit in Aussicht gestellt. Außerdem habe er vom Staatssekretär des Reichsfinanzministeriums, Fritz Reinhardt, erfahren, dass einige staatliche Maßnahmen zur Schuldumwandlung der Kommunen und allgemeinen Zinssenkung »im Gange« seien.[214]

Mit diesen Insider-Informationen im Hinterkopf sagte man Wolff und Ambrunn endgültig ab. Leopold Ambrunn, der Münchner Anwalt und gute Bekannte von Andreas Pfeiffer, wurde knapp neun Jahre später deportiert. Todesort und Todesdatum sind unbekannt.[215] Der holländische Darmhändler Julius Wolff wurde am 21. Januar 1943 in Auschwitz ermordet.[216]

Schuldenkonsolidierung unter neuen Vorzeichen

Die Stadt München, und insbesondere ihr Finanzreferent, trieben ab Sommer 1933 ihre Novationsbemühungen weiter voran – nun auf, aus ihrer Sicht, seriöseren Wegen. Parallel zu den eigenen Anstrengungen konkretisierten sich tatsächlich auch auf Reichsebene die Gedanken darüber, das Problem der kommunalen Schulden und der hohen Zinslast grundsätzlich in den Griff zu bekommen. Die Umschuldung sollte zur Staatsaufgabe werden.

Neben dem Kreditabkommen für deutsche öffentliche Schuldner,[217] das auch für die Stadt München eine gewisse Erleichterung bei ihren Auslandsschulden brachte, war in diesem Zusammenhang von besonderer Relevanz, dass das Reich am 21. September 1933 das Gemeindeumschuldungsgesetz erließ.[218] In den Jah-

---

214 Vgl. Fiehler, Haushaltausschuss, 27.6.1933, StadtAM, RSP 706/7.

215 Vgl. Stadtarchiv München (Hrsg.), Biographisches Gedenkbuch der Münchner Juden, Bd. 1, S. 58 f.

216 Vgl. Joods Monument, URL: www.joodsmonument.nl/en/page/216150/julius-wolff, Zugriff 10.5.2017.

217 Dieses Abkommen galt bereits ab April 1932, wurde jedoch am 2. März 1933 endgültig unterzeichnet und in den folgenden Jahren mehrfach verlängert und leicht angepasst. Demnach erhielten die ausländischen Gläubiger das Recht einer Teilrückzahlung von 25 Prozent der Schuldsumme in Reichsmark, wohingegen die aufrechterhaltenen Schulden mit 4,5 Prozent zu verzinsen und eine zusätzliche Kommission zu entrichten waren. Im Fall Münchens erstreckte sich das Abkommen auf verschiedene ausländische Kredite der Stadt, etwa beim Bankhaus Kleinwort, Sons & Co. aus London oder bei der Eidgenössischen Bank A. G. in Zürich.

218 Gesetz über die Umwandlung kurzfristiger Inlandsschulden der Gemeinden (Gemeindeumschuldungsgesetz), 21.9.1933, RGBl. I (1933), S. 647-650. In den folgenden Jahren wurde die Laufzeit des Gesetzes mehrfach verlängert und unterschiedliche An-

ren zuvor hatte es bereits verschiedene Ansätze gegeben, die rapide angestiegene kurzfristige Verschuldung der Kommunen einzudämmen. Sie waren jedoch nicht zur Durchführung gelangt oder nur von geringer Wirkung gewesen. Erst die Diktatur stellte nun anscheinend die entsprechenden Instrumente bereit, um per Zwang im großen Stile durchzusetzen, dass die kurzfristigen und hochverzinslichen (Inlands-)Schulden der Gemeinden in langfristige, niedriger verzinste Schuldverschreibungen umgewandelt wurden. In der größten deutschen Anleiheemission seit 1924 sollten in den nächsten Jahren Verbindlichkeiten in Höhe von insgesamt mehr als 2,5 Milliarden Reichsmark umgeschuldet werden.[219]

Als Träger der Maßnahme wurde ein Umschuldungsverband geschaffen, dessen einziges Organ der vom Reichsfinanzministerium ernannte Vorstand war und dessen Geschäfte bis 1945 die Preußische Staatsbank führte. Die Gemeinden konnten sich um einen Beitritt bewerben. Wurde dieser genehmigt, gab der Verband in Höhe der zur Umschuldung gebrachten Verbindlichkeiten mit vier Prozent jährlich verzinste und auf mindestens 20 Jahre angelegte Schuldverschreibungen heraus, die ab dem Jahr 1936 mit drei Prozent zu tilgen waren. Zusätzlich hatte die Kommune einen einmaligen Verwaltungskostenbeitrag in Höhe von drei Prozent zu entrichten. Dem Gläubiger, der in die Umschuldung einwilligte, trat nun anstelle der jeweiligen Gemeinde der Reichsverband als neuer Schuldner gegenüber. Dieser gewährte einen sicheren Zins- und Tilgungsdienst anstelle einer vorher oft unsicheren Forderung. Zugleich aber büßten die Gläubiger erhebliche Zinsgewinne ein. Der quasi-zwanghafte Charakter der Aktion wurde nicht zuletzt daran deutlich, dass eine Weigerung explizit und innerhalb einer nur kurzen Frist angemeldet werden musste. Für die Gemeinden, die oft mit Darlehen zu kämpfen hatten, die mit acht oder mehr Prozent verzinst waren, brachte ein Beitritt eine erhebliche finanzielle Entlastung.[220] Allerdings sollten ausdrücklich nicht alle Gemeinden einbezogen werden, sondern nur solche, die finanziell nicht in der Lage waren, ihren Verpflichtungen nachzukommen. Dies war nicht nur ein umstrittenes, sondern auch ein sehr weiches Kriterium, weshalb die Behörden eine »Flut von Anträgen« prüfen mussten.[221]

Auch die Stadt München hatte im September 1933 den Beitritt zum Umschuldungsverband mit einer Gesamtsumme von 38,3 Millionen Reichsmark kurz-

passungen vollzogen; auch die Umschuldung ausländischer Schulden war theoretisch möglich.

219 Vgl. Schätzungsangaben im Vorbericht für die Sitzung des Finanzausschusses und des Ausschusses für das gemeindliche Kreditwesen des DGT, 6.7.1934, BAB, R 36 737.

220 Allerdings war der Beitritt nicht für alle Gemeinden lohnenswert: Offensichtlich zeigten solche Kommunen kein Interesse, die gänzlich nicht mehr in der Lage waren, überhaupt für Tilgung und Zinsen ihrer Kredite Geld aufzubringen. Für sie hätte die Aufnahme in den Umschuldungsverband nämlich de facto Mehrkosten bedeutet, die sie nicht zahlen konnten oder wollten (vgl. Fiehler, Haushaltausschuss, 17.11.1933, StadtAM, RSP 706/7).

221 Vgl. Listemann, Die Umschuldung der Gemeinden, in: Der Gemeindetag 31/1, 1.1.1937, S. 2.

fristiger Schulden beantragt.[222] Den Finanzverantwortlichen war bewusst, dass die »Haushaltslage nicht so bankrott ist wie die anderer Städte«.[223] Man hielt sie aber doch für so angespannt, dass der Schuldendienst nur durch hohe Gebühren und Steuersätze aufrechterhalten werden konnte. Außerdem plädierten Fiehler und Pfeiffer der Gerechtigkeit wegen ohnehin dafür, dass allen Gemeinden die Möglichkeit zur Umschuldung gegeben werde und nicht nur solchen, die, so ihre Sichtweise, zuvor schlecht gehaushaltet hatten. In dem Fragebogen über die Finanzlage, welcher der Aufsichtsbehörde, die in die Prüfung der Anträge involviert war, zu übersenden war, wollte Stadtkämmerer Pfeiffer dementsprechend mit »nicht misszuverstehender Deutlichkeit« zeigen, dass die Haushaltslage Münchens »nicht glänzend« sei: »Ich mal hier etwas schwarzer [sic!], d. h. vollkommen wahrheitsgemäß, ich werde nur ein paar andere Ziffern nicht nennen«, erklärte er die Strategie.[224] Seine Darlegungen waren offensichtlich überzeugend: Die Aufnahme Münchens in den Umschuldungsverband wurde mit staatsministeriellem Beschluss vom 29.12.1933 genehmigt.

Gleichwohl war die Stadt ihrem Ziel damit nur scheinbar näher gekommen. Denn es stellte sich heraus, dass sämtliche Gläubiger das Umschuldungsangebot – in zwei Fällen klagten sie sogar überhaupt gegen die Umschuldungsfähigkeit – fristgerecht ablehnten.[225] Sie schätzten die Finanzlage nämlich günstiger ein, als der Finanzreferent sie darstellte. München war bislang schließlich stets seinen Zahlungsverpflichtungen nachgekommen. Deshalb sahen die Gläubiger keinen Grund, nun auf einen Teil ihrer Ansprüche zu verzichten.[226] Die Stadt befand sich somit in der paradoxen Situation, zwar theoretisch Mitglied des Umschuldungsverbands zu sein, aber in der Praxis davon nicht zu profitieren. In solchen Fällen griff nämlich Paragraf 7 des Gesetzes, der besagte, dass bei einer Ablehnung des Angebots die Forderungen inklusive der üblichen Zinsen auf fünf Jahre gestundet würden und dann zurückzuzahlen seien.[227] An einem solchen »Schwebezustand« hatten nun allerdings die Verantwortlichen selbst kein Interesse.[228] Sie zogen es vielmehr vor, die Schulden innerhalb eines angemesse-

---

222 Vgl. Pfeiffer, Haushaltausschuss, 17.11.1933, StadtAM, RSP 706/7. Die unmittelbaren Schulden beliefen sich auf ein Gesamtvolumen von 23,6 Mio. RM, die mittelbaren, d. h. solche, die als Folge von Bürgschaftsverpflichtungen entstanden waren, auf 14,7 Mio. RM. Zudem hatte die Stadt noch weitere kurzfristige Schulden bei drei Banken in Höhe von 16 Mio. RM, die aufgrund des Ausbaus der Elektrizitätswerke aufgenommen worden waren und als Kassenkredite liefen, jedoch aus unterschiedlichen Gründen nicht angezeigt wurden.

223 Pfeiffer, Haushaltausschuss, 17.11.1933, StadtAM, RSP 706/7.

224 Ebd.

225 Vgl. Verwaltungsbericht der Hauptstadt der Bewegung 1933/34–1935/36, S. 38.

226 Vgl. zusammenfassende Äußerungen Pfeiffers, Hauptausschuss, 15.11.1934, StadtAM, RSP 707/4.

227 Gesetz über die Umwandlung kurzfristiger Inlandsschulden der Gemeinden (Gemeindeumschuldungsgesetz), 21.9.1933, RGBl. I (1933), S. 648.

228 Vgl. Pfeiffer, Hauptausschuss, 15.11.1934, StadtAM, RSP 707/4. »Für gute Städte«, so klagte der Stadtkämmerer ebd., »hat sich der Wortlaut des Gemeindeumschuldungs-

nen Zeitraums planmäßig zu tilgen. Die Herren des Finanzreferats versuchten in den nächsten Monaten deshalb, mit den Gläubigern individuelle Lösungen auszuhandeln, die für beide Seiten befriedigend waren.

Indirekt half den Stadtvertretern bei diesem Vorhaben allerdings auch die zentrale Umschuldungsaktion: Dass der allgemeine Zinssatz gesunken war, stärkte ihre Verhandlungsposition.

Nach »langwierigen und seitens der Gläubiger zum Teil mit einer großen Hartnäckigkeit geführten« Verhandlungen, wie Andreas Pfeiffer bilanzierte, war dieser Prozess nach fast drei Jahren abgeschlossen.[229] Sämtliche mittelbaren und unmittelbaren kurzfristigen Schulden konnten durch die Aufnahme verschiedener Darlehen bei der Bayerischen Gemeindebank, der Deutschen Girozentrale, der Dresdner Bank und der Bank der Deutschen Arbeit, die jeweils eine Laufzeit zwischen zehn und 30 Jahren und einen Zinssatz von 4,5 Prozent aufwiesen sowie 0,5 Prozent Verwaltungskostenbeitrag nach sich zogen, selbstständig umgeschuldet werden. Am 25. August 1936 erklärte der Oberbürgermeister demzufolge den endgültigen Austritt aus dem Umschuldungsverband.[230]

Neben dem Umschuldungsgesetz erließ die Reichsregierung in den ersten Jahren der nationalsozialistischen Herrschaft noch weitere Regelungen, die es der Stadt erleichterten, ihre Schuldenlast zu verringern. Dazu zählten das im Januar 1935 erlassene Gesetz über die Durchführung einer Zinsermäßigung bei Kreditanstalten sowie insbesondere das einen Monat später in Kraft getretene Gesetz zur Zinsermäßigung bei den öffentlichen Anleihen.[231] Diese Verordnung ermächtigte die Kommunen, den Gläubigern ihrer mit sechs Prozent und höher verzinsten inländischen Schuldverschreibungen – unter Gewährung einer einmaligen Entschädigung von zwei Prozent – eine Herabsetzung des Zinssatzes auf 4,5 Prozent anzubieten. Das Angebot galt – hierin lag also ein ähnliches Muster wie beim Umschuldungsgesetz – als »angenommen«, wenn es von den Gläubigern nicht innerhalb einer Frist von zehn Tagen schriftlich abgelehnt wurde.

In München waren von diesem Gesetz drei größere Inlandsanleihen betroffen, die die Stadt in den Jahren 1927 bis 1929 im Gesamtvolumen von 41 Millionen Reichsmark platziert hatte, wobei im März 1935 davon noch Schuldverschreibungen in einer Summe von 36,6 Millionen Reichsmark im Umlauf waren.[232] Mit dem Tag des Erlasses bot die Stadt den Gläubigern die Konversion an. Nur zehn Gläubiger lehnten frist- und formgerecht ab, was einem Anleihevolumen von 90.000 Reichsmark entsprach. Sechs dieser stadtintern als

gesetzes glatt als ein Schlag ins Wasser erwiesen. Man hat die Gläubiger nicht dazu gebracht die Umschuldung vorzunehmen, sondern uns Schuldnern was aufgedrängt, was wir nicht wollten.«

229 Vgl. Verwaltungsbericht der Stadtkämmerei der Hauptstadt der Bewegung für die Rechnungsjahre 1933, 1934 und 1935, 11.9.1936, S. 29, StadtAM, Kämmerei 1842.

230 Vgl. Verwaltungsbericht der Hauptstadt der Bewegung 1933/34-1935/36, S. 39.

231 Gesetz über die Durchführung einer Zinsermäßigung bei Kreditanstalten, 24.1.1935, RGBl. I (1935), S. 45-47; Gesetz über Zinsermäßigung bei den öffentlichen Anleihen, 27.2.1935, RGBl. I (1935), S. 286-288.

232 Vgl. Verwaltungsbericht der Stadtkämmerei der Hauptstadt der Bewegung für die Rechnungsjahre 1933, 1934 und 1935, 11.9.1936, S. 21 f., StadtAM, Kämmerei 1842.

»Proteststücke« bezeichneten Gläubiger gingen auch auf die nachfolgende Offerte der Stadt, die Schuldverschreibungen zu 100 Prozent des Nennwertes zurückzukaufen, nicht ein.

Blickt man nur auf die Zahlen, so war der Abbau von kommunalen Verbindlichkeiten durchaus eine Erfolgsgeschichte. Allerdings sank der Schuldenstand der deutschen Städte und Gemeinden erst ab 1936 stetig.[233] In München setzte die ›Erholung‹ etwas früher ein. Ende 1935 hatte die Stadt (nur) noch 195 Millionen Reichsmark an Verbindlichkeiten und damit bereits 18 Millionen weniger als am Ende des Rechnungsjahres 1932. Diese Entwicklung sollte sich auch in den folgenden Jahren fortsetzen.

Die nationalsozialistische Propaganda feierte solche Zahlen als Belege des nationalsozialistischen Aufschwungs.[234] Tatsächlich müssen die Entwicklungen aber differenziert betrachtet werden. Zweifelsohne können die staatlich gelenkten Maßnahmen zur Umschuldung und Zinsverringerung aus kommunaler Sicht als hilfreich bewertet werden. Das galt selbst für München, das aus dem groß angelegten Umschuldungsverband nur indirekten Nutzen zog. Gleichwohl lag darin auch die Basis einer autoritären Finanzpolitik. Die Umschuldung allein befreite die Stadt noch nicht automatisch von ihren Schulden, sondern linderte zunächst nur die hohen Zinslasten. Der bedeutendere Grund, warum sich der kommunale Schuldenstand nachhaltig verringerte, lag darin, dass im »Dritten Reich« erheblich weniger neue Schulden aufgenommen wurden. Das wiederum verringerte aber auch die Möglichkeiten, Investitionen zu tätigen.

Handlungsspielräume der Kreditaufnahme

Das Volumen der kommunalen Schuldenneuaufnahme sank nach der nationalsozialistischen Machtübernahme rapide. Die deutschen Städte und Gemeinden nahmen im Jahr 1936 laut Angaben des DGT neue Kredite in einer Gesamthöhe von weniger als 300 Millionen Reichsmark auf, was etwa einem Drittel der Summe entsprach, die noch 1932 aufgenommen worden war, zu einer Zeit also, als aufgrund der Notverordnungspolitik schon strenge Richtlinien für die Kreditaufnahme Gültigkeit hatten.[235] Diese Entwicklung war nicht nur ein Beleg für die »Gesundung der Gemeindefinanzen«, wie es in offiziellen Statements oft hieß. Sie war vor allem ein Ausdruck dafür, dass das Reich die Kreditaufnahme stark regulierte, um den Kapitalmarkt möglichst ausschließlich für seine eigenen Zwecke zu beanspruchen.[236]

---

233 Laut Angaben des Deutschen Gemeindetags hatte der Schuldenstand aller deutschen Kommunen im Jahr 1932 bei 11,2 Mrd. RM gelegen; noch im Jahr 1935 waren es 11,7 Mrd. gewesen. Bis 1939 fiel er schließlich auf 10,1 Mrd. RM (vgl. Schuldenstand und Rücklagen, LAB, B Rep. 142/07 2-1-9-4).
234 Vgl. etwa Fiehler (Hrsg.), München baut auf, S. 53.
235 Vgl. Schuldenaufnahme und Schuldentilgung, LAB, B Rep. 142/07 2-1-9-4.
236 Vgl. Matzerath, Nationalsozialismus, S. 361 f.

Bereits im Umschuldungsgesetz vom September 1933 war ein Paragraf verankert, der solchen Gemeinden, die dem Verband beitraten, die anderweitige Darlehensaufnahme bis März 1935 vollkommen untersagte bzw. nur in absoluten Ausnahmefällen gestattete.[237] Die generelle Genehmigungspflicht für kommunale Kreditaufnahmen war allerdings nicht neu. Sie wurde nach 1933 nur noch einmal bekräftigt. Für die zuständigen Aufsichtsbehörden galt weiterhin der Grundsatz, eine Bewilligung nur für einen »außerordentlichen Bedarf« zu erteilen und nur dann, wenn dieser »werbende Zwecke« verfolgte oder »Einrichtungen von dauerndem Nutzen« förderte.[238] Auch das bereits im Jahr 1931 erlassene Verbot der Kreditvergabe von Sparkassen an Gemeinden, das von gemeindlichen Interessenvertretern stark kritisiert worden war, blieb im »Dritten Reich« zunächst weiterhin in Kraft. Dies wirkte sich auf den Modus des »Aufnehmens« umso gravierender aus, als solche Darlehen zuvor die einzigen gewesen waren, für die die Kommunen keine aufsichtsbehördliche Genehmigung benötigt hatten.[239]

Im Januar 1936 legte Reichsfinanzminister Schwerin von Krosigk in einem nicht öffentlichen Erlass dar, welche volkswirtschaftliche Strategie hinter diesen Reglementierungen steckte. Der Aufbau der Wehrmacht sei »nach dem Willen des Führers« das »dringendste Gebot der Stunde«.[240] Die Sicherung der materiellen Voraussetzung bedinge die »fast ausschließliche Inanspruchnahme des Kapital- und Geldmarktes«. Alle Wünsche und Ansprüche von anderen Seiten und für andere Zwecke, »mögen sie an sich wünschenswert und im Einzelfall sogar notwendig erscheinen«, müssten daher zurückgewiesen werden. Insbesondere könnten auch Kreditanträge von Ländern, Gemeinden und sonstigen Körperschaften nur noch »in den seltensten Fällen« genehmigt werden. Es sei vielmehr erforderlich, dass die Gemeinden die Politik des Reichs dadurch unterstützten, dass sie mögliche Mehreinnahmen nicht für erhöhte Aufwendungen, sondern zu einer zusätzlichen Schuldentilgung verwendeten. Auf diese Weise flössen dem Kapitalmarkt neue Mittel »zwecks Befriedigung der erhöhten Anforderungen des Reichs« zu. Ein Anwachsen der allgemeinen öffentlichen Schuldenlast werde vermieden, es trete lediglich eine »Umlastung« ein.

In dem Maße, in dem die kommunale Kreditpolitik strikt auf reichspolitische Richtlinien ausgerichtet wurde, schwanden auch die Hoffnungen derjenigen Gemeindevertreter, die bis jetzt noch glaubten, dass eine erfolgreiche Umschuldung den Kommunen selbst mehr Gestaltungsspielräume am Kreditmarkt verschaffen könnte. Das Primat der Aufrüstung verschärfte ab 1936 die Genehmigungspraxis sogar noch. Über die Kontrolle der Einnahmepolitik versuchte

237 Vgl. Gesetz über die Umwandlung kurzfristiger Inlandsschulden der Gemeinden (Gemeindeumschuldungsgesetz), 21.9.1933, §13, RGBl. I (1933), S. 649.
238 Vgl. Staatsministerium des Innern an die Regierung, 2.10.1933, StadtAM, BST 519.
239 Vgl. Dietrich-Troeltsch, Deckungsgrundsätze, S. 189.
240 Reichsminister der Finanzen (Krosigk) an Reichstatthalter, oberste Landesbehörden, Finanz- und Innenministerien, Unterstützung der Finanzpolitik des Reichs, 30.1.1936, BAB, R 36 2764.

das NS-Regime nämlich auch, die Investitionspolitik der Städte und Gemeinden zu steuern. Denn wenn eine Darlehensaufnahme überhaupt noch zugestanden wurde, dann für Zwecke, die mit der Reichspolitik korrespondierten. Während im ersten Jahr nach der »Machtergreifung« demzufolge noch viele Kredite zur Arbeitsbeschaffung genehmigt worden waren[241] – und mit diesem ›Label‹ konnte so ziemlich jede außerordentliche Ausgabe versehen werden –, wurden bald, schon vor 1936, nur noch solche Projekte bewilligt, die im Zusammenhang mit der »Wehrhaftmachung« standen.[242]

Diese volkswirtschaftliche Zielsetzung führte im Krieg, als immer deutlicher wurde, dass die Ausschöpfung des Kreditmarkts alleine ohnehin nicht reichen würde, dazu, dass die Darlehensrestriktionen wieder schrittweise gelockert wurden. Ab 1939 durften sogar wieder Kommunalkredite aufgenommen werden, insofern sie Vorhaben dienten, die mit der Wehrhaftmachung oder dem Vierjahresplan zusammenhingen.[243] Die gänzliche Beseitigung der »Kommunalkreditsperre« im Jahr 1944 wurde schließlich vollzogen, um den Gemeinden die Beseitigung der infolge des Luftkriegs entstandenen Notstände zu erleichtern.[244]

Wie sah unter diesen Voraussetzungen nun die Praxis der Kreditaufnahme in München aus? Auch die »Hauptstadt der Bewegung« war grundsätzlich von den übergeordneten Rahmenbedingungen stark betroffen. Fast über den ganzen Zeitraum des »Dritten Reichs« hinweg hielten die Klagen über die zahlreichen Be- und Einschränkungen an.[245] Ein besonderer ›Dorn im Auge‹ war den Herren des Geldes in der Stadtspitze die langsame Genehmigungspraxis der Aufsichtsbehörde. Diese verschleppte nicht nur Projekte,[246] sondern wirkte sich auch erheblich auf die Haushaltsplanung aus, weil die Verantwortlichen sich schwertaten, einmal gewonnene Kreditgeber über Monate zu vertrösten. Sie mussten dadurch entweder in Kauf nehmen, dass sich die Konditionen ver-

---

241 Vgl. Matzerath, Nationalsozialismus, S. 360, der angibt, dass von den insgesamt zwei Mrd. RM, die die Kommunen zwischen 1933 und 1935 für Arbeitsbeschaffung aufwandten, 40% durch Kredite gedeckt wurden.

242 Vgl. den Bericht Fiehlers vor den Ratsherrn über ein streng vertrauliches Schreiben aus dem Reichsfinanzministerium, in welchem betont wird, dass bei Darlehensgesuchen, die nicht Wehrzwecken dienen, ein strenger Maßstab angelegt werde (vgl. Fiehler, Ratsherren, 23.5.1935, StadtAM, RSP 708/1).

243 Vgl. Gesetz über den Kommunalkredit der Spar- und Girokassen und der kommunalen Kreditanstalten, 7.6.1939, RGBl. I (1939), S. 986; DGT/Landesstelle Bayern an Stadt-, Landkreise und Gemeinden, Mitteilung über Erleichterungen der Darlehensaufnahme bei den kommunalen Kreditinstituten, 5.9.1942, StadtAM, BST 519. An dieser Gesetzesänderung arbeitete offensichtlich auch Stadtkämmerer Andreas Pfeiffer als Experte des DGT mit (vgl. Pfeiffer an DGT, Bezgl. Entwurf zur Lockerung des Kommunalkreditverbots, 23.11.1938, StadtAM, Kämmerei 1918).

244 Vgl. Matzerath, Nationalsozialismus, S. 360.

245 Siehe etwa auch die bereits oben, Kapitel II.4, zitierte Aussage von Pfeiffer aus dem Jahr 1935, in welcher er sich über die »ausserordentliche Abdrosselung« der Gemeinden vom Geldmarkt beschwert (Ratsherren, 22.10.1935, StadtAM, RSP 708/1).

246 Vgl. etwa die Darlehensaufnahme zur Verlängerung der Prinzregentenstraße (Pfeiffer, Ratsherren, 12.3.1935, StadtAM, RSP 708/1).

schlechterten, oder selbst in Vorkasse treten, was ein nicht unerhebliches Risiko bedeutete, weil der Kredit auch nach langer Wartezeit noch abgelehnt werden konnte. Dies seien Verhältnisse, die »es unmöglich machen, unter einigermaßen vernünftigen Bedingungen eine Geldaufnahme ins Werk setzen zu können«, klagte Stadtkämmerer Pfeiffer beispielsweise im Januar 1937.[247] Zu diesem Zeitpunkt war von sämtlichen Darlehensanträgen, die der Aufsichtsbehörde seit Oktober 1936 vorgelegt worden waren, noch kein einziger abschließend bearbeitet worden.

Gleichwohl zeigte sich die Stadt, wie beim Finanzausgleich, auch im Bereich des Kreditwesens sehr umtriebig, um auf dem Verhandlungsweg die Situation im Rahmen des Möglichen zu verbessern. Fiehler selbst gab einmal an, »sich die Finger wund« geschrieben zu haben.[248] Die große Entscheidungsmacht, die den Aufsichtsbehörden bei der Kreditvergabe zukam, führte offenbar zu einer eher willkürlichen Bewilligungspraxis.[249] Das wiederum lud die »Hauptstadt der Bewegung« ein, ihre vielfältigen Beziehungen spielen zu lassen. Nicht selten richteten sich ihre Initiativen, vorbei an der Aufsichtsbehörde, direkt an die übergeordneten Stellen im Land und Reich. Bei dem Anspruch, eine Ausnahmebehandlung zu erhalten, argumentierte die Stadtführung zum einen mit ihrer überdurchschnittlich soliden Haushaltslage – und somit genau andersherum als bei vielen Verhandlungen zum Finanzausgleich.[250] Zum anderen wurden auch hier verstärkt der Status und die besonderen Aufgaben einer »Hauptstadt der Be-

247 Pfeiffer, Ratsherren, 12.1.1937, StadtAM, RSP 710/1.

248 Fiehler, ebd.

249 Die Beeinflussbarkeit der Bewilligungspraxis wurde etwa im Zusammenhang mit den Aufwendungen deutlich, die unterschiedliche städtische Dienststellen beim Bau des Hauses der Deutschen Kunst leisteten. Da Staatsminister Adolf Wagner ein großes Interesse daran hatte, dass die Stadt diese Kosten übernahm, zeigte er sich auch sehr bereitwillig, die aufsichtsrechtlichen Regularien zu erleichtern. Gleichwohl wiegelte in diesem Falle Stadtkämmerer Pfeiffer mit Verweis auf die Richtlinien der Gemeindeordnung selbst ab und verhinderte, dass für diese, keineswegs rentierlichen Zwecke zusätzliche Mittel in Form von Darlehen eingeworben wurden, auch wenn diese wahrscheinlich genehmigt worden wären. Stattdessen entschied man sich dafür, die Aufwendungen aus den ordentlichen Mitteln der entsprechenden Verwaltungsressorts aufzubringen (vgl. Entscheidung des Oberbürgermeisters auf Grund § 4 der Geschäftsanweisung für die Verwaltung der Stadt München, 1.10.1935, gez. Fiehler und Pfeiffer, 15.6.1936, StadtAM, Kämmerei 1850).

250 Vgl. etwa Fiehlers Brief an Lammers vom Februar 1937, in dem er anführt, dass die »peinliche Beachtung aller erlassenen Vorschriften« für kleinere Gemeinden mit geringer Steuerkraft und solche mit eingeschränkter Haushaltslage und hoher Schuldenlage »besonders angestrengt« sein könnte, dass sie aber bei der Hauptstadt der Bewegung nicht nötig sei. Denn diese habe nur einmal mit einem Haushaltsfehlbetrag abgeschlossen, sei auch in der Krisenzeit niemals mit ihren laufenden Zahlungen in Rückstand gekommen, weise einen unterdurchschnittlichen Schuldenstand auf und verfüge über ein Reinvermögen, das mehr als das Doppelte ihrer Verschuldung ausmache (vgl. Fiehler an Lammers, Ausbau der Hauptstadt der Bewegung, 26.2.1937, BAB, R 36 729).

wegung« angeführt – umso mehr, nachdem Hitler im Januar 1937 die Stadt offiziell zu einer der wenigen Neugestaltungsstädte ausgerufen hatte.[251]

Nicht immer war man mit dieser Strategie erfolgreich. Im Herbst 1935 handelte sich Karl Fiehler einen harschen Rüffel von Reichswirtschaftsminister Hjalmar Schacht ein, als er diesem gegenüber auf die besonderen Aufgaben der Stadt verwies, die auch der Führer wünsche. Schacht habe daraufhin nur geantwortet: »Ja, der Führer muss eben seine Wünsche auch zurückstecken, das geht nicht, dass man die ganze Zeit als Mäzen dasteht und sagt, ich soll die Aufrüstung bezahlen.«[252]

Bei anderen Instanzen stieß man dagegen eher auf offene Ohren. So erklärten sich im Januar 1937 sowohl Staatssekretär Fritz Reinhardt als auch das Innenministerium bereit, der Stadt zumindest Geldaufnahmen in der Höhe ihrer jährlichen Tilgungen zu gestatten.[253] Aufgrund dieser Sonderregelung hatte die Stadt deshalb in den Jahren 1937 bis 1939 deutlich weniger Probleme, an Kredite zu gelangen, als andere Städte. Sie erhielt Darlehensgenehmigungen beispielsweise für Straßenbau, Grundstückserwerbungen, Schulhaus- oder HJ-Heimbauten, also für Dinge, die mit der »Wehrhaftmachung« eigentlich nichts zu tun hatten.[254]

In München tat sich einige Male auch die NSDAP als kooperativer Geldgeber hervor. Im Dezember 1934 gewährte die Partei ein langfristiges Darlehen über drei Millionen Reichsmark zu vier Prozent Verzinsung, was Pfeiffer als »sehr günstiges Angebot« beschrieb.[255] Ein Teil der Mittel wurde denn auch dazu verwendet, den Königsplatz zum Parteiforum umzubauen.[256]

---

251 In einem in dieser Hinsicht als programmatisch zu verstehenden Brief vom 11. August 1937 an Reichswirtschaftsminister Hjalmar Schacht macht Fiehler deutlich, dass er es für »abwegig« halte, wenn die Abtrennung der deutschen Gemeinden vom Kapitalmarkt auch »auf die Hauptstadt der Bewegung ausgedehnt« bleibe, obwohl der Führer deren Ausbau »als äusseres Zeugnis für die grosse Epoche der Wiederauferstehung des Deutschen Volkes« verkündet habe. Es sei für ihn als Oberbürgermeister »auf Dauer untragbar, dass ich durch eine planmässige Versperrung des Kapitalmarktes in die Zwangslage versetzt bin, mir jeweils den Unwillen des Führers zuziehen zu müssen, wenn seine vor aller Welt verkündeten Pläne hinsichtlich der Hauptstadt der Bewegung von mir nicht so gefördert werden können, wie ich es gern möchte, wie der Führer es von mir verlangt und wie ich es nach der Vermögenslage der Stadt München wenigstens solange verantworten kann, als die Kopfverschuldung Münchens sich weit unter dem Reichsdurchschnitt gleich grosser Städte hält.« (Vgl. OB Fiehler an Reichsbankpräsident und Reichswirtschaftsminister Hjalmar Schacht, 11.8.1937, abgedruckt in: Dülffer/Thies/Henke: Städte, S. 164-166).

252 Fiehler, Ratsherren, 22.10.1935, StadtAM, RSP 708/1.

253 Vgl. Pfeiffer, Ratsherren, 12.1.1937, StadtAM, RSP 710/1.

254 Vgl. Pfeiffer, Beiräte für Angelegenheiten des Gemeindehaushalts, 20.3.1939, StadtAM, RSP 712/6.

255 Vgl. Pfeiffer, Hauptausschuss, 18.12.1934, StadtAM, RSP 707/4.

256 Vgl. Pfeiffer, Ratsherren, 19.2.1935, StadtAM, RSP 708/1: In diesem Zusammenhang wurde das Darlehen sogar noch einmal um 500.000 RM erhöht; siehe auch unten, Kapitel IV.5, S. 339, Anm. 239.

Ein Blick auf die Entwicklung der außerordentlichen Ausgaben, die traditionell zum großen Teil über Kredite finanziert wurden, kann einen zahlenmäßigen Eindruck davon vermitteln, welche Konsequenzen die Kreditrestriktionen auf die politische Praxis hatten (Tab. 4). Vergleicht man die (abgeschlossenen) Ausgaben, die die Stadt während der nationalsozialistischen Herrschaft tätigte, mit den Aufwendungen der Weimarer Jahre – ohne Beachtung der Geldwertunterschiede – oder auch nur der Jahre zwischen 1924 und 1929, dann wird deutlich: Die Zeit des »Dritten Reichs« war keine, in der die Stadt München verstärkt investierte. Soweit es, wie gezeigt, zu gewichtigen Verschiebungen der Kreditmittel und anderer Ressourcen in Richtung Reich kam, ist von diesen Zahlen natürlich nicht auf einen allgemeinen Investitionsrückgang der öffentlichen Hand zu schließen; sicher ist aber, dass die Kommunen als Träger und Auftraggeber von Investitionen grundsätzlich an Bedeutung verloren.[257]

Tab. 4: Städtischer Investitionsstau: Ausgaben des außerordentlichen Haushalts/ Anlehenshaushalt zwischen 1930 und 1942 im Vergleich zu 1924-1929[258]

	Außerordentliche Ausgaben (Rechnungsergebnis)		Außerordentliche Ausgaben (Rechnungsergebnis)
1924-1929	173.144.812 RM	1937	1.057.251 RM (abgeschlossen) 17.470.318 RM (nicht vollendet)
1930	28.010.219 RM	1938	4.781.596 RM (abgeschlossen) 16.270.021 RM (nicht vollendet)
1931	15.970.525 RM	1939	7.358.769 RM (abgeschlossen) 39.453.031 RM (nicht vollendet)
1932	5.874.792 RM	1940	6.985.000 RM (abgeschlossen) 29.600.000 RM (nicht vollendet)
1933	5.304.351 RM	1941	5.421.000 RM (abgeschlossen) 23.720.000 RM (nicht vollendet)
1934	11.471.898 RM	1942	22.450.000 RM (abgeschlossen)* 24.440.000 RM (nicht vollendet)
1935	11.815.954 RM	1943	k. A.
1936	12.024.743 RM	1944	k. A.

* Davon wurden allerdings 9 Mio. RM zur außerordentlichen Schuldentilgung verwendet.

257 Zur Frage der gesamtwirtschaftlichen Investitionstätigkeit vgl. mit quellenkritischen Bemerkungen Ritschl, Investitionen, sowie Buchheim, Wirtschaftsentwicklung, der das Wachstum der NS-Zeit auch deswegen als stark »deformiert« (ebd., S. 662) beschreibt, weil es zwar reichlich staatlich, d. h. vom Reich, finanzierte Investitionen gab, aber in der Privatwirtschaft von einem Investitionsboom keine Rede sein könne.
258 Eigene Zusammenstellung auf Grundlage der Angaben in: Verwaltungsbericht der Landeshauptstadt München 1930-1932, S. 25; Verwaltungsbericht der Hauptstadt der Bewegung 1933/34-1935/36, S. 32; Verwaltungsbericht der Hauptstadt der Bewegung 1936 und 1937, S. 26; Haushaltssatzung der Hauptstadt der Bewegung 1939, 1940, 1941, 1942, 1943, 1944.

In der Tabelle fällt außerdem auf, dass ab 1937 jeweils zwei Werte angegeben sind. Die korrekte Erfassung der außerordentlichen Ausgabentätigkeit ist nicht nur im historischen Rückblick schwierig, sondern stellte sich schon für die zeitgenössischen Experten nach Erlass des »Vierjahresplans« als ein immer komplexeres Unterfangen dar. Im Zuge der Planerstellung konnten selbst die Rechnungsergebnisse, die erst lange nach dem Abschluss des Haushaltsjahres zusammengestellt wurden, zunehmend nicht in einer Ziffer festgestellt werden, weil viele Projekte zwar »geplant«, aber nicht zeitnah abgeschlossen, d. h. finanziert und/oder faktisch durchgeführt werden konnten. Die außerordentlichen Ausgaben wurden deshalb schon damals nach den Kategorien »abgeschlossen« und »noch in Ausführung« differenziert. Die erhebliche Diskrepanz zwischen beiden Posten belegt, wovon oben schon die Rede war: Der Abschluss vieler Projekte verzögerte sich über einen immer längeren Zeitraum, was zum einen auf die langsame Genehmigungspraxis bei Darlehensgesuchen und zum anderen, gerade im Krieg, auf den Mangel an Ressourcen wie Rohstoffen und Arbeitskräften zurückzuführen war. Kurzum: Neben dem grundsätzlichen Rückgang des Investitionsumfangs ist auch ein städtischer Investitionsstau zu verzeichnen.

Obwohl derlei Restriktionen die eigenständige Kommunalpolitik also erheblich erschwerten, missbilligten die Verantwortlichen im Münchner Rathaus die Entwicklungen selten grundsätzlich und vor allem nicht öffentlich. Vielmehr zeigte man durchaus Verständnis für die Notwendigkeiten der Reichspolitik und der Ressourcensteuerung.[259] Nach außen unterstützte man diese Politik nicht zuletzt dadurch, dass man die Entwicklung des Schuldenrückgangs ins positive Licht der »Gesundung« und »Ordnung« der Kommunalfinanzen rückte. Die Kehrseite dagegen, also der kausale Zusammenhang zwischen Rückgang der Schulden und Verringerung der Investitionsspielräume, wurde in offiziellen Aussagen stets verschwiegen.

Rücklagenbildung als Ressourcenmobilisierung fürs Reich

Die Restriktionen hinsichtlich der Kreditaufnahme führten frühzeitig dazu, dass die Stadt München ihre Einnahmepolitik anpasste. Investitionen konnten prinzipiell nicht nur aus ›fremden Mitteln‹, sondern auch aus angesparten ›eigenen

259 Das zeigt beispielsweise eine Aussage von Fiehler, Sitzung der Beiräte für Angelegenheiten des Gemeindehaushalts und der Beiräte für die städt. Versorgungs- und Verkehrsbetriebe, 22.1.1937, StadtAM, RSP 710/5: Man stehe der Sache, so der OB, »mit einem nassen und einem trockenen Auge« gegenüber. »Mit einem nassen insofern, als wir in unserer Finanzgebarung stärker eingeengt werden und uns in Zukunft sehr hart tun; andererseits müssen wir aber froh sein, daß die Sicherheit Deutschlands für die Zukunft gewährleistet wird, die uns die Möglichkeit gibt, auch einen wirklichen wirtschaftlichen Aufschwung durchzuführen. Aber die Übergangszeit – 3 oder 5 oder 10 Jahre – müssen wir eben durchhalten und müssen sehen, was wir mit den gegebenen Mitteln erreichen können.«

Mitteln‹ bewerkstelligt werden. Je weniger Gelder über Darlehen oder Anleihen generiert werden konnten, desto mehr orientierten sich die Verantwortlichen hin zum Anlegen. Das war ab Mitte der 1930er-Jahre allerdings nur deswegen überhaupt eine Option, weil die Steuereinnahmen der Stadt stetig stiegen. Als im Zuge des Rechnungsabschlusses von 1934 erstmals ein unerwartetes Haushaltsplus von ca. 500.000 Reichsmark verzeichnet werden konnte, wurden mit den Mehreinnahmen nicht nur einige »Schönheitsfehler«[260] bereinigt, die bei der Erstellung des Plans gemacht worden waren, um diesen auch tatsächlich ausgleichen zu können; vor allem führte die Stadtverwaltung erstmals seit Langem wieder eine größere Summe in neue Rücklagenfonds über. Bezüglich dieses Vorhabens stand der Oberbürgermeister jedoch unter einem besonderen Rechtfertigungsdruck. Denn statt neue Fonds anzulegen, hätte auch die Möglichkeit bestanden, die Steuern zu senken und damit die nach wie vor unter großen finanziellen Belastungen leidende Bevölkerung an der positiven Entwicklung direkt teilhaben zu lassen. Fiehler befürchtete jedoch weitere Restriktionen hinsichtlich der finanziellen Ausstattung der Gemeinden.[261] Dabei bezog er sich insbesondere auf ein streng vertrauliches Schreiben aus dem Reichsfinanzministerium, das ihm vorlag und das noch einmal den strikten Maßstab betonte, mit dem Darlehensgesuchen in Zukunft begegnet werden würde, die nicht Wehrzwecken dienten.[262] Mit den Fondseinlagen wollte er die Gemeindefinanzverwaltung auf eine »etwas bessere Grundlage« stellen; denn sonst, so seine Prognose, werde es in den nächsten zwei bis drei Jahren außerordentlich schwer werden, »irgendwelche neuen Aufgaben zu bewältigen«.[263]

Diese Sparpolitik intensivierte die Stadt auch in der Folgezeit. Im Haushaltsvorentwurf für das Jahr 1936 wurden die Rücklagen in unterschiedlichen Bereichen ebenso wie der Betriebsrückhalt so erheblich erhöht, dass der Plan zunächst sogar mit einem Fehlbetrag von 3,4 Millionen Reichsmark abschloss. Um den Etat zum Ausgleich zu bringen, rüttelten Fiehler und Pfeiffer aber bemerkenswerterweise kaum an diesen Posten, obwohl es »an sich naheliegend« gewesen wäre, wie der Stadtkämmerer einräumte.[264] Stattdessen wurde vor allem bei anderen, ordentlichen Ausgaben »der Rechenstift angesetzt«. Die Gründe da-

---

260 Vgl. Fiehler, Gemeinderäte, 23.5.1935, StadtAM, RSP 708/1. Konkret zielte die »Haushaltsbereinigung« etwa darauf, Vermögensverluste auszugleichen, eingesparte Gehälter und Löhne einzelner Gemeindeanstalten zurückzuerstatten, anstelle außerordentlicher Haushaltsmittel ordentliche zu setzen oder für weitere vordringliche Ausgaben überplanmäßige Mittel zur Verfügung zu stellen.

261 Vgl. Fiehler, Gemeinderäte, 23.5.1935, StadtAM, RSP 708/1.

262 Der Stadt München sei zwar, so Fiehler, mit Rücksicht auf die besonderen Aufgaben zuletzt noch ein Darlehen bewilligt. Zugleich wurde aber darauf hingewiesen, »dass es in Zukunft ausserordentlich schwer sein wird, Darlehen zu genehmigen, weil eben der ganze Kapitalmarkt für Wehrzwecke verwendet werden muss« (Fiehler, Gemeinderäte, 23.5.1935, StadtAM, RSP 708/1).

263 Fiehler, Gemeinderäte, 23.5.1935, StadtAM, RSP 708/1.

264 Vgl. Pfeiffer, Beiräte für Angelegenheiten des Gemeindehaushalts, 7.2.1936, StadtAM, RSP 709/6.

für waren dieselben wie einige Monate zuvor: Für die Gemeinden sei durch die
»100%ige Inanspruchnahme aller Geldmittel« durch das Reich eine Geldaufnahme nur »in ganz verschwindendem Ausmasse« möglich.[265] Wenn man nun
keine Rücklagen bilde, dann habe man im kommenden Haushaltsjahr überhaupt keine »Bewegungsfreiheit« mehr, um Wohnungen zu bauen oder Schulhäuser zu sanieren.

Wenn die Stadtführung bereits ab Frühjahr 1935 eine solche ›freiwillige‹
Rücklagenbildung vollzog, war sie der allgemeinen kommunalpolitischen Entwicklung quasi ein Jahr voraus. Denn im Mai 1936 erließ Reichsinnenminister
Wilhelm Frick eine Rücklagenverordnung, die fortan für alle Gemeinden Gültigkeit hatte.[266] Auf der Basis von Richtlinien, die im Grundsatz bereits durch
die DGO vorgegeben waren, schrieb sie den Kommunen die Bildung von unterschiedlichen Rücklagenfonds vor, sofern diese noch nicht existierten, sowie die
regelmäßige »Zuführung« von ordentlichen Haushaltsmitteln. Zudem wurde
die Verwendungsweise der Mittel so reguliert, dass nur solche für Investitionen
herangezogen werden durften, die zuvor explizit für den entsprechenden Zweck
angesammelt worden waren; so erklärt sich auch die immense Menge an unterschiedlichen Fonds – zwischen 150 und 200 –, die das Renten- und Hinterlegungsamt verwaltete.

Die Fondsbildung war im nationalsozialistischen Staatsdenken – manchmal
mit antikapitalistischem Impetus formuliert – eine wesentliche Voraussetzung
für eine »geordnete« gemeindliche Finanzwirtschaft.[267] Die Vorzüge sah man
darin, dass die Finanzierung von Investitionen durch Rücklagen gegenüber einer
solchen durch Anleihen Zinsen einsparte und darüber hinaus durch das Anlegen sogar Zinsgewinne erwirtschaftet werden konnten. Angesichts der staatlich
auferlegten Zinssenkungen fielen diese freilich im »Dritten Reich« vergleichsweise niedrig aus. Nur die lebende Generation sollte jedenfalls durch die Investitionen belastet werden.

Tatsächlich steckten hinter der vorgeschriebenen Rücklagenbildung ganz andere Motive. In einer ähnlichen finanzwirtschaftlichen Logik, wie sie hinter der
Aufforderung zur Schuldentilgung steckte, welche einige Monate zuvor erlassen
worden war,[268] ging es auch jetzt vor allem darum, die Zielsetzungen der Reichsregierung zu unterstützen. Anstatt den Kapitalmarkt durch eigene Kredittätig-
keit zu beanspruchen und damit auch in Konkurrenz zur Reichsebene zu treten,
sollten die Städte und Gemeinden diesen durch Rücklagenbildung stärken. Das

---

265 Ebd.
266 Vgl. Rücklagenverordnung, 5.5.1936, RGBl. I (1936), S. 435-438. Die Stadtspitze in
     München war bei der Haushaltsplanerstellung 1936 schon in Kenntnis. Karl Fiehler
     war über den DGT auch in die Vorüberlegungen involviert gewesen; siehe dazu auch
     den Akt »Rücklagenverordnung«, BAB, R 36 604.
267 Vgl. Matzerath, Nationalsozialismus, S. 363 f.
268 Vgl. Reichsminister der Finanzen (Krosigk) an Reichsstatthalter, oberste Landesbe-
     hörden, Finanz- und Innenministerien, Unterstützung der Finanzpolitik des Reichs,
     30.1.1936, BAB, R 36 2764.

Reich zog daraus direkten und indirekten Nutzen, da die Anlagemittel in den Kapitalmarkt flossen, auf den hauptsächlich Berlin zugriff; darüber hinaus verlangte man von den Kommunen zunehmend, direkt Reichsanleihen zu zeichnen.[269] Auf dem Wege der vermeintlich sicheren Fondsanlage floss das ›Ersparte‹ damit in die Kriegskasse.

Zwischen März 1936 und März 1939 sammelten die deutschen Städte und Gemeinden insgesamt über eine Milliarde Reichsmark an neuen Rücklagen an, was mehr als einer Verdoppelung entsprach.[270] Dabei hatten viele Orte mit der geforderten Höhe der Rücklagenbildung deutlich mehr Probleme als die Stadt München, die die Anforderungen im Großen und Ganzen bereits ein Jahr zuvor erfüllt hatte. Aber auch sie musste die Rücklagenbildung nach der Verordnung noch ausbauen. Die Rücklagenbestände, die das Renten- und Hinterlegungsamt verwaltete, wuchsen zwischen 1935 und 1937 von 70 Millionen Reichsmark auf 103 Millionen Reichsmark.[271] Im Haushaltsplan 1939 wurden – bei einem Gesamtvolumen von 164 Millionen Reichsmark – allein 7,7 Millionen Reichsmark für die Rücklagenzufuhr eingeplant.[272] Im Krieg musste die regelmäßige, geplante Anlege-Aktivität zunächst wieder verringert werden, weshalb das Gesamtrücklagenvolumen stagnierte.[273] In der zweiten Kriegshälfte jedoch stieg ihr Umfang wieder: Aufgrund der Zwangsbewirtschaftung und des Mangels an Mensch und Material verliefen viele Projekte buchstäblich im Sande, was Haushaltsreste zur Folge hatte, mit denen wenig anderes gemacht werden konnte, als sie wiederum in Rücklagen (oder Schuldentilgung) zu stecken.[274] So wuchsen die Kapitalvermögenswerte weiter an. Was als Zeichen der Stabilität propagiert wurde, entsprach vielmehr einer »Verlagerung von der Substanz zum Gelde«.[275] Die Hoffnung, sich mit den zurückgelegten Geldern Gestaltungsräume für zu-

269 Im Herbst 1938 verlangte das Reich von allen deutschen Gemeinden, eine Reichsanleihe in Höhe von einer Mrd. RM zu zeichnen. Nach Verhandlungen wurde die Forderung auf 500 Millionen Reichsmark gesenkt. Die Zeichnung sollten alle Gemeinden über 3.000 Einwohner auf »möglichst freiwilliger Basis« vollziehen (vgl. Matzerath, Nationalsozialismus, S. 364).

270 Laut Angaben des DGT beliefen sich die Rücklagen am 31.3.1936 auf 1050 Millionen und wuchsen innerhalb von zwei Jahren auf 1,8 Milliarden an (vgl. Niederschrift über die Sitzung des Finanzausschusses des DGT, 7.10.1938, S. 4, BAB, R 36 556). Im Rahmen der Sitzung des Finanzausschusses des DGT vom 23. Juni 1939 sprach man dann bereits davon, dass die Kommunen 2,1 Mrd. RM angesammelt hatten (vgl. ebd., S. 7, BAB, R 36 605).

271 Vgl. Haushaltsplan der Hauptstadt der Bewegung 1937, S. 788; Haushaltssatzung der Hauptstadt der Bewegung 1939, S. XXIII.

272 Vgl. Haushaltssatzung der Hauptstadt der Bewegung 1939, S. XXIII.

273 Vgl. Haushaltssatzung der Hauptstadt der Bewegung 1942, S. 524, wo auf Basis des Abschlusses des Rechnungsjahres 1940 ein Wert von knapp 95 Millionen RM an Rücklagen angegeben wird.

274 Siehe oben, Kapitel I.5.

275 Vgl. Niederschrift über die Sitzung des Finanzausschusses des Deutschen Gemeindetages, 23.6.1939, S. 7, BAB, R 36 605.

künftige Investitionen zu schaffen, entpuppte sich angesichts der Zwänge der Kriegswirtschaft als Illusion.

Die kommunale Rücklagenbildung sollte – gewissermaßen als Pendant zum »Eisernen Sparen« der »Volksgenossen« – vielmehr ebenfalls dazu beitragen, Kaufkraft abzuschöpfen und somit die verdeckte Inflation im Zaum zu halten. Aus diesem Grund wurde ab 1942 auch die außerordentliche Schuldentilgung, die noch 1936 explizit eingefordert worden war, wieder eingeschränkt. Denn dabei stand zu befürchten, dass »neue überschüssige Kaufkraft« geschaffen werden würde.[276] Stattdessen sollten die Kommunen sämtliche überschüssigen Mittel nur noch in Rücklagen stecken und dabei ausschließlich in Reichspapieren anlegen. In der unmittelbaren Nachkriegszeit führte das übrigens zu der paradoxen Situation, dass die Haushaltslage der Stadt auf dem Papier gar nicht schlecht aussah – man verfügte über einen dreistelligen Millionenbetrag an Mitteln –; da diese aber zu 90 Prozent in Reichsanleihen angelegt waren, blieb das Geld für die Kommunen monatelang nicht zugänglich.[277]

Kommunale Kreditpolitik war im »Dritten Reich« in hohem Maße von den Reichszielen abhängig. Schon die staatlich angeordnete Umschuldung diente nicht nur der »Gesundung« der Gemeindefinanzen, sondern beschränkte auch die Neuaufnahme von Krediten. Der Kapitalmarkt wurde zunehmend vom Reich monopolisiert und für Zwecke der »Wehrhaftmachung« beansprucht. Auch wenn es der Stadt München durch ihre einflussreiche Stellung noch verhältnismäßig oft gelang, Darlehen genehmigt zu bekommen, war der Gesamtumfang der aufgenommenen Kredite nicht mehr annähernd so hoch wie noch in der Weimarer Zeit. Das wirkte sich auch auf die Investitionstätigkeit aus, die zunehmend erlahmte. Weil die Stadt im »Kampf ums Geld« auf dem Finanzmarkt dem Reich meist unterlegen war, versuchte sie ihre Einnahmepolitik anzupassen. Durch das verstärkte und frühzeitige Anlegen wollte man sich Handlungsspielräume für zukünftige Investitionen schaffen. Dem Sog der zentralstaatlichen Ressourcenmobilisierung entging man dadurch jedoch auch nicht. Durch die verstärkte und besonders frühzeitige Rücklagenbildung trug die Stadt vielmehr erst recht dazu bei.

276 Vgl. Entwurf Runderlass Reichsminister des Innern und Reichsminister der Finanzen, März 1942, BAB, R 36 599; vgl. auch Matzerath, Nationalsozialismus, S. 367.
277 Vgl. Aktennotiz, Finanzierung der Kriegsschäden, 10.10.1945, StadtAM, Kämmerei 1883.

4. Enteignen und Profitieren: die fiskalische Dimension der städtischen Verfolgungspolitik

Die Judenverfolgung als Raubzug

Der nationalsozialistische Völkermord war auch ein Raubmord. Der physischen Vernichtung der Juden ging ihr »Rechts- und Finanztod« voraus.[278] Schon früh hatte es das NS-Regime auf das Vermögen der deutsch-jüdischen Bevölkerung abgesehen, wenn auch zunächst unter dem Deckmantel des Devisenrechts.[279] Die Parameter der ursprünglich 1931 zur Verhinderung von Kapitalflucht eingeführten Reichsfluchtsteuer wurden schrittweise so verändert, dass immer stärker diejenigen deutschen Emigranten belastet wurden, die ihr Heimatland aufgrund von Diskriminierung, Gewalt oder Beeinträchtigung ihrer Erwerbstätigkeit verlassen mussten.[280] Perfiderweise erschwerten die Gesetzesverschärfungen die Emigration vieler Juden, obwohl diese zugleich massiv aus der deutschen Gesellschaft verdrängt und damit zur Flucht genötigt wurden. Spätestens seit 1936 existierten darüber hinaus dezidierte Pläne für eine »Strafsteuer«.[281] Die Novemberpogrome im Jahr 1938 lieferten schließlich den Vorwand, um vom gesamten »jüdischen Volk« eine Kontribution in Form einer »Sühneleistung« von einer Milliarde Reichsmark einzuziehen.[282] Die Beiträge, die jeder einzelne jüdische Bürger abliefern musste, basierten auf den Vermögensanmeldungen, die bereits im April 1938 verlangt worden waren.[283] Die staatlichen Raubzüge zielten zudem auch auf das nicht-bare Vermögen: auf Gold, Silber, Juwelen, Edelmetalle, Kunstwerke, Mobiliar und nicht zuletzt auf jüdische Gewerbebetriebe, Häuser,

---

278 Adler, Mensch, S. 166. Dazu, wie die NS-Forschung den funktionalen Zusammenhang von wirtschaftlicher Enteignung und späterer Vernichtung in der NS-Forschung interpretierte, siehe etwa die Ausführungen bei Bajohr, »Arisierung«, S. 10-15.

279 Tooze, Ökonomie, S. 101, schätzt die Gesamthöhe des jüdischen Vermögens für das Jahr 1933 auf mindestens 8 Mrd. RM. Kuller, Bürokratie, S. 220, nennt den Wert von 10 Mrd. RM. Longerich, Politik, S. 165, schätzt mit Bezug auf Barkai für den gleichen Zeitpunkt das Vermögen der Juden auf zehn bis zwölf Mrd. Im April 1938 belief es sich jedenfalls nur noch auf fünf Mrd. (ebd.). Diese Schätzungen sind freilich genauso vage, wie sich auch die Frage, wie viel davon letztlich tatsächlich vom NS-Staat »erbeutet« wurde, nicht final bilanzieren lässt.

280 Vgl. Vierte Verordnung des Reichspräsidenten zur Sicherung von Wirtschaft und Finanzen und zur Sicherung des inneren Friedens, 8.12.1931, Siebter Teil, Kapitel 3, RGBl. I (1931), S. 731-737. Eine Zusammenstellung der »Ausplünderung der Flüchtlinge« durch die Reichsfluchtsteuer findet sich bei Friedenberger, Ausplünderung, S. 67-128, sowie Kuller, Bürokratie, S. 185-201.

281 Vgl. Kuller, Bürokratie, S. 151.

282 Vgl. Verordnung über eine Sühneleistung der Juden deutscher Staatsangehörigkeit, 12.11.1938, RGBl. I (1938), S. 1579.

283 Vgl. Verordnung über die Anmeldung des Vermögens der Juden, 16.4.1938, RGBl. I (1938), S. 414f.

Wohnungen und Grundbesitz.[284] Der nationalsozialistische Sprachjargon beschrieb diese Verbrechen mit der euphemistischen Formel der »Arisierung«.[285] Wenig später wurde allzu deutlich, dass es um nichts anderes als vollständige Enteignung ging: Die elfte Verordnung zum Reichsbürgergesetz im November 1941 bestimmte, dass jeder Jude, der die Reichsgrenzen überschritt, nicht nur die Staatsangehörigkeit verlor, sondern auch das gesamte Vermögen an den Staat abzugeben hatte.[286] Dies betraf nicht nur die Personen, die ins Ausland flohen oder untertauchten, aber in Deutschland noch Vermögen in Form von Grundbesitz oder Bankguthaben besaßen, sondern auch jene Verfolgte, die die Reichsgrenzen in den Deportationszügen nach Osten überquerten. Ehe sie dort ermordet wurden, nahm ihnen die Lager-SS auf den Rampen der Vernichtungslager schließlich noch die letzten Wertgegenstände ab.

Unterschiedliche Akteure trieben den staatlich organisierten Raubzug voran und profitierten davon: Zu ihnen zählten Hitler und seine Entourage, die traditionellen Reichsbehörden und neuen Sonderstellen wie etwa der »Sonderbeauftrage für den Vierjahresplan« Hermann Göring, der wesentliche Maßnahmen anordnete und im jüdischen Vermögen – zumindest zeitweise – auch einen Baustein zur Kriegsfinanzierung erblickte.[287] Auch niedere NSDAP-Funktionäre und Parteistellen gingen regelrecht auf Beutejagd. Bezeichnend ist etwa jener, wenn auch erfolglose Versuch des Münchner Parteifunktionärs Christian Weber, zehn Millionen Reichsmark aus der Judenvermögensabgabe »zur Unterstützung von Blutordensträgern und Dauerausweisinhabern«, wozu nicht zuletzt er selbst und seine Kollegen im Münchner Rathaus zählten, zu erhalten.[288] Auch Berufsverbände wie die Industrie- und Handelskammern trugen viele der »Arisierungsmaßnahmen« mit.[289] Nicht zuletzt beteiligten sich – stark vereinfacht gesprochen – »ganz normale Deutsche«[290] in Form von Denunziationen und profitierten, wenn das Geschäft eines jüdischen Konkurrenten schließen musste

284 Vgl. Verordnung zur Ausschaltung der Juden aus dem deutschen Wirtschaftsleben, 12.11.1938, RGBl. I (1938), S. 1580; Verordnung über den Einsatz des jüdischen Vermögens, 3.12.1938, RGBl. I (1938), S. 1709-1712; Dritte Anordnung aufgrund der Verordnung über die Anmeldung des Vermögens der Juden, 21.2.1939, RGBl. I (1939), S. 282.

285 Zur Begriffsklärung siehe unten, S. 274.

286 Vgl. Elfte Verordnung zum Reichsbürgergesetz, 25.11.1941, RGBl. I (1941), S. 722-724. Zur Praxis der Enteignung im Zuge dieser 11. Verordnung zum Reichsbürgergesetz siehe Kuller, Bürokratie, S. 387-426.

287 Vgl. dazu Kuller, Steuerstaat, S. 86 f.

288 Zu einem Antrag des Pg. Weber an den Beauftragten für den Vierjahresplan, 6.1.1939, in: Nationalsozialismus, Holocaust, Widerstand und Exil 1933-1945. Online-Datenbank, URL: http://db.saur.de/DGO/basicFullCitationView.jsf?documentID=APK-011893, Zugriff am 10.5.2017.

289 Zur Rolle der IHK als zentrale Abwicklungsstelle für die »Arisierung« in München siehe etwa Drecoll, Fiskus, S. 102-106; Rappl, »Arisierungen«, S. 151-155.

290 Vgl. Aly, Volksstaat, der diese Wendung in Anlehnung an Christopher R. Brownings »Ganz normale Männer« verwendet.

oder wenn sie bei Zwangsversteigerungen Wertgegenstände oder Grundstücke zu günstigen Preisen erwerben konnten.

Welchen Part spielten nun bei diesen Vorgängen die Kommunen? Die neuere Forschung hat die maßgebliche Rolle der Städte und Gemeinden bei der Diskriminierungs- und Ausgrenzungspolitik betont und dabei gezeigt, dass diese nicht selten als Taktgeber fungierten.[291] In vielen Bereichen galt das besonders für die »Hauptstadt der Bewegung«.[292] Die Frage nach der fiskalischen Dimension der städtischen Verfolgung kommt allerdings eher selten in den Blick.[293] Dabei ist nicht nur offensichtlich, dass diskriminierende und schikanierende Aktionen gegenüber Juden das Handeln in nahezu allen Verwaltungsbereichen kennzeichneten, sondern auch, dass dies in vielen Fällen eine fiskalische Seite hatte. Das Gewerbeamt unter seinem antisemitischen Hetzer Richard Vilsmaier war zum Beispiel nicht nur maßgeblich an den »Arisierungen« von jüdischen Geschäften beteiligt, sondern veranschlagte bei Juden auch höhere Gebühren für Genehmigungsbescheide.[294] Das Wohlfahrtsamt sparte ein, indem es jüdischen Hilfsbedürftigen die Fürsorgebezüge strich.[295] Und oben habe ich bereits darauf hingewiesen, dass das Stadtsteueramt jüdische Betriebe bei der Fremdenverkehrsabgabe unverhältnismäßig hoch belastete.[296]

Die Haushaltsgewinne aus dem verwaltungsmäßig abgewickelten Raub finden sich in vielen Einzelbereichen wieder, auch wenn sie selten ausdrücklich aufgeführt waren. Deswegen kann auch ein ›Einnahmeposten Raub‹ nicht ex-

---

291 Vgl. Gruner, Wohlfahrt; ders., Kommunen, S. 197-201; ders., NS-Judenverfolgung, sowie Fleiter, Stadtverwaltung, oder die knappe Zusammenfassung ders., Kommunen, insbesondere S. 40.

292 Vgl. etwa Heusler, Verfolgung, S. 161, der München als »Vorreiter bei judenfeindlichen Maßnahmen« beschreibt. Ein bisher nicht beachtetes Beispiel für diese Vorreiter-Rolle habe ich oben in Kapitel III.3 im Zusammenhang mit der Einziehungspraxis skizziert.

293 Einen der ersten spezifischen Beiträge zur fiskalischen Verfolgung auf kommunaler Ebene lieferte Kingreen, Raubzüge. Sie beschreibt den damaligen Forschungsstand, wenn sie ausführt, dass die »Erforschung der Bereicherungspolitik und auch der Profite, die Stadt- und Gemeindeverwaltungen durch die Aneignung von ›jüdischem Besitz‹ erzielten« (ebd., S. 18), insgesamt noch am Anfang stehe. Seitdem haben insbesondere die Forschungen zur »Arisierung« mehr Erkenntnisse zur Rolle der Stadtverwaltungen erbracht. Fleiter, Stadtverwaltung, S. 165-216, zeigte etwa am Beispiel Hannover Verwicklungen hinsichtlich der sogenannten Edelmetallabgabe sowie bei den Grundstücksarisierungen. In dem 2014 erschienenen Sammelband Fritsche/Paulmann, »Arisierung«, findet sich ein Beitrag, der explizit die Rolle einer Stadtverwaltung bei den »Arisierungen« betrachtet (vgl. Fritsche, Mannheim »arisiert«). Zur Frage, welche Rolle die Stadt München bei derartigen Raubaktionen spielte, gibt es verschiedene Anknüpfungspunkte bei den verhältnismäßig zahlreichen Untersuchungen zum Thema »Arisierung«: siehe z. B. die frühe Untersuchung von Hanke, Geschichte, S. 222-244; Selig, Rassenwahn; ders., »Arisierung«; Rappl, »Arisierungen«; Heusler/Baumann (Hrsg.), München, sowie, mit Blick auf die »Wohnraumarisierung«, Haerendel, Wohnungspolitik, S. 395-405.

294 Vgl. etwa das Beispiel der Firma Carl Leiter bei Selig, Rassenwahn, S. 89.

295 Vgl. dazu Wimmer, Ordnung, S. 306-316.

296 Siehe oben, Kapitel III.2, S. 223.

akt quantifiziert werden. In vielen Fällen waren die Gewinne für die Stadt selbst wohl eher gering – zumal manche Verfolgungsmaßnahme auch Geld kostete. Umso bemerkenswerter ist die rücksichtslose Haltung, die die Stadtspitze und viele städtische (Finanz-)Beamte – oft hinter einer Fassade der Legalität – an den Tag legten und die sie zu willfährigen und tatkräftigen Mittätern machte. Es ging ihnen ums Geld der Juden, aber noch mehr ging es um deren systematische Ausschaltung. Anhand von drei Bereichen soll »Enteignen und Profitieren« als ein NS-spezifischer Modus kommunaler Einnahmepolitik näher beleuchtet werden.

Das »Judenkonto« der Stadthauptkasse

Im August 1945 war der Großteil der Beute längst verteilt. Nur noch 22.674 Reichsmark und 71 Pfennige, aufgeteilt auf 440 Einzelposten, umfasste das Sammelkonto, das bei der Stadthauptkasse verwaltet und von den Beamten ungeniert als »Judenkonto« bezeichnet wurde. Dem ersten Nachkriegs-Oberbürgermeister Karl Scharnagl konnte die »Abwicklung« des diskreditierenden Geldtopfes nicht schnell genug gehen. Er wies das Finanzreferat an, die Mittel inklusive einer dreiprozentigen Verzinsung seit Einzahlungsdatum bald möglichst an die Eigentümer zurückzuzahlen, soweit diese bekannt seien und die derzeitigen Anschriften ermittelt werden könnten.[297] Das wäre ein schwieriges Unterfangen gewesen, da die meisten von ihnen ausgewandert, verstorben oder deportiert waren. Letztlich tat sich für die Stadtverwaltung eine praktikablere Lösung auf: Nach einer Unterredung mit Siegfried Neuland (1889-1969), dem damaligen Vizepräsidenten der Israelitischen Kultusgemeinde München, wurden sämtliche Gelder an die erst wenige Wochen zuvor wiedergegründete jüdische Gemeinde überwiesen. Diese verpflichtete sich ihrerseits, die Beträge gegebenenfalls an die Empfangsberechtigten zurückzuzahlen.[298] Die ganze Aktion mutet an wie eine Mischung aus spontaner Wiedergutmachung und hektischer Spurenverwischung. Eingefädelt hatte sie pikanterweise der noch amtierende Stadtdirektor Hans Schein, der als rechte Hand des Kämmerers Andreas Pfeiffer jahrelang in die (finanz-)bürokratisch abgewickelten Unrechtsmaßnahmen gegenüber Juden involviert gewesen war.

Welche Mittel waren auf dem Konto verbucht worden? Und wie war es entstanden? – Dafür muss der Blick zurück in die Phase unmittelbar nach den reichsweiten antijüdischen Ausschreitungen im November 1938 gehen.

Weiter oben habe ich bereits Einblicke in die Beitreibungspraxis der Stadt München und dabei insbesondere in das rigorose Verfahren gegenüber säumi-

---

297 Akt Finanzreferat, Judenkonto, Entscheidung des Oberbürgermeisters im Bürowege, 6.8.1945, YVA, M.1.DN, mikroverfilmt in StadtAM, Rolle 137.
298 Finanzreferat (Schein), Abwicklung des Judenkontos bei der Stadthauptkasse München, 27.8.1945, YVA, M.1.DN, mikroverfilmt in StadtAM, Rolle 137.

gen jüdischen Schuldnern gegeben.[299] Umgekehrt hatten es die Finanzbehörden auch mit Überzahlungen von Steuern, Gebühren oder anderen öffentlichen Abgaben zu tun, die Münchner Bürger aus unterschiedlichsten Gründen zu viel an die Stadtkasse bezahlt hatten oder mit Sicherheitsleistungen, für die in entsprechenden Fällen ein Rückzahlungsanspruch bestand. Während solche Gelder bis Herbst 1938 auch jüdischen Bürgern und Betrieben weitgehend regelmäßig und vollständig rücküberwiesen wurden, änderte sich diese Verwaltungspraxis nach der sogenannten »Reichskristallnacht« schlagartig. Dort hatte Reichspropagandaminister Goebbels bei der Zusammenkunft der »Alten Garde« im Alten Rathaus unter anderem getönt: »Rechnet ab mit den Juden!«[300] Eine offizielle Weisung, wie mit solchen Steuerüberzahlungen oder anderen vergleichbaren Mitteln zu verfahren sei, gab es zwar zunächst weder von staatlicher Seite noch auf städtischer Ebene. Die antijüdische Stimmung führte indes dazu, dass der Leiter der Stadthauptkasse, Hugo Scheuthle, in einem Akt vorauseilenden Gehorsams den »kassenmäßigen Vollzug« von Rückvergütungen an Juden und jüdische Gewerbetreibende sofort einstellte.[301]

Dem ihm vorgesetzten Stadtkämmerer gegenüber begründete er die Auszahlungssperre mit dem »Staatsinteresse«. Er sei sich zwar im Klaren darüber, dass diese Maßnahme nur vorübergehender Art sein könne, bis eine offizielle Anordnung der Stadtkämmerei oder des Oberbürgermeisters verhängt werde, aber sogleich lieferte Scheuthle auch einen Vorschlag, wie solch eine »einheitliche Sachbehandlung« aussehen könnte: Im Interesse einer reibungslosen Fortführung des Rechnungsabschlusses sei die Rückvergütung »nur rein kassenmäßig« zu vollziehen, die »effektive Auszahlung« aber nicht zu leisten, sondern der Betrag auf ein neu zu errichtendes Konto zu überweisen und dort als »Verwahrungsgeld« zu behandeln. Dieses sollte dann dem OB, dem die weitere Verfügungsgewalt oblag, in regelmäßigen Abständen angezeigt werden. Um dieses Vorgehen zu erleichtern, müssten alle betroffenen Dienststellen und Dezernate ihre Anweisungen an die Kasse mit einem augenfälligen Vermerk »Jude« auf den jeweiligen Akten markieren.

Dieser Auszahlungsstopp ist ein augenfälliges Beispiel dafür, wie die Verwaltungsbeamten auf kommunaler Ebene ihren Beitrag zur Dynamisierung und Effizienz der systematischen Verfolgung lieferten, indem sie die Verwaltungspraxis eigeninitiativ-kreativ im Sinne der NS-Ideologie ausrichteten. Gleichwohl agierte Amtsleiter Scheuthle in dieser Sache nicht völlig eigenmächtig. Zum einen hatte er sich zuvor mündlich mit dem Stadtkämmerer über die Maßnahmen verständigt und dessen Einverständnis eingeholt.[302] Zum anderen standen diese in einem größeren Kontext der Verwaltungsradikalisierung. OB Fiehler hatte bereits am 15. November 1938 in einem mit dem Stempel »Sehr drin-

299 Siehe oben, Kapitel III.2, S. 234-239.
300 Zit. nach Selig, Seligmann, S. 50.
301 Vgl. Stadthauptkasse (Scheuthle) an Kämmerei, 18.11.1938, StadtAM, Kämmerei 250.
302 Vgl. ebd.

gend!« gekennzeichneten Rundschreiben die städtischen Dienststellen, und damit auch die Stadthauptkasse, explizit aufgefordert, bis in fünf Tagen einen »Bericht über Fragen und Zweifel« im Zusammenhang mit der vom Reich proklamierten »Ausschaltung der Juden aus dem öffentlichen Leben« zu liefern.[303] Das Schreiben war nichts Anderes als ein Aufruf dazu, Diskriminierungsmaßnahmen vorzuschlagen und umzusetzen.

Auch andere Dienststellen der Kämmerei lieferten bereitwillig Ideen.[304] Das Einziehungsamt etwa regte an, die Ausstellung der Unbedenklichkeitsbescheinigungen für Juden mit einer zusätzlichen Gebühr von fünf bis 20 Reichsmark zu belegen, und das Stadtsteueramt wollte für Juden grundsätzlich höhere Steuersätze veranschlagen, insbesondere in den neuen Umlandgemeinden, wo die Hebesätze noch zum Teil deutlich unter denen in der Innenstadt lagen. Während in beiden Fällen der Kämmerer jedoch bremste, indem er die rechtlichen Schwierigkeiten betonte, sorgte er bei den Vorschlägen von Hugo Scheuthle sogar dafür, dass der Auszahlungsstopp auf sämtliche Formen der Rückvergütung ausgedehnt wurde. Im Dezember 1938 folgte schließlich die formelle Anweisung des OB an alle Dezernate und Dienststellen, die exakt den Vorschlägen von Pfeiffer und Scheuthle entsprach.[305] Das Sammelkonto trug nun den offiziellen Namen »Rückvergütungen an Juden und Inhaber eines jüdischen Gewerbebetriebes« – eine höchst verschleiernde Bezeichnung, denn eine »Rückvergütung« wurde ja gerade durch die Existenz des Kontos verhindert.

Ein Jahr später kam das Thema erneut auf die Tagesordnung der Stadtführung. Die Praxis des Steuerraubs durch das Einfrieren von Rückvergütungen war unterdessen zur Gewohnheit geworden. Aufgrund eines berichtigten Gewerbesteuerbescheides vom 25. Januar 1939 hätte die Stadt zum Beispiel dem Gold- und Silberwarengeschäft M. Silberthau & Co. 100,64 Reichsmark rückerstatten müssen. Sie tat es nicht, weil die beiden Gesellschafter der Firma, Sofie und Maria Silberthau, jüdischer Abstammung waren.[306] Im Februar 1939 musste Gottfried Mandelbaum anlässlich seiner Auswanderung 45 Reichsmark beim Einziehungsamt zur Deckung noch anfallender Rückstände hinterlegen. Auch dieses Geld landete auf dem Sonderkonto.[307] Auf solche oder ähnliche Weise sammelten die Finanzbeamten bis Herbst 1939 insgesamt 216.000 Reichsmark auf dem

---

303 Vgl. OB Fiehler an sämtliche Dezernate, die Direktion der Sparkasse, der Lokalbaukommission und der Werke, 15.11.1938, YVA, M.1.DN, mikroverfilmt in StadtAM, Rolle 137.

304 Vgl. Kämmerei an OB, 19.11.1938, YVA, M.1.DN, mikroverfilmt in StadtAM, Rolle 137.

305 Vgl. OB an sämtliche Dezernate und Dienststellen, Ausschaltung der Juden aus dem Wirtschaftsleben, 24.12.1938, YVA, M.1.DN, mikroverfilmt in StadtAM, Rolle 137.

306 Vgl. Hans Israel Bloch an Regierung von Oberbayern, 18.10.1939, YVA, M.1.DN, mikroverfilmt in StadtAM, Rolle 137. Bereits wenige Wochen vorher war das Geschäft in der Kaufingerstraße ein Ziel der Zerstörungen vom 9. November 1938 gewesen.

307 Vgl. Aktennotiz Städtisches Einziehungsamt, Kaution für Auswanderer, 11.7.1945, YVA, M.1.DN, mikroverfilmt in StadtAM, Rolle 137.

»Judenkonto« der Stadthauptkasse an.[308] In den Augen von Karl Fiehler »ein ganz netter Betrag«, der theoretisch rückvergütet werden musste, wenngleich »natürlich nie daran gedacht [war], dass wir das machen«.[309]

Allerdings wussten die städtischen Entscheidungsträger auch, dass sie sich im juristischen Sinne auf sehr dünnem Eis bewegten. »Formell«, räumte der OB ein, »hätten auch die Juden einen Rechtsanspruch auf Rückzahlung, wenn sie nachweisbar zu viel bezahlt haben.« Das bisherige Vorgehen sei, so Stadtkämmerer Pfeiffer, demnach nur als eine »reine Verwaltungsmassnahme« anzusehen.[310] Um sich gegen mögliche zivilrechtliche Ansprüche abzusichern und über die endgültige Verwendung der Gelder Klarheit zu erhalten, hatte die Stadt – auch das ein typisches Muster – den Kontakt zu Staatsminister Adolf Wagner gesucht.[311] Die Einigung, die man schließlich erzielte, entsprach weitestgehend der in München längst praktizierten Handhabung. Sie sah vor, dass nur in Fällen von Staatsangehörigen neutraler Staaten, also bei holländischen oder schweizerischen Juden, eine Rückzahlung vorzunehmen war, um »Repressalien des neutralen Auslands« zu verhindern.[312] »Juden deutscher Staatsangehörigkeit oder Juden, die einem Feindesstaat angehören, ebenso polnische Juden«, so lautete der offizielle Bescheid des Innenministers vom 16. November 1939, »haben den Anspruch auf Rückvergütung von Steuerüberweisungen verwirkt«.[313] Begründet wurde diese Maßnahme, wie schon bei der Einführung der Judenvermögensabgabe, schlicht mit dem »Gesichtspunkt der Gesamthaftung«, der in den Augen der NS-Funktionäre »eine ausreichende Rechtsgrundlage« bot. Wagners Einverständnis war deshalb für die Stadt entscheidend, weil sie nun sichergehen konnte, dass ihr Vorgehen von der Aufsichtsbehörde nicht beanstandet werden würde. Im Ausschuss für Verwaltungs-, Finanz- und Baufragen frohlockte Fiehler geradezu: »Polnische und tschechische Juden kriegen nie mehr etwas [...] Die Juden haben uns seit Jahren mit den Steuern und Gebühren ausgeschmiert, sodass wir jedenfalls noch lange nicht auf unsere Rechnung kommen, wenn wir jetzt diese Gelder, die im Laufe der Zeit noch ein paar hunderttausend Mark sein werden, einfach auf die

308 Vgl. Stadthauptkasse an OB Fiehler, Saldostand Konto »Rückvergütungen an Juden und Inhaber jüdischer Gewerbebetriebe«, 31.10.1939, YVA, M.1.DN, mikroverfilmt in StadtAM, Rolle 137.

309 Fiehler, Beiräte für Verwaltungs-, Finanz- und Baufragen, 7.12.1939, StadtAM, RSP 712/5.

310 Pfeiffer, ebd.

311 Vgl. Fiehler an Gauleiter und Pg. Wagner, 30.10.1939, YVA, M.1.DN, mikroverfilmt in StadtAM, Rolle 137, worin Fiehler vom Problem spricht, dass Juden »manchmal Geldforderungen zustehen, die nach formalem Recht zwar begründet sind, deren Erfüllung jedoch dem nationalsozialistischen Volksempfinden widersprechen würde«.

312 Vgl. Fiehler, Beiräte für Verwaltungs-, Finanz- und Baufragen, 7.12.1939, StadtAM, RSP 712/5.

313 Bescheid des Bayerischen Staatsministers des Innern, 16.11.1939, abgedruckt in: OB an sämtliche Dezernate und Dienststellen, Ausschaltung der Juden aus dem Wirtschaftsleben, 10.4.1940, YVA, M.1.DN, mikroverfilmt in StadtAM, Rolle 137.

Gemeindekassen vereinnahmen.«[314] Im April 1940 folgte der entsprechende stadt-
interne Bescheid des OB an alle Dienststellen. Obwohl sich an der längst üblichen Verwaltungspraxis de facto nichts änderte, erhielt der Raubzug damit für
die anordnungsbeflissenen Beamten in der Stadthauptkasse ein offizielles Plazet.
Der nach Panama ausgewanderte Hermann Hechinger hatte beispielsweise
27 Reichsmark Bürgersteuer überbezahlt und eine Sicherheit von 70 Reichsmark
hinterlegt, die auf dem Sonderkonto »verwahrt« wurden. Auch der Antrag seiner
geschiedenen »arischen« Frau auf Auszahlung wurde abgeschmettert.[315] Der Op-
tikermeister Eugen Steinitz hatte einst 322 Reichsmark zu viel Fremdenverkehrsabgabe und Bürgersteuer entrichtet.[316] Auch er sah sein Geld nie wieder. Steinitz'
Antrag auf Auszahlung wurde im März 1941 mit Verweis auf die »Gesamthaftung der Juden« abgelehnt. Seine Ausreisebemühungen scheiterten. Im November desselben Jahres wurde er nach Kaunas deportiert und dort ermordet.[317]
Obwohl die jüdischen Einzahler, von Ausnahmen abgesehen, keinen Pfennig
rückerstattet bekamen, schrumpfte das Sonderkonto allmählich.[318] Zum einen
gab es kaum noch Zufluss, weil immer weniger Juden in der Stadt lebten und
Geschäfte besaßen, sodass auch die früher häufigen Überzahlungen aus Gewerbesteuern und Fremdenverkehrsabgaben wegfielen. Zum anderen bediente sich
jeder, der einen vermeintlich legalen Anspruch auf das verwaltete Vermögen
nachweisen konnte – oft in Abwesenheit oder gar nach dem Tod der ursprünglich Empfangsberechtigten. Die Mittel wurden zuerst verwendet, um noch ausstehende »Forderungen« vonseiten der Stadt gegen einzelne Juden oder jüdische
Betriebe zu »begleichen«, wie es hieß. Nicht selten beruhten auch diese nur auf
scheinbar rechtmäßigen Grundlagen. Sodann konnten die Gelder bei Ansprüchen von Reichs- oder Landesstellen ausbezahlt werden. Auch »Rückstände« aus

314 Fiehler, Beiräte für Verwaltungs-, Finanz- und Baufragen, 7.12.1939, StadtAM, RSP
712/5.
315 Vgl. Aktenvermerk Stadthauptkasse, Ausschaltung der Juden aus dem öffentlichen
Wirtschaftsleben, 8.10.1941, YVA, M.I.DN, mikroverfilmt in StadtAM, Rolle 137.
316 Vgl. Aktennotiz Stadtkämmerei, Jüdisches Guthaben, 10.3.1941, YVA, M.I.DN, mikroverfilmt in StadtAM, Rolle 137.
317 Vgl. Stadtarchiv München (Hrsg.), Biographisches Gedenkbuch Münchner Juden,
Bd. 2, S. 576.
318 Tatsächlich scheint es einige Ausnahmen gegeben zu haben, etwa dann, wenn Ansprüche auf arische Freunde und Verwandte übertragen werden konnten. Glaubt man einigen Aussagen im Spruchkammerverfahren gegen den damaligen Führungsbeamten
der Stadthauptkasse, Hans Kissling, dann tröpfelten bisweilen Überzahlungen auch
über das Finanzamt zurück an jüdische Bürger. Kissling erklärte, dass die Juden selbst
auf den Gedanken gekommen seien, die Beträge, die bei der Stadt auf dem Sonderkonto verwaltet wurden, an die Finanzkasse weiterzuleiten. Von dort aus konnten sie
angeblich ausbezahlt werden. Er selbst »wollte ihnen helfen und unterstützte sie bei
den Überweisungen an die Finanzkasse«. Im Falle Jocksberger stieß er bei diesem Verfahren angeblich »auf Schwierigkeiten«, weil ein Beamter beim Finanzamt das Geld als
Überzahlung von der Stadtkasse identifizierte (vgl. Anlage zum Protokoll der mündlichen Verhandlung gegen Hans Kissling, 9.9.1948, StAM, Spk A (München) K 881
Hans Kissling).

der Judenvermögensabgabe wurden aus diesem Depot beglichen.[319] Ansprüche meldeten mitunter auch Konkursverwalter oder, bei »arisierten« Unternehmen, die »arischen« Nachfolgebesitzer an. Bis April 1942 war das Konto etwa um die Hälfte geschrumpft und umfasste noch Posten im Gesamtwert von knapp 100.000 Reichsmark.[320] Die einschneidende Änderung des Reichsbürgergesetzes vom November 1941 wirkte sich schließlich, leicht verzögert, auch auf das bei der Stadthauptkasse deponierte »jüdische Vermögen« aus. Die Steuerüberzahlungen von Juden, die ausgereist oder deportiert worden waren und damit ihre Staatsangehörigkeit verloren hatten, gingen demnach ins Eigentum des Reichs über. Deshalb mussten die Posten von der Stadthauptkasse an die Behörde des Oberfinanzpräsidenten gemeldet werden und wurden teilweise eingezogen.[321]

Über die 440 Einzelposten im Gesamtwert von ca. 22.000 Reichsmark, die im August 1945 noch auf dem Konto lagen, hatte der Oberfinanzpräsident bis zuletzt nicht verfügt. Offensichtlich waren die Beträge zu gering und der Verwaltungsmühen nicht wert.[322] Es handelte sich gewissermaßen um die nutzlosen Überreste einer Beute, deren wertvolle Stücke längst unter den Gefährten der Räuberbande aufgeteilt worden waren. Für Gottfried Mandelbaum lag darin übrigens eine späte Freude. Nach Kriegsende kehrte er nach München zurück. Als er am 11. Juli 1945 beim städtischen Einziehungsamt vorsprach, erhielt er seine im Februar 1939 hinterlegte Kaution in Höhe von 45 Reichsmark erstattet, inklusive Zinsen.[323] Fast so, als ob nichts gewesen wäre.

Gold für das Reich, Silber für die Stadt

Wie beim »Judenkonto« sprach man unter Stadtbeamten auch bei den Aufgaben, die das Leihamt seit der Jahreswende 1938/39 zusätzlich zu erledigen hatte, gern von »einstweiliger Verwahrung«.[324] Wieder verschleiert das Verwaltungsdeutsch, dass es auch in diesem Fall um nichts anderes ging als um Raub. Dieser zielte jedoch nicht auf das Barvermögen der jüdischen Bürger, sondern auf Gegenstände aus Gold, Platin und Silber, auf Edelsteine und Perlen. Das Büro

319 Vgl. OB an sämtliche Dezernate und Dienststellen, Ausschaltung der Juden aus dem Wirtschaftsleben, 10.4.1940, YVA, M.1.DN, mikroverfilmt in StadtAM, Rolle 137.

320 Vgl. Stadthauptkasse an OB Fiehler, Saldostand Konto »Rückvergütungen an Juden und Inhaber jüdischer Gewerbebetriebe«, 1.6.1942, YVA, M.1.DN, mikroverfilmt in StadtAM, Rolle 137.

321 Vgl. OB an sämtliche Dezernate, Vermögensverfall ausgewanderter Juden, 5.5.1942, YVA, M.1.DN, mikroverfilmt in StadtAM, Rolle 146.

322 Vgl. OB an Finanzreferat, 7.8.1945, StadtAM, Kämmerei 250.

323 Vgl Aktennotiz Städtisches Einziehungsamt, Kaution für Auswanderer, 11.7.1945, YVA, M.1.DN, mikroverfilmt in StadtAM, Rolle 137.

324 So etwa in der Aktennotiz Fiehler/Konrad, Beratungssache für die Ratsherren (geheim), Errichtung einer öffentlichen Ankaufsstelle für Schmucksachen aus jüdischem Besitz, 2.3.1939, StadtAM, Kämmerei 1901.

des Oberbürgermeisters führte damals sogar eine eigene Akte mit dem Titel »Judensilber«. Was steckte dahinter?

Die Verordnung über den Einsatz jüdischen Vermögens vom 3. Dezember 1938 war für die fiskalische Ausplünderung der jüdischen Mitbürger in vielerlei Hinsicht elementar; hier ist Paragraf 14 von besonderer Relevanz. Mit diesem Passus wurde Juden untersagt, Gegenstände aus Gold, Silber und Platin genauso wie Juwelen, Schmuckgegenstände und Kunstwerke zu erwerben, zu verpfänden oder freihändig zu veräußern. Sie durften fortan nur an die »vom Reich eingerichteten öffentlichen Ankaufsstellen« abgegeben werden.[325] Aus dem Ankaufsprivileg, das sich das NS-Regime damit sicherte, wurde wenig später ein Verkaufszwang. Binnen zwei Wochen, so verfügte der Beauftragte für den Vierjahresplan, Hermann Göring, im Februar 1939, mussten alle Juden im Deutschen Reich sämtliche Edelmetallgegenstände aus ihrem Besitz bei den »Ankaufsstellen« abliefern.[326] Von der »Ablieferungspflicht« befreit waren lediglich Trauringe, Armband- und Taschenuhren, zwei vierteilige Bestecksets pro Person, kleinste Silbergegenstände bis zu einem Gesamtgewicht von 200 Gramm sowie Zahnersatz aus Edelmetall. Diese Liste von Ausnahmen erlangte jedoch keine Gesetzeskraft, sondern wurde lediglich als Anweisung an die Ankaufsstellen herausgegeben.[327] Wie genau die zuständigen Sachbearbeiter sich daran hielten, war sicher unterschiedlich.

Die Durchführung dieser »Edelmetallabgabe«, wie die Konfiszierung erneut mit einem euphemistischen Begriff getarnt wurde, übernahmen die kommunalen Pfandleihämter, zumindest bei Utensilien bis zu einem Wert von 1.000 Reichsmark.[328] Für den Ankauf von wertvolleren Gegenständen war eine für das gesamte Reichsgebiet zuständige zentrale Stelle in Berlin zuständig. Es war kein Zufall, dass die Kommunen in dieser Sache mit ins Boot geholt wurden. Der Deutsche Gemeindetag unter seinem Vorsitzenden Karl Fiehler hatte im Vorfeld alle Hebel in Bewegung gesetzt, um die Gemeinden an der »Verwertung« des jüdischen Besitzes zu beteiligen.[329]

In München übernahm das in der Augustenstraße ansässige Leihamt diese Aufgabe. Dafür mussten zunächst einige organisatorische Anpassungen vollzogen werden. Man richtete eine neue Betriebsabteilung ein und stellte drei zusätzliche Hilfskräfte für das Schätzen der Schmuck- und Wertsachen ein.[330] Ansonsten sollten aber eine Personalerweiterung und damit auch Mehrkosten

325 Vgl. Verordnung über den Einsatz des jüdischen Vermögens, 3.12.1938, RGBl. I (1938), S. 1711. Zur Vorgeschichte der Edelmetallabgabe siehe Banken, Der Edelmetallsektor und die Verwertung konfiszierten jüdischen Vermögens, S. 142-144.

326 Vgl. Dritte Anordnung auf Grund der Verordnung über die Anmeldung des Vermögens von Juden, 21.2.1939, RGBl. I (1939), S. 282.

327 Vgl. Reichswirtschaftsminister, Anweisung an die Pfandleihanstalten, 2.3.1939, YVA, M.1.DN, mikroverfilmt in StadtAM, Rolle 134.

328 Vgl. Verordnung zur Durchführung der Verordnung über den Einsatz des jüdischen Vermögens, 16.1.1939, §3, RGBl. I (1939), S. 37.

329 Vgl. Fleiter, Stadtverwaltung, S. 165, S. 178; Fritsche, Mannheim »arisiert«, S. 151.

330 Vgl. Selig, »Arisierung«, S. 56.

ausdrücklich vermieden werden.[331] Aufseiten des Leihamts rechnete man mit mindestens 2.000 Ablieferungen.[332] Die Stadtkämmerei überwies einen Vorschuss von 50.000 Reichsmark, mit dem die ersten »Ankäufe« durchgeführt werden konnten.[333] Bereits nach wenigen Wochen stapelten sich allein vier Tonnen Silber in den Tresoren. Nicht zuletzt musste auch das Verbot modifiziert werden, das seit Mai 1938 Juden vom Zutritt zum städtischen Leihamt ausgeschlossen hatte. Um ihr Hab und Gut abzuliefern, durften sie das Amt nun wieder betreten.[334]

Der Bestand Leihamt/Wiedergutmachung im Münchner Stadtarchiv gibt einen bedrückenden Einblick in die zahlreichen Einzelschicksale, die sich hinter den Enteignungen verbergen, und davon, wie die Gegenstände, die oft einen großen ideellen Wert für die Besitzer hatten, mit verwaltungsmäßigem Kalkül materialisiert und zum Nutzen des NS-Regimes »verwertet« wurden.[335] Die Praxis der »Verwahrung« und »Verwertung« stellte sich folgendermaßen dar: Das in unmittelbarer Nachbarschaft zu den wichtigsten Parteistellen gelegene städtische Leihamt war nicht nur für Juden im Stadtgebiet zuständig, es deckte auch große Teile Oberbayerns ab. Ab Anfang März strömten Hunderte jüdischer Bürger in die Diensträume in der Augustenstraße. Oft bildeten sich meterlange Schlangen. Manche brachten Warenpakete im Gewicht von mehr als einem Zentner mit.[336] Mehrfach wurden die Fristen zur Ablieferung verlängert, denn weder in München noch andernorts konnte der Andrang in den zwei Wochen bewältigt werden, die laut Görings Verordnung zunächst vorgesehen waren. Nicht immer erschienen die Eigentümer persönlich. Viele schickten ihre Gegenstände mit der Post – sicher auch, um der Deprivationserfahrung zu entgehen, die mit

---

331 Vgl. Aktennotiz Fiehler/Konrad, Beratungssache für die Ratsherren (geheim), Errichtung einer öffentlichen Ankaufsstelle für Schmucksachen aus jüdischem Besitz, 2.3.1939, StadtAM, Kämmerei 1901.

332 Vgl. Leihamt München, Bericht der Direktion über Abwicklung des An- und Verkaufs der Schmuck- und Wertsachen aus jüdischem Besitz durch die öffentliche Ankaufsstelle beim städtischen Leihamt München, 30.3.1939, StadtAM, BuR 305/7b.

333 Vgl. Stadtkämmerei, Errichtung einer öffentlichen Ankaufsstelle für Schmuck- und Wertsachen aus jüdischem Besitz, 10.2.1939, StadtAM, Kämmerei 1901.

334 Vgl. Aktennotiz Fiehler/Konrad, Beratungssache für die Ratsherren (geheim), Errichtung einer öffentlichen Ankaufsstelle für Schmucksachen aus jüdischem Besitz, 2.3.1939, StadtAM, Kämmerei 1901. Heusler/Weger, »Kristallnacht«, S. 172 f., behaupten dagegen unzutreffend, dass Juden in München hierfür nicht-jüdische Gewährsleute gewinnen mussten.

335 Insofern die Überlieferung im StadtAM mit den Wiedergutmachungsverfahren nach 1945 zusammenhängt, findet sich in dem etwa 550 Akten umfassenden Bestand nur eine kleine Auswahl der tatsächlich geschädigten Juden. Nach Militärgesetz 1959 waren die Städte als Inhaber der Pfandleihanstalten wegen Beihilfe zu einem Verbrechen (Raub) schadensersatzpflichtig. In der Praxis zahlte die Stadt München nur, wenn es sich um Gegenstände handelte, die tatsächlich in ihren Besitz übergingen.

336 Vgl. Leihamt München, Bericht der Direktion über Abwicklung des An- und Verkaufs der Schmuck- und Wertsachen aus jüdischem Besitz durch die öffentliche Ankaufsstelle beim städtischen Leihamt München, 30.3.1939, StadtAM, BuR 305/7b.

dem Gang auf das Amt verbunden war, zu dem ihnen ansonsten der Zutritt verwehrt blieb. Sicherlich versuchten auch einzelne Juden, sich der Abgabepflicht zu entziehen, andere mögen darin eine letzte Chance gesehen haben, statt ihrer Wertgegenstände wenigstens Geldvermögen zu sichern.[337]

Die Ablieferung der Waren erfolgte gegen Quittung, eine direkte Bezahlung war selten.[338] Gegenstände mit einem Materialwert von über 300 Reichsmark sowie alle Goldgegenstände wurden ohne genauere Schätzung direkt zur Zentralstelle nach Berlin weitergeleitet. Die Stadtbehörde fungierte in solchen Fällen nur als Vermittlerin. Silbergegenstände o. Ä. verblieben vor Ort und wurden dort weiter »verwertet«. Zunächst ermittelten die Schätzer den Ankaufspreis. Dieser sollte grundsätzlich auf Basis der Weltmarkt-Großhandelspreise errechnet werden, die sich aber nur am reinen Materialwert orientierten. Für »Fassonsilber«, wie es in den internen Abwicklungsrichtlinien des Leihamts hieß, konnte der Großhandelspreis »keine Geltung« haben.[339] Vielmehr sollte der Übernahmepreis »von Fall zu Fall festgesetzt werden« und unter »Berücksichtigung der voraussichtlich zu erzielenden Erlöse bei einer ev. Versteigerung«. Mit anderen Worten: Die Sachbearbeiter hatten den Preis so niedrig anzusetzen, dass beim Wiederverkauf in jedem Fall noch ein Gewinn erzielt werden konnte. Ähnliches galt auch bei Edelstein- und Perlenschmuck, da auch hier der Weltmarkt-Großhandelspreis »ziffernmäßig nicht einwandfrei zu ermitteln« war. Grundsätzlich empfahlen die Verwaltungsrichtlinien, dass die Erlöse im Benehmen mit den zuständigen Fachverbänden des Handelns und Handwerks festzustellen seien, bevor die Ankaufspreise festgelegt würden, um jegliche Risiken für die Ankaufsstellen zu vermeiden. Diese seien dann um 20 bis 30 Prozent niedriger anzusetzen als die zu erwartenden Erlöse. Wegen dieses Verfahrens und des großen Andrangs zog sich die Prozedur manchmal über Wochen hin.

Anfangs sollte den jüdischen Mitbürgern offensichtlich die Option eingeräumt werden, das »Angebot« abzulehnen, was jedoch sehr bald vom Reichswirtschaftsminister revidiert wurde.[340] Vom ermittelten Ankaufspreis zog das Leih-

337 Vgl. dazu die grundsätzlichen Anmerkungen von Banken, Edelmetallsektor, S. 145 f.
338 Vgl. Schnellbrief des Reichswirtschaftsministers an die kommunale(n) Pfandleihanstalt(en) vom 24.2.1939, abgedruckt in: Paul Sauer (Hrsg.), Dokumente über die Verfolgung der jüdischen Bürger in Baden-Württemberg durch das nationalsozialistische Regime, II. Teil (1966), S. 89: »Falls den örtlichen Ankaufsstellen die erforderlichen Mittel zur sofortigen Auszahlung an die Ablieferungspflichtigen nicht zur Verfügung stehen, sind die abgelieferten Gegenstände auf jeden Fall zunächst gegen Empfangsbestätigung entgegenzunehmen. Die Bezahlung hat spätestens binnen 2 Monaten zu erfolgen [...].«
339 Vgl. Leihamt München, Bericht der Direktion über Abwicklung des An- und Verkaufs der Schmuck- und Wertsachen aus jüdischem Besitz durch die öffentliche Ankaufsstelle beim städtischen Leihamt München, 30.3.1939, StadtAM, BuR 305/7b.
340 Vgl. Schnellbrief des Reichswirtschaftsministers an die kommunale(n) Pfandleihanstalt(en) vom 24.2.1939, abgedruckt in: Paul Sauer (Hrsg.), Dokumente über die Verfolgung der jüdischen Bürger in Baden-Württemberg durch das nationalsozialistische Regime, II. Teil (1966), S. 89.

amt eine zehnprozentige Gebühr ab, die direkt in die eigene Kasse floss. Auf die Auszahlung ihres Erlöses mussten die Juden anschließend oft wochenlang warten. Vermutlich wurde auch dann nicht immer der vollständige Preis erstattet.[341] Und häufig landete das Geld ohnehin auf einem Sperrkonto, da die jeweilige Person in der Zwischenzeit ausgewandert war.[342]

Grundsätzlich war die Stadt verpflichtet, die Wertobjekte den verarbeitenden Fachgruppen zum Kauf anzubieten.[343] In vielen Fällen finden sich deswegen Abnehmer aus den entsprechenden Branchen wie Degussa oder Heimerle & Meule (H&M). Auch die Stadt selbst hatte die Möglichkeit, Gegenstände für ihren Eigenbedarf zu erwerben (Abb. 13).

Stücke mit Kunst- und Seltenheitswert wurden oft örtlichen Museen oder Sammlern angeboten, allerdings nur bis zu einer Grenze von 150 Reichsmark. In die Entscheidung wurden auch die Experten des Kulturamts einbezogen. Das Münchner Stadtmuseum stellt in seiner Dauerausstellung zum »Dritten Reich« heute einige Objekte aus, die damals erworben wurden.[344] Möglicherweise liegen auch einige der damals konfiszierten Teile noch heute in den Kellern des Bayerischen Nationalmuseums, das damals ebenfalls beteiligt war. Wenn weder die Fachgruppen noch die Stadt noch andere ausgewählte Institutionen zugriffen, erfolgte eine öffentliche Versteigerung. Der jeweils erzielte Überschuss am Weiterverkauf floss in allen Fällen über das Leihamt ans Reich. Das erklärt, warum die Reichsstellen besonders darauf achteten, dass die Wertsachen nicht ›verramscht‹ wurden. Aber auch die jeweiligen Endkäufer profitierten von der Verwertungskette, weil sie die Gegenstände zu verhältnismäßig günstigen Preisen erwerben konnten.

Die Gesamteinnahmen aller öffentlichen Ankaufsstellen aus dem Edelmetallraub beziffert Stefan Mehl auf rund 54 Millionen Reichsmark.[345] Die Beamten des städtischen Leihamts in der Augustenstraße präsentierten sich bei dieser Maßnahme als »beflissene Vollstrecker«[346] der Reichsanordnungen. Der Amtsleiter Albert Wurm (1884-1945) verdiente sich für seinen Einsatz sogar ein

341 So war es etwa in Frankfurt, wo Oberbürgermeister Krebs die Abrechnung von 100.000 RM an 3.500 Ablieferer blockierte (vgl. Kingreen, Raubzüge, S. 30). Selig, »Arisierung«, S. 81, berichtet für die Münchner Fälle, dass insbesondere bei Goldgegenständen, bei denen die Stadt nur die Mittlerrolle übernahm, die Reichsbehörden den so lange mit der Auszahlung warteten, bis sie sich durch Emigration oder Deportation quasi erledigt hatte. Die gesperrten Vermögen konnten dann später eingezogen werden.

342 Zum Zusammenhang zwischen Judenverfolgung und Devisenbewirtschaftung, in deren Rahmen auch das Sperrkonto etabliert wurde, siehe Kuller, Bürokratie und Verbrechen, S. 201-242.

343 Vgl. Leihamt München, Bericht der Direktion über Abwicklung des An- und Verkaufs der Schmuck- und Wertsachen aus jüdischem Besitz durch die öffentliche Ankaufsstelle beim städtischen Leihamt München, 30.3.1939, StadtAM, BuR 305/7b.

344 Vgl. Abbildung im Ausstellungskatalog Stadtmuseum (Hrsg.), München, S. 413.

345 Vgl. Mehl, Reichsfinanzministerium, S. 85.

346 Selig, »Arisierung«, S. 52.

Abschrift

Verkäufer	Auszahlungswert zu überweisen an: (Bankkonto – Postvermerkung)		Schätzungstag:	Blatt
Name: Mendle Maria Sara			Schätzer:	Nr. 1797
Stand:				
Wohnung: München 13, Bauerstr. 9/3				

Ord-nungs-Nr.	Art der Ware (im einzelnen siehe Warenverzeichnis)	Fein-gehalt u. dgl.	Gewicht in g	Ankaufspreis ℛℳ ₰	Erlös ℛℳ ₰	Beleg-Nr.	Käufer	Bemerkungen 1679
	Silberwaren							6. März 1940
1	a) Schmelzsilber 22.2.40 . 117. .	800 t	5900	147,50	160,50	152	H.&M. / Zu 3) U-Gold i.Tresor Vorschätzung	Gold 8 ct.ca.24 2,25 ℳ
	b)	900 „						" 14 " " 55g 108,30 "
2	a) Fassonsilber	800 „						" 22 " " 9g 27,45 "
	b) Kunst-und.Seltenheitswerte			8,10	9,--	143	Stadt Mchn.	(Zähne) 138,60 ℳ
3	Goldwaren							
	(je Gegenstand unter 20 g Gewicht)							
	a)	8 kar.						R.f.K.A.
	b)	14 „						München, 7.4.53
	c)	„		124,75	138,60	181	138,60 Degussa	STADT
4	(je Gegenstand 20 g und darüber)							(Jastrzer)
	a) „	8 kar.						
	b) „	14 „						Kulturg.Nr.1559
	c) „	„						K 180g
5	Edelstein, Perlenschmuck usw.							
	Bl. 43/17			72,--	80,--	145	J.Fuess	
6	Vermittlungsware (V. Buch Nr.. siehe Block 13/23 3 x VersWert 1050,-- V26 Nr.61 v.29.2.40	Gesamt-ankaufspreis:	352,35	388,10	Gesamterlös		
		ab 10 v.H.*)	35,25	35,75	Überschuß**) angewiesen am	27.Jan.1941	*) als Kostenerstattung f. d. Leihamt
		Auszahlungswert	317,10	angewiesen am	1.Juli 1940		**) = Erlös ab Ankaufspreis

Abb. 13: Bürokratie der Ausplünderung: Faksimile des Ankaufsscheins, der die verwaltungsmäßige Abwicklung der Konfiszierung und »Verwertung« der Edelmetallgegenstände aus dem Besitz von Maria Mendle (1881-1941) dokumentiert. Auch die Stadt München sicherte sich einen Becher zum Preis von 9,- RM. Maria Mendle lebte seit 1904 in München und war mit dem Kaufmann Max Mendle verheiratet, der bereits am 30.11.1938 in Dachau getötet worden war. Sie selbst wurde am 20.11.1941 nach Kaunas deportiert und dort fünf Tage später ermordet.[347]

Sonderlob seines Oberbürgermeisters: Bei der »Erfassung von Wertgegenständen aus jüdischem Besitz«, so schrieb Fiehler im Februar 1941, habe er sich neben seinen eigentlichen Dienstaufgaben »in uneigennütziger Weise« zur Verfügung gestellt und damit »in hervorragendem Maße zum Gelingen der gestellten Aufgabe« beigetragen.[348] Zum Dank übergab ihm das Stadtoberhaupt ein fünfteiliges Silberservice im Wert von 126 Reichsmark. Später wurde er außerdem noch vorzeitig befördert.[349] Das ›Geschenk‹ stammte aus jenen Beständen, die das Leihamt eingezogen hatte. Amtsleiter Wurm zeigte keinerlei Unrechtsbewusstsein. Vielmehr war er »beglückt« und »unendlich erfreut« über die hohe Anerkennung.[350]

An diesem Fall wird offensichtlich, dass die Kommune nicht nur organisatorisch in den vom Reich initiierten Edelmetall-Raubzug verwickelt war, sondern

347 Vgl. Stadtarchiv München (Hrsg.), Biographisches Gedenkbuch der Münchner Juden, Bd. 2, S. 95 f.
348 Fiehler an Wurm, 7.2.1941, StadtAM, Leihamt 192.
349 Vgl. StadtAM, PA 13211 Albert Wurm.
350 Vgl. Wurm an OB, 18.2.1941, StadtAM, Leihamt 192.

davon auch selbst profitierte. Dies gilt vor allem für zwei Bereiche: Erstens verdiente sie durch die 10-Prozent-Marge, die das Leihamt bei jedem Einzelvorgang einbehielt. Wie hoch die Einnahmen hieraus im Ganzen ausfielen, lässt sich nicht mehr rekonstruieren. Es dürfte sich aber sicher um einen mittleren sechsstelligen Betrag gehandelt haben. Die Bilanzbücher der Behörde sind nicht überliefert. Im Unterabschnitt »Leihamt« des allgemeinen Haushaltsplans werden die aus der »Edelmetallabgabe« eingenommen Anteile nicht eigens aufgeführt, sondern sind unter dem allgemein betitelten Einnahmeposten »Gebühren und Beiträge« subsummiert. Wenn die Einkünfte, die die Dienststelle allein im Haushaltsjahr 1939 nach Rechnung erzielte, mit 600.000 Reichsmark um gut 50.000 Reichsmark höher ausfielen als ursprünglich geplant, dann kann das möglicherweise auf die erste kurz vor Aufstellung des Haushaltsplans 1939 hinzugekommene neue Aufgabe zurückzuführen sein.[351] Merklich rückläufig waren die Gesamteinnahmen des Amts dann erst wieder ab 1941 und 1942, was auch dem Verlauf der Edelmetallabgabe entsprechen würde, die zu diesem Zeitpunkt weitgehend abgeschlossen war.[352]

Zweitens profitierte die Stadt vom Raub, indem sie regelmäßig ihr Vorkaufsrecht nutzte. Die heute nur noch in Teilen überlieferte Akte, die den Titel »Judensilber« trug, enthält seitenlange Listen der angekauften Gegenstände und häufig auch Bemerkungen über die jeweilige Verwendung. Wie im Falle von Albert Wurm wurde das Gros der als »Zier- und Tafelsilber« klassifizierten Ankäufe als Geschenke für altgediente Stadtbeamte oder externe Honoratioren wie Generäle oder Botschafter verwendet.[353] In einzelnen Fällen landeten Silbergegenstände auch als Kegelpreise im Haus Tannhof, wo OB Fiehler eine Dienstwohnung hatte, oder beim Rennverein in Riem, wo sie als Trophäen den Siegern der dortigen Galopprennen überreicht wurden. Auch das Kulturamt sicherte sich etliche Gegenstände als »Ehrengaben«.[354] Selbst sogenanntes »Schmelzsilber« nutzte die Stadt in ihrem Sinne, um daraus Ehrenabzeichen zu produzieren: Mindestens dreimal ließ sie konfiszierte Silbergegenstände im Gesamtgewicht von 80 Kilogramm einschmelzen und daraus Medaillen prägen, mit denen Stadtbeamte für langjährige Dienste ausgezeichnet wurden.[355]

351 Vgl. Haushaltssatzung der Hauptstadt der Bewegung 1939, S. 349; Haushaltssatzung der Hauptstadt der Bewegung 1941, S. 356.
352 Jedoch kamen später noch die Versteigerungen des jüdischen Mobiliars dazu, die ebenfalls vom Leihamt durchgeführt wurden. Zum Vergleich: Fleiter, Stadtverwaltung, S. 176, errechnet für das damals deutlich kleinere Hannover in diesem Bereich Einnahmen von insgesamt 32.000 RM.
353 Vgl. Liste über das vom Leihamt angekaufte Zier- und Tafelsilber aus jüdischem Besitz in den Jahren 1939 bis 1943, o. D., StadtAM, Leihamt 192.
354 Vgl. Aktennotiz, o. D., StadtAM, Leihamt 192.
355 Vgl. Aktennotiz Herstellung von Medaillen 1940, 9.8.1940; Aktennotiz Herstellung von Medaillen 1941, 27.8.1941; Aktennotiz Medaillenverleihung, 15.8.1942, StadtAM, Leihamt 192.

»Grundstücksarisierungen«

Der Begriff »Arisierung« setzte sich seit Mitte der 1930er-Jahre als rassistisch determinierter Neologismus in der Behördensprache durch.[356] Im weitesten Sinn wurde damit der gesamte Prozess der Ausschaltung der Juden aus dem Wirtschafsleben bezeichnet. Im engeren Sinn war damit jede Form der Übertragung jüdischen Besitzes in »arische« Hände gemeint. Am häufigsten wurde der Terminus im Zusammenhang mit jüdischen Geschäften sowie privaten Grundstücken und Anwesen gebraucht. Gerade bei Privatgrundstücken drängten insbesondere die Städte immer wieder darauf und handelten auch in einigen Fällen entsprechend eigeninitiativ,[357] obwohl nach Ansicht Hitlers Grund- und Hausbesitz als Letztes beschlagnahmt werden sollten.[358]

Die Scheinlegalität, die der Begriff »Arisierung« sprachlich konstruiert, spiegelt sich auch in der Vollzugsweise des damit beschriebenen Sachverhalts wider. Viele Vorgänge, wenn sie sich aktenmäßig nachvollziehen lassen, wirken auf den ersten Blick wie ›normale‹ Käufe. Das waren sie schon deswegen nicht, weil sie im allgemeinen Kontext von Schikanen, Diskriminierung und Rassismus stattfanden, der die Juden in die Emigration trieb. Fleiter zeigt für Hannover, dass die Zahl der »Verkaufsvorgänge« mit den Wellen der Verfolgung korrespondierte.[359] Aber auch im Konkreten lässt sich feststellen, dass viele Vermögensübertragungen auf Bedrohung, Zwang oder Erpressung basierten und auch die »Ankaufspreise« so gut wie nie dem tatsächlichen Wert der Immobilien entsprachen.[360]

Obwohl hinsichtlich der jüdischen privaten und geschäftlichen Immobilien bereits ab 1933 eine »schleichende Arisierung«[361] vonstattenging, spitzte sich die Lage nach der »Reichspogromnacht« noch erheblich zu. Die Verordnung über den Einsatz jüdischen Vermögens schuf eine ›rechtliche Grundlage‹ für ein schärferes Vorgehen der Behörden, indem sie – analog zu den Vorgaben für Juwelen, Kunst- und Schmuckgegenstände – Juden nicht nur den Erwerb von Grundstücken verbot, sondern auch die Möglichkeit einräumte, dass Eigentümern »aufgegeben« werden könne, ihre Betriebe oder Grundstücke innerhalb einer gesetzten Frist zu »veräußern« oder »abzuwickeln«.[362]

Die »Arisierung« von jüdischem Grundbesitz war ein gesamtgesellschaftlicher Prozess, an dem zahlreiche Akteure beteiligt waren und von dem viele unter-

---

356 Vgl. Bajohr, »Arisierung«, S. 9; zur Begriffsproblematik siehe auch Rappl, »Unter der Flagge der Arisierung …«.
357 Vgl. Gruner, Grundstücke, S. 133.
358 Vgl. Erläuterungen bei Haerendel, Wohnungspolitik, S. 396.
359 Vgl. Fleiter, Stadtverwaltung, S. 182 f.
360 Siehe dazu etwa die Erläuterungen von Eizenhöfer, Stadtverwaltung, S. 314-316.
361 Rappl, »Arisierungen«, S. 124 mit Bezug auf Barkai, Boykott.
362 Vgl. Verordnung über den Einsatz des jüdischen Vermögens, 3.12.1938, § 1, § 2, § 6, § 7, RGBl. I (1938), S. 1709.

schiedliche Personen und Institutionen profitierten.[363] Nachdem das Thema in der Forschung lange Zeit eher am Rande beachtet wurde, haben inzwischen – anders als bei den beiden zuvor erörterten Themen – zahlreiche Lokalstudien gezeigt, dass die Kommunalverwaltungen nicht nur in organisatorischer Hinsicht mitwirkten, sondern auch zu den Vorteilsnehmern gehörten, indem sie begehrte Immobilien weit unter Wert erwarben. Für Mannheim konnten zum Beispiel 118 Grundstücksübertragungen aus jüdischem Besitz an die Stadtverwaltung mit einer Fläche von fast 400.000 Quadratmetern nachgewiesen werden.[364] Das entsprach etwa zwölf Prozent der dort insgesamt registrierten Vorgänge; die Kommune zahlte dafür 2,5 Millionen Reichsmark. In Hannover war die Stadtverwaltung in mindestens 107 »Arisierungsfällen« beteiligt und investierte dafür 2,9 Millionen Reichsmark.[365] Und in Frankfurt a. M., wo besonders viele Juden lebten, gab die Stadt sogar 14 Millionen Reichsmark für den Erwerb von Immobilien im Umfang von 155 Hektar aus.[366]

Für München gibt es bisher keine bilanzierenden Zahlen darüber, in welchem Maße die Stadt von der »Immobilienarisierung« profitierte. Diese können auch hier nicht geliefert werden. Sicher scheint allerdings, dass die Stadtverwaltung insgesamt Werte in Millionenhöhe ›erbeutete‹, wenngleich gerade in München die »Arisierung« ein umkämpftes Feld war und man sich nicht jeden Wunsch erfüllen konnte.

Im Unterschied zu anderen Städten schaltete sich nämlich im Zuge der »Zwangsarisierung« ab Jahresende 1938 in vielen Fällen eine Zwischeninstanz ein, die den Vermögenstransfer von Juden zu »Ariern« steuerte und forcierte. Im November 1938 hatte Gauleiter Adolf Wagner zunächst die »Vermögensverwertung München GmbH« gegründet. An die Stelle dieser privatrechtlichen Gesellschaft trat im Frühjahr 1939 die von SA-Hauptsturmführer Hans Wegner geführte »Arisierungsstelle«, die ihre Legitimation ausdrücklich sowohl von staatlicher Seite als auch von der Partei bezog.[367] Die Stelle erfasste zunächst die rund 1.100 bebauten und unbebauten Grundstücke im Gaugebiet, um anschließend die jüdischen Besitzer systematisch zum »Verkauf« zu drängen. Anders als die »Vermögensverwertung GmbH« kaufte die »Arisierungsstelle« die Immobilien nicht selbst an, um sie dann – mit Gewinn – weiterzuverkaufen, sondern agierte vor allem als Vermittlerin des Verkaufs. Maßgeblich für das Verkaufsangebot an die Juden war dabei der sogenannte Einheitswert, nicht der Marktwert, der gerade bei einigen Anwesen in bester Münchner Lage viel höher lag. Ein Schlüsseldokument der Münchner Verfolgungsgeschichte ist der Ab-

---

363 Siehe dazu allgemein Bajohr, »Arisierung« als gesellschaftlicher Prozeß, sowie zu den entsprechenden Motivationen auch ders., Interessenkartell, S. 45-55.
364 Vgl. Fritsche, Mannheim »arisiert«, S. 146 f.
365 Vgl. Fleiter, Stadtverwaltung, S. 182.
366 Vgl. Eizenhöfer, Stadtverwaltung, S. 300.
367 Siehe dazu auch Haerendel, Wohnungspolitik, S. 399 f.; Hanke, Geschichte, S. 237 f.; Modert, Motor, S. 161-170.

schlussbericht der »Arisierungsstelle« vom Juni 1943.[368] Wenngleich keineswegs alle »arisierten« Grundstücke erfasst wurden, da viele Verkäufe auch nach 1938 nicht über diese Stelle abgewickelt wurden,[369] liefert er doch einen Eindruck von den Größenordnungen. Demzufolge waren allein seit Beginn ihrer Arbeit im Jahr 1939 Vertragsabschlüsse mit einem Verkaufswert von rund 45 Millionen Reichsmark abgewickelt worden. Der reale Wert der Immobilien dürfte um ein Vielfaches höher gelegen haben.

Im Rahmen dieses systematischen Vermögenstransfers wollten auch die Stadtverantwortlichen größtmöglich profitieren. Wie stark man sich für die »arisierten« Grundstücke und damit auch deren »Arisierung« interessierte, zeigt sich in bezeichnender Weise daran, dass im Spätherbst 1938 ein sogenanntes »Verzeichnis des Grundbesitzes in München und Umgebung, der sich gegenwärtig im Eigentum von Nichtariern befindet« unter den Dezernaten und Dienststellen kursierte. Aufgelistet waren mehr als 100 Grundstücke inklusive entsprechender Vermerke über die jeweilige Nutzungsart.[370] In einem Rundschreiben forderte der OB die Dezernate auf, ihren Raumbedarf möglichst aus diesem Bestand zu decken, da hier günstige Erwerbungen möglich seien.[371] Wie beim Kauf aus einem Katalog meldeten viele Dienststellen ihr Interesse an zahlreichen Objekten an. Eine daraus hervorgegangene Übersicht über die »gewünschten Grundstücke« umfasste 79 Immobilien. Ihr Gesamtwert im Ankauf wurde auf 10 Millionen Reichsmark taxiert.[372]

Über diesen »Wunschzettel« fand beispielsweise das städtische Wohlfahrtsdezernat in einem Mehrfamilienhaus in der Georgenstraße ein geeignetes Objekt, um die geplante Zusammenlegung zweier Dienststellen im Norden Münchens umzusetzen.[373] Die Stadt konnte das Gebäude mit einer Größe von 1.130 Quadratmetern für 100.000 Reichsmark und damit erheblich unter Wert erwerben. Auf reguläre Art hätte sie für diesen Betrag wohl höchstens eine Immobilie von 700 Quadratmeter erhalten. Nachdem die kommunalen Ansprüche bei der »Arisierungsstelle« hinterlegt worden waren, machte diese sich an die Erfüllung des Wunsches. Dabei konnte sie von einer Vollmacht Gebrauch machen,

368 Tätigkeits- und Abschlußbericht zum 30. Juni 1943, abgedruckt in: Stadtarchiv München (Hrsg.), »… verzogen, unbekannt wohin«, Dokumenten-Anhang.

369 Vgl. Strnad, Zwischenstation, S. 23.

370 Vgl. Verzeichnis des Grundbesitzes in München und Umgebung, der sich gegenwärtig im Eigentum von Nichtariern befindet, o. D., YVA, M.1.DN, mikroverfilmt in StadtAM, Rolle 143.

371 Vgl. Rundschreiben Fiehlers, 13.12.1938, StadtAM, Wohlfahrt 595.

372 Vgl. Übersicht über die angemeldeten Werte der von den einzelnen Dezernaten gewünschten Grundstücke, o. D., YVA, M.1.DN, mikroverfilmt in StadtAM, Rolle 143. Etwas unklar ist, warum Selig, »Arisierung«, S. 60, mit Quellenbezug Yad Vashem, M.1.DN 162 in diesem Zusammenhang von Grundstücken im Wert 17 Mio. RM spricht. Entweder liegt ein Rechen-/Lesefehler vor oder es existiert noch eine andere Liste. Hanke, Geschichte, S. 236, gibt mit Quellenbezug Yad Vashem, M.1.DN 17 sogar Grundstücke im Wert von 100 Mio. RM an, was zu hoch angesetzt sein dürfte.

373 Hier wie für den folgenden Abschnitt vgl. Wimmer, Ordnung (Univ.-Diss.), S. 73-75.

die dem Eigentümer Jakob M. zuvor im Konzentrationslager abgepresst worden war. Vom eigentlichen Kaufpreis von 100.000 RM erhielt dieser nur ein knappes Drittel, denn die restliche Summe wurde mit Hypothekenforderungen sowie angeblich ausstehenden Steuern und Gebühren verrechnet. Tatsächlich bekam er aber noch nicht einmal das: Die Summe wurde auf einem Sperrkonto deponiert und später zugunsten des Reichs vollständig eingezogen. Als nächster Schritt musste allen bisherigen Mietern des überwiegend von Juden bewohnten Hauses gekündigt werden. Die wenigen nicht-jüdischen Mieter erhielten eine Entschädigung und wurden bei der Zuweisung einer neuen Wohnung bevorzugt. Den jüdischen Hausbewohnern, die mit dem Wohnungsentzug auch ihren privaten Rückzugsraum verloren, wurde keine Entschädigung gezahlt. Eine neue Bleibe fanden sie wohl höchstens in den Wohnungen, in denen die Münchner Juden bald ghettoisiert wurden. Im Oktober 1939 ließ die Stadt das Gebäude schließlich zwangsräumen. Im Mai 1940 bezog das Wohlfahrtsbezirksamt I das umgebaute Haus in Schwabing. Mindestens vier der früheren Bewohner wurden später deportiert. Selbst nach 1945 erhielt Jakob M., der den Krieg überlebt hatte, keine Entschädigungszahlung, sondern lediglich das Grundstück zurück, auf dem das frühere Anwesen inzwischen zur Ruine geworden war. Die Forderung auf Entschädigung wies die städtische Rechtsabteilung kühl zurück:»Der Berechtigte wird wohl kaum behaupten können, daß das Anwesen nicht zerstört worden wäre, wenn es in seinem Besitz geblieben wäre.«[374]

Ein anderes Objekt städtischer Begierde auf der Liste, das letztlich in den Besitz der Stadt überging, war ein prächtiges Anwesen in der Beethovenstraße 5. In direkter Nähe zur Theresienwiese gelegen, befand sich die Immobilie bis Herbst 1938 im Besitz von Alice Sabat und Jakob Stern. Seit 1927 waren sie die Inhaber der Firma Stern & Sabat gewesen, einem Großhandel für Futter- und Getreidemittel mit einem beträchtlichen Aktivvermögen von 500.000 Reichsmark.[375] Das Haus im zentralen Stadtteil Ludwigsvorstadt war Geschäfts- und Wohnsitz zugleich. Im November 1938 sahen sich Stern und Sabat zunächst gezwungen, ihr Gewerbe abzumelden. Im Dezember verkauften sie schließlich das Doppelwohnhaus inklusive Vorgarten, Garagen und Benzinhäuschen zunächst an die Vermögensverwertung München GmbH.[376] Der Verkaufsvorgang, der nicht im Detail zu rekonstruieren ist, wurde dabei vom Rechtsanwalt Andreas Kügle begleitet. Dieser hatte einen besonders berüchtigten Ruf, weil er regelmäßig Vollmachten erpresste, um selbst von Grundstücksverkäufen zu profitieren.[377] Der Preis belief sich zunächst auf 73.500 Reichsmark, was deutlich unter dem auf 98.000 Reichsmark festgesetzten Einheitswert für das Grundstück lag. Einige Monate später, im September 1939, verkaufte der Treuhänder die Immobilie

---

374 Städtische Rechtsabteilung an oberbayerische Wiedergutmachungsbehörde, 30.3.1949, StadtAM, Wohlfahrt 594.
375 Vgl. Selig, »Arisierung«, S. 605-607.
376 Vgl. Kaufvertrag, 23.12.1938, StadtAM, Kommunalreferat/Jüdisches Vermögen 134.
377 Vgl. Selig, »Arisierung«, S. 611.

dann allerdings für 150.000 Reichsmark an die Stadt München.[378] Zuvor hatte das Dezernat 5, die Bezirkspolizei, über die ›Wunschliste‹ von Fiehler ihr Interesse an dem Anwesen hinterlegt, was möglicherweise den Preis sogar ›hochtrieb‹. Da die Firmeninhaber selbst im Januar 1939 in die Schweiz und später nach Südamerika emigriert waren, bekamen sie von dem Geschacher um ihr früheres Anwesen wohl nicht mehr viel mit. Ein Teil der Kaufsumme ging an den Treuhänder. 22.000 Reichsmark wurden als Judenvermögensabgabe vom Finanzamt einbehalten. Der Rest der Kaufsumme landete auch hier aufgrund der Devisenbeschränkungen auf einem Sperrkonto und wurde später als »Feindesvermögen« zugunsten des Reichs eingezogen.

Auch wenn die Stadt in diesem Fall offensichtlich einen verhältnismäßig hohen Preis zahlte, ›lohnte‹ sich der Deal auf lange Sicht ohne Frage: Noch heute wird das frühere Anwesen von Alice Sabat und Jakob Stern von der Polizeiinspektion 14 genutzt, die für das Westend zuständig ist – wenn diese auch seit den 1970er-Jahren nicht mehr unter städtischer, sondern unter staatlicher Verantwortung steht. Eine Entschädigung wurde nach 1945 offenbar auch deshalb nie gewährt, weil der Kaufpreis von 150.000 Reichsmark für damalige Verhältnisse ›angemessen‹ erschien.[379]

Im Zuge der »Arisierungen« von jüdischen Immobilien ›erbeutete‹ die Stadtverwaltung quantitativ wohl die größten Werte, wenngleich sich angesichts der Quellen- und Forschungslage diese bis jetzt nicht in Zahlen fixieren lassen. Was aber auch in diesem Bereich deutlich wird, ist die rücksichtslose Haltung des Raubens auf Kosten der jüdischen Bürger, die die Stadtspitze und viele Beamten an den Tag legten und die ihr Handeln leitete. Skrupel hatte kaum jemand. Im Gegenteil, die Stadt hätte gerne in (noch) größerem Maße profitiert, war jedoch im Kampf um das jüdische Vermögen oft anderen staatlichen oder Parteiinstanzen unterlegen.[380]

Denkt man nun abschließend noch einmal an die am Anfang dieses Kapitels abgebildete Karikatur des »Kladderadatsch« aus dem Jahre 1932, dann spricht daraus eine bizarre Ironie der Geschichte: Die Darstellung pflichtbewusster Kommunalbeamter als skrupellose Räuberbande war damals eine satirische Überzeichnung. Die Ausführungen im vorangegangenen Abschnitt verdeutlichten: In den Jahren der nationalsozialistischen Herrschaft wurde daraus furchtbare Realität.

---

378 Vgl. Kaufvertrag 14.9.1939, StadtAM, Kommunalreferat/Jüdisches Vermögen 134.
379 Vgl. Akt »Beethovenstraße 5«, StadtAM, Kommunalreferat/Jüdisches Vermögen 134.
380 So wie etwa im Fall der »Arisierung« des Anwesens in der Mathildenstraße (vgl. Strnad, Zwischenstation, S. 69).

IV. Dem Willen des Führers Rechnung tragen
Akzente der städtischen Ausgabenpolitik

1. Die Ausgabenstruktur zwischen Kontinuität und Wandel

Das Gesamtvolumen des städtischen Haushalts – ordentlicher und außerordentlicher Art – bewegte sich zwischen 215 Millionen Reichsmark im Jahr 1932 und 290 Millionen Reichsmark im Jahr 1942, dem nominell höchsten Wert in der Zeit des Nationalsozialismus. Grob hochgerechnet schüttete die Stadtverwaltung im gesamten Untersuchungszeitraum vier Milliarden Reichsmark an öffentlichen Geldern aus. Wofür gab die Stadt diese Mittel aus? Und welche eigenen Entscheidungsspielräume hatte sie dabei?

Die markantesten Verschiebungen in der städtischen Ausgabenentwicklung sind im Rahmen der Haushaltsvergleiche im ersten Kapitel bereits aufgezeigt worden und sie sollen hier kurz in Erinnerung gerufen werden: Der »Krisenhaushalt« von 1932 wies eine stark deformierte Ausgabenstruktur auf.[1] Die Pflichtausgaben im Wohlfahrtsbereich waren zum mit Abstand größten Teilposten angewachsen. Auch die Verbindlichkeiten stiegen in den Jahren der Weltwirtschaftskrise enorm an. Deshalb musste in den meisten anderen Ressorts eingespart werden, was sich besonders bei den ›freiwillig‹ vorgenommen Leistungen niederschlug. Bis 1935 ging die Belastung durch die Wohlfahrtsausgaben zwar merklich zurück, allerdings im Gleichschritt mit den Einnahmen, die die Stadt aus entsprechenden Reichszuschüssen generiert hatte, sodass bis dahin nur von einer langsamen Konsolidierung die Rede sein kann.[2] Die Ausgabenvolumina in den meisten Verwaltungssparten blieben unter Vorkrisenniveau. Erst zwischen 1936 und 1939 führten stark steigende Steuereinnahmen zu größeren Spielräumen, was sich auch in langsam wieder steigenden Ausgaben, etwa im Bereich des Bauwesens oder der Kulturausgaben, widerspiegelt. Allerdings wurde die kommunale Ausgabenpraxis in diesem Zeitraum in zunehmendem Maße von Reichsinteressen mitbestimmt. Görings Vierjahresplan verlangte von den Kommunen unter anderem verstärkte Rücklagenbildung und Schuldenabbau zugunsten des »nationalen Interesses« der Aufrüstung. Außerdem übernahmen die bayerischen Kommunen im Rahmen der sich ständig wandelnden Finanz- und Lastenausgleichsregelungen zusätzliche Aufgaben, für die ihnen selten aus ihrer Sicht angemessenen Kompensationen gewährt wurden.[3] Schon Matzerath hatte ausgeführt, dass »die kommunale Finanzpolitik [...] zunehmend der

---

1 Siehe oben, Kapitel I.2.
2 Siehe oben, Kapitel I.3.
3 Siehe oben, Kapitel I.4. Eine Zusammenstellung verschiedener Bereiche, in denen die Stadt nach eigener Ansicht »in den letzten Jahren Belastungen außerhalb der Finanzausgleichsmaßnahmen erfahren« hat, findet sich im Akt »Versteckter Finanzausgleich«, StadtAM, Kämmerei 1874.

Aufrüstung dienstbar gemacht« wurde.[4] Dieses Urteil gilt auch heute noch. Die Instrumentalisierung des kommunalen Finanzwesens durch das Reich und die Kriegsvorbereitungen schloss aber nicht zwangsläufig eine verbesserte Mittelausstattung oder sogar erhöhte Finanzautonomie aus,[5] wie etwa Halter für die Stadt Regensburg argumentiert. Im Fall Münchens ist vielmehr zu sehen, dass eine Stadt in dieser Phase aufgrund des anhaltenden Rüstungsbooms wachsende finanzielle Spielräume haben konnte, obwohl das Reich immer stärker in die Gemeindefinanzen griff.

Mit Kriegsbeginn nahmen die eigenen Handlungsspielräume aber dann endgültig ab – trotz steigenden Einnahmevolumens: Aufgrund zahlreicher kriegsbedingter Pflichtleistungen wie den kommunalen Kriegsbeiträgen, der Hinterbliebenenfürsorge oder den Luftschutzmaßnahmen explodierte das Haushaltsvolumen zunächst förmlich. Auch die Personalkosten stiegen, quer über alle Verwaltungssparten hinweg, erheblich an, weil die zur Wehrmacht eingezogenen städtischen Beamten zumindest anteilsmäßig weiterbezahlt und zugleich durch Aushilfskräfte und nicht selten Zwangsarbeiter ersetzt wurden. Kredite wurden, wie gezeigt, wenn überhaupt, nur für »kriegswichtige Angelegenheiten« vergeben, sodass viele notwendige Investitionen ausblieben. Erstaunlicherweise wies die Stadt trotz der vielfältigen neuen Kriegsausgaben bis 1944 einen ausgeglichenen Haushalt aus und verzeichnete zum Teil sogar Überschüsse. Das hatte zum einen mit erheblichen Einsparungen zu tun, selbst bei der Grundversorgung, wie das Beispiel der Müllabfuhr gezeigt hat.[6] Zum anderen konnten viele der budgetierten Ausgabenposten – insbesondere, wenn sie nicht »kriegswichtig« waren – schlicht nicht mehr realisiert werden, weil die notwendigen materiellen oder personellen Ressourcen fehlten. Die in der jährlichen Haushaltsplanung – also auf dem Papier – veranschlagten Ausgaben entsprachen somit im Krieg immer weniger den tatsächlich getätigten Aufwendungen.

Auftragsverwaltung und »freie Spitze«

In dieser Übersicht wird ein wesentliches Strukturmerkmal der Finanzpolitik im Untersuchungszeitraum deutlich: Das städtische Ausgabengebaren wurde in starkem Maße extern beeinflusst, zum einen von übergeordneten (welt-)wirtschaftlichen Bedingungen und zum anderen von den reichs- und landespolitischen Rahmengesetzen, die den Kommunen als unterster staatlicher Ebene die Erfüllung bestimmter Aufgaben zuwiesen. Angesichts des großen Pflichtanteils in der Ausgabenstruktur blieb der Stadt also stets nur ein begrenzter Spielraum, um eine eigenständige Schwerpunktsetzung zu betreiben. Diesen in Zahlen exakt zu bemessen, ist jedoch ein kompliziertes Unterfangen, auch wenn zu allen

---

4 Vgl. Matzerath, Nationalsozialismus, S. 353.
5 Vgl. Halter, Stadt, S. 255.
6 Siehe oben, Kapitel I.5, S. 95.

Zeiten und von verschiedenen Seiten ein großes innenpolitisches Interesse daran besteht, einen solchen Wert möglichst genau zu erfassen. Damals wie heute waren die Grenzen zwischen Auftragsverwaltung und freiwilligen Ausgaben in einigen Verwaltungsbereichen fließend, da auch die Gesetze oft nur die grundsätzliche Zuständigkeit festlegen, aber keine Angaben über die Qualität der Umsetzung und damit den Kostenfaktor machen. Wenn im Jahr 1929 der damalige Vizepräsident des Deutschen Städtetages und spätere Widerstandskämpfer Fritz Elsas (1890-1945) die sogenannte »freie Spitze« der Kommunen auf drei Prozent ihrer jeweiligen Haushaltseinnahmen bezifferte, dann ist diese Angabe vor allem im Kontext der zeitgenössischen Debatten um die kommunale Selbstverwaltung als politisches Argument zu verorten.[7] Dabei bezog er sich nämlich nur auf die freien Mittel des sogenannten »Betriebshaushalts«, also des späteren »ordentlichen Haushalts«, und ließ damit die Investitionsspielräume grundsätzlich beiseite. Außerdem gilt es zu bedenken, dass das disponible Budget für Kommunen in verschiedenen Ländern aufgrund unterschiedlicher Gesetzesgrundlagen stark variierte: In dieser Ansicht fand erst im Laufe der NS-Zeit eine rechtliche Angleichung statt. Im selben Jahr 1929 sprach Bürgermeister Küfner in München jedenfalls davon, dass bis zu 80 Prozent der Ausgaben aufgrund von »Pflichtaufgaben« getätigt würden.[8] Obwohl weder Elsas' noch Küfners Angaben direkt auf die Münchner Stadthaushalt in der Zeit des Nationalsozialismus übertragbar sind, vermitteln sie zumindest eine grundsätzliche Vorstellung davon, dass die Grenzen, in denen sich eine spezifische kommunale Ausgabengestaltung im Untersuchungszeitraum bewegen konnte, eng waren.[9]

Die freien Mittel sind auch deswegen schwerlich zu beziffern, weil sie in unterschiedlichen Bereichen des Stadthaushalts zu finden sind. Zunächst oblag der Stadt die Verfügungskompetenz über jene ordentlichen Gelder, die übrig blieben, nachdem alle gesetzlichen Aufgaben erfüllt waren. Diese Mittel waren auf die unterschiedlichen Teilpläne verstreut und variierten in dem Maße, in dem sich auch die gesetzlichen Vorgaben in den entsprechenden Verwaltungsressorts veränderten. In den innerstädtischen Haushaltsberatungen machten demnach vor allem die entsprechenden fachkundigen Referenten Verwendungsvorschläge, wenn in ihrem Ressort Mittel übrig blieben; oder die Mittel wurden als Haushaltsüberschuss verbucht, in Rücklagen gesteckt und konnten für spätere Investitionen verwendet werden.

Eine Besonderheit innerhalb des ordentlichen Haushalts waren die sogenannten »Verfügungsmittel des Oberbürgermeisters«. Hierbei handelte es sich um Gelder, die der Oberbürgermeister, theoretisch ohne Erstellung eines Verwendungsnachweises, frei ausschütten konnte. Bemerkenswert ist, dass dieser

---

7 Vgl. Noakes, Selbstverwaltung, S. 65.

8 Vgl. Steinborn, Grundlagen, S. 385.

9 Zum Vergleich: Die Stadt München schätzte 2007 auf Basis eines vom Freistaat Bayern vorgegebenen Modells ihre »freie Spitze« einmal auf 38,6 % des Gesamtetats (vgl. »Freie Spitze« der Landeshauptstadt München 2007, Bekanntgabe in der Sitzung des Finanzausschusses, 21.7.2009).

Etatposten im nationalsozialistischen München nicht nur erstmals eingeführt wurde, sondern schnell auch deutlich an Umfang zulegte. Auf ihrem Höhepunkt, im Jahr 1942, machte diese Haushaltsstelle mit 458.000 Reichsmark immerhin 0,15 Prozent des Gesamthaushaltsvolumens aus.[10] Gleich in der Nachkriegszeit wurden die Verfügungsmittel wieder drastisch gekappt. Den Posten an sich gibt es aber bis heute.[11]

Eigenständige Ausgabenschwerpunkte konnten Kommunen grundsätzlich auch im Bereich der Investitionen, das heißt der rentierlichen Ausgaben, setzen. Während der NS-Zeit wurden diese, wenn auch zunehmend in eingeschränkter Weise, vor allem in den Bereichen Wohnungsbau, Infrastruktur und Verkehr getätigt und im Rahmen des außerordentlichen Haushalts verwaltet. Wir werden sehen, dass der größte Anteil der Investitionsmittel in München schon bald in den repräsentativen Ausbau der Stadt floss, weshalb 1939 auf Drängen von Fiehler ein Sonderhaushalt für den Ausbau der »Hauptstadt der Bewegung« eingeführt wurde. Diese spezifische Ausgliederung aus dem außerordentlichen Haushalt bot aus Sicht der Stadtführung zwar potenziell die Chance auf größere finanzielle Spielräume, engte aber gleichermaßen die Entscheidungsspielräume ein, weil die Stadt nicht mehr über die gesamte Mittelverwendung eigenständig entscheiden konnte.

Angesichts dieser diffizilen Gegebenheiten ist eine umfassende Analyse der freien Mittelverwendung im Folgenden nicht möglich. Ich möchte mich vielmehr darauf konzentrieren, vier Schwerpunktsetzungen aufzuzeigen, die unterschiedlichen Abschnitten des Haushalts entstammen, auf verschiedene Zweige der Stadtverwaltung rekurrieren und in ihrer Größenordnung erheblich differieren. Gerade die Diversität der Beispiele soll zugleich das breite Spektrum der städtischen Ausgabenbereiche zeigen. Gemeinsam ist ihnen, dass sie als Belege einer im besonderen Maße systemkonformen Ausrichtung der Ausgabenpolitik zu verstehen sind, was gerade dort aussagekräftig ist, wo eine ›freie‹ und ›eigenständige‹ Schwerpunktsetzung theoretisch möglich war. Während etwa Horst Matzerath die »Inangriffnahme« oder das »Abpressen« gemeindlicher Gelder durch die Partei oder deren Gliederungen hervorhob,[12] möchte ich aufzeigen, dass die »Hauptstadt der Bewegung« im Großen und Ganzen durchaus freiwillig zahlte, wenn es darum ging, spezifisch nationalsozialistische Aufgabenbereiche oder Zielsetzungen finanziell zu unterstützen, zumal dann, wenn sich dies mit eigenen Interessen deckte.

---

10 Vgl. Haushaltssatzung der Hauptstadt der Bewegung 1942, S. 21. Siehe außerdem unten Tab. 6, S. 311.

11 Mit 7.500 EUR im Jahr 2014 macht er in München aber nur einen verschwindend geringen Anteil des über sechs Mrd. EUR starken Stadthaushalts aus.

12 Vgl. Matzerath, Nationalsozialismus, S. 369, S. 374.

Abb. 14: Dem Willen des Führers Rechnung tragen: Hitler im Büro des Generalbaurats Hermann Giesler vor einem Modell der Ost-West-Achse, im Vordergrund das »Denkmal der Bewegung«, Juli/August 1940. Im Stadtausbau lag ein Schwerpunkt städtischer Ausgabenpolitik im »Dritten Reich«.

Systemkonforme Prioritätensetzung

Die kameralistische Haushaltswirtschaft kultivierte das Plan-Plan-Verfahren. Schon deswegen änderte sich in der Ausgabenpolitik zunächst wenig, als die Nationalsozialisten am 8. März 1933 die Macht im Münchner Rathaus übernahmen. Je stärker aber spezifisch nationalsozialistische Prinzipien in allen Bereichen der Stadtverwaltung an Bedeutung gewannen, desto mehr schlug sich das auch allmählich in der Ausgabenstruktur des Haushalts nieder und darin, wie diese überhaupt zustande kam. Es tauchten also nicht nur, mehr oder weniger offensichtlich, neue Budgetposten auf, auch die haushaltspolitischen Debatten zu traditionellen Bereichen folgten veränderten Gesetzmäßigkeiten und Argumentationslinien. Anhand der ausgewählten Beispiele möchte ich im Folgenden also die NS-spezifische Transformation der Stadtpolitik im Medium des Geldes ergründen.

Als eine Art Motto dieser Transformation lässt sich ein Zitat des Stadtkämmerers Andreas Pfeiffer begreifen. In den Darlegungen zum Haushaltsplan 1935 begründete er die 20-prozentige Steigerung des Kuletats von 2,7 Millionen Reichsmark auf knapp 3,3 Millionen Reichsmark, trotz unsicherer Haushaltslage, mit dem Satz: »Diesem Willen des Führers Rechnung zu tragen, ist Ehrenpflicht der Stadt.«[13] Über den konkreten Zusammenhang hinaus kann dieser Aussage ein programmatischer Charakter für die städtische Ausgabenpolitik im »Dritten Reich« zugeschrieben werden. Dabei sind grundsätzlich drei Dimensionen zu unterscheiden:

1.) Erstens weist diese Formulierung, ganz wörtlich betrachtet, auf den Einfluss des tatsächlichen »Führerwillens« auf die städtische Finanzpolitik hin. Dieser äußerte sich jedoch selten über den regulären Dienstweg.[14] Zumindest bis in den Krieg hinein hatten einige Vertreter der Münchner Stadtspitze immer wieder persönlichen Kontakt zu Adolf Hitler: sei es im Rahmen eines »Führerempfangs« in München, beim Gespräch am Obersalzberg oder in der Reichskanzlei in Berlin. Im Besonderen galt das für Karl Fiehler und Christian Weber, die durch ihre Kontakte zu Hitler nicht zuletzt ihre lokale Macht untermauerten. Insbesondere im Zusammenhang mit den Ausbauplänen der »Hauptstadt der Bewegung« äußerte Hitler bei diesen oft zufälligen Gelegenheiten viele Wünsche, meist ohne sich dabei um entsprechende Finanzierungslösungen zu kümmern. Wenn Matzerath den »Zugriff« der Partei auf die gemeindlichen Gelder als grundsätzliches Strukturmerkmal kommunaler Finanzpolitik und Beispiel der »Aushöhlung des gemeindlichen Aufgabenbereichs« im »Dritten Reich« ausmacht, dann ist der »Zugriff« von Hitler selbst, wie er in München zu beobachten ist, zunächst ein besonders nachdrückliches Beispiel für seine These.[15] Es scheint im Fall Münchens allerdings keineswegs so gewesen zu sein, dass die damalige Stadtspitze die zahlreichen Einmischungen des »Führers« grundsätzlich missbilligte. Oft war eher das Gegenteil der Fall: Die Stadtoberen fühlten sich wegen seiner Aufmerksamkeit geehrt, und Ausgabenforderungen wurden entsprechend zur »Ehrenpflicht« stilisiert.

2.) In einem weiteren Sinne war der kolportierte, antizipierte oder angenommene »Führerwille« eine Art innere Richtschnur für die Akzentsetzung der Ausgabenpolitik. Die Stadtführung sah sich der nationalsozialistischen Ideologie im Allgemeinen, aber aufgrund der gemeinsamen persönlichen Vergangenheit vieler städtischer Entscheidungsträger auch in besonderem Maße Hitler selbst verpflichtet. Diese Überzeugung fand in allen Bereichen der Ausgabengestaltung ihren Niederschlag. Auf dieser Bedeutungsebene erscheint also die Aussage »Dem Willen des Führers Rechnung tragen« als ein Pendant zu jenem Gedanken, den der britische Historiker Ian Kershaw zum Ausgangspunkt seiner Überlegungen über die Funktionsweise des NS-Staats heranzieht.[16] In einer Rede in Berlin konstatierte der Staatssekretär im preußischen Landwirtschaftsministerium Werner Willikens am 21. Februar 1934, dass der »Führer« nur sehr

---

13   Darlegungen des Stadtkämmerers zum Haushaltsplan 1935, StadtAM, Kämmerei 281.
14   Vgl. Hanko, Kommunalpolitik, S. 409.
15   Vgl. Matzerath, Nationalsozialismus, S. 369.
16   Vgl. Kershaw, Hitler, S. 345-385; ders., »Working towards the Führer«; siehe ferner auch die weiterführenden Überlegungen von Gotto, Gauleiter, der argumentiert, dass der Fokus auf Hitler alleine in einigen Bereiche zu kurz greift, und deshalb die Gauleiter als Bezugsinstanz in den Blick nimmt.

schwer von oben her alles befehlen könne, was er für bald oder später zu verwirklichen beabsichtige. Deswegen habe jeder im »neuen Deutschland« am besten gearbeitet, »wenn er sozusagen dem Führer entgegen arbeitet«. Ausgehend von dieser Aussage sieht Kershaw einen wesentlichen Grund für die Funktionsweise des NS-Regimes – und nicht zuletzt für dessen sogenannte »kumulative Radikalisierung«[17] – in der ausgeprägten Bereitschaft der untergeordneten Funktionsträger, eigenständig, aber zugleich »im Sinne« Hitlers zu agieren. Das Motiv des »Entgegen-Arbeitens« entsprang nach Kershaw einer inneren Logik der personalisierten Herrschaftsform, die der NS-Staat darstellte: »Wer im darwinistischen Dschungel des Dritten Reichs befördert werden und zu einer Machtposition gelangen wollte«, so Kershaw, »mußte den ›Führerwillen‹ erahnen und, ohne auf Anweisungen zu warten, die Initiative ergreifen, um das voranzutreiben, was den Zielen und Wünschen Hitlers dienlich erschien.«[18] Auf den Bereich der kommunalen Finanzpolitik übertragen, lässt sich also folgern: Wenn es die »Hauptstadt der Bewegung« bzw. deren Verantwortungsträger zu etwas bringen wollten, dann sollten sie auch ihre Ausgabengestaltung nach dem Führerwillen ausrichten, was auch immer das im konkreten Falle bedeuten mochte. 3.) Sätze wie dem »Willen des Führers Rechnung tragen« – oder ähnliche Formulierungen, die in den Quellenüberlieferungen zu finden sind – dienten im innerstädtischen Rahmen auch als willkommene Rechtfertigungsstrategie. Die Bezugnahme auf den angeblichen Führerwillen war eine finanzpolitische Begründung von großer Durchschlagskraft, ein »eindrucksvolles Verhandlungsargument«, wie Hanko formuliert.[19] Das ›Argument Führer‹ half dabei, bestimmte, besonders umstrittene Ausgabenposten sowohl nach innen, das heißt gegenüber den Ratsherren im Stadtrat und den Referenten, als auch nach außen, gegenüber der staatlichen Aufsichtsbehörde und der Bevölkerung, zu legitimieren. Blicken wir nun also auf vier Beispiele, in denen die Stadt ihre (freien) Mittel im Sinne des »Führers« und der NS-Ideologie einsetzte.

2. Teure Geschenke: die kommunale Ehebeigabe »Mein Kampf«

Mehr als zwölf Millionen Exemplare von Hitlers »Mein Kampf« wurden während des »Dritten Reichs« unters deutsche Volk gebracht. In Hunderttausenden von Fällen geschah dies auf eine besondere Weise, nämlich als behördliches Geschenk an neuvermählte Paare. Wer das Buch, das voller Hassparolen steckt, bis dato noch nicht besaß, bekam es also spätestens am ›Tag der Liebe‹ ganz offiziell vom örtlichen Standesbeamten in die Hand gedrückt. Diese Geschenkaktion diente dem übergeordneten Ziel, eines Tages jede deutsche Familie mit der »NS-Bibel« auszustatten – natürlich nur jene, die es nach Ansicht des Regimes »wert«

17 Vgl. zuletzt Mommsen, NS-Regime.
18 Kershaw, Hitler, S. 346.
19 Vgl. Hanko, Kommunalpolitik, S. 409.

waren.[20] Tatsächlich hat wohl niemals ein Autorenbuch in Deutschland eine größere Verbreitung erreicht als »Mein Kampf«.[21] Zwar wurde eine Neuauflage der Propagandaschrift bis in die jüngste Gegenwart hinein untersagt, doch die zahlreichen zeitgenössisch gedruckten Exemplare blieben über Jahrzehnte hinweg fester Bestandteil vieler bundesdeutscher Bücherregale, Keller oder Dachböden.[22] Nicht selten dürfte dort die sogenannte »Geschenkausgabe« gestanden haben, mit Goldrand versehen und in einer Schutzhülle verpackt, und die Besitzer nicht nur an den Tag ihrer Hochzeit erinnert haben, sondern zugleich an die dunkelste Episode deutscher Geschichte. »Mein Kampf« ist in diesem Sinne ein besonderer deutscher Erinnerungsort, in dem sich individuelles Erinnern und kollektives Gedächtnis auf ambivalente Weise verbinden.

In der historischen Forschung interessiert man sich für die sogenannte »gemeindliche Ehrengabe für Hochzeitspaare« meist nur am Rande und wenn, dann vor allem als Beleg dafür, dass das Buch in der NS-Zeit »zwangsverordnet« wurde.[23] Denn in der Geschenkaktion zeigt sich auf anschauliche Art und Weise, wie tief die Propaganda in die privaten Bereiche der NS-Gesellschaft einzudringen suchte. Teilweise mag die Episode auch dazu gedient haben, die These vom »ungelesenen Bestseller« zu stützen, als der »Mein Kampf« lange Zeit galt.[24] Im Rahmen seiner 2011 erschienenen systematischen Rezeptionsgeschichte blickt Othmar Plöckinger erstmals auf die Hintergrundgeschichte der ungewöhnlichen behördlichen Gabe.[25] Darin deutet er an, was im Folgenden genauer und unter besonderer Berücksichtigung Münchens auszuführen ist: Hinter den Kulissen war bei dieser Geschenkaktion die Frage der Finanzierung sehr umstritten. Zahlreiche deutsche Kommunalvertreter beklagten sich darüber, die

20 Zu den schon unter Zeitgenossen oft angeführten Vergleichen des Buches mit der »Bibel« vgl. Plöckinger, Geschichte, S. 405-407. Das Ziel, dass »eines Tages jede deutsche Familie, auch die ärmste«, Hitlers Buch besitzen sollte, findet sich unter anderem in einer internen Anordnung von Martin Bormann verbrieft: vgl. Rundschreiben 41/39, 13.2.1939, zit. nach: Kellerhoff, »Mein Kampf«, S. 202.

21 Vgl. Kellerhoff, »Mein Kampf«, S. 207.

22 Erst 2016, und damit nach Ablauf der regulären Schutzfrist von 70 Jahren nach dem Tod des Autors, erschien die viel beachtete, vom Institut für Zeitgeschichte München-Berlin herausgegebene, wissenschaftlich kommentierte Gesamtausgabe »Hitler, Mein Kampf. Eine kritische Edition«.

23 Vgl. Plöckinger, Geschichte, S. 432.

24 Diese These vertraten u. a. Fest, Hitler, S. 293, Jäckel, Weltanschauung, S. 173 sowie Lange, Maximen, wobei dieser bewusst den Begriff »Nichtbeachtung« gegenüber der schon früher, etwa von Gisevius gewählten Formulierung des »nicht gelesenen Bestsellers« verwendet, da er zu Recht festhält, dass die Frage, wer das Buch tatsächlich gelesen habe, nicht mehr zu klären ist (ebd., S. 10). Lange bezieht sich bei seinen Ausführungen insbesondere auf die eigenständige Befragung von Zeitgenossen. Die Ergebnisse der Befragung, die aus heutiger Sicht schon angesichts der geringen Zahl der Befragten von 120 wenig repräsentativ erscheint, sind ebd., S. 161-164, abgedruckt.

25 Vgl. Plöckinger, Geschichte, S. 432-440. Zur Rezeptionsgeschichte von »Mein Kampf« vgl. außerdem jüngst Kellerhoff, »Mein Kampf«. Die Rezeption nach 1945 fasst Aronsfeld, Mein Kampf, 1945-1982, zusammen.

Zusatzkosten übernehmen zu müssen. Nicht so jedoch in der »Hauptstadt der Bewegung«, wo die Stadtführung bereitwillig bezahlte. Damit ist die Ehebeigabe ein erstes Einzelbeispiel dafür, wie die Stadt im oben beschriebenen Grenzbereich zwischen Auftragsverwaltung und »freiwilligen« Aufgaben ihre Handlungsspielräume in besonderem Maße in NS-ideologischer Weise nutzte.

Wer bestellt, der muss nicht zahlen

Das Geschenk an die »Volksgenossen« fiel nicht vom Himmel. Die Idee ging vielmehr ursprünglich auf handfeste ökonomische Überlegungen des NSDAP-Zentralverlags Franz Eher zurück. 1934 sanken die Verkaufszahlen von »Mein Kampf« drastisch.[26] Während das Buch noch im Jahr zuvor über eine Million Mal verkauft worden war und den Autor Adolf Hitler noch reicher gemacht hatte,[27] kämpfte der Verlag nun mit Absatzproblemen und der Überproduktion seines wichtigsten Verkaufsartikels. Auf eigene Faust versuchte der Verlag deshalb zunächst, den Kommunen die »schöne Sitte« schmackhaft zu machen, Brautpaaren das »Werk des Führers« zu überreichen.[28] Nur wenige Gemeinden folgten jedoch diesem Vorschlag. Einige schenkten dem Ansinnen offensichtlich zunächst überhaupt keine Beachtung – nicht zuletzt aus finanziellen Gründen. Denn die Kommunen, die zu großen Teilen noch immer mit den Nachwehen der Krisenjahre zu kämpfen hatten, sollten das »Geschenk« auf eigene Kosten erwerben.

Die Tatsache, dass das ›Unternehmen Geschenkaktion‹ erst ab dem Zeitpunkt Fahrt aufnahm, als sich Karl Fiehler aktiv einklinkte, ist ein weiteres Beispiel für die Wirkungsweise des braunen Netzwerkes in München. Mehrfach hatte der Direktor des Franz-Eher-Verlages, Max Amann, seit 1935 beim OB vorgesprochen und ihn in dessen Funktion als Vorsitzender des Gemeindetags gebeten, eine allgemeine Empfehlung an die Mitgliedsgemeinden zu schicken. Beide Männer kannten sich nicht nur aus langjähriger Parteigenossenschaft, sondern hatten auch zwischen 1925 und 1933 gemeinsam im Münchner Stadtrat gesessen. Neben den persönlichen Verbindungen dürfte Fiehler als Oberbürgermeister vor allem auch ein wirtschaftliches Interesse am Wohlergehen des in München ansässigen Verlags gehabt haben, wenngleich die Stadtverwaltung davon verhältnismäßig wenig profitierte, seitdem sie den Verlag 1935 von der Gewerbesteuer befreit hatte.[29] Ein allgemeines Empfehlungsschreiben wollte er zu-

---

26 Vgl. Plöckinger, Geschichte, S. 432 sowie die Tabellen ebd., S. 186 f.

27 Vgl. Hale, Taxpayer, S. 839, dem zufolge Hitler allein aus seinen Verdiensten als Schriftsteller im Jahr 1933 1,2 Mio. RM verdiente.

28 Vgl. Plöckinger, Geschichte, S. 432.

29 Vgl. Bericht des Untersuchungsausschusses über die Aufwendungen der Stadt München zugunsten der Partei, ihrer Gliederungen und Organisationen, bekannter Nationalsozialisten, Militaristen und Nazifreunde, 31.5.1947, StadtAM, Kämmerei 1834. Siehe dazu auch oben, Kapitel III.2, S. 230.

nächst dennoch nicht herausgeben. Dahinter steckte keineswegs mangelnder Wille, das Projekt zu unterstützen, wie Othmar Plöckinger mutmaßt.[30] Laut eigener Aussage des Oberbürgermeisters wollte er nur deswegen keine offizielle Empfehlung verschicken, weil eine solche zu diesem Zeitpunkt mehreren anderen Erlassen des Reichsinnenministers widersprochen hätte, die von den Gemeinden größte Sparsamkeit verlangten.[31] Stattdessen schlug er seinem Parteigenossen Amann vor, direkt mit dem Reichsinnenminister, der ebenfalls ein Münchner »Alter Kämpfer« war, zu verhandeln. Dass Fiehlers ›eigene‹ Stadt, die »Hauptstadt der Bewegung«, bis 1936 dem Vorschlag des Verlages auf Ausgabe von »Mein Kampf« als Geschenk für Brautpaare nicht gefolgt war, kann vor diesem Hintergrund kaum als simple Verweigerungshaltung ausgelegt werden.[32] Eher das Gegenteil war der Fall: Indem Fiehler danach strebte, den Reichsinnenminister zu involvieren, half er dem Verlag, das Projekt insgesamt auf eine tragfähigere Basis zu stellen. Dabei offenbarte sich auch in diesem Vorgehen eine ganz typische Handlungsweise des führenden Münchner Kommunalpolitikers: Hier wie in vielen anderen Fällen war der Bürokrat Fiehler bemüht, seine politischen Vorstellungen möglichst unter Einbindung der höheren Instanzen durchzusetzen und verwaltungsrechtlich abzusichern.

Dass der Münchner Oberbürgermeister durchaus große Sympathien für das Projekt »Mein Kampf als Ehegeschenk« hegte, wurde schon bald offensichtlich. Im April 1936 sandte Reichsinnenminister Wilhelm Frick als Ergebnis der Gespräche mit Amann einen Runderlass an die Gemeinden und Städte: Es sei erwünscht, dass die kommunalen Standesämter bei der Eheschließung jedem Ehepaar »das Buch des Führers« aushändigen.[33] Dies komme allerdings nur in Betracht, sofern der Ehemann die deutsche Staatsangehörigkeit besitze und keiner der Ehegatten Jude sei. Die Kosten für die Beschaffung des Werkes gingen zu Lasten der Gemeinden. Allerdings enthielt der Erlass den gewichtigen Nebensatz »soweit die finanzielle Lage der Gemeinden dies nicht ausschließe«.[34] Er räumte damit die Option ein, den vom Innenminister geäußerten Wunsch aus

30 Vgl. Plöckinger, Hitlers »Mein Kampf« – Von der »Abrechnung« zum »Buch der Deutschen«, DHM-online, URL: https://www.dhm.de/lemo/kapitel/ns-regime/innenpoli tik/meinkampf/, Zugriff am 10.5.2017.
31 Vgl. Fiehler, Ratsherren, 28.4.1936, StadtAM, RSP 709/1.
32 In dieser Weise schildert Plöckinger, Geschichte, S. 432, sowie ders., Hitlers »Mein Kampf« – Von der »Abrechnung« zum »Buch der Deutschen«, DHM-online, URL: https://www.dhm.de/lemo/kapitel/ns-regime/innenpolitik/meinkampf/, Zugriff am 10.5.2017, die Rolle von München. Auch Eberhard Jäckel und Ellen Latzin haben Münchens besondere Haltung übersehen und geben bei ihrer online-Einführung »Adolf Hitler, Mein Kampf« im Historischen Lexikon Bayerns an, dass sich »zahlreiche Gemeinden und Städte, darunter München und Nürnberg, längere Zeit« weigerten, »Mein Kampf« als Hochzeitsgeschenk auszugeben (vgl. URL: https://www.historisches-lexikon-bay erns.de/index.php5?title=Hitler,_Adolf:_Mein_Kampf,_1925/26&oldid=44220, Zugriff am 10.5.2017).
33 Vgl. Runderlass des RuPrMdI, 10.04.1936, LAB, B Rep. 2-1-2-39.
34 Vgl. ebd.

finanziellen Gründen nicht umzusetzen. Für die »Hauptstadt der Bewegung« allerdings bedeutete der Erlass den Startschuss, um das Projekt endlich durchzuführen.

Zeitgleich mit dem Runderlass des RMI gab Fiehler eine entsprechende allgemeine Empfehlung des DGT an die Gemeinden heraus. Und ohne weitere Diskussionen verfügte der Oberbürgermeister in einer geheimen Sitzung der Ratsherren am 28. April 1936, dass die Empfehlung des Innenministers in München schon zwei Tage später, ab dem 1. Mai, umgesetzt werde. Es sei »eine absolute Pflicht«, so begründete Fiehler gegenüber den Ratsherren die Maßnahme, »einer solchen dringenden Empfehlung des Reichsministers des Inneren Rechnung zu tragen«.[35] Der OB musste allerdings auch einräumen, dass die Kosten »nicht unerheblich« waren. Bei etwa 8.000 geschlossenen Ehen und einem Kaufpreis zwischen sechs und sieben Reichsmark pro Stück rechnete er mit jährlichen Zusatzkosten für die Stadtkasse in Höhe von 50.000 Reichsmark. »Nach Rücksprache mit der Stadtkämmerei« seien die Mittel für das Jahr 1936 zunächst aus dem Betriebsrückhalt zu entnehmen.[36] Ab dem folgenden Haushaltsjahr wurde die neue städtische Ausgabe, die tatsächlich bald deutlich mehr als 50.000 Reichsmark pro Jahr kostete, stets im ordentlichen Haushaltsplan unter einem neuen Titel »Aushändigung des Buches ›Mein Kampf‹ an Brautpaare« unter dem Unterabschnitt »Standesämter« geführt.[37] Der neue Posten als größter Einzelbetrag war ein wesentlicher Grund dafür, dass die städtischen Ausgaben in diesem Bereich insgesamt ab 1936 stark zunahmen (Tab. 5).

Bei seiner Einführung verschlang das Ehegeschenk gut ein Neuntel der Gesamtausgaben der Standesämter. Ein weiterer Kostenfaktor, der die Summe in die Höhe trieb, war nicht weniger NS-spezifisch: Er lag in der Mehrarbeit, die die Mitarbeit der Standesbeamten bei der Durchführung der »Rassegesetze« und der sogenannten »Erbgesundheitspflege« im Bereich der »Sippenrecherche« erforderte.[38] »Rassebiologisch« unerwünschte Ehen mussten nach dem »Blutschutzgesetz« vom 15. September 1935 verhindert werden. Das Amt stellte die zahlreich angeforderten »Ariernachweise« aus und beglaubigte Ahnenpässe und Ahnentafeln. Der Arbeitsmehraufwand konnte nur durch die Einstellung von neuem Personal bewältigt werden.[39]

---

35 Vgl. Fiehler, Ratsherren, 28.4.1936, StadtAM, RSP 709/1.
36 Vgl. ebd. Auch in diesem Falle wird wieder evident, welche »stille Macht« dem Stadtkämmerer Andreas Pfeiffer zukam, der auch hier bereits im Vorfeld in die Entscheidungsfindung des OB involviert gewesen war.
37 Vgl. Haushaltsplan der Hauptstadt der Bewegung München 1937, S. 45: 60.000 RM waren dafür im Haushaltsplan 1937 veranschlagt.
38 Vgl. Verwaltungsbericht der Hauptstadt der Bewegung München 1933/34-1935/36, S. 72.
39 Der Personalstand wurde in den Jahren 1936 und 1937 von 54 auf 71 Mitarbeiter erweitert (vgl. Verwaltungsbericht der Hauptstadt der Bewegung München 1936 und 1937, S. 62).

Tab. 5: Entwicklung der Reinausgaben des Haushaltsunterabschnitts »Standesämter«
und der darin enthaltenen Haushaltsstelle »Aushändigung des Buches ›Mein Kampf‹
an Brautpaare« zwischen 1932 und 1946[40]

	Unterabschnitt »Standesämter« (Voranschlag)	Unterabschnitt »Standesämter« (Rechnung)	Haushaltsstelle »Aushändigung des Buches ›Mein Kampf‹ an Brautpaare« (Voranschlag)	Haushaltsstelle »Aushändigung des Buches ›Mein Kampf‹ an Brautpaare« (Rechnung)
1932	222.854 RM	218.790 RM	–	–
1933	218.094 RM	231.859 RM	–	–
1934	241.544 RM	264.891 RM	–	–
1935	269.665 RM	309.728 RM	–	–
1936	321.812 RM	484.281 RM	–	51.642 RM
1937	425.978 RM	605.408 RM	60.000 RM	54.378 RM
1938	431.072 RM	687.109 RM	57.200 RM	67.473 RM
1939	499.772 RM	288.562 RM[*]	80.000 RM	97.094 RM
1940	564.028 RM	708.156 RM	80.000 RM	69.426 RM
1941	638.294 RM	615.672 RM	70.000 RM	k. A.[**]
1942	637.578 RM	605.459 RM	70.000 RM	56.430 RM
1943	634.828 RM	k. A.[***]	70.000 RM	k. A.
1944	676.280 RM	610.358 RM	50.000 RM	(35.375 RM)[****]
1945	456.004 RM[*****]	411.041 RM	k. A.	(4.650 RM)
1946	386.243 RM	347.488 RM	–	–

[*] Laut Haushaltssatzung der Hauptstadt der Bewegung 1941, S. 5, fielen im Laufe des Jahres 1939 Haushaltsstellen im Wert von 290.962 RM weg.

[**] Das Rechnungsergebnis des Haushaltsjahres 1941, das im Zuge der Haushaltserstellung 1943 hätte vorgelegt werden müssen, wurde aufgrund der Verwaltungsvereinfachung nicht für jede einzelne Haushaltsstelle aufgestellt.

[***] Für das Rechnungsjahr 1943 liegt kein Abschlussergebnis vor, da dieses im Frühjahr 1945 hätte erstellt werden müssen. Mit dem ersten Nachkriegshaushaltsplan des Jahres 1946 wurde lediglich das Rechnungsjahr 1944 abgeschlossen.

[****] In der Haushaltssatzung 1946, welche die Rechnungsergebnisse der Jahre 1944 und 1945 enthält, gibt es die entsprechende Haushaltsstelle nicht mehr. Möglicherweise verweisen die darin verzeichneten »weggefallenen Haushaltsstellen« genau auf diese Stelle. Da dafür aber keine endgültige Sicherheit besteht, wurden die Ziffern in der Tabelle in Klammern gesetzt.

[*****] Die Planziffer entstammt der Haushaltssatzung 1946, wurde also auch rückwirkend festgelegt bzw. errechnet.

Was den Posten des Ehegeschenks betrifft, erwarb die Stadt bis Kriegsende, einer späteren Rechnung zufolge, insgesamt 76.137 Exemplare von »Mein Kampf« und gab dafür 520.777,80 Reichsmark aus.[41] »Rechnung trug« sie da-

40 Eigene Zusammenstellung nach den Haushaltsplänen der Stadt München 1933-1947.
41 Angaben gemäß: Bericht des Untersuchungsausschusses über die Aufwendungen der Stadt München zugunsten der Partei, ihrer Gliederungen und Organisationen, bekannter Nationalsozialisten, Militaristen und Nazifreunde, 31.5.1947, S. 5, StadtAM, Kämmerei 1834.

mit nicht nur der Empfehlung des Reichsinnenministers, wie von Fiehler gefordert, sondern in einem ganz wörtlichen Sinne auch dem »Führer«: In Form von Tantiemen flossen die Ausgaben der Stadt schließlich nicht zuletzt in die Privatschatulle des Autors Adolf Hitler, dem 15 Prozent des Verkaufserlöses zustanden.[42] So gesehen landeten über den Zeitraum von zehn Jahren rund 78.000 Reichsmark städtischer Gelder auf dem Konto des »Führers«, der sein Einkommen bekanntlich nicht versteuern musste.[43] Bedenkt man, dass das durchschnittliche Jahreseinkommen im Deutschen Reich im Jahr 1938 bei nur 1.856 Reichsmark lag oder das eines Studienrats bei 4.404 Reichsmark,[44] dann hätte Adolf Hitler also allein mit dem Einkommen, das ihm aus den von der »Hauptstadt der Bewegung« finanzierten Ehegeschenken zufloss – etwa 7.800 Reichsmark/Jahr – zwar kein luxuriöses, aber doch zumindest ein deutlich überdurchschnittliches Dasein in seiner Privatwohnung am Münchner Prinzregentenplatz fristen können.

Selbstverpflichtung, Prestige und Propaganda

Es wäre zu kurz gedacht, wenn man die Erhöhung dieses städtischen Etatpostens nur als Ausdruck des Gehorsams der Stadtführung gegenüber der Reichsspitze interpretieren würde. Man kommt der tatsächlichen Motivation näher, wenn man sie als Selbstverpflichtung auffasst. Für Fiehler war die Finanzierung der Ehestandsbeigabe nämlich eine Frage des Prestiges – ein Motiv, dem wir unten noch in anderen Bereichen der städtischen Ausgabenpolitik begegnen werden. »Im Interesse des Ansehens der Hauptstadt der Bewegung« halte er die aufgewendeten Mittel für vertretbar.[45] Mehr noch: Es sei notwendig, »mit gutem Beispiel voranzugehen«, zumal bereits einige andere Städte wie Frankfurt am Main die Aktion bislang deswegen nicht unterstützt hätten, weil auch die »Hauptstadt der Bewegung« es nicht tat. Nur kurz erwähnt sei hier, dass im Fall

---

42 Vgl. Plöckinger, Geschichte, S. 184. Die 15 %-Beteiligung am Verkaufserlös erhielt Hitler ab Januar 1933. Bis dahin hatte er, wie andere Autoren des Verlags auch, nur 10 % erhalten.

43 Vgl. dazu grundlegend Hale, Taxpayer.

44 Vgl. Zusammenstellung auf Grundlage des Statistischen Jahrbuchs für das Deutsche Reich 57 (1938) in Bajohr, Parvenüs, S. 235. Ausführlich zur Frage der Reallöhne im »Dritten Reich« siehe Hachtmann, Lebenshaltungskosten.

45 Vgl. Fiehler, Ratsherren, 28.4.1936, StadtAM, RSP 709/1. Bemerkenswerterweise findet sich diese Argumentation auch bei anderen Kommunen: Die württembergische Kleinstadt Eberbach, östlich von Heidelberg gelegen, beschloss ebenfalls die Überreichung ab dem 1.5.1936 und bezeichnete sich auf dem eingehefteten Widmungsblatt deshalb stolz als »Hochburg der nationalsozialistischen Bewegung im Odenwald« (vgl. Plöckinger, Geschichte, S. 434).

von Frankfurt sich freilich auch nichts änderte, nachdem München »vorangegangen« war: Hier wurde die Ehestandsbeigabe bis zuletzt nicht eingeführt.[46]

Als eingefleischter Nationalsozialist war der Münchner OB überdies von der propagandistischen Wirkkraft der Geschenkaktion überzeugt. Anders als mancher Historiker, der später die zweifelhafte These vom zwangsverordneten und deshalb »nicht gelesenen Bestseller« vertrat, war sich Fiehler damals sicher: »Gerade dann«, wenn das »Werk des Führers« »in einem solchen Augenblick« übergeben werde, werde es von den Empfängern »besonders beachtet«. In der öffentlichen Sitzung der Ratsherren vom 28. April 1936, in der er den Entschluss publik machte, formulierte er die ideologische Überzeugung noch deutlicher: »Wir glauben damit jedem Paare, das die Ehe eingeht, eine besondere Freude machen zu können und ihm damit ein Werk in die Hand zu geben, das auch für das Leben, das die Vermählten zusammen führen wollen, Richtung geben wird.«[47] Die symbolische Bedeutung, die die Stadtführung dem Geschenk zuschrieb, wird schließlich daran deutlich, dass der Oberbürgermeister in den folgenden Wochen gesteigerten Wert auf die äußere Gestaltung des Geschenks legte. Am 5. Mai 1936 brachte er ein Muster der »Geschenkausgabe« mit in den Sitzungssaal des Rathauses und reichte sie unter den Ratsherren zur Ansicht herum. Stolz wies Fiehler auf den Ledereinband, den Goldschnitt und die Schutzhülle hin, die das Stadtlogo zierte – zum damaligen Zeitpunkt noch das alte –, wobei er versicherte, möglichst bald das neue, in seinen Worten »Original-Stadtwappen« abzubilden, sobald dies endgültig vom »Führer« genehmigt worden sei.[48] Zusätzlich sollte auf der zweiten Seite des Buches eine Widmung der Stadt abgedruckt werden.[49] Die ganze Aufmachung stellte in den Augen des OB gar einen Anreiz dar, dass »Ehepaare vom Lande in München« heiraten, wobei er allerdings selbst zu bedenken gab, dass eine ähnliche Geschenkausgabe auch in anderen Umlandgemeinden vergeben würde, wenn sich diese denn an den Erlass des Innenministers hielten.

Andernorts war das Echo auf diesen jedoch deutlich zurückhaltender. Zwar folgten einige wenige Gemeinden und Städte ebenfalls sehr bald der Order ›von oben‹. In Köln gab man zusätzlich zu Hitlers Propagandaschrift sogar noch ein dreimonatiges Probe-Abonnement der rassepolitischen Zeitschrift »Neues Volk« aus. Insgesamt wurde die Anordnung aber kaum irgendwo so schnell und diskussionslos umgesetzt wie in der »Hauptstadt der Bewegung«. In Bayern setzte

---

46 Vgl. Verfügung der Stadt Frankfurt a. M., 10.10.1941, nach der »grundsätzlich von der Überreichung des Buches abgesehen werden soll«, zit. nach: Plöckinger, Geschichte, S. 438.

47 Fiehler, Ratsherren, 28.4.1936, StadtAM, RSP 709/1.

48 Vgl. Fiehler, Ratsherren, 5.5.1936, StadtAM, RSP 709/1.

49 Die Widmung war zunächst recht schlicht gehalten: In einer Variante des Jahres 1938 hieß es: »Dem jungvermählten Paare mit den besten Wünschen für eine glückliche Ehe überreicht von der Hauptstadt der Bewegung«. Es waren durchaus Unterschiede in den Widmungstexten der einzelnen Gemeinden festzustellen. In der Innsbrucker Version etwa wurde dem »jungverwählten Paar« der »herzlichste Wunsch für ein glückliches Leben in deutscher Schicksalsgemeinschaft« zuteil (vgl. Hitler, Mein Kampf, Widmung Innsbruck, 27.4.1939).

sich die Ehebeigabe sogar besonders schleppend durch.[50] Bis zur Jahresmitte 1937, also im ersten Jahr nach dem Erlass des RMI, hatten im gesamten Reich nur ein Viertel der deutschen Kommunen dem Ansinnen entsprochen, wenngleich auch dort nicht überall tatsächlich alle Brautpaare das Geschenk erhielten. Bis Anfang des Jahres 1938 gaben circa die Hälfte und bis Kriegsbeginn ungefähr drei Viertel aller deutschen Gemeinden »Mein Kampf« aus.[51] Doch gerade einige größere Städte wie Frankfurt a. M., Berlin, Dresden oder Breslau trugen die Geschenkaktion auch in den folgenden Jahren noch nicht mit.

Unabhängig davon, welche Orte sich zum Mitmachen bereit erklärt hatten, wurde die praktische Umsetzung im Krieg ohnehin immer schwieriger. Der Eher-Verlag hatte zunehmend mit Produktions- und Liefereinschränkungen zu kämpfen. Der Reichsinnenminister selbst schenkte dem Projekt spätestens 1940 nur noch wenig Aufmerksamkeit und hielt es nun sogar für »zweckmäßig«, die Verteilung des Buches bis nach dem Krieg aufzuschieben. Diese Aussage Fricks sollte jedoch nicht veröffentlicht werden. Sie war »vielmehr lediglich für Zwecke der Auskunftserteilung auf Einzelfragen oder bei Dienstversammlungen zu verwerten«.[52] So erfuhr die behördliche Geschenkaktion nie ein offizielles Ende. Das Gros der Gemeinden, die nicht mehr nachfragten, wurde aber bewusst im Glauben gelassen, dass man nach wie vor die Umsetzung erwartete. Wenn die beteiligten Kommunen noch Möglichkeiten hatten, kauften sie weiterhin Exemplare an und überreichten den Ehepaaren »Mein Kampf« – bis in die letzten Kriegstage.

Auftragsverwaltung unter neuen Vorzeichen

In der Überlieferung des Deutschen Gemeindetags finden sich zahlreiche Klagen über den neuen kommunalen Ausgabeposten »Mein Kampf«.[53] Der propagandistische Zweck des behördlichen Hochzeitsgeschenks wurde dabei nur von wenigen Gemeindevertretern so deutlich in Abrede gestellt, wie von dem Leipziger Oberbürgermeister Carl Goerdeler. Der renommierte Kommunalpolitiker sah, solange er in Leipzig noch etwas zu sagen hatte, keinen Nutzen darin, öffentliche Mittel aufzuwenden, wenn der Empfänger die Gabe nicht achtete

50 Vgl. Aktennotiz DGT, Überreichung des Buches des Führers »Mein Kampf« bei Eheschliessungen, o. D., LAB, B Rep. 142/7 2-1-2-39: Laut dieser Notiz wurde das Buch in Bayern anfangs in den meisten Fällen gar nicht oder, wie in Landau und Pirmasens, nur an ausgewählte oder bedürftige Volksgenossen ausgehändigt. Zum gleichen Zeitpunkt wurde in Württemberg jedoch schon in den meisten Gemeinden das Buch überreicht. Plöckinger, Geschichte, S. 438, zeigt, dass noch im Jahr 1943 die fränkischen Städte Erlangen, Nürnberg und Fürth das Buch nicht aushändigten und auch in Bamberg nur an ausgewählte Paare.
51 Vgl. Plöckinger, Geschichte, S. 436 f.
52 Vgl. DGT an Dienststellen des DGT, 16.10.1940, LAB, B Rep. 142/7 2-1-2-39.
53 Siehe Akt »Geschenkausgabe »Mein Kampf« als gemeindliche Ehrengabe für Hochzeitspaare, LAB, B Rep. 142/7 2-1-2-39.

oder entsprechend behandelte.[54] Meist beschwerten sich die Mitgliedsgemeinden über die finanzielle Mehrbelastung. In einzelnen Fällen lagen die Kosten pro Jahr schließlich, ähnlich wie in München, im hohen fünfstelligen Bereich.[55] Ob das fehlende Geld allerdings tatsächlich der ausschlaggebende Grund für die Zurückhaltung war oder die Gemeinden eher so dachten wie Goerdeler und die Begründung fehlender Mittel nur vorschoben, lässt sich im Einzelnen nicht ergründen. Feststellbar ist jedoch, dass gerade das Finanzargument auf offene Ohren stieß. Obwohl der Vorsitzende Karl Fiehler zeitgleich mit dem Runderlass des RMI noch eine Empfehlung des DGT an die Gemeinden herausgegeben hatte, setzte sich der Interessenverband aufgrund der vielen Eingaben bald für finanzielle Erleichterungen ein – es ist ein weiteres Beispiel für die Rolle des DGT zwischen den Stühlen.[56]

Zum einen verhandelte der kommunale Dachverband mit dem Franz-Eher-Verlag und dem Börsenverein des Deutschen Buchhandels über Preisnachlässe. Der Münchner NSDAP-Verlag, damals einer der größten der Welt, präsentierte sich jedoch als überlegener Verhandlungspartner, der kaum auf die Nöte der Kommunen einging. Im November 1936 bot er lediglich an, fünf Prozent aller bestellten Bücher für besonders notleidende Gemeinden kostenlos zur Verfügung zu stellen.[57] Da der DGT aber keine Möglichkeit sah, einen fairen Verteilungsschlüssel für solche Freiexemplare zu erstellen und Unfrieden unter den Gemeinden befürchtete, lehnte er das Angebot ab und bat das RMI wegen eines Rabatts weiterzuverhandeln.[58] Im April 1937 gewährte der Verlag dann zumindest den Großstädten über 100.000 Einwohner einen Preisnachlass von fünf Prozent. Dieser ging jedoch bemerkenswerterweise nicht auf Rechnung des Verlages selbst, sondern auf Kosten des Buchhandels, der sich mit einem entsprechend geringeren Zwischengewinn begnügen sollte.[59]

Zum anderen hatte der DGT, zumindest anfangs, auch versucht, die Kosten vom Reich erstattet zu bekommen. In einem Brief vom 16. September 1936 rechnete Geschäftsführer Kurt Jeserich dem Reichsinnenminister Frick vor, dass bei etwa 650.000 Eheschließungen im Jahr und einem Stückpreis von 7,20 Reichsmark, der damals im Raum stand, den Kommunen »erhebliche Unkosten« von insgesamt 4,5 Millionen Reichsmark pro Jahr entstünden.[60] Neben dem Argument der Mehrbelastung der Kommunen argumentierte der DGT aber auch mit staatlichen Zuständigkeiten. Im vorliegenden Fall, so Jeserich, handele es sich »nicht um rein örtliche Aufgaben, sondern um die Erfüllung wichtiger staats-

---

54 Vgl. Plöckinger, Geschichte, S. 435.
55 Laut Plöckinger, Geschichte, S. 433, rechnete Frankfurt a. M., genau wie München, mit Zusatzausgaben von 50.000 RM pro Jahr.
56 Siehe oben, Kapitel II.4, S 171-181.
57 Vgl. RuPrMdI an DGT, 4.11.1936, LAB, B Rep. 142/7 2-1-2-39.
58 Vgl. DGT an RuPrMdI, 21.12.1936, LAB, B Rep. 142/7 2-1-2-39.
59 Vgl. RuPrMdI an DGT, 16.4.1937, LAB, B Rep. 142/7 2-1-2-39.
60 Vgl. DGT an RuPrMdI, 16.9.1936, LAB, B Rep. 142/7 2-1-2-39.

politischer Aufgaben«. Deshalb müsse sich auch das Reich an den Kosten für die Beschaffung der Bücher beteiligen.

Letztlich drehten sich die Auseinandersetzungen zwischen dem DGT als kommunaler Interessenvertretung und dem Reich in diesem Punkt um ein klassisches staatspolitisches Problemfeld, das man heute mit dem Begriff der Konnexität umreißen würde. Hierbei handelt es sich um einen finanzwirtschaftlichen Grundsatz, der besagt, dass die Kosten für die Erfüllung einer öffentlichen Aufgabe von derjenigen Einheit zu tragen sind, die darüber entscheidet, auf welche Art und Weise und in welchem Umfang diese Aufgabe zu erfüllen ist.[61] Vereinfacht ausgedrückt: »Wer bestellt, muss auch bezahlen.«[62]

Auch wenn eine verfassungsrechtliche Klarheit in dieser Hinsicht im nationalsozialistischen Staat noch nicht vorlag, war das Prinzip bereits bekannt. Wäre es nach den Gemeindevertretern gegangen, hätte es auch beim kommunalen Ehegeschenk Anwendung gefunden. Schließlich wurde die Umsetzung der Hochzeitsbeigabe vom Reich »bestellt«, das demnach auch entsprechende Ausgleichszahlungen zur Verfügung hätte stellen müssen. Außerdem waren Führung und Unterhalt der »Standesämter« im Allgemeinen ohnehin eine Angelegenheit der Auftragsverwaltung.[63]

Doch die öffentliche Finanzwirtschaft in der nationalsozialistischen Diktatur folgte einer anderen Logik. Bei Fricks Anordnung handelte es sich nämlich nicht um ein Gesetz, sondern nur um einen von zahlreichen sogenannten »Runderlassen«, deren Verbindlichkeit vage war. In diesem Fall ließ der Erlass den Gemeinden das explizite ›Schlupfloch‹, die gewünschte Aufgabe nicht zu übernehmen, wenn dies die finanzielle Leistungskraft übersteige. Streng rechtlich betrachtet konnte diese Mitteilung also gar kein Konnexitätsprinzip verlet-

---

61 Vgl. Winter/Eggert/Minter, Konnexitätsprinzip, Gabler Wirtschaftslexikon, URL: http://wirtschaftslexikon.gabler.de/Archiv/7796/konnexitaetsprinzip-v10.html, Zugriff am 10.5.2017.

62 Sowohl in Bezug auf die Aufgabenverteilung zwischen Bund und Ländern als auch zwischen Ländern und Kommunen und zwischen Bund und Kommunen ist das Konnexitätsprinzip seit Längerem verfassungsrechtlich, d. h. im Grundgesetz (vgl. GG, Art. 104a) sowie in den Länderverfassungen, verankert und schützt die deutschen Gemeinden vor den finanziellen Folgen, die sich aus der Erfüllung von Aufgaben ergeben, die ihnen der Staat überträgt. In der Bayerischen Verfassung ist das Konnexitätsprinzip seit dem 1.1.2004 festgehalten (vgl. BayVer, Art. 83, Abs. 3). Diese fasst im Vergleich zu den anderen Länderverfassungen die Konnexitätsregel besonders streng (vgl. Bayerisches Staatsministerium der Finanzen, Der kommunale Finanzausgleich in Bayern, S. 14).

63 Bezeichnenderweise fand sich nach der Haushaltsumstrukturierung 1938 im Haushaltsplan von München der Teilplan »Standesämter« als Unterabschnitt 020 unter dem übergeordneten Abschnitt »Besondere Verwaltungsstellen zur Durchführung von Auftragsangelegenheiten« wieder. Hier zeigt sich noch einmal exemplarisch die bereits beschriebene Grauzone zwischen »Pflichtaufgaben« und »freiwilligen« Ausgaben in der Praxis. Schließlich war der Unterhalt von Standesämtern im Allgemeinen eine Pflichtaufgabe der Kommunen. Innerhalb dieser Aufgabe stand es aber den Kommunen frei, ob sie den kostenintensiven Einzelposten des Ehegeschenks ebenfalls veranschlagten.

zen. Die tatsächliche Umsetzung beruhte in der Praxis auf anderen Wirkkräften. Sie wurde dadurch forciert, dass eine ideologisch motivierte Erwartungshaltung an die Kommunen herangetragen wurde, die ihre eigene Verbindlichkeit entfachte. Schon im Juli 1936 hatte der DGT per Nachrichtendienst klargestellt, dass die Gemeinden selbstverständlich »Wege suchen müssen«, um den Wünschen des Innenministers zu entsprechen.[64] Der Druck wurde außerdem dadurch verstärkt, dass führende Großstädte mitmachten und dies untereinander kundtaten. Nach und nach sahen sich deshalb letztlich doch die meisten der Kommunen veranlasst, das spezielle Ehegeschenk aus ihrem eigenen disponiblen Budget zu bezahlen – mal mit weniger und mal mit mehr innerer Überzeugung für die Sache, wie im Falle München, wo die Erfüllung des Reichsauftrags zur »Ehrenpflicht« erklärt wurde.

Die »Gesundung der Familie«[65] nach rassistischen Prinzipien, die von den Nationalsozialisten propagiert und auf unterschiedliche Art auch tatsächlich politisch unterstützt wurde – z. B. durch Ehestandsdarlehen, Steuererleichterungen oder Schuldgeldermäßigung –, war in diesem Zusammenhang auch der Gewinnoptimierung des Eher-Verlags und nicht zuletzt dem Privatkonto Adolf Hitlers dienlich. Damit zeigte sich beim Etatposten des Ehegeschenks bereits eine spezifische Dimension der städtischen Ausgabepolitik, die ich im folgenden Kapitel noch genauer betrachten werde.

3. Die braunen Töpfe der Stadtkasse: Klientelismus als Haushaltsposten

In der Welt der »Parvenüs und Profiteure«, wie der Historiker Frank Bajohr das »Dritte Reich« beschrieben hat,[66] gilt der Münchner Ratsherr Christian Weber als ein besonders herausragender Vertreter. Für Bajohr war Weber ein »typische[r] Repräsentant[...] eines Herrschaftssystems, in dem Korruption und Vetternwirtschaft schon allein deshalb blühten, weil es sich rechtsstaatlicher Kontrollen weitgehend entledigt hatte«.[67] Schon Zeitgenossen sahen in dem früheren Stallburschen den Inbegriff des »Nazibonzen« – er wurde gehasst, parodiert oder bewundert, in jedem Fall aber beachtet. Dies belegt nicht zuletzt die viel zitierte Spruchkammer-Anklageschrift vom Mai 1947. Zwei Jahre nach Webers Tod hieß es darin schlicht, dass Ausführungen über seine Persönlichkeit nicht vonnöten seien, da die »schrankenlose Habsucht des Betroffenen und seine Gewandtheit, sich auf jede Weise zu bereichern«, hinlänglich bekannt seien.[68] Seine Prominenz verdankte Weber dabei sicher nicht allein seiner steilen

---

64 Zit. nach: Plöckinger, Geschichte, S. 435.
65 Vgl. etwa Fiehler (Hrsg.), München baut auf, S. 35.
66 Vgl. Bajohr, Parvenüs.
67 Bajohr, Profiteursgesellschaft, S. 450.
68 Anklageschrift, 8.5.1947, zit. nach: Schiefer, ›Blauen Bock‹, S. 152; Berg, Korruption, S. 3 sowie Bajohr, Profiteursgesellschaft, S. 450. Vgl. ferner etwa die Deutschland-Be-

Karriere, die ihn aus der »sozialen Peripherie ins Zentrum der Macht« gespült hatte,[69] oder seinem schillernden Lebenswandel zwischen Protzerei, Trinkgelagen und Gewaltexzessen. Webers Image wurde in besonderem Maße auch von zahlreichen Fotografien geformt, die von ihm öffentlich kursierten und auf denen er sich ganz bewusst als Bonvivant präsentierte.[70] Für Historiker stellen sie bis heute eine aufschlussreiche Quelle dar, um die Profiteursgesellschaft des Nationalsozialismus zu illustrieren. Obwohl etwa Bajohr in seiner maßgeblichen Studie über Korruption im »Dritten Reich« den Münchner NS-Funktionär nur am Rande behandelt, ziert eine einschlägige Weber-Abbildung vom Münchner Fasching im Jahr 1939 den Buchtitel (Abb. 15).[71] Darauf posiert der wuchtige Stadtpolitiker im Stile eines Mafiabosses: im Smoking, mit Zigarre, jovial scherzend mit dem Medienmogul Max Amann, umrahmt von festlich gekleideten Damen. Auffällig und zugleich bezeichnend ist sein selbstbewusster Blick in die Kamera: Die Figur Christian Weber war nicht nur ein Auswuchs der dem NS-Staat inhärenten Begünstigungskultur, sondern nicht zuletzt auch das Produkt einer medialen (Selbst-)Inszenierung.

Im Folgenden geht es nicht um eine Neubewertung des ›Phänomens Weber‹, sondern vielmehr darum, dieses in einem größeren stadtgeschichtlichen Kontext zu verorten. Dabei soll der Forschungsstand um zwei Perspektiven ergänzt werden, die bislang verkürzt dargestellt wurden oder gar keine Beachtung fanden. 1.) Erstens möchte ich in Anlehnung an Bajohrs Erkenntnisse entfalten, dass Bereicherung, Nepotismus und Günstlingswirtschaft in der Münchner Stadtgesellschaft des »Dritten Reichs« weit über das hervorstechende Beispiel Webers hinausgingen.[72] Die »Hauptstadt der Bewegung«, in der staatliche Behör-

richte der Sopade, 1936, S. 1142: Weber sei einer der »unbeliebtesten Nazibonzen in München«. Seine »Geldverschwendung ist in der ganzen Stadt sprichwörtlich. Sein Benehmen erregt selbst bei Nationalsozialisten Ärgernis.« Ebd., 1937, S. 1074, heißt es in ähnlicher Weise, dass Weber »ein derart korruptes Subjekt sei, daß sich die Bevölkerung mit Abscheu von ihm wendet«. Ebd., 1938, S. 24 f., schließlich wird Weber als größtes Thema des »Stadtklatsches« und einer der »meistkritisierten aller Münchner Parteibonzen« beschrieben, über den die ganze Stadt rede.

69 Vgl. Bajohr, Profiteursgesellschaft, S. 450. Eine biografische Annäherung an Weber liefern vor allem, Berg, Korruption; Heusler, Haus, S. 190-201; Schiefer, ›Blauen Bock‹; Herbert Rosendorfers *Nacht der Amazonen* ist eine literarische Adaption der historischen ›Figur‹ Christian Weber.

70 Vgl. insbesondere den Bestand StadtAM, Fotosammlung NS.

71 Vgl. Titelblatt Bajohr, Parvenüs. Dasselbe Foto findet sich auch abgedruckt in: Heusler, Haus, S. 193. Außerdem ist es Teil der Dauerausstellung im NS-Dokumentationszentrum München (vgl. Nerdinger (Hrsg.), München, S. 135).

72 Frank Bajohr hat, ohne dabei im Besonderen auf die Stadt München zu blicken, die vielfältigen Formen der Korruption im Nationalsozialismus im Allgemeinen untersucht und in unterschiedlichen Beiträgen überzeugend dargelegt, dass Grad und Ausmaß der Korruption im »Dritten Reich« deswegen beispiellos waren, weil gerade die spezifische Struktur der nationalsozialistischen Herrschaft einen äußerst »fruchtbaren Nährboden für Korruption« bot (vgl. Bajohr, Parvenüs, S. 7). Die NS-Herrschaft beruhte auf »personell-klientelistischen Bindungen« und trug »feudalähnliche Züge«,

*Abb. 15: Christian Weber (links) gemeinsam mit Max Amann
beim Pressefest im Deutschen Theater, 30.1.1939*

den in direkter Nachbarschaft zu zahlreichen Parteiinstanzen standen, bildete
einen ganz besonders »fruchtbaren Nährboden« für alle Formen von Vetternwirtschaft. In dem Maße, in dem sich die lokalgeschichtliche Forschung jedoch
häufig nur auf den prominenten Einzelfall Christian Weber fokussiert, befrie-
digt sie nicht nur posthum dessen beispiellose Geltungssucht, sondern übersieht
vor allem die zahlreichen weiteren Facetten und Gesichter der Korruption vor
Ort. Da seine unverhüllten Machenschaften schon damals – nicht nur in der
Bevölkerung, sondern auch unter den Parteieliten – auf massive Kritik stießen,
stellte Weber nämlich weniger ein »typisches«[73] oder gar »prototypisches« Beispiel dar, sondern eher einen Sonderfall.[74] Einige untergeordnete Parteigenos-

wodurch der Korruption ein »Einfallstor« eröffnet wurde (vgl. Bajohr, Korruption,
S. 232). Das klassische Verständnis politischer Korruption als Missbrauch eines öffentlichen Amtes zu privaten Zwecken sei insofern »strukturell wegdefiniert« worden, als
im Nationalsozialismus die Trennung zwischen öffentlichem Amt und privater Sphäre
systematisch verwischt wurde. Das zeige sich allein schon in der Konstruktion des
»Reichskanzlers und Führers« Adolf Hitler, in dem Privatmann und Amtsträger zu
einer Figur verschmolzen. Gleichsam seien die NS-Funktionäre nicht nur betont rück-
sichtlos gewesen, sondern stilisierten sich oft als Opfer und sahen in der Selbstaneig-
nung eine Art »Wiedergutmachung« (ebd., S. 242). Schließlich schränkte die Beseitigung einer autonomen Öffentlichkeit die unabhängige Aufdeckung und Identifikation
von Korruption überhaupt stark ein (ebd., S. 232 f.).

73 Bajohr, Profiteursgesellschaft, S. 450.
74 Vgl. Heusler, Haus, der in Weber einen »Prototyp des korrupten nationalsozialistischen
Parteikaders« (S. 194) bzw. die »idealtypische Verkörperung der nationalsozialistischen
Bonzokratie« (S. 195) sieht.

sen waren aufgrund eines anrüchigen Immobiliengeschäfts im Jahr 1937 angeblich einmal so sehr über Weber erzürnt, dass sie ihn krankenhausreif prügelten.[75]

Eine gängige Definition versteht unter »Korruption« die »missbräuchliche Nutzung eines öffentlichen Amtes zum eigenen privaten Vorteil oder zugunsten Dritter«.[76] Was allerdings als »missbräuchliche Nutzung« zu verstehen ist, wird jeweils von den vorherrschenden rechtlichen Grundlagen und ethischen Normvorstellungen bestimmt und ist damit historisch wandelbar.[77] Im »Dritten Reich« wurde Korruption von den Funktionsträgern zwar aufs Schärfste verurteilt und gerade zu Beginn als Auswuchs der »Systemzeit« streng verfolgt, was auch auf städtischer Ebene in München zu beobachten war.[78] Zugleich aber erreichten verschiedene Praktiken der Korruption ein bis dahin nicht da gewesenes Ausmaß, weil sich nicht nur rechtliche Grundlagen, sondern mit den neuen Führungseliten auch die ›moralischen‹ Vorstellungen darüber verschoben, was

75 Vgl. Deutschland-Berichte der Sopade, 1937, S. 1601 f. Zur Kritik an Weber innerhalb der Partei vgl. auch Deutschland-Berichte der Sopade, 1937, S. 1074 f. Dort heißt es, die »verschiedenen Versuche amtlicher Stellen, Weber für sein korruptes Verhalten zur Verantwortung zu ziehen«, seien immer gescheitert. Heusler, Haus, S. 194 f., erläutert außerdem etwa Webers Konflikte mit Adolf Wagner, der dessen Aktivitäten »aufs Schärfste missbilligte« (S. 194), obwohl er freilich selbst ganz ähnlich agierte.

76 Vgl. Schubert/Klein, Politiklexikon, S. 164. »Korruption« als Überbegriff umfasst demnach verschiedene Erscheinungsformen wie Bereicherung im Amt, Bestechung und Bestechlichkeit, Patronage und Nepotismus, Unterschlagung und die Vermengung von Amts- mit Privatgeschäften (vgl. Bajohr, Profiteursgesellschaft, S. 450). Die Geschichtswissenschaft hat sich erst in der jüngeren Vergangenheit verstärkt mit dem Gegenstand der politischen Korruption beschäftigt. Stellvertretend seien genannt: Engels, Geschichte; ders./Fahrmeir/Nützenadel (Hrsg.), Geld; Klein, Korruption. Aus dem Bereich der deutschen Politikwissenschaft sei stellvertretend auf den umfassenden Sammelband von Ulrich von Alemann, Dimensionen, hingewiesen; Korruption während des Nationalsozialismus untersuchten neben Bajohr etwa auch, und dabei mit besonderem Blick auf die von Hitler ausgegebenen Dotationen, Ueberschär/Vogel, Dienen.

77 Vgl. dazu auch die systematischen Überlegungen, »Korruption« als politischen Mythos (Roland Barthes) zu verstehen, bei Engels, Geschichte, S. 12-16. Laut Engels gelte es »unbedingt zu unterscheiden« (S. 14) zwischen der »Geschichte der Korruptionskritik« und der »Geschichte jener Praktiken, die von dieser Kritik betroffen war«.

78 In programmatischer Weise forderte Karl Fiehler etwa im Zusammenhang mit dem Untersuchungsverfahren gegen den städtischen Branddirektor Karl Dirnagl wegen Bestechung durch die Firma Minimax im November 1933 »absolute Sauberkeit« (vgl. Fiehler, Personalausschuss, 24.11.1933, StadtAM, RSP 706/6). Mit einem Zigarettenkistchen fange es an und eines Tages hingen die Leute drin und wüssten nicht mehr, so Fiehler. Der Feuerwehrbeamte hatte diverse kleinere Geschenke – u. a. Ölgemälde und Zigarren – von Minimax-Vertretern angenommen. Auch wenn der damalige Bürgermeister Küfner zu bedenken gab, es sei »ungeheuer schwierig die Grenzlinie zu ziehen«, beschloss der Ausschuss, den Branddirektor, der außerdem langjähriges SPD-Mitglied war, vom Dienst zu entheben – allerdings ohne die Sache in die Öffentlichkeit zu bringen. Laut Tempel habe die Stadt schließlich kein Interesse daran, dass geredet werde, bei der Stadt gingen »Schmiergeschäfte« (ebd.).

als korrupt zu gelten hatte.[79] Die tatsächliche Sanktionierung und Verfolgung von Korruption hing während der NS-Zeit vor allem von Opportunitätskriterien ab, wie etwa der Machtstellung des betroffenen Funktionsträgers, seinem politischen Rückhalt durch eine nationalsozialistische Herrschaftsclique oder den befürchteten Auswirkungen eines öffentlichen Skandals auf das Verhältnis von NS-Regime und Bevölkerung.[80]

2.) Zweitens soll herausgearbeitet werden, welche Schlüsselrolle der Stadtverwaltung als Schaltzentrale der vielfältigen und umfangreichen Begünstigungskultur im Stadtgebiet zukam. Diese brachte große Mengen an öffentlichen Geldern erst in Umlauf und stellte zudem die professionellen Strukturen zur Verfügung, um viele Formen dessen, was wir mit heutigem Maßstab der »Korruption« zuordnen würden, verwaltungstechnisch korrekt abzuwickeln. Dem städtischen Haushalt kam dabei eine wichtige Funktion zu. Zwar standen, wie Bajohr betont, »die Strukturen öffentlicher Haushalte einer einfachen Nutzung im Sinne der Nationalsozialisten im Wege«.[81] Allein die Festlegung von Ausgaben und ihre Bindung an einzelne Haushaltstitel war ein »Element der systematischen Planung«, das dem »hektisch-abrupten, kampagnenartigen Politikstil der Nationalsozialisten« widersprach. Doch im Falle des Kommunalhaushalts muss man gar nicht so sehr nach schwarzen Kassen oder geheimen Sonderfonds fahnden, welche die bürokratischen Strukturen unterwanderten. Wir werden vielmehr sehen, dass die ›Töpfe‹, aus denen zahlreiche der Zuwendungen finanziert wurden, ganz regulär im städtischen Haushalt zu finden waren – mal mehr, mal weniger und oft auch gar nicht versteckt. So verliehen also dieselben bürokratischen Strukturen, die sich zunächst einem »einfachen« Zugriff zu versperren schienen, zahlreichen, zumindest zweifelhaften Zuwendungen den Status des Rechtmäßigen. Entsprechend verwischen die Grenzen zwischen a) ›normalen‹, vor und nach 1933 sowie teilweise bis heute üblichen Formen einer städtischen Symbolpolitik, b) einer NS-spezifischen, im Untersuchungszeitraum staatlich geförderten und öffentlich propagierten, ›braunen‹ Klientelpolitik, c) einer schon damals höchstens halb-öffentlichen, aber staatlich tolerierten Vetternwirtschaft und d) der »klassischen« Korruption, also der auch damals verpönten Bereicherung oder Bestechung.

Im Einzelnen sollen unterschiedliche Formen der städtischen Dotationen in den Blick genommen werden: Bargeld, Bilder, Schmuck oder andere Sachgeschenke, Steuervorteile, Mietbeihilfen, Kreditvergünstigungen oder Beförderungen. Hinsichtlich der Frage, wem im Rahmen von Vetternwirtschaft und

---

79 Christian Weber machte diese Haltung nur allzu deutlich, als er 1938 einem DAF-Provisionsvertreter erklärte, dass er den heutigen Staat mit aufgebaut habe, es also seine »Firma« sei und er daher auch Geschenke ohne Weiteres entgegennehmen könne (vgl. Feststellungsbericht des Reichsrevisionsamts der NSDAP über die Bauunternehmen der DAF, 14.2.1938, BAB, NS 1 811, S. 38, zit. nach: Bajohr, Parvenüs, S. 59).
80 Vgl. Bajohr, Korruption, S. 234.
81 Vgl. Bajohr, Parvenüs, S. 34.

Klientelismus diese Mittel zugutekamen, lassen sich, grob typisiert, fünf Zielgruppen unterscheiden.

Alimentierung hochrangiger Staatsbediensteter und Parteifunktionäre

Erstens unterstützte die Stadt hochrangige Staats- und Parteifunktionäre von überregionaler Bedeutung, insbesondere solche, die vor Ort lebten. Die speziellen Steuerprivilegien für hohe NSDAP-Kader, die ihren Wohnsitz in München hatten, wurden oben bereits erwähnt.[82] Darüber hinaus boten runde Geburtstage eine willkommene Möglichkeit für generöse Geschenke. Anlässlich seines 75. Geburtstages erhielt etwa der damalige Reichsstatthalter des Landes Bayern, Freiherr Franz Ritter von Epp, im Herbst 1943 ein Gemälde im Wert von 4.670 Reichsmark.[83] Zum 50. Geburtstag von Adolf Hitler stiftete die Stadt eine Büste zum Preis von 25.000 Reichsmark, aus Überschüssen des Haushalts der Städtischen Sparkasse.[84] Diese war zwar 1933 formal aus der Stadtverwaltung ausgegliedert worden, Oberbürgermeister Fiehler übte als Vorsitzender des Verwaltungsrat aber noch immer Einfluss aus. Ferner wurden dem Reichskanzler zusätzlich 150.000 Reichsmark überwiesen. Dem von Hitler im Jahr 1938 eingesetzten »Generalbaurat für die Neugestaltung der Hauptstadt der Bewegung«, Hermann Giesler, Bruder des späteren Gauleiters und Bayerischen Ministerpräsidenten Paul Giesler, spendierte die Stadt den Umbau seiner Münchner Wohnung am Böhmerwald-Platz mit einer Gesamtsumme von 254.000 Reichsmark.[85]

Bei all diesen Vorgängen ging es stets auch darum, die persönlichen Bindungen der Stadtspitze zu den nationalsozialistischen Eliten zu stabilisieren und damit auch deren Loyalität zur Stadt München zu stärken. Dass gerade im Falle von Zuwendungen an einflussreiche Politiker der Schritt zur Bestechung nicht weit entfernt lag, habe ich bereits an einem Beispiel oben gezeigt: Als »Dank« für seine entsprechende Einflussnahme im Konflikt um den innerbayerischen Finanzausgleich gewährte die Stadtspitze dem Gauleiter und Innenminister Adolf Wagner im Dezember 1937 100.000 Reichsmark aus Betriebsrücklagen zur »freien Verfügung«.[86]

82 Siehe oben, Kapitel III.2.
83 Vgl. Bericht des Untersuchungsausschusses über die Aufwendungen der Stadt München zugunsten der Partei, ihrer Gliederungen und Organisationen, bekannter Nationalsozialisten, Militaristen und Nazifreunde, 31.5.1947, S. 2, StadtAM, Kämmerei 1834.
84 Vgl. ebd., S. 3.
85 Vgl. ebd., S. 2.
86 Vgl. Fiehler, Ratsherren, 21.12.1937, StadtAM, RSP 710/1. Siehe dazu oben, Kapitel II.4, S. 165 f.

Wirtschaftsvertreter, Wissenschaftler und Kulturschaffende als Nutznießer

Eine zweite Zielgruppe stellten prominente und parteinahe Persönlichkeiten aus Wissenschaft, Wirtschaft und Kultur dar. Im Kleinen vollzog sich also hier auf städtischer Ebene, was Adolf Hitler auf Reichsebene im großen Stil praktizierte.[87] Im Jahr 1934 übernahm die Stadt etwa die Kosten für das Staatsbegräbnis des Architekten und »Ersten Baumeisters des Führers« Paul Ludwig Troost (1978-1934), der in München unter anderem den Umbau des »Braunen Hauses« verantwortet und den »Führerbau« errichtet hatte.[88] Es handelte sich um eine Summe von 1.728 Reichsmark aus dem Etat des Oberbürgermeisters.[89] Nachweislich protegiert wurde auch der Künstler Richard Klein (1890-1967), indem ihn die Stadt mit zahlreichen Aufträgen versorgte.[90] Er gestaltete unter anderem das nationalsozialistische Stadtwappen Münchens, die Sieger-Schärpe für das Riemer Galopprennen »Braunes Band« und das Logo der »Großen Deutschen Kunstausstellung«.[91]

Dem zeitgenössischen Münchner Theaterregisseur Axel Krohn-Waldeck wurden einmalig 15.000 Reichsmark als Anerkennung seiner besonderen Verdienste für die Münchner Kammerspiele ausgehändigt. Deren damaliger Intendant Otto Falckenberg (1873-1947), noch heute Namenspatron der renommierten Münchner Schauspielschule, erhielt einmal 8.000 Reichsmark Unterstützung von der Stadt, nachdem er durch seine Ehescheidung kurzfristig in finanzielle Schwierigkeiten geraten war. Falckenberg, so lautete die damalige Begründung, sei »auf Wunsch Hitler's [sic]« nicht mit finanziellen Kleinigkeiten zu belasten.[92] Hitler und Goebbels nahmen Falckenberg – wie auch Klein – 1944 in die etwa 1.000 Namen umfassende Liste privilegierter Künstler, der sogenannten »Gottbegnadeten«, auf, die damit unter anderem dem Einzug zum Kriegsdienst entgingen.

Dem prominenten Ingenieur Arno Fischer (1898-1982) schließlich wurden für seine Forschungszwecke Vergünstigungen bei der Energieversorgung im

---

87 Zu den Zuwendungen Hitlers an Wissenschaftler, Schriftsteller und Künstler vgl. allgemein Bajohr, Parvenüs, S. 38, sowie ausführlich Ueberschar/Vogel, Dienen, S. 113-123.
88 Vgl. Heusler, Troost.
89 Vgl. Finanzreferat an Revisionsamt, Aufwendungen der Stadt zu Gunsten der NS-DAP, deren Mitglieder u. Gliederungen, 12.12.1946, StadtAM, Kämmerei 1834. Troosts Witwe Gerda wurde derweil von Hitler persönlich beschenkt: Im Jahr 1943 erhielt sie eine Dotation über 100.000 RM (vgl. Ueberschar/Vogel, Dienen, S. 118).
90 Vgl. Aktennotiz für Finanzreferent Hielscher, 25.11.1946, StadtAM, Kämmerei 1834.
91 Eine Kurzcharakterisierung von Klein und dessen »angewandter NS-Kunst« findet sich im Ausstellungskatalog »München – Hauptstadt der Bewegung«, S. 365 f.; eine Abbildung des Stadtwappens ebd., S. 200, eine Darstellung der Siegerschärpe, ebd., S. 392, sowie ein Abdruck des Plakats zur »Großen Kunstausstellung«, ebd., S. 313.
92 Vgl. Bericht des Untersuchungsausschusses über die Aufwendungen der Stadt München zugunsten der Partei, ihrer Gliederungen und Organisationen, bekannter Nationalsozialisten, Militaristen und Nazifreunde, 31.5.1947, S. 4, StadtAM, Kämmerei 1834.

Wert von 5.870 Reichsmark gutgeschrieben.[93] Fischer war seit 1930 NSDAP-Mitglied und innerhalb der Partei unter anderem ab 1939 Sonderbeauftragter für alle Fragen der Wasserwirtschaft im Hauptamt für Technik. Beruflich verschlug es ihn 1937 nach München, wo er als Leiter der Gruppe für Wasserbau, Wasserkraftausnützung und Energieversorgung und späterer Ministerialdirektor im Bayerischen Staatsinnenministerium arbeitete. Bemerkenswerterweise wurde er dort 1942 wegen gegen ihn erhobener Vorwürfe der Verquickung von dienstlichen und privaten Interessen entlassen.[94]

Versorgung »Alter Kämpfer«

In besonderem Maße kamen sogenannte »Alte Kämpfer«, die in der Stadt München, dem Gründungsort der NSDAP, besonders zahlreich vertreten waren, in den Genuss städtischer Zuwendungen. Der Mythos der politischen und wirtschaftlichen »Opfer«, die die Alt-Parteimitglieder in der sogenannten »Kampfzeit« erbracht hätten, bildete nach 1933 die argumentative Grundlage für vielfältige Begünstigungen.[95] Unabhängig von den zahlreichen, durch die Partei initiierten Aktionen der »Wiedergutmachung« machte es sich die »Hauptstadt der Bewegung« in besonderem Maße zur Aufgabe, diese Klientel aus eigenen Mitteln zusätzlich zu versorgen. So hatte es hohe symbolische Wirkkraft, als Karl Fiehler im April 1936 insgesamt 64 ausgewählte Altparteigenossen aus allen Gauen des Reichs nach München einlud, damit sie »viele der Stätten kennenlernen möchten, die der Bewegung heilig« seien.[96]

Weitaus stärker wurde der Stadtetat allerdings dadurch belastet, dass der OB ein Jahr später beschloss, das bereits zu Weimarer Zeiten aufgestellte sozialpolitische Programm der Kredithilfe, bei dem die Stadt günstige Darlehen vergab, gezielt auf die Förderung von »Alten Kämpfern« auszuweiten.[97] Öffentlichkeitswirksam zu »Führers Geburtstag« stellte er damals 50.000 Reichsmark – erneut aus den Überschüssen der Sparkasse – als Grundkapital zur Verfügung.[98] Zwischen Mai 1937 und Juni 1943 tagte regelmäßig ein »Beirat zur Gewährung von

93 Vgl. ebd., S. 2.
94 Zur Biografie von Fischer siehe Gschwandtner, Kohlenklau; sowie Lilla, Fischer. Laut Lilla lag die eigentliche Ursache von Fischers Beurlaubung und späterer Entlassung in einem Konflikt zwischen Reichsstatthalter von Epp und Innenminister Wagner begründet. Das in Fischers Abwesenheit gesprochene Urteil der Spruchkammer vom November 1948 – er war im Mai 1948 nach Paris geflohen – reihte ihn wegen erheblicher Korruption und Nutznießerschaft zunächst in die Gruppe I der Hauptschuldigen ein (ebd.).
95 Zur Förderung von Parteigenossen nach 1933 und zur »Wiedergutmachung« für »Alte Kämpfer« siehe auch Bajohr, Parvenüs, S. 17-34.
96 Vgl. Wimmer, Ordnung, S. 348.
97 Vgl. dazu genauer ebd., S. 243-245.
98 Vgl. Verwaltungsbericht der Hauptstadt der Bewegung München 1936 und 1937, S. 113.

Beihilfen an verdiente Altparteigenossen« – zu dessen Stammbesetzung neben Fiehler auch Karl Tempel sowie Sparkassendirektor Dahinten zählten –, der in jedem Einzelfall über die Vergabemodalitäten debattierte.[99] Wie Florian Wimmer zeigt, gab die Stadt allein im ersten Jahr schon fast die Hälfte der Gesamtmittel, die eigentlich der Unterstützung konkursbedrohter Kleinunternehmer dienen sollten, an »Alte Kämpfer« aus und drückte auch bei der sonst üblichen Prüfung der Sicherheiten mitunter »beide Augen zu«.[100]

Das Argument der sozialen Bedürftigkeit schob die Stadt auch in einem besonders eigenartigen Fall der Unterstützung eines Alt-Parteigenossen vor. »Wir nehmen die Sammlung doch nur deshalb, um uns nicht nachsagen zu lassen, daß wir einen alten Parteigenossen verhungern lassen.«[101] So rechtfertigte Bürgermeister Karl Tempel im April 1935 in einer NSDAP-Fraktionssitzung den Ankauf einer Schmetterlingssammlung des Entomologen Franz Dannehl, der der Thule-Gesellschaft sowie seit 1919 der sogenannten »Sternecker-Gruppe« um den DAP-Gründer Anton Drexler angehört hatte, zum Preis von 35.900 Reichsmark. Entnommen wurde das Geld nach einigen Debatten unter den Stadträten schließlich dem Haushaltsfonds zur »Förderung der Kunst«, wobei Fiehler diese Entnahme mit bizarren Begründungen rechtfertigte: Dannehl sei auch Komponist und einige seiner Lieder seien sogar schon im Rundfunk gelaufen. Sich selbst entlarvend offenbarte er jedoch in derselben Sitzung den eigentlichen Grund: »Es sind auch in der Vergangenheit aus dem Fonds zur Förderung der Kunst für eine Reihe anderer Zwecke Mittel entnommen worden.«[102] – Die Gefahr des Hungertods jedenfalls, sollte sie denn bestanden haben, dürfte mit diesem Betrag, mit dem man angesichts des damaligen Jahresdurchschnittsverdiensts von unter 2.000 Reichsmark rund 19 Jahre hätte leben können, mehr als nur abgewendet worden sein. Was die Stadt mit der Schmetterlingssammlung anzufangen gedachte, ist nicht überliefert.

Zuwendungen an städtische Mitarbeiter, Spitzenbeamte und Ratsherren

Die Zuwendungen an die vierte ›Zielgruppe‹ waren an sich nicht spezifisch für das »Dritte Reich«. Schon zu Zeiten der Weimarer Republik standen in erheblichem Umfang Rücklagen zur Unterstützung von städtischen Arbeitern und

---

99 Vgl. die Überlieferung in StadtAM, RSP 710/6, 711/7, 712/7, 713/6, 714/5, 715/5, 716/3.
100 Vgl. Wimmer, Ordnung, S. 245.
101 Zit. nach: Bericht des Untersuchungsausschusses über die Aufwendungen der Stadt München zugunsten der Partei, ihrer Gliederungen und Organisationen, bekannter Nationalsozialisten, Militaristen und Nazifreunde, 31.5.1947, S. 1 f., StadtAM, Kämmerei 1834.
102 Fiehler, Beiräte für Verwaltungs-, Finanz- und Baufragen, 11.4.1935, StadtAM, RSP 708/2. Der Posten findet sich im Haushaltsplan der Hauptstadt der Bewegung München 1936, S. 134, im Rechnungsergebnis von 1934 im Einzelplan »Pflege der Kunst und Wissenschaft« als »Einmalige Ausgabe«, jedoch nur im Wert von 33.600 RM.

Beamten zur Verfügung.[103] Die nationalsozialistische Stadtverwaltung führte diese Kassen kontinuierlich weiter und schüttete dabei erhebliche Leistungen aus.[104] Selbst im Krieg wurden durchweg beträchtliche Summen an ordentlichen Haushaltsmitteln an diese Fonds abgeführt und ebenso regelmäßig für Unterstützungsleistungen verwendet, 1944 etwa noch 250.000 Reichsmark.[105] Was auf den ersten Blick als Beleg für ein soziales Gewissen der Stadtführung erscheint, hatte durchaus andere Intentionen. Die vermeintlich großzügige Vergabe von flexiblen sozialen Unterstützungsleistungen lenkte davon ab, dass die Gehälter und Löhne der städtischen Mitarbeiter im Ganzen, trotz Haushaltskonsolidierung, kaum bis gar nicht erhöht wurden und schließlich, mit dem allgemeinen Lohnstopp im Zuge des Vierjahresplans, auch nicht mehr angehoben werden konnten. Diese städtischen Leistungen waren aber nicht nur eine preisgünstigere Alternative zu einer generellen Lohnerhöhung, sondern ermöglichten zudem eine selektive Ausschüttung nach den Kriterien der Volksgemeinschaftsideologie. Außerdem ging überhaupt nur ein Teil der im Haushalt veranschlagten Unterstützungsleistungen direkt als Baraufwendungen an die Bedürftigen. Im Haushaltsjahr 1935 wurden beispielsweise weniger als ein Drittel der insgesamt veranschlagten Aufwendungen von 217.000 Reichsmark aus dem Unterstützungsfonds für städtische Arbeiter für »Notstandshilfen, Heilverfahren usw.«, wie die Haushaltsstelle hieß, verwendet.[106] Das Gros der Mittel in diesem Jahr, nämlich 150.000 Reichsmark, wurde für Sachunterstützungen aufgewendet und dafür herangezogen, dass »unterstützungsbedürftige städtische Arbeiter« an den Veranstaltungen der NS-Gemeinschaft »Kraft durch Freude« teilnehmen konnten, ihre Kinder in entsprechenden Ferienheimen aufgenommen wurden und nicht zuletzt für Maßnahmen im Sinne des »Amts für Schönheit der Arbeit«.[107] Kurzum: Die Mittel für die soziale Unterstützung landeten

103 Vgl. etwa Haushaltplan der Landeshauptstadt München 1933, S. 204, dem zufolge der »Unterstützungsfonds für städtische Beamte« einen Gesamtumfang von 1,1 Mio. RM, der »Unterstützungsfonds für städtische Arbeiter« einen Umfang von 151.850 RM hatte. Daneben existierte noch ein »Versorgungsfonds für städtische Arbeiter« in der Summe von insgesamt 385.110 RM. Gemäß der Haushaltsplanung von 1933 wurden dem Fonds zur Unterstützung von Beamten 100.000 RM zugeführt und ebenso viel für Ausgaben entnommen. Dem »Unterstützungsfonds für Arbeiter« wurden 67.000 RM zugeführt und die gleiche Summe für Zweckaufwendungen zur Verfügung gestellt.

104 Der Fonds zur Unterstützung städtischer Beamter wies am Ende des Rechnungsjahres 1939 einen Gesamtwert von knapp 817.000 RM, der zur Unterstützung der städtischen Arbeiter einen Wert von etwa 157.000 RM aus (vgl. Nachweis über Rücklagenbestände Ende des Rechnungsjahres 1939, Haushaltssatzung der Hauptstadt der Bewegung 1941, S. 644 f.).

105 Vgl. etwa Haushaltssatzung der Hauptstadt der Bewegung München 1944, S. 37: Im Haushaltsjahr wurden insgesamt 250.000 RM für die Rücklagenverwendung veranschlagt sowie etwa 120.000 RM den entsprechenden Rücklagen wiederzugeführt.

106 Vgl. Haushaltsplan der Landeshauptstadt München 1935, S. 310 f.

107 Im Haushaltsjahr 1936 wurde immerhin die Hälfte der rund 130.000 RM für ›echte‹ Notstandshilfen ausgegeben (vgl. Haushaltsplan der Hauptstadt der Bewegung Mün-

häufig bei NS-Organisationen und dienten der nationalsozialistischen Indoktrinierung der Belegschaft. Die Stadtführung alimentierte jedoch bei Weitem nicht nur bedürftige Mitarbeiter. Besonders großzügig zeigte sie sich vielmehr bei solchen führenden Verwaltungsbeamten, deren Loyalität für die Stadtpolitik besonders wichtig war. Dr. Richard Vilsmeier (1907-1976) beispielsweise, der ab 1939 das Gewerbeamt und ab 1941 als berufsmäßiger Stadtrat das Ernährungsdezernat leitete, machte nach 1933 nicht nur außergewöhnlich schnell Karriere in der Stadtverwaltung, sondern bezog, trotz seines stattlichen Jahreseinkommens, zwischen 1941 und 1945 »Mietbeihilfen« im Gesamtwert von 15.250 Reichsmark.[108] Dem Münchner Polizeipräsidenten Hans Plesch (1905-1985) wurden zur Ausstattung seiner Dienstwohnung 3.000 Reichsmark als »Beihilfe« überwiesen.[109] Auch die bereits erwähnte großzügige Ausstattung der Dienstwohnung, inklusive lebenslangem Wohnrecht, 20-prozentiger Mietminderung, freier Garagennutzung und Haushälterin, die dem Stadtkämmerer Andreas Pfeiffer im Jahr 1939 gewährt wurde, kann in diesem Zusammenhang angeführt werden.[110]

Besonders generös fielen die Gratifikationen für die eigentlich »ehrenamtlich« tätigen Ratsherren – zu einem beträchtlichen Teil »Alte Kämpfer« – aus. Einige von ihnen avancierten mithilfe der öffentlichen Mittel sogar zu Großverdienern. Ratsherr Sebastian Gleixner, Obmann der städtischen Arbeiter, bezog über die Jahre etwa eine zusätzliche »Aufwandsentschädigung« von mindestens 18.000 Reichsmark. Außerdem übernahm die Stadt die Kosten seiner Lebensversicherungsbeiträge von 9.500 Reichsmark.[111] Für den Ratsherrn Jakob Grimminger wurde in Anerkennung seiner Verdienste für die Partei pro forma eine Stelle als »Fürsorgeberater« geschaffen, die er nie ausfüllte. Auf seinem Konto landeten dennoch zwischen 1937 und 1942 insgesamt 42.000 Reichsmark »Gehalt«.[112] Walter Holzmüller erhielt zwischen 1941 und 1945 monatliche Mietbeihilfen in Höhe von insgesamt 14.400 Reichsmark sowie eine Beihilfe von 45.900 Reichs-

chen 1936, S. 378 f.). Später wurden diese Ausgaben nicht mehr untergliedert, sodass nicht zu rekonstruieren ist, wie die Anteile verteilt waren. Die Verschiebung von finanziellen Hilfen zu Sachleistungen stellte im Allgemeinen »eine der zentralen Entwicklungslinien des Wohlfahrtswesens in der NS-Zeit dar« (Wimmer, Ordnung, S. 248), die sich auch auf dieser Ebene zeigt. Ebd., S. 249, betont Wimmer ferner, dass sich gerade diese Sachleistungen auch für eine konkrete Konsumlenkung im Sinne volkswirtschaftlicher Engpässe und der nationalsozialistischen Ideologie nutzen ließen.

108 Vgl. Bericht des Untersuchungsausschusses über die Aufwendungen der Stadt München zugunsten der Partei, ihrer Gliederungen und Organisationen, bekannter Nationalsozialisten, Militaristen und Nazifreunde, 31.5.1947, S. 4, StadtAM, Kämmerei 1834.

109 Vgl. ebd., S. 4. Eine Kurzbiografie zu Plesch findet sich bei Schröder, Polizei, S. 72.

110 Siehe oben, Kap. II.2, S. 124 (vgl. StadtAM, PA 12812 Andreas Pfeiffer.)

111 Vgl. Bericht des Untersuchungsausschusses über die Aufwendungen der Stadt München zugunsten der Partei, ihrer Gliederungen und Organisationen, bekannter Nationalsozialisten, Militaristen und Nazifreunde, 31.5.1947, S. 2, StadtAM, Kämmerei 1834.

112 Vgl. ebd., S. 3. Mit einer ähnlichen Pro-forma-Anstellung wurde auch Ratsherr Josef Groß ausgestattet, der zwischen 1938 und 1943 als Angestellter im Zentrallohnbüro firmierte, 600 RM monatlich erhielt, aber in dieser Stelle nie Dienst leistete.

mark wegen »schwieriger wirtschaftlicher Verhältnisse«, welche angeblich auf starke Inanspruchnahme als Ratsherr und Verwaltungsrat zurückzuführen wären. Unabhängig von den zahlreichen anderen lukrativen Verdienstquellen, die Christian Weber – nicht zuletzt als Nutznießer von »Arisierungen« – für sich auftat, erhielt er direkt von der Stadt ab 1935 eine »Aufwandsentschädigung« für die Unterhaltung eines eigenen Büros von monatlich 600 Reichsmark, bis 1945 also insgesamt 72.000 Reichsmark.[113] Zwischen 1937 und 1944 bekam er außerdem für seine »Aufwendungen« als Wirtschaftsbeauftragter insgesamt Beträge in Höhe von 70.000 Reichsmark angewiesen.[114] Damit ›verdiente‹ der ehrenamtliche Ratsherr de facto mehr als die Spitzenbeamten der Stadt, deren Jahresgehälter zwischen 10.000 und 17.000 Reichsmark lagen – und damit auch schon deutlich höher waren als in den meisten anderen Städten des Reichs.[115]

Generös bedacht wurden auch die Familienmitglieder von ehemaligen oder verstorbenen nationalsozialistischen Stadträten: Maria Flüggen, die Witwe des Kunstmalers Hans Flüggen (1875-1942), erhielt nicht nur einen Zuschuss zu den Bestattungskosten ihres Mannes, der 1934 als Mitstreiter des Kulturamtsleiters Hans Zöberlein (1895-1964), über dessen Pläne zur künstlerischen Neugestaltung der Ludwigsbrücken sich Hitler persönlich echauffiert hatte,[116] aus dem Münchner Stadtrat entfernt worden war, sondern zwischen 1942 und 1945 auch Lebensunterhaltsbeiträge im Wert von 6.400 Reichsmark.[117] Den Eltern des im Jahr 1940 verstorbenen Bürgermeisters Karl Tempel wurden Unterhaltsleistungen in Höhe von 36.000 Reichsmark überwiesen.[118] Und Paula Liebermann, die Witwe des ehemaligen Ratsherren und Bildhauers Ferdinand Liebermann, erhielt wegen starker finanzieller Belastung ihrer Schwabinger Villa in der Kuni-

---

113 Vgl. Beschluss, Gemeinderäte, 2.7.1935, StadtAM, RSP 708/1.

114 Vgl. Bericht des Untersuchungsausschusses über die Aufwendungen der Stadt München zugunsten der Partei, ihrer Gliederungen und Organisationen, bekannter Nationalsozialisten, Militaristen und Nazifreunde, 31.5.1947, S. 4, StadtAM, Kämmerei 1834.

115 Vgl. Die Ausführungen zur Besoldung der berufsmäßigen Stadträte nach der Ministerialentschließung von dem Bayerischen Innenminister, 11.7.1935, Gemeinderäte, 30.7.1935, StadtAM, RSP 708/1. Der OB selbst verdiente demnach 23.000 RM jährlich, zuzüglich einer Aufwandsentschädigung von 4.000 RM, seinem Stellvertreter Karl Tempel standen 18.000 RM Grundgehalt und 2.400 RM Aufwandsentschädigung zu. Bei dieser Veränderung der Gehälter gab es übrigens einen »Alte-Kämpfer-Paragraphen«, der es der Stadt erlaubte, in entsprechenden Fällen der langjährigen Parteizugehörigkeit vier Jahre auf die Dienstzeit anzurechnen. Damit lagen die Verdienste der städtischen Spitzenbeamten nicht nur weit über dem durchschnittlichen Jahreseinkommen im Deutschen Reich, das 1937 bei weniger als 2.000 RM lag, sie lagen auch zwischen 1.000 und 3.000 RM über den Bezügen vergleichbarer Beamten in Berlin (vgl. Frick an Lammers, 15.11.1939, Akten der Reichskanzlei, Regierung Hitler, 1933-1945, Bd. 6 (1939), S. 871).

116 Vgl. Hanko, Stadtverwaltung, S. 205.

117 Vgl. Bericht des Untersuchungsausschusses über die Aufwendungen der Stadt München zugunsten der Partei, ihrer Gliederungen und Organisationen, bekannter Nationalsozialisten, Militaristen und Nazifreunde, 31.5.1947, S. 2, StadtAM, Kämmerei 1834.

118 Vgl. ebd., S. 4.

gundenstraße einen Betrag von 9.000 Reichsmark sowie die Kosten ihrer Lebensversicherung von 9.500 Reichsmark erstattet.[119]

Ein besonders bemerkenswertes Beispiel für den städtischen Nepotismus stellt der Fall von Ulrich Graf (1878-1950) dar, der nicht nur ehemaliger Ratsherr und Altparteigenosse (NSDAP-Mitgliedsnummer 8) war, sondern innerhalb der Münchner NS-Prominenz als eine Art Lokalheld galt. Schon früh hatte der gelernte Metzger zum allerengsten Kreis um Hitler gezählt und zeitweise als dessen Leibwächter fungiert. Dass der NSDAP-Parteichef den Putsch vom 9. November 1923 glimpflich überstand, hatte er angeblich Graf zu verdanken, der sich während des Schusswechsels vor der Feldherrnhalle auf den am Boden liegenden Hitler geworfen und mit seinem Körper nicht weniger als elf Kugeln abgefangen haben soll.[120] Schwer verletzt war Graf anschließend monatelang krankgeschrieben und von seinem Arbeitgeber, der Stadt München, für die er seit 1904, zuletzt als Freibankmeister im Schlachthof, tätig gewesen war, fristlos entlassen worden.[121] Schon bald kehrte er jedoch in anderer Funktion zurück: Zwischen 1925 und 1936 war er ehrenamtlicher NSDAP-Stadtrat, wobei er dort, laut Hanko, als »Hinterbänkler« kaum in Erscheinung trat.[122] Unmittelbar nach der Machtergreifung rehabilitierte ihn die nationalsozialistische Stadtführung dienstlich und beförderte ihn zum städtischen Oberamtmann. 1938, anlässlich seines 60. Geburtstags, wurde Graf in öffentlicher Sitzung von einer Abordnung der »Alten Garde« geehrt. Man überreichte ihm eine Zeichnung des völkischen Kunstmalers Elk Eber, ein Kaffeeservice aus Meißner Porzellan sowie – unter Ignorierung seiner Suspendierung nach dem Hitlerputsch – das Goldene Treuedienst-Ehrenzeichen für 40 Jahre Dienstzeit.[123]

Hinter verschlossenen Türen bedachte man Graf aber noch weitaus großzügiger: Er erhielt ein Grundstück in exquisiter Lage im südlichen Münchner Vorort Harlaching, zwischen Isarhochufer und Perlacher Forst.[124] Ein Jahr später baute ihm die Stadt auf diesem Anwesen sogar eine Villa. Wiederum ein Jahr später ordnete Karl Fiehler an, dass jenes Grundstück von der Grundsteuer zu be-

119 Vgl. ebd., S. 3. Eine Kurzbiografie zu Ferdinand Liebermann findet sich im Ausstellungskatalog »München – Hauptstadt der Bewegung«, S. 366.
120 Vgl. etwa die Ausführungen von Large, Hitlers München, S. 241. Eine Kurzbiografie findet sich im Ausstellungskatalog »München – Hauptstadt der Bewegung«, S. 232 f.
121 Vgl. Joachimsthaler, Hitlers Weg, S. 377, Anm. 902.
122 Vgl. Hanko, Kommunalpolitik, S. 338.
123 Vgl. Ratsherren, 7.7.1938, StadtAM, RSP 711/1.
124 Dafür bedankte sich Graf am selben Tage in der geheimen Sitzung der Ratsherren: Er sei »mehr als überrascht«, »sozusagen aus den Wolken«: »Nehmen Sie mir es nicht übel, ich finde keine Worte, meinen Dank auszusprechen, so war ich innerlich bewegt, als mir gestern der Herr Oberbürgermeister in Gegenwart von Kameraden mitteilte, dass sie beschlossen hätten, mir ein Eigenheim zu meinem 60. Geburtstag zu schenken« (vgl. Graf, Ratsherren (geheime Sitzung), 7.7.1938, StadtAM, RSP 711/1).

freien sei, solange es im Besitz von Graf oder dessen Tochter bleibe.[125] Zusätzlich übernahm die Stadt Zuschüsse für Kurkosten, Behandlungskosten, Arzthonorare und zahlte die Bestattungskosten für die Ehefrau. 1943 schließlich wurde dem »Alten Kämpfer« zum 65. Geburtstag noch die seinem Grundstück vorgelagerte Fläche als Garten überlassen. Grafs Alterssitz kostete die Stadt rund 190.000 Reichsmark; die Befreiung von der entsprechenden Grundsteuer hatte einen Gegenwert von 1.800 Reichsmark; diverse weitere Zuschüsse an ihn beliefen sich auf 18.000 Reichsmark; die Mehrausgaben für die Beförderung schließlich betrugen etwa 50.000 Reichsmark.[126] Insgesamt flossen also fast 260.000 Reichsmark öffentlicher Mittel an Hitlers ehemaligen Leibwächter und vermeintlichen Lebensretter. Damit war die Stadt deutlich spendabler als Hitler selbst, der lediglich im Jahr 1943 einmalig 20.000 RM an Graf überwies.[127]

Alle diese Begünstigungen, die sich Graf und die anderen Ratsherren gegenseitig gewährten, entstammten, soweit man dies nachverfolgen kann, keineswegs irgendwelchen obskuren ›schwarzen Kassen‹. Vielmehr wurden viele Zuwendungen, wenn auch teilweise unter ungenauen oder missverständlichen Titeln, über reguläre Haushaltsstellen abgewickelt. Drei ›Töpfe‹ waren dabei besonders relevant: Die bereits vor der NS-Zeit existierende ordentliche Kostenstelle »Entschädigungen an nicht berufsmäßige Stadträte« wurde weitergeführt und daraus etwa die »Mietbeihilfen« bezahlt.[128] Zwei weitere Budgetposten für entsprechende Zwecke entstanden neu. Zum einen war dies der Fonds mit dem Titel »Gewährung von Beihilfen an aktive und ehemalige Mitglieder der Stadtverwaltung, deren Angehörige und Hinterbliebene«, für den die Anordnungsbefugnis dem Oberbürgermeister selbst oblag. Dieser wurde 1936 mit einer Starteinlage von 200.000 Reichsmark etabliert und war drei Jahre später bereits auf über 500.000 Reichsmark angewachsen, obwohl in den Vorjahren regelmäßig Ausgaben daraus getätigt worden waren. Dieser Fonds war damit deutlich umfangreicher als jener für die Unterstützung der städtischen Arbeiter.[129]

---

125 Vgl. Finanzreferat Abteilung IIA an Stadtrat Hielscher, Aufwendungen gemeindlicher Mittel für ehemalige Angehörige der NSDAP usw., 3.12.1946, S. 3 f., StadtAM, Kämmerei 1834.

126 Vgl. Bericht des Untersuchungsausschusses über die Aufwendungen der Stadt München zugunsten der Partei, ihrer Gliederungen und Organisationen, bekannter Nationalsozialisten, Militaristen und Nazifreunde, 31.5.1947, S. 2, StadtAM, Kämmerei 1834.

127 Vgl. Ueberschär/Vogel, Dienen, S. 137. Die symbolische Bedeutung, die Graf für die Stadtspitze in München zukam, scheint also deutlich größer gewesen zu sein, als für Hitler selbst. Oder die Münchner waren deshalb so großzügig, um zugleich Hitler zu imponieren.

128 Vgl. Haushaltplan der Landeshauptstadt München 1933, S. 15, in welchem die Ansätze für diese Haushaltsstelle für das Jahr 1932 bei 125.000 RM und 1933 bei 123.000 RM liegen. Das Rechnungsergebnis des Haushaltsjahres 1931 beziffert die Ausgaben in diesem Bereich mit 147.963 RM. In den Folgejahren verlor die Haushaltsstelle leicht an Umfang und verharrte dann bei knapp unter 100.000 RM.

129 Vgl. Nachweis über Rücklagenbestände Ende des Rechnungsjahres 1939, Haushaltssatzung der Hauptstadt der Bewegung 1941, S. 644 f.

Zum anderen tauchte in der Haushaltsrechnung für 1934 erstmals der Posten »Zur freien Verfügung des Oberbürgermeisters« auf, über dessen Verwendung das Münchner Stadtoberhaupt theoretisch keinerlei Rechenschaft schuldig war. Mindestens die Hälfte der Zuwendungen an Ulrich Graf entstammten diesem ›Topf‹, und sie waren ein entscheidender Grund dafür, dass dessen Umfang erheblich zulegte. Der städtische Haushaltsplan 1939 hatte unter dem Einzelplan »Allgemeine Verwaltung« im Abschnitt 04 für die »Verfügungsmittel des Oberbürgermeisters« noch 42.350 Reichsmark veranschlagt.[130] Am Ende des folgenden Rechnungsjahres aber hatte Fiehler sein Budget um circa 370.000 Reichsmark überzogen: Das Etatergebnis wies getätigte Ausgaben von 415.118 Reichsmark aus. 108.715 Reichsmark davon flossen in den 1939 beschlossenen Hausbau inklusive Inneneinrichtung für Ulrich Graf. Die Vermutung liegt nahe, dass die übrigen Mittel in ähnlicher Weise dem braunen Klüngel der »Hauptstadt der Bewegung« zugutekamen. Diese exorbitante Ausgabenüberschreitung um mehr als das Zehnfache der ursprünglichen Planungssumme wurde zwar haushaltstechnisch korrekt verbucht, die Verwendung der Verfügungsmittel im Detail blieb aber im Dunkeln. An diesem Beispiel zeigt sich einmal mehr, wie auch im Rahmen formal korrekten Verwaltungshandelns ›braune Töpfe‹ in der Stadtkasse geschaffen wurden, die sich von den Verantwortlichen bei Bedarf nutzen ließen.

Diese Finanzaktivitäten vollzogen sich im Schatten der verwaltungstechnischen Veränderungen des ersten Kriegsjahres. Mit Kriegsbeginn wurde das Zahlengerüst der laufenden Finanzplanung ohnehin weitgehend hinfällig.[131] Aufgrund neuer, kriegsbedingter Pflichtausgaben stieg das Gesamtvolumen des ordentlichen Haushalts von 168 Millionen Reichsmark auf 193 Millionen Reichsmark.[132] Insgesamt fünf Nachtragshaushalte mussten in diesem Rechnungsjahr erstellt werden. In einem davon wurden, gewissermaßen ganz nebenbei, auch die persönlichen Verfügungsmittel des Oberbürgermeisters massiv erhöht. Da aber die Haushaltspläne fortan nicht mehr veröffentlicht wurden, musste die Stadt keine kritischen Nachfragen fürchten. Der Posten verblieb in den folgenden Jahren bis 1944 auf dem hohen Niveau von über 400.000 Reichsmark. Eigentlich sollten die zahlreichen kriegsbedingten, überplanmäßigen Kosten durch Sparmaßnahmen bei »nicht kriegswichtigen Ausgaben« gedeckt werden.[133] Es spricht für den enormen Stellenwert der Ausgaben, die aus Fiehlers ›Topf‹ bestritten wurden – also für die Bedeutung von Klientelismus und Vetternwirtschaft –, dass in diesem Zeitraum in einem Haushaltsbereich, der sicher

---

130 Vgl. Haushaltssatzung der Hauptstadt der Bewegung München 1939, S. 67. Zwei Jahre zuvor, 1937, hatten dem OB aus diesem Topf nur 10.000 RM zur Verfügung gestanden. Doch trotz dieser Steigerung um mehr als das Vierfache handelte es sich bis dahin weiterhin um einen vergleichsweise niedrigen Ausgabenposten.

131 Siehe oben, Kapitel I.4.

132 Vgl. Haushaltssatzung der Hauptstadt der Bewegung München 1940, S. XVI.

133 Vgl. ebd.

nicht zu den »kriegswichtigen Ausgaben« zählte, ganz und gar nicht gespart, sondern vielmehr geprasst wurde.

Tab. 6: Ausgabenentwicklung der 1934 eingeführten Haushaltsstelle »Verfügungsmittel des Oberbürgermeisters«, 1934-1946[134]

	Hhst. »Verfügungsmittel des Oberbürgermeisters« (Voranschlag)	Hhst. »Verfügungsmittel des Oberbürgermeisters« (Rechnung)
1934	–	36.150 RM
1935	25.000 RM	25.129 RM
1936	5.000 RM	7.379 RM
1937	10.000 RM	21.808 RM
1938	25.000 RM	98.789 RM
1939	42.350 RM	415.118 RM
1940	420.000 RM	426.888 RM
1941	430.000 RM	k. A.
1942	458.000 RM	388.572 RM
1943	458.000 RM	k. A.
1944	130.000 RM	35.877 RM
1945	15.000 RM	4.282 RM
1946	25.000 RM	11.685 RM

Unterstützung der NSDAP und ihrer Gliederungen

Nicht nur Einzelpersonen, sondern auch die Partei und ihre Gliederungen wurden aus der Stadtkasse ›versorgt‹. Die finanziellen Ansprüche örtlicher Parteistellen an die deutschen Gemeinden waren im gesamten Zeitraum zwischen 1933 und 1945 ein viel diskutiertes Thema in Kreisen kommunaler Funktionsträger.[135] Die Forderungen waren unterschiedlicher Art und betrafen neben Barleistungen für bestimmte Aufgaben auch das kostenlose Überlassen von Räumlichkeiten, Personal oder Heizmaterial und nicht zuletzt die Finanzierung von Veranstaltungen, Parteifeiern und Aufmärschen.[136] Darin offenbarte sich auch ein struk-

134 Eigene Zusammenstellung auf Grundlage der Angaben in den Haushaltsplänen der Stadt München 1934-1948.
135 Vgl. etwa der Akt des DGT »Akten betreffs finanzieller Leistungen der Gemeinden und Gemeindeverbände an die NSDAP, 1934–1940«, BAB, R 36 579, sowie »Zuwendungen an die NSDAP, ihre Gliederungen und angeschlossenen Verbände, 1941-1942«, BAB, NS 25 1578.
136 Vgl. auch den Akt »Überlassen von Räumlichkeiten für die NSDAP durch Gemeinden«, BAB, R 36 581, der u. a. das Ergebnis einer 1935 veranlassten Rundfrage darüber enthält, wie die Sache in den Gemeinden gehandhabt wird. München, das fällt auf, zeigte sich hierbei besonders großzügig.

turelles Problem im NS-System, nämlich die konkrete finanzielle Ausgestaltung der anvisierten »Verzahnung« von Partei und Staat. Die NSDAP hatte seit der Machtübernahme einen enormen Bedeutungszuwachs erlangt und sollte fortan viele Aufgaben vor Ort übernehmen, was in besonderem Maße auf die Untergliederungen NSV und HJ zutraf, die bald die kommunale Jugend- und Sozialarbeit dominierten. Außer den Mitgliedsbeiträgen mangelte es den Parteigliederungen aber an eigenen regelmäßigen Einkünften, wie sie den traditionellen staatlichen Akteuren in Form von Steuereinnahmen zustanden.[137]

Im Frühjahr 1934 erließen deshalb zum einen der NSDAP-Reichsschatzmeister Franz Xaver Schwarz an alle Parteistellen und zum anderen der Reichsinnenminister Wilhelm Frick an alle Gemeinden Anordnungen, die die finanziellen Beziehungen zueinander grundsätzlich regeln sollten. Was sich als eine Besänftigung der Gemeinden darstellte und diese vor den mitunter willkürlichen Forderungen der Parteistellen schützen sollte, entpuppte sich als Beginn einer grundsätzlichen Legitimierung der Finanzbeziehungen zwischen Kommunen und Parteistellen. Der Runderlass des Innenministers sicherte zwar zu, dass auch die NSDAP-Abteilungen Mieten oder Gebrauchsvergütungen an die Gemeinden zu zahlen hätten. Allerdings wurde die Gewährung von kommunalen Geldmitteln an die Gliederungen der Partei dann für zulässig erklärt, wenn »diese unter Entlastung des Haushalts der Gemeinden Aufgaben erfüllen, die sonst von den Gemeinden selbst erfüllt oder anderen Stellen oder Personen bezahlt werden würden«.[138] Ähnlich wie die Kommunen vom Reich oder Land im Rahmen des Finanz- und Lastenausgleichs für die Übernahme bestimmter Aufgaben finanzielle Mittel erhielten, profitierten somit auch die Parteistellen von den Strömen der öffentlichen Finanzen, wenn sie bestimmte, nunmehr »staatliche« Aufgaben übernahmen.

Die Debatten darüber hielten noch viele Jahre an. Einerseits folgten weitere Erlasse, die eine Klarstellung anstrebten; andererseits aber flossen zugleich in vielen Gemeinden des Reichs immer mehr Mittel an die Partei und ihre Gliederungen. 1942 wurden die Richtlinien des Jahres 1934 noch einmal, nachweislich auf Initiative der Stadt München, durch den Reichsschatzmeister der NSDAP, Franz Xaver Schwarz, bestätigt und erneut per Rundbrief den Parteistellen kundgetan.[139] Man gewinnt allerdings den Eindruck, dass es der Stadt damals weniger um die finanziellen Dimensionen als solche ging, sondern eher um die Entscheidungskompetenzen in diesem Bereich und darum, klarzustellen, dass der Stadthaushalt gerade kein »Selbstbedienungsladen«[140] der Partei war. Tatsächlich hatten sich die Zuwendungen der Stadt München an die NSDAP und

137 Vgl. Matzerath, Nationalsozialismus, S. 379.
138 Vgl. Runderlass des Reichsministers des Innern, 22.5.1934, zit. nach: Nachrichtendienst des DGT, 1.6.1934, BAB, R 36 579.
139 Vgl. Reichsschatzmeister Schwarz an Oberbürgermeister der Hauptstadt der Bewegung, 2.5.1941, BAB, R 37 579.
140 Vgl. Wendel vorm Walde: Die Gladbecker Gemeindeorgane 1933-1939, in: Vestische Zeitschrift 1985/86, S. 231, zit. nach: Bajohr, Parvenüs, S. 29.

ihre Organisationen in vielen Bereichen sukzessive erheblich erhöht. In den wenigsten Fällen war dies jedoch darauf zurückzuführen, dass die Stadt sich gegenüber den Forderungen nicht ›wehren‹ konnte. Vielmehr unterstützte sie die Partei und ihre Verbände etliche Male durchaus freiwillig und aus eigener Überzeugung: Mal gab sie Mittel für Parteiveranstaltungen, mal für den Musikzug des Gaus München-Oberbayern.[141]

Besonders üppig waren die städtischen Zuschüsse dort, wo NSDAP-Verbände direkt in kommunale Aufgabenbereiche eingriffen. Im Bereich der »Jugendwohlfahrt« etwa existierte seit 1936 ein laufender Posten, mit dessen Mitteln offiziell die Errichtung und Unterhaltung der Jugendheime der HJ bezuschusst wurden; namentlich belief sich dieser in jenem Jahr zwar ›nur‹ auf 30.000 Reichsmark.[142] Im Rahmen der Verhandlungen über den Stadthaushalt 1936 begegnete Fiehler allerdings der »Sorge« des Ratsherren Reinhard, die Hitlerjugend sei »zu kurz« gekommen, mit folgender Aussage:

»Wir meinen, was wir tun können, das sollen wir tun. Wir haben es nicht so klar ausgedrückt. Es sind verschiedene versteckte Zuschüsse enthalten im Etat, zum Teil z. B. in der sehr preiswerten Grundstücksüberlassung. Wir haben es auf verschiedene Positionen verteilt und dadurch ist der Betrag insgesamt nicht so hoch im Aussehen, aber es ist schon sehr bedeutend, was wir für die Zwecke ausgeben.«[143]

Abgesehen von den auf diese Weise »versteckten« Zuwendungen stiegen freilich auch die offiziell ausgeschriebenen Zuschüsse in den Folgejahren erheblich: 1938 etwa lagen die veranschlagten Ausgaben für die Unterhaltskosten der HJ-Heime im ordentlichen Haushalt bei über 240.000 Reichsmark[144] und im außerordentlichen Haushalt, das heißt für den Neubau von Heimen, bei 408.000 Reichsmark.[145] Die »Hauptstadt der Bewegung« kümmerte sich also spätestens ab 1936 intensiv um Beschaffung und Unterhalt von HJ-Heimen und zeigte sich dabei haushaltstechnisch sehr kreativ. Besonders bemerkenswert ist dieses Engagement auch deswegen, weil jene Aufgaben im gesamten Reich erst einige

---

141   Vgl. Finanzreferat an städtisches Revisionsamt, Aufwendungen der Stadt zu Gunsten der NSDAP, deren Mitgliedern u. Gliederungen, 12.12.1946, StadtAM, Kämmerei 1834.

142   Vgl. Haushaltsstelle 15 g) »Zuschüsse zur Errichtung von Hitler-Jugendheimen«, Haushaltsplan der Hauptstadt der Bewegung München 1936, S. 183. In den vorangegangenen Jahren wurde zunächst die HJ als »Jugendorganisation« mit 10.000 bzw. 5.000 RM an ordentlichen Mitteln aus diesem Bereich bezuschusst (vgl. Haushaltsplan der Landeshauptstadt München 1935, S. 170).

143   Fiehler, Beirat für Angelegenheiten des Gemeindehaushalts, 7.2.1936, StadtAM, RSP 709/6.

144   Vgl. Haushaltssatzung der Hauptstadt der Bewegung München 1938, S. 245.

145   Vgl. ebd., S. 397.

Jahre später, im Januar 1939, zu einer allgemeinen kommunalen Pflicht erklärt wurden.[146]

Eine wichtige Funktion bei der Finanzierung vieler dieser unterschiedlichen Zuschüsse an die Partei und ihre Verbände nahm ein 1936 gebildeter Rücklagenfonds mit dem Titel »Beteiligung der Stadt an Aufwendungen der Partei, ihrer Gliederungen und der angeschlossenen Verbände« ein.[147] Allein 1937 wurden daraus nachweislich über 620.000 Reichsmark entnommen.[148] Anders als die Zuschüsse an die Parteistellen, die im Rahmen der ordentlichen Haushaltsmittel der unterschiedlichen Verwaltungsressorts ausgeschüttet wurden, stand dieser Fonds unter der Weisungsbefugnis des Oberbürgermeisters persönlich. Dieser neu geschaffene Geldtopf ermöglichte es Karl Fiehler somit – ähnlich wie bei den Alimentierungen zugunsten von Einzelpersonen aus seinen Verfügungsmitteln – einerseits direkt Parteiforderungen nachzukommen oder eigenständig ›braune‹ Akzente zu setzen. Andererseits konnte er damit aber auch stadtintern Kosten zurückerstatten, die unmittelbar aus dem Parteieinfluss entstanden waren.[149] Indem er mithilfe dieser Mittel die Parteistellen zufriedenstellte und zugleich die städtischen Fachressorts finanziell entlastete, nahm er gewissermaßen auf Münchner Ebene die Luft aus der allgemeinen Debatte um die Forderungen der Partei an die Kommunen. Reichsweit debattierten Kommunalvertreter über die wachsenden Zugriffe der Partei auf die kommunalen Haushalte und damit deren Selbstverwaltung. Die Finanzjongleure der »Hauptstadt der Bewegung« lösten dieses Problem auf ihre Weise.

Viele der im Verlauf meiner vorangegangenen Ausführungen aufgeführten Beispiele und Zahlenangaben entstammen einer besonderen Quelle, nämlich dem Abschlussbericht eines städtischen Untersuchungsausschusses, der bereits im Herbst 1946 eingesetzt worden war, um, so der Auftrag, »die Aufwendungen der Stadt München zugunsten bekannter Nazis, Militaristen und Nazifreunde einer eingehenden Prüfung« zu unterziehen.[150] Mit der Zusammenstellung beauf-

---

146 Vgl. Gesetz zur Förderung der Hitler-Jugend-Heimbeschaffung, 30.1.1939, §1-§2, RGBl. I (1939), S. 215.

147 In diesem Jahr ist jedenfalls erstmals eine Rücklagenabfuhr aus ordentlichen Mitteln nachzuweisen (vgl. Haushaltsplan der Hauptstadt der Bewegung München 1936, S. 22).

148 Vgl. Haushaltssatzung der Hauptstadt der Bewegung München 1939, S. 19.

149 Vgl. Anmerkungen zu den unterschiedlichen NS-spezifischen Zuschüssen im Einzelplan 59 »Jugendschutz und Jugendhilfe« (S. 183), Haushaltsplan der Hauptstadt der Bewegung 1936, S. 455, wonach die »rechnerische Durchführung« über den Fonds zur Beteiligung der Stadt an Aufwendungen der Partei, ihrer Gliederungen und der angeschlossenen Verbände zu erfolgen habe.

150 Vgl. Städtisches Revisionsamt, Untersuchungsausschuss wegen Aufwendung gemeindlicher Mittel zu Gunsten von Nazi usw., 17.10.1946, StadtAM, Kämmerei 1834. Am 14.10.1946 hatte die SPD-Fraktion per Dringlichkeitsantrag darauf gedrängt, einen Untersuchungsausschuss zu bestellen. Zur gleichen Zeit hatte aber auch bereits der Oberbürgermeister verfügt, Nachforschungen in dieselbe Richtung anzustellen. Den

trage der damalige Oberbürgermeister Karl Scharnagl das städtische Revisionsamt, das dafür sogar eine Sonderabteilung installierte. Das Untersuchungsge-
biet wurde im Verlauf der Nachforschungen noch erheblich ausgedehnt. Denn
die beauftragten Beamten fahndeten nicht nur nach »Barleistungen«, sondern
auch nach »Zuwendungen aller Art« wie Begünstigungen bei Kauf-, Verkaufs-,
Pacht-, Miet- oder Lieferverträgen, Schenkungen von Kunstgegenständen, Ehrungen mit Ehrengaben und vielem mehr. Im Fokus standen bald auch nicht
mehr nur Einzelpersonen, sondern ebenso Aufwendungen an die NSDAP, ihre
Gliederungen und Organisationen.

Das bisher in der Forschung kaum beachtete Untersuchungsergebnis, das
etwa sechs Monate später vorlag und auch in der Tagespresse rezipiert wurde,[151]
liefert uns reichlich Belege und Beispiele, um ein breites Bild von den Auswüch-
sen der nationalsozialistischen Günstlingswirtschaft und des Klientelismus zu
zeichnen, die in der »Hauptstadt der Bewegung« mit öffentlichen Geldern finanziert wurden. Wenn die Kommission die Gesamtaufwendungen »der Stadt
München zugunsten der Partei, ihrer Gliederungen und Organisationen, bekannter Nationalsozialisten, Militaristen und Nazifreunde« auf etwa 25 Millionen Reichsmark taxierte, dann erscheint diese Zahl jedoch sehr willkürlich.

Eine »restlose Erfassung aller Ausgaben« war, wie es hieß, wegen der »lückenhaften Unterlagen« nicht möglich gewesen.[152] Das lässt vermuten, dass nicht alle
Verwaltungszweige dem Aufruf des Revisionsamts Folge geleistet hatten, das zuvor
auf die Mitarbeit aller städtischen Dienststellen und Referate gepocht hatte, weil
»nicht alle Vorgänge bezeichneter Art aus den Haushaltsüberwachungslisten«
zu ersehen seien.[153] Dass dennoch eine scheinbar eindeutige Zahl veröffentlicht
wurde, begründet sich nicht zuletzt aus einem großen politischen Interesse.

In Herangehensweise und Rhetorik suggerierte die damalige Untersuchung
nicht nur den Aufklärungsanspruch im Geiste des demokratischen Neuanfangs,
sondern konstruierte zugleich eine grundsätzliche Opposition zwischen der
nationalsozialistischen Führung der Stadtverwaltung – »eine Anzahl Einzelper-

---

Anstoß dafür bildete die oben ausgeführte und bis dato »nicht veröffentlichte Tatsache, dass aus den Steuergeldern der Münchner Einwohnerschaft« (vgl. SPD-Fraktion des Stadtrats München, Zusatzantrag zum Dringlichkeitsantrag Nr. 34, 4.11.1946,
StadtAM, Kämmerei 1834) der Wohnhausneubau des ehemaligen Ratsherrn Ulrich
Graf bezahlt wurde.

151 Vgl. etwa: 25 Mio. wurden verschleudert. »Aufwendungen« der braunen Stadtverwaltung für die Partei, in: Süddeutsche Zeitung, 5.7.1947.

152 Vgl. Bericht des Untersuchungsausschusses über die Aufwendungen der Stadt München zugunsten der Partei, ihrer Gliederungen und Organisationen, bekannter Nationalsozialisten, Militaristen und Nazifreunde, 31.5.1947, S. 5, StadtAM, Kämmerei 1834.

153 Damit hatte man auch auf ein grundsätzliches Merkmal des innerstädtischen Revi-
sionswesens hingewiesen. Die Revision im Allgemeinen, welche auch in der Zeit des
Nationalsozialismus ihren normalen Lauf gegangen war, beruhte vor allem auf einer
buchhalterischen, d. h. technischen Prüfung der Vorgänge, jedoch nicht auf einer inhaltlichen und schon gar nicht auf einer moralischen.

sonen als Gesinnungsfreunde und Mitglieder der NSDAP«[154] – und dem großen Rest der ›anderen‹ städtischen Beamten und Angestellten, der »Einwohnerschaft Münchens« und besonders der »kleinen Leute« in der Stadt, deren Steuergelder »mißbraucht« worden seien. In der unmittelbaren Nachkriegszeit diente diese Herangehensweise also dazu, die ›Guten‹ von den wenigen ›Bösen‹ zu unterscheiden. Der zu diesem Zeitpunkt bereits verstorbene Christian Weber bekam gewissermaßen die Rolle des ›Erzschurken‹ zugewiesen. Zugleich drückte sich darin der Mythos aus, dem zufolge die Kommunen inklusive ihrer Beamten von der Partei und deren Funktionsträgern ausgehöhlt oder zersetzt worden seien. Der kommunalpolitischen ›Wirklichkeit‹ entsprach dies jedoch kaum. Gerade die Tatsache, dass die Parteistellen in der NS-Zeit verstärkt kommunale Aufgaben übernahmen und dafür öffentliche Mittel erhielten, die formal korrekt über den Stadthaushalt abgerechnet wurden, offenbart den staatsrechtlichen Wandel im NS-Regime. Die Grenzen zwischen Partei und ›Staat‹ lösten sich immer weiter auf, indem alte staatliche mit neuen Parteistrukturen verflochten wurden. Unter diesen besonderen Bedingungen des »Dritten Reichs« und im Wahrnehmungshorizont der NS-Stadtspitze waren mithin viele der oben beschriebenen Ausgaben, vor allem jene ›offiziellen‹ für »Alte Kämpfer« und die NSDAP, keineswegs so anrüchig, wie sie uns aus heutiger Sicht erscheinen. Sie dienten vielmehr der politischen Integration, Machtausbildung und -sicherung vor Ort. Die Verwicklungen der Stadtverwaltung ins NS-Regime waren so zahlreich und vielschichtig, dass eine Entwirrung des Filzes mithilfe eines scheinbar eindeutigen Untersuchungsergebnisses schlechterdings nicht möglich war. Selbst wenn die unterschiedlichen Formen der Selbstbedienung einer differenzierten Betrachtung bedürfen, offenbaren viele der aufgeführten Beispiele, wie sehr die Machthaber es verstanden, sich selbst und ihr Klientel mit städtischen Begünstigungen zu versorgen.

4. Investitionen ins Image: die nackten Zahlen und der »schöne Schein«

»Eine Stadt wie München, die heute an der Spitze der deutschen Städte und so im Vordergrund steht, muss selbstverständlich auch auf Repräsentation sehen.«[155] Mit diesem Satz formulierte Christian Weber im Sommer 1935 in einer Stadtratssitzung so etwas wie ein grundsätzliches Postulat für eine städ-

---

154 Vgl. Bericht des Untersuchungsausschusses über die Aufwendungen der Stadt München zugunsten der Partei, ihrer Gliederungen und Organisationen, bekannter Nationalsozialisten, Militaristen und Nazifreunde, 31.5.1947, S. 5, StadtAM, Kämmerei 1834.

155 Weber, Gemeinderäte, 4.6.1935, StadtAM, RSP 708/1. Dass diese Forderung ausgerechnet Christian Weber aussprach, darf freilich nicht übergangen werden. Denn insbesondere sollte die Stadt »auf Repräsentation sehen«, so könnte man wohl hinzufügen, wenn es um Interessen des NSDAP-Fraktionsvorsitzenden selbst ging. Die Forschung hat etliche Fälle aufgedeckt, bei denen Weber seine Position ausnutzte, um sich persönlich zu bereichern: vgl. etwa Berg, Korruption, S. 61-77.

tische Imagepolitik. »Es kommen heute«, so fuhr der NSDAP-Fraktionsvorsitzende fort, »ganz andere Leute nach München.« Man »bekrittelt sich« und sehe sich »ganz anders um«, sodass »wir auf diesem Gebiete eine ganz andere Aufgabe« haben. Zwar legte weder Weber noch irgendjemand anderes aus der Stadtspitze während ihrer zwölfjährigen Herrschaft im Münchner Rathaus ein kohärentes Konzept zur Image- und Profilbildungspolitik vor;[156] das heißt jedoch nicht, dass es diesen stadtpolitischen Schwerpunkt in der Praxis nicht gegeben hätte.[157] Dies wird besonders dann deutlich, wenn man die finanziellen Dimensionen in den Blick nimmt.

Stadtimagepolitik war und ist zu allen Zeiten eng mit der Konkurrenz von Städten verbunden. Sie zielt auf eine gute Platzierung im Feld der Kommunen und im Wettbewerb um Standortvorteile, kann aber ebenso Konflikte produzieren. Was den Fall München angeht, war ausgeprägtes Konkurrenzdenken keine Erfindung der nationalsozialistischen Stadtverwaltung. Schon in der Weimarer Republik hatte die Rivalität mit anderen Städten das kommunalpolitische Handeln in beträchtlicher Weise beeinflusst.[158] Im »Dritten Reich« wandelten sich allerdings die Kategorien, unter denen die Städtekonkurrenz ausgetragen wurde. Davon zeugen nicht zuletzt die zahlreichen neu vergebenen oder angeeigneten Stadt-Ehrentitel dieser Zeit, die in der einen oder anderen Form die nationalsozialistische Weltanschauung aufgriffen: Frankfurt am Main war die »Stadt des deutschen Handwerks«, Stuttgart die »Stadt der Auslandsdeutschen« und Nürnberg die »Stadt der Reichsparteitage«. Als »Hauptstadt der Bewegung« reihte sich München hierbei ganz oben ein, zumindest im Selbstverständnis der nationalsozialistischen Rathausspitze. Wo immer es ging, beschworen die führenden Repräsentanten, insbesondere die zahlreichen »Alten Kämpfer« unter den Ratsherren, Münchens besondere Bedeutung in der nationalsozialistischen Städtehierarchie und formten somit das neue Image einer Stadt, die noch we-

156 Vgl. auch Saldern, Stolz, S. 30, die konstatiert, dass man von »moderner, professionell betriebener Stadtimagepolitik erst seit den sechziger und siebziger Jahren des 20. Jahrhunderts« sprechen könne, jedoch auch zugesteht, dass es schon seit dem späten 19. Jahrhundert städtische Öffentlichkeitsarbeit gegeben habe, die dazu diente, das »Ansehen der jeweiligen Stadt auf regionaler, nationaler und internationaler Ebene zu erhöhen oder ein etwaiges negatives Image zu korrigieren«.
157 Vgl. dazu Szöllösi-Janze (Hrsg.), München.
158 Wie sehr das der Fall war, belegt etwa ein ungewöhnlicher ›Spionageauftrag‹, der Stadtkämmerer Andreas Pfeiffer im August 1928 per Brief an seinem Urlaubsort Ruhpolding erreichte. Der damalige Oberbürgermeister Scharnagl, angeregt von den Impressionen eines gerade vergangenen Städtetrips, bat seinen Finanzexperten, möglichst bald nach seinem Urlaub dienstlich nach Köln, Düsseldorf und Frankfurt zu reisen und sich dort »nach bestimmten Dingen« umzusehen, um einen »Eindruck in das Vorgehen« anderer Städte zu bekommen. »Wenn wir aber«, so Scharnagls Appell, »die Konkurrenz mit ihnen aufnehmen wollen und das müssen wir tun, so müssen wir auch Anstrengungen machen auf manchen Gebieten mehr zu leisten als bisher«. Dafür brauche man mitunter eine »etwas großzügigere Auffassung, die uns allerdings auch Kosten verursachen« werde (vgl. Scharnagl an Pfeiffer, 20.8.1928, StadtAM, PA 12812 Andreas Pfeiffer).

nige Jahre zuvor als »Hochburg des Föderalismus« oder als »Hort des Monarchismus« gegolten hatte.[159]

Adolf Hitler hatte seinen Parteigenossen den Gefallen getan, München zunächst im Oktober 1933, anlässlich der Grundsteinlegung des »Hauses der Deutschen Kunst«, zur »Hauptstadt der deutschen Kunst«[160] sowie zwei Jahre später zur »Hauptstadt der Bewegung« zu küren. Im letzteren Fall bestätigte er damit genau genommen nur ›offiziell‹, was als informelle Bezeichnung längst gang und gäbe gewesen war.[161] Es drückten sich in dem Titel also vor allem auch Selbstentwurf und Anspruchshaltung der Stadtoberen aus. Für sie waren die Ehrentitel deswegen keineswegs nur Worthülsen. Sie nutzten sie in der Werbung nach außen sowie nach innen als Legitimations- und Argumentationsgrundlage für eine besonders ›braune‹ Profilbildungspolitik. Um den »Auszeichnungen« – und damit auch dem »Willen des Führers« – »gerecht« zu werden, übernahm die Stadt bestimmte ›freiwillige‹ Ausgaben, die in der Summe einen ganz erheblichen Anteil der ›freien‹ städtischen Mittel verschlangen. Sie sind als Investitionen zu verstehen, da sich die Stadtspitze davon tatsächlich einen Mehrwert erhoffte – sowohl im Hinblick auf das »kulturelle« und »symbolische« als auch auf das »ökonomische Kapital« (Pierre Bourdieu) der Stadt.[162]

Das weite Feld der Image-Ausgaben

Der konkrete Zusammenhang, in dem Webers oben zitierte Äußerungen fielen, mag auf den ersten Blick nicht sofort mit Imagepolitik in Verbindung gebracht werden: In der Stadtratssitzung vom 4. Juni 1935 ging es nämlich um die Erneuerung des städtischen Fuhrparks. Einige Kraftfahrzeuge waren längst über ihren Zenit hinaus: Das älteste Modell in der Stadtgarage war ein 8/32 PS Mercedes II A aus dem Jahr 1927, der einen Kilometerstand von 118.000 sowie einen durchschnittlichen Brennstoffverbrauch von 20 Litern aufwies und dessen Motor bereits drei Generalreparaturen und »eine Unzahl kleinerer Repara-

---

159 Vgl. Hockerts, München, S. 37.
160 In seiner Rede zur Grundsteinlegung des Hauses der Deutschen Kunst im Oktober 1933 ließ Adolf Hitler verlauten: »Wenn Berlin die Hauptstadt des Reiches ist, Hamburg und Bremen die Hauptstädte der deutschen Schiffahrt, Leipzig und Köln die Hauptstädte des deutschen Handels, Essen und Chemnitz Hauptstädte der deutschen Industrie, dann soll München wieder werden Hauptstadt der deutschen Kunst.« (Völkischer Beobachter 289, 16.10.1933).
161 Zu den Vorgängen der »Ernennung« Münchens zur »Hauptstadt der Bewegung« am 2.8.1935 vgl. Hockerts, München, S. 23.
162 In den Worten Christian Webers klangen diese Überlegungen freilich weniger avanciert: »Die Stadt muss Geld ausgeben, damit sie wieder welches hereinbekommt. Es hat gar keinen Zweck, wenn das Geld irgendwo liegt und nicht rollt, es hat auch keinen Sinn, wenn ich es für Veranstaltungen verwende, von denen die Wirtschaft keinen Nutzen hat.« (Ratsherren, 22.10.1935, StadtAM, RSP 708/1).

Abb. 16: Ein geschlossener Wagen (vorne) unter vielen offenen: Autoparade anlässlich des Empfangs Adolf Hitlers auf dem Flughafen Oberwiesenfeld am 17. März 1935 nach dem Beschluss über die Einführung der allgemeinen Wehrpflicht

turen hinter sich« hatte, wie Fiehler monierte.[163] Die Motorleistung des Viersitzers sei zwar »noch gut«, aber »das Fahrgestell wackelig, die Karosserieholzteile verfault« und »das äußere Aussehen entsprechend der Jahre veraltet«. Das unrentabelste Fahrzeug war mit 32 Liter Verbrauch auf 100 km ein 80 PS starker Sechssitzer-Mercedes aus dem Jahr 1929, der einst 25.000 Reichsmark gekostet hatte. Laut Fiehler sei der Wagen »eingerostet«, fahre »furchtbar« und erreiche nur eine Höchstgeschwindigkeit von 85 Kilometer pro Stunde.

Tatsächlich lagen die entscheidenden Beweggründe dafür, neue Wagen anzuschaffen, aber nicht im Alter oder der mangelnden Wirtschaftlichkeit des bestehenden Fuhrparks. Dominiert wurde die Debatte vielmehr von Fragen der angemessenen Selbstdarstellung – und bisweilen auch von persönlichen Eitelkeiten. Von den vier bis fünf Fahrzeugen, die man neu erwerben wollte, sollten mindestens zwei »große und offene Sechssitzer-Wagen für Repräsentationsfahrten« sein.[164] »Als zum Beispiel der Führer nach Verkündung der Wiedereinführung der Wehrpflicht auf dem Flugplatz erschien [17. März 1935]«, erklärte der OB die Kaufnotwendigkeit, »machte es keinen guten Eindruck, dass die Vertretung der Stadt in einem geschlossenen Wagen ankam.«[165] Auch wenn Staatsminister anderer Länder oder ausländische Journalisten in die Stadt kämen, sei es zweckmäßig, einen offenen Wagen zu haben, denn »man sieht aus einem offenen Wagen viel besser, was in München an Bauten vorhanden ist«. Außer-

163 Vgl. Fiehler, Gemeinderäte, 4.6.1935, StadtAM, RSP 708/1.
164 Vgl. ebd.
165 Ebd.

dem könne auch er selbst nicht wieder mit geschlossenem Wagen zum Parteitag fahren,»sonst werde ich dauernd aufgezogen«. Das Sprachrohr der Ratsherren, Christian Weber, pflichtete dem Oberbürgermeister bei: Es gehe nicht an, dass bei großen Veranstaltungen»lauter offene Wagen auffahren« und mittendrin ein geschlossener, über den es dann heiße, er gehöre dem Bürgermeister von München.[166] Der Kauf eines offenen Wagens sei demnach eine»Notwendigkeit, die dem ganzen Milieu unseres heutigen Staates« entspreche; der Führer habe es selbst gezeigt und fahre nicht in einer Limousine.

Der OB beschloss schließlich 61.000 Reichsmark aus Haushaltsmitteln zur Verfügung zu stellen, um fünf neue Wagen anzuschaffen, die nicht nur ihm selbst, sondern auch den Ratsherren und Referenten zur Verfügung stehen sollten.[167] Dabei handelte es sich um verhältnismäßig geringe Kosten, die möglicherweise»bei diesem Haushalt nicht von Bedeutung« wären, wie Ratsherr Christian Weber meinte.[168] In unserem Zusammenhang zeigt jedoch der Ankauf der neuen, repräsentativen Autos nur ein bezeichnendes Beispiel für eine allgemeine Tendenz des städtischen Ausgabenverhaltens: Wenn finanzielle Spielräume für eigenständige Schwerpunktsetzungen blieben, so steckte man die Mittel mit großer Vorliebe in Projekte, die die Außendarstellung und Repräsentation verbesserten. Anders formuliert: Wenn die Stadtoberen bei Projekten, welcher Art auch immer, sich selbst und der Öffentlichkeit gegenüber mit einem möglichen Imagegewinn argumentieren konnten, bestand meist großer Konsens darüber, die notwendigen Haushaltsgelder, woher auch immer, ›freizuschaufeln‹.[169]

Das Feld der Investitionen zur Verbesserung des Images war weit. In diesem Fall ging es um die Neuanschaffung von angemessenen Fahrzeugen, ein anderes Mal um einen städtischen Werbefilm[170] oder erhöhte Ausgaben für den Münchner Ausstellungspark.[171] Man könnte weitere kleinere und größere Beispiele an-

166 Vgl. Weber, Gemeinderäte, 4.6.1935, StadtAM, RSP 708/1.

167 Vgl. Fiehler, ebd. Die Mittel stammten aus dem»Fonds für Ersatzbeschaffung von Kraftfahrzeugen«. Außerdem wurde beschlossen, dass das Personalreferat zu prüfen habe, ob zukünftig die Chauffeure mit einheitlichen Uniformen ausgestattet werden könnten.

168 Vgl. Weber, Gemeinderäte, 4.6.1935, StadtAM, RSP 708/1.

169 Diese Taktik beherrschte Christian Weber wie kein Zweiter. Ihm gelang es immer wieder, große Summen städtischer Gelder für ›seine‹ Projekte lockerzumachen. Trotzdem wäre es zu kurz gegriffen, zu behaupten, Weber hätte hier der Stadt das Geld aus der Tasche gezogen. Vielmehr bediente er bei vielen seiner Vorschläge durchaus auch die Vorlieben und Interessen seiner Kollegen (vgl. Rabe, Hauptstadt).

170 Vgl. Bavaria-Filmkunst an Kulturamt Stadt München, 21.7.1938, StadtAM, Kulturamt 30. Es ging um einen Werbefilm, den die Bavaria-Filmkunst produzierte und für den die Stadt München 30.000 RM beisteuerte.

171 Im Jahr 1936 wurde»aus Prestigegründen« und weil es»erwartet« wurde, angedacht, eine Mio. RM in entsprechende Rücklagen sowie 145.000 RM ordentliche Haushaltsgelder für große Ausstellungen im Münchner Ausstellungspark aufzuwenden, obwohl die wirtschaftliche Zweckmäßigkeit stark angezweifelt wurde (vgl. Beiräte für Angelegenheiten des Gemeindehaushalts, 7.2.1936, StadtAM, RSP 709/6). Insbesondere Stadtkämmerer Andreas Pfeiffer stellte sich auf den Standpunkt, dass man sich in

führen, um diese Schwerpunktsetzung zu verdeutlichen. In jedem Fall handelte es sich bei den Ausgaben und Investitionen der Stadt zur gezielten Imageverbesserung um einen insgesamt äußerst umfangreichen Querschnittsposten, der viele Millionen städtischer Gelder verschlang.

Besonders in der Phase der (scheinbaren) Haushaltsgesundung zwischen 1935 und 1939 wurde extensiv ins Stadt-Image investiert. Die Relevanz, die den entsprechenden Ausgaben stadtintern zukam, wird außerdem dadurch umso deutlicher, dass alles versucht wurde, um diese auch in den Kriegsjahren in hohem Maße aufrechtzuerhalten. Anlässlich der Verkündung des ersten Kriegshaushaltsplans von 1940 erklärte Karl Fiehler: »Darüber hinaus wurde Bedacht genommen, im Rahmen der Leistungsfähigkeit der Stadt auch weiterhin sogenannte freiwillige Aufgaben zu erfüllen, denen sich die Hauptstadt der Bewegung als Stadt der Deutschen Kunst und als Stadt des Fremdenverkehrs auch während des Kriegs nicht entziehen kann.«[172] Zum gleichen Anlass ein Jahr später konnte er stolz erklären: »Erfreulicherweise ist es gelungen, den Fremdenverkehr, der im Wirtschaftsleben der Stadt eine führende Rolle einnimmt, trotz der Kriegsverhältnisse in beachtlicher Höhe zu halten.«[173] Die Belebung sei dabei in erster Linie, so Fiehler weiter, auf die Durchführung von zahlreichen kulturellen und sportlichen Veranstaltungen zurückzuführen, die auf die Fremden große Anziehungskraft ausübten. Das Programm solle im kommenden Jahr noch »reichhaltiger« gestaltet werden, was selbstverständlich eine »entsprechende Erhöhung der Ausgabemittel« zur Folge habe.

Festveranstaltungen als Schwerpunkt der Imagepolitik

Auch wenn sich der Gedanke der Imagepflege in vielen Feldern der Stadtpolitik wiederfindet, lag ein Kernbereich – das klingt in Fiehlers Aussagen an – in der Ausrichtung von festlichen Veranstaltungen aller Art, wie Faschingsfeiern,[174]

München zukünftig auf »kleine Ausstellungen« beschränken müsse. Weder die Finanzkraft, noch die »örtliche Lage«, noch die Industriemöglichkeiten seien dafür gegeben, dass München weiterhin eine Ausstellungstadt großen Ausmaßes bleibe. Man könne die Veranstaltungen nämlich nicht »aus sich selbst heraus«, also durch »große Platzgelder der Industrie« oder durch die Eintrittsgelder der Besucher finanzieren. Der zuständige Beigeordnete Ernst Schubert gab Pfeiffer zwar »vom finanziellen Standpunkt« aus recht, verwies aber darauf, dass »in der Hauptstadt der Bewegung« erwartet werde, Ausstellungen zu veranstalten. »Selbst wenn sie uns etwas teurer kommen«, so Schubert, »können wir meines Erachtens aus Prestigegründen auf größere Ausstellungen nicht verzichten.« Karl Fiehler vertagte die Diskussion an dieser Stelle. Laut Haushaltsatzung der Hauptstadt der Bewegung München 1938, S. 345, wurden schließlich immerhin 139.000 RM dafür in die Rücklagen eingestellt.

172 Vorbericht, Haushaltssatzung der Hauptstadt der Bewegung 1940, S. XVIII.
173 Vorbericht, Haushaltssatzung der Hauptstadt der Bewegung 1941, S. XXVIII.
174 Laut Angaben des Verwaltungsberichts der Hauptstadt der Bewegung München 1936 und 1937, S. 97, enthielt der »Faschingskalender« der Stadt über 300 Veranstaltungen

Sportevents, historischen Umzügen oder Kunstausstellungen. Christian Weber, der diesen Schwerpunkt maßgeblich mit verantwortete, formulierte wie folgt: »Wir als Hauptstadt der Bewegung müssen immer und immer wieder darauf bedacht sein, frisches Leben hereinströmen zu lassen, damit das wirtschaftliche und politische Leben dauernd pulsiert. [...] Wir müssen ein Fest nach dem anderen jagen, damit der Barometerstand nicht sinkt.«[175] Dabei knüpfte die nationalsozialistische Stadtverwaltung zum einen an eine alte Münchner Tradition an. Dies ist nicht unbedeutend, da die »nationalsozialistische Weltanschauung« leichter vermittelbar war, wenn sie an einen Lokalbezug und damit an eine »gefühlsmäßige Bindung der Einwohner an ihr Lebensumfeld« angebunden wurde.[176] Zum anderen übernahm die Stadt damit auch »zentrale Aufgaben bei der Herstellung des ›schönen Scheins‹«.[177] In der Ausrichtung von festlichen Veranstaltungen, die mit politischen Inhalten aufgeladen wurden, lagen schließlich jene Ästhetisierung und »permanente Inszenierung einer Scheinwirklichkeit« begründet, welche, laut Peter Reichel, eine unerlässliche Notwendigkeit für die Stabilisierung des NS-Regimes darstellten.[178] In diesem Sinne trugen die unterschiedlichen städtischen, bzw. von der Stadt finanziell unterstützten Events nicht nur zur vermeintlichen Verbesserung des Fremdenverkehrs und der Stadtreputation bei, sondern auch dazu, die »hässliche Seite« des Regimes zu »dekorieren« und Bindekräfte zu generieren.[179] Auf große Teile der Bevölkerung wirkten die Feierlichkeiten, die oft regelrechten Spektakeln glichen, faszinierend, anziehend und machten die »Volksgemeinschaft« vor Ort erlebbar.[180] Denn Feste, so drückt es Adelheid von Saldern in Anlehnung an Victor Turner aus, seien mehr als nur Alltagsablenkung, sondern vielmehr als »Konstituante sozialer Realität, als kulturelle und symbolische Praxis zur Erzeugung von communitas« zu verstehen.[181] Indem die Stadt mit ihren Projekten im Rahmen ihrer spezifisch ›braunen‹ Profilbildungspolitik für sich selbst Reklame machte, stellte sie also dem Münchner Bürger zugleich Identifikationsangebote mit dem NS-Regime zur Verfügung. Genau in diese Richtung argumentiert auch Christian Weber in der oben er-

im Jahr, wobei der vom Kulturamt veranstaltete »Ball der Stadt München« den gesellschaftlichen Höhepunkt darstellte.

175 Weber, Ratsherren, 22.10.1935, StadtAM, RSP 708/1.

176 Vgl. Spona, Ehrungen, S. 13.

177 Vgl. Hockerts, München, S. 39; dieser kommunalpolitische Schwerpunkt galt auch für andere zentrale Orte des Reichs, insbesondere für Berlin, wie Graf, Inszenierung, S. 195-202, zeigt, wobei der spezifisch kommunale Anteil an diesen Inszenierungen im städtischen Raum oft eher im Dunkeln bleibt.

178 Vgl. Reichel, Schein, S. 44.

179 Vgl. ebd., S. 115.

180 In den neueren Forschungen zur »Volksgemeinschaft« werden vor allem die affektive Wirkungsweise und die mobilisierende Kraft der Verheißung betont (vgl. etwa Bajohr/Wildt, Volksgemeinschaft, S. 8; Kershaw, Volksgemeinschaft, S. 3). Soweit die Münchner Bürger diese Integrationsangebote bereitwillig annahmen, trugen sie wesentlich zur Wirkungsmacht der nationalsozialistischen Vision vor Ort bei.

181 Vgl. Saldern, Stadtpolitik, S. 50.

wähnten Sitzung, wenn er ausführt:»Letzten Endes tragen alle von uns durchgeführten Veranstaltungen dazu bei, dass das Wirtschaftsbarometer steigt und
jeder einzelne mit neuem Lebensmut erfüllt wird und seinen Verpflichtungen
gegenüber der Volksgemeinschaft freudigen Herzens nachkommt.«[182]
Die Finanzierung von Festen und Veranstaltungen waren ebenso wenig wie
andere Image-Investitionen in einem Haushaltsbereich zusammengefasst. Vielmehr finden sich die Spuren dieser Schwerpunktsetzungen in unterschiedlichen
Posten wieder. Der Umfang der Haushaltsstelle für»Ehrungen und Empfänge,
Versammlungen/Abordnungen« etwa, die im Einzelplan»Allgemeine Verwaltung« angesiedelt war, verzehnfachte sich im Verlaufe des»Dritten Reichs« (Tab.
7). Auf dem Höhepunkt im Jahr 1938 wurden fast 250.000 Reichsmark an ordentlichen Haushaltsmitteln für diese Zwecke aufgewendet. Das ist auch deswegen bemerkenswert, weil Karl Fiehler im Jahr 1932, damals noch als Fraktionsvor-
sitzender der NSDAP, entschieden dafür plädiert hatte, gerade bei Empfängen
und Dienstreisen – übrigens ebenso wie im Bereich der Kultur – starke Einsparungen vorzunehmen, um das damalige Haushaltsdefizit in den Griff zu bekommen.[183] Noch rasanter entwickelten sich die Ausgaben für die Sommerver-
anstaltungen, die unter dem Teilplan der»Verkehrsförderung« zu finden sind:
Während dafür im Krisenjahr 1932 nur etwas über 23.000 Reichsmark ausgegeben wurden, waren es Ende der 1930er-Jahre über eine Million Reichsmark
jährlich. Auch wenn dieser Posten, mit dessen Mitteln unterschiedliche Veran-
staltungsprojekte unterstützt wurden, im Verlauf des Krieges an Umfang etwas
einbüßte, blieb er dennoch stets über dem Stand von 1937. Das hing unter anderem auch damit zusammen, dass die Betreuung des Fremdenverkehrs und einige der Veranstaltungen, die diesen förderten, als»kriegswichtige Aufgabe« Anerkennung fanden.[184] Ein münchenspezifischer Versuch, die Werbekosten für
solche Maßnahmen zum Teil zu finanzieren, lag schließlich auch in der Einführung der»Fremdenverkehrsabgabe«, deren Umfang sich allerdings als deutlich
niedriger herausstellte als die getätigten Investitionen.[185]

182 Weber, Ratsherren, 22.11.1935, StadtAM, RSP 708/1. Diese»Verpflichtungen« fasst We-
    ber freilich etwas anders als die meisten NS-Funktionäre, wenn er ergänzt:»Ich muss
    jedem einzelnen auch klarlegen, Du sollst eine Mass Bier trinken, Du sollst Hendl es-
    sen, Du sollst Steuern bezahlen.«
183 Vgl. Fiehler, Haushaltsausschuss, 2.8.1932, StadtAM, RSP 705/10.
184 Vgl. Anm. zu Haushaltsstelle 130 bis 132, Haushaltssatzung der Hauptstadt der Bewe-
    gung München 1942, S. 354.
185 Siehe auch oben, Kapitel III.2.

Tab. 7: Investitionen in den »schönen Schein«: Übersicht zur Entwicklung der Haushaltsstellen »Ehrungen, Empfänge, Versammlungen« sowie »Aufwendungen für Sommer München/Festsommer« zwischen 1932 und 1946[186]

	Hhst. »Ehrungen, Empfänge, Versammlungen« (Voranschlag)	Hhst. »Ehrungen, Empfänge, Versammlungen« (Rechnung)	Hhst. »Aufwendungen für Sommer München/ Festsommer« (Voranschlag)	Hhst. »Aufwendungen für Sommer München/ Festsommer« (Rechnung)
1932	35.000 RM	29.279 RM	25.000 RM	23.244 RM
1933	32.600 RM	31.533 RM	47.000 RM	49.714 RM
1934	62.025 RM	10.000 RM	75.000 RM	71.658 RM
1935	61.350 RM	27.484 RM	75.000 RM	126.196 RM
1936	50.000 RM	135.984 RM	150.000 RM	149.888 RM
1937	120.000 RM	169.604 RM	400.000 RM	807.835 RM
1938	202.000 RM	245.586 RM	1.065.000 RM*	1.111.570 RM
1939	202.000 RM	130.587 RM	1.206.300 RM	1.018.287 RM
1940	100.000 RM	96.386 RM	473.000 RM**	1.089.250 RM
1941	100.000 RM	k. A.	620.000 RM	k. A.
1942	100.000 RM	111.412 RM	620.000 RM	619.726 RM
1943	100.000 RM	k. A.	620.000 RM	k. A.
1944	100.000 RM	41.812 RM	500.000 RM	k. A.
1945	25.000 RM***	30.282 RM	–	–
1946	30.000 RM	21.186 RM	–	–

* Ab Haushaltsjahr 1938 ist die entsprechende Haushaltsstelle unter dem neu geschaffenen Einzelplan 7 »Öffentliche Einrichtungen und Wirtschaftsförderung« unter einem eigenen Unterabschnitt »Verkehrsförderung« zu finden.

** Ab Haushaltsjahr 1940 hieß die Haushaltsstelle »Aufwendungen für Veranstaltungen«.

*** Die Planziffer für 1945 findet sich im Haushaltsplan 1946, wurde also rückwirkend festgelegt oder errechnet.

Zwei Highlights nationalsozialistischer Prestigepolitik, die ich im Folgenden etwas genauer in den Blick nehme, wurden mit besonders vielen städtischen Finanzmitteln ausgestattet: das Pferderennen »Braunes Band«, das zwischen 1934 und 1944 jährlich auf der Galopprennbahn in Riem stattfand, sowie der »Tag der Deutschen Kunst«, der 1933 erstmals und dann wieder zwischen 1937 und 1939 ausgerichtet wurde.

186 Eigene Zusammenstellung basierend auf den Haushaltsplänen der Stadt München 1932 bis 1948.

Das »Braune Band«

Mindestens acht Millionen Reichsmark ließ sich die Stadtführung während der Zeit des »Dritten Reichs« den Pferdesport kosten.[187] Etwa 1,2 Millionen davon flossen in die Sanierung des traditionsreichen Rennvereins München-Riem, welcher im Herbst 1933 kurz vor dem Aus stand.[188] Knapp drei Millionen Reichsmark gab die Stadt für die Pferdezucht sowie den Betrieb der eigenen Gestütshöfe Isarland aus, die erst 2013 endgültig verkauft wurden. Schon weiter oben haben wir gesehen, welche finanztechnischen Tricks die Stadtspitze mitunter anwendete, um Haushaltsgelder für diese ungewöhnlichen Zwecke zur Verfügung zu stellen.[189] Fast vier Millionen Reichsmark schließlich steckten die Stadtoberen in die Ausrichtung des ab 1934 jährlich stattfindenden Galopprennens »Braunes Band«. Ein Großteil davon wurde bald jährlich unter der oben beschriebenen Haushaltsstelle »Sommer München/Festsommer« verbucht, bildete dort den umfangreichsten Teilposten und war insofern ein Hauptgrund für die exorbitante Ausgabensteigerung, die man der obigen Tabelle entnehmen kann (Tab. 7).[190] Weil das Sportevent aber noch weiter ausgebaut werden sollte, gründete die Stadtführung 1936 zusätzlich den Verein »Braunes Band von Deutschland e. V.«, über den nicht nur die hohen Mitgliedsbeiträge von 250 Reichsmark pro Jahr eingeworben,[191] sondern auch Spenden und Sponsorengelder aus der Privat-

187 Vgl. Bericht des Untersuchungsausschusses über die Aufwendungen der Stadt München zugunsten der Partei, ihrer Gliederungen und Organisationen, bekannter Nationalsozialisten, Militaristen und Nazifreunde, 31.5.1947, S. 5, StadtAM, Kämmerei 1834. Zum »Braunen Band« siehe auch Rabe, Hauptstadt, sowie unter einem mediengeschichtlichen Blickwinkel de Taillez, Bürgerleben, S. 170-182.

188 Der 1865 gegründete Verein hatte im Jahr 1933 nur noch 53 ordentliche Mitglieder; die letzte Veranstaltung, die »Nationalen Volksrenntage«, die im Oktober desselben Jahres veranstaltet wurden, waren ein wirtschaftlicher und veranstaltungstechnischer Flop und der Gesamtschuldenberg des Vereins belief sich danach auf über 140.000 RM (vgl. Prüfbericht der Stadt München, 13.2.1934, StadtAM, Weber 416).

189 Siehe oben, Kapitel II.3. Vgl. dazu auch den Akt »Gestütshöfe Isarland etc. (1935-1941)«, StadtAM, Kämmerei 287.

190 Vgl. Ratsherren, 23.3.1937, StadtAM, RSP 710/1; vgl. Schreiben von Referat 8, 23.3.1937, StadtAM, Kulturamt 62/2, aus dem deutlich wird, dass von den 400.000 RM, die im ordentlichen Haushalt 1937 für die »Aufwendungen für den Festsommer München« veranschlagt waren, allein 250.000 RM in den Verein zur Organisation des »Braunen Bandes« flossen.

191 Eine detaillierte Mitgliederliste ist nicht überliefert. Zu den Gründungsmitgliedern zählten neben den zahlreichen städtischen Vertretern um Weber, Fiehler und den Ratsherrn und Verwaltungsrat für das Ausstellungswesen Paul Wolfrum u. a. der SS-Reiterführer Hermann Fegelein, der Besitzer des Cafés Fürstenhof Otto Seeländer, der BMW-Generaldirektor Popp, Kommerzienrat Dr. Lange von der Löwenbrauerei, Hotelier Michael Schottenhamel jun. und Kommerzienrat Maser von der Deutschen Bank (vgl. Vereinsgründung »Braunes Band«, 15.5.1936, StadtAM, Weber 4). Die Mitgliedsbeiträge der führenden Stadtvertreter Fiehler, Tempel, Pfeiffer, Kleeblatt, Schubert und Hölzl wurden im städtischen Haushaltsplan verrechnet (vgl. Brief von Fiehler, 4.6.1936, StadtAM, AfL 28).

wirtschaft akquiriert werden konnten.[192] Tatsächlich kostete die Veranstaltung in all den Jahren also noch deutlich mehr als jene vier Millionen, die direkt aus dem städtischen Haushalt flossen.

Die finanziellen Aufwendungen fielen auch deshalb so umfangreich aus, weil es sich tatsächlich nicht nur um einen einzelnen Sportwettkampf handelte. Vielmehr wurde um das Hauptrennen um das »Braune Band von Deutschland«, für das allein ein Preisgeld von 100.000 Reichsmark ausgelobt wurde, eine mehrtägige Veranstaltung mit über 20 Flach-, Hürden- und Jagdrennen konzipiert. Außerdem stellten die Verantwortlichen um Christian Weber ein von Jahr zu Jahr immer umfangreicheres und bunteres Rahmenprogramm auf die Beine, welches das gesamte Stadtgebiet in die Feierlichkeiten im Zeichen des Pferdes einbezog. Hierzu zählten Ausstellungen, Kongresse, Festzüge und zwischen 1936 und 1939 nicht zuletzt die legendäre »Nacht der Amazonen«. Das burleske Kostümspiel im Nymphenburger Schlosspark, bei dem unter anderem in großer Zahl spärlich bekleidete Darstellerinnen auftraten, bildete Höhepunkt und Abschluss der städtischen Festwoche. Allein für die Licht- und Wassereffekte gab die Stadt jährlich 10.000 Reichsmark aus.[193]

Anders als etwa den »Tag der Deutschen Kunst« veranstaltete die Stadt die Galopprennen inklusive des dazugehörigen Rahmenprogramms in völliger Eigenregie. Weder beim Reich noch bei der Partei war Münchens plötzliche Vorliebe auf große Resonanz gestoßen. Hitler selbst hatte in dieser Zeit angeblich gespöttelt, dass man in zwei Jahren ohnehin keine Pferde mehr brauche.[194] Und besucht hat der »Führer« und besondere Schutzpatron der »Hauptstadt der Bewegung« die Veranstaltung in all den Jahren kein einziges Mal.[195] Immerhin stimmte er im Juli 1934 zu, als Christian Weber ihn persönlich um die Stiftung des »Braunen Bandes von Deutschland« »als leuchtende Auszeichnung für den internationalen Rennsport« bat und darauf drang, dass dieser Wettbewerb dauerhaft in München ausgetragen werde.[196] Wenn in Zeitungsberichten, Einladungsschreiben oder Programmheften fortan zu lesen war, Hitler selbst habe diesen Preis der Stadt München »verliehen« und diese mit der Organisation des

---

192 Eine überlieferte Spendenliste für das »Braune Band« 1936 zeigt, wie weit die Verbindungen in die Wirtschaft reichten. Etliche prominente Sponsoren wie Siemens, Hansa-Lloyd, die Auto-Union, die Münchner Rückversicherungsgesellschaft, BMW, Krauss-Maffei, Maggi, Dallmayer oder Löwenbräu unterstützten das städtische Spektakel. Im Übrigen findet sich unter den Spendern auch das zwei Jahre später arisierte jüdische Bankhaus H. Aufhäuser. Insgesamt wurden allein in jenem Jahr knapp 200.000 RM für das Pferderennen gespendet (vgl. Spendenliste für das Braune Band 1936, Stand 10.6.1936, StadtAM, Weber 4).

193 Vgl. Bericht des Untersuchungsausschusses über die Aufwendungen der Stadt München zugunsten der Partei, ihrer Gliederungen und Organisationen, bekannter Nationalsozialisten, Militaristen und Nazifreunde, 31.5.1947, S. 5, StadtAM, Kämmerei 1834.

194 Vgl. Weber, Mitgliederversammlung des Zweckverbandes zur Förderung der Pferdezucht in Bayern, 10.3.1937, StadtAM, Kämmerei 287.

195 Vgl. Berg, Korruption, S. 66

196 Vgl. Weber an Reichskanzlei, 14.7.1934, StadtAM, Weber 416.

Rennens »beauftragt«, so ist dies einerseits als Teil der Vermarktungsstrategie im Rahmen der Imagekampagne anzusehen, andererseits nach innen als Legitimation für die immensen Kosten, die die Stadt für dieses Prestigeprojekt ausgab. Dem »Willen des Führers« trug sie also mit der Rennwoche um das »Braune Band« höchstens indirekt Rechnung.

Oft werden die städtischen Ausgaben rund um das »Braune Band« auf den großen Einfluss der Einzelfigur Christian Weber zurückgeführt.[197] Dies trifft aber nur zum Teil zu, denn die Investitionen sind vielmehr als ein wesentlicher Bestandteil einer von der gesamten Stadtspitze unterstützten Imagepolitik zu begreifen. Man erblickte eine Nische für die eigene städtische Profilbildung und setzte sich zum Ziel, nicht nur »Hauptstadt der Bewegung« und der »Deutschen Kunst«, sondern auch »Stadt des deutschen Pferdesports« zu werden.[198] Schon die Sanierung des Riemer Rennvereins im Jahr 1934 hatte diesen Hintergedanken verfolgt, indem sie weniger eine Hilfestellung darstellte als vielmehr einer Übernahme und damit Kontrolle des Traditionsvereins durch die Stadt glich.[199] Das teure Engagement war von Beginn an darauf ausgerichtet, möglichst öffentlichkeitswirksame Spektakel zu veranstalten. Entsprechend wurden auch bald die Infrastruktur und die Tribünen um die Rennbahnen in Riem und Daglfing erneuert und viel Energie dafür verwendet, die Münchner Stadtbevölkerung zu begeistern.[200] Als die Veranstaltungen aufgrund der massiven städtischen Protektion tatsächlich eine gewisse Bedeutung erlangt hatten, konnte München sogar in den offenen Konkurrenzkampf zum Berliner Union-Club und dessen Rennen auf der traditionsreichen Galopprennbahn »Hoppegarten« treten und damit auch auf diesem Feld die dem »Dritten Reich« inhärente Städterivalität

---

197 Vgl. etwa Hanko, Stadtverwaltung, S. 204, sowie Berg, Korruption, S. 39-60. Weber, so Thomas von Berg, habe seine Position oft schamlos ausgenutzt und sich dort eine »private Spielwiese seines Geltungsbedürfnisses, seiner Machtausübung und seiner persönlichen Bereicherung« geschaffen (Berg, Korruption, S. 62).

198 Vgl. Programmheft »Braunes Band von Deutschland« 1937, S. 5, StadtAM, BmstB 50.

199 Die Stadt führte die Sanierungsverhandlungen – allen voran der damalige Wirtschaftsreferent Ernst Schubert – im Alleingang, gab dem Rennverein einen anderen Namen, installierte Christian Weber als Präsidenten und verlegte die Zentrale des Vereins in die Innenstadt unweit des Rathauses.

200 Vgl. etwa den gemeinsamen öffentlichen Aufruf von Wagner, Weber, Tempel, Wolfrum, Münchner, kommt zur Riemer Woche des Braunen Bandes!, in: Völkischer Beobachter, 4.8.1934: »Männer und Frauen von München! Ihr seid stolz darauf, Bürger der Stadt der Bewegung, der geistigen Hauptstadt des neuen Deutschlands zu sein. Und ihr nehmt in diesem Stolze gerne die Pflichten auf euch, die aus der Zugehörigkeit zu dieser großen Stadt erwachsen. [...] Wir fordern Euch, Bürger von München, auf, die Riemer Woche des Braunen Bandes von Deutschland als Eure Veranstaltung, als Euer sportliches Fest zu betrachten! Wir fordern Euch auf, Partei- und Volksgenossen, geschlossen die Rennen am 5., 12. und 15. August in München-Riem zu besuchen und den fremden Gästen, die zu diesem Rennen aus aller Welt nach München kommen, zu beweisen, daß dem Münchner die Liebe zum Pferde eine Selbstverständlichkeit ist.«

ausfechten.[201] Ein Zeitungsartikel im Vorfeld des »Braunen Bandes« von 1937 bringt den Anspruch der Stadtspitze auf den Punkt:

»Auf allen Gebieten des Lebens unserer Nation hat München eine Bedeutung erlangt, die entscheidend für das Gesamtschicksal unseres Volkes geworden ist. Die Ehrentitel Hauptstadt der Bewegung, Stadt der deutschen Kunst sind dafür Zeugnis. Neben dieser politischen und kulturellen steht aber gleich bedeutsam auch die sportliche Führerrolle Münchens. Es steht heute außer Zweifel, daß München der Mittelpunkt des Pferdesports geworden ist.«[202]

Die Stadt und die Kunst

Während das »Braune Band«, wenngleich in etwas bescheidenerer Ausführung, auch in den Kriegsjahren weiterhin ausgerichtet wurde, fand der »Tag der Deutschen Kunst« insgesamt nur viermal statt. Die Veranstaltungen stellten dennoch nicht nur in punkto »festlich-feierlicher Selbstinszenierung des Regimes«,[203] sondern auch im Hinblick auf die Gesamtkosten im Vergleich zum »Braunen Band« noch mal eine Steigerung dar. Im Zusammenhang mit den städtischen Aufwendungen für den Kunstsektor fiel schließlich auch jener Satz, den ich eingangs des Kapitels als Leitmotiv der gesamten städtischen Ausgabenpolitik verwendet habe: »Diesem Willen des Führers Rechnung zu tragen, ist Ehrenpflicht der Stadt.«[204]

Zum ersten Mal fand der »Tag der Deutschen Kunst« anlässlich der Grundsteinlegung des »Hauses der Deutschen Kunst« im Oktober 1933 statt, jener Veranstaltung also, auf der Hitler die Stadt München offiziell zur »Hauptstadt der Deutschen Kunst« erhob. Vier Jahre später, zur Eröffnung des neuen Kunsttempels im Sommer 1937, fiel das Spektakel noch deutlich pompöser aus.[205] Das Rahmenprogramm zog sich über drei Tage hin und erstreckte sich räumlich über den gesamten Innenstadtbereich, wo zahlreiche Straßenzüge, Plätze und Tore mit Hakenkreuzfahnen, Lichterketten und braunen Tüchern geschmückt waren. Die Hauptattraktion dieses politischen Schauspiels unter dem Deckmantel der Kunst war der historische Festzug »Zweitausend Jahre Deutsche Kultur« am Sonntagvormittag, mit dem die »Große Deutsche Kunstausstellung« eröffnet wurde. Passenderweise öffnete einen Tag später gegenüber in den Hofgar-

---

201 Vgl. Rabe, Hauptstadt: Dort wird gezeigt, wie sehr die Stadt die Konkurrenz mit Berlin suchte, indem das Preisgeld auf 100.000 RM angehoben und der Termin entsprechend platziert wurde. Im Jahr 1936 versuchte man sich außerdem mit aller Macht an die Olympischen Spiele anzubinden, indem man das »Braune Band« als »Olympiade des Pferdes« bzw. »Olympiasommer in München« zu vermarkten versuchte.

202 München der Mittelpunkt des Pferdesports, in: Neues Münchner Tagblatt, 2.7.1937.

203 Vgl. Hockerts, Mythos, S. 337.

204 Pfeiffer, Darlegungen des Stadtkämmerers zum Haushaltsplan 1935, StadtAM, Kämmerei 281; siehe oben, S. 283-285.

205 Vgl. die Beschreibung bei Brantl, Haus der Kunst, S. 69-80.

tenarkaden die Ausstellung »Entartete Kunst« ihre Pforten. Dort bekamen die Besucher jene Werke zu sehen, die nicht in das nationalsozialistische Verständnis von »deutscher Kunst« passten. Bereits am Vorabend des Festzugs hatte ein Empfang der Reichsregierung im Ausstellungspark stattgefunden, zu dem die führenden Staats- und Parteifunktionäre mit ihren offenen Wagen vorfuhren und bei dem nun vermutlich auch Oberbürgermeister Karl Fiehler mit einem adäquaten Gefährt glänzen konnte. Der Sonntagabend stand ganz im Zeichen des Vergnügens: An zahlreichen Orten im Stadtgebiet fanden in Anlehnung an eine alte Münchner Tradition Künstler- und Tanzfeste statt. Der gegenüber Propaganda-Veranstaltungen meist skeptische, geheime Informant der Exil-SPD (Sopade) notierte im Anschluss an diese Festtage staunend: »Wir Münchner haben schon viele Parteiveranstaltungen gesehen [...]. Heute müssen wir zugeben, daß wir alle unsere Erwartungen übertroffen sahen. [...] München war in eine Zauberstadt verwandelt.«[206] Glaubt man ihm, herrschte innerhalb der lokalen Bevölkerung aber trotz allem auch eine gewisse Skepsis, die insbesondere mit der Frage nach der Finanzierung zusammenhing. Gerüchten zufolge kostete das Wochenendspektakel ähnlich viel wie der Bau des Ausstellungshauses selbst. »Der Münchner aber«, so der Sopade-Berichterstatter, »griff sich ob dieser ganzen Zauberei an den Kopf und fragte sich: Wer muss das alles bezahlen?«

Tatsächlich beliefen sich die Kosten für die Veranstaltung in diesem wie in den beiden Folgejahren jeweils auf mehr als 3,5 Millionen Reichsmark. Rechnet man noch die Summe für den etwas weniger glamourösen Festtag im Oktober 1933 hinzu, dann waren die Veranstaltungen insgesamt vier Wochenenden tatsächlich sogar teurer als der vier Jahre dauernde Bau des Ausstellungsgebäudes, das noch heute steht.[207] Während aber die Baukosten für das »Haus der Deutschen Kunst« in Höhe von mindestens neun Millionen Reichsmark[208] hauptsächlich mit Spenden aus der deutschen Industrie finanziert worden waren,[209]

206 Deutschland-Berichte der Sopade, 1937, S. 1075 f.

207 Zum Vergleich: Entsprechend einer Übersicht von Franz Xaver Schwarz verursachten die Parteigründungsfeiern in München jährlich etwa 50.000 RM, die Feiern am 9. November etwa 200.000 RM (Kostenträger jeweils: NSDAP) und die Staatsempfänge und -begräbnisse im Durchschnitt 100.000 RM Kosten (vgl. Reichsschatzmeister Schwarz an Propagandaminister Goebbels, Tag der Deutschen Kunst und andere Großveranstaltungen in München, 1.10.1940, StadtAM, Kämmerei 1887).

208 Diesen Wert nennt Brantl, Haus der Kunst, S. 56. Tatsächlich variieren die Angaben in Literatur und Quellen in diesem Punkt nicht unerheblich. Arndt, »Haus der Deutschen Kunst«, S. 63, nennt den Wert von 12 Mio. RM als Baukosten, welchen auch Fiehler vor den Ratsherren erwähnt.

209 Die Liste der 18 Großinvestoren, die die ersten drei Mio. RM des ursprünglich auf fünf Mio. RM taxierten Projekts aufbrachten, liest sich wie ein »Who-is-Who der deutschen Wirtschaft und Industrie« (Brantl, Haus der Kunst, S. 59): August von Finck, Robert Bosch, Fritz Thyssen, Friedrich Flick, Gustav Krupp von Bohlen und Hallbach, Karl Friedrich von Siemens, Philipp F. Reemtsma u.v.m. (vgl. Tafel für die Grundsteinstifter, abgedruckt in: Brantl, Haus der Kunst, S. 63). Zahlreiche weitere Spenden konnten bis zur Fertigstellung 1937 eingeworben werden, um die steigenden Baukosten zu stemmen. Der Finanzierungserfolg ist ein guter Indikator für die er-

wurden die spektakulären Festveranstaltungen weitgehend mit öffentlichen Geldern von Stadt, Land und Reich bezahlt. Obwohl sich alle Beteiligten grundsätzlich darüber einig waren, ein möglichst pompöses Fest zu zelebrieren, brachte die Frage, wer welche Kosten zu tragen hätte, diverse Konflikte mit sich. Im ersten Jahr kam die Stadt München noch recht billig davon. Staatsminister und Gauleiter Wagner, der mit der Durchführung der Veranstaltung beauftragt worden war, bat im November 1933 lediglich, sich am Fehlbetrag von 145.000 Reichsmark zu beteiligen, den die Grundsteinlegung – auch wegen der offensichtlich geringen Spendenbereitschaft der Münchner Bevölkerung[210] – nach sich gezogen hatte. Die Stadt steuerte 45.000 Reichsmark aus dem Betriebsrückhalt bei, während NSDAP-Reichschatzmeister Schwarz für die restlichen 100.000 Reichsmark aufkam. Dass diese geringe städtische Beteiligung zukünftig nicht mehr ausreichen würde, sah Bürgermeister Hans Küfner schon damals voraus, als er ein gesteigertes Engagement einforderte: Es sei selbstverständlich, dass man sich an einer solchen Sache, bei der die Stadt München »ideell und, wie wir alle hoffen, schliesslich auch materiell« profitieren werde, anders beteiligen müsse als bislang.[211] Wenn tatsächlich das, was der Führer beabsichtige, Wirklichkeit werde, nämlich, dass die Stadt auf kulturellem Gebiete eine führende Stellung einnehmen solle, dann werde es sich nicht weiter vermeiden lassen, den entsprechenden Etat in Zukunft besser auszugestalten.

In der Tat steigerte die Stadt in den kommenden Jahren ihre Ausgaben für die Kunst in unterschiedlichen Bereichen ganz erheblich: Millionenbeträge flossen etwa in eine Rücklage zur »Förderung der Kunst« – der »nationalsozialistischen« Kunst selbstverständlich.[212] Nicht zuletzt spendete die Stadt 356.000 Reichsmark für das noch im Bau befindliche »Haus der Deutschen Kunst« und übernahm auch beträchtliche Summen der dort anfallenden Grund- und Nebenkosten.[213]

hebliche Unterstützung, die führende deutsche Wirtschaftskreise dem neuen Reichskanzler gewährten. Zudem gab das Land Bayern einen Zuschuss von 500.000 RM und stellte das Grundstück zur Verfügung, welches damals mit 1,7 Mio. RM bewertet wurde (vgl. Brantl, Haus der Kunst, S. 58). Und, was oft übersehen wird, auch die Stadt München beteiligte sich finanziell in erheblichem Umfang an dem Prestigeprojekt, das nicht zuletzt dem Renommee der Stadt zugutekommen sollte. Die NSDAP stiftete ›nur‹ 200.000 RM.

210 Vgl. Brantl, Haus der Kunst, S. 71.
211 Vgl. Küfner, Haushaltsausschuss, 17.11.1933, StadtAM, RSP 706/7.
212 Allein im Jahr 1936 wurden 1,2 Mio. RM aus ordentlichen Mitteln dieser Rücklage zugeführt (vgl. etwa Haushaltsplan der Hauptstadt der Bewegung 1938, S. 143).
213 Vgl. Haushaltsplan der Landeshauptstadt München 1935, S. 122. Im Juli 1935 bat Staatsinnenminister Adolf Wagner seinen Parteigenossen Karl Fiehler darum, die Kosten für die Leistungen, die die Stadt im Rahmen des Baus bislang gegen Vergütung durchgeführt hatte, selbst zu übernehmen (vgl. Wagner an Fiehler, 18.7.1935, StadtAM, Kämmerei 1850). Dabei handelte es sich um Gebühren – etwa für Hochbauarbeiten, Kanal-, Wasser- und Stromanschlüsse, die Kontrollen durch die Lokalbaukommission, die Aufstellung von Messgeräten oder für die Abnahme von Aufzügen oder Blitzableitern – sowie Kosten für Pflasterarbeiten, Wegebefestigungen und die Regulierung der Prinzregentenstraße im damals kalkulierten Gesamtumfang von 185.400 RM (vgl.

Freilich tat sie sich ab 1935 mit den neuen Ausgabenakzenten insofern leichter, als die steigenden Steuereinnahmen ihr kurzzeitig größere Handlungsspielräume ermöglichten. Diese finanziellen Spielräume wurden demnach hier wie in anderen Fällen insbesondere in NS-konformer Weise genutzt.

Im Jahr 1937, als der nächste »Tag der Deutschen Kunst« anstand, erklärte man sich dann auch relativ frühzeitig bereit, Kosten für die Ausschmückungsgegenstände in der Gesamtsumme von einer Million Reichsmark zu übernehmen: Entnommen wurde diese aus der Rücklage zur Förderung der Kunst, finanziert aus Haushaltsüberschüssen des Rechnungsjahres 1936.[214] Ganz freiwillig stellte die Stadt diese horrende Summe allerdings trotzdem nicht zur Verfügung. Nach einer persönlichen Rücksprache Fiehlers mit Hitler im Frühjahr 1937 stellte der Oberbürgermeister vielmehr gegenüber den Ratsherren heraus:»Ich bin überzeugt, meine Herren, daß wir darum nicht herumkommen werden.«[215] Der »Führer« habe ihm dies»in beinahe ironischer und frotzelnder Weise klar gemacht«. Er wiederum sei»nicht in der Lage«, einem solchen Wunsch»auch nur irgendwie schwerwiegende Gründe entgegenzusetzen, es sei denn, daß wir tatsächlich nicht in der Lage wären das Geld aufzubringen«. Intern rechnete man sich die hohen Ausgaben insofern schön, als man zur Bedingung machte, dass die Ausschmückungsgegenstände ins Eigentum der Stadt übergingen und bei künftigen Anlässen Verwendung finden könnten.[216]

Adolf Wagner verlangte jedoch auch im darauffolgenden Jahr für den »Tag der Deutschen Kunst« einen»Zuschuss« in gleicher Höhe wie 1937, da das Fest nach seinen Vorstellungen noch weiter ausgebaut werden sollte.[217] In einem

Zusammenstellung der Kosten, die für das»Haus der Deutschen Kunst« für Gebühren und für von der Stadt München zu leistende Arbeiten im Laufe der Bauzeit nach dem Kostenvoranschlag anfallen werden, 6.7.1935, StadtAM, Kämmerei 1850). Als der OB einige Monate später antwortete, wobei der Entwurf des Schreibens wie so oft auf den Stadtkämmerer zurückging, gab er sich spendierfreudig: Er versprach nicht nur die Kostenerstattung für die bisherigen Bautätigkeiten und Gebührenberechnungen, sondern sicherte auch zu, dass bis zur Fertigstellung überhaupt»von einer Ansetzung von Gebühren Abstand genommen«werde. Wagner zeigte sich darüber hoch erfreut. Stadtintern sorgte der Entschluss aber für einige haushaltstechnische Probleme und vor allem kontroverse Diskussionen darüber, aus welchen Töpfen die Versprechungen, die als solche natürlich nicht offen kritisiert wurden, letztlich zu bezahlen seien. Auch nach der Fertigstellung des Baus übernahm die Stadt weiterhin Nebenkosten und kalkulierte dafür mit bis zu 60.000 RM im Haushaltsjahr (vgl. etwa Haushaltssatzung der Hauptstadt der Bewegung München 1940, S. 141).

214 Vgl. Entscheidung/Mittelbereitstellung für die Eröffnungsfeier des Hauses der Deutschen Kunst benötigten Ausschmückungsgegenstände, 25.5.1937, StadtAM, Kämmerei 1850.

215 Fiehler, Ratsherren, 25.5.1937, StadtAM, RSP 710/1.

216 Vgl. Entscheidung/Mittelbereitstellung für die Eröffnungsfeier des Hauses der Deutschen Kunst benötigten Ausschmückungsgegenstände, 25.5.1937, StadtAM, Kämmerei 1850; OB Fiehler an Gaupropagandaleiter Wenzl, 4.6.1937, StadtAM, Kämmerei 1850.

217 Vgl. dazu auch den Brief des Bayerischen Innenministers an Joseph Goebbels, 31.5.1938, StadtAM, Kämmerei 1887, in dem Wagner den Anspruch verdeutlicht:»Die Finan-

Brief vom 1. Juni stellte er dabei den Oberbürgermeister vor vollendete Tatsachen: Es sei »ganz klar«, dass Zuschüsse vom Reich, vom Land und vom »Führer« nur dann erwartet werden könnten, wenn die »unmittelbar beteiligte Stadt von sich aus die höchstmöglichste [sic!] Leistung aufweisen« könne.[218] Er halte es deswegen für notwendig, dass die Stadt mindestens eine Million Reichsmark zur Verfügung stelle. Diese Mittel seien außerdem »unverzüglich« herbeizuschaffen, da die Vorbereitungen bereits »in vollem Gange« seien. Wagner hatte nicht nur bereits die Höhe des städtischen Zuschusses – übrigens noch mit Verweis auf entsprechende Rücksprachen mit Reichspropagandaminister Joseph Goebbels – festgelegt, sondern auch eigenständig für einen Kredit gesorgt: »Auf meine Veranlassung hat die Bayer. Gemeindebank bereits einen Betrag von 500.000 Reichsmark vorschussweise als Kredit zur Verfügung gestellt.«[219] Über Fiehler wurde der Stadtkämmerer von Wagner angewiesen, »in engster Fühlungnahme mit meiner Gauleitung«, die Finanzierungsmaßnahmen vorzubereiten, von denen München, »wenn vielleicht auch nicht jetzt, so doch in der weiten Zukunft die grössten finanziellen Vorteile« haben werde. Zuletzt mahnte Wagner an, dass es ihm lieb sei, wenn die Initiative in Zukunft »rechtzeitig von der Stadt selbst« ergriffen werde: »Wenn meine Gauleitung schon alle übrigen Arbeiten erfüllt, dann kann nach meinem Dafürhalten die Stadtverwaltung wenigstens zum wesentlichsten Teil die Finanzierungsarbeiten betreiben.«

Der Stadtkämmerei stellte sich allerdings ein ganz grundlegendes haushaltsrechtliches Problem: Infolge des noch nicht abschließend geregelten innerbayerischen Finanzausgleichs konnte bis dato, anders als in den Vorjahren, noch kein Haushaltsplan für das Jahr 1938 aufgestellt werden. Damit fehlte nicht nur Planungssicherheit bezüglich der zu erwartenden Einnahmen. Nach Paragraf 87 der DGO war es in solchen Fällen Oberbürgermeistern eigentlich nur erlaubt, Ausgaben zu tätigen, die bei sparsamster Verwaltung nötig waren, »um die bestehenden Gemeindeeinrichtungen in geordnetem Gang zu erhalten«.[220] Dazu gehörte die eine Million Reichsmark für das Kunst-Spektakel nun sicher nicht. Es bedurfte also einer Sondergenehmigung, um diese rechtlichen Schranken zu umgehen. Da dem Hauptorganisator des »Tags der Deutschen Kunst«, Adolf Wagner, als Staatsinnenminister zugleich die obere Kommunalaufsicht oblag, stellte diese Rechtslage aber nur ein kleines Hindernis dar: Unter Umgehung der ungeliebten Regierung von Oberbayern konnten die Mittel schon eine Woche später überwiesen werden. Die Hälfte davon in Höhe von

zierung des Tages der Deutschen Kunst, des Festzuges, der Dekorationen Münchens und der Künstlerfeste muss nach Lage der Dinge grosszügig angepackt werden, denn der Tag der Deutschen Kunst wird von Jahr zu Jahr immer mehr das grösste künstlerische und kulturelle Ereignis Grossdeutschlands werden müssen. So will es auch der Führer.«

218 Vgl. Bayerischer Staatsminister des Innern an Oberbürgermeister der Hauptstadt der Bewegung, Tag der Deutschen Kunst, 1.6.1938, StadtAM, Kämmerei 1887.

219 Ebd.

220 Vgl. Deutsche Gemeindeordnung, RGBl. I (1935), S. 60.

500.000 Reichsmark stellte die Stadt allerdings aus den Mitteln zur Verfügung, die eigentlich für den Fonds für den Ausbau der »Hauptstadt der Bewegung« gedacht waren.[221] Zugleich versuchten die Verantwortlichen, mit diesen Ausgaben ihrerseits finanzpolitischen Druck bezüglich des Finanzausgleichs auf das Reich aufzubauen: In einem Telegramm an den Innenminister Frick drohte Fiehler damit, dass die Ausrichtung des »unter der Schirmherrschaft des Führers stehenden Tags der Deutschen Kunst in Gefahr« sei, wenn die Stadt die Zuschüsse nicht sofort auszahle.[222] Es zeigt sich in diesem Handeln das Muster, das wir schon im Zusammenhang mit dem Finanzausgleich kennengelernt haben und dass sich auch bei den Aufwendungen für den »Tag der Deutschen Kunst« in späteren Jahren noch wiederholen sollte: Die Stadt sah sich einerseits im Rahmen eines erhofften Imagegewinns und gegenüber dem »Führerwillen« verpflichtet, einen erheblichen Teil der Kosten für die Festveranstaltungen zu übernehmen; andererseits war sich die Stadtspitze aber bewusst, dass es sich hierbei nicht um im eigentlichen Sinne kommunale Aufgaben handelte, sodass sie die Aufwendungen wiederum als Verhandlungsmasse in die Debatten um den Finanzausgleich einbrachte.[223] Anders gesagt: Natürlich wollte sich die Stadt als »Hauptstadt der Deutschen Kunst« präsentieren, aber zahlen wollte sie dafür möglichst wenig.

Ein Jahr später wurde ein ähnliches Spiel gespielt: Zunächst war gewohnheitsmäßig eine Million Reichsmark im Haushalt veranschlagt worden. Als dann aber die Planungen für das fünfte Gesetz zum Finanzausgleich bekannt wurden, welches die Steuereinnahmen der Kommunen zugunsten des Reichs reduzierte, halbierte der Oberbürgermeister den Betrag kurzerhand.[224] Die mit der Organisation des Festtags betraute Gauleitung pochte jedoch auf die informellen und mündlichen Abmachungen, in welchen Fiehler offensichtlich denselben Betrag

---

221 Vgl. Aktennotiz, Tag der Deutschen Kunst 1938, 9.6.1938, StadtAM, Kämmerei 1887.
222 Aktennotiz OB, Telegramm an Frick, 9.6.1938, StadtAM, Kämmerei 1887.
223 Vgl. etwa Fiehlers Schreiben an Reichsminister der Finanzen, 22.5.1941, StadtAM, Kämmerei 1887, in welchem der Münchner Oberbürgermeister anführt, dass er den damaligen Regelungen für die Finanzierung des »Tages der Deutschen Kunst« nur unter der Voraussetzung zugestimmt habe, dass die zusätzliche Belastung, welche über den Rahmen des eigentlichen gemeindlichen Aufgabenkreises weit hinausgehe, spätestens nach dem Krieg in künftigen Finanzausgleichsmaßnahmen »voll« angerechnet werde. »Ich darf Sie daher, sehr geehrter Herr Reichsfinanzminister, bitten, mir zuzusagen, dass die Leistungen der Hauptstadt der Bewegung für den Tag der Deutschen Kunst bei allenfallsigen künftigen Finanzausgleichsmassnahmen der von mir geschilderten Art voll in Anrechnung kommen werden.« In seinem Antwortschreiben machte Schwerin von Krosigk jedoch deutlich, eine solche Zusage nicht geben zu können (vgl. Schwerin von Krosigk an Fiehler, 26.6.1941, StadtAM, Kämmerei 1887).
224 Vgl. Aktennotiz Stadtkämmerei, Zuschuss der Hauptstadt der Bewegung zum Tag der Deutschen Kunst, 4.4.1939, StadtAM, Kämmerei 1887.

zugesagt hatte wie in den Vorjahren.[225] Um einen größeren Konflikt zu vermeiden, stellte man den Betrag schließlich erneut zur Verfügung.[226]

Im Jahr 1939 fand der »Tag der Deutschen Kunst« allerdings zum letzten Mal statt. In den Kriegsjahren wurde jährlich lediglich in deutlich weniger glamouröser und damit auch kostengünstigerer Weise die »Große Deutsche Kunstausstellung« eröffnet. Trotzdem wurde hinter den Kulissen noch immer über die Finanzierungsfragen debattiert. Zum einen galt es, die immensen Verluste, die sich im Zusammenhang mit dem Festtag bis dahin angesammelt hatten, aufzuarbeiten, und zum anderen, die Kostenverteilung für die zukünftigen Veranstaltungen zu klären.

Im November 1940 schließlich kamen auf Initiative von Reichsschatzmeister Franz Xaver Schwarz verschiedene Vertreter aus Stadt, Staat und Partei in dem NSDAP-Verwaltungsbau am Königsplatz zusammen, um klare Grundlagen hinsichtlich der Finanzierung der Großveranstaltungen, insbesondere des »Tages der Deutschen Kunst«, zu schaffen – vonseiten der Stadt München waren Stadtkämmerer Pfeiffer und der für das Kulturamt verantwortliche Ratsherr Reinhardt anwesend.[227] Nötig war diese Zusammenkunft auch deshalb geworden, weil sich der einst vom Gauleiter Wagner gegründete Verein für Münchner Großveranstaltungen seiner Aufgaben nicht gewachsen gezeigt hatte und in der Zwischenzeit, im September 1940, liquidiert worden war. Die bisherige Finanzierung des »Tages der Deutschen Kunst« war durch verschiedene öffentliche Zuschüsse erfolgt, wobei diese nicht auf klaren Verpflichtungen beruhten und nicht ausreichten, sodass von Jahr zu Jahr hohe Verbindlichkeiten ungedeckt geblieben waren.

Nach zwei Tagen intensiver und kontroverser Diskussionen war zum einen die Übernahme der ausstehenden Verbindlichkeiten geklärt: Schwarz übernahm von Parteiseite die noch ausstehenden Schulden von 700.000 Reichsmark, wobei er sich dafür endgültig die Ausschmückungsgegenstände sicherte, auf welche die Stadt ohnehin schon längst keine Hoheit mehr hatte. Außerdem einigte man sich für die Zukunft auf einen Verteilungsschlüssel: Von den kalkulierten jeweils drei Millionen Reichsmark Gesamtkosten sollte die Stadt München weiterhin einen Sockelbetrag von einer Million jährlich zur Verfügung stellen, das Land übernahm 500.000 und das Reich 1,5 Millionen Reichsmark. Im Falle der Überschreitung dieser Kosten sollte die Stadt anteilig 20 Prozent übernehmen, das Reich 70 Prozent und das Land zehn Prozent. Die Abrechnung lag fortan

225 Vgl. Stellvertretender Gauleiter Oberbayern Nippold an Fiehler, 24.3.1939, StadtAM, Kämmerei 1887.
226 Vgl. Stadtkämmerei an Oberbürgermeister, Zuschuss der Hauptstadt der Bewegung für den Tag der Deutschen Kunst, 6.4.1939, StadtAM, Kämmerei 1887. Der Stadtkämmerer wolle »nicht das Risiko übernehmen«, die Ablehnung der zweiten Hälfte des Zuschusses zu empfehlen. Er machte jedoch deutlich, dass, falls sich die Auswirkungen des beabsichtigten fünften Gesetzes zur Änderung des Finanzausgleichs bewahrheiteten, nichts anderes übrig bleibe, als »stadteigene Aufgaben« zurückzuschrauben.
227 Vgl. Besprechung im Sitzungszimmer des Reichsschatzmeisters der NSDAP, 18./19.11.1940, Finanzierung der Großveranstaltungen in München, BAB, NS 1 985.

```
A b s c h r i f t

                        "Tag der Deutschen Kunst"
                             A u s g a b e n
 1. Propaganda-Presse                        98.000 RM
 2. Presse-Empfänge                          34.500 RM
 3. Programme                                 9.500 RM
 4. Betreuung der Ehrengäste                132.500 RM
 5. Eröffnung Tag der Kunst                  29.000 RM
 6. Festaufführung (Theater-Dekoration)      33.500 RM
 7. Führergeschenk                            9.000 RM
 8. Ausschmückung des Künstlerhauses          5.500 RM
 9. Eröffnung der Kunstausstellung            1.500 RM
10. Empfang der ausländischen Gäste           5.500 RM
11. Kostüme                                 287.500 RM
12. Teilnehmer                               80.500 RM
13. Garderobiere und Frisöre                 18.500 RM
14. Tiere                                     2.000 RM
15. Absperrung                              121.000 RM
16. Wagen und Requisiten                    540.500 RM
17. Fahnen, Stoffe, Requisiten              287.500 RM
18. Holz, Tribünen                          271.500 RM
19. Gärtnerarbeiten                          63.500 RM
20. Festspiel im Dantestadion               172.500 RM
21. Künstlerfeste                           345.000 RM
22. Ballett                                  63.500 RM
23. Konzerte und Chöre                      167.000 RM
24. Festbeleuchtung                          63.500 RM
25. Film                                      8.000 RM
26. Lautsprecheranlagen                     132.500 RM
27. Versicherung                             17.500 RM
28. Verwaltungskosten                       402.500 RM
29. Sonderpostmarken                            100 RM
30. Instandsetzungsarbeiten                 400.000 RM
31. Verschiedenes                            46.000 RM
                                          3'849.100 RM
                                          ============
                         gez.  R a d t k e .
```

Abb. 17: Der Preis des »schönen Scheins«: Kostenkalkulation für den »Tag der Deutschen Kunst« 1941, der allerdings nicht mehr stattfand, unterzeichnet vom Gauschatzmeister Radtke. Die Einnahmen aus Ticket- und Plakettenverkauf wurden nur auf 179.000 Reichsmark taxiert.

in den Händen des Reichsschatzmeisters der NSDAP. Tatsächlich belief sich die wenig später von Franz Xaver Schwarz vorgelegte Kalkulation für den geplanten »Tag der Deutschen Kunst« 1941 auf über 3,8 Millionen Reichsmark.[228] Zwar fand weder 1941 noch später ein weiterer nationalsozialistischer Tag der Kunst statt, es fielen trotzdem noch erhebliche Kosten zwischen 200.000 (1942) und 400.000 Reichsmark (1941) im Jahr für Instandhaltung und Verwaltung

---

228 Vgl. Reichsschatzmeister NSDAP an OB Fiehler, Finanzierung der Großveranstaltungen in München, 4.3.1941, StadtAM, Kämmerei 1887.

an, wovon die Stadt verpflichtungsgemäß ein Drittel zu übernehmen hatte.[229] Der einstige »Zauber«, den das Großevent versprüht, der »schöne Schein«, den die Festveranstaltung umgeben hatte, waren im Krieg längst verflogen. Die Kosten blieben.

5. Die Kosten des Größenwahns: der Ausbau der »Hauptstadt der Bewegung«

Geld spielte keine Rolle. Die Pressemitteilung über die beabsichtigten Umgestaltungs- und Ausbaumaßnahmen in der »Hauptstadt der Bewegung«, welche die Stadt am 1. Mai 1938 herausgab, klärte ausführlich über den aktuellen Stand der Entwürfe für ein neues München auf.[230] Auf neun Seiten informierte die Sonderbaubehörde detailliert über die geplante Verlegung des Hauptbahnhofs auf die Höhe des Stadtteils Laim, dessen monumentales neues Empfangsgebäude, über die drei U-Bahn-Linien, die das Stadtgebiet unterkreuzen sollten, die Neuanlage eines Südbahnhofs an der Theresienwiese, über die großzügigen Zubringerstraßen zu den Reichsautobahnen, den Autobahnring und die zahlreichen neuen Parteigebäude rund um den Königsplatz. Als Prunkstück vorgesehen war eine zweieinhalb Kilometer lange Prachtstraße zwischen neuem Bahnhof und Karlsplatz, gesäumt von zahlreichen imposanten Freizeitgebäuden – Oper, KdF-Hotels, Hallenbad, Kinos –, zulaufend auf das gewaltige Denkmal zur Erinnerung an die Gründung der NSDAP, das die Frauenkirche um das Doppelte überragen sollte. Keine Zeile, kein Wort liest man in dieser Pressemeldung über die prognostizierten Kosten oder gar über Finanzierungskonzepte für diese gigantischen Projekte.

Dass die finanziellen Eckdaten staatlicher Bautätigkeiten ausgeblendet wurden, war im »Dritten Reich« nicht ungewöhnlich.[231] Hohe Kostenrechnungen passten nicht zur nationalsozialistischen Propaganda, die die Bevölkerung glauben machen wollte, dass die zahlreichen neuen Prachtbauten nur durch die körperliche Arbeit des deutschen Volkes oder dessen Spendenbereitschaft entstanden waren und dabei verschwieg, dass sie zu großen Teilen aus Steuergeldern finanziert wurden. Nähere Ausführungen über Finanzierungskonzepte hätten

---

229 Vgl. Reichsschatzmeister NSDAP an Oberbürgermeister, Tag der Deutschen Kunst. Anteilsmäßige Übernahme der laufenden Verwaltungskosten, 11.4.1942, StadtAM, Kämmerei 1887; Reichsschatzmeister NSDAP an Oberbürgermeister, Tag der Deutschen Kunst – anteilsmäßige Übernahme der laufenden Verwaltungskosten, 5.3.1943, StadtAM, Kämmerei 1887.

230 Vgl. Mitteilung der Sonderbaubehörde Ausbau der Hauptstadt der Bewegung, Plan des Ausbaus der Hauptstadt der Bewegung, 29.4.1938, abgedruckt in: Dülffer/Thies/Henke, Städte, S. 168-176.

231 Für den Fall Berlin verbot Hitler sogar ausdrücklich, dass zusammenfassende Berechnungen aufgestellt würden, um keine politische Opposition entstehen zu lassen (vgl. Larsson, Neugestaltung, S. 101).

nicht nur offengelegt, dass diese nicht immer seriös waren, sondern auch Konflikte unter den Bauträgern von Großprojekten aufgezeigt und damit ›Risse‹ hinter dem geschlossenen Auftreten der unterschiedlichen Staats- und Parteifunktionäre erkennen lassen. Hitler selbst, der sich als oberster Bauherr verstand, interessierte sich ohnehin kaum für das Finanzielle. Zusammen mit den Architekten seines Vertrauens – allen voran Albert Speer in Berlin sowie Paul Ludwig Troost und Hermann Giesler in München – entwickelte er lieber hochtrabende Pläne und überließ die Fragen der finanziellen Realisierung den Behörden, nicht zuletzt jenen auf städtischer Ebene.

Man kann den Eindruck gewinnen, dass das systematische Ausblenden von Geldfragen bei Bauprojekten in der zeitgenössischen Öffentlichkeit auch auf die historische Forschung nach 1945 abgefärbt hat. Während die städtebaulichen Maßnahmen im »Dritten Reich« für München und andere Städte ausführlich und vor allem mit architekturgeschichtlichen Fragestellungen untersucht wurden, nahm man die geplanten oder gar tatsächlichen Kosten der Bauprojekte, ihre mitunter verworrenen Finanzierungsmodelle und die damit verbundenen Konflikte oft nur am Rande oder gar nicht in den Blick.[232]

Im Folgenden möchte ich hinter die Kulisse des gigantischen Ausbauprojekts der »Hauptstadt der Bewegung« blicken und die finanziellen und finanzpolitischen Dimensionen beleuchten, wobei der Schwerpunkt auf dem Zeitraum ab 1937 liegen soll, als sich die Planungen verdichteten. Die bauliche Weiterentwicklung der Stadt, die sich das NS-Regime auf die Fahnen geschrieben hatte, beschäftigte die kommunale Finanzverwaltung in immer stärkerem Maße. Überdies zeichneten sich für München als Bauträger immer höhere Kosten ab, die freilich noch viel höher ausgefallen wären, wenn die ehrgeizigen Projekte im Krieg nicht zum Stillstand gekommen wären. Bereits oben haben wir an einigen Beispielen gesehen, dass die besondere Stellung, die die Stadt München als »Hauptstadt der Bewegung« in der NS-Zeit einnahm, ihre Ausgabenpolitik stark beeinflusste. Nirgendwo wird dieser Zusammenhang so deutlich wie auf dem Feld der Stadtplanung. Weil der Ausbau unter dem direkten Einfluss Adolf Hitlers stand,[233] zeigt sich hier in seiner deutlichsten Ausprägung jenes Prinzip, das das Motto dieses Kapitel bildet: »Dem Willen des Führers Rechnung tragen«.

---

232 Stellvertretend für eine frühe Auseinandersetzung seien hier nur Dülffer/Thies/Henke, Städte, sowie Larsson, Neugestaltung, genannt; für den Fall München sind wichtig die Beiträge von Rasp, Stadt, zusammenfassend ders., Bauten, Nerdinger, Bauen, ders., Ort und Erinnerung, zusammenfassend ders., Topografie, sowie Bärnreuther, Revision, die auf S. 127-132 auch ein knappes Kapitel zu »Staatswirtschaftlichen und finanztechnischen Aspekten« bietet. Außerdem beschäftigt sich der Sammelband von Ribbe, Hauptstadtfinanzierung, zumindest in einem Beitrag von Boelcke mit der Hauptstadtfinanzierung in der NS-Zeit, wobei der Fokus auf Berlin liegt.

233 Vgl. auch Hanko, Kommunalpolitik, S. 408, der beobachtet, dass sich »unmittelbare Beziehungen« zwischen Stadt und Hitler hauptsächlich auf dem Gebiet des Bauwesens abspielten, wobei anzufügen ist, dass eben diese Baufragen nicht selten auch an Finanzierungsfragen gekoppelt waren.

»Führerbau« – »Führerstadt« – »Führerwille«

Die städtebauliche Erneuerung im Geiste des Nationalsozialismus hatte bereits lange vor jener Pressemeldung vom 1. Mai 1938 begonnen. Schon vor der »Machtergreifung«, im Jahr 1927, hatte Hitler, der verhinderte Künstler, über umfassende Erneuerungen in München nachgedacht.[234] 1931 zog die NSDAP-Zentrale in ein repräsentatives Stadtpalais in der Brienner Straße, das mit Parteispenden erworben und vom Münchner Architekten Paul Ludwig Troost nach den Wünschen des Parteichefs umgebaut worden war. Um dieses »Braune Haus« herum entstand ab 1933 ein Parteiviertel, das sich bald auf über 60 Gebäuden erstreckte, von denen zahlreiche aufwendig umgestaltet oder erst neu erbaut wurden, darunter zwei Monumentalbauten, die noch heute stehen: der »Führerbau« und der »Verwaltungsbau der NSDAP«. Auch der einst von Ludwig I. erbaute Königsplatz in direkter Nachbarschaft wurde NS-ideologisch überformt, indem er mit Granitplatten zur Aufmarschfläche ausgestaltet und an seiner Stirnseite mit zwei »Ehrentempeln« zur Erinnerung an die »Opfer« des Hitlerputsches versehen wurde.

Die städtebaulichen Veränderungen dieser frühen Jahre betrafen aber auch andere Stadtteile und zielten nicht nur auf Repräsentationsbauten. Überall wurden Straßen verbreitert, Brücken errichtet, Schwimmbäder erweitert und auch der Wohnungsbau vorangetrieben, wenn auch nicht annähernd im erforderlichen Maße.[235] Das Ziel, die Arbeitslosigkeit zu lindern und die Wirtschaft wiederzubeleben, technisch-pragmatische Überlegungen sowie der Wunsch nach Modernisierung verbanden sich in vielen Fällen – darin liegt das spezifische Merkmal der Baupolitik im »Dritten Reich« – mit ideologischen Absichten.[236] Denn in der Architektur sahen die nationalsozialistischen Bauherren ein zentrales Medium, um ihrem Herrschaftsanspruch Geltung zu verschaffen, mithin, wie Goebbels es ausdrückte, »ein erstrangiges Propagandainstrument«.[237] Insofern reproduzierte die Deutsche Allgemeine Zeitung vor allem die Parteilinie, als sie im August 1935 schwärmte: »München macht heute ein beinahe perikleisches Zeitalter durch, eine neue Bauepoche, die sich in vieler Hinsicht mit jenem Athen vergleichen läßt, das unter Perikles den Höhepunkt griechischen Ansehens, griechischer Kunst und Kultur verkörperte.«[238]

Anders als im antiken Stadtstaat war die Stadterweiterung im nationalsozialistischen München dadurch gekennzeichnet, dass unterschiedliche staatliche Bauträger den städtischen Raum gleichermaßen beanspruchten. Die Planungen für Staats- und Parteibauten, die Errichtung städtischer Bauten, der Wohnungs-, Straßen- und Siedlungsbau oder auch private Initiativen liefen verhältnismä-

---

234 Vgl. Dülffer/Thies/Henke, Städte, S. 159, die sich dabei auf Angaben von Otto Straßer berufen.
235 Zum kommunalen Wohnungsbau in München siehe Haerendel, Wohnungspolitik.
236 Vgl. Angermair/Haerendel, Alltag, S. 21.
237 Zit. nach: Nerdinger, Topografie, S. 44.
238 Deutsche Allgemeine Zeitung, 4.8.1935, zit. nach: Angermair/Haerendel, Alltag, S. 21.

ßig unabhängig und unkoordiniert nebeneinander her. Was die Finanzierung angeht, so dominierten oft Mischformen. Während sich die Stadt an den frühen Parteibauten nicht beteiligte, bezuschusste sie beispielsweise in erheblichem Umfang den Umbau des Königsplatzes zu einem »Forum der Partei«[239] oder, wie oben gezeigt, den Bau des »Hauses der Deutschen Kunst«.[240] Viele Infrastrukturprojekte, die in städtischer Hand lagen, wurden wiederum von Reich, Land oder anderen Trägern bezuschusst; manche trug die Kommune aber auch vollkommen allein. Nach städtischen Angaben steckte man zwischen 1933 und 1937 etwa 60 Millionen Reichsmark an Haushaltsgeldern in die vom Stadtbauamt vergebenen Projekte und damit in die Münchner Bauwirtschaft.[241]

Während die ersten Jahre der Stadtentwicklung im »Dritten Reich« von einer Vielzahl von Einzelprojekten und dem »Neben-, Durch- und Gegeneinander«[242] unterschiedlicher Bau- und Kostenträger geprägt waren, markierte das Jahr 1937 den Beginn einer neuen Phase, in der zunehmend Bestrebungen auf Vereinheitlichung, Zentralisierung und Verbindung der Einzelprojekte zu einer Gesamtplanung sowie nicht zuletzt wachsender Größenwahn dominierten.[243]

Als auslösendes Ereignis kann in dieser Hinsicht eine Rede Adolf Hitlers am 30. Januar 1937 vor dem Reichstag angesehen werden. Am vierten Jahrestag der sogenannten »Machtergreifung« versprach er als »äußeres Zeugnis für diese große Epoche der Wiederauferstehung« den planmäßigen Ausbau der vier »Füh-

239 Laut dem Bericht des Untersuchungsausschusses über die Aufwendungen der Stadt München zugunsten der Partei, ihrer Gliederungen und Organisationen, bekannter Nationalsozialisten, Militaristen und Nazifreunde, 31.5.1947, S. 5, StadtAM, Kämmerei 1834, beteiligte sich die Stadt an der Umgestaltung des Königsplatzes mit insgesamt 2,3 Mio. RM. Bemerkenswerterweise wurde ein Anteil der finanziellen Beteiligung durch einen Kredit der NSDAP von drei Mio. RM ermöglicht, den Franz Xaver Schwarz im Februar 1935 sogar noch um 500.000 RM erhöhte. Die Stadt, so Pfeiffer damals vor den Ratsherren, wurde damit in die Möglichkeit versetzt, »sowohl die vom Führer gewünschte Ausgestaltung des Königsplatzes wie für andere Bauvorhaben der Stadtgemeinde München die notwendigen Mittel zur Verfügung stellen zu können« (vgl. Pfeiffer, Stadtrat, 19.2.1935, StadtAM, RSP 708/1).
240 Siehe oben, S. 330.
241 Vgl. Fiehler (Hrsg.), München baut auf, S. 19. Das war zwar mehr als in den Krisenjahren dafür ausgegeben worden war, stellte aber für eine Großstadt wie München eigentlich keine sonderlich hohe Summe dar, siehe zu den städtischen Investitionen auch oben, Kapitel III.3, S. 253f.
242 Bärnreuther, Revision, S. 110.
243 Anders als in den obigen Ausführungen, sieht Rasp, Stadt, S. 19, im Jahr 1937 nur eine Binnenzäsur im Rahmen seiner Phaseneinteilung: Die erste Phase (»Manifestation von Partei und Staat«) datiert Rasp bis ins Jahr 1934, als Hitlers erster Lieblingsarchitekt, Paul Ludwig Troost, starb und bei der Obersten Baubehörde ein Entwurfsbüro für München eingerichtet wurde, welches Staatsminister Wagner unterstellt war; die zweite Phase (»Planungen der Obersten Baubehörde und der ›Sonderbaubehörde Ausbau der Hauptstadt der Bewegung‹«) umfasst die Jahre 1934 bis 1939; die dritte Phase beginnt für ihn mit der Einsetzung des Generalbaurats Giesler (»Die Gesamtstadtplanung«) im Jahr 1939.

rerstädte« Berlin, Hamburg, München und Nürnberg voranzutreiben.[244] Umfassende städtebauliche Konzepte wurden in den nächsten Monaten entwickelt, die nichts weniger im Sinn hatten, als die entsprechenden Städte radikal umzugestalten. Am 4. Oktober 1937 schuf das »Gesetz über die Neugestaltung deutscher Städte«, an dessen Ausarbeitung führende Kommunalpolitiker beteiligt gewesen waren, dafür auch die rechtliche Handhabe, weil es den Erwerb von Grundstücken und vor allem Enteignungen erheblich erleichterte.[245]

Anders als in der Reichshauptstadt Berlin, wo die Neugestaltungsmaßnahmen von Beginn an in der Verantwortung einer eigenständigen Planungsbehörde lagen, die vom »Generalbauinspektor für die Reichshauptstadt Berlin«, Albert Speer, geleitet wurde und Adolf Hitler direkt unterstellt war, blieben in München zunächst noch die alten Organisationsstrukturen erhalten.[246] Das heißt: Noch immer herrschte das »Nebeneinander« der beim Innenministerium angesiedelten Obersten Baubehörde unter der Leitung von Fritz Gablonsky und dem Stadtbauamt. Im Dezember 1937 entschied Hitler sogar bewusst, dass er die baulichen Maßnahmen zunächst weiterhin einzeln entscheiden werde.[247] Damit verfestigte sich nicht nur die Konkurrenzsituation der unterschiedlichen Planungsinstanzen, sondern zugleich deren Abhängigkeit vom höchst wandelbaren »Führerwillen«.

Das Verhalten der kommunalen Entscheidungsträger in dieser Phase war von dem erkennbaren Bemühen gekennzeichnet, diesem »Willen« – manchmal in durchaus vorauseilender Art – nachzukommen und dabei auch die Planungs- und Finanzhoheit an sich zu ziehen. Schließlich stellte der Stadtausbau auch für ihre politische Spitze ein Prestigeprojekt erster Güte dar. Zunächst versuchte die Stadt also, ihre Organisationsstrukturen zu professionalisieren. So richtete Oberbürgermeister Fiehler im Januar 1938 eine »Sonderbaubehörde Ausbau der Hauptstadt der Bewegung« unter Leitung von Prof. Hermann Alker ein, der im August 1937 Fritz Beblo als Stadtbaurat nachfolgt war. Im März 1938 wurde schließlich eine »Forschungsstätte für die Baugeschichte der Hauptstadt der Bewegung« eingerichtet, deren Aufgaben unter anderem darin bestanden, für die größeren Bauvorhaben historisches Planmaterial ausfindig zu machen und zur Verfügung zu stellen.[248] Vor allem aber ging man auch im Bereich der Umgestaltungsentwürfe, wo immer man konnte, auf die Wünsche ihres Ehrenbürgers ein. Hitler genehmigte die Pläne im April 1938, sodass die Stadt diese am 1. Mai,

244 Vgl. Hitler, Reichstagssitzung, 30.1.1937, zit. bei: Akten der Reichskanzlei, Regierung Hitler 1933-1945, Bd. IV (1937), S. 632, Anm. 5. Tatsächlich hatte Hitler erstmals bereits im September 1936 auf der Kulturtagung des Nürnberger Reichsparteitages die bauliche Neugestaltung der Städte öffentlich angekündigt.

245 Vgl. Gesetz über die Neugestaltung deutscher Städte, 4.10.1937, RGBl. I (1937), S. 1054 f.

246 Vgl. Erlaß über einen Generalbauinspektor für die Reichshauptstadt, 30.1.1937, RGBl. I (1937), S. 103.

247 Vgl. Vorlage des Reichskabinettsrats Killy an Reichsminister Lammers, 28.5.1938, Akten der Reichskanzlei, Regierung Hitler 1933-1945, Bd. V (1938), S. 416.

248 Vgl. Verwaltungsbericht der Hauptstadt der Bewegung 1936 und 1937, S. 82.

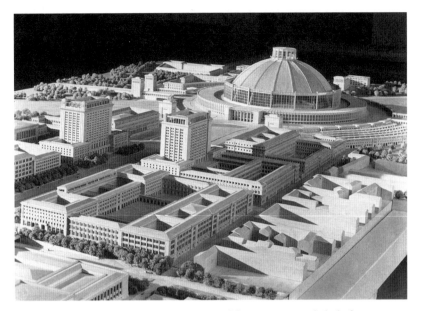

Abb. 18: Prunkstück der Planungen: Entwurf des neuen Hauptbahnhofs sowie eines Teils der Prachtstraße inklusive zweier Hochhäuser, in denen ein KdF-Hotel und die Zentrale des Eher-Verlags untergebracht werden sollten; vorne Arnulfstraße, Stand 1938/1939

dem »Tag der Arbeit«, veröffentlichen konnte. Bereits drei Wochen später, am 22. Mai 1938, folgte der erste Rammstoß zum Bau der U-Bahn. Der »Führer« verkündete bei diesem Anlass stolz: »Nicht Berlin baut Berlin, nicht Hamburg baut Hamburg, nicht München baut München und nicht Nürnberg baut Nürnberg, sondern Deutschland baut sich seine Städte, seine schönen, seine stolzen, herrlichen Städte.«[249]

Der »schöne Schein«, der offensichtlich viele Bürger blendete,[250] war jedoch trügerisch. Nur wenige Wochen später versetzten zwei wahrlich barbarische Akte die Bevölkerung in große Unruhe: Fast zeitgleich wurden die jüdische Hauptsynagoge in der Herzog-Max-Straße und die älteste evangelische Kirche der Stadt, St. Matthäus in der Sonnenstraße, abgerissen. Für zusammen 580.000 Reichsmark wurden im Zuge des Stadtausbaus angeblich erforderliche Parkplätze angelegt.

249 Zit. nach: Fiehler, Vorbericht des Oberbürgermeisters zum Sonderhaushalt für die Neugestaltung der Hauptstadt der Bewegung für das Rechnungsjahr 1940, S. 5, StadtAM, Kämmerei 1976.
250 So vermerkt jedenfalls der Berichterstatter der Sozialdemokratischen Partei Deutschlands (Sopade) 1938, S. 1324, in seinem Bericht vom Dezember 1938: »In München hatte der rasche Baubeginn der Untergrundbahn starken Eindruck gemacht. Das imponierte und setzte die Menschen in Erstaunen.«

Gigantische Pläne – geringe Mittel – kreative Lösungen

In punkto Geld tat sich die Stadt äußerst schwer, dem »Willen des Führers« voll gerecht zu werden. Hinter den Kulissen war seit geraumer Zeit über die Finanzierung der ambitionierten Pläne heftig gestritten worden. Erst wenige Wochen zuvor war es auf dem Obersalzberg sogar zu einem handfesten Krach zwischen Karl Fiehler und Adolf Hitler gekommen, in dessen Fortgang der »Führer« mit nichts weniger als der Verlegung der »Hauptstadt der Bewegung« »nach Mittweida oder Thüringen« gedroht haben soll, falls man nicht einsehe, dass das Geld für den Ausbau selbst aufzubringen sei.[251] Die Situation war verworren. Die Stadt wollte auf der einen Seite auf keinen Fall »die Meinung [...] aufkommen lassen, als ob wir selbst den Ausbau der Hauptstadt der Bewegung nicht wollten«, wie Fiehler nach dem Streit vor den Ratsherren betonte.[252] Vielmehr wolle man »dem Führer« zeigen, »daß wir alles, was wir tun können, auch tun werden, [...] sonst sind wir als Hauptstadt der Bewegung für alle Zeiten erledigt«, fuhr der Oberbürgermeister fort. Auf der anderen Seite hatten die Verantwortlichen erhebliche Probleme, eigene Mittel für den Umbau aufzubringen und sahen auch das Reich als Auftraggeber für die Mittelbereitstellung in der Verantwortung. Schon bei den Haushaltsverhandlungen 1937 hatte der Stadtkämmerer im internen Rahmen konstatiert, dass die finanziellen Möglichkeiten gegenüber den »großen Wünschen« klein seien.[253] Sie könnten keinesfalls aus eigenen Steuermitteln erfüllt werden. Für ihn

---

251 Vgl. Fiehler, Beiräte für Haushaltsangelegenheiten, 16.3.1938, StadtAM, RSP 711/6. Anlass dieser Auseinandersetzung war, dass sich Fiehler an den Reichsfinanzminister gewandt hatte, um eine finanzielle Unterstützung des Reichs für den Stadtausbau zu erreichen. Hitler echauffierte sich darüber sehr: »Wie kommen Sie überhaupt dazu, zu Schwerin-Krosigk zu gehen? [...] Wie kommen Sie überhaupt dazu, Schwerin-Krosigk die Summe von 600 Mio. zu nennen?« Aber auch im Hinblick auf die Finanzierungsorgen für den Ausbau der Stadt vertrat Hitler in diesem Gespräch eine eindeutige Meinung: »Glauben Sie, daß irgendjemand in der Welt einer Stadt die Straßen und Plätze ausbaut? Glauben Sie, daß irgendwo in der Welt jemand anderer das tut als die Stadt selbst?« Als Fiehler versuchte, dem »Führer« die Kostenaufrechnung im Detail zu erläutern und warum er mit 600 Mio. RM Kosten rechne, habe dieser ihn gar nicht ausreden lassen, aber immerhin später noch zum Kaffee eingeladen.

252 Vgl. Fiehler, Beiräte für Haushaltsangelegenheiten, 16.3.1938, StadtAM, RSP 711/6.

253 Vgl. Pfeiffer, Beiräte für Angelegenheiten des Gemeindehaushalts und der Beiräte für städtische Versorgungs- und Verkehrsbetriebe, 22.1.1937, StadtAM, RSP 710/5. Das galt umso mehr, so ergänzte Pfeiffer, weil bis dahin noch ein gewisser Bewegungsspielraum aus der aufsteigenden Konjunktur gegeben war, welcher aber nun, [nach der Realsteuerreform und der Einführung des Vierjahresplans] nicht mehr gegeben sei. Viele der gestellten Ansprüche hätten nichts mehr mit den Gemeindeaufgaben zu tun. Das »beste Beispiel«, so erklärte Pfeiffer, sei die Prinzregentenstraße. »Kein Mensch hätte gedacht, an dieser Straße etwas zu ändern.« Ähnlich sei es bei der Von-der-Tann-Straße, deren Verbreiterung ein »Wunsch des Führers« gewesen sei, aber andere Dinge müssten deshalb nun mal zurückgestellt werden, obwohl diese Stelle eigentlich noch lange keine »Verkehrsklemme« gewesen sei.

bedeutete »das Wort ›Hauptstadt‹« ohnehin, dass die »Körperschaften im Ganzen« zusammenhelfen müssen, »um aus dem ›Haupt‹ auch wirklich ein richtiges ›Haupt‹ zu machen«.[254] Die Landesbehörden planten weiterhin ihre eigenen Bauprojekte und versuchten ebenfalls vom Reich mit Krediten versorgt zu werden. Aufseiten der Reichsbehörden sah man vor allem die Städte in der Pflicht, sich um die Finanzierung zu kümmern, weil für sie selbst zugleich die kostenintensive Aufrüstung absolute Priorität besaß. Reichsfinanzminister Schwerin von Krosigk ging im November 1937 davon aus, ›nur‹ 60 Millionen Reichsmark aus dem Reichshaushalt für den Städteausbau in allen vier Städten zur Verfügung stellen zu können.[255] Hitler selbst wollte Aufrüstung und Städteausbau gleichermaßen, ohne sich im Einzelnen darum zu kümmern, wie das bezahlt werden könnte. Ferner ging er durchweg von unrealistisch niedrigen Kostenannahmen aus. Sein Verhalten gegenüber der Stadt München war in dieser Phase unberechenbar: Einmal reichte er ihr buchstäblich die Hand und sagte Finanzierungshilfen zu;[256] ein anderes Mal betonte er, dass München doch selbst das größte Interessen daran haben müsste, »in alle Zukunft diesen Vorrang vor den anderen deutschen Städten zu halten«,[257] oder er wandte sich, wie beim Streit auf dem Obersalzberg, erbost und fast schon beleidigt ab, wenn der Oberbürgermeister über Finanzierungsprobleme klagte.

Die Stadt mühte sich unterdessen nach Kräften, auch in diesem Fall dem »Führerwillen« nachzukommen. Schon 1937 hatte sie, gewissermaßen proaktiv, unterschiedliche Finanzierungsmodelle vorgebracht. Ein Vorschlag bestand darin, die Kosten für den Ausbau mittels der Ausgabe von Kommunalobligationen oder von Inhaberschuldverschreibungen zu bewerkstelligen. Ein anderes Ansinnen zielte auf die Aufnahme eines Darlehens unter Verwendung von Sperrmarkguthaben, das sich seit der staatlichen Devisenkontrolle Anfang der 1930er-Jahre angehäuft hatte.[258] Mithin scheint die Stadtspitze auf eine Lösung via Darlehen auch deswegen so erpicht gewesen zu sein, weil sie im vom »Führer« geforderten Stadtausbau einen Hebel erblickte, um einen besseren Zugang zum Kreditmarkt zu erlangen, der spätestens seit der Verabschiedung des Vier-

---

254 Vgl. Pfeiffer, Beiräte für Angelegenheiten des Gemeindehaushalts und der Beiräte für städtische Versorgungs- und Verkehrsbetriebe, 22.1.1937, StadtAM, RSP 710/5.

255 Vgl. Besprechung des Generalbauinspektors Speer mit dem Preußischen Finanzminister Popitz und Staatssekretär Landfried, 2.11.1937, Akten der Reichskanzlei, Regierung Hitler 1933-1945, Bd. IV (1937), S. 569.

256 Hitler gestand Fiehler im Februar 1937 zu, dass der Ausbau Münchens »bei der Höhe der benötigten Mittel nur im Wege der Aufnahme von Anleihen gelöst werden kann und naturgemäß auf breitere Schultern gelegt werden muß« (Fiehler an Lammers, 26.2.1937, zit. nach: Akten der Reichskanzlei, Regierung Hitler 1933-1945, Bd. IV (1937), S. 568, Anm. 5).

257 Zit. nach Fiehler, Beiräte für Haushaltsangelegenheiten, 24.5.1938, StadtAM, RSP 711/16.

258 Vgl. dazu die Erläuterungen von Pfeiffer, Beiräte für Haushaltsangelegenheiten, 16.3.1938, StadtAM, RSP 711/6.

jahresplans für die Kommunen stark blockiert war.[259] Doch zunächst wurde diese Hoffnung enttäuscht. Denn beide Vorschläge wurden von den verantwortlichen Reichsministern aus volkswirtschaftlichen Gründen abgelehnt: Sie verwiesen auf den Vorrang der Finanzierung der sogenannten »Wehrhaftmachung« und wollten überdies eine Neuverschuldung der Gemeinden unterbinden.

Bei einer Besprechung im Reichsfinanzministerium im Herbst 1937 gab Fiehler an, drei bis vier Millionen Reichsmark im Jahr aufbringen zu können.[260] Das war der Betrag, mit dem ein mögliches Darlehen hätte getilgt werden sollen. Im Haushaltsplan 1938 wurden dann eben jene vier Millionen Reichsmark als »Rücklage für den Ausbau der Hauptstadt der Bewegung« veranschlagt, wobei die Diskussionen im Vorfeld zeigen, wie schwer man sich tat, diese zusätzlichen Mittel aus dem laufenden Haushalt zur Verfügung zu stellen. Denn von einer »wohlhabenden Stadt«, so äußerte sich Stadtkämmerer Pfeiffer, könne schon lange nicht mehr die Rede sein, wenn man in Betracht ziehe, welche geringen Beträge für die »eigentlichen Gemeindeaufgaben« veranschlagt seien.[261] Eine Million Reichsmark für den Straßenbau, die im Vorentwurf veranschlagt war, sei für eine Stadt wie München eine ganz geringe Summe, die »viel, viel höher sein« müßte. Ähnliches gelte auch für den Wohnungsbau, für den nach damaligem Stand 1,5 Millionen Reichsmark veranschlagt waren. Das sei, so Pfeiffer, »angesichts der schreienden Wohnungsnot ein Tropfen auf einen heissen Stein«. Für Schulhäuser schließlich waren 700.000 Reichsmark veranschlagt, was angesichts der etwa 70 Schulhäuser, die die Stadt damals zu betreuen hatte, ebenfalls ein »ganz kleiner Betrag« sei. Wenn nun, so Pfeiffer in den Verhandlungen, die Rücklage des »Führers« mit den ganzen vier Millionen Reichsmark unangetastet bleiben solle«, seien »schon ziemlich starke Eingriffe nötig«. Trotz dieser Bedenken, blieb aber auch beim Stadtkämmerer die Prioritätensetzung unanfechtbar: Man müsse an »die Grenze des Möglichen gehen, nachdem sich der Führer einmal dahin festgelegt hat, dass die Stadt in einen Wettstreit mit den anderen 3 Städten eintreten soll«.[262] Er wolle auf keinen Fall »von vornherein« eine Kürzung der Rücklage vornehmen, sondern zunächst »die übrigen Sachen« kürzen und »erst dann, wenn ich gar keinen Ausweg finden sollte, möchte ich an die Rücklage für den Ausbau der Hauptstadt der Bewegung herangehen«. Es sei deshalb die Aufgabe der Dezernenten, das »Mögliche zu tun, wenn noch überflüssige, wenigstens einigermassen überflüssige Ausgaben im Haushaltsplan drinnen« seien.

---

259 Vgl. OB Fiehler an Reichsbankpräsident und Reichswirtschaftsminister Schacht, Finanzierung des außerordentlichen Haushaltsplans der Hauptstadt der Bewegung, 11.8.1937, abgedruckt in: Dülffer/Thies/Henke, Städte, S. 164-166. Siehe zu den Möglichkeiten der Kreditpolitik oben, Kapitel III.3, S. 248-254.

260 Vgl. Besprechung des Generalbauinspektors Speer mit dem Preußischen Finanzminister Popitz und Staatssekretär Landfried, 2.11.1937, Akten der Reichskanzlei, Regierung Hitler 1933-1945, Bd. IV (1937), S. 568.

261 Vgl. Pfeiffer, Beiräte für Haushaltsangelegenheiten, 24.5.1938, StadtAM, RSP 711/6.

262 Ebd.

Im außerordentlichen Haushalt war sodann ein Betrag von 50 Millionen Reichsmark veranschlagt, was den Umfang der Vorjahre erheblich überstieg. Dieser sollte zunächst für die Herstellung von Zufahrtsstraßen, die Errichtung eines Gästehauses, das auch eine Dienstwohnung für den Oberbürgermeister vorsah, das »Haus der Architektur« sowie für Ersatzwohnungsbauten genutzt werden. Der U-Bahn-Bau, der unterdessen begonnen hatte, war davon nicht betroffen, weil dessen Finanzierung inzwischen die Reichsbahn übernommen hatte. Wie diese 50 Millionen Reichsmark beschafft werden sollten, war allerdings bei Haushaltsabschluss noch nicht völlig klar. Zwar hatte Hitler bereits im Frühjahr eine informelle Zusage über ein Reichsdarlehen von 250 Millionen Reichsmark gegeben, endgültig folgte diese aber erst im November 1938, wobei zunächst nur 80 Millionen Reichsmark bewilligt wurden.[263] Dass das Reich in Zeiten massiver Aufrüstungsanstrengungen allein für München eine solch hohe Summe, wenn auch nur als Kredit, zur Verfügung stellte, belegt die immense symbolpolitische Bedeutung der Städteplanungen. Allerdings war damit nicht annähernd der notwendige Bedarf für die hochtrabenden Pläne gedeckt. Zu diesem Zeitpunkt schätzte das Stadtbauamt die Gesamtkosten nämlich bereits auf 817 Millionen Reichsmark – das Zehnfache des bewilligten Reichskredits.[264]

Kurz nach Verkündung des Haushaltsplans von 1938 wurde das Dritte Gesetz zur Änderung des Finanzausgleichs erlassen, das erhebliche Auswirkungen auf die Einnahmen der deutschen Kommunen hatte.[265] Die Stadtführung bemühte sich mit dem Argument des Stadtausbaus schon im Vorfeld um eine Sonderregel und konnte tatsächlich, wie oben ausführlicher gezeigt, einen Verhandlungserfolg verbuchen.[266] Zur Durchführung der besonderen Aufgaben erhielt München – genauso wie die anderen »Führerstädte« – die Steuerbeträge, die ihr durch das Gesetz entzogen wurden, zweckgebunden zurücküberwiesen: Es ging um Anteile an Gemeindebiersteuer, Körperschaftsteuer der kommunalen Werke und Anteile an der Grunderwerbssteuer. Bei der Stadt rechnete man mit etwa elf Millionen Reichsmark im Jahr.[267] Dieser Deal, so gab Fiehler später an, sei nur »geglückt«, weil »der Herr Stadtkämmerer und ich Staatssekretär Reinhardt in Bad Mergentheim aufsuchten, wo er seine Referenten nicht dabei hatte«.[268] Diese hätten »hinterher sofort Bedenken gehabt«, weil sie fürchteten, dass noch eine Reihe anderer Städte Ähnliches einfordern würde. Tatsächlich hatte sich beispielsweise auch die Stadt Augsburg im Februar 1939 mit Unterstützung von Innenminister Adolf Wagner darum bemüht, ihre Steueranteile – allein für 1938

263 Vgl. Fiehler, Beiräte für Haushaltsangelegenheiten, 16.3.1938, StadtAM, RSP 711/6.
264 Vgl. Kostenschätzung und vorläufiges Bauprogramm auf Grund des vom Führer nach den Plänen und Modellen im Maßstab 1:1000 am 1.5.1938 genehmigten Ausbaus der Hauptstadt der Bewegung, abgedruckt in: Bärnreuther, Revision, S. 241-243.
265 Vgl. Drittes Gesetz zur Änderung des Finanzausgleichsgesetzes, 31.7.1938, RGBl. I, S. 966-968.
266 Siehe oben, Kapitel III.1.
267 Vgl. Aktennotiz, Stadtsteueramt, 24.11.1938, StadtAM, Kämmerei 1976.
268 Vgl. Fiehler, Ratsherren, 22.2.1944, StadtAM, RSP 717/1.

eine Summe von 2,4 Millionen Reichsmark – ebenfalls rückerstattet zu bekommen, was Schwerin von Krosigk jedoch strikt ablehnte – bezeichnenderweise ohne davor mit Fritz Reinhardt zu sprechen.[269] Zumindest in diesem Fall scheint sich also tatsächlich einmal der besondere Rang der »Hauptstadt der Bewegung«»in klingender Münze« ausgezahlt zu haben, wie Hans Günter Hockerts vermutet.[270] Dabei darf freilich nicht übersehen werden, dass es sich bei diesen Mitteln nicht um zusätzliche Gelder handelte, sondern lediglich um solche, die der Stadt zuvor per Finanzausgleich genommen worden waren, also um nichts anderes als Steuergelder der Münchner Bürger und Gewerbebetriebe.

Sonderbehörde und Sonderhaushalt

Eine »rechtliche und administrative Zäsur«[271] hinsichtlich des Stadtausbaus markiert der »Führererlass über die Neugestaltung der Hauptstadt der Bewegung« vom 21. Dezember 1938.[272] Darin ordnete Hitler erstmals offiziell die »Durchführung der städtebaulichen Maßnahmen an, die zur Anlage und zum Ausbau sowie zur planvollen Gestaltung der Stadt erforderlich sind«. Dieses Gesetz war nicht zuletzt deshalb notwendig geworden, um den finanziellen Zuschüssen des Reichs eine rechtliche Grundlage zu geben. Außerdem setzte Hitler einen »Generalbaurat der Hauptstadt der Bewegung« ein, der ihm unmittelbar unterstand. Mit Professor Hermann Giesler wählte er einen Architekten, der nicht nur bereits mit der Planung von NS-Prachtbauten, wie etwa dem »Gauforum« in Weimar, auf sich aufmerksam gemacht hatte, sondern auch sonst als »Idealtypus des überzeugten Nationalsozialisten« gelten konnte.[273] Dieser sollte fortan einen Gesamtbauplan aufstellen und über alle von der Plangestaltung berührten Interessen entscheiden. Nur auf den ersten Blick war mit dieser Konstruktion eine Angleichung an die Verhältnisse in Berlin vollzogen, wo bereits seit Januar 1937 Albert Speer als führerunmittelbarer »Generalbauinspektor für die Reichshauptstadt« tätig war und eine Reichsstelle mit eigenem Etat leitete. Tatsächlich handelte es sich um eine »Münchner Kompromißlösung«,[274] die nötig geworden war, nachdem sich Hitler mit dem früheren städtischen Baurat Alker im Juni 1938 überworfen hatte. Zwar fungierte der Generalbaurat fortan über den städtischen Behörden; dass man sich mit einer zwischengeschalteten Instanz auseinandersetzen musste, war aber andererseits nichts Neues, weil schon zuvor nie nur stadtintern über Neugestaltungsmaßnahmen entschieden werden konnte.

269 Vgl. Gotto, Kommunalpolitik, S. 242 f.
270 Vgl. Hockerts, München, S. 36.
271 Bärnreuther, Revision, S. 110.
272 Vgl. Erlaß des Führers und Reichskanzlers über die Neugestaltung der Hauptstadt der Bewegung, 21.12.1938, RGBl. I (1938), S. 1891 f.
273 Vgl. Bärnreuther, Revision, S. 116.
274 Ebd., S. 115.

Die Stadt spielte insofern weiterhin eine essenzielle Rolle, als sie Bauträgerin blieb und ihre Verwaltungsstrukturen sowie -expertise zur Verfügung stellte.[275] Bei seinem Antrittsbesuch hatte Giesler erklärt, möglichst mit den eingearbeiteten Kräften arbeiten zu wollen.[276] Auch wenn der Generalbaurat seinen Kompetenzbereich im weiteren Verlauf beträchtlich ausbaute, so blieben insbesondere die finanziellen Angelegenheiten, das heißt die Aufstellung und Verwaltung des Etats, bis Kriegsende in den Händen der kommunalen Finanzverwaltung.

Die Kalkulation der großspurigen Pläne für den Stadtausbau und deren unklare Gegenfinanzierung hatten im Rahmen des außerordentlichen Haushalts des vergangenen Jahres zu erheblichen verwaltungstechnischen Problemen geführt, auch wenn im November 1938 doch noch das Reichsdarlehen zugesagt worden war. Deshalb bemühte sich der OB nach der Einsetzung der Sonderbehörde des Generalbaurats umso mehr darum, auch eine haushaltsrechtliche Sonderbehandlung durchzusetzen und die Aufgaben des Stadtausbaus budgetär vom ›normalen‹ Haushalt zu separieren. Offiziell begründete Fiehler dieses Ansinnen systemkonform damit, dass »der Wille des Führers bei der Neugestaltung Münchens ohne die bei Beachtung zwangsläufig eintretenden Hemmungen und Erschwerungen ausgeführt werden muss«, zumal er »mit der neuen Staatsrechtslehre der Auffassung« sei, dass der »Befehl des Führers alle entgegenstehenden Bestimmungen von selbst außer Kraft setzt und die mit dem Vollzug des Befehls beauftragten Beamten von der Einhaltung der entgegenstehenden Vorschriften« entbinde.[277] Mit anderen Worten: Es musste eine Haushaltskonstruktion gefunden werden, die »selbstverständlich nicht vorschriftslos« vor sich gehen könne, wie der Bürokrat Fiehler betonte, aber dennoch die notwendige Flexibilität aufwies, um tatsächlich jedem Wunsch des Diktators Rechnung tragen zu können.

Entsprechend legte die Stadt bereits im Februar einen Vorschlag zur Durchführung eines Sonderhaushalts vor und wandte diesen bei der Verabschiedung ihres Haushaltsplans im März 1939 bereits erstmals an. »Ausnahmsweise«, so Stadtkämmerer Pfeiffer in der einzigen Haushaltsausschusssitzung des Jahres, hätte man »auch einmal bei den übergeordneten Reichsstellen Verständ-

---

275 In § 3 des Erlasses heißt es dazu: »Zur Durchführung seiner Aufgaben stehen dem Generalbaurat die Behörden des Reichs, des Landes Bayern und der Hauptstadt der Bewegung zur Verfügung. [...] Er kann sich von allen Dienststellen des Reichs, des Landes Bayern und der Hauptstadt der Bewegung und den Dienststellen der Partei, ihrer Gliederungen und der angeschlossenen Verbände die erforderlichen Auskünfte über Bauvorhaben geben lassen. Bei Meinungsverschiedenheiten trifft der Generalbaurat die notwendigen Anordnungen« (vgl. Erlaß des Führers und Reichskanzlers über die Neugestaltung der Hauptstadt der Bewegung, 21.12.1938, RGBl. I (1938), S. 1892).

276 Vgl. Bärnreuther, Revision, S. 117.

277 Vgl. Vorbericht des Oberbürgermeisters zum Sonderhaushalt für die Neugestaltung der Hauptstadt der Bewegung für das Rechnungsjahr 1940, S. 6, StadtAM, Kämmerei 1876.

nis gefunden«.[278] So entwickelte sich aus dieser Initiative sogar eine allgemeine Regelung für die Haushaltswirtschaft aller betroffenen Städte, die am 26. Mai 1939 im Reichsgesetzblatt veröffentlicht wurde. Diese besagte nicht viel, hatte aber weitreichende Konsequenzen: Fortan konnte nämlich der Reichsinnenminister im Einvernehmen mit dem Reichsfinanzminister für die Haushaltswirtschaft der vom Ausbau betroffenen Städte »im Erlaßwege besondere Vorschriften treffen«.[279] Diese Verordnung ist nicht nur ein weiterer Beleg für eine wirksame Initiative ›von unten nach oben‹, sie ist auch ein bezeichnendes Beispiel dafür, wie die Nationalsozialisten ihre Herrschaft mit einer Fülle von neuen Gesetzen auf ›rechtmäßige‹ Füße stellten und damit auch den ausführenden Beamten in einer Stadt wie München so etwas wie ein Alibi der Rechtskontinuität lieferten.[280]

Folgerichtig genehmigte Innenminister Wagner am 5. Juni 1939 eine solche »besondere Vorschrift« für München in Form einer Ausführungsanweisung zur »Verordnung über die Haushaltswirtschaft der Hauptstadt der Bewegung München«, die im Wesentlichen den Vorschlägen des Oberbürgermeisters folgte.[281] Alle Einnahmen und Ausgaben, die den Stadtausbau betreffen, sollten fortan in einem Sonderhaushaltsplan fixiert werden. Diesen erstellte zwar weiterhin die Kämmerei, folgte dabei aber eigenen Regeln außerhalb der DGO. Das galt auch für die zeitliche Festlegung der entsprechenden Pläne, die mit den üblichen Rhythmen des Haushaltsjahres nichts mehr zu tun hatten. Während Fiehler im Frühjahr 1939, das heißt vor der endgültigen Entscheidung, einen ersten Sonderhaushalt noch in die allgemeine städtische Haushaltssatzung integrierte, wurde dieser in den folgenden Jahren vollkommen losgelöst und je nach Bedarf erstellt, veröffentlicht wurde er ohnehin nicht mehr.

So waren ab Sommer 1939 die Modalitäten der Buchführung geklärt. Eine feste Abmachung darüber, wer wie viele Mittel zum Ausbau beizusteuern hätte, kam allerdings bis zum Krieg nicht mehr zustande – anders als in Berlin, wo diese Frage im August 1939 gesetzlich geregelt worden war.[282] Im Sommer 1939

---

278 Pfeiffer, Beiräte für Angelegenheiten des Gemeindehaushalts, 20.3.1939, StadtAM, RSP 712/6.

279 Vgl. Verordnung über die Haushaltswirtschaft der Stadt, deren Ausbau durch den Führer und Reichskanzler angeordnet ist, 26.5.1939, RGBl. I (1939), S. 971.

280 Vgl. Hanko, Kommunalpolitik, S. 367 f.

281 Abgedruckt in: Vorbericht des Oberbürgermeisters zum Sonderhaushalt für die Neugestaltung der Hauptstadt der Bewegung für das Rechnungsjahr 1940, S. 8, StadtAM, Kämmerei 1876.

282 Vgl. Dritte Verordnung zur Ausführung des Erlasses für einen Generalinspektor für die Reichshauptstadt, 1.8.1939, RGBl. I (1939), S. 1336 f. Demnach sollte diejenige Stelle die Kosten tragen, für die der Neubau bestimmt war. OB Fiehler sprach sich gegen die Übernahme dieses Prinzips aus und plädierte eher für eine Bezahlung nach dem »Veranlassungsprinzip« (vgl. Bärnreuther, Revision, S. 128). Einen anderen Vorschlag Fiehlers, nämlich die Finanzierung in Form eines Reichszweckverbandes abzuwickeln, dem Mitglieder des Reiches, des Landes Bayern, der Reichsbahn, des Unternehmens Reichsautobahn, der DAF, der NSDAP und der Stadt München angehört

standen also im Wesentlichen nur die Mittel aus dem Reichsdarlehen und den Steuerrücküberweisungen zur Verfügung, um den monumentalen Ausbau zu realisieren. Im Krieg sollte sich diese »Diskrepanz zwischen planerischem Anspruch und realer Möglichkeit«[283] noch erheblich vergrößern.

Viel Lärm um nichts?

Der Reichsfinanzminister reagierte als Erster: Zwei Wochen nach dem deutschen Angriff auf Polen ging Graf Schwerin von Krosigk bereits davon aus, dass die Bautätigkeiten, die er ohnehin nur widerstrebend mitfinanzieren wollte, eingestellt würden.[284] In einem Brief vom 16. September 1939 an Fiehler erklärte er, dass die »Zeitverhältnisse« eine Fortsetzung der städtebaulichen Arbeiten »unmöglich« machten und fortan nur der augenblickliche Bauzustand zu sichern sei.[285] Deswegen, so kündigte er an, würden künftig auch die Steuerrücküberweisungen wegfallen beziehungsweise nur noch in Höhe des Betrags erfolgen, der zur Verzinsung und Tilgung des Reichsdarlehens erforderlich sei. Es handelte sich dabei immerhin um eine Gesamtsumme von jährlich circa 80 Millionen Reichsmark.[286]

In der Tat wurden zunächst die meisten Bauarbeiten gestoppt: Sie unterlagen dem Bauverbot des Generalbevollmächtigten für die Regelung der Bauwirtschaft und waren nicht »kriegswichtig«. Die grundsätzlichen Ansprüche auf die gigantischen Stadtausbauten begruben aber weder Hitler noch die anderen Städtevertreter gänzlich. Im »Siegestaumel«[287] nach dem erfolgreichen Frankreich-Feldzug ordnete der Reichskanzler vielmehr per »Führerbefehl« vom 25. Juni 1940 an, die Arbeiten zur Neugestaltung Berlins und den anderen Städten sofort wiederaufzunehmen. Damit wurden auch die Absichten des Reichsfinanzministers auf Rückstellung der Steuerrücküberweisungen obsolet. Bis 1950, so Hitlers Vision, sollte der Ausbau aller, inzwischen fünf Führerstädte – ab 1939 zählte auch Linz dazu – abgeschlossen sein. Darin sehe er einen »bedeutenden Beitrag zur endgültigen Sicherstellung des Sieges«.[288] Außerdem bezog Hitler bis Februar 1941 noch zahlreiche weitere Städte in die Baumaßnahmen mit ein, so-

hätten und gemeinsam als Träger der Neugestaltung fungiert hätten, lehnte Hitler ebenfalls ab (vgl. Fiehler, Beiräte für Haushaltsangelegenheiten, 16.3.1938, StadtAM, RSP 711/6).

283 Bärnreuther, Revision, S. 127.
284 Vgl. Boelcke, Hauptstadtfinanzierung, S. 131.
285 Vgl. Reichsminister der Finanzen an OB Fiehler, 16.9.1939, StadtAM, Kämmerei 1976. Tatsächlich »signalisierte« der Reichsfinanzminister also nicht erst im April 1940 seine Absicht, die Rücküberweisungen der Steuerbeträge an Berlin, München, Hamburg und Nürnberg einzustellen, wie Bärnreuther, Revision, S. 129, behauptet, sondern bereits zwei Wochen nach Kriegsbeginn, im September 1939.
286 Die Angabe von 78 Mio. RM für alle Hitlerstädte im Jahr 1940 findet sich bei Boelcke, Hauptstadtfinanzierung, S. 133.
287 Boelcke, Hauptstadtfinanzierung, S. 131.
288 Führerbefehl, 25.6.1940, abgedruckt in: Dülffer/Thies/Henke, Städte, S. 36.

dass sich die Gesamtzahl der »Neugestaltungsstädte« auf 27 erhöhte.[289] Die Planungseuphorie kannte in dieser Zeit keine Grenzen und war Ausdruck nazistischer Hybris und deutschen Weltmachtstrebens.

Alle diese Vorhaben hätten gigantische Kosten nach sich gezogen: Laut einer Schätzung Speers im November 1940 wären allein für die monumentalen Parteibauten in allen von Hitler inzwischen deklarierten Neugestaltungsstädten Kosten von weiteren 22 bis 25 Milliarden Reichsmark hinzugekommen.[290] Auf offizieller Ebene freilich rechnete man sich den Aufwand weiterhin ›schön‹ und ging zum gleichen Zeitpunkt nur von Gesamtkosten in Höhe von drei Milliarden Reichsmark aus.[291] Die Überlegungen, wie diese Mehrkosten aufgebracht werden könnten, blieben weiter sehr vage. Diskutiert wurde etwa die Idee, dass die Städte einen Großteil der kommunalen Kriegsbeiträge auch in Friedenszeiten aufbringen könnten, für die Ausbauten nutzen und damit diesen Plänen den eindeutigen Vorrang vor den sonstigen freiwilligen Gemeindeaufgaben, auch dem Wohnungsbau, geben sollten.[292] Außerdem hoffte man auf den wiedererstarkten Kapitalmarkt und nicht zuletzt auf Gelder und Arbeitskräfte der besiegten Feinde. Ansonsten galt aber in diesen Zeiten, dass »die Rationalität des Unternehmens« nicht mehr »unter Beweiszwang stand«, wie es Bärnreuther treffend formuliert.[293]

Auch in München trieb Generalbaurat Giesler die Planungen anscheinend vollkommen losgelöst von den Finanzierungs- und Ressourcenfragen voran. In die Öffentlichkeit drang davon allerdings nur noch wenig. Der Chefarchitekt projektierte inzwischen nicht nur die Prachtstraße zwischen Stachus und neuem Hauptbahnhof, sondern auch zwei weitere »Achsen«. München sollte zu einem architektonischen Abbild der NSDAP werden. Drei Achsen hätten die »Kultorte der Bewegung« im Stadtzentrum – die Feldherrenhalle, den Bürgerbräukeller und das neu zu errichtende »Denkmal der Bewegung«, nun mit »Gruft« für die »Blutfahne« – mit den an den Stadträndern und Autobahnanschlüssen gelegenen Foren für SS, SA und HJ, welche die Stützen der Partei symbolisierten, städtebaulich verschränken sollen.[294]

In einer geheimen Kostenschätzung für die Um- und Neugestaltungsmaßnahmen nach dem damaligen Planungsstand (Oktober 1941) taxierte Stadtbaurat Karl Meitinger die Gesamtsumme auf schwindelerregende 2,7 Milliarden Reichsmark.[295] Allein das 190 Meter hohe »Denkmal der Bewegung« hätte 150

289 Vgl. Boelcke, Hauptstadtfinanzierung, S. 132.
290 Vgl. ebd., S. 133 f.
291 Vgl. Bärnreuther, Revision, S. 131.
292 Vgl. Boelcke, Hauptstadtfinanzierung, S. 134.
293 Vgl. Bärnreuther, Revision, S. 129 f.
294 Vgl. die Erklärungen der Planungen bei Nerdinger, Topografie, S. 46-48. Eine Karte, die die geplante »Überformung« zeigt, findet sich bei Nerdinger, Ort, S. 59.
295 Stadtbauamt/Sonderabteilung, Kostenschätzung für die Um- und Neugestaltungsmaßnahmen zum Ausbau der Hauptstadt der Bewegung nach dem gegenwärtigen Stand der Planungen, 3.10.1941, StadtAM, BuR 2782.

Tab. 8: Planung und Realität im Krieg: Entwicklung des Sonderhaushalts für die Neugestaltung der Hauptstadt der Bewegung und tatsächliche Verwendung der Mittel[296]

	Sonderhaushaltsplan 1940	Sonderhaushaltsplan 1941	Sonderhaushaltsplan 1942
Deckungsmittel			
Erlös aus dem Reichsdarlehen	44.000.000 RM	–	–
Erlös aus sonstigen Darlehen	5.790.000 RM	5.801.250 RM	5.801.250 RM
Zuschüsse des Reichs	25.288.244 RM	589.456 RM	4.555.213 RM
Zuschüsse anderer Körperschaften	1.930.000 RM	–	–
Leistungen der Stadt aus ordentl. und außerordentl. Haushalt	5.646.368 RM	606.460 RM	277.515 RM
Einzahlungen Dritter	595.733 RM	1.054.064 RM	930.100 RM
Summe	**83.250.345 RM**	**8.051.230 RM**	**5.762.828 RM**
Inanspruchnahme der Mittel			
Durch Einzelbewilligung bereits zweckgebunden	73.110.905 RM	2.249.980 RM	2.662.828 RM
Noch nicht zweckgebunden	10.052.248 RM	5.801.250 RM	3.100.000 RM
Bereits bei der Stadthauptkasse eingegangen	54.098.141 RM	8.051.230 RM	862.910 RM
Auf den Einzelzweck bereits verausgabt	44.984.639 RM	2.249.980 RM	983.468 RM
Bewilligt, aber noch nicht in Anspruch genommen	19.829.552 RM	–	886.203 RM

296 Zahlen entnommen: Übersicht über die Einnahme- und Ausgabemittel des Sonderhaushaltsplans 1940, 1941 und 1942 und ihre Inanspruchnahme für die einzelnen Neugestaltungszwecke nach dem Stand vom 30.9.1942, Anhang zum Sonderhaushaltsplan für die Neugestaltung der Hauptstadt der Bewegung 1942, StadtAM, Kämmerei 1976. Die Angaben beziehen sich dabei auf die Haushalte, wie sie am 17.12.1940 (für die Rechnungsjahre 1938, 1939 und 1940) und am 19.1.1943 (für die Rechnungsjahre 1941 und 1942) erlassen wurden.

Millionen Reichsmark kosten sollen.[297] Da diese Schätzungen auf noch nicht abgeschlossenen Plänen beruhten und in einigen Bereichen, insbesondere beim Bau von Bahnhöfen und U-Bahn-Stationen, noch erhebliche Zusatzkosten zu erwarten waren, war man sich allerdings bereits bewusst, dass das Ende der Fahnenstange noch lange nicht erreicht war. Wie hoch auch immer die Kosten ausgefallen wären, sie wären auch bei einem siegreichen Ausgang des Krieges über Jahrzehnte hinweg nicht seriös zu finanzieren gewesen.

Eine vorläufige Abrechnung des Sonderhaushalts aus dem Jahr 1943 zeigt, wie sehr alle größenwahnsinnigen Visionen an den kriegsbedingten Realitäten vorbeigingen und längst nur noch Luftschlösser darstellten (Tab. 8). Spätestens ab Kriegsbeginn standen immer weniger finanzielle Mittel, noch weniger Baumaterialien und, trotz des verstärkten Einsatzes von Zwangsarbeitern, zu wenig Arbeitskräfte zur Verfügung, um die gigantischen Vorstellungen auch nur im Ansatz zu verwirklichen. Diese Umstände spiegeln sich auch in der Entwicklung der Zahlen wider. Für das Rechnungsjahr 1940 wurden noch 83 Millionen Reichsmark eingeplant, wobei darin auch die veranschlagten Einnahmen und Ausgaben der beiden Vorkriegsjahre 1938 und 1939 enthalten waren.[298] Dass in den darauffolgenden Jahren nur noch fünf bzw. acht Millionen Reichsmark einkalkuliert wurden, zeigt, dass auch nach der groß angekündigten Wiederaufnahme der Projekte im Juni 1940 tatsächlich keinerlei Ressourcen mehr vorhanden gewesen wären, um Hitlers Wünsche umzusetzen. Man plante zwar weiter, baute aber kaum noch.

Mit Stand vom Jahresbeginn 1943 waren insgesamt knapp 100 Millionen Reichsmark an Deckungsmitteln für den Ausbau Münchens mobilisiert worden. Auffällig dabei ist, dass von dem oben erwähnten Reichsdarlehen, das im November 1938 im Wert von 250 Millionen Reichsmark versprochen und zumindest im Umfang von 80 Millionen genehmigt worden war, letztlich nur 44 Millionen Reichsmark tatsächlich veranschlagt wurden. Dies hing mit einer Entscheidung des Oberbürgermeisters vom 28. September 1942 zusammen, der den Haushalt für das Jahr 1940 rückwirkend an die Kriegsverhältnisse angepasst und in diesem Zuge um fast 50 Millionen Reichsmark, im Vergleich zur ursprünglichen Planung im Gesamtumfang von 129 Millionen Reichsmark, nach unten korrigiert hatte.[299]

---

297 Vgl. Rasp, Stadt, S. 144.
298 Die große bürokratische Unübersichtlichkeit, die angesichts unterschiedlicher Arten und Zeitpunkte der Veranschlagung vorherrschte, versuchte die Stadtspitze zu ordnen, als sie im Dezember 1940 alle bis dahin getätigten Einnahmen und Ausgaben seit 1938 in einen neuen Sonderhaushalt von 1940 verpackte.
299 Vgl. die »Übersicht zum Sonderhaushaltsplan 1940 über diejenigen Ausgabenansätze, die infolge der Kriegsverhältnisse bis auf weiteres nicht in Anspruch genommen werden oder bei voller Wiederaufnahme der Neugestaltungsmaßnahmen eine Änderung erfahren und daher zunächst dem Einzug unterstellt werden«, Beilage zur Entscheidung des Oberbürgermeisters, 28.9.1942, StadtAM, Kämmerei 1976.

Angesichts der milliardenteuren Projekte Hermann Gieslers erscheint die Summe von 100 Millionen Reichsmark verhältnismäßig niedrig, andererseits aber durchaus beträchtlich in Anbetracht der großen Ressourcenknappheit für zivile Projekte, die seit Verkündung des Vierjahresplans aufgetreten war. Doch bei diesen 100 Millionen handelte es sich um eine Summe, die nur das theoretische Finanzpotenzial darstellte. Tatsächlich waren zum damaligen Zeitpunkt erst drei Viertel davon, 78 Millionen Reichsmark, zweckgebunden verplant, nur 63 Millionen Reichsmark, also zwei Drittel, überhaupt in der Stadtkasse angekommen und davon wiederum nur etwa 48,2 Millionen Reichsmark, also etwa die Hälfte, wirklich für den Stadtausbau ausgegeben worden. Sowohl der bewilligte Reichskredit als auch die Steuerrücküberweisungen waren »zweckgebundene« Mittel. Da aber aufgrund des allgemeinen Materialmangels und der Ressourcenverschiebung in kriegswichtige Angelegenheiten nur wenige Bauarbeiten fortgesetzt werden konnten, wurden die entsprechenden Mittel erst gar nicht angewiesen. Andere Gelder kamen zwar auf dem Stadtkonto an, konnten aber dann aufgrund derselben Problematik nicht verbaut werden. Vom ohnehin bereits auf 44 Millionen Reichsmark zusammengeschrumpften Reichskredit war bis dahin nur ein Teilbetrag von 19 Millionen Reichsmark eingegangen.[300] Die Steuerrücküberweisungen waren in der Gesamtsumme von 23,3 Millionen Reichsmark geflossen, was nicht annähernd dem in Friedenszeiten errechneten Wert von elf Millionen pro Jahr, insgesamt bis dahin also über 50 Millionen Reichsmark, entsprach.[301] Wenigstens teilweise konnte die Stadt die nicht verbrauchten Gelder noch für andere Zwecke verwenden. So bezahlte sie daraus einen Teil des bereits 1933 begonnenen Baus des Freikorpsdenkmals am Giesinger Berg, für das sich Hitler eigentlich nie sonderlich interessiert hatte.[302] Verworfen wurde hingegen die im Mai 1941 entwickelte Idee, die Baukosten für das Barackenlager in Milbertshofen, das für Tausende von Münchner Juden als »Zwischenlager« vor der endgültigen Deportation fungierte, aus den Mitteln des Sonderhaushalts zu bezahlen.[303]

300 Vgl. Übersicht über die Einnahme- und Ausgabemittel des Sonderhaushaltsplans 1940, 1941 und 1942 und ihre Inanspruchnahme für die einzelnen Neugestaltungszwecke nach dem Stand vom 30.9.1942, Anhang zum Sonderhaushaltsplan für die Neugestaltung der Hauptstadt der Bewegung 1942, S. 29, Anm. 1, StadtAM, Kämmerei 1976.
301 Vgl. Aktennotiz, Stadtsteueramt, 24.11.1938, StadtAM, Kämmerei 1976.
302 Dabei handelte es sich um 70.000 RM der etwa 170.000 RM Baukosten. Abgeschlossen wurden die Bautätigkeiten im Jahr 1942 (vgl. Akt »Freikorpsdenkmal«, StadtAM, BuR 509).
303 Vgl. Strnad, Zwischenstation, S. 39-42. Der Hintergrund lag darin, dass ein Teil der frei werdenden Wohnungen an sogenannte Abbruchmieter vergeben wurde, also solche Personen, deren Unterkünfte von den Planungen tangiert worden wären. Andere Ersatzwohnungen zu beschaffen, wäre vermutlich viel teurer gewesen. Trotz Genehmigung durch Giesler kam es aber nicht dazu. Die Kosten, die bald auf über 130.000 RM anwuchsen, trug letztlich die »Arisierungsstelle«, wobei sie diese per »Spenden« und »Wohngeld« wieder von den betroffenen Juden erpresste.

An dieser Finanzlage änderte sich in den folgenden Jahren nur noch sehr wenig, da fast alle Projekte auf Eis gelegt blieben, bis sie – so die offiziell geäußerte Perspektive – nach Kriegsende wiederaufgenommen werden sollten. Die noch ausstehenden Steuerrücküberweisungen des Reichs waren im Februar 1944 dann auch der Ausgangspunkt dafür, dass die Stadtführung das Projekt finanziell abschloss. Auch wenn bis dahin nur ein geringer Anteil der, nach Sicht der Stadt, ihr zustehenden 68 Millionen Reichsmark eingegangen war,[304] existierte zumindest auf dem Papier noch immer die Abmachung von 1938. Demnach, so rechnete der Kämmerer 1944 vor, standen noch Überweisungsansprüche von 45 Millionen Reichsmark aus.[305] Die Stadtspitze gab sich allerdings keineswegs der Illusion hin, dass sie angesichts der zahlreichen Bombenschäden in vielen deutschen Städten diese Summe nach dem Krieg auch nur annähernd geltend machen könnte, selbst wenn die Bauten weitergehen sollten. Deswegen galt die Maxime nun, zu »retten, was möglich ist«.[306] Einmal mehr in persönlichen Verhandlungen mit dem Staatssekretär im Reichsfinanzministerium und Parteigenossen Fritz Reinhardt gelang es Pfeiffer und Fiehler – entgegen den geringen Erwartungen in den eigenen Reihen –, die ausstehenden Ansprüche mit der noch bestehenden Darlehensschuld aus dem Reichskredit zu verrechnen. So konnte die Stadtführung im Rahmen einer außerordentlichen Tilgung per Nachtragssatzung die Restschuld des einst aufgenommenen Reichsdarlehens auf einen Schlag zurückzahlen, ohne dabei tatsächlich Gelder verschieben zu müssen, indem sie lediglich die noch ausstehenden Steuerüberweisungen gegenrechnete. Darauf, dass die restlichen Ansprüche auf Steuerrücküberweisungen von etwa acht Millionen Reichsmark noch jemals ausbezahlt werden würden, setzte keiner mehr. Man gab sich damit zufrieden, die verbliebene Tilgungs- und Zinsenlast endlich los zu sein und somit das Projekt Stadtausbau bemerkenswerterweise noch vor dem Ende der nationalsozialistischen Herrschaft buchstäblich zu den Akten legen zu können.

Mehr als sieben Jahre hatten die megalomanen Visionen einer städtebaulichen Umgestaltung der »Hauptstadt der Bewegung« die Stadtverwaltung und insbesondere auch die Finanzbehörden auf Trab gehalten. Tatsächlich umgesetzt wurde kaum etwas. Angesichts der wenigen sichtbaren Zeugnisse des Ausbaus – ein paar Modellhäuser für die geplante Südstadt, ein angefangener U-Bahn-Tunnel oder das renovierte Deutsche Theater – bleibt als Fazit: Viel Lärm um nichts. Die Kosten für die gigantischen ›Luftschlösser‹, die zum großen Teil für Grundstückserwerb, Straßen- und Kanalarbeiten sowie Architektenhonorare verwendet worden waren, beliefen sich dennoch auf insgesamt ca. 50 Millionen

---

304 Diesen Wert nennt Pfeiffer, Ratsherren, 22.2.1944, StadtAM, RSP 717/1, wobei er dabei von 12 Mio. RM im Jahresdurchschnitt ausging.
305 Vgl. Pfeiffer, Ratsherren, 22.2.1944, StadtAM, RSP 717/1.
306 Vgl. Fiehler, ebd.

Reichsmark.[307] Den überwiegenden Teil davon bezahlte direkt und indirekt die Stadt und damit die Münchner Bevölkerung: indirekt, weil sowohl die Tilgung des Kredits als auch die sogenannten »Zuschüsse des Reichs« auf jenen kommunalen Steuereinnahmen beruhten, die der Stadt im Rahmen der Dritten Änderung des Finanzausgleichs im Sommer 1939 erst weggenommen und dann per Sonderregel zum Zwecke des Ausbaus wieder zurücküberwiesen worden waren; direkt, weil die Stadt außerdem aus Mitteln des laufenden Haushalts insgesamt 6,5 Millionen Reichsmark beigesteuert hatte – den größten Anteil davon bereits im Rechnungsjahr 1938, als sie, zu einem Zeitpunkt, als die Finanzierung noch völlig unklar war, zahlreiche Vorarbeiten vorantrieb und dabei die entsprechenden Gelder vorstreckte.[308]

Im Stadtausbau lag also nicht nur ein qualitativer, sondern auch ein quantitativer Schwerpunkt der städtischen Ausgabenpolitik im »Dritten Reich« – obwohl die Projekte nur in ganz geringem Maße tatsächlich umgesetzt wurden. Es war ein Schwerpunkt, der wie kein zweiter darauf beruhte, dass die Stadtspitze den Vorstellungen von Adolf Hitler folgte. Blickt man nur auf die blanken Zahlen, dann scheint diesem selbst die Neugestaltung seiner angeblichen »Lieblingsstadt« weit weniger wert gewesen zu sein: Er persönlich hatte sich nämlich ›nur‹ mit einem Zuschuss von 500.000 Reichsmark beteiligt.[309] Die Stadt hingegen steuerte Millionen für eine Utopie bei, die freilich auch dem eigenen Geltungsdrang entsprach, an der Spitze der deutschen Städte zu stehen. Kommunale Kernaufgaben wurden dabei im Zweifelsfall hintangestellt. Dass diese veränderte stadtpolitische Prioritätensetzung nicht noch weit größere Folgen nach sich zog, ist – paradoxerweise – den Kriegsentwicklungen zu ›verdanken‹. Die megalomanen Wunschträume lagen nun genauso in Schutt und Asche wie die gesamte Stadt.

307 Diese Zahl beruht auf dem in der oberen Tabelle dargelegten Stand vom Januar 1943, was annäherungsweise als Gesamtaufwand angesehen werden kann, weil die Projekte aus den oben angegebenen Gründen in den letzten beiden Kriegsjahren nicht mehr weitergeführt wurden.

308 Vgl. Vorbericht des Oberbürgermeisters, Haushaltssatzung der Hauptstadt der Bewegung München 1939, S. XXIV.

309 Vgl. Übersicht über die Einnahme- und Ausgabemittel des Sonderhaushaltsplans 1940, 1941 und 1942 und ihre Inanspruchnahme für die einzelnen Neugestaltungszwecke nach dem Stand vom 30.9.1942, Anhang zum Sonderhaushaltsplan für die Neugestaltung der Hauptstadt der Bewegung 1942, S. 29, Anm. 1, StadtAM, Kämmerei 1976.

Resümee

Am 30. April 1945 marschierten amerikanische Truppen in München ein. Gegen 16 Uhr Ortszeit übernahmen sie die Macht im Rathaus am Marienplatz. Fast zeitgleich nahm sich in Berlin im Bunker der Reichskanzlei Adolf Hitler das Leben. Als acht Tage später sein Nachfolger, Großadmiral Karl Dönitz, die bedingungslose Kapitulation des Deutschen Reichs unterzeichnen ließ, hatte die Militärregierung in der bayerischen Metropole bereits Alt-OB Karl Scharnagl in dessen Klosterversteck in Glonn aufgespürt und als Stadtoberhaupt eingesetzt. Der staatliche Neuaufbau begann von ›unten‹, in den Städten und Gemeinden. Karl Fiehler war zu diesem Zeitpunkt auf der Flucht, ebenso wie der berüchtigte NSDAP-Fraktionsvorsitzende Christian Weber, der dabei auf ungeklärte Weise ums Leben kam. Stadtkämmerer Andreas Pfeiffer kam seiner Absetzung durch die Militärregierung zuvor, indem er am 14. Mai 1945 ein Ruhestandsgesuch einreichte, das er mit Schwindelgefühlen, Hör- und Kreislaufproblemen sowie Schlafschwierigkeiten begründete.[1] In der Kämmerei endete damit eine Ära. Insgesamt 31 Jahre lang und über zwei politische Zäsuren hinweg hatte der inzwischen 62-jährige Pfeiffer an führender Stelle im Dienst der Stadt gestanden. Einen dritten Umbruch begleitete er nun nicht mehr.

Bereits 13 Monate zuvor, im März 1944, war man sich angesichts eines stark deformierten Haushalts in der Stadtspitze einig, dass es in Sachen Finanzverwaltung nur noch ums bloße »Durchkommen« gehe.[2] In dieser Sichtweise drückte sich aus, wie stark auch gerade das Haushaltswesen vom Weltkrieg determiniert war. Als dieser im Frühjahr 1945 endete, stand die kommunale Haushaltspolitik vor einem Neuanfang unter ungewissen Voraussetzungen. Ein zeitgenössischer Bericht aus dem Finanzreferat diagnostizierte eine »vollständige[...] Wende nach dem 1. Mai 1945«.[3] Die Militärregierung stoppte sämtliche Zahlungen des Reichs an die Gemeinden, womit auch alle im Haushaltsplan veranlagten Zuschüsse entfielen. Das wirkte sich massiv auf die Einnahmen aus: Steuerüberweisungen fielen genauso plötzlich und in Millionenhöhe weg wie Ersatzleistungen, etwa beim Familienunterhalt; auch der Zinsendienst für die Schuldverschreibungen beim Reich, die im Rahmen der Ressourcenverschiebung in großem Maße gezeichnet worden waren, wurde zunächst eingestellt. Gleichzeitig war auch vollkommen ungeklärt, wie die umfangreichen Aufgaben in Zukunft finanziell bewerkstelligt werden sollten und wer für die Folgekosten des Kriegs vor Ort sowie die neuen Verwaltungsaufgaben im Zuge des Wiederaufbaus aufkommen sollte. Es herrschten zugleich große Personalengpässe, nicht zuletzt aufgrund der Entlassungswelle im Zuge der Entnazifizierung. Diese trafen das Finanzwesen auch deswegen so erheblich, weil Experten auf diesem Gebiet ohnehin rar waren. In den Reihen »politisch unbelastete[r]

---

1 Vgl. Aktennotiz, Juni 1945, StadtAM, PA 12812 Andreas Pfeiffer.
2 Vgl. Fiehler, Ratsherren, 14.3.1944, StadtAM, RSP 717/1; siehe oben, Kap. I.5., S. 102.
3 Finanzreferat an Statistisches Amt der Landeshauptstadt München, Leistungsbericht der Stadt am Jahresende, 21.6.1946, S. 2 f., StadtAM, BuR 2397.

Dienstkräfte[...]« seien »erfahrene Beamte nicht vorhanden«, heißt es dazu im Leistungsbericht des Referats 1945 – was umgekehrt bestätigt, dass die erfahrenen Beamten durchwegs politisch belastet waren.[4] Bezeichnenderweise blieb sogar der Posten des Kämmerers monatelang vakant, bis ihn im September der damals bereits 65-jährige Paul Berrenberg (1880-1950) übernahm.[5]

Während sich in München Stadtkämmerer Pfeiffer dem haushaltspolitischen Neubeginn per Rücktritt entzog, reagierte sein Amtskollege in Leipzig ungleich drastischer: Kurz bevor die amerikanischen Truppen das Rathaus der sächsischen Großstadt einnahmen, beging Stadtkämmerer Dr. Kurt Lisso – genauso wie Bürgermeister Alfred Freyberg (1892-1945) – Selbstmord und vergiftete zudem Frau und Tochter. Die amerikanischen Kriegsfotografinnen Lee Miller und Margaret Bourke-White, die die Soldatenverbände im Frühjahr 1945 begleiteten, haben diesen Familienselbstmord fotografisch dokumentiert.[6] Es sind gespenstische Aufnahmen, die einige Tage später auf der Titelseite des Daily Express landen. Sie standen ikonisch für den totalen Sieg über die Deutschen und die beispiellose Selbstmordwelle am Kriegsende.[7] In unserem Zusammenhang versinnbildlichen sie zum einen die Bedingungslosigkeit, mit der auch viele Kommunalbeamte das NS-Regime unterstützt hatten, und mit dessen Ende für sie eine Welt zusammenbrach; zum anderen symbolisieren sie die tiefe Zäsur, die das Kriegsende für das kommunale Finanzwesen und dessen Hauptakteure darstellte – in München, Leipzig und andernorts.

Die Haushaltspolitik der Städte und Gemeinden fand fortan unter gänzlich anderen Rahmenbedingungen statt.[8] Augenscheinlich wurde der Neubeginn in München auch dadurch, dass die Kämmerei ihren von den Nationalsozialisten etablierten Namen verlor und wieder in »Finanzreferat« umbenannt wurde. Wie sich München und andere Städte in der unmittelbaren Nachkriegszeit und nach der Währungsreform von 1948 haushaltstechnisch neu ausrichteten, wie und von wem der Krieg und die dadurch entstandenen Verbindlichkeiten letztlich bezahlt, auf welche Weise der Wiederaufbau der ausgebombten Orte finanziert wurde und welche Kontinuitäten ungeachtet der tiefen Zäsur weiterwirkten, sind Themen, die noch näher erforscht werden müssen. Der Untersuchungszeitraum dieser Studie jedoch endet hier. Es sollen abschließend Ergebnisse festgehalten und Bilanz gezogen werden.

4 Vgl. ebd., S. 8.
5 Vgl. ebd., S. 9.
6 Bourke-White, Deutschland, S. 68 f., Bild 44; vgl. Miller, Krieg, S. 217 f., Bild als Einlage S. 240, wobei Miller fälschlicherweise den Kämmerer Lisso für den Leipziger Bürgermeister Alfred Freyberg hielt, der ebenfalls Selbstmord beging. Auf dem Bild sitzt Lisso zusammengeknickt am Schreibtisch seines Dienstzimmers, auf dem die Ausweise und Dokumente der ganzen Familie ausgebreitet sind. Seine Tochter liegt auf dem Sofa. Auf einem Armsessel hat seine Frau Platz genommen, der Blut aus dem Mund läuft. Die eingeschlagenen Fenster zeugen von den verheerenden Gefechten, die noch kurz zuvor in Leipzig gewütet hatten.
7 Vgl. etwa jüngst Huber, Kind.
8 Auch Petzina, Handlungsspielräume, S. 175, sieht im Kriegsende eine tiefe Zäsur.

Das Ziel dieser Arbeit lag darin, Handlungsfelder, Gestaltungsspielräume und Akteure des kommunalen Haushaltswesens im »Dritten Reich« am prominenten Beispiel der »Hauptstadt der Bewegung« zu untersuchen und in ihrer Bedeutung für die nationalsozialistische Herrschaft vor Ort zu analysieren. Die folgenden unter sechs Gesichtspunkten gebündelten Ergebnisse sind somit auch als Beiträge zu einer finanzwirtschaftlich und haushaltspolitisch fundierten Herrschaftsgeschichte Münchens zu verstehen.

»Ordnung« und Wandel des Haushaltswesens

Gleich am Anfang dieser Studie stand der Verweis auf die ›schwarzen Zahlen‹, welche die nationalsozialistische Stadtführung im Januar 1934 stolz präsentierte. Ein ausgeglichenes Budget wurde aber nicht nur im ersten Haushaltsjahr nach der Machtübernahme vorgelegt. Das städtische Zahlenwerk hielt vielmehr bis zum letzten NS-Haushalt des Jahres 1944 seine Balance. Dabei unternahmen die verantwortlichen Akteure auch gezielte Anstrengungen, die ›schwarze Null‹ herbeizuführen. Dazu gehörten nicht selten das geschickte »Jonglieren« mit Zahlen und Haushaltstiteln, wie der Kämmerer sein Agieren selbst einmal treffend bezeichnete, und das Hantieren mit buchhalterischen Tricks – manchmal auch am Rande der Legalität. Denn der ausgeglichene Etat als solcher besaß für das NS-Regime einen hohen propagandistischen Wert. Das hing auch mit der zeitgenössischen Bedeutung des Ordnungsnarrativs zusammen, das im politischen Denken des »Dritten Reichs« allgegenwärtig war.[9] Der kommunalen Ebene im Allgemeinen sprach Karl Fiehler die Aufgabe zu, das Zusammenleben der »Volksgenossen« zu »formen« und zu »ordnen«, wobei damit selbstredend auch ein rassistischer Umbau der Gesellschaft gemeint war.[10] Das Haushaltswesen mit dem Leitgedanken der Planung und dem bindenden Prinzip, dass Ausgaben letztlich immer durch Einnahmen gedeckt werden müssten, bot sich in besonderem Maße als ein traditioneller Schauplatz an, auf dem dieses Ordnungsdenken eine Umsetzung finden konnte.

Diese Studie wollte einen Blick hinter die Oberfläche der ausgeglichenen und geordneten, mithin konstruierten Haushaltszahlen der Stadt ermöglichen. Denn diese sagen als solche relativ wenig über die tatsächlichen Finanzverhältnisse eines Gemeinwesens aus und überdies nahezu gar nichts über die erheblichen Konstellationsveränderungen, die das kommunale Haushaltswesen im Untersuchungszeitraum prägten. Unter Anwendung verschiedener Indikatoren wurden im Rahmen des Vergleichs von vier ausgewählten Haushalten in Kapitel I unterschiedliche Phasen der Finanzpolitik herausgearbeitet.

9 Vgl. Wimmer, Ordnung, S. 9; zur Bedeutung des Ordnungsnarrativs allgemein vgl. Raphael, Ordnungsdenken.
10 Vgl. Fiehler, Die deutschen Gemeinden im Krieg, in: Völkischer Beobachter, 31.12.1940, S. 5; vgl. auch Wimmer, Ordnung, S. 9.

1.) Eine erste Phase vor 1933 war von den drastischen Auswirkungen der Weltwirtschaftskrise geprägt, die sich auf vielfältige Weise im Haushalt niederschlugen. Auch wenn die Stadt München lange vergleichsweise gut durch die Krise kam, konnte sie 1932 ihren Haushalt nicht mehr ausgleichen. Das millionenschwere Defizit war allerdings nicht ausschließlich ein Zeichen für die finanzielle Notlage, sondern ebenso eine politisch eingesetzte »Bankrotterklärung«. Als bewusst in Kauf genommenes Defizit artikulierte sich darin ein Protest gegen die Reichs- und Landespolitik, die den Kommunen nicht genug Finanzmittel – insbesondere für die Unterstützung der Wohlfahrtserwerbslosen – zur Verfügung stellten.

2.) Die Periode bis etwa 1935/1936 zeichnete sich durch eine langsame Konsolidierung der städtischen Finanzen aus, wenngleich ein Teil des Aufschwungs eher rhetorisch konstruiert als real nachvollziehbar war. In der Etablierungsphase des Nationalsozialismus diente die (neue) Ordnung der Zahlen nicht zuletzt dazu, ein Gegenbild zu den Zuständen am Anfang der 1930er-Jahre zu entwerfen. Die Haushalte wurden in diesem Sinne gezielt als Zeugnisse nationalsozialistischen Aufstiegs, kommunaler Leistungsfähigkeit und harmonischer Zusammenarbeit zwischen Verwaltungsapparat und Parteivertretern inszeniert. In diesem Kontext kann auch die Neuentdeckung des Vermögensnachweises verortet werden. Die Aufstellung aller finanziellen und sachlichen Vermögenswerte nach kaufmännischen Prinzipien wurde zwar nicht von den Nationalsozialisten erfunden, aber nun erstmals zum integralen Bestandteil der gedruckten, öffentlichen, eigentlich kameralistischen Haushaltspläne erhoben. Und die imposanten dreistelligen Millionenwerte halfen dabei, die Vermögenslage der Stadt ins helle Licht des Aufstiegs unter nationalsozialistischer Führung zu rücken.

3.) Die daran anschließende Phase bis zum Kriegsbeginn war einerseits von verwaltungsorganisatorischen Umgestaltungen, andererseits von einem starken Wandel der Binnenstruktur des Haushalts geprägt. Die allgemeine wirtschaftliche Entspannung sowie vor allem die Realsteuerreform sorgten für einen deutlichen Anstieg der städtischen Steuereinnahmen, die die weitreichenden Folgen der Umgestaltungen zum Teil überdeckten. Denn gleichzeitig flossen immer mehr kommunale Finanzmittel direkt oder indirekt in die Aufrüstung. Der Anspruch, die Kommunalfinanzen wieder zu »ordnen«, verwirklichte sich in diesem Zeitraum also vor allem als eine Ordnung im Sinne der volkswirtschaftlichen Zielvorstellungen und insbesondere für die Aufrüstung.

4.) Im Krieg selbst, der vierten Phase, führten die zusätzlichen Kriegsaufwendungen – insbesondere im Bereich des Familienunterhalts und des kommunalen Kriegsbeitrags – zu einer Explosion des Haushaltsumfangs. Die erhöhten Pflichtausgaben wurden nicht nur durch den anhaltenden Steuerboom, sondern auch durch Einsparungen in verschiedenen Bereichen der zivilen Kernaufgaben ›gegenfinanziert‹. Dabei veränderte sich auch die Struktur des Etats aufgrund von zahlreichen kriegsspezifischen Umschichtungen in allen Ressorts. Häufig und in kurzen Abständen warf man die Jahresplanungen über den Haufen, was sich nicht zuletzt an der großen Zahl von Nachtragshaushalten zeigt. Während sich die Haushaltsstruktur im Krieg zunehmend deformierte, suggerierten die ausgeglichenen Budgets Stabilität. Dahinter steckte auch eine bewusste Strategie: Schon der Runderlass des Reichsinnenministers vom 30. August 1939 hatte gefordert, dass die Aufrechterhaltung einer »geordneten gemeindlichen Finanzwirtschaft ohne weiteres zu den Aufgaben der Landesverteidigung gehört«.[11] Auch wenn die Haushalte seit diesem Erlass nicht mehr im Gesamten veröffentlicht wurden, lancierte die Stadtspitze nach wie vor vermeintlich aussagekräftige Kennziffern über Pressemitteilungen. Dabei wirkten die publizierten Zahlen des Vermögensnachweises erneut beschönigend: Zwar wurde aufgrund der erlahmten Investitionstätigkeit der Stadt kein Sachvermögen mehr angehäuft, aber die vom Reich auferlegte Rücklagenbildung und Schuldentilgung wirkten sich positiv auf die Vermögensbilanz aus. Diese Verlagerung von der Substanz zum Geld kam angesichts der angestauten Inflation letztlich einer Vernichtung von Vermögenswerten gleich. Auf dem Papier jedoch stellte sich die Lage der Kommunalfinanzen erstaunlich solide dar. Es handelte sich allerdings mehr denn je um eine konstruierte und inszenierte Ordnung.

Finanzpolitik als Ressourcenmobilisierung

Der Terminus der »Mobilisierung« stellte in Politik und Propaganda des NS-Regimes ein mindestens ebenso wichtiges Leitwort dar wie das der »Ordnung«. Darin drückte sich das Ziel aus, möglichst alle materiellen und ideellen Ressourcen für Aufrüstung und Kriegsführung zu aktivieren. Die vorliegende Studie ergänzt die umfangreichen zeithistorischen Forschungen zu diesem Themenkomplex, indem sie das kommunale Haushaltswesen als Aktionsfeld der Mobilisierungsanstrengungen in den Blick nimmt. Dabei lassen sich unterschiedliche Formen der Mobilisierung von Geldmitteln ausmachen.

1.) Der ab dem 1. September 1939 erhobene und anschließend mehrfach erhöhte kommunale Kriegsbeitrag bildete eine ganz direkte Form der Erschließung von Finanzressourcen: Die Gemeinden mussten festgelegte Anteile ihrer Steuereinnahmen ans Reich abtreten, am Ende bis zu ein Drittel ihrer Gesamteinnahmen. Insgesamt landeten aus München in viereinhalb Jahren 161 Millionen Reichsmark ordentlicher Haushaltmittel in der Kriegskasse.[12] Da den Kommunen zugleich untersagt worden war, die Hebesätze, durch die sie selbst die Steuereinnahmen beeinflussen konnten, zu verändern, konnten diese Ausgaben nur durch Einsparungen in anderen Haushaltsbereichen gedeckt werden. Die Stadtverwaltung schonte so zwar auf den ersten Blick die Geldbeutel der Stadtbürger, sparte aber zugleich an den Leistungen für die Bevölkerung.

2.) Eine indirekte, jedoch aus der Sicht der Kommune nicht weniger folgenschwere Variante der Mobilisierung begann schon früher und vollzog sich auf

---

11 Vgl. Vorbericht, Haushaltsplan der Hauptstadt der Bewegung 1941, S. XXXI.
12 Siehe oben, S. I.4, S. 83 f.

dem Gebiet des Finanzausgleichs, der sich als eine Art innenpolitische Dauer-baustelle der NS-Zeit erwies. Das betraf zum einen die Steuerverteilung, die sukzessive, wenn auch nicht linear, zugunsten des Reichs verschoben wurde. Die massive Aufrüstung, die schon in den ersten Jahren der NS-Diktatur vor-bereitet wurde, zog – insbesondere aufgrund der Gewerbesteuereinnahmen und der Vollbeschäftigung – zwar nominell auch bei den Kommunen höhere Ge-samtsteuereinnahmen nach sich. Letztlich bildete das Aufrüstungsbestreben aber schon weit vor Kriegsbeginn auch einen entscheidenden Beschleuniger für die zentralistische Umwandlung des Steuersystems, die den beliebigen Zugriff auf die Gemeindefinanzen zugunsten des Reichs deutlich erleichterte.

Gerade im Krieg veränderte sich der Finanzausgleich zum anderen auch in puncto Lastenverteilung zuungunsten der Kommunen, indem das Reich be-stimmte Aufgaben, etwa im Luftschutz, abgab, ohne dafür die notwendigen Mittel zur Verfügung zu stellen. Während dadurch auf Reichsebene potenziell Haushaltsmittel für die Aufrüstung frei wurden, sahen sich die Verwaltungen vor Ort gezwungen, Einsparungen vorzunehmen oder die ihnen übertragenen Pflichten mit geringerem Finanzaufwand zu erfüllen. Auch wenn die Münchner Gemeindevertreter gerade im Krieg stets ihre Loyalität beteuerten, erfolgte diese Form der Mobilisierung doch eher notgedrungen. Dafür sprechen nicht zuletzt die umfassenden internen Ermittlungen zum Thema »versteckter Finanzaus-gleich«, die die Stadtspitze im Jahr 1941 einleitete, um sich für zukünftige Ver-handlungen zum Finanzausgleich nach dem Krieg zu wappnen.

3.) Eine weitere Arena der Mobilisierung finanzieller Ressourcen lag im Be-reich der Kreditpolitik (Kap. III.3). Die kommunale Darlehensaufnahme war bereits am Ende der Weimarer Republik stark beschränkt worden. Die Natio-nalsozialisten hielten daran nicht nur fest, sondern verschärften den restriktiven Kurs noch. Das übergeordnete Ziel bestand darin, den Kreditmarkt zunächst für die Finanzierung der Arbeitsbeschaffungsmaßnahmen und sehr bald auch schon für die Aufrüstung ›frei‹ zu halten. Die Aufsichtsbehörden genehmigten kom-munale Kredite seit 1935 allenfalls dann, wenn sie in die volkswirtschaft-lichen Leitlinien passten, also der »Wehrhaftmachung« dienten bzw. »kriegs-wichtig« waren. Statt neues Geld aufzunehmen und Investitionen zu tätigen, sollten die Kommunen Schulden tilgen, Rücklagen ansammeln und Reichs-anleihen zeichnen. Bemerkenswert ist, dass die Stadt München diese Politik der Rücklagenbildung bereits mit dem Rechnungsabschluss des Haushalts 1934 eigenständig einführte und damit über ein Jahr bevor Reichsinnenminister Frick im Rahmen des Vierjahresplans im Mai 1936 eine entsprechende offizielle Wei-sung verfügte.

Die auf diese unterschiedlichen Weisen mobilisierten Ressourcen fehlten letztlich an anderer Stelle, auch bei traditionellen Aufgabengebieten der Kom-munalpolitik, was die Stadt zu diversen Einsparungen zwang – vor, aber vor allem in Kriegszeiten. Dass der städtische Haushalt trotzdem bis ins letzte Kriegsjahr hinein nicht kollabierte, lässt sich vor allem auf zwei Entwicklun-gen zurückführen.

4.) Zum einen praktizierte die Stadt München als Reaktion auf die enger werdenden finanziellen Spielräume eine pro-aktive, durchaus erfindungsreiche Einnahmepolitik und trat damit nicht nur als passives Objekt, sondern auch als Subjekt der Ressourcenmobilisierung in Erscheinung (Kapitel III). Dies wird etwa bei der Einführung der Fremdenverkehrsabgabe deutlich oder bei den Versuchen, auf dem Verhandlungswege zu Ausnahmeregelungen bei der Kreditvergabe oder den Steuerzuteilungen zu gelangen. Zwar waren die Protagonisten nicht so erfolgreich, wie sie es sich wünschten, aber immer wieder gelang es, kleinere oder kurzeitige Sonderregelungen auszuhandeln. Auch die erwähnte frühe Rücklagenbildung ist in diesem Kontext als Versuch zu werten, die Einnahmesituation der Zukunft zu verbessern. In diesen städtischen Aktivitäten lässt sich nicht nur der ungebrochene Drang nach Selbstverwaltung und eigenen Gestaltungsspielräumen erkennen, sondern auch ein Merkmal der Ressourcenmobilisierung im »Dritten Reich«: Indem die Kommunen den Druck des eigenen ›Mobilisiert-Werdens‹ ins aktive Mobilisieren transformierten, konnten sie – zumindest teilweise – neue Geldquellen erschließen und ihre Finanzsorgen – zumindest kurzfristig – lindern. Je stärker sie jedoch neue Mittel erschlossen und somit die Finanzlage erträglicher gestalteten, desto eher wagte das Reich, die Kommunen in weiteren Schritten zu belasten. Auch aufgrund dieser Wechselwirkungen konnte sich die »Mobilisierungsdiktatur« so lange halten und der Weltkrieg bis zur militärischen Niederlage geführt werden.

5.) Ein zweites Erklärungsmuster für die erstaunliche Stabilität der Stadtfinanzen hängt mit den spezifischen Gesetzmäßigkeiten des kameralistischen Haushaltswesens zusammen (Kapitel I.5). Tatsächlich litt die Stadt nämlich bis ins letzte Kriegsjahr hinein weit weniger unter finanziellen Engpässen, als man angesichts der diversen Verschiebungen von Finanzressourcen in Richtung Kriegskasse vermuten würde. Das kann – neben anderen Gründen – vor allem auch darauf zurückgeführt werden, dass aufgrund des kriegsbedingten Rohstoff- und Arbeitskräftemangels viele Aufgaben, denen im Budget Kosten zugeteilt waren, praktisch nicht mehr durchgeführt werden konnten. Auf diese Weise blieben nicht nur diese Angelegenheiten unerledigt, es wurden faktisch auch Haushaltsgelder eingespart. Der Stadtetat schrieb 1941 und 1942 sogar Überschüsse in Millionenhöhe. Diese wurden dann notwendigerweise in Richtung der Haushaltsposten umgebucht, die tatsächlich noch durchführbar waren, und flossen vor allem über den Weg der Rücklagen in Richtung Reichskasse. Die Ressourcenkonflikte, die Aufrüstung und Krieg in Bezug auf Finanzmittel mit sich brachten, wurden also paradoxerweise durch den noch größeren Mangel an anderen Ressourcen entschärft – wenn auch nur scheinbar. Denn was in der Bilanz positiv wirkte und mithin auch propagandistisch verwertet wurde, war genau genommen nur eine Stabilität der konstruierten Zahlen und ein Beleg dafür, dass der Haushalt (wie das Geld) als Steuerungsmedium im Krieg massiv an Bedeutung verloren hatte.

Haushaltspolitik als NS-Gesellschaftspolitik

Die große politische Relevanz von öffentlichen Haushalten liegt bekanntlich auch darin, dass sie der »mathematische Ausdruck« der Aufgaben seien, die sich das Gemeinwesen setze.[13] Die spezifisch kommunalen Aufgaben änderten sich nicht von heute auf morgen, als die Nationalsozialisten Anfang 1933 die Macht übernahmen. Doch mit den politischen Rahmenbedingungen wandelten sich alsbald auch auf dieser Ebene die Zielsetzungen. Der Verwaltungsapparat der Städte und Gemeinden passte sich den Gegebenheiten im Rahmen ihrer »administrativen Normalität«[14] schrittweise, aber nachhaltig an. Dies spiegelte sich auch in den städtischen Finanzströmen wider, die sich als »mathematischer Ausdruck« der Aufgaben entsprechend mitveränderten. Weil im Haushaltsplan die Politik aller Ressorts zusammenlief, bildete dieser zugleich ein zentrales Instrument, um die Transformation im Sinne der Nationalsozialisten voranzutreiben.

1.) Schon bei einer oberflächlichen Betrachtung der Teilpläne der einzelnen Verwaltungszweige lassen sich Anzeichen der NS-spezifischen Verformungen erkennen. So hieß zum Beispiel der Einzelplan »Kultur und Wissenschaft« bzw. »Kunst, Kultur, Kirchen« ab 1937 »Kultur- und Gemeinschaftspflege« und griff damit einen Schlüsselbegriff der NS-Propaganda auf. Das Ressort Gesundheitswesen erhielt nun den Zusatz »Volks- und Jugendertüchtigung« und wurde damit dezidiert in Bezug zur NS-Rassenlehre gesetzt.[15] Ein genauer Blick in die Tiefe, das heißt auf die untersten Strukturen des Etats, offenbart: In sämtlichen Ressorts entstanden neue Einzelposten, mit deren Hilfe nationalsozialistische Gesellschaftspolitik durchgesetzt werden sollte. Der Gesamtumfang des Münchner Stadthaushalts belief sich auf jährlich bis zu 290 Millionen Reichsmark. Diese Mittel flossen in ganz unterschiedliche Felder. Das Spektrum reicht von Kulturereignissen und Sozialprogrammen über Straßenbaumaßnahmen bis zur Abwasserentsorgung. Die Stadtverwaltung gestaltete also mit diesen Geldern städtische (Lebens-)Räume oder erschuf solche teilweise erst.[16] Zu »Lebensräumen« im Sinne der nationalsozialistischen Ideologie wurden diese durch gezielte Ausgabensteuerung in Richtung ideologiekonformer Haushaltsposten.

Das Kulturreferat beispielsweise gab nun vermehrt Gelder für die Förderung »deutscher Kunst« aus. Kirchen hingegen erhielten nur noch sehr geringe Zuschüsse. Das Sozialreferat unterstützte die »Alten Kämpfer«, strich aber die Fürsorgesätze für sogenannte »Asoziale« zusammen und setzte sie für jüdische Hilfsbedürftige vollkommen aus.[17] Im Gesundheitswesen entstanden zahlreiche neue NS-spezifische Aufgabenfelder und damit auch Ausgabenposten: Ab dem Haushaltsplan des Jahres 1938 etwa existierte eine eigene Etatstelle »Rassenpflege«, für

---

13 Vgl. Goldscheid, Staat, S. 147.
14 Vgl. Gotto, Kommunalpolitik.
15 Siehe oben, S. 72.
16 Zur Verbindung von Haushaltspolitik und Raumgestaltung siehe auch Rabe, Bilanzen.
17 Vgl. Wimmer, Ordnung, S. 283, S. 306 f.

die jährlich über 100.000 Reichsmark veranschlagt waren.[18] Und im Standesamt gab man nun nicht nur jährlich zwischen 60.000 und 80.000 Reichsmark für das neue Ehegeschenk »Mein Kampf« aus, das Brautpaaren seit 1936 anlässlich ihrer Eheschließung ausgehändigt wurde, sondern auch erhebliche Mittel für die »Sippenrecherchen«, die in verstärktem Maße durchgeführt wurden, um nach dem »Blutschutzgesetz« verbotene »rassenbiologisch« unerwünschte Ehen zu verhindern (Kapitel IV.2).

2.) Gesellschaftspolitik nationalsozialistischer Ausprägung wurde im besonderen Maße auch durch die Ausschüttung großer Summen öffentlicher Gelder oder Sachgeschenke an die NS-Klientel betrieben (Kapitel IV.3). Mithilfe unterschiedlicher regulärer, aber zum Teil erst neu etablierter Budgetposten – den »braunen Töpfen« der Stadtkasse – konnten Funktionäre, »Alte Kämpfer« und andere, die sich um die »Hauptstadt der Bewegung« verdient gemacht hatten, großzügig bedacht werden. Damit nahm die Stadtverwaltung eine Schlüsselrolle als Schaltzentrale der vielfältigen und umfangreichen Begünstigungskultur im Stadtgebiet ein. Zugleich dienten die Zuwendungen, die nicht selten die Grenze zur Korruption überschritten, auch als ein Instrument der Herrschaftssicherung.

3.) Schließlich wurde auch über die Steuergestaltung versucht, den gesellschaftlichen Umbau voranzutreiben. Steuergesetze seien zukünftig nach »nationalsozialistischer Weltanschauung« auszulegen, hieß es im sogenannten Steueranpassungsgesetz, das im Oktober 1933 erlassen wurde.[19] Wenngleich die Nationalsozialisten bis zuletzt kein konsistentes Steuerprogramm entwickelten, so flossen die ideologischen Grundsätze doch immer wieder im Rahmen neu eingeführter oder in der Anwendung bereits etablierter Abgaben ein. Im Bereich der Kommunalsteuern wurden die neuen Maximen beispielsweise dadurch umgesetzt, dass die Filial- und Warenhaussteuer erhöht wurde. Damit sollte zum einen der gewerbliche Mittelstand gefördert werden. Zum anderen schadete die Erhebung großen, oft jüdischen Warenhäusern wie Konen und Uhlfelder (Kapitel III.2).

Es sollte deutlich geworden sein: Eine spezifisch nationalsozialistische Haushaltspolitik gab es genauso wie eine NS-Kommunalpolitik. Wer die braune Machtentfaltung in den deutschen Städten und Gemeinden untersucht, findet in den Zahlenkolonnen der städtischen Etatpläne aufschlussreiche und ›handfeste‹ Informationen. Wie viel sich das NS-Regime bestimmte Maßnahmen der Herrschaftsdurchsetzung kosten ließ, sagt schließlich auch einiges darüber aus, wie viel Gewicht es ihnen zusprach.

---

18 Vgl. Haushaltsplan der Hauptstadt der Bewegung 1938, S. 10 f.
19 Vgl. Steueranpassungsgesetz, 16.10.1934, RGBl. I (1934), S. 925.

Buchhaltung und Verfolgung

Im Frühjahr 2015 stand der 93-jährige Oskar Gröning vor Gericht. Als »Buchhalter von Auschwitz« wurde er in einem der wohl letzten Prozesse der langen Nachgeschichte des »Dritten Reichs« der Beihilfe zum Mord in 300.000 Fällen angeklagt. Gröning sortierte, zählte und verbuchte als Freiwilliger der Waffen-SS zwischen 1942 und 1944 das Geld, das die Todgeweihten in ihrer Kleidung oder ihrem Gepäck verwahrt hatten. Nach Auffassung der Staatsanwaltschaft hatte er damit seinen Beitrag zum »Tötungsgeschehen« geleistet. Das Landgericht Lüneburg verurteilte ihn schließlich zu vier Jahren Haft, was der Bundesgerichtshof im Herbst 2016 bestätigte. Zum ersten Mal wurde damit ein Schuldspruch wegen Beihilfe zum massenhaften Mord in den Konzentrationslagern rechtskräftig – über 70 Jahre nach Kriegsende.

Was aus juristischer Hinsicht ein Novum darstellte, ist in der historischen Forschung schon länger Konsens: Bürokratisches Handeln auf unterschiedlichen Ebenen bildete ein zentrales Element der nationalsozialistischen Verfolgungsmaschinerie, weshalb sich – willentlich oder nicht – auch viele Beamte der »Beihilfe« zu Vertreibung, Raub und Mord schuldig machten. Figuren wie Oskar Gröning gab es nicht nur in Vernichtungslagern. Zahlreiche Mitarbeiter in den deutschen Gemeinden, darunter nicht zuletzt auch die Buchhalter in den Kämmereien, leisteten ihren Beitrag zu der Verfolgungspolitik und standen am Anfang einer langen Kette. Der »Finanztod«[20] der Juden, der ihrem physischen Ende vorausging, war ein allmählicher Vorgang, der sich in Etappen vollzog und an dem etliche private und staatliche Akteure beteiligt waren. Gerade diese Arbeitsteilung förderte den Prozess der Ausbeutung. Der Einzelne fühlte sich als kleines Rädchen mit geringer Verantwortlichkeit.[21] Das politische Gesamtvorhaben, an dem er mitwirkte, konnte er weitgehend ausblenden. Die vorliegende Studie hat den Zusammenhang von Verwaltung und Verbrechen anhand einiger bislang wenig untersuchter bzw. unbekannter Vorgänge rund um die städtische Finanzbürokratie herausgearbeitet.

1.) Maßgeblich halfen die Mitarbeiter des Münchner Pfandleihamts dabei, den nach den Judenpogromen vom November 1938 staatlich angeordneten Raub von Silber, Gold und Edelsteinen zu organisieren. Dessen Leiter Albert Wurm verdiente sich beim Erfassen der Wertgegenstände sogar ein Sonderlob des Oberbürgermeisters. Auch wenn ein Großteil der ›Beute‹, insbesondere alle Goldgegenstände, ans Reich ging, profitierte die Stadt, indem sie eine Provision von zehn Prozent auf den Weiterverkauf der verbleibenden Wertgegenstände einstrich und nicht selten ihr Vorkaufsrecht nutzte. Dass so mancher Mitarbeiter der Stadtverwaltung in den Folgejahren zum Dienstjubiläum eine Silbermedaille erhielt, die aus dem enteigneten und anschließend eingeschmolzenen »Ju-

---

20 Adler, Mensch, S. 166.
21 Vgl. Kuller, Verwaltung, S. 441.

densilber« gefertigt worden war, offenbart auf besonders perverse Art, was die Nationalsozialisten unter »Verwertung« verstanden (Kapitel III.4).[22]

2.) Die Mitarbeiter im Stadtsteueramt versuchten in ihren Hoheitsbereichen, Juden oder jüdische Betriebe höher zu besteuern als andere Münchner Stadtbürger. Aufgrund der komplexen Verteilung der Verantwortlichkeiten im deutschen Steuersystem stießen die eigenständigen Versuche zwar auf rechtliche Schranken. Zumindest in einem Fall war man jedoch nachweislich ›erfolgreich‹: bei der Fremdenverkehrsabgabe. Diese kommunale Abgabe stellte einen Münchner Sonderfall dar und wurde zwischen Juli 1937 und 1939 – laut Satzung – von allen Personen und Unternehmen erhoben,»die in der Stadt München aus dem Fremdenverkehr unmittelbar oder mittelbar finanzielle Vorteile« zogen.[23] Die Willkür dieser Steuer war schon in ihrer Konstruktion verankert und äußerte sich nicht zuletzt darin, dass man Juden und jüdische Unternehmen durchweg mit höheren Beträgen veranlagte als gleichartige »arische« Geschäfte (Kapitel III.2).

3.) Besonders rigoros agierte die Belegschaft des Einziehungsamts, wenn es um säumige jüdische Schuldner ging. Zwar schrieb sich die Stadtverwaltung auch im »Dritten Reich« soziales Verständnis gegenüber leistungsschwachen Schuldnern auf die Fahnen; tatsächlich aber nutzten die Verwaltungsbeamten ihre Spielräume, um gerade bei Juden besonders unnachgiebig vorzugehen – bis zur Zwangsvollstreckung bei geringsten Summen. Ihre Handhabungspraxis konnte die Stadt bald auch auf der Ebene der Landesfinanzämter durchsetzen, was ein weiteres Beispiel für die in der NS-Kommunalforschung oft betonten Impulse ›von unten‹ darstellt. Besonders bemerkenswert ist überdies, wie früh in München die Weichen auf eine rassistisch motivierte Verwaltungspraxis umgestellt wurden. Karl Fiehler hatte bereits am 30. März 1933 ein Verzeichnis aller durch das städtische Vollstreckungsamt behandelten Rückstandsfälle jüdischer Schuldner anlegen lassen.[24] Diese Liste mit mehr als 220 Namen und Adressen bildete nicht nur den Ausgangspunkt für die verschärfte Eintreibungspraxis, sondern markiert zudem auch den Beginn einer systematischen Datenerfassung, durch welche die jüdischen Stadtbürger gesellschaftlich stigmatisiert, ausgegrenzt und später planmäßig verfolgt werden konnten (Kapitel III.2).

4.) Bislang vollkommen unbekannt sind Vorgänge, die sich in der Stadthauptkasse abspielten (Kapitel III.4). Das Amt hatte regelmäßig mit Überzahlungen von Steuern, Gebühren oder anderen öffentlichen Abgaben zu tun. Während solche Gelder bis Herbst 1938 jüdischen Bürgern und Betrieben – wie allen anderen auch – vollständig rücküberwiesen wurden, änderte sich die Verwaltungspraxis nach der Reichspogromnacht schlagartig. Amtsleiter Hugo Scheuthle entschied nun in einem Akt vorauseilenden Gehorsams, Rückzahlungen an Juden und jüdische Gewerbetreibende sofort einzustellen, wobei ihn darin auch sein Vorgesetzter, Stadtkämmerer Pfeiffer, unterstützte. Die Rück-

---

22 Siehe oben, S. 273.
23 Siehe oben, S. 223.
24 Siehe oben, S. 235.

vergütung wurde fortan »nur rein kassenmäßig« vollzogen, während die »effektive Auszahlung« unterblieb. Der jeweilige Betrag wurde stattdessen – verwaltungstechnisch korrekt – auf eine neue Haushaltsstelle überwiesen und dort als »Verwahrungsgeld« behandelt. Auf diese Weise entstand ein Sammelkonto, das im Hausjargon schlicht als »Judenkonto« firmierte und auf dem sich im Lauf der Zeit einige hunderttausend Reichsmark ansammelten. Daran bedienten sich fortan unter Anmeldung vermeintlich gültiger Ansprüche sowohl die Stadtverwaltung als auch andere staatliche oder private Akteure. Am Kriegsende war nur noch ein Bruchteil des Geldes übrig.

Gerade weil es sich hier nur um relativ geringe und haushaltspolitisch daher kaum relevante Summen handelte, zeigt dieser als »Auszahlungsstopp« getarnte Raub in besonderem Maße die rassistische Motivation der ›Buchhalter von München‹. Sie nutzten ihre Entfaltungsmöglichkeiten, um die Amtspraxis in eigener Initiative im Sinne der NS-Ideologie auszurichten und leisteten damit einen bedeutenden Beitrag zur Dynamisierung der Verfolgung.

Finanzen und Münchens Sonderstellung

Als die amerikanischen Truppen München besetzten, präsentierten sie das Ortsschild mit der Aufschrift »Hauptstadt der Bewegung« wie eine Siegestrophäe.[25] Oberbefehlshaber Eisenhower gratulierte der Siebten Armee im damaligen Tagesbefehl ausdrücklich zur Einnahme einer Stadt, die er als »cradle of the Nazibeast« bezeichnete.[26] Die Genugtuung, die aus diesen Szenen spricht, verdeutlicht, dass man aufseiten der Sieger München eine herausgehobene Bedeutung im Gesamtgefüge des NS-Regimes zuschrieb. Diese Sonderstellung war auch in vielen zeitgenössischen Dokumenten, Zeitungsartikeln und Stadtratsprotokollen allgegenwärtig und verdichtete sich nicht zuletzt in der Führung des Ehrentitels, den sich die Stadt 1935 von Adolf Hitler bestätigen ließ. Tatsächlich wenig erforscht ist bislang, ob und wie sich dies – jenseits des Imagegewinns[27]– auf die konkrete Stadtpolitik auswirkte. Durch die Betrachtung der städtischen Finanzströme wollte die Studie zur Beantwortung dieser Frage beitragen. Hatte die »Hauptstadt der Bewegung« finanzielle Vorteile oder erwuchsen ihr eher erhöhte Anforderungen?

1.) Für die Stadtführung war der Sonderstatus ein häufig herangezogenes Argument auf unterschiedlichen finanzpolitischen Feldern, mit dem hohe Erwartungen verbunden waren. Um diesem Argument Geltung zu verschaffen, nutzten die verantwortlichen Politiker insbesondere das ausgeprägte braune Netzwerk, das München als Gründungsort der NSDAP und Sitz verschiedener

25 Vgl. Abbildung bei Nerdinger (Hrsg.), München, S. 298 f.
26 Zit. nach Hockerts, München, S. 40.
27 Siehe dazu Szöllösi-Janze (Hrsg.), München.

Landesbehörden und reichsweit agierender Parteiinstitutionen bot.[28] So brachten Stadtvertreter etwa bei zahlreichen Anlässen im Konflikt um den Finanzausgleich das Sonderstatus-Argument in ihre Verhandlungsführung ein (Kapitel III.1). Dass sie in einem traditionellen innerstaatlichen Konfliktfeld mit einem auf die Geschichte der NSDAP bezogenen Argument zu punkten versuchten, zeigt, wie der NS-Staat in ihren Augen funktionieren sollte. Am ehesten Gehör fand die Stadtführung damit über den informellen Weg und vor allem ab dem Jahr 1937, als Adolf Hitler die Ausbaupläne der Stadt offiziell verkündete. Dass München wie den anderen Führerstädten im Frühjahr 1938 Anteile der Körperschaftssteuer ihrer eigenen Versorgungsbetriebe zurücküberwiesen wurden, war ein Beleg dafür, dass diese Argumentation durchaus erfolgreich sein konnte.

Auch im Rahmen der Kreditpolitik versuchte München aus seinem Sonderstatus Kapital zu schlagen. Die große Entscheidungsmacht, die den Aufsichtsbehörden bei der Kreditvergabe zukam, lud die Stadtspitze geradezu ein, ihre guten Beziehungen ins Innenministerium – namentlich zu Innenminister und Gauleiter Adolf Wagner und seinem Staatssekretär Max Köglmaier – spielen zu lassen. Im Januar 1937 erwirkte sie auf diesem Feld tatsächlich eine Sonderregelung, die Geldaufnahmen in der Höhe der jährlichen Tilgungen gestattete und dazu führte, dass die Stadt es zumindest bis Kriegsbeginn leichter als viele andere Kommunen hatte, an Kredite zu gelangen (Kapitel III.3).

Schließlich war auch die Einführung der Fremdenverkehrsabgabe ein prägnantes Beispiel für Münchens besondere (Ver-)Handlungsspielräume. In einem persönlichen Gespräch hatte Karl Fiehler den »Führer« davon überzeugt, diese Abgabe, die eigentlich eine Steuer war, erheben zu dürfen, weil der Stadt besondere Aufgaben im Fremdenverkehr zufielen. Mit diesem Vorgehen spielte der OB auch die beteiligten Reichsminister aus, die massive rechtliche Einwände erhoben. Die Abgabe blieb trotz der Anfechtungen durch die Ministerialbürokratie zunächst erhalten und brachte der Stadt einige Mehreinnahmen.

2.) Diesen Vorteilen standen auf der anderen Seite erhebliche finanzielle Mehrbelastungen gegenüber, die sich direkt oder indirekt aus dem besonderen Status Münchens ergaben. Insbesondere in Kapitel IV habe ich zahlreiche Beispiele für eine neue Akzentsetzung der Ausgabengestaltung in der NS-Zeit aufgezeigt. Es sollte verdeutlicht werden, dass die Stadt ihre Spielräume, die ihr jenseits der Auftragsverwaltung blieben, in besonderer Weise nutzte, um ›systemkonform‹ zu agieren bzw. ihrem Anspruch und Auftrag als »Hauptstadt der Bewegung« nachzukommen. Dabei verschwimmt die Grenze zwischen auferlegten und freiwilligen Ausgaben. Was aus rein finanzieller Sicht Mehrbelastungen darstellte, wurde von den Stadtvertretern zumindest teilweise auch gerne mit Mitteln aus der sogenannten »freien Spitze« übernommen. Dem »Willen des Führers Rechnung zu tragen«, um den oben zitierten Ausspruch von Stadtkäm-

---

28 Zum »braunen Netzwerk« als Herrschaftsraum vgl. Rabe, Bilanzen, S. 122-126.

merer Pfeiffer aus dem Jahr 1937 noch einmal zu erwähnen, war gerade für die
»Hauptstadt der Bewegung« eben auch eine »Ehrenpflicht«.[29]

Während sich andere Kommunen beispielsweise lange erfolgreich gegen die
Empfehlung von Reichsinnenminister Wilhelm Frick sträubten, wonach die
kommunalen Standesämter Hitlers »Mein Kampf« als Ehegeschenk verteilen
sollten, sah man in München darin, trotz des erheblichen finanziellen Mehr-
aufwands, eine »absolute Pflicht«.[30] Besonders generös zeigte man sich auch
bei Ausgaben für verschiedene Parteizwecke. So wurde für die »Beteiligung der
Stadt an Aufwendungen der Partei, ihrer Gliederungen und der angeschlossenen Verbände« im Jahr 1936 ein Rücklagenfonds eingerichtet, der unter der
Weisungsbefugnis des OB stand und aus dem allein im Jahr 1937 über 620.000
Reichsmark entnommen wurden. Besonders viel investierte die Stadt in den
Neubau und den Unterhalt von HJ-Heimen. Schon bevor diese Aufgaben im
ganzen Reich den Kommunen übertragen wurden, gab man in München dafür
mehrere Hunderttausend Reichsmark an Haushaltsgeldern aus. Auch die mil-
lionenschweren Kosten für das Prestigeprojekt »Braunes Band« und den »Tag
der Deutschen Kunst« hätte es ohne den Ehrentitel so möglicherweise nicht gegeben.

Das mit Abstand größte Finanzierungsprojekt stellte freilich der städtebauliche Ausbau der »Hauptstadt der Bewegung« dar. Dieses band nicht nur die
kommunale Finanzbürokratie in erheblichem Maße organisatorisch ein, sondern bildete auch finanziell eine erhebliche Belastung für die Stadt. Insgesamt
kostete Hitlers Gigantomanie die Stadt fast 50 Millionen Reichsmark, obwohl
fast alle Teilprojekte unter den Kriegsbedingungen im Sande verliefen. Die
Summe wäre ins Unbezahlbare gestiegen, wenn die gigantischen Pläne tatsächlich realisiert worden wären.

Die Münchener Sonderrolle brachte also sowohl finanzielle Vor- als auch
Nachteile, selbst wenn hierzu keine genaue Quantifizierung möglich ist. Die
Finanzpolitik der Stadt München war durch eine umtriebige Netzwerkpolitik geprägt, wobei das Sonderstatus-Argument durchaus zu einigen finanziellen Vorzügen oder Zugeständnissen führte. Insgesamt gesehen machte die Stadt
mit diesem ›Joker‹ jedoch weit weniger Stiche, als man sich erhoffte. Die Tatsache, dass die Stadtführung ihre Rolle als »Hauptstadt der Bewegung« stetig und selbstbewusst in unterschiedlichen Bereichen der (Finanz-)Politik einbrachte, trug jedenfalls dazu bei, dass sich der Sonderstatus diskursiv verfestigte
und auf diese Weise so ›real‹ wurde, dass auch die amerikanischen Soldaten beim
Einmarsch im April 1945 eine besondere Genugtuung empfanden.

29 Siehe oben, S. 283 f.
30 Siehe oben, S. 289.

Haushaltsexperten als NS-Funktionselite

Das Votum von Fritz Schäffer, dem ersten bayerischen Ministerpräsidenten nach Kriegsende, war eindeutig: Der Münchner Stadtkämmerer Andreas Pfeiffer, den er schon seit den 1920er-Jahren kannte, sei »der Gesinnung nach« ein Gegner der Weltanschauung und der Methoden der Nationalsozialisten gewesen, er habe jeden »nationalsozialistischen Einfluß« aus seinem Amt verdrängt und die städtischen Finanzen »immer rein und sauber« geführt.[31] Auch zahlreiche weitere Beiträge im Rahmen des Amtsenthebungs- und des späteren Spruchkammerverfahrens vermitteln von Pfeiffer das Bild eines Finanzfachmanns, der stets loyal, pflichtbewusst und verantwortungsvoll gegenüber seinem Dienstherrn agierte und dabei politisch unauffällig blieb. Als er 1933 in die NSDAP eintrat, habe er dies, so der Münchner Nachkriegsbürgermeister Thomas Wimmer, »aus Pflichttreue zu seinem Beruf, aus Anhänglichkeit an seine Vaterstadt und aus Sorge um die Zukunft seiner Familie« getan.[32] Er sei vor die Alternative gestellt worden, entweder der Partei beizutreten oder aus dem Amt scheiden zu müssen. Offensichtlich zählte der Kämmerer auch einige Juden zu seinem Bekanntenkreis, denen er auch nach 1933 weiterhin verbunden geblieben sein soll und die später zu seinen Gunsten aussagten – darunter der Unternehmer Hermann Schülein (Löwenbräu), mit dem Pfeiffer seit den gemeinsamen Schultagen befreundet war, und Siegfried Aufhäuser, Hauptteilhaber des gleichnamigen jüdischen Bankhauses.[33] Mit Carl Goerdeler, dem Leipziger Oberbürgermeister bis 1937 und späteren Protagonisten des konservativen Widerstands um die Gruppe vom 20. Juli, stand er in engem Austausch.[34] Folgerichtig wurde der Stadtkämmerer der »Hauptstadt der Bewegung« mit »Sühnebescheid« vom 27. April 1948 nur mit einer sehr geringen Strafe von 2.000 Reichsmark belegt und in die Gruppe der »Mitläufer« eingeordnet.

Die zahlreichen Aussagen in seinem Verfahren sind Zeichen einer anhaltenden Wertschätzung, die dem langjährigen Finanzreferenten auch nach Kriegsende noch von vielen Zeitgenossen und Kollegen entgegengebracht wurde. Sie sind auch Beispiele für die grassierende Praxis der »Persilschein«-Vergabe. Vor allem bezeugen sie, ebenso wie das abschließende Urteil, dass in der Nachgeschichte des »Dritten Reichs« die politische Bedeutung von Verwaltungstätigkeit im Allgemeinen und der Finanzverwaltung im Besonderen weitgehend unterschätzt, ignoriert oder verleugnet wurde. Mit den Ergebnissen der vorliegenden Studie decken sie sich nicht.

31 Vgl. Stellungnahme Fritz Schäffer, 10.9.1945, StAM, SpkA (München) K 1411 Andreas Pfeiffer.
32 Vgl. Stellungnahme Thomas Wimmer, 26.11.1947, StAM, SpkA (München) K 1411 Andreas Pfeiffer.
33 Vgl. Stellungnahme Hermann Schülein, 29.4.1947, StAM, SpkA (München) K 1411 Andreas Pfeiffer; Stellungnahme Siegfried Aufhäuser, 29.4.1947, StAM, SpkA (München) K 1411 Andreas Pfeiffer.
34 Vgl. Goerdeler an Pfeiffer, 15.1.1937, StAM, SpkA (München) K 1411 Andreas Pfeiffer.

1.) Die Untersuchung hat vielmehr gezeigt, dass der Stadtkämmerer, genau wie seine Mitarbeiter im Finanzreferat und den unterstellten Ämtern, ihre Fachexpertise in besonderem Maße in den Dienst des NS-Regimes stellten. Dies taten sie in einem Aufgabenfeld, über das man zeitgenössisch – und damit im Gegensatz zu der Auffassung in der Nachkriegszeit – urteilte, es greife »tiefer, als jede andere verwaltende Arbeit, in das lebendige Leben der Gemeinde« ein.[35] Der Haushalt bildete ja den zahlenmäßigen Ausdruck kommunalpolitischer Schwerpunktsetzungen und bündelte damit die Politik aller Ressorts. Deswegen war gerade in diesem Feld das Zusammenspiel von politischen Interessen und bürokratischer Praxis eine unerlässliche Grundlage dafür, dass die Kommunalpolitik der »Hauptstadt der Bewegung« mehr und mehr an spezifisch nationalsozialistischen Zielsetzungen ausgerichtet werden konnte. Schließlich waren sich auch die Nationalsozialisten darüber im Klaren, dass ein erfolgreicher Umschwung nicht ohne einen funktionierenden Beamtenapparat zu bewerkstelligen war.

2.) In dieser Hinsicht erwies sich Karl Fiehler als taktisch geschickte Vermittlungsfigur und (regimeintern) erfolgreicher Integrationspolitiker (Kapitel II.3). Bereits in seiner ersten Rede als kommissarischer Bürgermeister betonte er, dass er von den Beamten unter keinen Umständen den Parteieintritt noch »irgendein Kriechertum« verlange, jedoch die Bereitschaft erwarte, sich dem »Geist und Sinn der Anordnungen« einzufügen.[36] Gerade vor dem Hintergrund späterer Aussagen, denen zufolge der »unpolitische Beamte« durch den »politischen Beamten« ersetzt werden sollte, kann man die frühen Äußerungen als bewusstes und beschwichtigendes Integrationsangebot an die traditionellen Verwaltungseliten deuten. Die meisten Beamten nahmen dieses ›Angebot‹ denn auch bereitwillig an. Selbst jene Mitarbeiter, die anfangs möglicherweise skeptisch waren oder mit der NSDAP und deren längst bekannten Vorstellungen eines »neuen Deutschlands« nicht übereinstimmten, konnten unter Berufung auf den angeblich »unpolitischen« Charakter ihrer Arbeit ihren Dienst weiterführen und sich auf diese Weise womöglich sogar ein ›gutes Gewissen‹ bewahren.

3.) Die effiziente Verbindung von Politik und Verwaltung zeigte sich geradezu paradigmatisch im kooperativen Wirken des Tandems aus Oberbürgermeister und Kämmerer, der ab dem Jahr 1942 sogar die Position des Stellvertreters bekleidete und damit zur Nummer Zwei in der Verwaltungshierarchie der »Hauptstadt der Bewegung« aufstieg. Diese beiden Männer bildeten als harmonierendes Team die überaus geschickte und handlungsfähige Finanzspitze der Stadt. Grundlage ihrer Zusammenarbeit war zum einen das gemeinsame Interesse an einer geordneten Bürokratie in München, zu der vor allem auch eine solide Haushaltspolitik gehörte. Darüber hinaus gab es aber auch Schnittmengen bezüglich ihrer politisch-ideologischen Überzeugungen: So äußerte sich Pfeiffer zum Beispiel in einigen Fällen dezidiert antisemitisch. Freilich bildete auch die

35 Siehe oben, S. 14.
36 Siehe oben, S. 135 f.

gegenseitige berufliche Abhängigkeit eine wichtige Grundlage ihrer Arbeitsgemeinschaft.[37]

4.) Wenn der Finanzchef Pfeiffer ein hohes Maß an Kooperationsbereitschaft vorlebte, färbte dies gewiss auch auf seine Mitarbeiter in den städtischen Finanzbehörden ab. Nach und nach traten fast alle Führungskräfte, die zumeist schon lange vor 1933 im Dienst der Stadt standen, in die NSDAP ein – allem Augenschein nach eher freiwillig als gezwungen (Kapitel II.2). Die Protagonisten der besonderen »Münchner Finanztradition«, die der Kämmerei-Mitarbeiter Karl Schmid einmal im Hinblick auf die Fachexpertise und die Amtskontinuität definierte, zeichneten sich also nicht zuletzt auch durch eine hohe politische Anpassungsfähigkeit aus.[38] Zugleich formte sich die Behörde freilich auch, wie in allen anderen städtischen Ressorts, durch den Einfluss einer dezidiert nationalsozialistischen Personalpolitik. Auch im Finanzreferat wurden »Alte Kämpfer« bevorzugt angestellt – allerdings nur dann, wenn die fachliche Kompetenz gegeben war.

5.) Die Mitarbeiter in der Finanzverwaltung und besonders die Führungskräfte darf man sich also keinesfalls nur als willfährige und ausführende Organe der politischen Entscheider auf lokaler oder nationaler Ebene vorstellen. Sie brachten vielmehr ihr Knowhow und ihre Problemlösungskompetenzen eigenständig und mit gestalterischem Anspruch ein, gerade auch dann, wenn es darum ging, Zahlen zu verstecken oder taktische Argumente im Sinne des Regimes zu ersinnen. Damit trugen sie maßgeblich dazu bei, der Verwaltungspraxis eine dezidiert nationalsozialistische Ausrichtung zu verpassen. Nicht selten entwickelten sie, so wie im Falle der Vollstreckungspolitik, auch politische Initiativen von manchmal überregionaler Tragweite.

Obwohl personelle Engpässe den Betrieb gerade in den letzten Kriegsjahren erschwerten und auch die Büroräumlichkeiten der Kämmerei im Rathaus durch zwei Fliegerangriffe im Dezember 1944 und Januar 1945 schwer mitgenommen wurden, taten die meisten Amtsstellen tatsächlich bis zum 30. April 1945 Dienst, wie der Leistungsbericht des Jahres 1945 durchaus mit Stolz festhielt.[39] Für die meisten Finanzbeamten war der Auftrag, ›schwarze Zahlen‹ für das ›braune München‹ zu liefern, also erst zu Ende, als amerikanische Offiziere ihre Büros betraten. Darin lag freilich nicht nur ein Zeichen von beachtlicher Dienstbeflissenheit. Es handelte sich auch um einen wichtigen Beitrag zur ausdauernden Funktionsfähigkeit eines Regimes, das bekanntlich gerade in den letzten Kriegsmonaten seine brutalen und mörderischen Kräfte nochmals steigerte.

---

37 Vgl. Gotto, Kommunalpolitik, S. 134, der ebenfalls konstatiert, dass während der NS-Zeit gerade Stadtkämmerer, deren Expertise rar war, einem besonderen Schutz unterlagen.

38 Siehe oben, S. 137.

39 Vgl. Finanzreferat an Statistisches Amt der Landeshauptstadt München, Leistungsbericht der Stadt am Jahresende, 21.6.1946, StadtAM, S. 14, BuR 2397.

Dank

Das vorliegende Buch ist die leicht überarbeite Fassung meiner im Sommersemester 2016 von der Ludwig-Maximilians-Universität angenommenen Dissertationsschrift. Sie entstand zwischen Herbst 2012 und Frühjahr 2016 im Rahmen des am Historischen Seminar angesiedelten Forschungsprojekts »Die Münchner Stadtverwaltung im Nationalsozialismus«. Der Landeshauptstadt München sei zunächst für die finanzielle Förderung gedankt.

Mein großer Dank gilt anschließend meinen Doktoreltern. Hans Günter Hockerts war maßgeblich dafür verantwortlich, dass sich mein Studienschwerpunkt von der Germanistik zur Geschichtswissenschaft verschob und ermunterte mich im Frühjahr 2012, der »geheimen Macht des Geldes« nachzuspüren. Seine inspirierende Fachkenntnis, seine begriffliche Klarheit und sein konzeptioneller Scharfblick, aber auch das mir entgegengebrachte Vertrauen waren von größtem Wert für den Arbeitsfortschritt. Margit Szöllösi-Janze, die bereits während des Studiums meinen (kultur-)geschichtlichen Blick schulte, war als Inhaberin des Lehrstuhls für Zeitgeschichte eine umsichtige und verständnisvolle Chefin. Als Zweitkorrektorin förderte sie die Studie weit über das übliche Maß hinaus mit ihrer Expertise, präzisen Korrekturen, aber auch dem notwendigen Sinn für Pragmatismus. Dafür, dass beide Betreuer auch über den engeren Kontext der Doktorarbeit hinaus berufliche Ratgeber wurden, bin ich besonders dankbar.

Als Mitglieder der Projektleitung waren weiterhin Christiane Kuller und Winfried Süß in Entstehung der Studie regelmäßig eingebunden. Ihrem Know-How in der NS-Forschung sowie der Finanz- und Verwaltungsgeschichte im Speziellen verdanke ich wertvolle Anregungen und Hinweise.

Unter den zahlreichen Mitarbeitern verschiedener Archive, die meine Recherchen mit großer Hilfsbereitschaft unterstützten, gilt denen des Stadtarchivs München ein besonderer Dank. Der dortige Lesesaal wurde zu einem gern aufgesuchten Arbeitsplatz. Für fachliche Hilfe, aber auch vielfältiges organisatorisches Entgegenkommen bei der Bearbeitung der Akten sei insbesondere Michael Stephan, Hans-Joachim Hecker, Andreas Heusler und Anton Löffelmeier gedankt.

Auch in der Münchner Stadtkämmerei wurde der Fortgang meiner Studie mit Interesse begleitet: Vor allem möchte ich Christian Ketterle für seine Experten-Hinweise und den fruchtbaren Austausch danken.

Bei der Quellenauswertung unterstützten mich Daniel Hilgert, Elsbeth Föger und Julian zur Lage mit großem Engagement. Kira Schmidt und Magnus Altschäfl halfen äußerst zuverlässig und sachkundig bei den Recherchen, beim Feinschliff der Formalia und der Zusammenstellung zahlreicher Grafiken und Tabellen.

Seitens des Wallstein-Verlags brachte Hajo Gevers mit großer Flexibilität und Sachkenntnis die Veröffentlichung voran.

Meine Dissertation wurde erfreulicherweise im Frühjahr 2017 mit drei Preisen ausgezeichnet: dem Friedrich Lütge-Preis der Gesellschaft für Sozial- und

Wirtschaftsgeschichte, dem Hochschulpreis der Landeshauptstadt München sowie dem Promotionspreis der Ludwig-Maximilians-Universität. Bei Trägern und Jury-Mitgliedern bedanke ich mich für die ehrenvollen Auszeichnungen und für die Anerkennung, die meiner Arbeit damit zugedacht wurde.

Das Historicum der LMU bot mir über viele Jahre einen hervorragenden Ort zum Studieren und Forschen, der von den Menschen geprägt wurde, denen ich dort begegnete und die ich als Kollegen oder Freunde kennen- und schätzen gelernt habe. Dazu zählen insbesondere Tobias Held, Nicolai Hannig, Annette Schlimm, Jürgen Finger, Annemone Christians, Anna Ulrich, Felix de Taillez, Paul Munzinger, Matthias Kuhnert und Juliane Hornung. Denis Heuring war über viele Jahre ein hochgeschätzter akademischer Gesprächspartner außerhalb der historischen Disziplin. Desiderius Meyer, Maximilian Strnad und Jan Neubauer danke ich sehr für Ihre hilfreiche Arbeit am Text. Ein besonderer Dank gilt zudem Mathias Irlinger, der als Doktorbruder im gemeinsamen Büro die Arbeit über drei Jahre fast täglich begleitete. Der regelmäßige Austausch mit ihm trug ebenso erheblich zum Gelingen der Studie bei wie sein kompetentes und gründliches Redigieren des Manuskripts.

Meinen größten Dank möchte ich abschließend folgenden Personen aussprechen: Meine Eltern Christel und Jens-Paul Rabe haben meinen akademischen Werdegang von Beginn an mit großer Anteilnahme begleitet. Mein Vater ist in den letzten Monaten vor der Fertigstellung der Abgabeversion intensiv in die Materie der kommunalen Finanzpolitik eingetaucht. Mit seinen exakten Korrekturvorschlägen und Anmerkungen trug er zu etlichen sprachlichen und argumentativen Schärfungen bei. Noch mehr aber waren seine Begeisterungsfähigkeit und sein unablässiger Optimismus eine große Hilfe. Meine Frau Katharina Rabe habe ich während des Geschichtsstudiums kennengelernt. Sie begleitete als vielseitige Ratgeberin und sorgfältige Lektorin den Fortgang der Arbeit und hielt mir vor allem in der Endphase im besten Sinne den Rücken frei. Insbesondere bin ich ihr ungemein dankbar, dass sie zahlreiche Nächte mit unserer damals neugeborenen Tochter alleine durchstand, um mir die fristgerechte Abgabe zu ermöglichen. Meinem ersten Bürokollegen und großen Doktorbruder Florian Wimmer sei dafür gedankt, dass er mir den Einstieg in das Forscherdasein lehrreich und angenehm gestaltete. Er war mein wohl wichtigster Impulsgeber für diese Studie. Ohne ihn hätten sich viele größere und kleinere Denkkrisen nicht in Produktivität gewandelt. Vor allem aber ist er in dieser Zeit zu einem echten Freund geworden, dessen früher Tod ein großer Verlust war und ist. Ihm sei diese Arbeit gewidmet.

München, im Juni 2017   Paul-Moritz Rabe

Anhang

Abkürzungen

Abb.	Abbildung
Abs.	Absatz
Abt.	Abteilung
AfL	Amt für Leibesübung
Anm.	Anmerkung
Art.	Artikel
BAB	Bundesarchiv Berlin
Bay. GO	Bayerische Gemeindeordnung
BayHStA	Bayerisches Hauptstaatsarchiv
BayVer	Bayerische Verfassung
BBG	Gesetz zur Wiederherstellung des Berufsbeamtentums
Bd.	Band
BdM	Bund deutscher Mädel
BmstB	Betriebe mit städtischer Beteiligung
BST	Bayerischer Städtetag
BuR	Bürgermeister und Rat
BVP	Bayerische Volkspartei
ders.	derselbe
DGO	Deutsche Gemeindeordnung
DGT	Deutscher Gemeindetag
DNVP	Deutschnationale Volkspartei
ebd.	ebenda
EUR	Euro
GemHVO	Gemeindehaushaltsverordnung
GG	Grundgesetz
GVBl. Bay.	Gesetz- und Verordnungsblatt Bayern
HfK	Hauptamt für Kommunalpolitik
HJ	Hitler-Jugend
Hrsg.	Herausgeber
IHK	Industrie- und Handelskammer
KdF	Kraft durch Freude
KPD	Kommunistische Partei Deutschlands
LAB	Landesarchiv Berlin
MBliV	Ministerialblatt für die preußische innere Verwaltung, ab 1936: des Reichs- und Preußischen Ministers des Innern
Mio.	Million
Mrd.	Milliarde
NS	Nationalsozialismus bzw. nationalsozialistisch
NSDAP	Nationalsozialistische Deutsche Arbeiterpartei
NSV	Nationalsozialistische Volkswohlfahrt
NVO	Notverordnung
o. D.	ohne Datum

OB	Oberbürgermeister
PA	Personalakten
Pg.	Parteigenosse
PrGS	Preußische Gesetzessammlung
PS	Pferdestärke
RGBl.	Reichsgesetzblatt
RM	Reichsmark
RMI	Reichsministerium bzw. Reichsminister des Innern
RSP	Ratssitzungsprotokolle
RuPrMdI	Reichs- und Preußischer Minister des Innern
SA	Sturmabteilung
Sp.	Spalte
SPD	Sozialdemokratische Partei Deutschlands
SpkA	Spruchkammerakte
StadtAM	Stadtarchiv München
StAM	Staatsarchiv München
Tab.	Tabelle
USD	US-Dollar
vgl.	vergleiche
YVA	Yad Vashem Archives
zit.	zitiert

Abbildungs- und Tabellenverzeichnis

Abb. 1   Die Haushaltsverkündung als Historiengemälde: Vollsitzung des Münchner Stadtrates anlässlich der Genehmigung des Haushaltsplans für das Rechnungsjahr 1934 am 25. Januar 1934 (Obergaßner, StadtAM, Fotosammlung NS 00006) – S. 10

Abb. 2   Ausgabenstruktur des Betriebshaushalts inklusive Sonderhaushalte der Stadt München von 1930-1932 – S. 50

Abb. 3   Ausgaben- und Einnahmenstruktur des ordentlichen Haushalts der Stadt München zwischen 1933 und 1935 – S. 64

Abb. 4   Titelseite des Haushaltsplans 1939 – S. 71

Abb. 5   Ausgabenverteilung der ordentlichen Haushalte der Stadt München 1941, 1942, 1943 im Vergleich mit 1939 – S. 88

Abb. 6   Stadtkämmerer Andreas Pfeiffer, November 1941 (StadtAM, PA 12812 Andreas Pfeiffer) – S. 122

Abb. 7   Führungspersonal der Stadtkämmerei und ihrer angegliederten Ämter – S. 126

Abb. 8   Ansprache Karl Fiehlers im Rathaus anlässlich des Todes von Bürgermeister und Personalreferent Karl Tempel im Februar 1940. Im Hintergrund: Stadtkämmerer Andreas Pfeiffer in Parteiuniform und Hakenkreuzbinde (StadtAM, Fotosammlung NS 01647) – S. 134

Abb. 9   NSDAP-Verwaltungsräte im November 1935: Josef Deisenberger, Ludwig Häring, Josef Beer (v. l.) (Illustrierter Beobachter 1935/2, 7.11.1935, StadtAM) – S. 143

Abb. 10   Der Kämmerer als Experte im Hintergrund: Andreas Pfeiffer, Karl Fiehler, Karl Tempel und der Pasinger Bürgermeister Alois Stephan Wunder (v. l.)

bei der Vertragsunterzeichnung zur Eingemeindung Pasings am 8.1.1938. Die Stadtkämmerei, insbesondere das Rechnungsamt und das Stadtsteueramt, spielte eine Schlüsselrolle in der administrativen Abwicklung der zahlreichen Eingemeindungen (StadtAM, Fotosammlung NS 01736) – S. 154

Abb. 11: Karikatur aus der Satirezeitschrift »Kladderadatsch« vom 11. September 1932 anlässlich der Diskussionen um die Beibehaltung der Bürgersteuer (URL: http://digi.ub.uni-heidelberg.de/diglit/kla1932/0583/, Zugriff am 10.5.2017) – S. 192

Abb. 12: Entwicklung der Steuereinnahmen der Stadt München zwischen 1933 und 1944 – S. 216

Abb. 13: Bürokratie der Ausplünderung: Faksimile des Ankaufsscheins, der die verwaltungsmäßige Abwicklung der Konfiszierung und »Verwertung« der Edelmetallgegenstände aus dem Besitz von Maria Mendle (1881-1941) dokumentiert. Auch die Stadt München sicherte sich einen Becher zum Preis von 9,- RM. Maria Mendle lebte seit 1904 in München und war mit dem Kaufmann Max Mendle verheiratet, der bereits am 30.11.1938 in Dachau getötet worden war. Sie selbst wurde am 20.11.1941 nach Kaunas deportiert und dort fünf Tage später ermordet (Faksimile StadtAM, Leihamt/Wiedergutmachung 322 Siegfried Mendle). – S. 272

Abb. 14: Dem Willen des Führers Rechnung zu tragen: Hitler im Büro des Generalbaurats Hermann Giesler vor einem Modell der Ost-West-Achse, im Vordergrund das »Denkmal der Bewegung«, Juli/August 1940. Im Stadtausbau lag ein Schwerpunkt städtischer Ausgabenpolitik im »Dritten Reich« (Staatsbibliothek München, Fotosammlung Heinrich Hoffmann 32735) – S. 283

Abb. 15: Christian Weber (links) gemeinsam mit Max Amann beim Pressefest im Deutschen Theater, 30.1.1939 (StadtAM, Fotosammlung Ereignisse 1987) – S. 298

Abb. 16: Ein »geschlossener« Wagen (vorne) unter vielen offenen: Autoparade anlässlich des Empfangs Adolf Hitlers auf dem Flughafen Oberwiesenfeld am 17. März 1935 nach dem Beschluss über die Einführung der allgemeinen Wehrpflicht (StadtAM, Fotosammlung NS 0021) – S. 319

Abb. 17: Der Preis des »schönen Scheins«: Kostenkalkulation für den »Tag der Deutschen Kunst« 1941, der allerdings nicht mehr stattfand, unterzeichnet vom Gauschatzmeister Radtke. Die Einnahmen aus Ticket- und Plakettenverkauf wurden nur auf 179.000 Reichsmark taxiert (Faksimile Reichsschatzmeister NSDAP an OB Fiehler, Finanzierung der Großveranstaltungen in München, Anhang, 4.3.1941, StadtAM, Kämmerei 1887. – S. 335

Abb. 18: Prunkstück der Planungen: Entwurf des neuen Hauptbahnhofs sowie eines Teils der Prachtstraße inklusive zweier Hochhäuser, in denen ein KdF-Hotel und die Zentrale des Eher-Verlags untergebracht werden sollten; vorne Arnulfstraße, Stand 1938/1939 (StadtAM, Fotosammlung NS 0622) – S. 341

Tab. 1 Haushaltsergebnisse der Bayerischen Gemeinden Anfang der 1930er-Jahre – S. 44

Tab. 2 Entwicklung der Steuereinnahmen der Stadt München in den Jahren 1933-1939 – S. 76

Tab. 3 Übersicht zur Entwicklung der Steuereinnahmen zwischen 1930 und 1942. Deutlich werden die zahlreichen Veränderungen aufgrund der Realsteuerreform – S. 198/199

Tab. 4:   Städtischer Investitionsstau: Ausgaben des außerordentlichen Haushalts/An-
            lehenshaushalts zwischen 1930 und 1942 im Vergleich zu 1924-1929 – S. 253
Tab. 5:   Entwicklung der Reinausgaben des Haushaltsunterabschnitts »Standesäm-
            ter« und der darin enthaltenen Haushaltsstelle »Aushändigung des Buches
            ›Mein Kampf‹ an Brautpaare« zwischen 1932 und 1946 – S. 290
Tab. 6:   Ausgabenentwicklung der 1934 eingeführten Haushaltsstelle »Verfügungs-
            mittel des Oberbürgermeisters«, 1934-1946 – S. 311
Tab. 7:   Investitionen in den »schönen Schein«: Übersicht zur Entwicklung der Haus-
            haltsstellen »Ehrungen, Empfänge, Versammlungen« sowie »Aufwendungen
            für Sommer München/Festsommer« zwischen 1932 und 1946 – S. 324
Tab. 8:   Planung und Realität im Krieg: Entwicklung des Sonderhaushalts für die
            Neugestaltung der Hauptstadt der Bewegung und tatsächliche Verwendung
            der Mittel – S. 351

Quellen

Bayerisches Hauptstaatsarchiv München (BayHStA)
    Reichsstatthalter (Epp)

Bayerische Staatsbibliothek München
    Fotosammlung Heinrich Hoffmann

Bundesarchiv Berlin (BAB)
    Deutscher Gemeindetag (R 36)
    Hauptamt für Kommunalpolitik (NS 25)
    Hauptamt für Volkswohlfahrt (R 37)
    Reichsfinanzministerium (R 2)
    Reichsschatzmeister der NSDAP (NS 1)

Landesarchiv Berlin (LAB)
    Deutscher Gemeindetag (B Rep. 142/7)

Staatsarchiv München (StAM)
    Bezirksfinanzdirektion (BFD 3)
    Nationalsozialistische Deutsche Arbeiterpartei (NSDAP)
    Spruchkammerakten (SpkA)

Stadtarchiv München (StadtAM)
    Amt für Leibesübungen (AfL)
    Bayerischer Städtetag (BST)
    Baureferat-Wohnungswesen
    Betriebe mit städtischer Beteiligung (BmstB)
    Bürgermeister und Rat (BuR)
    Handakten Christian Weber (Weber)
    Fotosammlung Ereignisse
    Fotosammlung NS
    Kämmerei
    Kommunalreferat/Jüdisches Vermögen
    Kulturamt

Leihamt
Leihamt/ Wiedergutmachung
Personalakten (PA)
Ratsitzungsprotokolle (RSP)
Steueramt
Wasserwerke
Wohlfahrtsamt
Yad Vashem Archives Munich Municipality, mikroverfilmt (YVA M.1.DN)

Gedruckte Quellen

Akten der Parteikanzlei der NSDAP, Rekonstruktion eines verlorengegangenen Bestandes, Regesten, in: Nationalsozialismus, Holocaust, Widerstand und Exil 1933-1945. Online-Datenbank.

Akten der Reichskanzlei, Regierung Hitler, Bd. IV (1937), hrsg. von Konrad Repgen/ Hans Günter Hockerts/Friedrich Hartmannsgruber/Karl-Heinz Minuth, Boppard am Rhein 2005.

Akten der Reichskanzlei, Regierung Hitler, Bd. V (1938), hrsg. von Konrad Repgen/ Hans Günter Hockerts/Friedrich Hartmannsgruber/Karl-Heinz Minuth, Boppard am Rhein 2008.

Akten der Reichskanzlei, Regierung Hitler, Bd. VI (1939), hrsg. von Konrad Repgen/ Hans Günter Hockerts/Friedrich Hartmannsgruber/Karl-Heinz Minuth, Boppard am Rhein 2012.

Akten der Reichskanzlei, Weimarer Republik – Das Kabinett Papen, Bd. I., September 1932, hrsg. von der Historischen Kommission bei der Bayerischen Akademie der Wissenschaften. Online-Datenbank.

Deutschland-Berichte der Sozialdemokratischen Partei Deutschlands (Sopade). 1934-1940. Vierter Jahrgang (1937), Salzhausen/Frankfurt a. M. 1980.

Deutschland-Berichte der Sozialdemokratischen Partei Deutschlands (Sopade). 1934-1940. Fünfter Jahrgang (1938), Salzhausen/Frankfurt a. M. 1980.

Dokumente über die Verfolgung der jüdischen Bürger in Baden-Württemberg durch das nationalsozialistische Regime, hrsg. von Paul Sauer, II. Teil, 1966.

Fiehler, Karl (Hrsg.): München baut auf, München 1937.

Grimm, Jacob/Grimm, Wilhelm: Deutsches Wörterbuch, in: http://woerterbuchnetz. de/DWB/. Online Datenbank.

Hitler, Adolf: Mein Kampf, Geschenkversion Innsbruck, München 1939.

Hitler, Mein Kampf. Eine kritische Edition, hrsg. von Christian Hartmann, Thomas Vordermayer, Othmar Plöckinger, Roman Töppel, München/Berlin 2016.

Popitz, Johannes: Der künftige Finanzausgleich zwischen Reich, Ländern und Gemeinden: Gutachten erstattet der Studiengesellschaft für den Finanzausgleich, Berlin 1932.

Schwerin von Krosigk, Lutz: Memoiren, Stuttgart 1977.

Stadtarchiv München (Hrsg.): »›...verzogen, unbekannt wohin«. Die erste Deportation von Münchner Juden im November 1941, München 2000.

Die Tagebücher von Joseph Goebbels, hrsg. von Elke Fröhlich, im Auftrag des Instituts für Zeitgeschichte. Teil I, Aufzeichnungen 1923-1941 Bd. 3/II, bearbeitet von Jana Richter, München 2001; Teil I, Aufzeichnungen 1923-1941, Bd. 8, bearbeitet von Jana

Richter, München 1998; Teil II, Diktate 1941-1945, Bd. 6, bearbeitet von Hartmut Mehringer, München/New Providence/London/Paris 1996.

Terhalle, Fritz: Leitfaden der deutschen Finanzpolitik, München/Leipzig 1936.

Terhalle, Fritz: Die deutsche Realsteuerreform vom 1. Dezember 1936, in: Otto Zwiedineck-Südenhorst/Gerhard Albrecht (Hrsg.): Jahrbücher für Nationalökonomie und Statistik, Jena 1937, S. 664-698.

Amtliche Drucksachen

Bayerische Gemeindeordnung (1927)
Bayerische Gemeindeordnung (1998)
Bayerische Verfassung
Gesetz- und Verordnungsblatt Bayern
Grundgesetz
Haushaltpläne der Landeshauptstadt München 1929, 1932, 1933
Haushaltspläne der Landeshauptstadt München 1934, 1935
Haushaltspläne der Hauptstadt der Bewegung 1936, 1937
Haushaltssatzung der Hauptstadt der Bewegung 1938, 1939, 1940, 1941, 1942, 1943, 1944
Haushaltssatzung der Landeshauptstadt München 1946, 1947, 1948
Ministerialblatt für die preußische innere Verwaltung (ab 1936 des Reichs- und Preußischen Ministers des Innern)
Münchner Jahrbuch 1940, 1941, 1942
Preußische Gesetzessammlung 1938
Reichsgesetzblatt
Statistisches Handbuch der Hauptstadt der Bewegung für die Jahre 1927 bis 1937
Verwaltungsbericht der Hauptstadt der Bewegung 1933/34-1935/36
Verwaltungsbericht der Hauptstadt der Bewegung 1936 und 1937
Verwaltungsbericht der Landeshauptstadt München 1930-1932

Zeitschriften

Bayerischer Kurier
Der Gemeindehaushalt
Deutsche Allgemeine Zeitung
Die nationalsozialistische Gemeinde
Fränkische Tagespost
Illustrierter Beobachter
Kladderadatsch
Mitteilungen des Deutschen Städtetages
Münchener Gemeinde-Zeitung
Münchner Neueste Nachrichten
Münchener Zeitung
Neues Münchner Tagblatt
Stadtanzeiger Ost
Süddeutsche Zeitung

Vestische Zeitschrift
Völkischer Beobachter
Wirtschaftswoche

Literatur

Adler, H.G.: Der verwaltete Mensch. Studien zur Deportation der Juden aus Deutschland, Tübingen 1974.

Albers, Willi/Zottmann, Anton (Hrsg.): Handwörterbuch der Wirtschaftswissenschaft, Stuttgart/Tübingen/Göttingen, et al. 1981.

Alemann, Ulrich von (Hrsg.): Dimensionen politischer Korruption. Beiträge zum Stand der internationalen Forschung, Wiesbaden 2005.

Aly, Götz: Hitlers Volksstaat. Raub, Rassenkrieg und nationaler Sozialismus, Frankfurt a.M. 2006.

Aly, Götz: Die Wohlfühl-Diktatur, in: Stephan Burgdorff/Klaus Wiegrefe (Hrsg.): Der Zweite Weltkrieg. Wendepunkt der deutschen Geschichte, München 2007, S. 176-186.

Ambrosius, Gerold/Petzina, Dietmar/Plumpe, Werner (Hrsg.): Moderne Wirtschaftsgeschichte. Eine Einführung für Historiker und Ökonomen, München 2006.

Ambrosius, Gerold (Hrsg.): Privates Eigentum – öffentliches Eigentum, Berlin 1999.

Angermair, Elisabeth/Haerendel, Ulrike: Inszenierter Alltag. »Volksgemeinschaft« im nationalsozialistischen München, 1933-1945, München 1993.

Arndt, Karl: Das »Haus der Deutschen Kunst« (München 1934). Bemerkungen zu einem NS-Propagandafilm, Göttingen 1997.

Arntz, Joachim/Haferkamp, Hans-Peter/Szöllösi-Janze, Margit (Hrsg.): Justiz im Nationalsozialismus. Positionen und Perspektiven, Hamburg 2006.

Aronsfeld, Caesar C.: Mein Kampf, 1945-1982, in: Jewish Social Studies 45 (1983), S. 311-322.

Bähr, Johannes/Drecoll, Axel/Gotto, Bernhard (Hrsg.): Die Geschichte der BayernLB, München/Zürich 2009.

Bähr, Johannes/Platthaus, Andreas/Rudolph, Bernd: Finanzkrisen 1931-2008, München/Zürich 2011.

Bärnreuther, Andrea: Revision der Moderne unterm Hakenkreuz. Planungen für ein »neues München«, München 1993.

Bajohr, Frank: »Arisierung« in Hamburg. Die Verdrängung der jüdischen Unternehmer 1933-1945, Hamburg 1997.

Bajohr, Frank: »Arisierung« als gesellschaftlicher Prozeß. Verhalten, Strategien und Handlungsspielräume jüdischer Eigentümer und »arischer« Erwerber, in: Irmtrud Wojak/Peter Hayes (Hrsg.): »Arisierung« im Nationalsozialismus. Volksgemeinschaft, Raub und Gedächtnis, Frankfurt a.M., New York 2000, S. 15-30.

Bajohr, Frank: Interessenkartell, personale Netzwerke und Kompetenzausweitung. Die Beiteiligten bei der »Arisierung« und Konfiszierung jüdischen Vermögens, in: Gerhard Hirschfeld/Tobias Jersak (Hrsg.): Karrieren im Nationalsozialismus. Funktionseliten zwischen Mitwirkung und Distanz, Frankfurt a.M., New York 2004, S. 45-56.

Bajohr, Frank: Parvenüs und Profiteure. Korruption in der NS-Zeit, Frankfurt a.M. 2004.

Bajohr, Frank: Korruption in der NS-Zeit als Spiegel des nationalsozialistischen Herrschaftssystems, in: Jens Ivo Engels/Andreas Fahrmeir/Alexander Nützenadel (Hrsg.): Geld, Geschenke, Politik. Korruption im neuzeitlichen Europa, München 2009, S. 231-248.

Bajohr, Frank: Die Profiteursgesellschaft des »Dritten Reichs«, in: Winfried Nerdinger (Hrsg.): München und der Nationalsozialismus, München 2015, S. 450-456.

Bajohr, Frank/Wildt, Michael: Einleitung, in: dies. (Hrsg.): Volksgemeinschaft. Neue Forschungen zur Gesellschaft des Nationalsozialismus, Frankfurt a. M. 2009, S. 7-23.

Bajohr, Frank/Wildt, Michael (Hrsg.): Volksgemeinschaft. Neue Forschungen zur Gesellschaft des Nationalsozialismus, Frankfurt a. M. 2009.

Balbaschewski, Marc: Das Bankhaus H. Aufhäuser 1870-1938. Netzwerkbildung und ihre Auswirkung auf die Verdrängungsbestrebungen und »Arisierung« im Nationalsozialismus, München 2015.

Balbaschewski, Marc: Die Pfund-Anleihe Münchens 1928. Kommunale Verschuldung, internationaler Kapitalmarkt und Politik, in: Bankhistorisches Archiv 33 (2007), S. 3-37.

Banken, Ralf: Der Edelmetallsektor und die Verwertung konfiszierten jüdischen Vermögens im »Dritten Reich«. Ein Werkstattbericht über das Untersuchungsprojekt »Degussa AG« aus dem Forschungsinstitut für Sozial- und Wirtschaftsgeschichte an der Universität Köln, in: Gerold Ambrosius (Hrsg.): Privates Eigentum – öffentliches Eigentum, Berlin 1999, S. 135-161.

Barkai, Avraham: Vom Boykott zur »Entjudung«. Der wirtschaftliche Existenzkampf der Juden im Dritten Reich 1933-1943, Frankfurt a. M. 1988.

Bauer, Gerhard: Sprache und Sprachlosigkeit im »Dritten Reich«, Köln 1990.

Bauer, Richard: Fliegeralarm. Luftangriffe auf München 1940-1945, München 1987.

Bauer, Richard/Brenner, Michael (Hrsg.): Jüdisches München. Vom Mittelalter bis zur Gegenwart, München 2006.

Bauer, Richard (Hrsg.): Geschichte der Stadt München, München 1992.

Bauer, Richard: Siegel und Wappen der Stadt München. Zur Geschichte von Stadtmönch und Münchner Kindl, in: Florian Dering/Sandra Uhrig (Hrsg.): Das Münchner Kindl. Eine Wappenfigur geht eigene Wege, München 1999, S. 11-27.

Bauer, Theresia/Kraus, Elisabeth/Kuller, Christiane/Süß, Winfried (Hrsg.): Gesichter der Zeitgeschichte. Deutsche Lebensläufe im 20. Jahrhundert, München 2009.

Baumann, Angelika/Heusler, Andreas (Hrsg.): München »arisiert«. Entrechtung und Enteignung der Juden in der NS-Zeit, München 2004.

Bayerisches Staatsministerium der Finanzen: Der kommunale Finanzausgleich in Bayern, München 2012.

Berg, Thomas von: Korruption und Bereicherung. Politische Biografie des Münchner NSDAP-Fraktionsvorsitzenden Christian Weber (1883-1945), München 2003.

Berghoff, Hartmut/van Rahden, Till: Vom Donner der Weltgeschichte. Finanzgeschichte als Schlüssel zum Verständnis der Moderne, in: dies. (Hrsg.): Hans-Peter Ullmann, Staat und Schulden. Öffentliche Finanzen in Deutschland seit dem 18. Jahrhundert, Göttingen 2009, S. 7-17.

Birke, Adolf M./Brechtken, Magnus (Hrsg.): Kommunale Selbstverwaltung. Geschichte und Gegenwart im deutsch-britischen Vergleich, München [u. a.] 1996.

Biskup, Thomas/Schalenberg, Marc (Hrsg.): Selling Berlin. Imagebildung und Stadtmarketing von der preußischen Residenz bis zur Bundeshauptstadt, Stuttgart 2008.

Boelcke, Willi A.: Die Kosten von Hitlers Krieg. Kriegsfinanzierung und finanzielles Kriegserbe in Deutschland 1933-1948, Paderborn 1985.

Boelcke, Willi A.: Die »europäische Wirtschaftspolitik« des Nationalsozialismus, in: Historische Mitteilungen 5 (1992), H. 2, S. 194-232.

Boelcke, Willi A.: Die Finanzpolitik des Dritten Reiches. Eine Darstellung in Grundzügen, in: Karl Dietrich Bracher/Manfred Funke/Hans Adolf Jacobsen (Hrsg.): Deutschland 1933-1945. Neue Studien zur nationalsozialistischen Herrschaft, Düsseldorf 1992, S. 95-117.

Boelcke, Willi A.: Veränderungen im Aktivgeschäft der Sparkassen während der Zeit des Nationalsozialismus, in: Zeitschrift für bayerische Sparkassengeschichte 13 (1999), S. 29-51.

Boelcke, Willi A.: Hauptstadtfinanzierung in der NS-Zeit, in: Wolfgang Ribbe (Hrsg.): Hauptstadtfinanzierung in Deutschland. Von der Reichsgründung bis zur Gegenwart, Berlin 2004, S. 123-136.

Borchardt, Knut: Wachstum, Krisen, Handlungsspielräume der Wirtschaftspolitik. Studien zur Wirtschaftsgeschichte des 19. und 20. Jahrhunderts, Göttingen 1982.

Borchardt, Knut/Buchheim, Christoph/Hutter, Michael/James, Harold (Hrsg.): Zerrissene Zwischenkriegszeit. Wirtschaftshistorische Beiträge, Baden-Baden 1994.

Bourke-White, Margaret: Deutschland, April 1945 (Dear Fatherland Rest Quietly), München 1979.

Bracher, Karl Dietrich/Funke, Manfred/Jacobsen, Hans Adolf (Hrsg.): Deutschland 1933-1945. Neue Studien zur nationalsozialistischen Herrschaft, Düsseldorf 1992.

Brantl, Sabine: Haus der Kunst, München. Ein Ort und seine Geschichte im Nationalsozialismus, München 2007.

Brinkhus, Jörn: Auftragsverwaltung der Gemeinden im Krieg. Das Beispiel rheinischer und westfälischer Städte, in: Sabine Mecking/Andreas Wirsching (Hrsg.): Stadtverwaltung im Nationalsozialismus. Systemstabilisierende Dimensionen kommunaler Herrschaft, Paderborn 2005, S. 215-242.

Broszat, Martin/Fröhlich, Elke/Grossmann, Anton (Hrsg.): Bayern in der NS-Zeit, Herrschaft und Gesellschaft im Konflikt, Bd. 3, München 1981.

Broszat, Martin: Der Despot von München. Gauleiter Adolf Wagner – eine Zentralfigur der bayerischen NS-Geschichte, in: Süddeutsche Zeitung 30./31.3.1985.

Broszat, Martin: Der Staat Hitlers. Grundlegung und Entwicklung seiner inneren Verfassung, München ¹³1992.

Browning, Christopher R.: Ganz normale Männer. Das Reserve-Polizeibataillon 101 und die »Endlösung« in Polen, Reinbek bei Hamburg 1999.

Buchheim, Christoph: Die Wirtschaftsentwicklung im Dritten Reich – Mehr Desaster als Wunder. Eine Erwiderung auf Werner Abelshauser, in: Vierteljahrshefte für Zeitgeschichte 49 (2001), S. 653-664.

Buchheim, Christoph: Zur Natur des Wirtschaftsaufschwungs in der NS-Zeit, in: Knut Borchardt/Christoph Buchheim/Michael Hutter/Harold James (Hrsg.): Zerrissene Zwischenkriegszeit. Wirtschaftshistorische Beiträge, Baden-Baden 1994, S. 97-122.

Buchheim, Christoph: Das NS-Regime und die Überwindung der Weltwirtschaftskrise in Deutschland, in: Vierteljahrshefte für Zeitgeschichte 56 (2008), S. 381-414.

Burgdorff, Stephan/Wiegrefe, Klaus (Hrsg.): Der Zweite Weltkrieg. Wendepunkt der deutschen Geschichte, München 2007.

Butis Butis (Hrsg.): Goofy History. Fehler machen Geschichte, Köln/Weimar/Wien 2009.

Christians, Annemone: Amtsgewalt und Volksgesundheit. Das öffentliche Gesundheitswesen im nationalsozialistischen München, Göttingen 2013.

Dering, Florian/Uhrig, Sandra (Hrsg.): Das Münchner Kindl. Eine Wappenfigur geht eigene Wege, München 1999.

Dietrich-Troeltsch, Hermann: § 27. Die Deckungsgrundsätze für die Schuldaufnahme der Gemeinden, in: Karl-Heinrich Hansmeyer (Hrsg.): Kommunale Finanzpolitik in der Weimarer Republik, Stuttgart 1973, S. 186-200.

Drecoll, Axel: Der Fiskus als Verfolger. Die steuerliche Diskriminierung der Juden in Bayern 1933-1941/42, München 2009.

Dülffer, Jost/Thies, Jochen/Henke, Josef: Hitlers Städte. Baupolitik im Dritten Reich – eine Dokumentation, Köln 1978.

Eizenhöfer, Doris: Die Stadtverwaltung Frankfurt am Main und die »Arisierung« von Grundbesitz, in: Sabine Mecking/Andreas Wirsching (Hrsg.): Stadtverwaltung im Nationalsozialismus. Systemstabilisierende Dimensionen kommunaler Herrschaft, Paderborn 2005, S. 299-324.

Elsner, Hermann: Das Gemeindefinanzsystem. Geschichte, Ideen, Grundlagen, Stuttgart 1979.

Engels, Jens Ivo: Die Geschichte der Korruption. Von der frühen Neuzeit bis ins 20. Jahrhundert, Frankfurt a. M. 2014.

Engels, Jens Ivo/Fahrmeir, Andreas/Nützenadel, Alexander (Hrsg.): Geld, Geschenke, Politik. Korruption im neuzeitlichen Europa, München 2009.

Ettenhuber, Helga K.: Stadtsparkasse München seit 1824. Eine historische Bilanz, München 1992.

Fest, Joachim C.: Hitler. Eine Biographie, Berlin 1973.

Fleiter, Rüdiger: Stadtverwaltung im Dritten Reich. Verfolgungspolitik auf kommunaler Ebene am Beispiel Hannovers, Hannover 2006.

Fleiter, Rüdiger: Kommunen und NS-Verfolgungspolitik, in: Aus Politik und Zeitgeschichte (2007), 14-15, S. 35-40.

Forstner, Thomas: Die Beamten des bayerischen Innenministeriums im Dritten Reich. Loyale Gefolgsleute oder kritische Staatsdiener?, St. Ottilien 2002.

Friedenberger, Martin: Die Rolle der Finanzverwaltung bei der Vertreibung, Verfolgung und Vernichtung der deutschen Juden, in: ders./Klaus-Dieter Gössel/Eberhard Schönknecht (Hrsg.): Die Reichsfinanzverwaltung im Nationalsozialismus. Darstellung und Dokumente, Bremen 2002, S. 10-94.

Friedenberger, Martin: Fiskalische Ausplünderung. Die Berliner Steuer- und Finanzverwaltung und die jüdische Bevölkerung 1933-1945, Berlin 2008.

Friedenberger, Martin/Gössel, Klaus-Dieter/Schönknecht, Eberhard (Hrsg.): Die Reichsfinanzverwaltung im Nationalsozialismus. Darstellung und Dokumente, Bremen 2002.

Fritsche, Christiane: Mannheim »arisiert«. Die Mannheimer Stadtverwaltung und die Vernichtung jüdischer Existenzen, in: Christiane Fritsche/Johannes Paulmann (Hrsg.): »Arisierung« und »Wiedergutmachung« in deutschen Städten, Köln 2014, S. 137-161.

Fritsche, Christiane/Paulmann, Johannes (Hrsg.): »Arisierung« und »Wiedergutmachung« in deutschen Städten, Köln 2014.

Gerken, Daniel: Die Selbstverwaltung der Stadt Würzburg in der Weimarer Zeit und im »Dritten Reich«, Würzburg 2011.

Goldscheid, Rudolf: Staat, öffentlicher Haushalt und Gesellschaft, in: ders./Joseph Schumpeter: Die Finanzkrise des Steuerstaats. Beiträge zur politischen Ökonomie der Staatsfinanzen, hrsg. von Rudolf Hickel, Frankfurt a. M. 1976.

Goldscheid, Rudolf/Schumpeter, Joseph: Die Finanzkrise des Steuerstaats. Beiträge zur politischen Ökonomie der Staatsfinanzen, hrsg. von Rudolf Hickel, Frankfurt a. M. 1976.

Gotto, Bernhard: Dem Gauleiter entgegen arbeiten? Überlegungen zur Reichweite eines Deutungsmusters, in: Jürgen John (Hrsg.): Die NS-Gaue: regionale Mittelinstanzen im zentralistischen »Führerstaat«, München 2007, S. 80-99.

Gotto, Bernhard: Nationalsozialistische Kommunalpolitik. Administrative Normalität und Systemstabilisierung durch die Augsburger Stadtverwaltung 1933-1945, München 2006.

Gotto, Bernhard: Kommunale Krisenbewältigung, in: Dietmar Süß (Hrsg.): Deutschland im Luftkrieg. Geschichte und Erinnerung, München 2007, S. 41-56.

Gotto, Bernhard: Polykratische Selbststabilisierung. Mittel- und Unterinstanzen in der NS-Diktatur, in: Rüdiger Hachtmann/Winfried Süß (Hrsg.): Hitlers Kommissare. Sondergewalten in der nationalsozialistischen Diktatur, Göttingen 2006, S. 28-50.

Gotto, Bernhard: Von den Anfängen bis zur Weltwirtschaftskrise. Landeskulturrentenanstalt, Girozentrale und Gemeindebank 1884-1929, in: Johannes Bähr/Axel Drecoll/ Bernhard Gotto (Hrsg.): Die Geschichte der BayernLB, München, Zürich 2009, S. 15-117.

Graf, Robert: Die Inszenierung der »Reichshauptstadt Berlin« im Nationalsozialismus, in: Thomas Biskup/Marc Schalenberg (Hrsg.): Selling Berlin. Imagebildung und Stadtmarketing von der preußischen Residenz bis zur Bundeshauptstadt, Stuttgart 2008, S. 193-208.

Granovetter, Mark: The Strength of Weak Ties, in: American Journal of Sociology 78 (1973), S. 1360-1380.

Gruner, Wolf: Die Grundstücke der »Reichsfeinde«. Zur »Arisierung« von Immobilien durch Städte und Gemeinden 1938-1945, in: Irmtrud Wojak/Peter Hayes (Hrsg.): »Arisierung« im Nationalsozialismus. Volksgemeinschaft, Raub und Gedächtnis, Frankfurt a. M./New York 2000, S. 125-156.

Gruner, Wolf: Die NS-Judenverfolgung und die Kommunen. Zur wechselseitigen Dynamisierung von zentraler und lokaler Politik 1933-1941, in: Vierteljahrshefte für Zeitgeschichte 48 (2000), S. 75-125.

Gruner, Wolf: Öffentliche Wohlfahrt und Judenverfolgung. Wechselwirkungen lokaler und zentraler Politik im NS-Staat (1933-1942), München 2002.

Gruner, Wolf: Die Kommunen im Nationalsozialismus. Innenpolitische Akteure und ihre wirkungsmächtige Vernetzung, in: Sven Reichardt/Wolfgang Seibel (Hrsg.): Der prekäre Staat. Herrschen und Verwalten im Nationalsozialismus, Frankfurt a. M./ New York 2011, S. 167-211.

Gschwandtner, Martin: Es war einmal ein Kohlenklau. Technik unter dem Joch der NS-Diktatur, München 2013.

Gumbrecht, Karl: Die Finanz- und Wirtschaftspolitik der Stadt Aurich zwischen 1928 und 1945, in: Herbert Reyer (Hrsg.): Aurich im Nationalsozialismus, Aurich 1989, S. 145-174.

Hachtmann, Rüdiger: Lebenshaltungskosten und Reallöhne während des »Dritten Reiches«, in: Vierteljahrschrift für Sozial- und Wirtschaftsgeschichte 75 (1988), S. 32-73.

Hachtmann, Rüdiger: Elastisch, dynamisch und von katastrophaler Effizienz. Zur Struktur der Neuen Staatlichkeit des Nationalsozialismus, in: Sven Reichardt/Wolfgang Seibel (Hrsg.): Der prekäre Staat. Herrschen und Verwalten im Nationalsozialismus, Frankfurt a. M., New York 2011, S. 29-73.

Hachtmann, Rüdiger/Süß, Winfried (Hrsg.): Hitlers Kommissare. Sondergewalten in der nationalsozialistischen Diktatur, Göttingen 2006.

Hacke, Constanze: Der Zehnte. Ein Streifzug durch die Steuergeschichte, in: Informationen zur politischen Bildung (2012), H. 288, S. 12-19.

Hacke, Constanze: Grundsätze der Steuerpolitik, in: Informationen zur politischen Bildung (2012), H. 288, S. 4-11.

Haerendel, Ulrike: Das Rathaus unterm Hakenkreuz. Aufstieg und Ende der »Hauptstadt der Bewegung« 1933 bis 1945, in: Richard Bauer (Hrsg.): Geschichte der Stadt München, München 1992, S. 369-393.

Haerendel, Ulrike: Kommunale Wohnungspolitik im Dritten Reich. Siedlungsideologie, Kleinhausbau und »Wohnraumarisierung« am Beispiel Münchens, München 1999.

Haerendel, Ulrike/Krüger, Gabriele: »Groß-München«. Eingemeindungen, Verkehr, kommunales Bauen, in: Münchner Stadtmuseum (Hrsg.): München – »Hauptstadt der Bewegung«, München 1993, S. 287-293.

Hajak, Stefanie/Zarusky, Jürgen (Hrsg.): München und der Nationalsozialismus. Menschen, Orte, Strukturen, Berlin 2008.

Hale, Oron James: Adolf Hitler: Taxpayer, in: The American Historical Review 60 (1955), S. 830-842.

Halter, Helmut: Stadt unterm Hakenkreuz. Kommunalpolitik in Regensburg während der NS-Zeit, Regensburg 1994.

Hanke, Peter: Zur Geschichte der Juden in München zwischen 1933 und 1945, München 1967.

Hanko, Helmut: Kommunalpolitik in der »Hauptstadt der Bewegung« 1933-1935. Zwischen »revolutionärer« Umgestaltung und Verwaltungskontinuität, in: Martin Broszat/Elke Fröhlich/Anton Grossmann (Hrsg.): Bayern in der NS-Zeit III. Herrschaft und Gesellschaft im Konflikt, München 1981, S. 329-441.

Hanko, Helmut: München 1933 bis 1935. Das Rathaus unterm Hakenkreuz, in: Wilhelm Rausch (Hrsg.): Die Städte Mitteleuropas im 20. Jahrhundert, Linz 1984, S. 287-306.

Hanko, Helmut: Die Stadtverwaltung unterm Hakenkreuz, in: Münchner Stadtmuseum (Hrsg.): München – »Hauptstadt der Bewegung«, München 1993, S. 201-205.

Hansmann, Marc: Kommunalfinanzen im 20. Jahrhundert. Zäsuren und Kontinuitäten: das Beispiel Hannover, Hannover 2000.

Hansmeyer, Karl-Heinrich: Einleitung: Zur Bedeutung finanzpolitischer Leitbilder, in: ders. (Hrsg.): Kommunale Finanzpolitik in der Weimarer Republik, Stuttgart 1973, S. 11-18.

Hansmeyer, Karl-Heinrich (Hrsg.): Kommunale Finanzpolitik in der Weimarer Republik, Stuttgart 1973.

Heller, Robert F.: Haushaltsgrundsätze für Bund, Länder und Gemeinden. Handbuch zum Management der öffentlichen Finanzen, Heidelberg/München/Landsberg 2010.

Henning, Friedrich-Wilhelm: Die nationalsozialistische Steuerpolitik. Programm, Ziele und Wirklichkeit, in: Eckart Schremmer (Hrsg.): Steuern, Abgaben und Dienste vom Mittelalter bis zur Gegenwart. Referate der 15. Arbeitstagung der Gesellschaft für Sozial- und Wirtschaftsgeschichte vom 14. bis 17. April 1993 in Bamberg, Stuttgart 1994, S. 197-211.

Herbert, Ulrich: Fremdarbeiter. Politik und Praxis des »Ausländer-Einsatzes« in der Kriegswirtschaft des Dritten Reiches, Essen 1985.

Herbert, Ulrich: Wer waren die Nationalsozialisten? Typologien des politischen Verhaltens im NS-Staat, in: Gerhard Hirschfeld/Tobias Jersak (Hrsg.): Karrieren im Nationalsozialismus. Funktionseliten zwischen Mitwirkung und Distanz, Frankfurt a. M., New York 2004, S. 17-24.

Hesse, Jan-Otmar/Köster, Roman/Plumpe, Werner: Die Große Depression. Die Weltwirtschaftskrise 1929-1939, Frankfurt a. M./New York 2014.

Hettler, Friedrich/Sing, Achim (Hrsg.): Die Münchner Oberbürgermeister. 200 Jahre gelebte Stadtgeschichte, München 2008.

Hetzer, Gerhard: Personal und Verwaltungsbereiche des Innenministeriums, in: Hermann Rumschöttel/Walter Ziegler (Hrsg.): Staat und Gaue in der NS-Zeit. Bayern 1933-1945, München 2004, S. 171-195.

Heusler, Andreas: Ausländereinsatz. Zwangsarbeit für die Münchner Kriegswirtschaft 1939-1945, München 1996.

Heusler, Andreas: Verfolgung und Vernichtung (1933-1945), in: Richard Bauer/Michael Brenner (Hrsg.): Jüdisches München. Vom Mittelalter bis zur Gegenwart, München 2006, S. 161-184.

Heusler, Andreas: Das Braune Haus. Wie München zur »Hauptstadt der Bewegung« wurde, München 2008.

Heusler, Andreas: Karl Fiehler. Oberbürgermeister der »Hauptstadt der Bewegung« 1933-1945, in: Friedrich Hettler/Achim Sing (Hrsg.): Die Münchner Oberbürgermeister. 200 Jahre gelebte Stadtgeschichte, München 2008, S. 117-134.

Heusler, Andreas: Paul Ludwig Troost. Architekt des »Braunen Hauses« und »Erster Baumeister des Führers«, in: Theresia Bauer/Elisabeth Kraus/Christiane Kuller/Winfried Süß (Hrsg.): Gesichter der Zeitgeschichte. Deutsche Lebensläufe im 20. Jahrhundert, München 2009, S. 41-52.

Heusler, Andreas: Zwangsarbeit in der Münchner Kriegswirtschaft 1939-1945. München 1991.

Heusler, Andreas/Weger, Tobias: »Kristallnacht«. Gewalt gegen die Münchner Juden im November 1938, München 1998.

Hirschfeld, Gerhard/Jersak, Tobias (Hrsg.): Karrieren im Nationalsozialismus. Funktionseliten zwischen Mitwirkung und Distanz, Frankfurt a. M./New York 2004.

Hirschfeld, Gerhard: Einleitung, in: ders./Tobias Jersak (Hrsg.): Karrieren im Nationalsozialismus. Funktionseliten zwischen Mitwirkung und Distanz, Frankfurt a. M./ New York 2004, S. 9-16.

Hockerts, Hans Günter: Mythos, Kult und Feste. München im nationalsozialistischen Feierjahr, in: Münchner Stadtmuseum (Hrsg.): München – »Hauptstadt der Bewegung«, München 1993, S. 331-341.

Hockerts, Hans Günter: Warum war München die »Hauptstadt der Bewegung«?, in: Stefanie Hajak/Jürgen Zarusky (Hrsg.): München und der Nationalsozialismus. Menschen, Orte, Strukturen, Berlin 2008, S. 23-40.

Holly, Katrin: Gestaltungsräume kommunaler Steuerpolitik 1930-1945 in Augsburg und Memmingen, in: Sabine Mecking/Andreas Wirsching (Hrsg.): Stadtverwaltung im Nationalsozialismus. Systemstabilisierende Dimensionen kommunaler Herrschaft, Paderborn 2005, S. 243-273.

Hornschu, Hans-Erich: Die Entwicklung des Finanzausgleichs im Deutschen Reich und in Preußen von 1919 bis 1944, Kiel 1950.

Hoser, Paul: Die Geschichte der Stadt Memmingen. Vom Neubeginn im Königreich Bayern bis 1945, Stuttgart 2001.

Hoser, Paul: Südbayerns Städte im Nationalsozialismus – Forschungslage, Kommunalverwaltungen und Siedlungsbau, in: Fritz Mayrhofer/Ferdinand Opll (Hrsg.): Stadt und Nationalsozialismus, Linz 2008, S. 83-126.

Huber, Florian: Kind, versprich mir, dass du dich erschießt. Der Untergang der kleinen Leute 1945, Berlin 2015.

Hüttenberger, Peter: Die Gauleiter. Studie zum Wandel des Machtgefüges in der NS-DAP, Stuttgart 1969.

Inhester, Michael: Kommunaler Finanzausgleich im Rahmen der Staatsverfassung, Berlin 1998.

Irlinger, Mathias: »Stadion der Luftfahrt«. Der Flughafen München-Riem zwischen städtischer Repräsentation und nationalsozialistischer Stadtpolitik, in: Margit Szöllösi-Janze (Hrsg.): München im Nationalsozialismus. Imagepolitik der »Hauptstadt der Bewegung«, Göttingen 2017, S. 217-240.

Irlinger, Mathias: Die Versorgung der »Hauptstadt der Bewegung«. Infrastrukturen und Stadtgesellschaft im nationalsozialistischen München, Univ.-Diss. LMU München 2017.

Jäckel, Eberhard: Hitlers Weltanschauung. Entwurf einer Herrschaft, Stuttgart 1981.

Jäckel, Eberhard/Latzin, Ellen: Hitler, Adolf: Mein Kampf, 1925/26, in: Historisches Lexikon Bayerns, URL: http://www.historisches-lexikon-bayerns.de/Lexikon/Hitler, Adolf: Mein Kampf, 1925/26, Zugriff am 10.5.2017.

James, Harold: The German Slump. Politics and economics, 1924-1936, Oxford/New York 1986.

Joachimsthaler, Anton: Hitlers Weg begann in München 1913-1923, München 2000.

Joods Monument: URL: www.joodsmonument.nl, Zugriff am 10.5.2017.

Jürgen John (Hrsg.): Die NS-Gaue: regionale Mittelinstanzen im zentralistischen »Führerstaat«, München 2007.

John, Jürgen: Mobilisierung als Charakteristikum des NS-Systems?, in: Oliver Werner (Hrsg.): Mobilisierung im Nationalsozialismus. Institutionen und Regionen in der Kriegswirtschaft und Verwaltung des »Dritten Reichs« 1936 bis 1945, Paderborn 2013, S. 29-57.

Kellerhoff, Sven Felix: »Mein Kampf«. Die Karriere eines deutschen Buches, Stuttgart 2015.

Kenkmann, Alfons: »Pater Divisius«. Ein Finanzbeamter zwischen Weltwirtschaftskrise, Weltanschauung und Wiedergutmachung, in: Gerhard Hirschfeld/Tobias Jersak (Hrsg.): Karrieren im Nationalsozialismus. Funktionseliten zwischen Mitwirkung und Distanz, Frankfurt a. M., New York 2004, S. 57-71.

Kershaw, Ian: »Working towards the Führer«. Reflections on the nature of the Hitler dictatorship, in: Contemporary European History 2 (1993), S. 103-118.

Kershaw, Ian: Hitler. 1889-1945, München 2009.

Kershaw, Ian: »Volksgemeinschaft«. Potenzial und Grenzen eines neuen Forschungskonzepts, in: Vierteljahrshefte für Zeitgeschichte 59 (2011), S. 1-17.

Kingreen, Monica: Raubzüge einer Stadtverwaltung. Frankfurt am Main und die Aneignung »jüdischen Besitzes«, in: Beiträge zur Geschichte des Nationalsozialismus 17 (2001), »Bürokratien«. Initiative und Effizienz, hrsg. von Wolf D. Gruner und Armin Nolzen, S. 17-50.

Kirchgässner, Bernhard (Hrsg.): Kommunale Selbstverwaltung – Idee und Wirklichkeit, Sigmaringen 1983.

Klein, Annika: Korruption und Korruptionsskandale in der Weimarer Republik, Göttingen 2014.

Klemperer, Victor: LTI. Notizbuch eines Philologen, Berlin 1947.

Klöckler, Jürgen: Selbstbehauptung durch Selbstgleichschaltung. Die Konstanzer Stadtverwaltung im Nationalsozialismus, Ostfildern 2012.

Knigge, Volkhard/Lüttgenau, Rikola-Gunnar/Wagner, Jens-Christian (Hrsg.): Zwangsarbeit. Die Deutschen, die Zwangsarbeiter und der Krieg. Begleitband zur Ausstellung, im Auftrag der Stiftung Gedenkstätten Buchenwald und Mittelbau-Dora, Weimar 2010.

Koch, Peter: 200 Jahre Bayerisches Staatsministerium des Innern. Eine Behörde für Bayern, München 2006.

König, Klaus/Siedenkopf, Heinrich (Hrsg.): Öffentliche Verwaltung in Deutschland, Baden-Baden 1997.

Köppen, Paul: »Aus der Krankheit konnten wir unsere Waffe machen«. Heinrich Brünings Spardiktat und die Ablehnung der französischen Kreditangebote, in: Vierteljahrshefte für Zeitgeschichte 62 (2014), H. 3, S. 349-375.

Krabbe, Wolfgang R.: Die deutsche Stadt im 19. und 20. Jahrhundert. Eine Einführung, Göttingen 1989.

Kramer, Nicole: Volksgenossinnen an der Heimatfront. Mobilisierung, Verhalten, Erinnerung, Göttingen 2011.

Krauss, Marita (Hrsg.): Rechte Karrieren in München. Von der Weimarer Zeit bis in die Nachkriegsjahre, München 2010.

Kuller, Christiane: Der Steuerstaat als Unrechtsstaat. Die fiskalische Ausplünderung der Juden in der NS-Zeit, in: Joachim Arntz/Hans-Peter Haferkamp/Margit Szöllösi-Janze (Hrsg.): Justiz im Nationalsozialismus. Positionen und Perspektiven, Hamburg 2006, S. 75-104.

Kuller, Christiane: Finanzverwaltung und Judenverfolgung. Die Entziehung jüdischen Vermögens in Bayern während der NS-Zeit, München 2008.

Kuller, Christiane: »Kämpfende Verwaltung«. Bürokratie im NS-Staat, in: Dietmar Süß/Winfried Süß (Hrsg.): Das Dritte Reich. Eine Einführung, München 2008, S. 227-245.

Kuller, Christiane: Bürokratie und Verbrechen. Antisemitische Finanzpolitik und Verwaltungspraxis im nationalsozialistischen Deutschland, München 2013.

Kuller, Christiane: Verwaltung und Verbrechen, in: Winfried Nerdinger (Hrsg.): München und der Nationalsozialismus, München 2015, S. 435-442.

Kundrus, Birthe: Kriegerfrauen. Familienpolitik und Geschlechterverhältnisse im Ersten und Zweiten Weltkrieg, Göttingen 2005.

Laak, Dirk van: Planung, Planbarkeit und Planungseuphorie, Version: 1.0, in: Docupedia-Zeitgeschichte, 16.2.2010, URL: http://docupedia.de/zg/Planung?oldid=106463, Zugriff am 10.5.2017.

Lange, Karl: Hitlers unbeachtete Maximen. »Mein Kampf« und die Öffentlichkeit, Stuttgart 1968.

Lankheit, Klaus: Fritz Reinhardt, in: NDB. Band 21. Berlin 2003, S. 360 f.

Large, David Clay: Hitlers München. Aufstieg und Fall der Hauptstadt der Bewegung, München 1998.

Larsson, Lars Olof: Die Neugestaltung der Reichshauptstadt. Albert Speers Generalbebauungsplan für Berlin, Stuttgart 1978.

Lilla, Joachim: Fischer, Arno, in: ders.: Staatsminister, leitende Verwaltungsbeamte und (NS-)Funktionsträger in Bayern 1918 bis 1945, 19.2.2015, URL: http://verwaltungshandbuch.bayerische-landesbibliothek-online.de/fischer-arno, Zugriff am 10.5.2017.

Lilla, Joachim: Knözinger, Ludwig Ritter v., in: ders.: Staatsminister, leitende Verwaltungsbeamte und (NS-)Funktionsträger in Bayern 1918 bis 1945, 10.9.2012, URL: https://verwaltungshandbuch.bayerische-landesbibliothek-online.de/knoeziger-ludwig, Zugriff am 10.5.2017.

389

Lilla, Joachim: Köglmaier, Max, in: ders.: Staatsminister, leitende Verwaltungsbeamte und (NS-)Funktionsträger in Bayern 1918 bis 1945, 4.10.2012, URL: http://verwal tungshandbuch.bayerische-landesbibliothek-online.de/koeglmaier-max, Zugriff am 10.5.2017.

Lilla, Joachim: Mensens, Christoph, in: ders.: Staatsminister, leitende Verwaltungsbeamte und (NS-)Funktionsträger in Bayern 1918 bis 1945, 11.9.2012, URL: https:// verwaltungshandbuch.bayerische-landesbibliothek-online.de/mensens-christoph, Zugriff am 10.5.2017.

Lilla, Joachim: Stocker, Ludwig, in: ders.: Staatsminister, leitende Verwaltungsbeamte und (NS-)Funktionsträger in Bayern 1918 bis 1945, 21.12.2012, URL: https://verwal tungs handbuch.bayerische-landesbibliothek-online.de/stocker-ludwig, Zugriff am 10.5.2017.

Longerich, Peter: Politik der Vernichtung. Eine Gesamtdarstellung der nationalsozialistischen Judenverfolgung, München 1998.

Lüder, Klaus: Haushalts- und Finanzplanung, in: Klaus König/Heinrich Siedenkopf (Hrsg.): Öffentliche Verwaltung in Deutschland, Baden-Baden 1997, S. 417-432.

Lüdtke, Alf: Eigen-Sinn. Fabrikalltag, Arbeitererfahrungen und Politik vom Kaiserreich bis in den Faschismus, Hamburg 1993.

Lüdtke, Alf: Einleitung: Herrschaft als soziale Praxis, in: ders. (Hrsg.): Herrschaft als soziale Praxis. Historische und sozial-anthropologische Studien, Göttingen 1991, S. 9-63.

Lüdtke, Alf: Funktionseliten. Täter, Mit-Täter, Opfer? Zu den Bedingungen des deutschen Faschismus, in: ders. (Hrsg.): Herrschaft als soziale Praxis. Historische und sozial-anthropologische Studien, Göttingen 1991, S. 559-590.

Lüdtke, Alf (Hrsg.): Herrschaft als soziale Praxis. Historische und sozial-anthropologische Studien, Göttingen 1991.

Lüdtke, Alf: Zahlen in der Geschichtsschreibung; verführerisch – dennoch tauglich?, in: Butis Butis (Hrsg.): Goofy History. Fehler machen Geschichte, Köln/Weimar/ Wien 2009, S. 92-103.

Maas, Utz: »Als der Geist der Gemeinschaft eine Sprache fand«, Opladen 1984.

Matzerath, Horst: Nationalsozialismus und kommunale Selbstverwaltung, Stuttgart/Berlin/Köln, et al. 1970.

Mayrhofer, Fritz/Opll, Ferdinand (Hrsg.): Stadt und Nationalsozialismus, Linz 2008.

Mecking, Sabine/Wirsching, Andreas: Stadtverwaltung als Systemstabilisierung? Tätigkeitsfelder und Handlungsspielräume kommunaler Herrschaft im Nationalsozialismus, in: dies. (Hrsg.): Stadtverwaltung im Nationalsozialismus. Systemstabilisierende Dimensionen kommunaler Herrschaft, Paderborn 2005, S. 1-19.

Mecking, Sabine/Wirsching, Andreas (Hrsg.): Stadtverwaltung im Nationalsozialismus. Systemstabilisierende Dimensionen kommunaler Herrschaft, Paderborn 2005.

Mehl, Stefan: Das Reichsfinanzministerium und die Verfolgung der deutschen Juden 1933-1943, Berlin 1990.

Merl, Stephan: Politische Kommunikation in der Diktatur. Deutschland und die Sowjetunion im Vergleich, Göttingen 2012.

Miller, Lee: Krieg. Mit den Alliierten in Europa 1944-1945. Reportagen und Fotos, hrsg. von Antony Penrose, aus dem Englischen von Norbert Hofmann, München 2015.

Modert, Gerd: Motor der Verfolgung. Zur Rolle der NSDAP bei der Entrechtung und Ausplünderung der Münchner Juden, in: Angelika Baumann/Andreas Heusler (Hrsg.): München »arisiert«. Entrechtung und Enteignung der Juden in der NS-Zeit, München 2004, S. 145-175.

Mommsen, Hans: Beamtentum im Dritten Reich. Mit ausgewählten Quellen zur nationalsozialistischen Beamtenpolitik, Stuttgart 1966.

Mommsen, Hans: Das NS-Regime und die Auslöschung des Judentums in Europa. Göttingen 2014.

Morenz, Ludwig: Das Münchner Stadtsiegel und Stadtwappen. Geschichte und Gestaltung, in: Oberbayerisches Archiv (1968), H. 90, S. 1-13.

Münchner Stadtmuseum (Hrsg.): München – »Hauptstadt der Bewegung«, München 1993.

Mura, Jürgen: Entwicklungslinien der deutschen Sparkassengeschichte I und II, Stuttgart 1987 bzw. 1995.

Nerdinger, Winfried: Bauen im Nationalsozialismus, München 1993.

Nerdinger, Winfried (Hrsg.): Ort und Erinnerung. Nationalsozialismus in München, Salzburg 2006.

Nerdinger, Winfried: Topografie des Terrors. Bauen im Nationalsozialismus am Beispiel Münchens, in: Stefanie Hajak/Jürgen Zarusky (Hrsg.): München und der Nationalsozialismus. Menschen, Orte, Strukturen, Berlin 2008, S. 41-49.

Nerdinger, Winfried (Hrsg.): München und der Nationalsozialismus, München 2015.

Noakes, Jeremy: Die kommunale Selbstverwaltung im Dritten Reich, in: Adolf M. Birke/ Magnus Brechtken (Hrsg.): Kommunale Selbstverwaltung. Geschichte und Gegenwart im deutsch-britischen Vergleich, München [u. a.] 1996, S. 65-81.

Nolzen, Armin: Die Reichsorganisationsleitung als Verwaltungsbehörde der NSDAP. Kompetenzen, Strukturen und administrative Praktiken nach 1933, in: Sven Reichardt/Wolfgang Seibel (Hrsg.): Der prekäre Staat. Herrschen und Verwalten im Nationalsozialismus, Frankfurt a. M., New York 2011, S. 121-166.

Nolzen, Armin: Schwarz, Franz Xaver, in: NDB. Band 24. Berlin 2010, S. 3-5.

Petzina, Dietmar: Kommunale Handlungsspielräume und kommunale Finanzen. Erfahrungen in Deutschland zwischen Erstem Weltkrieg und Nationalsozialismus, in: Jürgen Reulecke (Hrsg.): Die Stadt als Dienstleistungszentrum. Beiträge zur Geschichte der »Sozialstadt« in Deutschland im 19. und frühen 20. Jahrhundert, St. Katharinen 1995, S. 153-180.

Peukert, Detlev: Volksgenossen und Gemeinschaftsfremde, Köln 1982.

Pierenkemper, Toni: Haushalte, in: Gerold Ambrosius/Dietmar Petzina/Werner Plumpe (Hrsg.): Moderne Wirtschaftsgeschichte. Eine Einführung für Historiker und Ökonomen, München 2006, S. 39-59.

Plöckinger, Othmar: Geschichte eines Buches: Adolf Hitlers »Mein Kampf« 1922-1945, München 2006.

Plöckinger, Othmar: Hitlers »Mein Kampf« – Von der »Abrechnung« zum »Buch der Deutschen«, in: DHM-online, URL: https://www.dhm.de/lemo/kapitel/ns-regime/innenpolitik/hitlers-mein-kampf.html, Zugriff am 10.5.2017.

Pohl, Harald: Kommunale Wirtschafts- und Finanzpolitik in Bayern zur Zeit der Weimarer Republik. Dargestellt am Beispiel der Wirtschaftsregion Ingolstadt, Regensburg 1985.

Püttner, Günter: Handbuch der kommunalen Wissenschaft und Praxis. Band 6: Kommunale Finanzen, Berlin 1985.

Rabe, Paul-Moritz: Hauptstadt im Galopp. Das »Braune Band« als städtisches Prestigeprojekt, in: Margit Szöllösi-Janze (Hrsg.): München im Nationalsozialismus. Imagepolitik der »Hauptstadt der Bewegung«, Göttingen 2017, S. 169-195.

Rabe, Paul-Moritz: In Bilanzen lesen wir den Raum. Haushaltspolitik und Herrschaftsräume in der »Hauptstadt der Bewegung«, in: Beiträge zur Geschichte des National-sozialismus 33 (2017), Städte im Nationalsozialismus. Räume und soziale Ordnungen, hrsg. von Winfried Süß und Malte Thießen, S. 107-127.

Rädlinger, Christine: Geschichte der Stadtkämmerei München im 19. und 20. Jahrhundert, München 2000.

Rädlinger, Christine: Schwerpunkte Münchner Finanzierungspolitik im 19. und 20. Jahrhundert, in: Wolfgang Ribbe (Hrsg.): Hauptstadtfinanzierung in Deutschland. Von der Reichsgründung bis zur Gegenwart, Berlin 2004, S. 217-246.

Raith, Gilbert: Kommunale Finanzwirtschaft der Gemeinden in Bayern nach den Grundsätzen der Kameralistik, München 2012.

Raphael, Lutz: Radikales Ordnungsdenken und die Organisation totalitärer Herrschaft: Weltanschauungseliten und Humanwissenschaftler im NS-Regime, in: Geschichte und Gesellschaft 27 (2001), S. 5-40.

Rappl, Marian: »Arisierungen« in München. Die Verdrängung der jüdischen Gewerbetreibenden aus dem Wirtschaftsleben der Stadt 1933-1939, in: Zeitschrift für bayerische Landesgeschichte 63 (2000), S. 123-184.

Rappl, Marian: »Unter der Flagge der Arisierung ... um einen Schundpreis zu erraffen«. Zur Präzisierung eines problematischen Begriffs, in: Angelika Baumann/Andreas Heusler (Hrsg.): München »arisiert«. Entrechtung und Enteignung der Juden in der NS-Zeit, München 2004, S. 17-30.

Rasp, Hans-Peter: Eine Stadt für tausend Jahre, München 1981.

Rasp, Hans-Peter: Bauten und Bauplanung für die »Hauptstadt der Bewegung«, in: Münchner Stadtmuseum (Hrsg.): München – »Hauptstadt der Bewegung«, München 1993, S. 294-300.

Rauh-Kühne, Cornelia: Hitlers Hehler? Unternehmerprofite und Zwangsarbeiterlöhne, in: Historische Zeitschrift 275 (2002), S. 1-55.

Rebentisch, Dieter: Führerstaat und Verwaltung im Zweiten Weltkrieg. Verfassungsentwicklung und Verwaltungspolitik 1939-1945, Stuttgart 1989.

Reichardt, Sven/Seibel, Wolfgang (Hrsg.): Der prekäre Staat. Herrschen und Verwalten im Nationalsozialismus, Frankfurt a. M./New York 2011.

Reichel, Peter: Der schöne Schein des Dritten Reiches. Faszination und Gewalt des Faschismus, München 1991.

Reulecke, Jürgen (Hrsg.): Die Stadt als Dienstleistungszentrum. Beiträge zur Geschichte der »Sozialstadt« in Deutschland im 19. und frühen 20. Jahrhundert, St. Katharinen 1995.

Reyer, Herbert (Hrsg.): Aurich im Nationalsozialismus, Aurich 1989.

Ribbe, Wolfgang (Hrsg.): Hauptstadtfinanzierung in Deutschland. Von der Reichsgründung bis zur Gegenwart, Berlin 2004.

Ritschl, Albrecht: Deutschlands Krise und Konjunktur 1924-1934. Binnenkonjunktur, Auslandsverschuldung und Reparationsproblem zwischen Dawes-Plan und Transfersperre, Berlin 2002.

Ritschl, Albrecht: Über die Höhe und Struktur der gesamtwirtschaftlichen Investitionen in Deutschland 1935-1938, in: Vierteljahrschrift für Sozial- und Wirtschaftsgeschichte 79 (1992), S. 156-176.

Rösch, Mathias: »Hammer oder Amboß?« Zur Rolle des bayerischen Finanzministeriums 1933-1945. Strukturen, Entwicklungslinien, Fragestellungen, in: Hermann Rumschöttel/Walter Ziegler (Hrsg.): Staat und Gaue in der NS-Zeit. Bayern 1933-1945, München 2004, S. 217-243.

Ruck, Michael: Führerabsolutismus und polykratisches Herrschaftsgefüge. Verfassungs-strukturen des NS-Staates, in: Karl Dietrich Bracher/Manfred Funke/Hans Adolf Jacobsen (Hrsg.): Deutschland 1933-1945. Neue Studien zur nationalsozialistischen Herrschaft, Bonn 1993, S. 32-56.

Rudloff, Wilfried: Die Wohlfahrtsstadt. Kommunale Ernährungs-, Fürsorge- und Woh-nungspolitik am Beispiel Münchens 1910-1933, 2 Bde., Göttingen 1998.

Rumschöttel, Hermann/Ziegler, Walter (Hrsg.): Staat und Gaue in der NS-Zeit. Bayern 1933-1945, München 2004.

Saldern, Adelheid von: Kommunale Verarmung und Armut in den Kommunen wäh-rend der Großen Krise (1929 bis 1933). Am Beispiel der Finanz- und Wohnungs(bau) politik, in: Jahrbuch Soziale Bewegungen. Geschichte und Theorie, Bd. 3, Armut und Ausgrenzung, Frankfurt a. M./New York 1987, S. 69-109.

Saldern, Adelheid von: Einleitung, in: Adelheid von Saldern/Lu Seegers (Hrsg.): In-szenierter Stolz. Stadtrepräsentationen in drei deutschen Gesellschaften (1935-1975), Stuttgart 2005, S. 11-27.

Saldern, Adelheid von: Symbolische Stadtpolitik – Stadtpolitik der Symbole. Repräsen-tationen in drei politischen Systemen, in: Adelheid von Saldern/Lu Seegers (Hrsg.): Inszenierter Stolz. Stadtrepräsentationen in drei deutschen Gesellschaften (1935-1975), Stuttgart 2005, S. 29-80.

Saldern, Adelheid von/Seegers, Lu (Hrsg.): Inszenierter Stolz. Stadtrepräsentationen in drei deutschen Gesellschaften (1935-1975), Stuttgart 2005.

Schattenhofer, Michael: Wirtschaftsgeschichte Münchens. Von den Anfängen bis zur Gegenwart, München 2011.

Scherpenberg, Jens van: Öffentliche Finanzwirtschaft in Westdeutschland 1944-1948. Steuer- und Haushaltswesen in der Schlussphase des Krieges und den unmittelbaren Nachkriegsjahren, Frankfurt a. M. 1984.

Schiefer, Markus: Vom ›Blauen Bock‹ in die Residenz. Christian Weber, in: Marita Krauss (Hrsg.): Rechte Karrieren in München. Von der Weimarer Zeit bis in die Nachkriegsjahre, München 2010, S. 152-165.

Schmitz-Berning, Cornelia: Vokabular des Nationalsozialismus, Berlin 2007.

Schöpf, Andreas: Fritz Reinhardt, in: Martin Friedenberger/Klaus-Dieter Gössel/Eber-hard Schönknecht (Hrsg.): Die Reichsfinanzverwaltung im Nationalsozialismus. Dar-stellung und Dokumente, Bremen 2002, S. 253-256.

Schrafstetter, Susanne: Verfolgung und Wiedergutmachung. Karl M. Hettlage: Mit-arbeiter von Albert Speer und Staatssekretär im Bundesfinanzministerium, in: Vier-teljahrshefte für Zeitgeschichte (2008), H. 3, S. 431-466.

Schremmer, Eckart (Hrsg.): Steuern, Abgaben und Dienste vom Mittelalter bis zur Ge-genwart. Referate der 15. Arbeitstagung der Gesellschaft für Sozial- und Wirtschafts-geschichte vom 14. bis 17. April 1993 in Bamberg, Stuttgart 1994.

Schröder, Joachim: Die Münchner Polizei und der Nationalsozialismus, Essen 2013.

Schubert, Klaus/Klein, Martina: Das Politiklexikon, Bonn 1997.

Schülke, Bernd-Michael/Koch, Bernhard: Alles wird anders. Pasing im 3. Reich. Mün-chen 2003.

Schumann, Hans-Gerd: Die soziale und politische Funktion lokaler Eliten. Metho-dologische Anmerkungen zum Forschungsstand, in: Bernhard Kirchgässner (Hrsg.): Kommunale Selbstverwaltung – Idee und Wirklichkeit, Sigmaringen 1983, S. 30-38.

Schumpeter, Joseph: Die Krise des Steuerstaats, in: Rudolf Goldscheid/Joseph Schumpeter/Rudolf Hickel (Hrsg.): Die Finanzkrise des Steuerstaats. Beiträge zur politischen Ökonomie der Staatsfinanzen, Frankfurt a. M. 1976, S. 329-379.

Selig, Wolfram: »Arisierung« in München. Die Vernichtung jüdischer Existenz 1937-1939, Berlin 2004.

Selig, Wolfram: Leben unterm Rassenwahn. Vom Antisemitismus in der »Hauptstadt der Bewegung«, Berlin 2001.

Selig, Wolfram: Richard Seligmann: ein jüdisches Schicksal. Zur Geschichte der Judenverfolgung in München während des Dritten Reiches, München 1983.

Sennebogen, Waltraud: Die Gleichschaltung der Wörter. Sprache im Nationalsozialismus, in: Dietmar Süß/Winfried Süß (Hrsg.): Das Dritte Reich. Eine Einführung, München 2008, S. 165-183.

Spoerer, Mark: Demontage eines Mythos? Zu der Kontroverse über das nationalsozialistische »Wirtschaftswunder«, in: Geschichte und Gesellschaft 31 (2005), S. 415-438.

Spoerer, Mark: Zwangsarbeit unter dem Hakenkreuz. Ausländische Zivilarbeiter, Kriegsgefangene und Häftlinge im Deutschen Reich und im besetzten Europa 1939-1945, Stuttgart 2001.

Spona, Petra: Städtische Ehrungen zwischen Repräsentation und Partizipation. NS-Volksgemeinschaftspolitik in Hannover, Stuttgart 2010.

Stadtarchiv München (Hrsg.): Biographisches Gedenkbuch der Münchner Juden 1933-1945. Band 2, München 2007.

Stadtkämmerei, Landeshauptstadt München: Die vorläufige Eröffnungsbilanz der Landeshauptstadt München. Inhalte, Erläuterungen und Beispiele, München o. J.

Steinbacher, Sybille: Frauen im ›Führerstaat‹, in: Dietmar Süß/Winfried Süß (Hrsg.): Das Dritte Reich. Eine Einführung, München 2008, S. 103-119.

Steinborn, Peter: Grundlagen und Grundzüge Münchener Kommunalpolitik in den Jahren der Weimarer Republik, München 1968.

Sternberger, Dolf: Aus dem Wörterbuch des Unmenschen, Hamburg 1957.

Stracke, Ferdinand: WohnOrt München. Stadtentwicklung im 20. Jahrhundert, München 2011.

Strnad, Maximilian: Zwischenstation »Judensiedlung«. Verfolgung und Deportation der jüdischen Münchner 1941-1945, München 2009.

Süß, Dietmar (Hrsg.): Deutschland im Luftkrieg. Geschichte und Erinnerung, München 2007.

Süß, Dietmar/Süß, Winfried (Hrsg.): Das Dritte Reich. Eine Einführung, München 2008.

Süß, Winfried/Hachtmann, Rüdiger/Bähr, Johannes/Bajohr, Frank/Nolzen, Armin, Einführung und Rezensionen zu: Götz Aly: Hitlers Volksstaat, in: sehepunkte 5 (2005), Nr. 7/8, URL: http://www.sehepunkte.de/2005/07/, Zugriff am 10.5.2017.

Szöllösi-Janze, Margit (Hrsg.): München im Nationalsozialismus. Imagepolitik der »Hauptstadt der Bewegung«, Göttingen 2017.

Taillez, Felix de: Zwei Bürgerleben in der Öffentlichkeit. Die Brüder Fritz Thyssen und Heinrich Thyssen-Bornemisza (= Familie – Unternehmen – Öffentlichkeit: Thyssen im 20. Jahrhundert, Bd. 6), Paderborn 2017.

Tooze, Adam: Stramme junge Männer in braunen Uniformen. Götz Alys Thesen führen in die Irre. Nicht deutsche »Hirnlosigkeit«, sondern Amerikas Aufstieg machte die »Volksgenossen« für Hitler anfällig, in: Die Zeit (online), 28.4.2005, URL: http://www.zeit.de/2005/18/Aly, Zugriff am 10.5.2017.

Tooze, Adam: Ökonomie der Zerstörung. Die Geschichte der Wirtschaft im Nationalsozialismus, Bonn 2007.

Ueberschär, Gerd R./Vogel, Winfried: Dienen und Verdienen. Hitlers Geschenke an
seine Eliten, Frankfurt a. M. 1999.

Ullmann, Hans-Peter: Der deutsche Steuerstaat. Geschichte der öffentlichen Finanzen
vom 18. Jahrhundert bis heute, München 2005.

Upmeier, Gisela: § 24. Schachts Kampf gegen die kommunalen Auslandsanleihen,
in: Karl-Heinrich Hansmeyer (Hrsg.): Kommunale Finanzpolitik in der Weimarer
Republik, Stuttgart 1973, S. 160-171.

Voigt, Rüdiger: Die Auswirkungen des Finanzausgleichs zwischen Staat und Gemeinden auf die kommunale Selbstverwaltung von 1919 bis zur Gegenwart, Berlin 1975.

Voß, Reimer: Steuern im Dritten Reich. Vom Recht zum Unrecht unter der Herrschaft
des Nationalsozialismus, München 1995.

Wagner, Jens-Christian: Zwangsarbeit im Nationalsozialismus – ein Überblick, in: Volk-
hard Knigge/Rikola-Gunnar Lüttgenau/ders. (Hrsg.): Zwangsarbeit. Die Deutschen,
die Zwangsarbeiter und der Krieg. Begleitband zur Ausstellung, im Auftrag der Stiftung Gedenkstätten Buchenwald und Mittelbau-Dora, Weimar 2010, S. 180-193.

Weiß, Lothar: Rheinische Großstädte während der Weltwirtschaftskrise (1929-1933).
Kommunale Finanz- und Sozialpolitik im Vergleich, Köln 1999.

Werner, Oliver (Hrsg.): Mobilisierung im Nationalsozialismus. Institutionen und Regionen in der Kriegswirtschaft und Verwaltung des »Dritten Reichs« 1936 bis 1945, Paderborn 2013.

Wildavsky, Aaron: The Politics of the Budgetary Process, Boston/Toronto 1979.

Wimmer, Florian: Die völkische Ordnung von Armut. Kommunale Sozialpolitik im
nationalsozialistischen München, Göttingen 2014.

Wimmer, Florian: Die völkische Ordnung von Armut. Kommunale Sozialpolitik im
nationalsozialistischen München, Univ.-Diss. LMU München 2013.

Winter/Eggert/Minter: Konnexitätsprinzip, in: Gabler Wirtschaftslexikon URL: http://
wirtschaftslexikon.gabler.de/Archiv/7796/konnexitaetsprinzip-v10.html, Zugriff am
10.5.2017.

Wirsching, Andreas: Die Gemeinde zwischen Partei und Staat. Aufbruch, Krise und Zerstörung der kommunalen Selbstverwaltung in Deutschland 1918-1945, in: Specker,
Hans Eugen (Hrsg.): Einwohner und Bürger auf dem Weg zur Demokratie. Von den
antiken Stadtrepubliken zur modernen Kommunalverfassung, Stuttgart 1997, S. 191-
208.

Wirsching, Andreas: Probleme der Kommunalverwaltung im NS-Regime am Beispiel des
Gaues Schwaben, in: Hermann Rumschöttel/Walter Ziegler (Hrsg.): Staat und Gaue
in der NS-Zeit. Bayern 1933-1945, München 2004, S. 419-442.

Wirsching, Andreas: Rezension zu: Fleiter, Rüdiger: Stadtverwaltung im Dritten Reich,
in: H-Soz-Kult, 01.09.2006, URL: http://www.hsozkult.de/publicationreview/id/rez-
buecher-7707, Zugriff am 10.5.2017.

Wirsching, Andreas: Zwischen Leistungsexpansion und Finanzkrise. Kommunale
Selbstverwaltung in der Weimarer Republik, in: Adolf M. Birke/Magnus Brechtken
(Hrsg.): Kommunale Selbstverwaltung. Geschichte und Gegenwart im deutsch-briti-
schen Vergleich, München [u. a.] 1996, S. 37-63.

Wojak, Irmtrud/Hayes, Peter (Hrsg.): »Arisierung« im Nationalsozialismus. Volksgemeinschaft, Raub und Gedächtnis, Frankfurt a. M./New York 2000.

Wunder, Bernd: Geschichte der Bürokratie in Deutschland, Frankfurt a. M. 1986.

Zeppenfeld, Burkhard: Handlungsspielräume städtischer Finanzpolitik. Staatliche Vorgaben und kommunales Interesse in Bochum und Münster 1913-1935, Essen 1999.

Ziebill, Otto: Geschichte des Deutschen Städtetages. 50 Jahre deutsche Kommunalpolitik, Stuttgart 1955.

Personenregister

Kursive Seitenzahlen verweisen auf Einträge ausschließlich in Fußnoten.

Abt, Leopold 237

Adenauer, Konrad 173, *174*

Alker, Hermann 340, 346

Amann, Max *140*, 142, 230, 287 f., 297 f.

Ambrunn, Leopold 240, 242, 244

Ass, Bernhard 238

Aufhäuser, Siegfried 370

Augustin (Ministerialrat im Reichsfinanzministerium) 169, *170*

Bauer, Josef 154, *185*

Beblo, Fritz 60, 340

Beer, Josef 66, *117, 133*, 141, *142*, 143, 183,
219, 237

Berolzheimer, Franz Salomon 237

Berolzheimer, Hans David Martin 237

Berolzheimer, Richard Theodor 237

Berrenberg, Paul 126, 357

Berthold, Gustav *142*

Besserer (Stadtkämmerer, Duisburg) *180*

Bloch, Hans Israel *264*

Blum, Viktor 163

Bohl (Ministerialdirektor im Reichswirtschaftsministerium) 187

Bohley, Erich 126, 131, 138

Bormann, Martin 225, 231, *286*

Bosch, Robert *329*

Bourke-White, Margaret 357

Brüning, Heinrich *47*, 48, *191, 193*

Chase, Emil 126, 132, *137*

Colbert, Jean Baptiste 212

Conring, Hermann *180*

Deisenberger, Josef 142 f.

Dietrich, Anton 126, 131, *137*

Dirnagl, Karl *299*

Dönitz, Karl 356

Drexler, Anton 304

Eber, Elk 308

Eder, Otto 126, *128*, 129, 133, 135, 147

Elsas, Fritz 281

Epp, Franz Xaver Ritter von *165*, 301, *303*

Erzberger, Matthias 44, 58, *77*, 167

Esser, Hermann *140*

Falckenberg, Otto 302

Fegelein, Hermann *325*

Fiehler, Karl 9, 12, 15, 19, 24, 37, 57-60,
68 f., 70, 72, 83 f., 102, 104 f., 107, 112,
114, 116, 118, 122-124, 130, *132 f.*, 134 f.,
137, 140 f., 142, 144-148, 150 f., 153 f.,
161, 163-165, 168 f., *171*, 172-178, 180,
183-189, 201, 205-210, 219 f., 223 f., 230,
235-237, 239, *241, 243*, 244, 246, 251 f.,
254, 255, *256*, 263, 265, 268, 272 f., 278,
282, 284, 287-289, 291 f., 294, *299*, 301,
303 f., 308, 310, 313 f., 319, 321, 323, *325*,
329, *330*, 331-333, 340, 342, *343*, 344 f.,
347-349, 354, 356, 358, 366, 368, 371

Finck, August von *329*

Fischer, Arno 302 f.

Flick, Friedrich *329*

Flüggen, Hans 307

Flüggen, Maria 307

Freyberg, Alfred 357

Frick, Wilhelm 82, 120, *165* f., 169 f., *172*,
175, 189, 256, 288, 293-295, 312, 333,
361, 369

Gablonsky, Fritz 340

Gans (Gut Wallenberg) 153

Gareis, Heinrich 160

Gascher, Ludwig 126

Gies, Hans Adam 126, 136

Giesler, Hermann 182, 283, 301, 337, *339*,
346 f., 350, 353

Giesler, Paul *160*, 301

Gleixner, Sebastian 306

Glocker, Alfred 126, 133, *134*

Goebbels, Joseph 84 f., 146, 188, 263,
302, 332, 338

Goerdeler, Carl 175, 220, 293 f., 370

Göring, Hermann 182, 260, 268 f., 279
Graf, Ulrich *140*, 308-310, *315*
Grimminger, Jakob *140*, 306
Gröning, Oskar 365
Groß, Josef 306
Gündel, Herbert 171

Häring, Ludwig 142 f.
Hechinger, Herrmann 266
Hefner, Gustav 126, 131, 138
Helmreich, Karl 125, *185*
Herker, Hellmuth 73
Heß, Rudolf 185 f.
Hettlage, Karl Maria *152*, 173-175, 179, 220
Hielscher, Erwin *302, 309*
Hilble, Friedrich 136, *176*
Himmler, Heinrich 166, 170, 231
Hindenburg, Paul 59
Hinterhäuser, Rosa 127, *128*
Hitler, Adolf 18, 21, 40, 58 f., 69, *70, 71,* 83, *94*, 124, 135, 138, 141, 146, 148, 157, 164, 170 f., *172*, 182-184, 187-189, 200, 206, 208, 214, 224 f., 252, 260, 274, 283-285, *286*, 287, *288*, 291 f., 296, *298 f.,* 301 f., 307-309, 313, 318 f., 326, 328, 331, *336*, 337-340, 342 f., 345 f., 349 f., 352 f., 355 f., 367-369
Hoffmann, Heinrich 135, *140*, 141
Hölzl, Josef *325*
Holzmüller, Walter 306
Huber, Josef 126, *128*, 129-131, *132, 136 f.*
Hundsdorfer, Anton 126, *129*, 133, 136
Hussendörfer, Georg 103, 126, *128*, 129-131, *136*, 137 f.

Jansohn, Hermann *185*
Jeserich, Kurt 172 f., *176*, 294
Jobst, Heinz *137*, 164, *200*, 209

Kalthoff, Friedrich 126, 137
Killy, Leo *223 f., 340*
Kinseder, Margarete *132*
Kissling, Hans 126, 132, 136, 138, *266*
Kleeblatt, Hans *325*
Klein, Richard *71*, 302
Kleiner, Ernst Eberhard 67 f.
Knorr, Hans 43, 49, *176*, 177

Knözinger, Ludwig Ritter von 159-161
Köglmaier, Max 162 f., 368
Kronenberger, Adam 121 f., 126
Krosigk, Lutz Graf Schwerin von 165 f., 170, 349
Krupp von Bohlen und Halbach, Gustav *329*
Küfner, Hans *51, 52, 53, 135*, 242, 281, *299*, 330
Kügle, Andreas 277

Lammers, Hans Heinrich 124, 183, 189, 224, *251*
Lange, Karl Arthur *325*
Lausenmayer, Otto 126, *129*, 133, 136, 147
Lehrer, Fredo 121
Leupold, Oskar 126, *128*, 129 f., 132, *136*
Liebermann, Ferdinand 307
Liebermann, Paula 307
Lisso, Kurt 357
Ludwig I. von Bayern 338
Ludwig XIV. 212

Mandelbaum, Gottfried 264, 267
Maser, Arnold *325*
Mayr, Matthias *124, 185*
Meitinger, Karl 350
Mendle, Maria 272
Mendle, Max 272
Mensens, Christoph 164, 189
Meusel, Herman/n 126
Miller, Lee 357
Miquel, Johannes 77
Mueller, Max 126
Mulert, Oskar 67, *172*
Müller, Romana 127, *128*

Neuland, Siegfrie 262
Nippold, Otto *334*

Ortner, Karl *154*

Pagenkopf, Hans *152, 180*
Papen, Franz von 191
Pfahler, Karl 187
Pfeiffer, Andreas 9, 13, 15, 25, 47, *53*, 55, 57-61, *62*, 65, 73 f., 79, *83, 96*, 100 f., 107, 115, 121-129, *132*, 134, 138 f., 143,

147, 150-156, 158, *163*, 165, 167, 169, *170*, 174 f., *176*, 180, 183, 185-189, 193, 195, 197, 207, 214 f., 217, *218*, 220 f., 227 f., 232, 235, 237, 240, 242-244, 246 f., *250*, 251 f., 255, 262, 264 f., 283, *289*, 306, *317*, *320 f.*, *325*, 334, *339*, *342*, 344, 347, 354, 356 f., *366*, 369-372
Pfeiffer, Helga *147*
Piloty, Carl Theodor von 9
Plesch, Hans 306
Popitz, Johannes 74 f., 78, *79*, 196, 202, 211
Popp, Franz Josef *325*

Rabe, Carolina 128
Radtke, Herbert 335
Reemtsma, Philipp E. *329*
Reichinger, Franz Xaver 142, *143*, 153, *212*
Reinhardt, Fritz 168, 170 f., 178 f., 184, 189, 200 f., 207 f., 236, 244, 252, 334, 345 f., 354

Sabat, Alice 277 f.
Sahm, Heinrich Friedrich Wilhelm *192*
Saradeth, Karl 138
Sauerwein, Johannes 126, 132 f., 134, 136, *137*, 138
Schacht, Hjalmar 46, 155, 187, 252
Schäffer, Fritz 159 f., 370
Scharnagl, Karl *53*, 55, 123, 159, 262, 315, *317*, 356
Schein, Hans 25, 125 f., *128*, 131, *133*, 137 f., 150, 174, 262
Schemm, Hans *160*
Scheuthle, Hugo 126, *128*, 129 f., 132, *136*, *147*, 263 f., *366*
Schlageter, Albert Leo *231*
Schleicher, Kurt von 75
Schmid, Karl 103, *108*, 126, 131, *132*, *136*, 137 f., *372*
Schmidt, Karl Georg 157
Schöntag, Theodor 126, *128*, 129, 136
Schottenhamel, Michael jun. *325*
Schramke, Reinhold 141 f.
Schubert, Ernst *160*, *321*, *325*, *327*
Schülein, Hermann 370
Schwarz, Franz Xaver *140*, 141 f., 184 f., 312, *329*, 330, 334 f., *339*

Seeländer, Otto *325*
Siebert, Ludwig 160, 162 f., *165*, 169, 189
Siemens, Günther von *121*
Siemens, Karl Friedrich von *329*
Silberthau, Maria 264
Silberthau, Sofie 264
Speer, Albert 173, *174*, 337, 340, 346, 350
Sprengart, Philipp 126, 132 f., 136, 238
Steinitz, Eugen 266
Stern, Jakob 277 f.
Stocker, Ludwig 234
Strauß, Franz Josef *174*
Strölin, Karl 177
Stützel, Karl 159 f.

Tapolski (Landrat, Düsseldorf) *175*, 210
Tempel, Karl 130, 134, 136, 138, 153 f., *211*, *299*, 304, 307, *325*
Thyssen, Fritz *329*
Troost, Gerda *302*
Troost, Paul Ludwig 302, 337 f., *339*
Türk (Stadtkämmerer, Köln) *175*, *180*

Uhlfelder, Familie 222, 234 f., 364

Vilsmeier, Richard 306

Wagner, Adolf *141*, 146 f., 160 f., 163-166, 169, 171, 184, 189, 237, *251*, 265, 275, *299*, 301, *303*, 330-332, 334, *339*, 345, 348, 368
Weber, Christian 9, 19, 60 f., 139, *140*, 141, 146 f., 150, 155 f., 158, 162, 215, *223*, 234 f., 260, 284, 296-299, *300*, 307, 316-318, 320, 322, *323*, *325*, 326 f., 356
Wecker, Gustav 126
Wegner, Hans 275
Weiß, Karl 141 f.
Willikens, Werner 284
Wolff, Julius 241 f., 244
Wurm, Albert 271-273, 365

Zarden, Arthur 171
Zeitler, Ralf 172 f.
Zöberlein, Hans 307